U0944529

法学方法论与中国民商法研究

合同解释论

规范、学说与案例的交互思考

崔建远　著

中国人民大学出版社
·北京·

全国哲学社会科学基金重点项目“法学方法论与中国民商法研究”（批准号：13AZD065）的结项成果之二

作者简介

崔建远，现任清华大学文科资深教授，“长江学者”特聘教授。兼任中国法学会民法学研究会副会长，被评为第二届杰出中青年法学家，荣获教育部高等学校优秀青年教师奖。先后参与了全国人大常委会法制工作委员会主持的有关民事立法草案的研讨工作。所著《物权：规范与学说》（上、下）荣获第三届中国出版政府图书奖，《准物权研究》《论争中的渔业权》分别荣获司法部法学教材与法学科研成果奖一等奖。

前 言

解释的“艺术”并非来源于各种原理，而是来源于实践。[①] 司法解释中的判例极具启示意义，特别是那些各法院对其作出不同解释的判例。[②] 法院针对规范所作的新的、范例性的解释，也会改变实际的规范适用，换言之，会改变规范实务。[③] 这说明实务运作在法律人思考、研究和裁判案件中所处的地位多么重要！

不了解实务，不深入社会生活，就不知中国急需解决的法律问题所在，缺乏中国问题意识。这是部门法学者的大忌。熟悉实务与对实务陌生的专家学者在思考的路径及方法甚至结论方面都不一样，对法律的反思能力也不相同。

躲进书斋成一统，两耳不闻实务情的书生，与饱读典章同时熟悉实务，目光巡视于个案、法条和著述之间的专家学者相比，二者研究民法的思路及得出的结论差别明显，甚至大相径庭。有些不熟悉实务的学者就个案发表的处理意见，有些是晦涩难懂，虚无缥缈，囿于其所掌握的书本理论进行形式逻辑的推演，“不接地气”；有些是不着边际，文不对题；有些是“隔靴搔痒”，难解实际需求。这让了解实务，尤其是在第一线审判、仲裁的理论功底深厚的专家学者听来，感觉是两个世界的人在对话，这些理论联系实际的专家学者针对个案则是一语中的、药到病除。这应验了这样的道理：形式逻辑固然重要，不遵循逻辑，形不成体

---

① ［德］萨维尼：《当代罗马法体系》Ⅰ，第221页：“解释属于一门艺术，我们所拥有的大量来源于新旧时代的优秀样本推动这门艺术的发展。”转引自［德］维尔纳·弗卢梅：《法律行为论》，迟颖译，北京，法律出版社2013年版，第372页。

② ［德］维尔纳·弗卢梅：《法律行为论》，迟颖译，北京，法律出版社2013年版，第372页。

③ ［德］卡尔·拉伦茨：《法学方法论》（学生版），台北，五南图书出版有限公司1996年版，第219页。

系，法律人难以在同一的平台上思考和对话，相同的案件可能会有截然相反的判决；但是，千万不要忘记，逻辑，无非是为了使体系更顺畅一些，决不是目的。法律及其制度、规范的形成在许多时候不是逻辑推演的结果，而是生活经验的结晶。具体到法律解释和合同解释，有些规范难以用形式逻辑来解释，而是一种具有创意的精神工作，犹如艺术活动。①

但以上所言，绝无理论可有可无之意，相反，法学理论甚至哲学的、伦理学的、经济学的、社会学的甚至自然科学的理论在法律工作中都十分重要。法律不是束之高阁的玄学，而是解决社会问题的工具。社会问题形形色色，法律人需要的知识就多多益善。法学要以哲学、社会学、经济学、伦理学、逻辑学乃至自然科学技术等知识、方法为基础，吸纳其精华，滋润自己，为我所用：有的为自己的内容，有的为自己的方法，有的作为自己的基础，有的是检验的标准。具体到法律与判例、学说之间的关系，德国比较法权威学者拉贝尔（Rabel）教授曾谓："有法律而无相关判决，犹如仅有骨骼而无肌肉。通说理论系法律之神经。"② 著名民法学家王泽鉴教授续语："判例学说不但补充法律之不足，而且也经常修正变更法律之内容。"③

轻视理论者不止一次地说：实务中出现的合同，许多都在法律规定中、法学著述中寻觅不到，因而法律理论无用。其实，越是遇到法无明文、著述未论及的案型，就越需要细致、全面、深刻的法律理论。面对新型的法律问题，包括错综复杂的合同设计，对法律一知半解者往往只是机械地对号入座，一旦个案案型与法定案型不相符合，就束手无策；而法学造诣深厚的法律人，尤其是熟悉实务的法学理论工作者，却有思路及方法，能够"对症"地开出"药方"。这告诉我们，法学修养不够者必须耐得住寂寞，坐得住冷板凳，沉下心来，读书破万卷，以充实自己、武装自己、提高自己。

民法沙龙的主旨报告及其评论的结晶——《民法九人行》，于2002年年末由

---

① 参考［德］Savigny，System des römischen Rechts，I，1841，S. 206. 转引自［德］卡尔·拉伦茨：《法学方法论》（学生版），台北，五南图书出版有限公司1996年版，第221页。

② ［德］Rabel，Aufgabe and Notwendigkeit der Rechtsverleichung，1925，S. 4. 转引自王泽鉴：《民法学说与判例研究》（第2册），北京，北京大学出版社2009年版，第10页。

③ 王泽鉴：《民法学说与判例研究》（第2册），北京，北京大学出版社2009年版，第10页。

戴孟勇博士编辑成首卷本之时，需要卷首语，由我草拟初稿，经开创民法沙龙的九位成员打磨、润色整整一个下午，终成一“序”。其中有一段话，至今价值不减：“发现民法问题，必备相当学识，不然，案型生于咫尺，不是熟视无睹，就是张冠李戴。解决民法问题，尤需更高境界，否则，面对社会现实，难免束手无策，或者庸见迭出。此类境界既非与生俱来，亦非从天而降，惟有潜心研读经典，辅之以冥思苦索，辩论争鸣，历经日积月累，方可望有所修为。学而不思则罔，思而不学则殆。诚哉斯言！”①

包括合同法在内的民法毕竟是行为规范和裁判规范，人们尤其是市场主体要据其从事社会交往特别是谈判、签署合同，主审案件的法院或仲裁个案的仲裁庭据其裁判案件。这就要求民法专家、学者尊崇现行法，并以之为准绳，即使发现现行法存有不足，也要通过解释论消除其瑕疵，以便将之适用于个案，最好是“案结事了”。所以，现行法非常重要，也特别必要，民法学者对于民法及案件绝不可“感情用事”，不得随心所欲。哪怕专家学者的想法再美好，只要其超出了现行法的设计及规定，就此仍构成制定法上甚至制定法外的漏洞，而非径直为裁判依据，除非通过法律漏洞填补的路径，将该美好想法变脸为法律规范。

法律适用所要解决的问题，并不像许多现代法学解释理论所认为的那样独立于具体案例。这些问题只能在具体案例中才能出现。然而，个案所涉及的法律问题却只能产生于法律秩序的整体。② 这道出了法律规范与案例之间的相互关联，启发笔者从法律规范、法学学说和民法案例三个方面（角度）讨论合同解释。

合同，特别是协议，就其实际状况而言林林总总，如买卖汽车、租赁房屋、定做家具、运送货物，中央和地方的分税，有关流域的水资源分配，遗赠抚养，收养，等等。其中，有些是交易的法律形式，也有些是身份的法律表现，还有些是行政协议。应该说不同类型的协议所遵从的解释原则及规则有所差异，甚至有

---

① 崔建远主编、戴孟勇执行主编：《民法9人行》（第1卷），香港，金桥文化出版（香港）有限公司2003年版，第1页。

② ［德］维尔纳·弗卢梅：《法律行为论》，迟颖译，北京，法律出版社2013年版，第346页。

本质的不同。如果本书全面地梳理、观察、分析和阐释全部类型的合同，一是笔者学识有限，不堪重任；二是为避免表述周延致使阐释“虚化”；三是叙述起来不断出现例外；四是在体例安排上也颇费思量，也难如人意。有鉴于此，笔者作减负处理，本书所谓“合同，在事实上是财产和劳务进行交换的法律工具，而这些被交换的财产和劳务正是社会化生产的基础或前提；这种法律工具对于创造社会财富而言是非常必要的，因此，合同被认为是企业从事经济生活并得以自由经济的体现”①。相应地，本书所谓合同解释限于对《合同法》所调整的合同予以解释。此处所谓合同包括《合同法》已设明文的买卖等典型合同，也在相应之处论及《合同法》未设明文但仍归其管辖的非典型合同。一句话，本书所解释的合同限于作为交易的法律形式的合同。

这样处理问题的“先例”不少，在意大利，传统民法理论仍然在使用“法律行为”术语，但基本上都指涉合同；他们经常是把遗嘱和婚姻排除在外，合同与法律行为具有同样的意义，法律行为就是合同。②

宏观理论固然重要，细致入微的挖掘也不可或缺。正视每日甚至每时都涌现并运转的合同及其争议，确定法律效力，澄清用语和条款的含义，整体审视以明确权利、义务及责任，为定下管辖助力，均为合同解释的重任所在。笔者在法学方法论的指导下，将规范、学说和案例相结合，交互思考合同解释问题，有理有据地辨析了合同解释与意思表示解释、单独行为解释、决议行为解释、法律解释，一一审视合同解释的主体和对象并得出自己的结论，把合同主体、合同形式、加盖于合同文本上的印章及其意义，放在合同解释的语境中予以讨论，赋予其意义；采用比较法的方法，理论联系实际地介绍、评价合同解释的原则及规则；特别强调法律关系方法乃解释合同必须遵循之法，并探寻法律方法的具体表现，给理论与实务以钥匙；在实务中发现问题，并通过研讨形成解决对策，促成了先签合同与后续合同之间的关系及其解释这个专题的完成。

---

① ［意］弗朗切斯科·加尔加诺：《论合同》，张红译，载徐涤宇、桑德罗·斯奇巴尼主编：《罗马法与共同法》，北京，法律出版社2012年版，第132页。

② ［意］弗朗切斯科·加尔加诺：《论合同》，张红译，载徐涤宇、桑德罗·斯奇巴尼主编：《罗马法与共同法》，北京，法律出版社2012年版，第133页。

本书系全国哲学社会科学基金重点项目“法学方法论与中国民商法研究”（批准号：13AZD065）的结项成果之二。对于全国哲学社会科学工作办公室及评审专家的准予立项和资助，笔者谨表谢意！中国人民大学出版社将包括本书在内的“法学方法论与中国民商法研究”（批准号：13AZD065）的六本结项成果公开出版，同样值得十分感谢！

缩　略　语

《宪法》——《中华人民共和国宪法》

《立法法》——《中华人民共和国立法法》

《民法总则》——《中华人民共和国民法总则》

《民法通则》——《中华人民共和国民法通则》

《物权法》——《中华人民共和国物权法》

《合同法》——《中华人民共和国合同法》

《农村土地承包法》——《中华人民共和国农村土地承包法》

《继承法》——《中华人民共和国继承法》

《公司法》——《中华人民共和国公司法》

《侵权责任法》——《中华人民共和国侵权责任法》

《消费者权益保护法》——《中华人民共和国消费者权益保护法》

《标准化法》——《中华人民共和国标准化法》

《招标投标法》——《中华人民共和国招标投标法》

《担保法》——《中华人民共和国担保法》

《破产法》——《中华人民共和国企业破产法》

《中外合资经营企业法》——《中华人民共和国中外合资经营企业法》（有效期至 2020 年 1 月 1 日）

《国家标准·标点符号用法》——《中华人民共和国国家标准·标点符号用法》

《经济合同法》——《中华人民共和国经济合同法》（1999 年 10 月 1 日失效）

《民事诉讼法》——《中华人民共和国民事诉讼法》

《教育法》——《中华人民共和国教育法》

《未成年人保护法》——《中华人民共和国未成年人保护法》

《仲裁法》——《中华人民共和国仲裁法》

《关于民法通则的意见》——《最高人民法院关于贯彻执行〈中华人民共和国民法通则〉若干问题的意见（试行）》

法复〔1996〕16号——《最高人民法院关于经济合同的名称与内容不一致如何确定管辖权问题的批复》

法释〔1999〕19号——《最高人民法院关于适用〈中华人民共和国合同法〉若干问题的解释（一）》

法释〔2000〕44号——《最高人民法院关于适用〈中华人民共和国担保法〉若干问题的解释》

法释〔2002〕16号——《最高人民法院关于建设工程价款优先受偿权问题的批复》

法释〔2003〕20号——《最高人民法院关于审理人身损害赔偿案件适用法律若干问题的解释》

法释〔2004〕14号——《最高人民法院关于审理建设工程施工合同纠纷案件适用法律问题的解释》

法释〔2008〕11号——《最高人民法院关于审理民事案件适用诉讼时效制度若干问题的规定》

法释〔2009〕5号——《最高人民法院关于适用〈中华人民共和国合同法〉若干问题的解释（二）》

法发〔2009〕40号——《最高人民法院关于当前形势下审理民商事合同纠纷案件若干问题的指导意见》

法释〔2012〕8号——《最高人民法院关于审理买卖合同纠纷案件适用法律问题的解释》

法释〔2015〕5号——《最高人民法院关于适用〈中华人民共和国民事诉讼法〉的解释》

法释〔2015〕18号——《最高人民法院关于审理民间借贷案件适用法律若干问题的规定》

法释〔2016〕5号——《最高人民法院关于适用〈中华人民共和国物权法〉

若干问题的解释（一）》

法释〔2016〕24号——《最高人民法院关于审理独立保函纠纷案件若干问题的规定》

法释〔2017〕16号——《最高人民法院关于适用〈中华人民共和国公司法〉若干问题的规定（四）》

目　录

壹

合同解释辨

一、概说

1. 合同解释，在不同的法系，在不同的立法例，在不同的场景，加上学说流派的不同，有不同的称谓。为清晰和便于叙述起见，本书把合同解释作为最上位概念，除非需要特别说明，都使用合同解释的术语。

对于美国法上的 interpretation 和 construction，尤其在这两个概念对称的场合，遵从多数译法，把前者译为合同解释，将后者译成推定解释或简称为推释。不过，这两者均为合同解释的下位概念，即推定解释（construction）属于合同解释的一种类型，或曰一种解释方法；至于 interpretation，作为推定解释（construction）相对的概念出现时，可径直译为合同解释，作为最上位的合同解释概念的下位概念时，只好译作狭义的合同解释。

在德国法系，意思表示解释的逻辑层级图为：意思表示解释分为阐释性解释（erlaüternde Vertragsauslegung）和补充解释（ergänzende Vertragsauslegung）；阐释性解释再分为自然解释（natürliche Auslegung）和规范解释（normative Auslegung）；自然解释用作探求当事人真意如何；规范解释用来探求表示行为的客观意义（规范意义），多用于有相对人的场合；补充解释的对象包括一切意思表示，但以合同为主，填补意思表示（合同）的漏洞，以假设的当事人意思为准据。[①] 该逻辑层级图具体到合同解释就是：合同解释分为阐释性合同和补充的合同解释，阐释性合同解释再分为自然解释（尽管适用的情形稀少）和规范解释。换言之，阐释性合同解释和补充的合同解释均为合同解释的下位概念。阐释性合同解释的中文译名有：简单的合同解释、单纯的合同解释，也有人将之命名为狭义的合同解释，或径称为合同解释或解释。有鉴于此，本书一般采用合同解释的表述，在相对于补充的合同解释而使用时，以阐释性合同解释称之，除非引用他人表述。

2. 合同解释，“是确定当事人双方的共同意思”[②]，是指“对合同及其相关资料的含义所作的分析和说明。不论合同用语是否清楚，均须解释。当合同条款不清楚时，法院可以远离最初的协议来确定当事人双方的真意”[③]。如果合同条款的用语被发现是清楚的、不模糊的，无须（提供）新的证据[④]，就不需要再作进一步的解释，以探寻当事人双方的意思。[⑤] 其实，这本身就是解释，因为要求合同自我清晰的开端就是合同解释的过程。[⑥] 诉到法院的所有的合同都必须加以解释。这样，即使因为合同中所用词与符号足够地清楚，一份书面合同不需要解释，法院在赋予它法律效力前也必须解释合同。[⑦]

合同用语清楚与否，不得简单地就用语表面观察和判定，而应依据法律，探究合同目的，结合合同体系以及缔约背景等有关因素，综合判断，而后形成结论。例如，某《房屋租赁合同书补充合同》第 8 条第 1 款约定：“租赁房屋的交付采取现状交付的方式。在本合同签订并生效时，承租人已经实际装修并正常使用，同时于本合同签订前已经查看了租赁房屋，并对交付现状无异议。”在系争

---

① 王泽鉴：《民法总则》，北京，北京大学出版社 2009 年版，第 390 页。

② 《法国民法典》第 1156 条；La. Civ. Code Ann art. 2045。

③ Rabenhorst Funeral Home，Inc. v. Tessier，674 So. 2d 1164（La. App. 1st Cir. 1996).

④ Frischhertz Elec. Co.， Inc. v. Housing Auth. Of New Orleans， 534 So. 2d 1310， 1312（La. App. 4th Cir. 1988)，writ denied，536 So. 2d 1236（La. 1989).

⑤ La. Civ. Code Ann art 2046. Maloney v. Oak Builders，Inc.，256La. 85，235 So. 2d386（1970).

⑥ Patrick S. Ottinger，Principles of Contractual Interpretation，60 La. L. Rev.，765（Spring，2000).

⑦ Mark K. Glasser & Keith A. Rowley，On Parol：The Construction and Interpretation of Written Agreements and the Role of Extrinsic Evidence in Contract Litigation，49 Baylor L. Rev. 657（1997).

合同履行过程中，双方发生争议，包括对于此处所谓“现状交付”在理解上分歧严重。出租人认为，我出租的就是现状如此的房屋，承租人于缔约前查看了该房屋，缔约时有表示“对交付现状无异议”，故我已经完全履行了系争合同项下的义务，不存在违约行为。承租人对此反对的见解为：系争《房屋租赁合同书补充合同》第2条第3款明确租赁房屋的经营用途为“医疗美容”，而依据消防方面的法律，用于医疗美容的案涉房屋在第二层必须具有三个逃生出口，但出租人交付给承租人的租赁房屋在第二层却只有两个逃生出口。事后，行政主管机关已经出具处罚决定书，明确案涉租赁房屋不合消防法的要求，禁止案涉房屋用于医疗美容，除非出租人或承租人整改到位。有鉴于此，出租人交付给承租人的租赁房屋不符合系争《房屋租赁合同书补充合同》的目的，出租人就此构成违约，即使承租人于缔约前查看过案涉房屋，于缔约时表示“对交付现状无异议”，也是如此；消防法的此类规定系强制性规定，合同当事人不得违反。笔者赞同承租人的意见，认为系争《房屋租赁合同书补充合同》第8条第1款约定的“现状交付”中的“现状”，不仅仅是物理意义上的现状，而且必须包含法律意义上的现状，即，案涉房屋用于医疗美容不得违反法律的强制性规定。案涉房屋没有达到消防法要求的规格，违反了法律的强制性规定，不应被认定为出租人已经交付了合格的租赁房屋。

3. 就旧时所称“契约”而言，因利益彼增此消，其实合伙等共同行为也有时如此，难有当事人双方的共同意思，仅可确定当事人一方的意思，不行吗？对此可有两方面的回应：其一，通过规范解释确定的合同条款/文字的含义，可能与当事人一方的理解相一致，而且经常是这样的情形[①]；其二，单就某特定交易而言，即使采取旧时所称“契约”的法律形式，也有对立的当事人双方各自妥协、让步，形成共同的意思，更不要说合伙合同等共同行为了。

4. 当事人的意思，由内心意思和表示行为构成。合同解释针对何者，还是兼顾？一种观点主张，解释的对象只能是表示，即某种具有有效表示意义的行

---

① ［德］维尔纳·弗卢梅：《法律行为论》，迟颖译，北京，法律出版社2013年版，第343页。

为。而确定某种行为是否具有有效表示的意义，就已经属于解释的任务范畴了。[①] 表示是解释的真正对象，其他情形仅仅是解释的辅助手段。[②] 对此，中国民法解释论如何评价？这将在本书“肆、合同解释的对象”专题中展开讨论，此处不赘。

此时，结论是一份合同文本载有当事人一致或合致的意思表示系合同解释的对象。问题来了，有些意思表示（合同条款）后被删除了，这些已被删除的内容是否为合同解释的对象？

5. 某些内容被当事人从合同文本中删除，它们便不是合同的组成部分，不可对它们赋予法律效果，这似乎符合逻辑。有观点认为，在法理学上，尽管尚未理想地建立起来以下规则：印刷的字词被合同当事人删除、去掉或打掉，被视为无书面形式，但当法院偶然遇到这种改变时，应以盲人处于此地论，不解释被删掉的字词。[③] 解释合同是看当事人各方同意的内容，而不是没有同意的内容。英美奉行口头证据规则，传统的做法是十分拒绝接受这些所谓证据。[④]

不过，实际上该“删除、去掉径直视为无书面形式，故不成为解释作业中的组成部分”的规则，尚未阻止住诉讼当事人促使法院采纳作与删除的语句相反的推断解释。[⑤]

Di Cristina v. Weiser[⑥] 中的争执在于，不动产买卖合同场合买方关于实际履行的需要。格式合同有一条款约定，买方若在“特定的时间”未遵守合同，会被没收押金（deposit）。该印刷的格式合同还包括“时间是合同的重要因素”的短语。[⑦] 在履行该合同前，合同由卖方的助理律师加以审查，因为卖方的正式律师生病。合同草案上原本载有关于“时间是该合同的重要因素”的除外格式条款，

---

① ［德］卡尔·拉伦茨：《德国民法通论》（下册），王晓晔、邵建东、程建英、徐国建、谢怀栻译，谢怀栻校，北京，法律出版社2003年版，第463页。

② ［德］卡尔·拉伦茨：《德国民法通论》（下册），王晓晔、邵建东、程建英、徐国建、谢怀栻译，谢怀栻校，北京，法律出版社2003年版，第465页。

③ For example，in Dawson v. Ohio Oil Co.，96 So. 508，509（La. 1923）.

④ 杨良宜：《合约的解释》，北京，法律出版社2007年版，第127页。

⑤ Patrick S. Ottinger，Principles of Contractual Interpretation，60 La. L. Rev. 765（2000）.

⑥ 215 La. 1115，42 So. 2d 868（1949）.

⑦ 215 La. 1118，42 So. 2d 869（1949）.

被该审查律师用墨水删除，因为（按照他的证词）他知道卖方的首席律师Mr. Miller有反对该条款的心理（fetish）。[①] 实际履行的情况是买卖行为并未在合同约定的日期完成。审判法院判决向原告（买方）实际履行，被告（卖方）提起上诉，辩论道：原告无权主张实际履行，因为他在合同约定的买卖日期方面陷入迟延。原告通过说明时间不是该合同的重要因素，如此明示的语句已被卖方的律师删除的事实说明了这一点，来反驳被告的观点。法院拒绝了原告的辩论，不准予实际履行，阐明：该抗辩不能认为正当。首先，“时间是合同的重要因素”短语的删除并未影响该清晰语句的保留，因此，严格地讲，对于解读下述条件，无解释的空间：“一旦买方在特定时间未遵守合同，卖方有权不拘泥于形式（formality），没有买方反对时（without placing purchaser in default），根据事实没收押金；或者请求实际履行。”[②] 换言之，法院并不采纳原告关于打掉“时间是合同的重要因素”一语，证明当事人不再认为时间是合同的重要因素的辩论观点。[③]

不得一律忽略被删除内容的理由之一是，合同解释重视缔约背景/语境，在谈判时删除合同内容的部分也是缔约背景之一，故无理由不考虑删除内容，只是被删除内容的分量轻重不同。在最近的30年，英国法有许多重要的判例强调，在解释合同时必须先考虑缔约时的背景（background），唯有如此，才能理解合同条款或文字的本质。此处所谓背景可被称作语境（factual matrix）。[④]

借鉴上述判例和学说，中国法及理论宜采纳如下规则：（1）对被删除的合同内容，第一步工作是确定其是否为当事人的真意所为，若非为当事人的真意，而是源自当事人的不小心，则按照合同漏洞规则将其补充进合同中来。此种合同漏洞的补充，可能是将被删除内容原封不动地填补入系争合同之中；也可能是由裁判者视个案情形而增加或减少被删除内容，来补充入系争合同之中。（2）若为当事人的真意，那么，不径直依其意思赋予法律效果，但不排斥将之作为缔约背景及合同语境，根据个案情形决定是否用其解释合同有关言辞。

6. 毕竟“文字并非像水晶般的清晰、不变的；它其实是活生生思想的外衣。

---

① 215 La. 1118，42 So. 2d 869（1949）.

② 215 La. 1121，42 So. 2d 870（1949）.

③ Patrick S. Ottinger，Principles of Contractual Interpretation，60 La. L. Rev. 765（2000）.

④ 杨良宜：《合约的解释》，北京，法律出版社2007年版，第126页，第253页。

其色彩和内容可能会因为使用的场合和时间的不同而有很大的不同”①。对霍姆斯先生的提醒，我们应当如何对待？Oliver Wendll Holmes，Jr. 大法官开出一份药方：在使用合同术语时，即使是一份完整的与外表上不模糊的合同，对合同的主体而言，法院应考虑合同的周围情事。② 得克萨斯州最高法院同样坚持：一份法律文件的用语是外部事情的简单复述，用语经常需要解释。确定其与外部对象的联系是必要的，所有的情事（环境）都应予以考虑，以便弄清他们所用词语的意思。③

所谓合同的周围情事（surrounding circumstances），包括缔约当时的整个社会状况以及法律状况④，也包括所有书面未见、口头陈述以及其他可以体现当事人各方的意思的行为，此外还包括当事人之间的缔约过程以及可以适用的交易过程、履行过程或惯例。⑤ 特别是，先前的交易经常帮助确定合同当事人各方是否已经形成了一个对其关系的不同寻常的共同理解，包括助其作出明智判断的阅历、知识和经验的进程。⑥ 德国民法学说也如此强调：在进行规范解释时，应当考虑的事实情形包括所有那些对表示的意义具有决定性作用的过程和情事。例如，参与行为当事人的所有行为，他们在合同谈判过程中所作出的表示行为——此处也包括一方当事人向另一方当事人提供的广告单、产品目录和价目表——当事人一方明确表示的或其表示所表现出来的其实施行为的目的；表示的时间和地点；作出表示时的总体情况。特别是一般在何种意义上和出于何种目的作出这类行为；当事人在作出表示时所体现出来的那些个人情况。⑦

合同解释之所以要考虑合同的周围情事，是因为一份法律文件的用语是外部

---

① 霍姆斯语，see Towne v. Eiener，245 U. S. 418，425（1918）。

② See Restatement（second）of Contracts [sect] 209 cmt. a.

③ Stewart v. Selder，473 S. W. 2d 3，7（Tex. 1971）. In Murphy v. Dilworth，the court stated.

④ Maryland-National Capital Park & Planning Commn. v. Lynn，514 F. 2d. 829（D. C. Cir. 1975）. 转引自［美］E. 艾伦·范斯沃思：《美国合同法》（原书第 3 版），葛云松、丁春艳译，北京，中国政法大学出版社 2004 年版，第 468 页。

⑤ ［美］E. 艾伦·范斯沃思：《美国合同法》（原书第 3 版），葛云松、丁春艳译，北京，中国政法大学出版社 2004 年版，第 468 页。

⑥ K. M. Sharma，Fairness：From “sanctity” to “Fairness”：An Uneasy Transition in the Law of Contracts?，18 N. Y. L. Sch. J. Int'l & Comp. L. 95.

⑦ ［德］维尔纳·弗卢梅：《法律行为论》，迟颖译，北京，法律出版社 2013 年版，第 365 页。

事情的简单复述，用语经常需要解释。确定其与外部对象的联系是必要的，所有的情事（环境）都应予以考虑，以便弄清他们所用词语的意思。① 如果借助于合同周围情况发现合同用语仅可能是单一的意思，那么法院能把合同的含义限制在书面表达出的意思上（法院能仅以书面显示出的意思作为合同的意思）。② 一个词假如脱离了周围情事，是否还具有任何含义都是值得怀疑的。③

法院将根据与合同有关的行业与地方的习俗和习惯解释商事合同。④ 其结果，除非当事人各方的相反意思是清楚地显现出来的⑤，合同周围情事可以包括当事人之间的连续交易（交易过程）⑥、仍被人们遵循的交易惯例⑦或者当事人履行合同的过程。⑧

因英美普通法确立并运用口头证据规则，周围情事规则与之有关联。与合同推定解释的其他主要规则不同，周围情事规则确定地要求法院考虑外来或附带证据。⑨ 但是，当周围情事规则仍不能准许关于当事人的主观意思的证据时，它便实质地削弱（undercut）了口头证据的排斥效力（exclusionary effect），削弱了为准许法院考虑外来或附带证据的形式而要求被申辩或被发现的观念予以模糊化。

再者，目的解释（purpose interpretation）系重要的解释方法，它内在地重视在解释合同文字时关注周围情事。⑩ 如此认识符合事物本质及逻辑，有其道

---

① Stewart v. Selder，473 S. W. 2d 3，7（Tex. 1971）. In Murphy v. Dilworth，the court stated.

② 626 S. W. 2d 726，731（Tex. 1981）（emphasis added）.（footnotes omitted.）

③ E. 艾伦·范斯沃思：《美国合同法》（原书第 3 版），葛云松、丁春艳译，北京，中国政法大学出版社 2004 年版，第 468 页。

④ See Restatement（Second）of Contracts［sect］202（5）.

⑤ See Luling Oil & Gas Co. v. Humble Oil & Ref. Co.，191 S. W. 2d 716，724（Tex. 1945）.

⑥ 一个“连续交易是当事人之间对合同的一系列的先前行为，它被公平地作为建立一个为解释其表达出的意思与其他行为的共通的理解基础”。Restatement（Second）of Contracts〈sect〉223（1）.

⑦ 一个交易惯例既指一个特定交易或特定地区的习惯，又指对一个词或短语的含义在特定交易或特定地区都普遍知晓这样一种情形。See Restatement（Second）of Contracts〈sect〉219 cmt.

⑧ See Tex. Bus. & Com. Code Ann.［sect］2. 208 cmt. 1（Vernon 1994）（discussing the parties action under the agreement）.

⑨ Sun Oil Co. v. Madeley，626 S. W. 2d 542，546（Tex. App. —Corpus Christi 1993，no writ）.

⑩ New England Structures v. Loranger，234. N. E. 2d 888（Mass. 1968）. 转引自 E. 艾伦·范斯沃思：《美国合同法》（原书第 3 版），葛云松、丁春艳译，北京，中国政法大学出版社 2004 年版，第 469 页。

理，恐怕绝大多数法律人都难以否认周围情事在合同解释中所起的不可或缺的作用，故而中国民法及其理论可以借鉴。德国的行为基础说[①]与该周围情事理论有某种程度的契合之点。笔者倡导交易的整体解释[②]在一定程度上与此处周围情事理论存有交叉。

需要提醒，英国有些判例坚持，对合同文字有怀疑或解释困难才看周围情事。如今，即使合同中清楚、明确的表达也会考虑语境。[③]

中国现行法虽未确立口头证据规则，但其中一些因素至少可被体系解释、交易的整体解释所吸纳。中国现行法虽未明确合同的周围情事系合同解释不得无视的因素，但客观实际决定了周围情事在合同解释中的不可忽略的地位及作用。

显而易见，周围情事中的大多数元素均非合同本身，尤其是履行过程、习俗、交易惯例在中国法及其理论上不是意思表示，不是法律行为，故不宜笼而统之地称周围情事是合同解释的对象，只是合同解释的辅助手段。此其一。当事人双方缔约时选择特定的合同条款/文字，已经应该有共同的意图和了解去这样做，特别是双方在缔约时有律师协助的场合，解释合同必须慎用周围情事。贵族院在Mannai Investment Co. Ltd.（1997）AC 749案等判例中形成的规则是，如果合同的用语足够明确无误，该条款/文字的一般性解释还是应被接受，而不应该受缔约背景/语境的扭曲。[④] Park大法官在Breacher v. Grossman（2001）Ch 523案中说：如果缔约人并不像用语错误，就应该根据这些所用的文字作出一般性的解释。[⑤] 英国判例的这种立场符合意思自治原则，符合应尽可能地按照当事人的真实意思确定合同条款/文字的含义的精神，值得中国法重视。此其二。周围情事

---

① ［德］厄尔特曼：《行为基础》，1921年版。转引自［德］卡尔·拉伦茨：《德国民法通论》（下册），王晓晔、邵建东、程建英、徐国建、谢怀栻译，谢怀栻校，北京，法律出版社2003年版，第534页。

② 崔建远：《意思表示的解释规则论》，载《法学家》2016年第5期。对于交易的整体解释，见崔建远：《先签合同与后续合同的关系及其解释》，载《法学研究》2018年第4期。

③ 杨良宜：《合约的解释》，北京，法律出版社2007年版，第259页，第253页。

④ Mannai Investment Co. Ltd.（1997）AC 749. 转引自杨良宜：《合约的解释》，北京，法律出版社2007年版，第279页。

⑤ Breacher v. Grossman（2001）Ch 523. 转引自杨良宜：《合约的解释》，北京，法律出版社2007年版，第279页。

的另一个不妥之处是会带来法律不稳定，毕竟要不同的法官/仲裁庭审视大量的证据就已经会对事实有不同的认识，这已经造成一方面的不稳定。这符合客观实际，值得中国法注意。此其三。[①]

关于“不宜笼而统之地称周围情事是合同解释的对象，只是合同解释的辅助手段”的观点，下文通过一个实例予以展示和说明。

7. 某《HLD公司股权与项目转让协议》第7.6条约定：“受让方及项目公司若违反本协议第2条、第3条、第5条的约定，则视为构成根本性违约。本协议约定的交割日后，交割日前已经签署的与项目有关的协议或合同的权利义务均与转让方无关。若因受让方或项目公司履行与项目有关的协议或合同而给转让方造成任何损失的，受让方、项目公司应对转让方遭受的该等损失负连带赔偿责任。”观察该条约定，未见受让方、项目公司履行相应债务的期限，包括“受让方或项目公司履行与项目有关的协议或合同”的期限。确定该履行期，囿于系争《HLD公司股权与项目转让协议》本身，无法达到目的，必须借助于“与项目有关的协议或合同”的约定及催告等事实。

原来，此处所谓“交割日前已经签署的与项目有关的协议或合同”“与项目有关的协议或合同”，指的是转让方与11家案外人成立的《设备采购合同》《阀门供货合同》《工矿产品销售合同》《工业品买卖合同》《水箱采购合同》《建筑工程设计合同》《热力管网架设施工合同》。转让方在这些合同中都承担付款义务，直至系争《HLD公司股权与项目转让协议》成立并生效时均未实际支付。根据系争《HLD公司股权与项目转让协议》约定，转让方将这些付款义务转移给受让方，受让方向这11家案外人的付款，作为向转让方支付股权转让款的一部分。

受让方已经向这11家案外人出具了《债务转移承诺书》，除两家案外人未回复同意债务转移之外，其他9家案外人均已同意债务转让。

这些转让方与11家案外人成立的《设备采购合同》《阀门供货合同》《工矿产品销售合同》《工业品买卖合同》《水箱采购合同》《建筑工程设计合同》《热力管网架设施工合同》以及受让方已经向这11家案外人出具的《债务转移

① Waller大法官就British Sugar plc. v. NEI Power Projects Ltd. (1997) 87 BLR 42案的意见，贵族院的五位大法官的意见。转引自杨良宜：《合约的解释》，北京，法律出版社2007年版，第278－279页。

承诺书》，都是系争《HLD公司股权与项目转让协议》第7.6条等条款的周围情事，可以作为解释系争《HLD公司股权与项目转让协议》第7.6条等条款的辅助手段。

这样，受让方是否适当履行系争《HLD公司股权与项目转让协议》第7.6条项下的义务，首先受制于转让方与11家案外人订立的《设备采购合同》《阀门供货合同》《工矿产品销售合同》《工业品买卖合同》《水箱采购合同》《建筑工程设计合同》《热力管网架设施工合同》约定的付款义务期限。如果付款义务的履行期尚未届满，则受让方有权援用履行期尚未届满的抗辩，不构成违反转让方与案外人之间的合同以及《债务转移承诺书》，也不违反系争《HLD公司股权与项目转让协议》第7.6条的约定。如果付款义务的履行期已经届满，那么，还要看受让方有无其他抗辩。若无，则受让人没有付款，就既违反转让方与案外人之间的合同以及《债务转移承诺书》，也违反系争《HLD公司股权与项目转让协议》第7.6条的约定；若有，则受让人没有付款，就不构成违反转让方与案外人之间的合同以及《债务转移承诺书》，也不违反系争《HLD公司股权与项目转让协议》第7.6条的约定。对于两家案外人未复函同意债务转让的，受让方有权以相应债务尚未转移为由，拒绝向这两个债权人付款，不构成违反转让方与案外人之间的合同以及《债务转移承诺书》，也不违反系争《HLD公司股权与项目转让协议》第7.6条的约定。卷宗证据证明，转让方与案外人之间的合同，有些合同约定付款义务的部分款项以货物验收合格为支付条件。受让人承担此类债务，还有权以付款条件尚未成就予以抗辩。抗辩成功的，同样不构成违反转让方与案外人之间的合同以及《债务转移承诺书》，也不违反系争《HLD公司股权与项目转让协议》第7.6条的约定。

8. 合同解释，本来是要探知缔约各方于合同言辞中表达出来的意思，特别是真实意思，但英国法却承认无法解释出缔约各方的意思的合同条款。在英国法上，有所谓不肯定（uncertainty）合同条款，计有三种情形。第一种情形，根本无法给出有关明示条款/文字任何解释（devoid of any meaning）。这方面的一个著名案例是Nicolene v. Simmonds，（1953）1 Lloyd's Rep. 189，基本案情是一宗3 000吨钢材的货物买卖。双方是通过信来信往达成所谓合同，其中后来的一封信函有一段话："As you have made the order direct to me，I am unable to confirm

on my usual printed form which would have the usual *force majeure* and war clauses, but I assume that we are in agreement that the usual condition of acceptance apply."这段话引发争议，买受人认为双方已经达成买卖合同，但出卖人没有交货。出卖人以为双方并未达成买卖合同，因为这段话太不肯定。结果，上诉庭认定这段话的最后几个加黑的文字无法给出任何解释，因为根本没有这回事。第二种情形，所用合同条款/文字有太多可能的解释，而每一种解释都与合同其他条款没有矛盾，使得裁判者根本无法确定其意思或缔约双方的想法。于此场合，裁判者就会以不肯定为由判决其无效，不论这无效的后果是双方还没有达成协议还是不肯定的合同条款/文字本身无效。第三种情形，协议将来达成协议(agreement to agree)。英国法认为此类协议等于协议将来进行谈判一样，因其太不肯定而无效，如此把握的原因在于，难以知道双方谈判出什么结果来才是大家可以接受的。拒绝谈判的一方可以说"谈下去我也是坚持一分钱不付"。如此，此类违约会带来什么损失，其实似乎是无法确定和证明，希望谈判的一方能够索赔什么损失?①

合同条款/文字不肯定可能有两种结果，一是合同或其相应条款无效，二是合同有效，但把不肯定条款/文字忽略/删除。②

此类情形在中国实务中也出现过，需要解决，英国法的经验值得我们重视。

9. 处理合同案件，首先须确定合同是否成立；若已经成立，该合同是否有效。判断合同是否成立、有效的规则，例如《合同法》第25条及第32条、第33条、第36条、第37条、第44条、第47条、第48条、第51条、第52条、第54条等规定的规则，不是合同解释的规则。③ 但寻找这些法律规范，判断合同成立与否、有效与否的过程，有学说认为属于合同解释的活动。例如，梅迪库斯教授认为，行为能力一般是解释之前的一个问题，因为行为人在欠缺必要的行为能力的情况下表达的东西不生效力，故这种东西无须解释。不过，即使在这里也有可能立即产生解释问题。例如，有关行为是否仅仅给未成年人带来法律上的利益

---

① 杨良宜：《合约的解释》，北京，法律出版社2007年版，第141-144页。

② 杨良宜：《合约的解释》，北京，法律出版社2007年版，第145页。

③ See Arthur Linton Corbin, Corbin on Contract (one volume edition), West Publishing Co., 488 (1952).

（《德国民法典》第 107 条）？未成年人从事的行为是否在其法定代理人的允许范围之内（《德国民法典》第 107 条）？在后一个问题中，甚至需要进行双重解释，既需要解释未成年人订立的合同，又需要解释法定代理人的允许行为。此其一。一方面，有时欠缺形式的合同无效，因而对这种合同无须再作解释，另一方面，有时只能通过解释才可得知，某个合同需要具备形式要件（如《德国民法典》第 766 条关于保证的规定），还是不需要具备形式要件（如《德国民法典》第 778 条关于信贷合同的规定）。此其二。违反法律或违反善良风俗的问题也往往与解释问题联系在一起。虽然对违反法律禁令或善良风俗的合同不需要再作解释，但是往往首先要通过解释，才能适用法律或善良风俗的标准进行评判。此其三。当事人各方在合同中约定合同在什么情况下无效。该约定是否具有法律效力？这需要通过解释方能确定。尽管有判决坚持合同无效的原因只可法定，当事人各方约定的法定无效原因以外的无效原因无效，但笔者觉得这过于绝对，不如区分情形而定更为合理。（1）当事人各方关于合同无效原因的约定与法定的合同无效原因相同，此种约定只不过是重复了法定的情形，个案中出现了此种无效原因时合同无效，不成问题。至于此种结果是基于法律规定所致还是当事人的约定使然，与解释者所持法哲学的立场有关。如果解释者坚持《法国民法典》（新债法）关于“依法成立的合同，在缔约的当事人之间，有相当于法律的效力”（第 1103 条）[①]的规定，那么，完全可以认为该合同无效基于当事人各方的约定。与此不同，如果解释者信奉马克思主义，那么，只能把此种合同无效解释为源自法律的规定。（2）当事人约定的合同无效的原因超出了法定的合同无效的原因种类，如果此种约定违反了法律、行政法规的强制性规定或背离公序良俗的，应为无效；否则，该约定有效。不应不分青红皂白地一律否定当事人各方关于合同无效原因的约定。（3）至于当事人的约定使用了合同“无效”的术语是否恰当，可再斟酌。原来，按照马克思主义，合同无效应当是国家及法律评价业已成立的合同的结果，当事人本无权力确定合同无效。就此而言，称当事人关于合同无效的约定有效，与该理论不符。但在实质上，当事人关于合同无效的约定，是合同不发生效力或

---

① 源自复旦大学法学院教授李世刚博士的翻译（李世刚：《法国新债法：债之渊源（准合同）》，131 页，北京，人民日报出版社，2017），特此致谢！

失去法律效力的约定。如此，此类约定使用“无效”的措辞属于法律上的错误，而法律上的错误场合不以当事人的认识为准，而应依据法律。在若干情况下，当事人各方在合同中关于合同无效原因的约定，属于合同在某情形不发生法律效力的约定，类似于附停止条件的约定；在另外的许多情况下，当事人各方在合同中关于合同无效原因的约定，属于附解除条件，在某情形出现时，合同归于消灭，于此场合将所谓合同“无效”的措辞改换成合同“失去法律效力”或“失去法律约束力”的表达，显然更为合适。此其四。在可撤销的合同，特别是因错误而成立的合同（《德国民法典》第119条、第120条）场合，解释明显处于优先地位。通过解释才可得知，意思表示是否真的没有表达出表意人的内心所欲，或通过解释即可使表意人的意思产生效力。此其五。有关欠缺或丧失交易基础（Geschaftsgrundlage）的问题，更是与解释不可分离。[①] 此其六。

观察和总结这些议论，可以得出这样的心得：所谓解释合同并非仅仅适用有关合同解释的规定及原理，而是同时适用其他法律规定，而所谓其他法律规定可能是合同有效前提下的履行规定、担保规定、抗辩规定、变更规定、解除规定、责任规定，也可能是合同无效的规定，等等。这样，如果把合同解释理解为依据合同解释的原则及规则探知、确定合同条款/文字的含义，换言之，只要适用关于合同解释的规定及原理于某特定合同即为合同解释，至于是否同时适用关于合同的其他法律规定，包括无效的规定，并不影响合同解释的质的规定性，那么，就某特定合同条款/文字予以解释，结论是该合同或其条款无效，就没有理由将认定合同无效作业排除于合同解释的范畴。

10. 合同解释的任务在中国尤其繁重，因为法律规范的用语越概括，就越不明确，适用时给予法官的自由也就越大；法律规范的具体性有所减少，法官的解释任务就自然而然地有所增加。[②]

---

① ［德］迪特尔·梅迪库斯：《德国民法总论》，邵建东译，北京，法律出版社2000年版，第234－236页。

② 参见［法］勒内·达维德：《当代主要法律体系》，漆竹生译，上海，上海译文出版社1984年版，第90页。

二、合同解释与推定解释

1. 美国普通法区分合同解释（interpretation）与推定解释（construction）。按照科宾教授的释义，合同的解释（interpretation）是确定合同所用之词与符号的含义的过程；而推定解释（construction），有学者将之译为推释，则为借助合同自身以外的许多事实来确定这些词与符号所具有的法律效力的过程。① 范斯沃思教授的表述是：合同解释（interpretation）一词被较狭窄地使用，意指法院用来确定当事人自己赋予合同文字以何种意义的过程。法院通过这一过程来确定美国《统一商法典》所称的“当事人的协议”（agreement），即当事人之间在事实上所达成的交易，其内容应根据当事人所使用的合同文字或根据周围情事所作出的推断来确定。② 推定解释（construction）是指法院在确定合同文字的法律效果之时，所确定的合同文字的含义。③ 在这样的概念体系下，通过合同解释（interpretation）的过程可能得到一种含义（当事人自身赋予合同文字的含义），而通过推定解释（construction）的方法，则可能得到另一种含义（在确定合同的法律效果时具有决定性的含义）。④

美国普通法上的所谓合同解释（interpretation），相当于德国法系的阐释性合同解释。如同上文所述，本书“拾叁、合同漏洞的补充”专题中会进一步辨析，阐释性合同解释与单纯的合同解释、简单的合同解释或狭义的合同解释同义。

其实，通过合同解释（interpretation），确定当事人各方的合意，在美国法上存在着客观说和主观说之间的争论。客观主义者拒绝承认双方当事人所共同理解的含义的优先地位。用坚定的客观主义者伦德·汉德法官的话来说：如果当事

---

① Arther L. Corbin, Corbin on Contracts, West Publishing Co.,〈sect〉534, at 7-9 (1960).

② 美国《统一商法典》第1-201条第3款；［美］E. 艾伦·范斯沃思：《美国合同法》（原书第3版），葛云松、丁春艳译，北京，中国政法大学出版社2004年版，第453页。

③ ［美］E. 艾伦·范斯沃思：《美国合同法》（原书第3版），葛云松、丁春艳译，北京，中国政法大学出版社2004年版，第453页。

④ ［美］E. 艾伦·范斯沃思：《美国合同法》（原书第3版），葛云松、丁春艳译，北京，中国政法大学出版社2004年版，第453-454页。

人各方分别表示：他们的意思并非合同文字的自然含义（natural meaning），而另有其他，并且，这两个表示的内容相同，这仍然无关紧要，除非当事人各方之间就该意思已经达成了相互的合意。当法院试图解释他们所用的词句的含义时，将无视这些表示，因为这种表示所涉及的仅仅是合同订立之时当事人的主观状态，而这与当事人的义务毫无关系。[①]

与此相反，有判例认为，法院应当支持当事人各方共同理解的含义，而不是根据客观标准确定的含义。[②]

总之，较为可取的立场及态度是，在当事人对有关的合同条款/文字的含义持有相同的理解时，法院应当依其意思进行解释。但是，如果当事人各方对合同条款/文字的含义持有不同的理解，裁判者的任务则更为复杂，要适用合理标准来确定哪一方当事人的意思应被采纳，而另一方当事人的意思则被弃之不顾了。如果当事人各方对合同条款/文字的含义根本未曾考虑，那么，裁判者的任务就是根据合理标准来确定该条款/文字的含义，而这一含义与当事人各方的意思没有关系。[③]

所谓通过推定解释的方法可能得到另一种含义，所指为何？在 Fried 先生看来，允诺原则（promise principle）具有优先性……主审法官填补漏洞仅是补充作为允诺的合同的意思，而非与之对抗或压制破坏它。主审法院仅仅在当事人没有允诺时才填补漏洞。因此，Fried 先生主张，填补漏洞不得威胁允诺的统治地位，因为当事人能够在交易谈判时选择其合同条款。[④] 不过，人们的理念和法律的规定也在变化。在英国，1938 年的《分期付款买卖法》（Hire-Purchase Act）被 1974 年的《消费信贷法》（Consumer Credit Act）所取代，后者首次赋予了法官重写分期付款买卖合同的权力。[⑤]

区分合同解释和推定解释的理由有二：其一，赋予用语含义的过程与主审法

---

① Eustis Mining Co. v. Beer, Sondheimer & Co., 239 F. 976, 984－985 (S. C. N. Y. 1917). 转引自杨良宜：《合约的解释》，北京，法律出版社 2007 年版，第 460－461 页。

② 杨良宜：《合约的解释》，北京，法律出版社 2007 年版，第 461 页。

③ ［美］E. 艾伦·范斯沃思：《美国合同法》（原书第 3 版），葛云松、丁春艳译，北京，中国政法大学出版社 2004 年版，第 467 页。

④ C. Fried, Contract as Promise: A Theory of Contractual Obligation, 17 (1981).

⑤ See P. S. Atiyah, The Rise and Fall of Freedom of Contract, Oxford • Clarend Press, 678 (1979).

院确定用语的法律效果的过程，既无共同点，也不太相似。合同解释旨在确定当事人各方对合同表述所可能合理地理解的含义，而推定解释是用来协助确定合同文字的法律效果，而这与当事人各方对合同文字所理解的含义是不同的工作。[①]其二，对两者予以区分，不仅同《科宾论合同》一书其他章节中的表述前后统一，而且与美国法学会所作的《合同法重述》中的习惯用法相一致。[②]

2. 但是，以上介绍并非在说推定解释与合同解释两个概念是完全独立的、如两条铁轨般并行向前的、互不影响的合同解释方法，只是正视二者的差异，进而确定主审法院何时忠实于当事人的真意来确定合同言辞的含义，何时依职权认定合同言辞的意义，哪怕这偏离了当事人的本意。此其一。在美国，为了确定当事人各方的真意，对书面合同的理解赋予适当的法律效力，两个过程都规范地需要主审法院考虑外部证据——远离书面合同的字面含义（four corners）的证据。[③] 这反映出合同解释与推定解释拥有着相同作业的一面。此其二。正如同推定解释必须以合同解释为起点，我们将发现，合同解释会随着推定解释的进程而变化。[④] 同时，推定解释之所以最终确定这样的而非那样的待补合同条款/文字以及整个过程，也在受合同解释及其进程的影响，除非解释者不专业或执意违背公平正义。这反映出（阐释性）合同解释与推定解释之间的关联性、交互影响性。此其三。基于体系解释和目的解释的要求，补充合同漏洞并非拘泥于该漏洞之中探究、确定待补的意思表示，而须审视合同的全部条款乃至合同周围情事甚至关联交易，来寻觅自洽的、周延的、符合公平正义的合同条款/文字，最终将之填补进合同之中。这种作业就是在解释合同，特别是其中“确定合同所用之词与符号的含义的过程”，即为阐释性合同解释。可见，推定解释和合同解释在个案中常常一并运用。此其四。在区分推定解释与合同解释两个概念的背景下，虽然说填补合同漏洞一定使用推定解释，因为法院确定合同漏洞的法律效力的过程

---

① ［美］E. 艾伦·范斯沃思：《美国合同法》（原书第3版），葛云松、丁春艳译，北京，中国政法大学出版社2004年版，第473－474页。

② Arthur Linton Corbin, Corbin on Contract (one volume edition), West Publishing Co., 494－495 (1952).

③ Mark K. Glasser & Keith A. Rowley, On Parol: The Construction and Interpretation of Written Agreements and the Role of Extrinsic in Contract Litigation, 49 Baylor L. Rev., 657 (Summer, 1997).

④ Ibid., at 494.

可称之为推定解释，而不叫合同解释，但并不存在着只要使用推定解释这个术语就必然系指填补合同漏洞的逆定理。人们也在这样的意义上使用推定解释：独立于当事人的意思之外而帮助判定合同用语的含义的解释规则。例如，假定买卖过程导致了一项公平的交易，作为一个理性人都会支持这样的交易，那么在解释它时，是支持还是否定这项交易呢？应选择前者。在一方举证该交易的某部分欠缺公正性时，主审法院将更坚定地支持这一假定，这意味着主审法院所考虑的不仅仅是当事人所用术语的含义。在不依当事人本意作出裁判更为公正时，主审法院就常用此方法来避免赋予协议中固有的不公平条款以法律效力。① 此其五。以至于在今天，摘录交替使用合同解释与推定解释术语的裁判观点与习作有许多，未再区别使用这两个术语。②

3. 中国合同法及其解释理论没有明确区分合同解释（相当于德国法及学说上的阐释性合同解释，或单纯的合同解释，或简单的合同解释，或狭义的合同解释，下同）与推定解释，但事实上却存在着寻觅、澄清合同言辞的含义时裁判者是“不越雷池一步”“像思想者那样去理解思想的表达”③，还是“基于公平正义依职权确定合同言词的含义”的不同作业。加上比较法的需要，了解合同解释与推定解释之间的关系，还是有价值的，特别是借鉴推定解释方法填补合同漏洞的作业时更是如此。此其一。在当事人各方对有关的合同条款/文字的含义持有相同的理解时，裁判者应当依其意思进行解释，这体现并保障当事人的交易安排，符合意思自治原则。但是，如果当事人各方对合同条款/文字的含义持有不同的理解，则应适用合理标准来确定哪一方当事人的意思应被采纳，而漠视另一方当事人的意思，以免产生偏袒一方的结果。如果当事人各方对合同条款/文字的含义根本未曾考虑，那么，裁判者同样应依合理标准来确定该条款/文字的含义，将公平原则落实在地。此其二。倘若如此确定的结果背离公平正义，可适用《合同法》第 54 条关于变更或撤销的规定，或者《民法总则》第 6 条及《合同法》第 5 条关于公平原则的规定和《民法总则》第 7 条及《合同法》第 6 条关于诚实

---

① E. Allan Farnsworth，Farnsworth on Contracts，Aspen Publishers，261－269（1990）.

② Mark K. Glasser & Keith A. Rowley，On Parol：The Construction and Interpretation of Written A-greements and the Role of Extrinsic in Contract Litigation，49 Baylor L. Rev.，657（Summer，1997）.

③ ［德］维尔纳·弗卢梅：《法律行为论》，迟颖译，北京，法律出版社 2013 年版，第 342 页。

信用原则的规定，调整合同项下的权利义务。此其三。

三、阐释性合同解释与补充的合同解释

1. 德国民法学说把对合同的解释首先区分为阐释性合同解释（erlaüternde Vertragsauslegung）与补充的合同解释（ergünzende Vertragsauslegung）。[①] 阐释性合同解释又区分为自然解释（natürliche Auslegung）[②] 和规范解释（normative Auslegung）。[③]

此处所谓阐释性合同解释，在王泽鉴教授的有关著述中又被译为单纯的合同解释[④]；在布洛克斯、瓦尔克两位德国教授的著作中叫作简单解释[⑤]，被用于合同解释场合就是简单的合同解释；在日本民法学家山本敬三教授的著述中被称作狭义的合同解释[⑥]，在拉伦茨教授的著作里时常径称为解释[⑦]，弗卢梅教授所著《法律行为论》用解释概念统辖规范解释、合同漏洞补充等各种具体的解释方法。[⑧]

2. 所谓自然解释，是从表意人的利益出发进行解释，所得出的是其真实意

---

① 王泽鉴：《民法总则》，北京，北京大学出版社 2009 年版，第 390 页。

② ［德］汉斯·布洛克斯、沃尔夫·迪特里希·瓦尔克：《德国民法总论》（第 33 版），张艳译，杨大可校，北京，中国人民大学出版社 2014 年版，第 65 页。

③ ［德］维尔纳·弗卢梅：《法律行为论》，迟颖译，北京，法律出版社 2013 年版，第 353 - 357 页；［德］卡尔·拉伦茨：《德国民法通论》（下册），王晓晔、邵建东、程建英、徐国建、谢怀栻译，谢怀栻校，北京，法律出版社 2003 年版，第 477 页；汉斯·布洛克斯、沃尔夫·迪特里希·瓦尔克：《德国民法总论》（第 33 版），张艳译，杨大可校，北京，中国人民大学出版社 2014 年版，第 65 页。

④ 王泽鉴：《债法原理》，北京，北京大学出版社 2009 年版，第 171 - 172 页。

⑤ ［德］汉斯·布洛克斯、沃尔夫·迪特里希·瓦尔克：《德国民法总论》（第 33 版），张艳译，杨大可校，北京，中国人民大学出版社 2014 年版，第 63 - 68 页。

⑥ ［日］山本敬三：《民法讲义Ⅰ·总则》（第 3 版），解亘译，北京，北京大学出版社 2004 年版，第 107 - 109 页。

⑦ ［德］维尔纳·弗卢梅：《法律行为论》，迟颖译，北京，法律出版社 2013 年版，第 347 - 372 页；［德］卡尔·拉伦茨：《德国民法通论》（下册），王晓晔、邵建东、程建英、徐国建、谢怀栻译，谢怀栻校，北京，法律出版社 2003 年版，第 457 - 473 页。

⑧ ［德］维尔纳·弗卢梅：《法律行为论》，迟颖译，北京，法律出版社 2013 年版，第 342 - 399 页。

思。[①] 这适合于单独行为顺理成章，在合同的场合似乎难有其例。其实不然，缔约各方在合意的基础上制定规则，且各方就其所达成的合意的事实不存在争议，那么，当人们仅考虑参与作出表示的人或参与制定合同规则的人之间的关系时，就没有理由不使表示或基于合同所确定的规则“自动”按照参与者实际一致理解的内容生效。[②] 在这方面确有其例：某《HLD公司股权与项目转让协议》第7.1条约定：“本协议签署后，除不可抗力因素外，任何一方如未能履行其在本协议项下的义务或承诺或所作出的陈述或保证失实或严重有误，则该方应被视作违约。”此处所谓违约何意？与中国现行法规定的违约及学说界定的违约的含义相同？在违反该条所谓“在本协议项下的义务或承诺或所作出的陈述或保证”产生的主给付义务、从给付义务和附随义务时，构成违约，这与中国现行法规定的违约及学说界定的违约的含义相同。在违反该条所谓“在本协议项下的义务或承诺或所作出的陈述或保证”产生的不真正义务时，依然构成违约，也不背离学说至少某派学说关于违约的界定。有鉴于此，裁判者对系争《HLD公司股权与项目转让协议》第7.1条约定的违约，就依当事人各方赋予违约的真实意思进行解释，这便属于自然解释。

3. 所谓规范解释，是从表示受领人的利益出发，得出的是规范性的意思(normative Willen)。规范解释应当基于“具有正直判断的人在行为当时的情势下对意思表示所进行的理解”来对表示进行解释。这里所涉及的是以“理性人”的概念为导向而进行的价值衡量，而且考虑到表示作出时的事实情形。规范性的意思无须与表意人的真实意思相一致。[③] 人们通过规范解释所查明的并非表意人的真实意思，而是表示的客观含义。[④] 所谓客观含义，是指合同按照社会一般情

① ［德］汉斯・布洛克斯、沃尔夫・迪特里希・瓦尔克：《德国民法总论》（原书第33版），张艳译，杨大可校，北京，中国人民大学出版社2014年版，第65页。

② ［德］维尔纳・弗卢梅：《法律行为论》，迟颖译，北京，法律出版社2013年版，第350页。

③ ［德］汉斯・布洛克斯、沃尔夫・迪特里希・瓦尔克：《德国民法总论》（原书第33版），张艳译，杨大可校，北京，中国人民大学出版社2014年版，第65页。

④ ［德］汉斯・布洛克斯、沃尔夫・迪特里希・瓦尔克：《德国民法总论》（原书第33版），张艳译，杨大可校，北京，中国人民大学出版社2014年版，第67页。

况而为者。[①] 此种解释的原因在于，人们应当正确对待表示受领人的利益。虽然表示受领人为了探求表意人的真实意思（《德国民法典》第 133 条）必须对表示作出解释并为此搜集所有适合的资料，但是受领人仍无法一直了解该真实意思。[②]

规范解释的作业可能在一定程度上偏离甚至背离了表意人的真实意思。德国帝国法院在一则保证的判决的理由中，原则上承认了违背合同文义而按照实际理解进行解释的方法，基本上承认了“误载/误言，无害真意”（falsa demonstratio non nocet）的原则，然而，这是有条件的：只有在“所有当事人都针对另外一层意思达成一致”时，才能承认与合同书的文义相异的其他理解的效力。[③]

不过，不宜走到极端。第一，规范解释并非一味地聚焦于表示受领人的利益/角度，也必须考虑到表意人个人[④]，表意人必须承认自己的表示具有那些基于事实情形的考虑从表示的内容中推断出来的表示的意义。[⑤] 第二，不得无端地无视甚至蔑视当事人于合同条款/文字中所表达的真意。即使在进行规范解释时，也必须将法律行为表示作为自愿形成行为的宣示予以评价，即应当探求当事人希望制定何种法律行为规则。[⑥]

对于规范解释的把握和运用，再以上文提及的《HLD 公司股权与项目转让协议》第 7.6 条的下述约定予以展示和阐释：“受让方及项目公司若违反本协议第 2 条、第 3 条、第 5 条的约定，则视为构成根本性违约。本协议约定的交割日后，交割日前已经签署的与项目有关的协议或合同的权利义务均与转让方无关。若因受让方或项目公司履行与项目有关的协议或合同而给转让方造成任何损失

---

① ［日］近江幸治：《民法讲义Ⅰ·民法者》（原书第 6 版补订），渠涛等译，渠涛审校，北京，北京大学出版社 2015 年版，第 154 页。

② ［德］汉斯·布洛克斯、沃尔夫·迪特里希·瓦尔克：《德国民法总论》（原书第 33 版），张艳译，杨大可校，北京，中国人民大学出版社 2014 年版，第 67 页。

③ ［德］德国《帝国法院判例集》90，第 373 页。转引自［德］维尔纳·弗卢梅：《法律行为论》，迟颖译，北京，法律出版社 2013 年版，第 356 页。

④ ［德］贝尔（Bähr）已经持有这种观点，《耶林民法学理论年刊》14，第 401 页；也参见［德］拉伦茨，《解释》，第 70 页以下。与此不同的观点是拉伦茨，《德国法杂志》（1939），第 1847 页，《总论》第 4 版，§19Ⅱa. 见［德］维尔纳·弗卢梅：《法律行为论》，迟颖译，北京，法律出版社 2013 年版，第 364 页，注 43a。

⑤ ［德］维尔纳·弗卢梅：《法律行为论》，迟颖译，北京，法律出版社 2013 年版，第 364 页。

⑥ ［德］维尔纳·弗卢梅：《法律行为论》，迟颖译，北京，法律出版社 2013 年版，第 362 页。

的，受让方、项目公司应对转让方遭受的该等损失负连带赔偿责任。”此处所谓第2条的约定，其主要内容为：“受让方以支付现金方式收购项目公司另一股东在项目公司中持有的20%的股权，以支付现金350.00万元人民币的方式收购转让方拥有的与项目有关的全部协议、全部资产；受让方以700.00万元人民币的价格收购转让方在项目公司中持有的40%的股权，受让方承担转让方尚未缴纳的注册资本金，受让方不得追究转让方未履行出资义务而成立的违约责任，受让方负责赔偿另一股东因转让方未履行出资义务所遭受的损失；受让方或项目公司代另一股东缴纳股权收益税金64.175万元人民币，且承担连带担保责任；项目公司收购转让方持有的与项目有关的全部协议、资产，并承担对应的义务以及风险、责任，具体如下：转让方就本项目已经实际支付1 025.762万元人民币，项目公司已经向转让方支付500.00万元人民币，余款为525.76万元人民币，由项目公司一次性付给转让方，转让方尚未支付的工程款以及因工程核量、变更、决算而可能额外多出的部分，均由目标公司、受让方负责支付且承担连带责任；设‘中立第三人’一名，负责办理股权转让手续、股权转让款的支付和受领、保管和交接有关文件；各自负担本次交易产生的税费；转让方于本协议生效之日起10个工作日内，对项目公司支付的非股权转让费开具发票。”第3条的约定为：“受让方承诺个人和项目公司依本协议对支付给转让方的现金及应履行的义务及交割日后续的义务的履行提供不可撤销的无限连带保证担保；各方应当及时实施本协议项下的交易方案，并相互积极配合办理本次交易所应履行的全部交割手续。”第5条的约定为：“各方签署、交付并履行本协议，这些所为不违反任何法律、法规以及系争命令，亦不会与以其为一方的合同或协议产生冲突；受让方保证对本协议项下义务的履行具有足够的履约能力，并保证对其义务的履行提供不可撤销的连带保证担保；受让方、另一股东保证就本协议签署与本协议履行事宜，已经取得其配偶的书面同意，并承诺可以随时应转让方、受让方、另一股东的要求，向其他方提供自然人股东配偶出具的该等书面同意文件。转让方、另一股东保证其在项目公司中持有的股权不存在任何权属纠纷。”不难发现，上述第2条约定的“设‘中立第三人’一名，负责办理股权转让手续、股权转让款的支付和受领、保管和交接有关文件”，第3条约定的“各方应当及时实施本协议项下的交易方案”义务，甚至“相互积极配合办理本次交易所应履行的全部交割手续”义务，第 5 条约定的“受让方保证对本协议项下义务的履行具有足够的履约能力……受让方、另一股东保证就本协议签署与本协议履行事宜，已经取得其配偶的书面同意，并承诺可以随时应转让方、受让方、另一股东的要求，向其他方提供自然人股东配偶出具的该等书面同意文件”义务，均非主给付义务，或属不真正义务，或属附随义务，或属从给付义务。

明了这些之后，解释该《HLD 公司股权与项目转让协议》第 7.6 条前段关于“受让方及项目公司若违反本协议第 2 条、第 3 条、第 5 条的约定，则视为构成根本性违约”的约定，可有自然解释和规范解释两种可能。所谓有自然解释的可能，指的是该《HLD 公司股权与项目转让协议》第 7.6 条前段关于“受让方及项目公司若违反本协议第 2 条、第 3 条、第 5 条的约定，则视为构成根本性违约”的约定，直接作为约定解除的条件，意味着当事人双方不容忍任何一种违约，哪怕是对不真正义务的违反和轻微的违约，也不允许，这相对于《合同法》第 94 条规定的法定解除条件而言，当事人各方降低了解除合同的门槛。因该约定并不损害公序良俗、不违反强制性法律规定，裁判者遵循意思自治原则，应予允许。这样解释，完全尊重了当事人的本意或曰真实意思。

所谓有规范解释的可能，指的是该《HLD 公司股权与项目转让协议》第 7.6 条前段关于“受让方及项目公司若违反本协议第 2 条、第 3 条、第 5 条的约定，则视为构成根本性违约”的约定，未与合同解除相关联，只是与违约损害赔偿相挂钩，换句话说，受让方的行为构成此类“根本性违约”时，须承担违约损害赔偿责任，至于是否允许解除系争《HLD 公司股权与项目转让协议》，取决于其他条款有无在此类情况下可以解除合同的约定或是否满足了《合同法》第 94 条等条文规定的解除条件。如此，由于中国现行法上的违约损害赔偿的成立及责任的多少不因债务人的过错程度、违约的轻重而发生变化，换句话说，债务人根本违约时成立的违约损害赔偿是 2 000.00 万元人民币的数额，债务人违反不真正义务以及轻微违约时成立的违约损害赔偿仍为 2 000.00 万元人民币的数额，因而，该《HLD 公司股权与项目转让协议》第 7.6 条前段关于“受让方及项目公司若违反本协议第 2 条、第 3 条、第 5 条的约定，则视为构成根本性违约”的约定，便纯粹是界定根本违约，而且这种界定完全不同于法律及学说赋予根本违约的含义，是地地道道的“自己说”。如果这样界定系当事人各方不熟悉法律所致，则构成法律上的错误。而法律上的错误场合原则上不依当事人的认识为准赋予法律效果，裁判者仍依法律的规定及多数说确定其含义，即根本性违约特指违约严重地影响了当事人订立合同所期望的经济利益[①]，或遵从1980年《联合国国际货物销售合同公约》第25条前段关于“一方当事人违反合同的结果，如使另一方当事人蒙受损害，以至于实际上剥夺了他根据合同规定有权期待得到的东西，即为根本违反合同”的规定。如此解释就是法院以规范解释的方法确定根本违约的含义，而不顾当事人各方赋予根本违约含义的真实意思。此其一。如果该《HLD公司股权与项目转让协议》第7.6条前段的约定纯粹是当事人各方我行我素地界定根本性违约，则如何解释取决于裁判者的立场及态度：裁判者若相对宽容，就可采取自然解释的方法，确认系争当事人各方于系争《HLD公司股权与项目转让协议》赋予根本性违约的含义，理由是中国现行法未就根本性违约的含义设置明文，系争当事人各方于系争《HLD公司股权与项目转让协议》赋予根本性违约的含义不损害公序良俗、不违反强制性法律规定；裁判者若十分严格，则适用规范解释的方法，遵从多数说关于根本性违约的界定，不依系争当事人各方的真实意思认定根本性违约的含义，理由是根本性违约系专有法律概念，多数说对此已有定论。此其二。笔者赞同相对宽容的态度，因其相较于十分严格的态度更合理些。

4. 所谓补充解释是对存在漏洞的法律行为所作的补充，要补充的可以是合同，也可以是单独行为。[②] 补充合同漏洞的补充解释，又叫补充的合同解释(ergänzende Vertragsauslegung)。借助补充的合同解释填补合同漏洞，就被填补部分而言可能符合当事人双方的本意，也可能偏离当事人双方的真意，尤其在后者的场合，补充的合同解释属于规范解释的一种特殊表现形式。

5. 站在比较法的立场，美国法上的合同的推定解释，用于主审法院确定合同文字的含义的意义时，与德国法系的规范解释大体相当；用于主审法院借助于它来补充合同漏洞的场合，则与德国法系的补充的合同解释在功能上相同。不

① 胡康生主编：《中华人民共和国合同法释义》（第3版），北京，法律出版社2013年版，第178页；崔建远：《合同法总论》（中卷），北京，中国人民大学出版社2012年版，第613-614页。

② ［德］汉斯·布洛克斯、沃尔夫·迪特里希·瓦尔克：《德国民法总论》（第33版），张艳译，杨大可校，北京，中国人民大学出版社2014年版，第69页。

过，推定解释还包括适用法律规定、交易习惯及惯例来填补合同漏洞，而补充的合同解释乃适用法律规定补充合同漏洞以外的解释方法。专就这一点来说，推定解释在运用范围上宽于补充的合同解释。此其一。推定解释因其兼有规范解释、补充的合同解释、依制定法填补合同漏洞、参照交易习惯及惯例补充合同漏洞的功能，故在运用范围上广于补充的合同解释，此其二。

6. 关于通过补充的合同解释填补合同漏洞，将在本书“拾叁、合同漏洞的补充”专题中集中谈论，此处不赘。

四、合同解释与意思表示解释

1. 尽管有新说主张意思表示不是法律行为的构成要素（Bestandteil），而是用于创设法律行为的中介工具（Mittel），二者并非包含关系，而是分层关系[①]；但笔者依现有的理念及知识储备，感觉抽出意思表示便看不到“行为”，特别是在诺成合同、解除权行使、撤销权行使、抵销、免除等场合，尤其显而易见。不见行为哪有法律行为？有鉴于此，笔者仍然遵循通说，将意思表示作为法律行为的核心要素。据此理念及理论，意思表示便具有元素性的特征。此处所谓元素性，是指意思表示是构成合同的最小单位，且为核心要素甚至是唯一元素。所谓意思表示是构成法律行为的唯一元素，如普通的遗嘱即为一个意思表示构成一个法律行为。

2. 同时，意思表示也有独立性，即意思表示本身不是法律行为，意思表示与法律行为各为独立的概念、制度，尽管在许多场合它们密切关联。这种关联，在实务中较多的是一个意思表示与另外的意思表示合致，相反相成，表现为买卖合同、租赁合同、承揽合同等旧时所称之“契约”。数个意思表示一致，相合而成，表现为合伙合同等“共同行为”。不过，现行中国合同法将它们统称为合同。

3. 没有意思表示就没有合同，解释合同恐怕主要是解释作为合同核心要素

---

① Leenen，Allgemeiner Tell：Rechatsgeschäftslleehre，2. Aull. 2015. 转引自张芸：《单方法律行为理论基础的重构与阐释——兼论〈民法总则〉法律行为规范的若干重难点问题》，载《清华法学》2017 年第 4 期。

的意思表示。在许多案件中，解释清楚了作为合同核心要素的意思表示，解释系争合同的任务也就完成了。但在另外的案件中，解释作为合同核心要素的意思表示的作业即使已经完成，解释系争合同的任务也未终结。正因如此，由于解释者的着眼点不同，合同解释与意思表示解释之间究为相同还是不同的分歧一直存在。

从《德国民法典》第 133 条和第 157 条的规定看，似乎在意思表示的解释与合同的解释之间存在着重大差异，特别是可以据此认为，在解释意思表示时，比在解释合同时更应注意表意人的真实意思。然而，这种看法是不正确的，因为合同通常是由两项意思表示组成的。既然如此，合同的解释，如何又能迥异于作为合同构成要素的意思表示的解释呢?[①] 换言之，在意思表示表现为要约、承诺时，对意思表示的解释同时即为合同的解释。事实上，意思表示的解释与合同的解释并不存在这样的差异。所以，今天的学者们大多将《德国民法典》第 133 条和第 157 条放在一起加以评注。[②] 这两个条文既可以被适用于单方表示，也可以被适用于合同。[③] 无独有偶，加利福尼亚州法颇为一贯地阐明，解释合同的首要目标定是确定和实现当事人各方的意思。[④]

尽管总的讲这没错，但也不可漠视某些情况下单个的意思表示的解释与合同解释之间的差异。二者之间既有相同的一面，也有不同的一面，不可走向任何一个极端。例如，对遗嘱进行解释，所考虑的只是表意人的利益并查明其真实意思，但在解释合同时除考虑表意人的利益以外，还要考虑表示受领人的利益，因为他必须能够适应表示所创设的法律状况。[⑤] 此其一。在意思表示发生于合同成立之前的阶段，如进入银行营业大厅刷卡排号、问询有关业务的意思表示，其解释便非合同解释。此其二。在意思表示依“四角规则”（four corners）不属于合同的条款时，但作为证据，于此场合意思表示的解释亦非合同解释。此其三。当

---

① ［德］迪特尔·梅迪库斯：《德国民法总论》，邵建东译，北京，法律出版社 2000 年版，第 236 页。

② ［德］迪特尔·梅迪库斯：《德国民法总论》，邵建东译，北京，法律出版社 2000 年版，第 236 页。

③ ［德］维尔纳·弗卢梅：《法律行为论》，迟颖译，北京，法律出版社 2013 年版，第 360 页。

④ See City of Manhattan Beach, 13 Cal. 4th at 238, 914 P. 2d at 164, 52 Cal. Rptr. 2d at 86.

⑤ ［德］汉斯·布洛克斯、沃尔夫·迪特里希·瓦尔克：《德国民法总论》（第 33 版），张艳译，杨大可校，北京，中国人民大学出版社 2014 年版，第 65 页。

事人一方的意思表示与当事人另一方的意思表示相结合而形成合同，而且如此结合使得合意就既不是当事人一方原来的意思表示，也不是当事人另一方起初的意思表示，即意思表示都变形了。例如，在合同当事人均为商人的情况下，各方都提出了格式条款，例如，当事人一方发出一份表格，声称合同依其条款而成立，而另一方当事人返还一份表格答复道：该合同依据了他的条款。[①] 于此场合，究应以何方当事人的格式免责条款为准，颇生疑问。这就是“格式之争”（battle of forms）问题。解决该争议的方案中有 Van Alstine 力倡的“剔除规则”（the knock-out rule）。所谓剔除规则，是指本着诚实信用原则，缔约各方的真实意图是他们明确表示同意的部分，当事人各方没有明确表示同意的部分，也就是各方以沉默的方式表示不同的部分，即所谓“部分不同意”部分，应当被剔除。所以，合同最终成立的内容是当事人各方均明确表示同意的部分[②]，换个表述就是，该合意的构成不是当事人各方起初的意思表示的算数合。既然如此，对合意亦即合同的解释，就不同于对单个意思表示的解释。这种不同既表现于法律效力的差异，又表现在意思表示的意义有别。此其四。合同解释有个整体审视的需要，但意思表示解释较为单打独斗。换个表述，意思表示解释“视野局限”，单向度；合同解释“左顾右盼”，多向度。在一些情况下，一个意思表示与非意思表示的事实相结合而形成合同，保管合同为其表现。在这里，交付起作用——影响着意思表示的效力。对此类合同进行解释，也得解释交付，即对非意思表示的事实予以认定和价值评价，尽管在不承认物权行为的法制下交付不是意思表示。这显然不属于对意思表示的解释。于此场合，合同解释不同于意思表示的解释显而易见。此其五。在投标书依中标通知强求以电子版的形式制作并投标，而中标通知以纸质版的形式作出并送达，合同采取纸质版的形式的情况下，对投标这个意思表示的解释与对合同这个合意的解释至少在某些场合呈现出差别。因纸质版的合同约定的货物价格高于电子版的投标书载明的价格，而招标通知中明确纸质版的合同文件约定的货物价格不得高于电子版的投标书约定的价格，否则，取消

---

① Cheshire Fifoot & Furmston's Law of Contract，Butterworths，Eleventh Edition，155（1986）.

② Van Alstine，Consensus，Dissensus，and Contractual Obligation Through the Prism of Uniform International Sales Law，37 Virginia Journal of International Law. 1，103 - 4（1996）. 转引自俞跃汀：《格式合同之争》，清华大学法学院论文（2005），第 3 页。

此次招标、投标，所以，确定系争价格必以电子版的投标书载明的为准，而不是以纸质版的合同约定的为准。这是很反常的，因为投标书仅仅是要约，系争案件却以要约的内容为准，而不是以合同约定的为准。由此也显现出意思表示的解释不同于合同的解释。此其六。处于不同法律部门中的意思表示所受待遇有别，如在单独行为中，意思表示不但含有为表意人自己设定义务或负担的内容，而且包括为相对人设置义务或负担的效果意思，依据单独行为不得为自己设定权利的原则，后半部分内容甚至整个单独行为不发生法律效力。与此不同，在合同的场合，意思表示含有为一方当事人设置权利义务的效果意思，是被允许的。此其七。按照笔者的理解，形式也是意思表示解释、合同解释的对象。一个意思表示的形式或是书面的，或是口头的，或是推定的，不可能同时是口头的和书面的。与此有别，合同的形式可能存在着要约是书面的，承诺是口头的，或者相反，甚至在一侧有数人的场合，其中 3 人采取了书面形式，而另外 2 人以口头形式缔约。于此场合，如何认定合同形式？这是合同解释无法回避的问题。此其八。最后，站在抽象的原则之上，无相对人的意思表示解释以意思主义为原则，合同解释以表示主义为原则。此其九。

4. 以上分析，无论是赞同意思表示不同于合同解释的意见，还是主张二者既有相同点又有差异的观点，都显现出下面的意见是不周延的，甚至是不正确的：只要合同已经成立，所为解释就不再是意思表示的解释，而是合同解释。在笔者看来，这是不符合客观实际的：只要有合同，解释工作就包含意思表示的解释，甚至主要是意思表示的解释。当然，合同解释也包括对合同当事人的解释、合同形式的解释、加盖于合同之上的印章的解释，以及考虑合同周围情事来理解合同条款等，一句话，合同解释要宽广于意思表示的解释，但绝不可由此得出自合同成立之时起就不再是意思表示解释的结论。

五、合同解释与单独行为解释

1. 解释单独行为，所探求的只是该行为人的意思。例如，遗嘱人的意思、悬赏广告人的意思，舍此之外，不探求他人的意思。而在合同场合，各方都选择某些表达符号并赋予其意思。对同一表达符号，一方赋予的意思与相对人所赋予的意思可能存在着实质的不同。[①] 合同解释，必须探求当事人各方一致的意思表示，甚至于寻觅并确定双方的共同意思。

立遗嘱时，遗嘱人不要求他人理解或同意，不需要任何人作回复性的允诺、给予已经履行的约因或作出任何其他信赖行为。[②] 因为在这里不存在其他必须得到保护之人。在遗嘱中被考虑的人（继承人、受遗赠人）对遗嘱内容的信赖同样不值得保护。遗嘱相对人并非表示的受领人，他们未作出对待给付，是无偿地获得遗产。因此，在对遗嘱进行解释时，所考虑的只是表意人的利益并查明其真实意思，无论它是否在遗嘱文本中被表达出来。[③] 而这些因素大多要成为合同的订立和履行的一部分。法院必须根据可适用的法律确定哪一方的意思应居于主导地位，其活动远较确定遗嘱人的意思复杂、困难。[④] 在解释合同时除考虑表意人的利益以外，还要考虑表示受领人的利益，需受领的意思表示（如通知终止表示、合同要约、合同承诺）同样涉及受领人的利益，因为他必须能够适应表示所创设的法律状况。此时若表示与意思不一致（如出卖人打算以 980.00 欧元出售某物，却将价格错写并错说成了 890.00 欧元），则产生以下问题：表示受领人对所表示内容的信赖应否受到保护。[⑤] 合同必须在顾及交易习惯的前提下按照诚实信用原则被解释，这样，表示受领人的信赖应受保护[⑥]，除非表示受领人知道或只要尽到合理注意就应当知道表意人想表示的内容。[⑦]

难道解释遗嘱都一律探求并确定立遗嘱人的真实意思吗？有学说主张，尽管

---

① Arthur Linton Corbin, Corbin on Contract (one volume edition), West Publishing Co., 489 (1952).

② Arthur Linton Corbin, Corbin on Contract (one volume edition), West Publishing Co., 489 (1952).

③ ［德］汉斯·布洛克斯、沃尔夫·迪特里希·瓦尔克：《德国民法总论》（原书第 33 版），张艳译，杨大可校，北京，中国人民大学出版社 2014 年版，第 65 页。

④ Arthur Linton Corbin, Corbin on Contract (one volume edition), West Publishing Co., 489 (1952).

⑤ ［德］汉斯·布洛克斯、沃尔夫·迪特里希·瓦尔克：《德国民法总论》（第 33 版），张艳译，杨大可校，北京，中国人民大学出版社 2014 年版，第 65 - 66 页。

⑥ ［德］汉斯·布洛克斯、沃尔夫·迪特里希·瓦尔克：《德国民法总论》（第 33 版），张艳译，杨大可校，北京，中国人民大学出版社 2014 年版，第 67 页。

⑦ ［德］汉斯·布洛克斯、沃尔夫·迪特里希·瓦尔克：《德国民法总论》（第 33 版），张艳译，杨大可校，北京，中国人民大学出版社 2014 年版，第 66 页。

因承认意思自治原则而不能使基于客观解释所得出的有违立遗嘱人意思的规则发生效力，但当在客观解释的过程中发现立遗嘱人的真正意思未被遗嘱的形式所反映时，立遗嘱人的真正意思可否得到实现？罗马人始终认为，因错误而与立遗嘱人的意思不相符合的遗嘱处分行为无效。但在德国现行法上，则是当发生错误时，应当违背遗嘱的指示（包含遗嘱表达形式）而承认立遗嘱人的真正意思的实体法效力。[①] 这是否违反了“内心”意思不具备形成权利的效力这个基本原理了呢？持不违反该项原理的理论论证道：这里所涉及的是，立遗嘱人确实作出遗嘱指示，人们从其赋予遗嘱指示的含义中可以看出，他作出了一个自己希望作出的遗嘱指示。从立遗嘱人的角度来看，遗嘱的形式完全得到满足，他以为遗嘱依其所想、所希望的意思设立了。假如把遗嘱指示形式主义地理解为法律只能依其文义赋予法律效果，那么，就不得依错误制度忽略遗嘱文义而依立遗嘱人的真正意思赋予法律效果。如果按照下述立场确立遗嘱指示的内在含义，则结论就大不一样：立遗嘱人应该通过要式行为庄严地、负责任地就其终意处分作出遗嘱指示，只有这样人们才可以确保，即使发生错误也应背离遗嘱文义而使遗嘱指示按照立遗嘱人的真正意思发生效力。事实上，这里所涉及的仅是举证问题，也就是人们是否允许违背遗嘱的文义来证明立遗嘱人赋予其遗嘱指示的含义。[②] 德国帝国法院的司法解释认为，如果立遗嘱人的意思要产生实体法的效力，那么，遗嘱表示中就必须至少包含一个“不完备的表述”[③]，或针对立遗嘱人的意思进行的解释必须在遗嘱中至少有“一个尚不完备的立足点”[④]。德国联邦最高法院持类似观点：“倘使人们能够从死因处分行为中识别被继承人的意思且可以基于解释确定之，那么，即使该意思具有瑕疵，表示也可以基于解释所获得的含义发生

---

① ［德］维尔纳·弗卢梅：《法律行为论》，迟颖译，北京，法律出版社2013年版，第390页。

② ［德］维尔纳·弗卢梅：《法律行为论》，迟颖译，北京，法律出版社2013年版，第391页。

③ 《帝国法院判例集》99，第83页及引注。转引自［德］维尔纳·弗卢梅：《法律行为论》，迟颖译，北京，法律出版社2013年版，第392页。

④ 《瓦勒耶尔编帝国最高法院民事裁判集》（1918），Nr. 123；《帝国法院判例集》160，第109页以下，第111页。转引自［德］维尔纳·弗卢梅：《法律行为论》，迟颖译，北京，法律出版社2013年版，第392页。

效力。”[①]

德国帝国法院的司法解释和德国联邦最高法院的上述司法解释、判例的观点，与中国《民法总则》第142条第2款关于不能完全拘泥于所使用的词句……确定行为人的真实意思的规定不矛盾，更注重表意人内心真实意思，应无疑问，因其不涉及交易安全。

关于“无相对人的意思表示的解释，不能完全拘泥于所使用的词句，而应当结合相关条款、行为的性质和目的、习惯以及诚信原则，确定行为人的真实意思”的规定不矛盾，值得我们重视。所谓“内心”意思不具备形成权利的效力，不应作扩张解释，如果没有任何表示行为，内心想法的确不具备形成权利的效力，但若已有表示行为，只不过表示行为与内心意思不一致，那么，就变成错误（重大误解）、胁迫、欺诈等制度管辖的问题，而应当按照相应的制度处理。

遗嘱解释尽管重在探求立遗嘱人的真正意思，但这并不意味着绝对排除强调确定客观意思的补充解释发挥作用。例如，在立遗嘱人死亡之时尚未发生效力的遗嘱指示，事实关系却因在立遗嘱人死亡之后发生变化而背离作为处分遗产的基础的（立遗嘱人的）设想。于此场合，仍然囿于立遗嘱人的初心显然迂腐透顶，违背正义。[②] 再者，遗嘱存在漏洞时，也要依赖补充解释探求立遗嘱人于立遗嘱时的假定意思，并以之填补遗嘱漏洞。[③] 这符合事物的本性、公平正义，值得中国法重视。

补充解释与（阐释性）解释的不同之处在于，前者以进行补充解释之时的意思为基础，就遗嘱而言，针对亡故之人本人的“理解”进行补充解释时，也应以进行补充解释时的意思为基础，亦即，应以亡故之人在处分遗产之后所表达的具有现实意义的意思为基础进行补充解释。处分遗产时的意思仅对于（阐释性）解释而言具有意义，而对于补充解释不具有任何意义。[④] 这符合阐释性解释与补充

---

① 《联邦最高法院判例——林登迈尔-默林编帝国最高法院参考资料》，《德国民法典》，第2100条，Nr. 1. 转引自［德］维尔纳·弗卢梅：《法律行为论》，迟颖译，北京，法律出版社2013年版，第392页。

② ［德］维尔纳·弗卢梅：《法律行为论》，迟颖译，北京，法律出版社2013年版，第394－395页。

③ 《帝国法院判例集》134，第277页以下，第280页；142，第171页以下，第175页；《联邦最高法院判例——林登迈尔-默林编联邦最高法院参考资料》§242（A）Nr. 7；§2084 Nr. 5. 转引自［德］维尔纳·弗卢梅：《法律行为论》，迟颖译，北京，法律出版社2013年版，第395页。

④ ［德］维尔纳·弗卢梅：《法律行为论》，迟颖译，北京，法律出版社2013年版，第396页。

解释各自的本质属性及功能，值得重视。

合同解释与单独行为解释的不同还表示在：单独行为的场合，依整个单独行为的计划性和圆满性衡量，单独行为有所欠缺，形成漏洞。补充此类漏洞，至少在一些案件中，能够依据表意人的意思及其逻辑演绎、发展，推断出待补意思，即如果表意人就此漏洞部分为表示其意思的，就会当然地如此表示。例如，甲立遗嘱，开言称特别感激有恩于己的乙，财产于自己去世时归属于乙，附上财产名录，但遗漏了 A 车。其后，甲去世，遗嘱执行人落实该遗嘱时才发现该遗嘱遗漏了 A 车的处置。此时解释该遗嘱，依据体系解释、目的解释，不难确定 A 车亦属遗赠乙之列。与此有别，买卖等“契约”因双方当事人各有其目的、动机以及利益，填补合同漏洞时不易推断出符合双方当事人真意的共同意思，从而确定合格的待补条款/文字。“至少在合同补充的部分（有争议的部分），所补充的合同义务可能正好不是当事人所‘意欲的’（gewollt）（尽管是当事人所‘必定意欲’的）”①。特别是，正如厄尔特曼所正确观察到的（拉伦茨也赞同），较之于复杂的系列合同（Vertragswerk）的解释，肯定是不能从当事人各方之间的单独的意思表示推导出某个意外的“客观的合同意义”②。所以，补充合同漏洞的作业，裁判者要么依强制性法律规定、任意性法律规定、倡导性法律规定，要么依交易习惯，要么采取补充的合同解释，来补充该合同漏洞。

2. 需要注意，单独行为的类型多样，对其解释仅仅停留于以上所述尚不足够，尚需根据不同类型的单独行为采取与之相应的解释方法。所谓类型多样，例如，遗嘱（《继承法》第 16 条）、单方允诺（《民法总则》第 134 条后段）、解除权行使（《合同法》第 96 条等）、对效力待定合同的追认（《合同法》第 47 条、第 48 条，《民法总则》第 168—169 条、第 171 条第 1 款和第 2 款）、撤销权行使（《合同法》第 54 条，《民法总则》第 147—151 条）、抵销（《合同法》第 99 条）、免除（《合同法》第 105 条）、7 日无理由退货（《消费者权益保护法》第 25 条）、

---

① ［德］弗朗茨·维亚克尔：《法律行为解释之方法》，范雪飞译，载王洪亮、张谷、田士永、朱庆育、张双根主编：《中德私法研究》（14），北京，北京大学出版社 2016 年版，第 305 页。

② ［德］厄尔特曼语，转引自［德］弗朗茨·维亚克尔：《法律行为解释之方法》，范雪飞译，载王洪亮、张谷、田士永、朱庆育、张双根主编：《中德私法研究》（14），北京，北京大学出版社 2016 年版，第 305 页。

减价权行使（《合同法》第 111 条）等。

7 日无理由退货有相对人，按照《民法总则》第 142 条的两款设置及文义，应当适用该条第 1 款关于“有相对人的意思表示的解释，应当按照所使用的词句，结合相关条款、行为的性质和目的、习惯以及诚信原则，确定意思表示的含义”的规定，即更注重表示行为。但是，7 日无理由退货，在表示行为与内心意思不一致时依内心意思决定法律效果，反倒有利于出卖人，至少无害，从利益衡量的立场出发，适用《民法总则》第 142 条第 2 款而非第 1 款的规定，更能达到立法目的。看来，对于《民法总则》第 142 条所含两款规定的适用对象，有必要重新思考。

单方允诺系存有相对人的单独行为，故其适用《民法总则》第 142 条第 1 款的规定，贯彻客观主义，不应动摇，对其解释时不应背离该规定及其精神。

解除权行使、撤销权行使、抵销、减价权行使等单独行为，系形成权的行使，发生形成新的法律关系的效力，且有相对人，故其解释适用《民法总则》第 142 条第 1 款的规定，贯彻客观主义，更应坚持。

对效力待定的合同追认，牵涉三方当事人、两个法律行为，对其解释时务请照顾前后左右，适用《民法总则》第 142 条第 1 款的规定，贯彻客观主义，是必要的。

免除事关债务人的切身利益，适用《民法总则》第 142 条第 1 款的规定，贯彻客观主义，不能说错。不过，从不免除也未增加债务人的负担的角度考虑，债权人能够举证证明其真实意思并非免除，依该真实意思论处，也难谓不公，至少在距离免除通知到达债务人之处的期间不太长的情况下是这样的。达此目的，可有两种路径，一是债权人若援用《民法总则》第 147—151 条关于重大误解、欺诈、胁迫、显失公平的规定，主张撤销免除时，适度放松些要求；二是允许债权人援用《民法总则》第 142 条第 2 款而非第 1 款，解释其所谓免除的意思表示。权衡利弊，第一条路径阻力最小，第二条路径违拗解释论的原理。

3. 合同解释适用《民法总则》第 142 条第 1 款的规定，贯彻客观主义，乃主流观点，笔者从之。

4. 要做的工作还有，合同与单独行为出现于同一项交易时的相互关系究竟如何。解决这个问题，需要区分情形而后确定。

（1）尽管合同与单独行为分属不同种类的法律事实，且二者存在着如同上文所述的差异，但在当事人明确表示其《承诺书》等单独行为成为系争合同不可分割的组成部分时，仍应依意思自治原则将该单独行为纳入系争合同之中，二者拥有的全部意思表示相互整合，共同产生法律效果。

（2）从名称上看某法律文件是单独行为，但因各方当事人对其内容表示同意，故该单独行为在实质上已经变为合同。例如，某《承诺书》由甲公司出具，且由其法定代表人陈某亲笔签字，内容为："以自有的 A 楼（3 层、5 层、9 层）设立抵押权，向芦某借款 1 000 万元人民币，芦某的借款是从乙小额贷款有限责任公司抵押贷款而来的。披露信息：A 楼（3 层、5 层、9 层）已经抵押给乙小额贷款有限公司且办理完毕抵押登记手续。现本公司承诺，在本公司获得贷款后，优先偿还芦某所欠乙小额贷款有限责任公司的贷款本息 1 980 万元。"乙小额贷款有限责任公司在该《承诺书》上加盖公章，且签署"同意"字样。在笔者看来，此处所谓同意，就是同意该《承诺书》的内容，这相当于承诺，而该《承诺书》相当于要约，故而甲公司和乙公司已就该《承诺书》的内容形成了合同。

（3）某单独行为既未言明其为某特定合同的组成部分，表意人亦未声明该单独行为与某特定合同结为一体，但该单独行为的字里行间含有其为合同组成部分之意，应当认定该单独行为属于该合同的组成部分。例如，甲公司和乙公司签订《合作合同》，约定了双方当事人的权利义务；同日甲公司向乙公司出具《承诺书》。观察、分析该《承诺书》的内容，可以断定其为《合作合同》的组成部分，理由如下：其一，该《承诺书》开宗明义，确认了《合作合同》的有关约定，这其实也是在解释、廓清《合作合同》约定的某些事项。这表明在意思表示的层面上该《承诺书》与《合作合同》结为一体。其二，该《承诺书》倒数第二自然段明确，它是履行《合作合同》的前提之一，如其未被执行，应被认定为根本性违反《合作合同》。假如在意思表示的层面《承诺书》非为《合作合同》的组成部分，就难谓违反它就是违反《合作合同》。其三，在权利、义务的层面，该《承诺书》产生的义务与《合作合同》产生的权利、义务相互照应，相互补充，相互印证。

（4）如果某单独行为的实施（如《债务转移承诺书》）是系争合同约定的一方当事人甲的合同义务，而该单独行为产生甲对于案外人丁承担债务，且该债务若被甲实际履行则另一方当事人乙对案外人丁所负债务便告消失，可见该单独行为事关乙的切身利益，左右着系争合同关于甲乙权益的安排，那么，该单独行为更应成为系争合同的组成部分。如果甲不根据案涉《债务转移承诺书》的约定向案外人丁实际履行，就同时违反了甲和乙之间的系争合同、甲与案外人丁之间的债务承担合同，乙有权追究甲的违约责任，丁也有权追究甲的违约责任。此其一。至于丁有无权利基于乙和丁之间原来订立的合同追究乙的违约责任，取决于丁和甲之间是否形成了免责的债务承担：如果形成了免责的债务承担，则乙对丁原来负担的债务已经消失，丁不得再追究乙的违约责任；如果未形成免责的债务承担（或是丁拒绝甲出具的《债务转移承诺书》，或是丁虽然接受了甲出具的《债务转移承诺书》，但甲是债务加入或曰并存的债务承担），那么，乙对丁所负债务依然存续，丁有权追究乙的违约责任。此其二。进而，如果单独行为中无仲裁条款，而系争合同中载有仲裁条款，那么，该单独行为也是仲裁管辖的范围，且为裁决书所依赖的约定事实，可以据此裁决相应的事项。此其三。在当事人未表达单独行为成为系争合同的组成部分的情况下，单独行为所生义务由表意人承受应无疑问，相对人可以据此向表意人主张也顺理成章。至于该单独行为能否与系争合同中制约表意人的条款相互结合，整体地产生表意人的义务，虽然在笔者所阅文献中未见答案，但笔者倾向于肯定的结论。此其四。与此有别，甲和乙成立了合同A，其后，甲作出单独行为，且明示该单独行为不成为乙与其成立的合同A的组成部分，于此场合，该单独行为不论是加重了甲在合同A中的义务，还是增强了乙在合同A中的权利，都仅仅是甲部分或全部地放弃其于合同A项下的权利，而非径直变更了合同A。之所以如此认定，一方面是因为甲于合同A项下的权利、义务固然产生于合同A，但这些权利、义务一经产生，就相对独立于合同A，这为独立地处分这些权利、义务而非必须连同合同A一并处分提供了可能；另一方面是因为甲明示其单独行为不成为合同A的组成部分，这样，形成单独行为的意思表示与形成合同A的意思表示就没有结合为一体，它们各自独立地形成不同的法律行为。如果这样认定是正确的，则合同解释与单独行为解释就各自独立地、分别地进行，不可混淆二者。

5. 在此，针对同时出现于同一项交易的合同与单独行为予以实例分析。

（1）约定内容

内蒙古伊东煤炭集团有限责任公司于2011年12月30日发给浙江蓝丰能源

有限公司一份《保证发货函》，内容如下。

兹有浙江普安能源有限公司与浙江蓝丰能源有限公司订立了《煤炭买卖合同》（合同编号：NC（2011）05711227），为了保障合同条款的顺利完成，内蒙古伊东煤炭集团有限责任公司大庙渠煤矿根据二采区实际生产和销售情况，现特向贵公司承诺如下。

A. 保证2012年全年完成沫煤发货量150万吨以上。

B. 保证合同约定的数量和质量。

（2）判决要旨

杭州市下城区人民法院（2013）杭下商初字第2226号民事判决书、浙江省杭州市中级人民法院（2015）浙杭商终字第1001号民事判决书、浙江省高级人民法院（2015）浙民申字第2241号民事裁定书对系争《保证发货函》各有其解释。

浙江省杭州市中级人民法院（2015）浙杭商终字第1001号民事判决书认为："案涉《煤炭买卖合同》第七条'……付款后伊东大庙渠煤矿出具保证发货函……'的内容与该合同订立后三天之后伊东大庙渠煤矿出具的《保证发货函》内容相对应，可以印证蓝丰公司在订立合同时即有要求伊东大庙渠煤矿承担保证发货责任的意思表示，《保证发货函》可以视为伊东大庙渠煤矿愿意与普安公司共同履行《煤炭买卖合同》约定的卖方义务。伊东大庙渠煤矿系伊东集团的分公司，依法应由伊东集团承担责任。"浙江省高级人民法院（2015）浙民申字第2241号民事裁定书认为："……从文义看，《保证发货函》在对蓝丰公司与普安公司缔约事实确认的前提下，明确表示保证合同约定的数量和质量，其内容中具备了保证发货的承诺，可视为伊东大庙渠煤矿愿意与普安公司共同履行《煤炭买卖合同》约定的卖方义务。原审认定属于债的加入有相应依据。……鉴于普安公司实际经营伊东大庙渠煤矿二采区的事实以及沈某某的特殊身份，蓝丰公司有理由相信沈某某出具《保证发货函》的行为代表伊东大庙渠煤矿。虽然《保证发货函》上的公章经鉴定与申请人提供的样章不一致，但若要求蓝丰公司识别公章的真伪过于苛刻。原审认定表见代理成立，系其裁量权的运用，有相应的依据。"

（3）评释

1）系争《保证发货函》不构成表见代理

浙江省高级人民法院（2015）浙民申字第2241号民事裁定书所谓"原审认

定表见代理成立，系其裁量权的运用，有相应的依据”，究指伊东大庙渠煤矿作为代理人为出卖人浙江普安能源有限公司这个被代理人订立系争《煤炭买卖合同》(合同编号：NC（2011）05711227)，构成表见代理，还是指沈某某作为其代理人代伊东大庙渠煤矿这个被代理人出具系争《保证发货函》，语焉不详。有鉴于此，笔者分别辨析如下。

内蒙古伊东大庙渠煤矿作为代理人为出卖人浙江普安能源有限公司这个被代理人签订系争《煤炭买卖合同》，于此场合表见代理不成立，理由如下：A. 若是代理，则典型状态应是内蒙古伊东大庙渠煤矿代出卖人浙江普安能源有限公司与买受人浙江蓝丰能源有限公司订立《煤炭买卖合同》（合同编号：NC（2011）05711227)，可是系争《煤炭买卖合同》并非内蒙古伊东大庙渠煤矿代为签订，而是出卖人浙江普安能源有限公司亲自与买受人浙江蓝丰能源有限公司订立。因此，这个阶段，也是最应成立代理的环节，却无代理的现象。B. 若基于系争《保证发货函》而认定成立表见代理，则因该《保证发货函》只是承诺了内蒙古伊东大庙渠煤矿自己的义务，而未为出卖人浙江普安能源有限公司设置权利义务，这不符合代理的基本品格，因为依代理说，出卖人浙江普安能源有限公司系被代理人，内蒙古伊东大庙渠煤矿为代理人，《保证发货函》由内蒙古伊东大庙渠煤矿出具，内容为为出卖人浙江普安能源有限公司设定权利义务，才符合逻辑。C. 若基于系争《保证发货函》承诺内蒙古伊东大庙渠煤矿代理出卖人浙江普安能源有限公司履行系争《煤炭买卖合同》项下的交付煤炭的义务，那么，因履行系争《煤炭买卖合同》项下的交付煤炭的义务属于事实行为，而非法律行为，也无法成立代理。原因很单纯，代理不发生在事实行为领域，只发生在法律行为领域。

杭州市下城区人民法院（2013）杭下商初字第2226号民事判决书、浙江省杭州市中级人民法院（2015）浙杭商终字第1001号民事判决书、浙江省高级人民法院（2015）浙民申字第2241号民事裁定书所谓成立表见代理，若指沈某某作为其代理人代内蒙古伊东大庙渠煤矿这个被代理人出具系争《保证发货函》，就系争《保证发货函》的形成和出具构成表见代理，也是不成立的，理由如下。

A. 就系争《保证发货函》的形成和出具，沈某某没有代理权。

沈某某不是法定代表人，其若有代理权，要么有授权委托书，要么通过加盖公章或合同专用章来体现其有代理权。卷宗证据显示，主张系争《保证发货函》有效的买受人浙江蓝丰能源有限公司并未举证沈某某向其出具过由内蒙古伊东大庙渠煤矿签章的授权委托书。买受人浙江蓝丰能源有限公司采取了举证在系争《保证发货函》上加盖内蒙古伊东大庙渠煤矿的公章的方式，来证明沈某某具有代理权。浙江汉博司法鉴定中心受杭州市下城区人民法院委托，经依法鉴定并出具《司法鉴定意见书》（浙汉博〔2014〕文鉴字第 497 号），所载鉴定意见为："日期为'2011 年 12 月 30 日'的《保证发货函》上'内蒙古伊东煤炭集团有限公司大庙渠煤矿'印文与样本印文不是同一枚印章盖印，日期为'2011 年 11 月 10 日'的《内蒙古伊东煤炭集团有限公司大庙渠煤矿文件》上'内蒙古伊东煤炭集团有限公司大庙渠煤矿'打印印文与样本印文不是出自同一枚印章。"对此鉴定结论，杭州市下城区人民法院（2013）杭下商初字第 2226 号民事判决书、浙江省杭州市中级人民法院（2015）浙杭商终字第 1001 号民事判决书、浙江省高级人民法院（2015）浙民申字第 2241 号民事裁定书均予确认。据此鉴定结论和三个审级的人民法院的司法文书确认，非内蒙古伊东大庙渠煤矿的公章加盖在系争《保证发货函》上，不可说内蒙古伊东大庙渠煤矿通过这种方式将代理权授予沈某某了。一句话，沈某某就系争《保证发货函》的形成和出具系无权而为。

B. 沈某某就系争《保证发货函》的形成和出具，不成立表见代理。

在这里，若构成表见代理，需要浙江蓝丰能源有限公司举证证明沈某某享有代理权的外观。此类证据包括沈某某代内蒙古伊东大庙渠煤矿与浙江蓝丰能源有限公司之间以往交易过，且均未出示过内蒙古伊东大庙渠煤矿的授权书或加盖过不是内蒙古伊东大庙渠煤矿有效印章的印章，或者内蒙古伊东大庙渠煤矿曾经向浙江蓝丰能源有限公司表示过沈某某代其处理案涉事情。但在卷宗证据中未见此类证据。此其一。浙江蓝丰能源有限公司与内蒙古伊东大庙渠煤矿之间相互认识，通过电话或书信之类的方式请求内蒙古伊东大庙渠煤矿确认沈某某有无代理期权，不是难事。但浙江蓝丰能源有限公司没有这样做，存在过失，且为重大过失。从这个角度讲，也不构成表见代理。此其二。

2）系争《保证发货函》不构成债务加入

系争《保证发货函》非表见代理所为，不发生代理的效果，即系争《保证发货函》对伊东大庙渠煤矿没有法律约束力，换言之，伊东大庙渠煤矿不承担系争

《保证发货函》引发的任何法律后果。一如前述。退一步说，即使就系争《保证发货函》的形成和出具构成表见代理，系争《保证发货函》对伊东大庙渠煤矿具有法律约束力，也未构成债务加入，伊东大庙渠煤矿也不承担向买受人浙江蓝丰能源有限公司交付煤炭的义务，不承担违反该项义务时成立的违约责任，理由如下。

A. 观察系争《保证发货函》的文义，与系争焦点最接近的表述是“为了保障合同条款的顺利完成”，承诺“保证 2012 年全年完成沫煤发货量 150 万吨以上”和“保证合同约定的数量和质量”。且不说这些“安慰函”式的表述不应产生民法上的义务，即便这些承诺形成义务，也既非“交付《煤炭买卖合同》约定的交付煤炭的义务”，亦非“违反该义务时支付违约金、赔偿浙江蓝丰能源有限公司的损失”。

B. 债务加入，加入者承担的债务与固有的债务人承担的债务是同质的，或是他们承担的是一模一样的债务，在系争案件中就是在 2011 年 12 月至 2012 年 12 月，伊东大庙渠煤矿与出卖人浙江普安能源有限公司都负有每月交付 10～20 万吨煤炭的义务，以及违反该义务时承担违约责任；或是加入者承担一部分固有债务人承担的债务，在系争案件中就是在 2011 年 12 月至 2012 年 12 月，伊东大庙渠煤矿每月交付 10～20 万吨的几分之几的煤炭，以及违反该义务时承担违约责任。不难察明，依系争《保证发货函》的承诺，伊东大庙渠煤矿对买受人浙江蓝丰能源有限公司不负有交付煤炭的义务。这就不符合债务加入的规格要求。

C. 系争《保证发货函》若构成法律行为，也是单方允诺，系单方法律行为。而单方法律行为若被法律认可，只可允诺人为自己设定义务，不可为自己约定权利。单就文义看，系争《保证发货函》未为承诺人伊东大庙渠煤矿约定权利，就此似乎可以承认该《保证发货函》的法律效力。但这里有个实质关系不得回避，即单方法律行为孤立存在，不与其他法律行为相结合，从而共同引发债的关系，于此场合，只要允诺人不为自己约定权利即可承认其法律效力，基本上不会出现问题。不过，单方法律行为与另外的法律行为共同引发债的关系场合，尽管单方法律行为没有为允诺人约定权利，但因另外法律行为的存在，允诺人借此享有权利，这至少在一些情况下变相地达到了单方法律行为为允诺人约定了权利这种结果。具体到系争案件，假如承认系争《保证发货函》发生了债务加入的效果，伊东大庙渠煤矿与出卖人浙江普安能源有限公司同样承担每月交付煤炭的义务，那么，同时，伊东大庙渠煤矿与出卖人浙江普安能源有限公司也都享有请求买受人浙江蓝丰能源有限公司支付煤炭款的权利。这种暗度陈仓式地赋权允诺人是否在规避法律？法律能承认此类单方法律行为吗？

D.《合同法》未设债务加入规则，遇有货真价实的债务加入案件，得将之作为无名合同，依法律漏洞填补的方式处理。裁判者的价值位阶不见得相同，如何补充法律漏洞，很难千篇一律，结果的不确定性增大，同案不同判难以避免。在这种背景下，应当谨慎从事，严格认定标准，只在不得已的情况下才将案件认定为债务加入。具体到本案，由于存在着前述那么多问题，不宜把系争《保证发货函》认定为债务加入。

至于浙江省杭州市中级人民法院（2015）浙杭商终字第1001号民事判决书所谓“案涉《煤炭买卖合同》第七条‘……付款后伊东大庙渠煤矿出具保证发货函……’的内容与该合同订立后三天之后伊东大庙渠煤矿出具的《保证发货函》内容相对应，可以印证蓝丰公司在订立合同时即有要求伊东大庙渠煤矿承担保证发货责任的意思表示，《保证发货函》可以视为伊东大庙渠煤矿愿意与普安公司共同履行《煤炭买卖合同》约定的卖方义务”，给人的印象是，只要联系系争《煤炭买卖合同》第7条的约定，即可得出系争《保证发货函》产生债务加入的效力的结论。看来，查清系争《煤炭买卖合同》第7条关于“普安公司负责将伊东大庙渠煤矿原煤运输到交货地，蓝丰公司先付款后发货，付款后五个工作日内发货，付款后伊东大庙渠煤矿出具保证发货函”约定的意思，确有必要。不难明白，系争《煤炭买卖合同》第7条的约定只是点出伊东大庙渠煤矿何时出具系争《保证发货函》这个环节，既未明确该函的内容，更未确定该函的法律性质和法律效力，况且依合同的相对性，出卖人浙江普安能源有限公司与买受人浙江蓝丰能源有限公司之间订立的《煤炭买卖合同》不具有约束第三人伊东大庙渠煤矿的效力！所以，浙江省高级人民法院（2015）浙民申字第2241号民事裁定书将系争《煤炭买卖合同》第7条与系争《保证发货函》联系起来，解释出后者发生债务加入的效力的结论，同样不成立。

3）系争《保证发货函》不发生保证的法律效力

一种观点认为，系争《保证发货函》“为了保障合同条款的顺利完成”，承诺

“保证 2012 年全年完成沫煤发货量 150 万吨以上”和“保证合同约定的数量和质量”等措辞，显示出其为《担保法》上的保证。对此，笔者同样不予赞同，理由如下。

A.《担保法》上的保证，是保证人承担代替主债务人履行其债务的责任，或是保证人直接承担主债务人不履行其债务所生民事责任的责任，如支付违约金或赔偿损失等。具体到系争案件，就是伊东大庙渠煤矿代出卖人浙江普安能源有限公司向买受人浙江蓝丰能源有限公司交付煤炭的义务，或是于不交付或迟延交付煤炭或交付的煤炭不合格时支付违约金或赔偿损失。不难发现，系争《保证发货函》未约定这样的内容，约定的是“保障合同条款的顺利完成”，承诺“保证 2012 年全年完成沫煤发货量 150 万吨以上”和“保证合同约定的数量和质量”。不难理解，“保障合同条款的顺利完成”，承诺“保证 2012 年全年完成沫煤发货量 150 万吨以上”和“保证合同约定的数量和质量”与“代出卖人浙江普安能源有限公司向买受人浙江蓝丰能源有限公司交付煤炭的义务，或是于不交付或迟延交付煤炭或交付的煤炭不合格时支付违约金或赔偿损失”，完全是不同质、不同量的东西，不可混为一谈。

B. 在国内和国际的贸易实务中，存在着“安慰函”之说，即将“保证按时供货”、“保证某卫生洁具企业生产的卫生洁具质量合格”、“保证某商业银行组织还款资源，偿还中国人民银行调拨的资金”等约定，认定为“安慰函”，不发生《担保法》上的保证的效力，不产生民法上的义务及民事责任。系争《保证发货函》关于“保障合同条款的顺利完成”、承诺“保证 2012 年全年完成沫煤发货量 150 万吨以上”和“保证合同约定的数量和质量”之类的承诺，与之类似，宜被认定为“安慰函”，不发生《担保法》上的保证的效力，不产生民法上的义务及民事责任。

C. 伊东大庙渠煤矿出具系争《保证发货函》时不具有法人资格，仅为分公司。根据《担保法》第 10 条第 1 款关于“企业法人的分支机构、职能部门不得为保证人”和第 29 条前段关于“企业法人的分支机构未经法人书面授权或者超出授权范围与债权人订立保证合同的，该合同无效或者超出授权范围的部分无效”的规定，以及法释〔2000〕44 号第 17 条第 1 款前段关于“企业法人的分支机构未经法人书面授权提供保证的，保证合同无效”的规定，并按照《合同法》

第52条第5项关于违反法律、行政法规的强制性规定的合同无效的规定，若将系争《保证发货函》认定为产生了保证，则也是无效的。

六、合同解释与决议行为解释

1. 自目的解释角度观察，合同解释与决议行为解释的差异明显。中国现行合同法上的所谓合同包括传统或曰古典的民法所谓“共同行为”和“契约”。前者指当事人目的一致、意思表示的方向相同的合意，如合伙合同；后者则指当事人目的相反、意思表示的方向相向的合意，如买卖合同。解释作为“契约”的合同所依据的合同目的，时常是当事人一方的合同目的，而非各方的共同目的，因为很难形成各方共同的合同目的[①]，合同的双方当事人常常有不同的目的。[②] 与此不同，决议行为纯为当事人目的一致、意思表示的方向相同的合意。

由此决定，解释属于“契约”类型的合同时，务必同时关注每一方当事人的目的，这在援用《合同法》第94条第1项、第4项而主张合同解除的案件中特别重要，只要解除权人举证证明成功其合同目的已经落空，裁判者就应当支持解除的请求。此其一。并且，此处所谓合同目的，时常是当事人的动机，只有在少数情况下是典型的交易目的。此其二。但在解释决议行为时，必须确定下来全体决议人的共同目的，而且注意区别该共同目的与每个决议人的动机，因为此处所谓动机在不少场合不同于决议人的共同目的。

从举证证明的层面审视，共同目的相对外在化，故对其证明相对容易；动机原本藏于内心，只要未表现于外部，就不易举证证明。这会影响到解释合同、决议行为的过程态样和结果。

2. 解释合同，肯定是在解释法律行为，而且解释《合同法》上的合同均为解释民事法律行为；但解释决议行为未必是在解释法律行为，即使是解释法律行为也未必是民事法律行为，如行政机关的决议行为大多为行政法律行为，公司关

---

① ［德］迪特尔·梅迪库斯：《德国民法总论》，邵建东译，北京，法律出版社2000年版，第233页；崔建远：《合同法》（第3版），北京，北京大学出版社2016年版，第297页。

② ［美］E. 艾伦·范斯沃思：《美国合同法》（原书第3版），葛云松、丁春艳译，北京，中国政法大学出版社2004年版，第469页。

于劳动酬金的确定标准的决议行为应属劳动法律行为。非但如此，有些决议行为不是法律行为。例如，《中国共产党中央委员会关于建国以来党的若干历史问题的决议》虽为决议行为，但属政党行为，不由全国人民代表大会及其常务委员会通过的法律调整，该决议行为自然不属于法律行为。再如，某行政机关决议重新划分所辖行政区划，但暂不出台划分的具体方案，则该决议行为非为法律行为。此外，关于有些决议行为非属法律行为的例证及其原因，下文“4”还要议论。在这里，必须反对另外一个极端——决议行为均非法律行为，因为这种极端的观点背离了法律行为及意思表示的规格，不符合客观实际。所谓客观实际，例如，全体合伙人作出关于合伙财产分割的决议，从该行为的构成要素角度看，是含有意思表示的，且为要素；自法律效果一端观察，它引发了物权变动，这表明该合伙决议是地地道道的法律行为。再如，某规划小区的业主大会作出关于维修基金分摊的决议，从该决议的构成要素的层面看，同样含有意思表示，且为构成要素；自法律效果的层面观察，它同样引起了各个业主负担维修费用的债务，一句话，该业主大会决议是典型的法律行为。

3. 解释合同的场合，作为解释对象的意思表示的发出者、受领者，正是作为解释对象的合同的当事人，换句话说，在合同领域，要约人、承诺人就是合同的当事人，他们是同一的。但是，解释决议行为的场合，作为解释对象的意思表示的发出者，与决议行为的作出者，未必是同一个主体。例如，甲公司的股东会决议，表决行为的发出者是具有表决权的股东，即意思表示的发出者是有表决权的股东；但股东会决议行为的主体却是股东大会或股东代表大会，股东与股东会、董事会显然是不同的主体。

4. 解释合同的场合，被解释的合同的主体是民事主体，但解释决议行为的场合，被解释的决议行为的主体未必是民事主体。例如，甲公司的股东会决议行为的主体是甲公司的股东会，甲公司的董事会决议行为的主体是甲公司的董事会，无论是股东会还是董事会，均非民事主体，因为它们不符合《民法总则》承认的自然人、法人和非法人组织中的任何一类主体。既然股东会、董事会不是民事主体，其决议即使由意思表示构成也非属民事法律行为。特别是，有些股东会决议、董事会决议也不成立、变更、终止民事关系，如某股东会决议增设公司的监事会，这不属于成立、变更、终止民事关系。审视这些决议行为的内容，可知其非民事法律行为。

5. 形成合同的意思表示，就是合同当事人的意思表示，对内即对合同主体具有法律拘束力，这不成问题，就是对外，也具有一定的法律效力，如第三人不得侵害该合同项下的权利，甚至有《合同法》第 73 条至第 75 条、第 309 条至第 310 条等条文规定的效力。与此不尽相同，决议行为所含意思表示的法律效力多种多样，有的决议行为含有的意思表示，直接对外具有法律效力。例如，甲合伙的全体合伙人所作将 500 万元人民币赠与乙学校的决议，就是甲合伙的意思，在向乙学校发出时就是要约，在未向乙学校发出的，也具有法律效力，表现为合伙事务执行人应当遵守之，第三人也不得否认该意思的存在，等等。有的决议行为含有的意思表示，对外不具有直接的法律效力，仅仅是形成民事主体意思的内在意思，这好比一个自然人在内心酝酿过程中的某个想法。例如，甲公司的股东会决议是形成甲公司的权力机关意思的一种表现形式，也是形成甲公司意思的一种表现形式。再如，甲公司的董事会决议是形成甲公司的执行机关意思的一种表现形式，同样是形成甲公司意思的一种表现形式。

既然股东会决议、董事会决议仅仅是形成公司意思的内在意思，而非公司所为法律行为，那么，它们不会对外直接发生法律行为的效果。如此，对《公司法》第 16 条关于“公司向其他企业投资或者为他人提供担保，依照公司章程的规定，由董事会或者股东会、股东大会决议”（第 1 款前段）；“公司为公司股东或者实际控制人提供担保的，必须经股东会或者股东大会决议”（第 2 款）的规定，可有如下解读：甲公司的法定代表人王某代表甲公司和乙公司签订增资扩股协议，代表甲公司与丙银行签订最高额抵押合同，为丁公司向丙银行偿还借款本息的债务提供担保，为甲公司的股东戊向丙银行偿还借款本息的债务提供担保，为甲公司的实际控制人乙向丙银行偿还借款本息的债务提供担保，若有赞同甲公司提供担保的甲公司的股东会决议、董事会决议，则这些担保合同有效；若欠缺甲公司的股东会决议、董事会决议，但法定代表人王某在代表权限之内签订上述合同的，则这些合同的法律效力不受影响；若法定代表人王某超越了代表权限签订上述合同，又欠缺股东会决议或董事会决议的，则不得径直断言这些合同无效，而必须适用《合同法》第 50 条关于“法人或者其他组织的法定代表人、负责人超越权限订立的合同，除相对人知道或者应当知道其超越权限的以外，该代表行为有效”的规定。具体些说，(1) 因为法定代表人王某超越了代表权限签订增资扩股协议，又欠缺股东会决议或董事会决议，所以，乙公司应当知道王某超越了代表权却依然签订增资扩股协议，至少具有重大过失，按照《合同法》第50条的规定，甲公司可以向乙公司主张王某超越代表权限，否认增资扩股协议的效力，也可以不向乙公司主张王某超越代表权限，遵守增资扩股协议。(2) 因为法定代表人王某超越了代表权限签订上述最高额抵押合同，又欠缺股东会决议或董事会决议，所以，丙银行应当知道王某超越了代表权限，至少具有重大过失，按照《合同法》第50条的规定，甲公司可以向丙银行主张王某超越代表权限，否认最高额抵押合同的效力，也可以不向丙银行主张王某超越代表权限，遵守最高额抵押合同。就以上所述，概括成一句话，股东会决议、董事会决议无直接发生甲公司与交易相对人之间成立或变更或终止民事关系的效力，不直接决定甲公司所为法律行为有效或无效，其作用之一在于判断交易相对人知道或应当知道甲公司的法定代表人越权。之所以用作用之一予以限定，是因为股东会决议、董事会决议的作用方方面面，如它们是甲公司治理结构中“软件”，是形成甲公司意思的源泉之一，股东会决议是甲公司章程修订的发动者和终结者，等等。

6. 决议行为贯彻多数决(《公司法》第16条第3款、第43条第2款等)，由此导致解释决议行为须逐个甄别各个表决行为，即各个表决权人于表决时所为的意思表示。在这个阶段应当适用意思表示规则，这与解释合同时对要约、反要约、承诺的解释应当适用意思表示规则没有不同。但是，在意思表示形成最终结果方面，决议行为解释与合同解释的关注点呈现着差异：在决议行为的场合，以公司决议为例，“有效的决议只需要多数决即可达成，并且只要不是处于该多数的临界状态(即单个表决行为可以决定多数是否达到的情形)，单个表决行为的效力瑕疵无法影响决议的效力，即使该表决行为的意思瑕疵被救济，该表决行为的无效也不必然导致决议的效力瑕疵。换言之，在决议‘多数决原则’的作用下，单个表决行为的效力瑕疵已经无法必然地传导给决议，就此而言，即使个别决议行为是无效的，最终形成的决议仍可能是合法有效的，表决行为与决议在效力上不是同命运的”①。在这种状态下，在这个意义上，意思表示的“质”不如

① 柯勇敏：《瑕疵公司决议及其对外效力》，清华大学法学博士学位论文(2019年)，第43页。

"量"有决定力。专就决议行为的效力而言，依功利主义，不必对每个表决行为的解释都平均使用力量，对已经不会影响决议行为效力的某个或某几个表决行为可以放松些工作。在有关证据不充分，在可这样解释也可那样解释的情况下，尤其如此。与此有别，承诺生效，合同即告成立，由此决定解释承诺必须一丝不苟，否则，会导致在合同成立与否的认定上出现根本性的错误，或导致在合同内容的确定上出现偏差。还有，在名为要约的意思表示实质上却非要约的情况下，就无所谓承诺，于此场合所谓承诺生效在实质上却是要约生效，这告诉法律人解释要约、要约邀请时同样不得懈怠。一句话，解释合同时，每个意思表示都很重要，均须认真对待。此其一。多数决原则含有两层意思：一是就全部表决行为之于决议行为，不要求表决行为相一致；二是在满足决议行为成立并有效所需要的表决行为数量的领域内，要贯彻数个表决行为相一致的原则。就第一层意思来说，决议行为的解释不同于合同解释，因为合同解释必须遵循作为要约、承诺的意思表示与作为合意的意思表示不存在矛盾。此其二。表决行为的意思表示，在效果意思的层面是使决议事项生效或反对决议事项生效或对决议事项生效与否不置可否，在表示行为的层面或是同意或是反对或是弃权。而决议行为的意思表示，在效果意思的层面是使具体事项（如以公司的财产为他人提供担保）发生法律效果，且其法律效果未必都是私法上的，也可能是公法上的；在表示行为的层面就是以决议文件形式呈现的内容。可见，表决行为与决议行为在效果意思、表示行为两个方面均有差异。与此不同，要约、承诺层面的意思表示与作为合意的意思表示在效果意思、表示行为方面具有一致性。此其三。股东决议采取多数决原则，可能产生负面结果，法律设置相应制度及规则对此予以预防和矫正。例如，对关系到公司经营管理的根本性事项要求经过特别决议，强化董事、经理以及控股股东的受信义务，建立有关决议无效之诉，赋予少数股东异议权，设立派生诉讼制度，等等。这决定了解释股东决议行为时必须受制于这些制度及规则。① 与此不同，解释合同则不关注这些制度及规则，而是受制于合同自由、合同正义、格式条款、公序良俗等制度及规则。此其四。有观点认为：民法上意思表示瑕疵的理论很难适用于股东大会决议。……公司法人作出决议所强调的程序

① 施天涛：《公司法论》（第2版），北京，法律出版社2007年版，第312－313页。

合法，是非常独特的，意思表示的理论无法解释这一现象的合理性。股东大会决议的本质，是多数股股东（表决权数）意思的合致，少数股股东或个别股东要服从多数股股东的意思决定。……由股东大会形成的公司意思表示是借助于组织化的会议体方式形成的。……公司意思是个别股东通过表决机制而形成的集体意思。民法基于自然人主观心理的瑕疵判断，对股东大会决议瑕疵的判断存在适用上的困难。[①] 如果这是正确的，则在合同解释领域，判断合意达成与否，确定意思表示瑕疵的法律后果，确实不同于决议行为领域。关于判断合意达成与否的作业在合同解释和决议行为解释两个领域不同，上文“此其二”“此其三”中已经阐明。关于意思表示瑕疵的法律后果，在合同领域设有可变更或可撤销、效力待定、无效，在（公司）决议行为领域设有可撤销、无效（《公司法》第22条）以及不成立（法释〔2017〕16号第1条），而且撤销合同的原因、合同无效的原因不同于（公司）决议行为撤销的事由、决议行为无效的事由。此其五。无论是作为“契约”的合同还是作为“共同行为”的合同，其更改、狭义的变更、协议解除，必须是后一个合同的缔约方与先签合同（被狭义变更或被更改或被协议解除的合同）的当事人相同，假如后一个合同的当事人少于前一个合同的当事人，则即使后一个合同已经生效也无法动摇前一个合同的法律效力，即前一个合同不发生狭义的变更或更改或协议解除的法律效力。与此不同，甲公司5个股东召开股东会先行形成一个股东会决议，其后4个股东召开的股东会形成新的股东会决议，改变了先前形成的股东会决议。这具有法律效力。或者甲公司由6个董事参加的董事会先行形成一个董事会决议，后来由5名董事参加的董事会形成一个新的董事会决议，改变了先前形成的董事会决议，这同样具有法律效力。此其六。

7. 明确合同与决议行为之间的差异以及两种意思表示解释的不同，具有实质的价值。例如，甲、乙、丙、丁、戊订立《股东协议》，约定了每个股东在目标公司的权利义务，包括在特定条件下甲回购丁在目标公司中的股权以及价格、交割时间等等；同时也约定了目标公司的某些权利义务。其后，甲、乙、丙、丁、戊召开股东会，并形成《股东会议决议》，其中含有《关于股票发行方案决

① 钱玉林：《股东大会决议的法理分析》，载《法学》2005年第3期；王雷：《论民法中的决议行为》，载《中外法学》2015年第1期。

议》，甲、乙、丙、丁投票赞同，戊投弃权票。该《关于股票发行方案决议》及其实施，在实质上改变了丁所持股票的价格，意味着实质上改变了甲回购案涉股权的条件。于此场合，甲认为甲、乙、丙、丁、戊投票形成《股东会议决议》（包括《关于股票发行方案决议》）变更了系争《股东协议》，也就变更了股权回购条件。对此，笔者持有异议，因为《股东协议》这个合同不同于《股东会议决议》这个决议行为，二者分处于合同法和公司法两个领域，所受规制的原则及规则不同。此其一。《股东协议》系股东个人行为，其核心是处理股东们之间的事情，即使涉及目标公司的事务，也不处于关键地位。但《股东会议决议》则不同，乃公司（内部）行为，是集体决定目标公司的事务。两者的地位及功能不同，不应也不可相互替代。此其二。《股东协议》乃甲、乙、丙、丁、戊一致的意思表示，而《股东会议决议》不是他们一致的意思表示，只是多数人的意思表示。在此前提下认定《股东会议决议》变更了《股东协议》不合《合同法》关于合同变更的规定，包括第 78 条关于"当事人对合同变更的内容约定不明确的，推定为未变更"的规定。此其三。

8.［案例分析］

决议行为无效抑或漏洞补充？

KJ 集团公司于 2017 年 9 月 6 日召开股东会临时会议，会议通过决议，决定增资 1.5 亿元，由集团公司现有股东按照实缴的出资比例认缴，认缴价格为：每 1 元注册资本为 1 元，认缴期限为：2017 年 9 月 13 日前。股东 GJD 已按决议规定认缴了增资，另一股东 GJL 未认缴。增资认缴期结束后，GJL 的股权变更为 9.272%。2017 年 9 月 15 日，GJL 以股东会决议未依据真实的合并报表的股东权益、未通过审计评估确定增资价格等理由，向人民法院起诉主张股东会决议中按 1 元价格认缴增资的内容无效。另外，增资认缴期结束后，集团公司已申请公司登记机关办理注册资本变更登记，公司登记机关以 GJL 已发函对该次增资决议提出异议为理由未受理登记申请，并说明即使受理也要开听证会进行实质性审核。

赵旭东教授认为，股东临时会议关于增资的决议确定增资 1.5 亿元，由集团公司现有股东按照实缴的出资比例认缴，认缴价格为每 1 元注册资本为 1 元，认缴期限为 2017 年 9 月 13 日前。这在程序上不违反《公司法》的规定及精神，认缴价格的确定也无可厚非，谈不上股东临时会议关于增资的决议无效。假如全体股东都认缴了，股东之间的利益是平衡的，系争案件就全无问题。但是，毕竟小股东GJL没有认缴，且为其权利的行使，放弃的是对集团公司未来利益或亏损的享有或承受的股权，并不意味着放弃了股东对集团公司既有利益的权利。这样，在小股东未认缴增资扩股的出资的情况下，应对该股东的利益予以安排。系争股东临时会议关于增资的决议遗漏了这种安排，应予补充。

笔者赞同赵旭东教授的意见，同时认为系争股东临时会议关于增资的决议不存在《合同法》第52条规定的无效原因及第54条规定的可变更、可撤销的原因，也不存在《公司法》规定的决议无效原因及撤销原因，原告GJL关于股东临时会议关于增资的决议无效的诉讼请求不应得到支持。但是，该决议毕竟存在着缺陷：增资行为涉及对公司原股东对增资前既有权益的调整，若一方股东放弃了增资权利，则在无明确的意思表示的前提下，应解释为这只是放弃了对未来权益和负担的承受，并不意味着也放弃了对既有权益和负担的承受。如此，系争案件应当考虑对该股东增资前所享有的既有权益的保护，系争股东临时会议关于增资的决议没有约定此项内容，从民法的角度看，这就是股东临时会议关于增资的决议存在漏洞。有漏洞就应予以补充，其路径及方法，可以按照公司的价值调整增资后该股东的持股比例，而不能否定或部分否定股东临时会议关于增资的决议的效力。总之，此处问题，不属于无效或可撤销的范畴，而属于漏洞补充的领域。

贰

合同解释与法律解释

一、概说

合同解释与法律解释既有联系又有区别。任何法律思考都是针对某一问题进行的，任何法律规则都是针对某一问题所制定的。有鉴于此，解释也是针对问题而进行的思考。法律适用所要解决的问题，并不像许多现代法学解释理论所认为的那样独立于具体案例。这些问题只能在具体案例中才能出现。① 弗卢梅教授这段充满思辨的阐发，道出了法律解释与合同解释之间的关系。类似的理念还有丹茨（Danz）的意见：合同当事人通过对合同实施所进行的真实解释类似于立法者对法律所进行的真实解释。② 法律解释的语法和逻辑要素同样可适用于法律行为表示的规范解释。就解释的逻辑要素而言，特别是可以适用传承于《学说汇纂》（DⅠ，3，24）关于法律解释的原则最初被适用于将法律行为作为整体予以解释的情形："人们不能不考虑法律的整体规定而仅基于所引用法律的一小部分规定

---

① ［德］维尔纳·弗卢梅：《法律行为论》，迟颖译，北京，法律出版社 2013 年版，第 346 页。

② ［德］丹茨（Danz）：《解释》（第 3 版），1911 年版，第 73 页。转引自［德］维尔纳·弗卢梅：《法律行为论》，迟颖译，北京，法律出版社 2013 年版，第 351 页。

来作出判决。”[①] 总之，合同解释与法律解释都奉行文义解释、体系解释、目的解释、历史解释等原则，都有填补漏洞的现象，解释时都遵循诚实信用原则，践行公平正义，等等。

二、所受制的法律有别

由于法律调整的是多数事例，在法律为无效时，法律秩序乃至社会秩序大多会遭到严重破坏。在法律被修正或被废止时，法律秩序乃至社会秩序在特定领域会发生变化，根据被修正、废止之前的法律所订立的合同可能甚至必须作出调整，如有的合同因已经变成法律上的不能履行而予以解除甚至径直无效，有的合同要适用情事变更原则而再协商、变更或解除。与此不同，合同往往仅局限在当事人各方的范围内，而且只关系到某个特定的客体，因此，合同变更、撤销、解除不影响到第三人的权益，如果依客观规律要侵害第三人的权益，法律就通过设置“不得对抗第三人”等但书的方式加以阻止；即便是合同无效也并非不可承受，甚至在合同存在《合同法》第 52 条、第 53 条规定的原因时，必须归于无效。由此差异决定，法律解释适用的一些规则，在解释合同时并不适用，或者不明确地适用。最突出的是法律的合宪性解释。在对法律可以作出多种解释的情况下，应优先采用符合宪法精神的那种解释结果，即使这种解释结果与法律制定者的意思相违背，亦然。相反，在解释合同时，符合法律的解释原则或符合善良风俗的解释原则，至少并不具有像合宪性解释那样的确定性适用。诚然，对于某种类型的合同，即已经履行的长期债务关系，人们也竭尽全力要避免无效后果的发生。[②] 再如，英美法有推定不违法（presumption against illegality）规则，即如果一份合同或一个条款可能有两种合理的解释，其中一种解释与制定法、行政法规或普通法相一致（comports with），另一种解释则相反，法院将采用使之合法

---

① ［德］《联邦最高法院判例——林登迈尔-默林编联邦最高法院参考资料》，§133（B）Nr. 3；《联邦最高法院判例——林登迈尔-默林编联邦最高法院参考资料》，§133（B）Nr. 1. 转引自［德］维尔纳·弗卢梅：《法律行为论》，迟颖译，北京，法律出版社 2013 年版，第 361 页。

② ［德］迪特尔·梅迪库斯：《德国民法总论》，邵建东译，北京，法律出版社 2000 年版，第 233－234 页。

的方式解释该合同或合同条款。[①] 这明显地表现出合同解释与法律解释的不同。当然，同时须注意，在中国不宜如此绝对，如果合同条款违反《合同法》第 52 条第 1 项、第 3 项、第 5 项的规定，就应当是绝对无效的。

三、是否属于事实问题不同

法律解释均属法律问题，而合同解释有时属于事实问题，有时则为法律问题。所谓合同解释属于法律问题，是指合同条款甚至合同形式、加盖于合同书上的印章所具有的法律意义及其法律后果的问题。[②] 在对合同进行规范性解释且采取客观主义的作业中，重要的不再是认定在事实事件的世界中——包括内心事实，如表意人或受领人的实际想法——曾发生过什么或不曾发生过什么，而是要根据已经确认的事实，从法律的观察角度，来确定意思表示具有何种意义。对这个问题是不能举证和取证的。在产生疑问的情况下，由法官据其保留的“法律适用”的权利，确定什么结果依据法律准则是规范的、正确的。[③] 在欧美，对于法律问题，原则上由法院自行确定，而无须由当事人来引证这些法律原则为什么适用于该案件的理由（“法院知法”)。[④] 其实，即使在中国，对法律的解释也是裁判者依职权予以解释，当事人对法律的理解只作参考，当事人对法律的误读不构成民法上的错误/重大误解，裁判者仍按法律的本义予以解释。所谓合同解释有时为事实问题，包括合同是否在客观上存在、当事人是否实际上对意思表示作出了相同的理解等事项。[⑤]

---

① See Smart v. Tower Land & Inv. Co.，597 S. W. 2d 303，306（Tex. 1979).

② ［德］卡尔·拉伦茨：《德国民法通论》（下册），王晓晔、邵建东、程建英、徐国建、谢怀栻译，谢怀栻校，北京，法律出版社 2003 年版，第 476 页。诚然，合同解释究竟属于法律问题还是事实问题，见解不同。见［美］E. 艾伦·范斯沃思：《美国合同法》（原书第 3 版），葛云松、丁春艳译，北京，中国政法大学出版社 2004 年版，第 491 - 494 页。

③ ［德］卡尔·拉伦茨：《德国民法通论》（下册），王晓晔、邵建东、程建英、徐国建、谢怀栻译，谢怀栻校，北京，法律出版社 2003 年版，第 477 页。

④ 参考［德］卡尔·拉伦茨：《德国民法通论》（下册），王晓晔、邵建东、程建英、徐国建、谢怀栻译，谢怀栻校，北京，法律出版社 2003 年版，第 477 页。

⑤ 参考［德］卡尔·拉伦茨：《德国民法通论》（下册），王晓晔、邵建东、程建英、徐国建、谢怀栻译，谢怀栻校，北京，法律出版社 2003 年版，第 477 页。

四、是否顾及意思表示受领人独特的理解能力不同

法律系针对多数人而制定并实施的行为规范和裁判规范，具有普遍的拘束力；合同原则上仅仅拘束着各方当事人，涉他效力的合同仅为特例。由此差别决定，在解释合同时，通常可以顾及意思表示受领人独特的理解能力，而解释法律则不允许进行类似的顾及，以免可能依据不同的人的理解可能性而赋予法律不同的意义。[①] 因为法律行为规则不以实现法律思想为使命。换言之，法律行为解释的出发点也应当是，个体仅为自己的利益而实施法律行为。[②] 解释法律不应因实施法律行为的主体不同而对同一条法律规定作出不同意义的解释。裁判者于个案中对某特定主体作出“优惠”或“宽恕”的裁判，不是改变法律条文的含义，只是在适用法律时承认例外。例如，一位女中学生行走于人行道时被违法驾驶的出租车撞成重伤，生命危殆。她被送到某医院急救时，不容医院从容地细化其血型，确定到O型、B型、AB型等即可手术。但该女生的血型实在特殊，对其所输血液不匹配其血型，带来严重的后遗症。后来，该女生作为原告起诉该医院，依《侵权责任法》的立法计划及第6条第2款、第54条、第58条、第60条第1款第2项的规范意旨，该医院仅就其过失承担医疗损害赔偿责任，不负无过错责任。按照中国现行法，该医院的此次化验血型不存在过错，本不应承担医疗损害赔偿责任。不过，二审法院考虑到该女生因该手术所带来的严重后遗症，将过错责任原则搁置一旁，援用《侵权责任法》第24条关于公平分担损失的规定，判决该医院补偿该女生一笔款项。笔者对此判决予以赞同，同时指出，该判决并非改变《侵权责任法》第6条第2款、第54条、第58条、第60条第1款第2项的含义、目的和适用范围，只是在个案中的公平调处。

---

① ［德］迪特尔·梅迪库斯：《德国民法总论》，邵建东译，北京，法律出版社2000年版，第233页。

② ［德］维尔纳·弗卢梅：《法律行为论》，迟颖译，北京，法律出版社2013年版，第362页。

五、动机是否被纳入目的的范畴不同

凡是法律均有其目的，法律目的是最重要的解释标准，特别是运用了文义解释、体系解释均难确定合同用语的确切含义的情况下，目的解释更是不可或缺。在合同解释中，当事人的目的虽然重要，但务请注意，将目的作为解释标准时必须十分谨慎。由于一方当事人所追求的目的，未必是另一方所追求的目的，目的并不能直接决定合同的内容。[①] 再就是合同解释场合的所谓目的，时常是当事人的动机。对于当事人的动机是否赋予法律效果、赋予何种法律效果，都是需要认真对待、继续思考的。

六、是否依赖客观目的论不同

法律解释有主观目的论、客观目的论之分，较为可取的立场及态度是，在法律颁行不久的背景下，解释法律宜坚持主观目的论，即探寻立法者的本意；在法律颁行年代久远，法律规定不尽符合社会生活实际的情况下，宜采客观目的论，即根据社会生活对法律的本质要求来解释法律规定，赋予某特定规范新的含义。[②] 与此不同，合同解释若采客观目的论，在实质上相当于法官替当事人订合同，只不过是法官打着探求缔约当事人于今日的目的为何的旗号罢了。

如果说依客观目的论解释法律规定有点像解释者取代了立法者的位置，将立法者赋予特定条文的本意替换成自己的意思，那么，在任何情况下，对法律行为予以解释的人都不能成为法律行为的主宰者，他不能以自己确定的法律行为当事人本应制定的规则，来取代当事人基于私法自治所实际制定的规则。[③] 有鉴于此，对一时性合同必须依当事人的意思解读合同条款。即使继续性合同已经存续多年，依缔约当时的当事人意思确定合同项下的权利义务已经显失公平，也不由

---

① ［德］迪特尔·梅迪库斯：《德国民法总论》，邵建东译，北京，法律出版社2000年版，第233页。

② 参见［德］卡尔·拉伦茨：《法学方法论》（学生版），陈爱娥译，北京，五南图书出版有限公司1996年版，第222-224页。

③ ［德］维尔纳·弗卢梅：《法律行为论》，迟颖译，北京，法律出版社2013年版，第360页。

法官代替当事人签订合同，而是法官依据公平原则、诚信原则，依职权调整合同项下的权利义务。法律解释有主观目的论、客观目的论之分，合同解释若采客观目的论，在实质上相当于法官替当事人订合同。

如果依主观目的论解释法律，就难免汇集、整理立法资料，特别是重视立法理由书（如果有的话），从中探知立法者的本意。就是说，历史解释的方法会被运用。与此有所差异，合同解释虽然不可绝对排斥历史解释，但在对法律行为表示进行解释的过程中，参与表示各方的实际理解作为历史事实对解释产生关键性的影响，亦即应当基于参与表示各方的实际理解来理解表示所确立规则的内容效力。只有当无法获知当事人对表示的实际理解时，或者当不能确定参与表示的各方当事人，即表意人及表示受领人时，或者在合同的情形，缔约各方当事人，是否就表示达成一致理解时，才有必要针对法律行为表示进行规范解释。①

比较吊诡的是，事物的逻辑似乎并非直线发展。一般认为，应当对法律进行规范解释。② 针对法律的规范解释，萨维尼总结出由四要素组成的解释准则：语法、逻辑、历史及体系要素。③ 法律解释强调以体系要素为基础，即以法律思想及其在整体法律秩序中的假定实现为基础。④ 解释法律之人须受此拘束，他不具备立法者的权力，不得违背法律秩序整体致力于实现的法律思想。⑤ 与此有别，在法律行为表示的解释中不存在法律解释中那样的体系要素，法律行为表示的解释更为依赖解释者的“判断”，即其“对个案所进行的审慎权衡”⑥，不能排除任意解释。⑦

---

① ［德］《联邦最高法院判例——林登迈尔-默林编联邦最高法院参考资料》，§119Nr.6. 转引自［德］维尔纳·弗卢梅：《法律行为论》，迟颖译，北京，法律出版社2013年版，第353页。

② ［德］维尔纳·弗卢梅：《法律行为论》，迟颖译，北京，法律出版社2013年版，第343页。

③ ［德］萨维尼：《当代罗马法体系》Ⅰ，第206页以下，第213页以下。转引自［德］维尔纳·弗卢梅：《法律行为论》，迟颖译，北京，法律出版社2013年版，第344页。

④ ［德］维尔纳·弗卢梅：《法律行为论》，迟颖译，北京，法律出版社2013年版，第367页。

⑤ ［德］维尔纳·弗卢梅：《法律行为论》，迟颖译，北京，法律出版社2013年版，第350页。

⑥ ［德］萨维尼：《债法》Ⅱ，第189页。转引自［德］维尔纳·弗卢梅：《法律行为论》，迟颖译，北京，法律出版社2013年版，第368页。

⑦ ［德］维尔纳·弗卢梅：《法律行为论》，迟颖译，北京，法律出版社2013年版，第367-368页。

七、可否改变法律条文的含义不同

在裁处个案时解释法律，解释者的目光反复地巡视于案情与法律条文之间，绝非鲜见地为了个案的妥当解决而有意地改变了法律条文的本意，或是扩张或是限缩。法律发展史上，为了解决车辆、机器等侵权案件，法官曾经扩张《法国民法典》第 1384 条第 1 项。原来，《法国民法典》对于侵权行为原则上以过失为成立要件。关于由物本身事实所产生的损害，唯有动物及建筑物为例外，可无须证明占有人或所有人的过失而请求赔偿，其余则统须依一般原则，非有过失不负责任。到了 19 世纪末叶，机械的使用日益频繁，建筑物以外的其他无生命物，如车辆、机器等所可致人的损害，倘若要求证明占有人或所有人的过失，则十之八九无法获得赔偿。这在正义道德上是说不过去的事，在法律上是无法补救的。到了 1896 年，忽然发现了第 1384 条的第 1 项。以往对这项规定的解释，仅是同条第 2、3、4 项及第 1358 条、第 1386 条的一个开场白，向来的判例学说从未重视它。但法国最高法院民庭于 1898 年 6 月 16 日的一则判决里，挑出了“对于所占有之物所致之损害亦应负责”这一句，断章取义，认为这是关于无生命物所致的损害，无须证明占有人之过失即得请求赔偿的一般规定。这是奇妙的新发现，亦是理性的新创造。这是逻辑的矛盾，亦是艺术的和美。[①] 与此不同，解释合同，即便是在诉讼中或仲裁中，虽然也来回地检视法律条文和揭示合同约定，但因不是在解释法律，便不会改变法律条文的本意，只是在探究当事人的意思。

八、是否依任意性规范不同

填补法律漏洞，或用类推适用的方法，或用目的性限缩的方法，或用目的性扩张的方法等，不会用强制性规范、任意性规范、倡导性规范填补漏洞。与此不

---

① 王伯琦：《法学，科学乎？艺术乎?》，载《王伯琦法学论著集》，台北，三民书局 1999 年版，第 20－21 页。

同，对合同漏洞的补充，时常要援用任意性规范、倡导性规范甚至强制性规范。[①]

［实例分析］

（1）法律漏洞填补的例证

按照《民法通则》第137条的规定，诉讼时效制度不调整中性的原权利（原义务），仅仅管辖救济权（义务违反所产生的第二性义务），具体到合同关系，就是诉讼时效制度仅仅适用于违约责任，而合同债权、合同债务则由履行期限、合同的存续期限管辖，并非诉讼时效制度染指的领域。如此，债务履行期限、债权行使期限、合同存续期限、诉讼时效期间之间衔接、配合得恰到好处，值得肯定。

据此衡量，《保险法》第26条第1款关于诉讼时效的规定，则是由诉讼时效制度调整了保险合同项下的保险金请求权这个原权利，违反保险合同项下义务时产生的违约责任，却无相应的制度调整。之所以说“违反保险合同项下义务时产生的违约责任，却无相应的制度调整”，是因为《保险法》第26条系关于诉讼时效的规定，且为特别法，《民法通则》第137条等亦为关于诉讼时效的规定，且为普通法，按照特别法优先于普通法的规则，《保险法》第26条的规定优先于《民法通则》第137条等规定而适用，故而《民法通则》第137条等规定于保险合同场合无适用余地。即便保险公司无理拒赔，应当向被保险人承担违约责任，该违约责任本应适用诉讼时效的规定，也因《保险法》第26条第1款规定的存在而排除了《民法通则》第137条等规定的适用。之所以说《保险法》第26条第1款的规定调整了保险合同项下的保险金请求权这个原权利，而非救济权（被保险人请求保险公司承担违约责任的权利），是因为《保险法》第26条第1款规定诉讼时效期间“自其知道或者应当知道保险事故发生之日起计算”，而保险事故发生只是产生被保险人请求保险公司理赔的债权，而非向保险公司主张承担违约责任的债权。被保险人请求保险公司承担违约责任的债权，产生于保险公司无理地拒绝理赔之时，这是保险事故发生之后的某个时间点出现的事实。此其一。《保险法》第26条第1款的规定，排除了当事人双方约定被保险人向保险公司主张保险合同项下权利的行使期限。本来，保险事故发生，保险公司承担理赔义

---

① 崔建远：《合同法》（第2版），北京，北京大学出版社2013年版，第404页。

务。为了避免承担不应承受的不利益（如保险事故并未发生），保险公司有必要查清事实真相；即便保险事故果真发生，也有必要要求被保险人及时行使权利。所有这些，都决定了当事人双方有必要约定被保险人及时向保险公司告知保险事故发生及请求理赔的期间（履行期间）。但遗憾的是，《保险法》第 26 条第 1 款的规定，没有留给当事人做这些约定的空间、机会。这是不适当的。此其二。《保险法》第 26 条第 1 款的规定不合国际贸易及其保险的惯例。在国际贸易中，进出口信用保险等业务基本上都于保险合同中约定了被保险人请求保险公司理赔的期限。若被保险人主张得有依据，保险公司却拒绝理赔，成立违约责任，时效制度开始发挥作用。《保险法》第 26 条第 1 款的规定，剥夺了当事人双方做此类约定的机会，不合国际贸易及其保险的惯例。此其三。当事人双方约定被保险人请求保险公司理赔期限，在实质上延长了《保险法》第 26 条第 1 款规定的 2 年时效期间。而法释〔2008〕11 号第 2 条规定，当事人违反法律规定，约定延长或者缩短诉讼时效期间、预先放弃诉讼时效利益的，人民法院不予认可。就是说，当事人双方关于被保险人请求保险公司理赔的约定，不能发生法律效力。此其四。

综上所述，可知《保险法》第 26 条第 1 款的规定弊端明显，未来修法时应予修正。在目前，站在解释论的立场，可以认为该条款的适用范围过宽，应予限缩，至少在出口信用保险等合同类型，排除《保险法》第 26 条第 1 款规定的适用。

（2）合同漏洞填补的例证

某《块状硫黄购销合同》既无块状硫黄质量的约定，又无对块状硫黄检验方法和检验标准的条款，需要按照《合同法》第 154 条关于“当事人对标的物的质量要求没有约定或者约定不明确，依照本法第六十一条的规定仍不能确定的，适用本法第六十二条第一项的规定”的规定，予以补充。于此场合，《合同法》第 61 条的规定于此处派不上用场，只得求助于《合同法》第 62 条第 1 项关于当事人对质量约定不明确的，“按照国家标准、行业标准履行；没有国家标准、行业标准的，按照通常标准或者符合合同目的的特定标准履行”的规定。

工业硫黄的相关国家标准，即 GB/T2449—2006。某质量鉴定机构接受买受人的委托，以 GB/T2449—2006 为判断基准，对系争块状硫黄的质量进行鉴定，并出具了《咨询分析意见》。该《咨询分析意见》第2条第1款第2项认为，按照GB/T2449—2006工业硫黄国家标准，硫黄的优等品、一等品、合格品是不允许有大块的砂石存在的；而案涉出卖人交付的块状硫黄内均混有小石块或细小石粒等固体杂质，且这些杂质分布比较均匀，即质量不合格。

出卖人否认该《咨询分析意见》的法律效力，其理由如下：关于GB/T2449—2006工业硫黄国家标准的性质及其适用范围，中华人民共和国的相关法律法规已有明确规定。《标准化法》第7条规定，国家标准分为强制性标准和推荐性标准。该法第14条规定，强制性标准必须执行，不符合强制性标准的产品，禁止生产、销售和进口；而对于推荐性标准，国家鼓励企业自愿采用。《国家标准管理办法》第4条规定，国家标准的代号由大写汉语拼音字母构成，强制性国家标准的代号为"GB"，推荐性国家标准的代号为"GB/T"。据此可知，GB/T2449—2006工业硫黄国家标准显然为推荐性标准，由企业自愿采用。系争合同中并未约定适用GB/T2449—2006工业硫黄国家推荐标准，因此该国家标准不适用于系争案件。此其一。买受人在庭审中称，对于案涉货物质量的确认，合同有约定的，适用合同约定；合同没有约定的，应参考GB/T2449—2006工业硫黄国家标准。买受人的这种主张显然没有任何合同依据和法律依据。作为中国以外的出卖人，并不了解中国的各项标准和规定，只能根据系争合同中关于货物品质的约定行事。因此，案涉货物品质的衡量标准只能是系争合同的约定，即只能依据系争合同的约定来认定其是否存在质量问题，而不能依据GB/T2449—2006工业硫黄国家标准来认定其是否合格。此其二。

笔者不赞同出卖人的上述意见，因为从方法论上讲，合同的标的物必须确定，而标的物的确定离不开标的物的质量和数量，即标的物的质量必须确定下来；至于采取何种确定标的物质量的方法，需要个案分析。当事人有约定时，依其约定；无约定时，依《合同法》第154条及第61条、第62条的规定。在系争案件中，就是必须依《合同法》第62条第1项关于当事人对"质量要求不明确的，按照国家标准、行业标准履行；没有国家标准、行业标准的，按照通常标准或者符合合同目的的特定标准履行"的规定。此其一。由于《合同法》第62条第1项没有将国家标准限于强制标准，没有将国家推荐标准排除在外，加之该条项规定通常标准也可作为判断合同项下货物的质量是否合格的标准，举轻以明重，GB/T2449—2006 作为国家标准应当用于系争案件的结论可信。此其二。在这里，需要解决的是标的物的质量问题，而非合同的效力。纵观《合同法》的整个体系及精神，只有在决定合同效力时强调法律的位阶，即必须是违反法律、行政法规的效力性的强制性规定的合同无效，违反其他位阶的法律、行政法规原则上不影响合同的效力；至于确定诸如标的物的质量等事项，并不强调法律的位阶。因此，GB/T2449—2006 作为国家标准，尽管是推荐性的国家标准，也可以作为判断出卖人交付的系争合同项下的硫黄是否合格的标准。此其三。退一步说，假如因 GB/T2449—2006 为推荐性国家标准而弃之不用，则填补系争《块状硫黄购销合同》欠缺案涉块状硫黄质量及其检验标准约定的漏洞的依据便无处寻觅，案件纠纷会久拖不决。这显然不被允许。鉴于买卖物的质量及其鉴定标准不可或缺，鉴定机构、裁判机构必须选取鉴定买卖物质量的标准和方法；鉴于《合同法》第 62 条第 1 项排列的鉴定买卖物质量的标准依次为国家标准、行业标准和通常标准/符合合同目的的特定标准，鉴定机构、裁判机构选择 GB/T2449—2006 工业硫黄国家标准，来判断案涉块状硫黄的质量，无可非议。所以，出卖人关于"GB/T2449—2006 工业硫黄国家标准显然为推荐性标准，由企业自愿采用。系争合同中并未约定适用 GB/T2449—2006 工业硫黄国家推荐标准，因此该国家标准不适用于系争案件"的看法，没有法律依据和合同依据，难获支持。此其四。

从上述"法律漏洞填补的例证"与"合同漏洞补充的例证"中不难发现，法律漏洞不用任意性规范加以填补，而合同漏洞则可用任意性规范予以补充。

尽管存在着这样的区别，也不难发现，在合同漏洞的填补过程中仍需对《合同法》第 154 条与第 61 条及第 62 条之间的关系进行解释，对第 62 条规定中的"约定不明确""国家标准""通常标准"进行解释。这表明合同解释过程中伴有法律解释，合同解释与法律解释交织在一起。

九、有无交易的整体解释不同

当事人的主张能否得到支持，必须将该主张落实到具体的法律关系之中，即该主张得有事实依据，而后寻觅该法律关系所对应的法律规范，或相近的法律规范。在这个意义上说，合同解释，必须聚焦于合同条款及其项下的权利义务，不得“王顾左右而言他”。一般情况下的确是这样。不过，在若干情况下，此合同如此约定，如此设置权利义务，乃因彼合同约定的结果，没有彼合同那样的约定，那样的权利义务配置，就不会有此合同的如此约定，如此设置权利义务。在这种相互关联的若干合同关系中，解释合同时就不宜甚至不得仅仅局限于此合同的约定，而忽视彼合同的约定，而是应当根据其关联及其程度来解释合同。例如，甲开发商与乙国土资源管理局订立A、B两份《国有土地使用权出让合同》，按照A《国有土地使用权出让合同》的约定，甲开发商基本上是无偿地修建一条宽阔的市政主干道。依据B《国有土地使用权出让合同》的约定，甲开发商只承担数额较少的土地使用权出让金。就是说，B《国有土地使用权出让合同》项下的土地使用权出让金数额与A《国有土地使用权出让合同》项下的开发商基本上无偿地修建一条宽阔的市政主干道相关联、相呼应、相匹配。于此场合，对于B《国有土地使用权出让合同》项下的土地使用权出让金条款的解释，具体地说，对于该条款是否无效或是否可变更、可撤销的认定，万不可单纯地局限于B《国有土地使用权出让合同》的约定，必须联系A《国有土地使用权出让合同》的约定，整体审视，全面衡量。如此，B《国有土地使用权出让合同》关于土地使用权出让金数额的约定，是合理的、公正的，而非无效的或应被变更或撤销的。

将以上所论予以升华，形成交易的整体解释规则：在某合同的约定其实源于其他法律关系的设计时，解释合同时不宜甚至不得局限于该合同条款，而应将视野扩展于另外的法律关系，整体审视，全面衡量。

法律解释与此有所差异。在确定某法律规范是否无效、变更时，只能依据宪法，不得根据本法上的其他法律规范，也不得按照其他法律上的法律规范，来确定某法律规范无效或变更。此其一。探究某法律规范的意思，虽然在个别情况下需要联系其他法律规范，这是体系解释的要求使然，但总的说来，还是要聚焦于某法律规范本身，难以将其他规范纳入其中，不得“王顾左右而言他”。稍微详细些说，法律规范在设计时受制于整个法律体系，包括其他法律规范，不然，法律体系内部很可能不和谐。但是，法律规范一经确定，其意义、其规范目的、其规范功能，就相对独立。法律人对其解释基本上聚焦于该法律规范。此其二。

十、规定/约定不明时寻觅的法律规定不同

在合同就特定事项约定不明的场合，若法律对此已有明文，则应按法律的规定确定该合同条款的含义；而不得抛开法律的明文规定，依自己的偏好为任意解释。与此不同，法律规定不明确就是不明确，不会另有就该事项明确规定的法律规范。

［实例分析］

某《合资合同》第 11 条约定："甲、乙双方出资的具体情况为：甲方：以厂房折价 17.8 万美元，以人民币现金折合 4.7 万美元（美元对人民币汇率按入资当日市场汇价为准），共计 22.5 万美元作为出资；乙方：以 27.5 万美元的现金作为出资。"第 14 条第 1 款第 2 项约定：甲方"按第十一条的规定提供出资资金和用于出资的房产。"第 42 条约定："合资公司的期限为十二年，合资公司的成立日期为合资公司营业执照签发之日。"

在甲方出资义务及其履行与否的认定上，当事人双方认识不一。乙方认为，依据该《合资合同》第 11 条前段的约定及其他证据材料，以及缔约当时及其后的有关法律、法规的规定，甲方出资义务应是将案涉的土地使用权交由合资公司使用 12 年，案涉厂房的所有权过户到合资公司名下。迄今为止，甲方仍未将案涉厂房的所有权移转给合资公司，构成违约，应当承担违约责任。甲方则反对乙方的解释，坚持系争合同并未约定甲方将案涉厂房的所有权移转给合资公司，因而，甲方早已将案涉土地使用权、厂房交由合资公司使用，已经适当履行了合同义务，不负违约责任。

笔者反对甲方的观点，赞同乙方的意见，理由如下。

(1) 从文义解释方面看：系争《合资合同》第 11 条的用语是"甲方：以厂房……出资"，第 14 条第 1 款第 2 项的用语是"……房产"。笔者知晓，一般理解，"出资"，必须将出资的财产权利移转给目标公司。"资产"，得为一项独立的权利，在标的物系房屋的情况下，仅仅是房屋使用权并非一项独立的权利，仅为一项权能。而权能是不得单独移转的，只能作为权利的一部分与权利一起移转。

所以，将“出资”“资产”联系起来考虑，甲方将案涉厂房的所有权移转给合资公司才算完成了出资义务，仅仅将案涉厂房的使用权交给合资公司不算适当履行了出资义务。此其一。评估人高级建筑工程师于某出具的评估文件中描述：“六、评估：……2、建筑……本评估按增期 20 年计，成新率计算为：40－30＋20 除以 40＋20（年）＝50％”。此处所谓“按增期 20 年计”，就是按折旧 20 年计。假如仅仅是将案涉厂房的使用权交由合资公司，就无须按折旧 20 年计。只有评估案涉厂房的所有权的价值时，才有必要考虑折旧。此其二。

(2) 从体系解释角度看：案涉证据确实有不利于乙方的，例如，乙方在合资公司运营多年的过程中，从未向甲方指出过出资不到位的问题，在合资公司的董事会记录中乙方的法人代表谈及案涉土地使用权届期时可能会增加租金，仍未向甲方主张出资不到位及其责任。对此，笔者认为，乙方何时向甲方主张权利，涉及方方面面，包括策略的考虑，也包括其法律错误。只要其权利的行使仍在权利行使的期限之内，没有超过诉讼时效期间，没有构成权利失效，就不得令其承担不利后果。在系争案件中，乙方请求甲方承担其出资不到位的责任，不适用诉讼时效制度，也不符合权利失效的要件，因而，以这些不利于乙方的证据认定乙方认可甲方不负移转案涉厂房所有权的义务，是没有法律根据、合同依据的，不合法理。

但是，有利于乙方的证据不少，举其要者如下：1）某会计师事务所受托出具的案涉合资公司《……资产评估报告》于其“七、评估的方法”标题下称：“房屋建筑物采用重置成本法进行评估。”2）评估人高级建筑工程师于某出具的评估文件中描述：“五、评估方法：占用地成本采用市场法，建筑物采用重置成本法。”“六、评估：……2、建筑：依现行有关资料评估此建筑基本造价为 480 元/平方米，合计：844.7 平方米×480 元/平方米＝40.55 万元。……建筑评估价值为：20.28 万元。”3）原国家国有资产管理局对案涉厂房的资产评估结果的《确认通知》附件《对……中外合资项目资产评估报告的审核验证意见》称：“3、评估采用重置成本法，固定资产的重置价值根据现行建筑费用标准，并考虑有关费用确定，成新率均通过技术鉴定得出。评估结果基本合理。”4）合资公司《专项审计报告》描述：“……房地产评估总值内包括土地征用、开发费用及建筑物造价，但不包含土地使用价格。……我们未能获得到该厂房在出资后变更所有权人的相关记录。”这些证据都表明，案涉厂房作为出资的财产是需要移转所有权的，不然，假如只移转使用权，就没有必要“采用重置成本法进行评估”“采用重置成本法”，《专项审计报告》就不会声明“我们未能获得到该厂房在出资后变更所有权人的相关记录”。

（3）从案涉房屋的评估价值方面看：甲方为与乙方合资向原国有资产管理局呈送的《中外合资企业中方房产评估立项申请报告》中称：“……中方以房屋、现金作为投资……中方需要评估的资产是房屋。该房坐落在北京市丰台区东铁匠营××条×号我所动物繁育场院内，始建于六十年代，砖结构平房，共24间，建筑面积844.7平方米。”评估人高级建筑工程师于某出具的评估文件中描述：“五、评估方法：占用地成本采用市场法，建筑物采用重置成本法。”“六、评估：……2.建筑：依现行有关资料评估此建筑基本造价为480元/平方米，合计：844.7平方米×480元/平方米＝40.55万元。……建筑评估价值为：20.28万元。”笔者在此强调指出，按照出具《中外合资企业中方房产评估立项申请报告》当时的市场状况，由案涉厂房所处的地理位置、折旧程度、不包含地价等因素决定，案涉厂房的使用权根本不值20.28万元人民币。其实，即使按照案涉厂房的所有权定价，20.28万元人民币也是高估了。

（4）从相关法律、法规的规定看：《公司注册资本登记管理规定》（国家工商行政管理总局令第11号，2004年6月14日颁布，2006年1月1日失效）第7条规定：“公司股东或者发起人必须以自己的名义出资。以实物、工业产权、非专利技术出资的，股东或者发起人应当对其拥有所有权；以土地使用权出资的，股东或者发起人应当拥有土地使用权。”第9条规定：“公司设立登记，以实物、工业产权、非专利技术、土地使用权出资的，公司章程应当就上述出资的转移事宜作出规定，并于公司成立后六个月内依照有关规定办理转移过户手续，报公司登记机关备案。”《公司注册资本登记管理规定》（国家工商行政管理总局令第22号，2006年1月1日起实施）第12条第1款规定：“股东或者发起人应当按期足额缴纳公司章程中规定的各自所认缴的出资额或者所认购的股份。以货币出资的，应当将货币出资足额存入公司在银行开设的账户；以非货币财产出资的，应当依法办理其财产权的转移手续。”法释〔2011〕3号第10条第1款规定：“出资人以房屋、土地使用权或者需要办理权属登记的知识产权等财产出资，已经交付公司使用但未办理权属变更手续，公司、其他股东或者公司债权人主张认定出资人未履行出资义务的，人民法院应当责令当事人在指定的合理期间内办理权属变更手续；在前述期间内办理了权属变更手续的，人民法院应当认定其已经履行了出资义务；出资人主张自其实际交付财产给公司使用时享有相应股东权利的，人民法院应予支持。”十分明显，这些法律规范都明确了以房屋出资应当办理过户手续，超过一定期限不予办理的，按照该条款的规定，以及按照法释〔2010〕9号第4条第1款关于“外商投资企业合同约定一方当事人以需要办理权属变更登记的标的物出资或者提供合作条件，标的物已交付外商投资企业实际使用，且负有办理权属变更登记义务的一方当事人在人民法院指定的合理期限内完成了登记的，人民法院应当认定该方当事人履行了出资或者提供合作条件的义务。外商投资企业或其股东以该方当事人未履行出资义务为由主张该方当事人不享有股东权益的，人民法院不予支持”规定的反面推论，应被认定为没有履行出资义务。

既然法律、法规、司法解释对于不动产出资已设规定，那么，退一步说，即使系争合同对案涉厂房是否办理过户登记手续约定不明，也应当按法律、法规、司法解释的规定确定系争合同条款的含义；而不得抛开法律的明文规定，依自己的偏好为任意解释。何况系争合同的约定本身以及优势证据更倾向于甲方应当将案涉厂房过户登记在合资公司名下呢！

(5) 从不动产物权变动的规范及原理方面看：《物权法》第9条第1款、第14条、第15条第1款等关于不动产物权变动的规定，为强制性规定，当事人不得依其约定加以改变或排除。出资，就是物权变动；以厂房出资，就是不动产物权变动。它们都得遵循《物权法》的上述规定，即不动产物权变动需要办理过户登记手续，不以当事人认识是否正确、约定是否明确为转移，也不受当事人改变甚至排除的影响。就此看来，案涉厂房也得过户登记在合资公司名下。

(6) 从企业法人原理方面看：出资，构成企业法人从事经营活动的物质基础，是对债权人承担债务及民事责任的必要财产（责任财产）。试想，出资不动产不移转物权，如何向债权人以该责任财产承担债务及民事责任？

十一、合同解释与法律解释的交织

应当注意，合同解释与法律解释之间的关系要比以上所述复杂得多。其一，立法说明、司法解释之类的法律解释是专门就法律所作解释，而不直接涉及解释合同，至少在表面上它不与合同解释交织。至于解释之人在解释法律时脑海里可能浮现着个案案型，那也是其思维活动的问题，而非在解释合同。其二，在就具体合同进行解释时，免不了合同解释和法律解释交织进行。合同解释的过程本身会涉及法律的规定，于此场合往往需要对该法律规定予以解释；合同解释完成后进入法律适用阶段，而法律适用仍然与法律解释相连，特别是在强制执行阶段更是如此。由此决定合同解释与法律解释相互交织。其实，合同解释的过程本身就往往伴随着法律解释，于此场合，合同解释的同时便有法律解释，法律解释为合同解释服务，合同解释为法律适用开道，合同解释与法律解释交织。在这方面，下面的案例很能说明问题。

应委托方的申请，1989 年 5 月 24 日，乙银行开出一《不可撤销的信用担保函》，受益人为甲银行。该保函约定："当委托方收到买方收取合同预收金的通知书时，应立即将款汇入买方在贵行开立的指定账户。如委托方不能按期将所需资金调入买方在贵行的指定账户，使贵行无法对外支付，贵行可主动将上述款项从我们（委托方）的账户划账，并按贵行的规定支付利息和罚息。由于汇率变化而使本担保函金额不足支付时，本担保金额做相应调整。本担保函自出具之日起生效，有效期至引进设备贷款支付完毕日终止。"

对于该保函的定性和定位，可有两种理念和思路，第一种是单独行为说，第二种是合同说。如果采单独行为说，难谓该保函具有实际功效，因为如同接下来分析的那样，该保函基本上没有约定乙银行的义务，几乎全是委托人的义务。而单独行为不得为他人设置义务、负担，只可为行为人自己设定义务、负担。据此，委托人完全可以否定该保函对自己的约束力。但交易习惯是，委托人不否定此类保函的法律效力，可能也否定不了。就此说来，得把该保函作为合同看待，其法律效力的确定还得结合委托方与乙银行的开户关系。

对该保函采取合同说，接踵而来的问题便是，该保函所形成的是保证合同关系吗？假如是，则保证人应是乙银行。但观察该保函约定的内容，未见乙银行承担任何实质意义的民事义务，更遑论保证义务了。如果一定说乙银行有义务，也仅仅是应甲银行的请求，配合甲银行从委托方在乙银行开立的账户上划款。该项义务不属于《合同法》规定的任何一个典型合同项下的义务。实际上，该保函约定的义务基本上是委托方的义务：委托方将货款汇入买方在甲银行开立的指定账户，如果委托方不履行该项义务，甲银行有权（其实也是相对于买方的义务）从委托方在乙银行开立的账户中直接划款。从委托方一侧看，甲银行直接从委托方在乙银行开立的账户上划款，属于委托方承担的违约责任。既然如此，可否将委托方作为该保函关系中的保证人呢？回答是否定的，因为委托方是买卖合同的买方，负有付清货款的义务，法律及法理不允许它充任自己的保证人。如此说来，无论是乙银行还是委托方，在该保函项下的义务均非典型合同项下的义务。一句话，该保函形成的合同关系属于非典型合同关系，而非《担保法》上的保证合同关系。

甲银行基于该保函请求乙银行履行义务，其请求权规范基础何在？不可否认，甲银行请求乙银行履行该保函项下的义务时，经过其寻觅和思索，得知其有权援用《民法通则》的如下规定：第 4 条，民事活动应当遵循自愿原则；第 84 条第 2 款，债权人有权要求债务人按照合同的约定或者依照法律的规定履行义务；第 88 条第 1 款，合同的当事人应当按照合同的约定，全部履行自己的义务；同时有权援用《合同法》的以下条款：第 8 条第 1 款后段，当事人应当按照约定履行自己的义务；第 60 条第 1 款，当事人应当按照约定全面履行自己的义务；第 60 条第 2 款，当事人应当遵循诚实信用原则，根据合同的性质、目的和交易习惯履行协助、保密等义务。

可是，这些规定都缺乏明确的构成要件和法律效果，也就是说，它们不符合请求权规范基础的规格。与其如此，莫不如说：甲银行请求乙银行履行义务的直接基础就是该保函本身！该项结论得出的过程，既有对该保函的解释，也有对《民法通则》第 4 条、第 84 条第 2 款、第 88 条第 1 款以及《合同法》第 8 条第 1 款后段、第 60 条，乃至整个《民法通则》和《合同法》的解释，并且这两种解释在交替地、反复地进行。例如，不宜把该保函定性和定位在单独行为，该保函形成的合同关系不是保证合同而是非典型合同，这些结论的得出无疑是合同解释作业的结果；同时，无论是单独行为还是非典型合同的断语，都是解释《民法通则》和《合同法》的产物，不解释这些法律，岂知该保函属于非典型合同?!

还需注意，在某些情况下，此次对某具体的法律条文的解释，因对某具体的合同条款的解释而或多或少地修正了以往对该法律条文的解释；该法律条文解释的修正又导致了其后此类合同条款的解释发生变化。在这方面，国有土地使用权出让合同的解释有所表现。

甲公司和乙国土资源管理局成立《A地块国有土地使用权出让合同》，其中约定，甲公司在A宗建设用地上未完成开发投资总额的25%以上时不得转让A地块国有土地使用权，否则，甲公司和第三人签订的《A地块国有土地使用权转让合同》无效。在履行该合同的过程中，甲公司未投入开发资金分文就与丙公司签订《合作开发A地块建设用地协议》，约定甲公司出资A地块国有土地使用权，丙公司负担全部开发建设的资金；房屋建成后，甲公司分得50%的房屋，包括公司办公用房10套，丙公司分得50%的商品房，自取得商品房预售许可时起，可自由销售。

对于该《合作开发A地块建设用地协议》，在《城市房地产管理法》颁行之初，裁判者基本上适用《城市房地产管理法》第38条（修法后的第39条）第1款第2项的规定，以甲公司在A宗建设用地上未完成开发投资总额的25%以上便转让A地块国有土地使用权为由，判决该《合作开发A地块建设用地协议》无效。裁判者之所以如此认定（合同解释的一种特殊表现形式）该《合作开发A地块建设用地协议》无效，是因为认为《城市房地产管理法》第38条（修法后的第39条）第1款第2项的规定属于效力性的强制性规定，该《合作开发A地块建设用地协议》在实质上属于部分转让国有土地使用权。甲公司未开发建设A宗建设用地就转让国有土地使用权，违反了该项规定，根据《合同法》第52条第5项的规定，该《合作开发A地块建设用地协议》应当无效。

在该案的处理上，至少存有这样的疑问：假如不是甲公司和丙公司成立《合作开发A地块建设用地协议》，而是甲公司从丙公司借款，用于A宗建设用地的开发建设，房屋建成后将50%的房屋出卖与丙公司。在这样的情况下，该《合作开发A地块建设用地协议》还无效吗？恐怕无人持无效说，至少多数说持有效的见解。在这里，使人纠结的是，同样是甲公司利用丙公司的资金开发建设，同样是甲公司和丙公司最终都取得所建房屋的50%，为什么采用的法律形式不同，结果便有天壤之别呢？何以服人呢？

再更换个条件，甲公司偿付丙公司的本息，不是以人民币支付，而是采取以房抵债的支付方式，该《合作开发A地块建设用地协议》还有效吗？持保守立场者可能认为：这是甲公司甚至还有丙公司在规避法律，可以甚至应当适用《合同法》第52条第3项关于"以合法形式掩盖非法目的"成立的"合同无效"的规定，认定该《合作开发A地块建设用地协议》无效。注重实际的裁判者可能持另外的立场：甲公司独自开发建设使得A宗建设用地被开发利用，属于开发建设；甲公司和丙公司合作开发建设使得A宗建设用地被开发利用，不也是开发建设吗？何况系争案件中甲公司确实自己占有、使用相当数量的房屋呢！为什么非得机械地适用《城市房地产管理法》第38条（修法后的第39条）第1款第2项的规定呢？权衡利弊，后者立场及观点利多弊少，法律肯定它是值得的。

如果后者立场及观点值得肯定，则必须重新解释《城市房地产管理法》第38条（修法后的第39条）第1款第2项的规定，路径之一是把该项规定看成管理性的强制性规定，依据《民法总则》第153条第1款但书"但是该强制性规定不导致该民事法律行为无效的除外"，不再认定该《合作开发A地块建设用地协议》无效。

如此重新解释《城市房地产管理法》第38条（修法后的第39条）第1款第2项的规定，再处理建设用地使用权转让合同，解释"甲公司在A宗建设用地上未完成开发投资总额的25%以上时不得转让A地块国有土地使用权，否则，甲公司和第三人签订的《A地块国有土地使用权转让合同》无效"之类的约定时，在不少的情况下，就不再依其字面含义确定其意思和法律效力。

叁

合同解释的主体

解释合同系“人”对合同条款及其相关因素予以澄清、揭示其意思乃至目的、动机的活动，但并非任何“人”所做的此类活动都被法律认可为合同解释。有的“人”所为此类活动被法律承认为有权解释，另外一些“人”所为此类活动虽然也属于合同解释，但却不具有法律拘束力。本专题的任务是一一辨析何种“人”的活动为有权解释，何种“人”的活动虽为无权解释，但仍具有法律意义。

一、法院

（一）一般理论

就立法而言，我们应当假设的是，尽管每一部法律都关涉法律秩序的整体，但是，任何人都可以独立理解具体条文。然而，当出现疑难问题时，这一假设不能真正成立，特别是并非“任何人”都可以进行漏洞补充，只能由那些“充分掌握‘历史教义的整体观念’，并可以从这一整体观念出发对其予以理解”的人来完成。[1] 立法如此，法律解释及合同解释亦然。据此看法可知，合同解释的主体不会也不应该是任何人。

不是任何人，那么是谁呢？对此一直见仁见智。[2] 一些界定合同解释的陈述

---

① ［德］维尔纳·弗卢梅：《法律行为论》，迟颖译，北京，法律出版社 2013 年版，第 348 页。

② ［美］E. 艾伦·范斯沃思：《美国合同法》（原书第 3 版），葛云松、丁春艳译，北京，中国政法大学出版社 2004 年版，第 472 页。

是，法院用来探知当事人所使用的文字的含义，从而确定该合同法律效果的过程。[①] 如果可能，法院将采用赋予每一条款含义与目的的方式来解释合同条款，以便不使条款成为无意思或无实际意义。[②] 如此理解合同解释，就把合同解释的主体限缩在法院。

其实，这样界定有失周延和准确，原因在于：就个案而言，并非所有的法院都有权解释系争合同，唯有审理该案的法院才有权解释系争合同，不主审案件的法院对于系争合同即使发表解释意见，属于学理解释，而非有权解释。此其一。最高人民法院就个案所作的批复若针对合同言辞的含义的，也应属于对合同的有权解释；至于最高人民法院所作司法解释和准司法解释，因其为抽象地设立规范，且其解释对象为法律规定，故不属于合同解释的范畴。此其二。审判庭的法官在审理系争案件时对系争合同所作解释，不载于裁判文书之中的，仍属无权解释，只有以裁判文书形式表达出来的，方为有权解释。此类法律文书非以审理系争案件的法官的名义而是以某某人民法院的名义作出，故合同解释的主体为主审法院而非审理系争案件的法官。此其三。法院就疑难案件组织专家、学者讨论，涉及合同解释的，只要此类解释没有通过判决、裁定、调解书的形式作出，就不属于有权解释，此种情况下的法院也不是合同解释的主体。此其四。合议庭在调解过程中涉及对系争合同解释的，只要此类解释没有写入调解书中，就不算有权解释，合议庭不是此类解释的主体。此其五。

对于上述解说尚需澄清：虽然可把主审法院所作的全部判决、裁定、调解书都称作有权解释，但专就个案合同解释而言，仍不得认定主审法院就是该合同解释的主体。准确的断语应是：主审法院就其正在审理的个案对系争合同通过判决、裁定、调解书解释时方为合同解释的主体，主审法院以往就其审理的合同通过判决、裁定、调解书所作解释不是当下正在审理的案件对系争合同所作解释的主体。

不仅如此，下面的案件提醒我们，主审法院应指正在审理系争合同的法院，

---

① ［美］E. 艾伦·范斯沃思：《美国合同法》（原书第3版），葛云松、丁春艳译，北京，中国政法大学出版社2004年版，第453页。

② See Lenape Resources Corp. v. Tennessee Gas Pipeline Co.，925 S. W. 565，574 (Tex. 1996).

以往审理某案件的法院作出调解书，在执行程序中，对于该调解书的某些约定在理解上当事人发生分歧，有权解释的主体应为该执行局所归属的，而非之前主持达成该调解书的法院，更非已经退休的原合议庭成员。对此，举下例说明。

（二）案例分析

1. 基本案情

乙公司原系甲公司的全资子公司，甲公司认为A在未经甲公司同意的情况下，利用掌控甲公司、乙公司公章的便利，擅自于2014年3月11日将甲公司持有乙公司的全部股权变更至A名下，并向工商局申请办理了股权变更、法定代表人变更和章程修改的工商登记、备案手续且转移了乙公司的资金，遂于2014年4月25日向南京市中级人民法院对A和乙公司提出诉讼，要求确认2014年3月11日办理股权变更的《股权转让协议》《股东决定》《公司章程修正案》不成立、不发生法律效力，并返还被转移的86 861 898.00元资金。

合议庭在经过一次开庭审理后，力主当事人双方进行调解并组织了多次商谈，于2015年4月3日作出了（2014）宁商初字第94号民事调解书，并在该调解书中对涉及丙公司的债权进行了分割。

A、乙公司认为甲公司未履行（2014）宁商初字第94号民事调解书，于2016年6月28日向南京市中级人民法院申请强制执行，南京市中级人民法院以（2016）苏01执279号案件立案受理。

甲公司、丙公司认为A和乙公司未履行（2014）宁商初字第94号民事调解书，于2016年7月5日向南京市中级人民法院申请强制执行，南京市中级人民法院以（2016）苏01执285号案件立案受理。

鉴于当事人双方均向南京市中级人民法院申请对（2014）宁商初字第94号民事调解书强制执行，且调解书涉及对海德北岸第1－4期已开发项目的清算，合议庭经当事人双方协商后，同意聘请信永中和会计师事务所南京分所对海德北岸第1－4期项目进行会计审计、江苏诚信工程咨询管理有限公司对海德北岸第1－4期项目进行工程造价鉴定，南京中鸿税务师事务所对海德北岸第1－4期项目进行税审。

目前，信永中和会计师事务所南京分所的会计审计报告已出具，但甲公司认为乙公司未提供审计需要的全部资料，需要乙公司配合提交完整的资料以确保会计审计结论的正确。江苏诚信工程咨询管理有限公司的工程造价鉴定尚在进行中。南京中鸿税务师事务所的税审工作尚未开展。

2015 年 4 月 3 日合议庭作出（2014）宁商初字第 94 号民事调解书后，乙公司于 2016 年 6 月 30 日就海德北岸第 1－4 期项目缴付了 5 700 多万元的税款。为此，乙公司就税款需要甲公司承担向南京市鼓楼区人民法院提出诉讼，南京市鼓楼区人民法院经开庭认为税款已在（2014）宁商初字第 94 号民事调解书中作出了约定，应当在强制执行案件中解决，属于重复诉讼，以（2016）苏 0106 民初 12404 号民事裁定书驳回了乙公司的诉请。乙公司上诉后，二审南京市中级人民法院亦以（2017）苏 01 民终 3581 号民事裁定书驳回乙公司上诉，维持了一审法院的裁定。

2017 年 8 月 7 日，南京市中级人民法院执行局认为丙公司并非（2014）宁商初字第 94 号民事调解书的诉讼主体，且甲公司、丙公司主张（2014）宁商初字第 94 号民事调解书中承担丙公司债务的主体是 A、乙公司；而 A、乙公司主张（2014）宁商初字第 94 号民事调解书中承担丙公司债务的主体是 A，各方对承担债务主体认识存在不一致，遂驳回了丙公司对 A、乙公司的申请。对此，丙公司已向法院提出了复议，但 2017 年 9 月 7 日，南京市中级人民法院执行局要求丙公司修改为执行异议后再行处理。

2017 年 9 月 7 日，南京市中级人民法院执行局召集当事人双方谈话，告知由于（2014）宁商初字第 94 号民事调解书的内容不明确，已依法向审理该案件的南京市中级人民法院民二庭要求释明，并通报了南京市中级人民法院民二庭释明的主要意见，且要求甲公司按照南京市中级人民法院民二庭释明意见在 15 天内向乙公司支付其已垫付的 5 700 万元税款。

2. 评释①

当事人依据（2014）宁商初字第 94 号民事调解书申请执行的项目清算具有可执行性，无须原审判机构释明即可强制执行。

（2014）宁商初字第 94 号民事调解书本质上属于对当事人在合法基础上通过

---

① 本评释的观点来自王亚新、李浩、肖建国、王利明、刘凯湘和崔建远诸位教授的研讨，特此说明和感谢！

自愿、协商达成的权利义务协议性内容的确定，不同于人民法院合议庭制作的判决书，原审判机构无权提供作为执行依据的释明来处理当事人自己之间的真实意思。

鉴于民事调解书如上的本质特征，即便需要对（2014）宁商初字第94号民事调解书进行释明，则在程序上、实体上均应遵循以下规则。

释明的主体：只能是原合议庭。若原合议庭成员已离岗不再具有审判员资格，则不应参与释明；合议庭成员个人也不是释明的主体，原审判机构其他人员因未参与案件的审理则根本不能进行释明。

释明的基础：必须考虑并建立在原诉讼程序中事实已查清、责任已明确的基础上。若当事人在事实尚未查清、责任尚未明确即已达成调解，则原合议庭释明缺乏基础。

释明的方法：应按照《合同法》第125条“当事人对合同条款的理解有争议的，应当按照合同所使用的词句、合同的有关条款、合同的目的、交易习惯以及诚实信用原则，确定该条款的真实意思”的规定处理。

释明的对象：只能是审理过程中或调解书签署之前已发生的事实情况，依据相关的证据、采用合法的方法进行释明，对调解书签署之后发生的事实情况，不属于原合议庭审理的范围，原合议庭也不能释明。

释明的效力：调解书是当事人之间的协议，即便是原合议庭对调解书内容的理解进行释明，从实体法上看，其释明的效力也与一般人对该调解书的解读一样，并不具有法定的效力，不应作为将释明作为强制执行的执行依据。

南京市中级人民法院对（2014）宁商初字第94号民事调解书的释明未能在程序上、实体上遵循以上规则，存在不当或错误的情形。

更何况，本案的调解书如上所述无须释明就能强制执行，现执行机构需要原审判机构释明的5 700多万元的税款承担内容恰恰属于案件审结后新发生的事实，应当由当事人通过另行提起诉讼的方式予以解决，不属于需要原合议庭进行释明的内容范围；而关于剩余资产的归属确定，在（2014）宁商初字第94号民事调解书主文的第3条已明确约定属于甲公司，也不属于需要原合议庭进行释明的内容范围。

二、仲裁庭

（一）问题的提出

在现代处理案件纠纷的体制下，有相当一部分案件在仲裁机构，该机构因个案组成的仲裁庭裁决、调解仲裁案件，解释合同在所难免。此处的问题是，仲裁机构及仲裁庭不是国家机关，不拥有国家权力，于仲裁裁决、调解书中对仲裁合同所作解释属于有权解释吗？仲裁机构及仲裁庭是合同解释的主体吗？

（二）仲裁机构及仲裁庭系合同解释的主体的根源

仲裁机构受理仲裁案件，仲裁庭仲裁个案，源自当事人的约定授权。当事人的约定授权使得仲裁个案的仲裁庭有权裁决、调解案件纠纷，也随之有权解释当事人所争执的合同。这有法律依据。例如，《仲裁法》第 4 条规定："当事人采用仲裁方式解决纠纷，应当双方自愿，达成仲裁协议。没有仲裁协议，一方申请仲裁的，仲裁委员会不予受理。"该法第 8 条规定："仲裁依法独立进行，不受行政机关、社会团体和个人的干涉。"

于此继续追问的是，当事人的约定授权，使得仲裁庭就仲裁个案所作裁决、调解约束申请人和被申请人，这有其依据。但其若约束第三人，特别是具有由法院强制执行的效力，则在实质上颠覆了合同的相对性原则，变相地赋予了当事人的约定授权能够干涉他人的行为和生活。看来，仲裁庭就仲裁个案所作合同解释能够约束第三人，且为法院强制执行的法律依据之一，另有缘由。这就是国家法律确认了仲裁机构及仲裁庭的法律地位及权限，赋予仲裁庭就个案所作裁决、调解具有法律强制力。如此断言的法律依据有：《仲裁法》第 19 条第 2 款关于"仲裁庭有权确认合同的效力"的规定，第 57 条关于"裁决书自作出之日起发生法律效力"的规定，第 62 条关于"当事人应当履行裁决。一方当事人不履行的，另一方当事人可以依照民事诉讼法的有关规定向人民法院申请执行。受申请的人民法院应当执行"的规定；《民事诉讼法》第 124 条第 2 项关于"依照法律规定，双方当事人达成书面仲裁协议申请仲裁、不得向人民法院起诉的，告知原告向仲裁机构申请仲裁"的规定，第 237 条第 1 款关于"对依法设立的仲裁机构的裁决，一方当事人不履行的，对方当事人可以向有管辖权的人民法院申请执行。受申请的人民法院应当执行”的规定，第 271 条第 1 款关于“涉外经济贸易、运输和海事中发生的纠纷，当事人在合同中订有仲裁条款或者事后达成书面仲裁协议，提交中华人民共和国涉外仲裁机构或者其他仲裁机构仲裁的，当事人不得向人民法院起诉”的规定。

还要指出，有的仲裁委员会是自己作为裁决、调解的主体，而非仲裁个案的仲裁庭，于此场合，仲裁机构便是特定仲裁案件的合同解释的主体；另一些仲裁委员会则是赋权仲裁庭仲裁个案的裁决、调解的主体，于此场合，仲裁庭便是特定仲裁案件的合同解释的主体。

（三）仲裁机构及仲裁庭作为合同解释的主体的周延表述

如同不宜泛泛而论法院在任何情况下都是合同解释的主体一样，就个案而言，并非所有的仲裁机构及仲裁庭都有权解释合同，唯有仲裁该案的仲裁庭才有权解释仲裁案件的合同，不仲裁案件的仲裁机构及仲裁庭对于仲裁案件的合同即使发表解释意见，也属于学理解释，而非有权解释。此其一。仲裁委员会就特定仲裁案件召开专家咨询会议，该特定专家咨询会议就该特定案件所发表的对合同解释的意见，仅仅作为仲裁该案的仲裁庭参考，不属于有权解释的范畴。此其二。仲裁庭在调解过程中涉及对所仲裁的合同进行的解释，只要此类解释没有被写入调解书中，就不算有权解释，仲裁庭不是此类解释的主体。此其三。

（四）仲裁机构及仲裁庭为合同解释的主体的限定

当然，如同并非所有的法院均为任何合同解释的主体、仅就系争合同所作解释方为合同解释的主体一样，仲裁庭也就对仲裁合同所作解释而成为合同解释的主体，即某仲裁庭专就 A 合同于仲裁时，某仲裁庭在 B 合同仲裁中所作解释就不得自然而然地用于对 A 合同的解释。

（五）仲裁机构及仲裁庭通过裁决、调解书解释合同的局限性

囿于仲裁庭的权限源自当事人的约定授权，仲裁庭无权依据载有仲裁条款的合同等法律文件以外的法律文件作出裁决。可是，孤立地审理载有仲裁条款的合同等法律文件并作出裁决，时常未能查清真实的案情或案件的全貌，所以，这样的裁决，包括其中的合同解释，难谓公正。这在名为“钢材买卖合同”实为“民间借贷合同”或名为“新闻纸买卖合同”实为“民间借贷合同”的闭环交易中最为常见。如何避免仲裁包括其中的合同解释的这种局限性，是摆在每个法律人面

前的亟待解决的课题。

三、合同当事人

合同当事人作为系争合同的缔结者，应当最清楚合同条款/文字的含义，就此说来，合同当事人对系争合同的解释最有发言权。“在解释合同条款的过程中，法院常能从当事人自己作出的解释性陈述中得到极大的帮助，或从他们根据该解释性陈述提供或受领给付的行为中得到极大帮助。……当事人就他们早先订立的合同条款中赋予和想来赋予的意思作出进一步表达。依据当事人仍享有他们原来享有的合同自由的事实，法院没有有效的理由不充分重视这些由当事人作出的进一步表达。”①

需要注意，柯宾教授未将当事人对系争合同条款/文字所表现的意思所作说明径直界定为合同解释，而使用了“当事人自己作出的解释性陈述”这样的措辞、表述。这不奇怪，英美法认可的合同解释的主体是法院，最多再加上仲裁机构，不承认合同当事人是系争合同解释的主体。“人们向来说，当事人的实际解释，除非为双方当事人同意，将不予考虑。的确，一方当事人不能通过作有利于他自己的解释来支持其案件。”②

还有，诉争中的当事人出于自身利益的考虑，有可能不如实陈述系争合同条款/文字的真实意思，有意曲解它们的含义。有鉴于此，合同解释的主体不得单纯地依赖当事人的陈述性解释，而必须结合有关证据来解释系争合同。

四、代理律师

按照“法律的适用乃属于法官和律师的事情，他们需要深刻理解立法的基本

① ［美］A. L. 柯宾：《柯宾论合同》（一卷版）（上册），王卫国、徐国栋、夏登峻译，王卫国校，北京，中国大百科全书出版社 1997 年版，第 663 - 664 页。

② ［美］A. L. 柯宾：《柯宾论合同》（一卷版）（上册），王卫国、徐国栋、夏登峻译，王卫国校，北京，中国大百科全书出版社 1997 年版，第 664 页。

精神"[①] 的说明和阐释，就产生了律师是否为合同解释的主体这样的追问。

无论是主审法院还是仲裁个案的仲裁庭，都必须查明案件事实，或是主动地，或是"坐享其成"地，在此基础上寻觅并最终确定所适用的法律规定，离开诉讼/仲裁的两造及其代理人的主动举证和质证、发表代理意见等积极配合，是难以想象的。就是说，诉争两造及其代理人对于系争合同的理解有助于主审法院/仲裁个案的仲裁庭合适地解释合同，尽管诉争两造及其代理人对合同的理解不是有权解释。按照主体—客体的思维架构，把诉争两造及其代理人彻底、干净地排除于合同解释的主体，就意味着将他们驱赶于客体的系列，而这是不符合现代伦理的。

如何协调这个关系？较为可取的态度是，代理律师就审理/仲裁的案件发表的合同解释意见，若被判决书、裁决书、裁定书、调解书吸纳，则可将该代理律师作为主审法院/仲裁个案的仲裁庭对合同作出有权解释的辅助人。

辅助人，民法上有占有辅助人、履行辅助人。占有辅助人依其本性是以善良管理人的注意而占有标的物。履行辅助人依其本性亦为以善良管理人的注意为债务人履行债务。但代理律师这个合同解释的辅助人，因代理律师的职业道德是尽全力为其委托人完成审理/仲裁，这就与其作为主审法院/仲裁个案的仲裁庭解释系争合同的辅助人的角色存在距离，甚至可以说是错位。

在这种背景下，从代理律师的一侧讲，不宜"耍小聪明"，过分程序策略化。如等待开庭时才提交有关证据、在原告陈述完毕诉状或申请人陈述完仲裁授权书后才口头答辩、一律否认对方证据的"三性"，等等，均为"耍小聪明"，过分程序策略化的表现形式。遇到"耍小聪明"，过分程序策略化的情况，主审法院/仲裁个案的仲裁庭会依法、依职权给另一当事人补充证据、举证、质证的必要时间，不会让靠"玩弄"法律技巧者的不纯目的得逞，同时在自由裁量方面也难免不利于靠"玩弄"法律技巧的一方。笔者不赞同单纯凭借法律技巧的思想路线，应坚持实事求是的原则，在遵循程序正义的前提下，依法尽力追求实质正义。

代理律师若为既不害及委托人又做个称职的合同解释的辅助人，就应当为合

① ［德］K. 茨威格特、H. 克茨：《比较法总论》，潘汉典、米健、高鸿钧、贺卫方译，潘汉典校订，北京，法律出版社2003年版，第139页。

议庭/仲裁庭查明案情、寻觅适当的请求权基础提供帮助，如举证客观、全面，梳理案情清晰，法律及法理分析得当，避免（自己、对方）误导合议庭/仲裁庭，在客观上使得合议庭/仲裁庭采纳代理律师对合同解释的合理意见，从而使裁判的结果有利于代理律师的委托人，至少不让委托人本该得到的权益失去。

五、专家证人

《仲裁法》第 44 条规定："仲裁庭对专门性问题认为需要鉴定的，可以交由当事人约定的鉴定部门鉴定，也可以由仲裁庭指定的鉴定部门鉴定"（第 1 款）。"根据当事人的请求或者仲裁庭的要求，鉴定部门应当派鉴定人参加开庭。当事人经仲裁庭许可，可以向鉴定人提问"（第 2 款）。《民事诉讼法》第 63 条第 1 款规定的证据中包括鉴定意见。其第 76 条规定："当事人可以就查明事实的专门性问题向人民法院申请鉴定。当事人申请鉴定的，由双方当事人协商确定具备资格的鉴定人；协商不成的，由人民法院指定"（第 1 款）。"当事人未申请鉴定，人民法院对专门性问题认为需要鉴定的，应当委托具备资格的鉴定人进行鉴定"（第 2 款）。这些规定确立了专家证人出具专家鉴定意见的合法性和法律地位。审判/仲裁的实践也已经实施专家证人出具专家鉴定意见的制度，这有其必然性。

随着社会的发展，纠纷涉及的范围越来越宽，纠纷越来越复杂，需要借助专门知识的案件也越来越多，某案中案涉设备合格与否的确定即为一例。正因如此，《民事诉讼法》第 79 条规定："当事人可以申请人民法院通知有专门知识的人出庭，就鉴定人作出的鉴定意见或者专业问题提出意见。"法释〔2015〕5 号第 122 条规定："当事人可以依照民事诉讼法第七十九条的规定，在举证期限届满前申请一至二名具有专门知识的人出庭，代表当事人对鉴定意见进行质证，或者对案件事实所涉及的专业问题提出意见。"当然，这是诉讼内的专家鉴定。此外，还有诉讼外的专家鉴定，即未经法院或仲裁机构委托和指定所进行的专家鉴定。专家鉴定，由申请人和被申请人共同委托或由仲裁庭指定委托固然不错，但由一方单方委托专家予以鉴定，也不乏其例。它们都是专家鉴定，均可作为证据。只不过二者确实存在差异，主要在于单方委托的专家鉴定的中立性并非总能得到保证，特别是在此类专家鉴定不利于对方时，对方大多不认同该专家意见，于是在诉讼过程中或仲裁过程中争议不断。[①] 这就需要提交单方委托的专家鉴定的一方进一步举证证明该专家意见的真实、合法、准确和关联，也迫使对方提出反证，否定该专家鉴定。只要有其他证据证明或印证单方委托的专家鉴定是客观的、中立的、科学的、符合客观事实的，就不应否认单方委托的专家鉴定为证据且具有证据力。如此操作甚至往复，步步逼近甚至完全复原案件真实，就为适当地适用法律提供前提和基础。可见，那种简单地以“该专家鉴定是对方单方委托的，不具证据力”为由否认专家鉴定为证据，是没有准确了解和把握证据规则及理论的表现，是不正确的。

这种理念和观点也适合于无原件的专家鉴定，即只要有其他证据能够印证无原件的专家鉴定是真实的，有其他证据印证其客观、中立，就属于证据，具有证据力。

此类专家鉴定意见与合同解释存在何种关系呢？此类鉴定意见事关系争合同解释的，不属于有权解释，专家证人也因之不是合同解释的主体。不过，如同代理律师的地位和角色一样，专家证人在主审法院/仲裁个案的仲裁庭的有权解释中也是辅助人。专家意见有助于主审法院/仲裁个案的仲裁庭形成妥当的合同解释。

六、学者

（一）学者不是有权解释的主体

法学著述直接或间接地影响着法官/仲裁员，不少法官/仲裁员案头摆放着法学著述，随时阅读、查阅，确为客观事实。尽管如此，一般理论也认为，即使法学著述涉及合同解释，特别是专门针对具体合同进行的解释，也仍然属于学理解释，而非有权解释。所以，学者不是对合同进行有权解释的主体。

如果学者是受法院、仲裁庭的邀请对系争合同予以解释呢？答案仍是否定的，因为于此场合的学者对于特定合同的解释，仍属主审法院/仲裁个案的仲裁庭解释系争合同的参考材料，而非独立的有权解释的作业，故此种情况下的学者

---

① 张卫平：《民事证据法》，北京，法律出版社2017年版，第77－81页。

依然不是对合同进行有权解释的独立主体。

连受法院、仲裁庭的邀请参与解释系争合同，学者都不是对合同进行有权解释的主体，更遑论学者受当事人及律师事务所的委托对系争合同予以解释了。

（二）学者与裁判者交互作用的必要性和重要性

但以上所述绝无下面的意思：学者关于合同法的学说，包括合同解释的观点，价值不大。其实，学者关于合同解释的理论和判决评释对于促进判决、裁决、裁定、调解的成熟、发展起着难以替代的作用。符合案件事实、法律分析精当的法律意见书，在与合议庭/仲裁庭的认定和预判一致或近似时，可有助于合议庭/仲裁庭下定决心，丰富和完善裁判文书，增强说理性；在与合议庭/仲裁庭的认识存在分歧时，可促使合议庭/仲裁庭反复讨论、思考，无论最后形成的认定和裁判与法律意见书的观点一致与否，在客观上都有助于裁判文书质量的提高。反过来，成熟的判决、裁决、裁定、调解也为学者的研究提供土壤、养分至少是素材，启迪思维。法官/仲裁员与学者两方阵营交互作用，共同促进和发展，理应形成一个法律共同体。当下有些法官、仲裁员贬低学者及学说，有些学者看不起法官、仲裁员，嘲笑某些判决、裁决、裁定、调解，都是不正确的，应予纠正。

法律具有抽象性、概括性，完全法条之间大多要衔接和配合，不完全法条之间需要相互组合，共同发挥规范功能。① 法律一经颁行，便逐渐脱离社会，需要法律人找出脱节之处及其原因，寻觅并填补由此导致的法律漏洞，以便使法律能够满足社会生活的要求。② 所有这些工作，离开学者的努力是不可想象的。这是因为，相对而言，学者的法学积累较为厚实，法学修养相对精深，批判意识比较强烈。对于判决、裁决、裁定、调解也是这样，学者发现其长处，特别是挖掘其发展法律及法理之点，予以推介，使之发扬光大；“挑剔”出不足，分析其问题所在，指出避免再犯“错误”的关节点，证立优秀判决的必备因素尤其是方法论。这是问题的一面，另一面是学者至少是一些学者可能不太了解客观实际，不

---

① ［德］卡尔·拉伦茨：《法学方法论》（学生版），陈爱娥译，台北，五南图书出版有限公司1996年版，第158-159页，第229页。

② ［德］罗尔夫·克尼佩尔：《法律与历史——论〈德国民法典〉的形成与变迁》，朱岩译，北京，法律出版社2003年版，第162页。

知晓中国问题之所在，“照抄照搬”境外的理论和法律及判例，“躲进小楼成一统”，不管中国的实际需要。治愈这些毛病的药方可有种种，但接触审判、仲裁的实际，学习和评释判决、裁定，是重要的良方。裁判者与学者相互学习，善意地批评，发现并改正各自的错误，吸取并发扬对方的优长，共同进步。正所谓“在某种程度上可以说，学说是为裁判而准备，而判例乃在实践学说”[①]。

关于学者与法官之间、学说与判例之间互动和相得益彰，汤文平教授曾发表过意见[②]，具有启发性，兹摘录若干如下，用楷体标示，与大家分享。

德国、日本及中国台湾地区等大陆法系国家、地区的经验都曾表明[③]，学术关注判例的传统形成于判例制度的成熟时点之前。甚至可以断言，若非学术的推动，就不会有后来的学说、判例共荣局面。[④] 法学先行，这是由成文法系法学优先地位先决了的。而法学盯紧判例的背后还有不容忽视的系统性机理：从中汲取问题和素材丰富自身，支持立法和司法；利用裁判“时效性”和对抗性特点，联通抗辩双方和学术商榷的血脉，使法学研究更具对抗性，更具人间烟火气，说到底，就是启动判例、学说双重“通说”互竞、互济的机制，激发司法、学术、立法演进的活力。在这个宏大的系统中，融汇了法教义学运行的各个参与主体，例如立法者、司法者、诉讼当事人，以及代言学说的学者；也融汇了参与主体的一切“成果”，例如法条、案例和论著。

在中国当前制度“能量”大幅缺位的条件之下，学术参与更是不可或缺的突破口。

学术参与离不开个案研究，但也不能止步于个案。离开了个案奢谈制度安

---

① 王泽鉴：《民法思维》，北京，北京大学出版社 2009 年版，第 150 页。

② 汤文平：《从案例指导制度到“中国特色判例制度”》，2013 年 4 月 27 日民法九人行主题报告，其最后见刊版本请参汤文平：《中国特色判例制度之系统发动》，载《法学家》第 2018 年第 6 期。

③ 德国学术参与的传统则更是深远，例如耶林完成从概念法学向目的法学转型，其动因全在于回应法院 1858 年某“一物二卖”案件的咨询（参见吴从周：《民事法学与法学方法》（第 2 册），台北 2007 年自版，第 30 页以下）；Müller-Erzbach1929 年发表的《帝国法院与利益法学》借多个案例群评估利益法学对最高审判机关的影响，是利益法学获取繁荣的一个新起点（Müller-Erzbach，Reichsgericht und Interessenjurisprudenz，in：Ellscheid/Hassemer（Hrsg.）：Interessenjurisprudenz，1974，S. 126ff.）。

④ 例如，2001 年德国债法现代化法将有关积极侵害债权、缔约过失等学说和判例发展成果吸收入民法典，但此前学说对判例的总结仍是理解适用该当法条的必要根据，Dauner-Lieb/Heide/Lepa/Ring（Hrsg），Das Neue Schuldrecht，2002，S. 138f。

排，无异于无米之炊，画饼充饥；止步于个案，即便汇集千万个案例，也只得到一堆无生命的材料而已。蕴含有合同解释内容的指导性案例库乃至判例制度，都是有生命的系统，有其能量、要素、结构、目的以及演化历程，学术参与应遵循其中的规律。在工作方式上应完全打破案例堆砌思维，而像产业联盟借助专利制定“标准”一样，活用案例研究成果，集结法律人共同体的注意力，锻造判例通说和学术通说。其具体做法是：通过案例研究努力占领智识高地（与产业联盟核心成员获取竞争性专利权相仿），然后借助各类平台邀集学术界、实务界同仁共定“标准”——准通说，在经历推广并获取学术界、实务界普遍认同之后，即可宣告就相关法律问题两重通说已经诞生，接着再以学术批评及二审中的“法律审”元素尽力维护通说的运行。

另外还应看到，比较法上学术参与的成功离不开研究环境的系统性协力。例如创立各类判例研究组织，形成人才气候和研究氛围；创立专门的判例研究刊物，为发表与推广成果大开方便之门；鼓励培养学派和个人风格，强化法学研究商榷及论证色彩；在学术评价体系上，应关注对实务的影响、对通说养成的贡献等实质性指标。因此，在明了判例研究的重要性之后，还须在环境优化上下工夫，这是有关制度建设更宏观层面的系统思维。

法律审也好，尊重先例意识也好，其实都是为了形成“实务通说”，其背后的终极实质是政治权威——上级法院在智识上并非必然高人一等，其判例的核心地位最终还要靠上诉审级和一定程度的先例意识来确保。[①] 相反，学术研究的加入恰恰是为了智识权威的成核，而后在与司法通说的对话、竞争中使后者得到智识权威的支撑。相对于司法判例，学术研究可以掌握更多比较法、法史资源，也有更充裕的时间。但是在这些有利条件之外，学术研究系统也需要自己的能量，这种能量主要是心理因素，亦即以通说代言地位为核心延展开去的工作动机。当然它也离不开制度的型塑，例如判例通说对学术通说的鉴别和吸收机制，学界对相关工作成果评价和发表机制，等等。

（三）学者出具法律意见书的意义

实务中，专家、学者就个案出具法律专家意见书，越来越常见。其中大多涉

---

① 参见［美］波斯纳：《法理学问题》，苏力译，北京，中国政法大学出版社2002年版，第101页。

及合同解释。对此，赞扬者有之，批评者有之，究竟孰是孰非？在笔者看来，最为理想的形式是，由主审法院/受理仲裁案的仲裁机构邀请、组织专家、学者讨论案涉法律问题，形成系统、全面的法律意见。最高人民法院组织设立最高人民法院执行特邀咨询专家委员会，最高人民检察院组织设立民事行政诉讼监督案件专家委员会，就是借用“外脑”，人尽其才，也弥补由组织编制制度决定的办案法官、检察官“人手不够”的“不足”，就是非常有益的探索。在这方面，笔者曾在《一份创设规则的判决——最高人民法院（2015）民提字第126号民事判决之评释》一文中发表如下意见。[①]

归结上述，可以说最高人民法院（2015）民提字第126号民事判决的确可圈可点，确有闪光之点，具有启发性。它是一则对民商法整体把握十分到位的判决，一则纯熟而充分运用法学方法论的判决，一则准确寻觅请求权基础的判决，一则昭示提单所表征的权利及其抗辩事由因提单类型及所处法律关系的不同而不同的判决，一则说理充分、到位的判决，一则创设了法律规则的判决。当然，在诸如不安抗辩权发生效力的条件和程序、提单所涉权利与原因关系之间的规则是否已经挖掘穷尽等方面，最高人民法院（2015）民提字第126号民事判决本可做得更好，再就是存在错别字以及个别法条数有笔误。但是瑕不掩瑜，该判决达到了指导性案例的水准。

取得如此结果，固然源自系争案件的主审法官及其助理们法学功底扎实，法律素养深厚，但更值得指出的是，他们怀有公平正义之心，追求处理妥当之意，虚心请教之态，反复磋商之功。本评释人得知，为了妥当处理系争案件，主审法官及其助理查询相关的法律规定、法理论证及境外就提单问题的一些成熟的规制，为确定裁判规则寻求依据和参考；检索全国所有涉及提单相关权利属性的案例，了解已经形成的裁判尺度和实践经验，并就检索结果形成书面分析报告，合议时向合议庭报告类案检索的情况，力求在充分统一裁判尺度的基础上，创立裁判规则，弥补实务空缺。主审法官及其助理就本案所涉的疑难法律问题咨询专家意见十余次，先后咨询了王利明教授、王轶教授、崔建远教授、曹士兵法官等国内相关领域的专家近10位，并就本案所涉法律问题提交最高人民法院民四庭讨

① 崔建远、耿林：《一份创设规则的判决》，载《华东政法大学学报》2016年第3期。

论，征求最高人民法院本部的意见。[①]

由此获得一个启示：裁判者只要胸怀公平正义，即便其法学修为有待提高，也不愁裁处合理合法的结果，也会使判决推陈出新。由此或许可以得出另外一个结论：即使裁判者的法学水平上乘，但若公平正义缺失，则会出现处理结果极不妥当但判词却“头头是道”的裁判文书。

不过，客观现实是，由于种种原因，对于许多案件，主审法院/受理仲裁案的仲裁机构并未邀请并组织专家、学者研讨个案。邀请专家、学者研讨个案并出具法律意见书的，大多是当事人或其代理诉讼、仲裁的律师事务所。

法律意见书，无论是主审法院/仲裁个案的仲裁庭邀请专家、学者而形成的，还是当事人或代理诉讼、仲裁的律师事务所邀请专家、学者而形成的，具备如下条件时便具有积极意义：(1) 委托人提供的卷宗材料全面、客观；(2) 参与案件研讨、出具法律意见书的专家、学者是相关学科的（如民法的、商法的、民事诉讼法的、行政法的）造诣较为深厚的法律人，交叉学科式的研讨，视角多重，视野高远，相互启迪；(3) 与会专家、学者胸怀公平正义，不徇私情；(4) 形成的法律意见书条理清楚，说理透辟，请求权基础准确。在此，模仿一首歌曲中的句式和逻辑便有：法律专家还是那些法律专家，法学知识和理论还是那些法学知识和理论，价值位阶和价值取向还是那样的价值位阶和价值取向，就有如同法院、检察院组织召集的专家研讨会一样的效果。

毋庸讳言，由当事人或其代理诉讼、仲裁的律师事务所邀请专家、学者而形成的法律意见书可能存在这样的瑕疵：委托人提供的卷宗材料不全，不利于委托人一方的有关证据没有让专家、学者知晓，因此得出的法律意见偏颇甚至根本错误；或者虽然委托人提供的卷宗材料十分全面、客观，但出具法律意见书的专家、学者的法律水准不高；更有甚者，出具法律意见书的专家、学者受利益诱惑，偏私偏袒。对此，如何认识？其一，此类情况绝非法律意见书的全部，甚至不是多数。其二，对于此类法律意见书当然可以批评，指出其问题之所在。批评的过程，就是锤炼裁判者法律思维及法律水平的过程，客观上促使裁判文书更加说理，增强对当事人乃至社会一般人的说服力。其三，对于偏私、偏袒的法律意

① 信息来源：案情及判决由最高人民法院第一巡回法庭提供。

见书当然而且必须予以批判和抵制，毫不留情，也不手软。在此，同样模仿那首歌曲中的句式和逻辑又有：法律专家还是那些法律专家，法学知识和理论还是那些法学知识和理论，但公平正义缺失了，法律意见就成了反面教材。其四，由此全面否定法律意见书则理由不足，尤其是不赞同法律意见书的主审法官/仲裁个案的仲裁庭指责非偏私、偏袒的法律意见书及其出具者，在笔者看来更是很不适当。道理并不复杂：法律意见书不具有强制力，毫不动摇独立审判权，亦不介入审判/仲裁的程序，仅为参考资料，绝非裁判者不采纳之不可。如果裁判者发现某特定的法律意见书不符合案件真实，或者即使其建立在全部卷宗证据之上，但其法律分析及合同解释错误，对其不予采纳，便可了事。如果主审法官/仲裁个案的仲裁庭无力判断法律意见书允当与否，则完全可以请教有关专家、学者，召开专家咨询会议更好，“奇文共欣赏，疑义相与析”，辨明是非，去伪存真，而后决断，形成判决、裁决、裁定，也不会让错误的、违法的法律意见书进入判决书、裁决书、裁定书中。其五，如果说水平欠佳者出任教师会误人子弟，那么，法律修养不到位者担任法官/仲裁员不仅在个案中可能牺牲了一方当事人的权益，而且在宏观上贬损了法律的神圣性，给党和国家的形象抹黑了。法律意见书有助于督促此类法官/仲裁员积极充实法律知识、提高法律修养、把握法律思维方法。

对于法律意见书，正确的立场和态度是：看其是否建立在案件真实的基础之上，看其是否符合法律及法理，若是，它就帮助主审法官、仲裁个案的仲裁员理清了思路，有助于法律的妥当适用；若否，就将之弃之一旁，不予理睬。据笔者所知，不少法律意见书符合案件真实，法律及法理分析到位，思路正确，尤其对于苦无良策的裁判者来说是“雪中送炭”。

肆

合同解释的对象

一、合同条款作为解释对象

合同解释的对象，又叫合同解释的客体，指向合同条款（含合同用语，下同），包括当事人约定出来、已经进入合同文本之中的条款，应无疑问；即使当事人没有明示，但依交易实质和合同整体性要求应有的条款，也在其中。

合同条款，无论是明示的，还是默示的，抑或以行为表现的，都属于表示行为的范畴，而非内心意思的领域。据此似乎应该断定合同解释的对象只能是表示[①]，表示是解释的对象。[②] 但这种看法难以解释《民法总则》第 146 条第 2 款规定的隐藏行为、第 147 条规定的重大误解等现象。隐藏行为，只有当事人的内心意思，没有表示行为，表示行为是《民法总则》第 146 条第 1 款规定的虚假的意思表示（虚伪表示）。解释虚假的意思表示的确在解释表示行为，至少表面上看是如此。但解释隐藏行为却地道地在寻觅、解释当事人的内心意思，确定深藏于内心的、未表现于外部的“行为”（实为意思），究竟是民间借贷的真意，还是赠与别墅的效果意思，抑或让与担保之意，等等。这正是解释内心意思，而非表

① ［德］卡尔·拉伦茨：《德国民法通论》（下册），王晓晔、邵建东、程建英、徐国建、谢怀栻译，谢怀栻校，北京，法律出版社 2003 年版，第 463 页。

② ［德］卡尔·拉伦茨：《德国民法通论》（下册），王晓晔、邵建东、程建英、徐国建、谢怀栻译，谢怀栻校，北京，法律出版社 2003 年版，第 465 页。

示行为。此其一。在因重大误解而订立合同的情况下，对该合同的解释是在解释表示行为，但对误解人真实意思的探究并确定却是在解释内心意思，而不再是解释表示行为。此其二。

合同解释的对象是否包括约定明确、含义清晰的条款，存在着分歧。否定说认为：当合同的用语是清楚的、清晰的，不会导致愚蠢的结果时，则不需要再作进一步的解释，探寻当事人各方的意思。① 当这些条款清楚地表达了解释程序的主要目标时，确定的解释原则或“工具”就已由民法典与法院提供了。② 《法国民法典》（新债法）第 1192 条明确规定：“不得对清晰且明确的条款进行解释，以免破坏其性质。”③ 肯定说则主张：不论合同用语是否清楚，均须解释。如果合同条款的用语被发现是清楚的、不模糊的，无须（提供）新的证据。④ 与此同时，当合同条款不清楚时，法院可以远离最初的协议来确定当事人各方的真意。⑤ 中国民法上的合同解释究竟采纳哪种观点，可以继续思考，但现在就可以肯定的至少有以下三点：（1）法律适用不同。如果合同的用语是清楚的、清晰的，不会导致愚蠢的结果的，就不得适用《合同法》第 61 条关于“合同生效后，当事人就质量、价款或者报酬、履行地点等内容没有约定或者约定不明确的，可以协议补充；不能达成补充协议的，按照合同有关条款或者交易习惯确定”的规定，以及第 62 条关于“当事人就有关合同内容约定不明确，依照本法第六十一条的规定仍不能确定的，适用下列规定……”反之，如果“没有约定或者约定不明确的”，则须适用《合同法》第 61 条甚至第 62 条的规定。适用的法律不同，法律后果也就呈现着差别。（2）有无提供新证据的必要不同：如果合同条款的用语是清楚的、不模糊的，则无须提供新的证据。反之，如果合同条款的用语不清楚、模糊的，那么，诉讼当事人欲想胜诉，有必要提供新的证据。由此带来程序法上的结果。按照《民事诉讼法》第 200 条第 1 项的规定，在当事人“有新的证

---

① La. Civ. Code art 2046. Maloney v. Oak Builders, Inc., 256La. 85, 235 So. 2d386 (1970);

② Patrick S. Ottinger, Principles of Contractual Interpretation, 60 La. L. Rev. 765 (2000).

③ 源自复旦大学法学院教授李世刚博士的翻译（李世刚：《法国新债法：债之渊源（准合同）》，146 页，北京，人民日报出版社，2017），特此致谢！

④ Frischhertz Elec. Co., Inc. v. Housing Auth. Of New Orleans, 534 So. 2d 1310, 1312 (La. App. 4th Cir. 1988), writ denied, 536 So. 2d 1236 (La. 1989).

⑤ Rabenhorst Funeral Home, Inc. v. Tessier, 674 So. 2d 1164 (La. App. 1st Cir. 1996).

据，足以推翻原判决、裁定的”，“人民法院应当再审”。据此反面推论，如果当事人无新证据，则欲想使法院启动再审程序，则必须存在《民事诉讼法》第 200 条第 2 项至第 13 项规定的情形。(3) 对格式条款的解释，判例及学说赞同“合同的含义有疑义或模糊必须通过作不利于条款制作的当事人的解释，来剔除不需要或当事人无意要的内容”①。

明确这三点具有实际价值。例如，某《模板分项承包施工合同》第 3 条约定：承包单价“按投影面积（水泥接触面）计算，综合包干单价每平方米按人民币 42 元计算。基础展开每平方米按 15 块计算，后期甲方如需三套模板时乙方必须提供三套模板施工，即三套模板每平方米加价 2 元；……”对于该条约定的“按投影面积（水泥接触面）计算……”原告即承包人解释为，所谓按投影面积计算，就是按水泥接触面计算，即模板工程量按与水泥面接触的模板展开面积计算。而被告即发包人则将之理解为，模板工程量按与水泥面接触的模板水平投影面积计算。一、二审法院的判决书均认定该条属于约定不明确，故应按照《合同法》第 61 条的规定处理。在笔者看来，这不能成立，因为“投影面积（水泥接触面）”的表述，显示出系争当事人使用括号对“投影面积”进行了注释、解释。括号内的“水泥接触面”即是对“投影面积”的注释、解释。换句话说，在系争《模板分项承包施工合同》中，其第 3 条约定的“投影面积”，就是“水泥接触面”。此其一。“水泥接触面”，应是非常通俗易懂的一个词汇，就是指水泥（即混凝土）与模板接触到的面积。在建筑行业，这是一个连普通工人都明白的问题。因而，无论“投影”或是“投影面积”在汉语字典里有几种含义，只要“水泥接触面”是清楚、明确的，没有歧义，不存在几种含义，“投影面积（水泥接触面）”就应当是明确的，就应当是只有一种含义，而非有“水平投影面积”和“垂直投影面积”等几种含义。此其二。所以，一、二审法院的民事判决书认定系争《模板分项承包施工合同》第 3 条约定不明确，故应按照《合同法》第 61 条的规定处理，这是错误的。②

---

① Kuhn v. Stan A. Plauche Real Estate Co., 249 La. 85, 185 So. 2d 210 (1996); Kenner Indus., Inc. v. Sewell Plastics, Inc., 451 S0. 2d 557 (La. 1984).

② 详细分析，请见崔建远：《合同解释与法律解释的交织》，载《吉林大学社会科学学报》2013 年第 1 期。

二、初步协议、意向性协议、备忘录作为解释对象

在制定《合同法》的过程中，初步协议（preliminary agreement）、意向性协议（letter of intent）、备忘录有无法律拘束力，曾被讨论过，最后的意见倾向于否定说。无论持有哪种观点，遵循合同有效、无效，前合同意思均为合同解释的对象[①]的理念及观点，应该承认初步协议、意向性协议、备忘录为合同解释的对象。特别是在初步协议、意向性协议、备忘录经解释被认定为本约或预约的情况下，作为合同的它们成为合同解释的对象乃不言自明之理。即便是无积极的法律拘束力的初步协议、意向性协议、备忘录，也是通过解释工作而得出的结论，而不得"拍脑袋"地主观臆断。

在存有初步协议、意向性协议的情况下，可能引起的问题是，在履行该最后的合同前，当事人是否受它们的拘束？一种观点不同意在履行最后的、更加正式的或更加完整的合同前存在着有拘束力的合同，该观点会竭力主张第一份文件仅仅是同意签订合同（agreement to agree）（预约），没有第二份合同的制作，就不存在有拘束力的合同。在 Chevron U. S. A. v. Martin Exploration Co. [②]案，书面合同的用语将该合同特定为初步协议，似乎建议当事人意在履行一份更加正式的、更加完整的合同。上诉法院认为，初步协议及其中关于当事人之间需进一步洽商的用语，使得该协议成为没有强制力的"同意签订协议"（预约）[③]。与此不同，另一种观点认为，当事人各方受到初步协议或中间协议的拘束，尽管更加正式的合同尚未履行。[④] 法院坚持："在当事人双方就协议的所有实质项目已达成一致的场合，该协议就成为当事人之间的合同，立即拘束着他们，尽管他们已经同意此后他们会履行一个更正式的合同（instrument），其中包含着目前的合同

---

① ［德］迪特尔·梅迪库斯：《德国民法总论》，邵建东译，北京，法律出版社2000年版，第235－236页。

② 447 So. 2d 469（La. 1984）.

③ 432 So. 2d 886（La. App. 1st Cir. 1983）.

④ See Patrick S. Ottinger，Principles of Contractual Interpretation，60 La. L. Rev. 765（2000）.

的条款。"[①] 前述上诉法院在 Chevron U. S. A. v. Martin Exploration Co. 案中的认定被州最高法院推翻，裁决（find）"初步"用语并未排除该协议成为最后合同的可能性，也未排除该协议是唯一的合同的可能性；只有当最后的合同签订时，该协议才被认定为不是最后的合同；假如没有其他合同订立，该协议就是唯一的合同。[②] 此外，州最高法院还裁决，载于该所谓初步协议中的对最终文件的提述，并未表明当事人仅仅欲使最后文书具有拘束力的意思。提及需要未来洽商的语句本身并不会导致初步协议无拘束力。相反，法院认为，该文件具有拘束力，因为它充分反映了当事人各方欲使之具有拘束力的意思。[③] 美国法如此，英国法律也承认一个文字表达出来是有约束性的初步协议，即使缔约各方还准备在其他条款要继续谈判下去。高院和上诉庭都给了很明确的指引。[④]

至于意向性协议，在英国，有意见认为，意向书的主要目的是让当事人各方以意向书的理解与重要的商业考虑继续谈判直到达成最后的全面协议。意向书是否有法律效力并约束各方并不稳定，因为它属于一种协议将来达成协议（agreement to agree），不少人认为它只表达缔约意向，无法律的约束而只有道德的约束。但也有观点主张，意向书有无法律效力并约束当事人各方并不在于其名称，名称/抬头并不重要，重要的是内容，也就是意向书的条款/文字与它们的语境。另外，如果在大部分条款都已经谈论并在谈判后期所订立的意向书，也会有较大可能被视为有法律效力。[⑤] 在美国，判例及学说根据意思表示的真实情况而分别确定法律效力：如果意思表示构成了合格的合同，且为本约，就按照本约赋予法律效力；如果意思表示构成了合格的合同，但不具备本约的规格，只是符合预约的标准，就赋予预约的法律效力；如果效果意思不是发生本约/预约的法律后果，

---

① Mermelstein v. Schwab，64 So. 2d 37，38（La. App. Orl. Cir. 1953).

② Chevron，447 So. 2d at 472.

③ Chevron，447 So. 2d at 472；See also Newport Limited v. Sears，Roebuck & Co.，6 F. 3d 1058，1065（5th Cir. 1993)，cert. denied，512 U. S. 1221（1994).

④ 杨良宜：《合约的解释》，北京，法律出版社 2007 年版，第 47 页。

⑤ 杨良宜：《合约的解释》，北京，法律出版社 2007 年版，第 55－56 页。

就不承认其法律约束力。[①]

借鉴英美的有关判例及学说，根据实事求是的原则，对于初步协议、意向性协议、备忘录确实应当基于其上所载意思表示的真实情况而分别确定其法律效力：如果初步协议、意向性协议、备忘录依其蕴含的意思表示构成了合格的合同，且为本约的，就按照本约赋予法律效力；如果初步协议、意向性协议、备忘录依其蕴含的意思表示构成了合格的合同，但不具备本约的规格，只是符合预约的标准，就赋予预约的法律效力；如果初步协议、意向性协议、备忘录无发生本约/预约的效果意思的，就不承认其具有积极的法律约束力。

将这样的认识纳入合同解释的视野就是：初步协议、意向性协议、备忘录依其上载明的意思表示构成本约的，自然为合同解释的对象；符合预约条件的，亦为合同解释的客体；即便不具有积极的法律拘束力，其本身不是合同解释的对象，但也可作为合同的周围情事。

行文至此，有必要检讨法释〔2009〕5号第2条开头所谓“当事人签订认购书、订购书、预订书、意向书、备忘录等预约合同”的表述，至少不够周延，忽略了构成本约和无法律拘束力的情形。

三、合同名称、条名、注脚、序言作为解释对象

英国法认为，合同名称、条名（heading）在解释合同中通常没有分量，它被认为是一个达到正确解释的不安全的指引。合同名称、条名不得使条款的内容不肯定。[②] 再者，在当事人的意思明确地不让条名具有法律效力时，依意思自治原则应该承认之。例如，某《合作开发协议》第2条约定：“除本协议的上下文另有要求的情形外，本协议应按照如下方式进行解释：……2.2. 标题仅为方便而加入，不得影响对本协议的解释。”与此相像，中国最高人民法院法复〔1996〕

① Fontaine and De Ly. Drafting international contracts：an analysis of contract clauses. Transational Publischers，Inc.. 2006，pp. 6 - 30；Michael Furmston，Takao Norisasa and Jill poole. Contract Formation and Letters of Intent，Newyork. London：John Wiley & Sons. 1998，pp. 148 - 149. 转引自陈进：《框架合同研究》，清华大学博士学位论文（2013年），第64页。

② 杨良宜：《合约的解释》，北京，法律出版社2007年版，第86页。

16 号批复道："当事人签订的经济合同虽有明确、规范的名称，但合同约定的权利义务内容与名称不一致的，应当以该合同约定的权利义务内容确定合同的性质，从而确定合同的履行地和法院的管辖权。"最高人民法院《全国法院知识产权审判工作会议关于审理技术合同纠纷案件若干问题的纪要》（2001 年 6 月 15 日）明确："技术合同名称与合同约定的权利义务关系不一致的，应当按照合同约定的权利义务内容，确定合同的类型和案由，适用相应的法律、法规。"这符合意思自治原则，值得赞同。

对于注脚（marginal note），Caldecote C. J. 子爵认为，解释合同时考虑合同中的注脚，这是不安全的指引。[①] 这不奇怪，应受重视的还是合同条款本身的实质内容。当然，也有不同观点，在 Invest Compensation c. West Bromwich Building Society（1988）案中，贵族院认为，没有受过法律训练的人士看这些注脚，而索赔表格的有关条款却是给律师看的，所以，如果两者的文字不一致，导致没有受过法律训练的当事人受到注脚的误导，就可以改变合同条款。[②] 这也有道理。看来，中国法及理论对合同注脚的地位及价值还需要个案分析。

合同的序言（recitals）可有种种形态，一种形态的序言，通常是在缔约各方的名称后，在合同履行的内容前，会以"鉴于"（WHEREAS）一词开始，然后写出有关合同或文件的一般事实背景，包括当事人各方以前约定的合同，要订立该合同的原因，等等。这在解释合同时是需要考虑的，其中的原因之一是，它提供了重要的缔约背景或语境。[③] 不过，应予注意，"鉴于"条款通常不是作为允诺或条件来起草的。[④] 如此，不要把合同的履行、责任或义务放在序言里，因为在解释合同时，序言会与履行内容的分量轻重有所不同。[⑤] 万一将合同权利、义务、履行、责任的内容放在序言里了，解释合同时需要结合其他证据来证成这些

---

① National Farmers' Union Mutual Insurances Society Ltd. v. Dawson（1941）2 K. B. 424. 转引自杨良宜：《合约的解释》，北京，法律出版社 2007 年版，第 86 页。

② Invest Compensation c. West Bromwich Building Society（1988）1 W. L. R. 896. 转引自杨良宜：《合约的解释》，北京，法律出版社 2007 年版，第 87 页。

③ 杨良宜：《合约的解释》，北京，法律出版社 2007 年版，第 87 - 88 页。

④ E. 艾伦·范斯沃思：《美国合同法》（原书第 3 版），葛云松、丁春艳译，北京，中国政法大学出版社 2004 年版，第 470 页。

⑤ 杨良宜：《合约的解释》，北京，法律出版社 2007 年版，第 88 页。

内容非属缔约背景或语境，而是产生真正的权利、义务、履行、责任的条款，其难度可想而知。

另一种形态的合同序言是总括合同的要点，这是地地道道的合同条款，解释合同时务必将之与合同其他条款密切结合，联系起来，揭示当事人各方于该合同中表现出来的意思，确定权利义务及责任。

笔者见到一种形态的合同序言是出租人的承诺。在一个总共 14 个条款的房屋租赁合同中，开头便是出租人承诺："出租人承诺在本合同签订之日起一个月内向承租人出具本出租人享有本合同约定的租赁房屋的所有权。"该房屋租赁合同第 4 条约定违约责任，共有两个条款，第 2 款约定："出租人在本合同签订之日起一个月内未向承租人出示本出租人对本合同约定的租赁房屋享有所有权的文件，视同违约，除向承租人支付 120.00 万元人民币的违约金以外，还要赔偿承租人因此遭受的损失。"联系系争合同序言和第 4 条第 2 款的约定，不难得出这样的结论：出租人必须对租赁房屋享有所有权，且负有在系争合同签订之日起一个月内出示案涉房屋所有权证或不动产登记簿记载页的义务，否则，构成违约，成立违约责任。

四、其他有关元素与合同解释的对象

探讨合同解释的对象，需要回答合同主体、合同形式、加盖于合同文本上的印章是否为合同解释的对象？鉴于这非三言两语所能尽述，笔者于本书中各设专题详细讨论，此处不赘。

伍

合同解释语境中的合同形式

一、合同形式何以成为合同解释的对象？

合同形式，不是意思表示本身，依照合同解释为解释意思表示的狭义说，合同形式不属于解释的对象。从一个角度看，对某些合同，法律规定欠缺形式的合同无效，故对这些合同无须再作解释。[①] 如果被掩盖的法律行为符合与其相关的法律规定，则这一被掩盖的法律行为生效。当被掩盖的法律行为属于要式行为却未履行形式要件时，它因欠缺形式要件而无效。[②] 这些可印证前述狭义说。但另一方面，有时只能通过解释才可得知：某行为需要具备形式要件（如保证，《德国民法典》第 766 条），还是无须具备形式要件（如共同的债务承担或信贷合同，《德国民法典》第 778 条）。[③] 特别是，内心意思与表示行为具有必然的联系，二者共同构成意思表示，缺一不可。解释的对象只能是表示，即某种具有有效表示意义的行为。同时应予注意，解释的"对象"也不是可用来说明表示的全部情形。其他一切应当加以考虑的情形都不是解释的对象，而只是解释的辅助手段。

---

① 《德国联邦最高法院·新法学周报》1995 年，第 1886 页。转引自［德］迪特尔·梅迪库斯：《德国民法总论》，邵建东译，北京，法律出版社 2000 年版，第 235 页。

② ［德］维尔纳·弗卢梅：《法律行为论》，迟颖译，北京，法律出版社 2013 年版，第 483 页。

③ 《德国联邦最高法院·新法学周报》1995 年，第 1886 页。转引自［德］迪特尔·梅迪库斯：《德国民法总论》，邵建东译，北京，法律出版社 2000 年版，第 235 页。

表示与其他情形必须加以区别。这一点，特别明显地表现在某些需要具备某种形式的表示上。[①] 只有表示本身才需要规定的形式，表示行为必然通过一定的形式表达，这样，形式也就成为意思表示不可分割的组成部分，成为合同解释的对象。

不可否认，在合同解释的作业中，合同形式，大多是作为辅助材料来解释合同条款及用语，此时，形式不是合同解释的对象；但在另外的场合，确定形式 A 还是形式 B 抑或形式 C 是合同甲的形式，换言之，确定形式 A 还是形式 B 抑或形式 C 所载意思表示，在约束当事人各方，于此场合，形式本身就是合同解释的对象。

二、合同形式的意义

一种极端的观点主张，意思自治原则重在意思，只要具有当事人的意思，就可发生一定的法律效果，形式的有无、采取何种形式无关紧要。这颇有些 Konsensualismus 的味道。

所谓 Konsensualismus，一译为合意主义[②]，又被译为同意主义[③]，是指合同一经当事人各方同意，即意思表示一致，即告成立，无须具备任何特定的形式。[④] 特定形式的要求仅为例外，或反常现象。[⑤] 事实表明，同意主义具有积极的一面，也有其危险的一面。在一个不要求形式的合同法体系中，“谨慎”就不再是订立合同时必须注意的重要问题。于是，当事人就有可能成为自己的轻率或相对人的欺诈行为的牺牲品。由于没有任何明显的外部方式将当事人的确定的同意与其成立合同前的协商相区别，当事人有可能在完全“出乎意外”的情况下被

---

① ［德］卡尔·拉伦茨：《德国民法通论》（下册），王晓晔、邵建东、程建英、徐国建、谢怀栻译，谢怀栻校，北京，法律出版社 200 年版，第 463－465 页。

② ［德］K. 茨威格特、H. 克茨：《比较法总论》，潘汉典、米健、高鸿钧、贺卫方译，潘汉典校订，北京，法律出版社 2003 年版，第 110 页。

③ 尹田：《法国现代合同法》（第 2 版），北京，法律出版社 2009 年版，第 212 页。

④ 尹田：《法国现代合同法》（第 2 版），北京，法律出版社 2009 年版，第 212 页。

⑤ Jean Carbonnier，Droit civil，t. Ⅰ，Les obligations，19°éd.，Presses Universitaires de France，Paris，1994. p47. 转引自尹田：《法国现代合同法》（第 2 版），北京，法律出版社 2009 年版，第 212 页。

自己的某句话所约束，而法律对合同形式的强制要求可以避免上述危险，因为当事人可以借此知道自己究竟“身居何处”。简言之，从一定意义上讲，形式主义是当事人意志的“保护神”，它可以使每一方当事人免负自己的疏忽或受对方的欺骗的结果。所以，形式主义的道德价值也是不可忽视的，如同同意主义的道德价值应受重视一样。同时，依同意主义订立合同的最大毛病是口说无凭，发生纠纷时，当事人有可能无法履行其举证证明义务。再者，合同关系之外的第三人可能因对合同的成立一无所知而处于极为不利的境地。最后，当事人之间总是“神秘地”订立合同这一事实，从财税上考虑，也完全有可能损害国家利益。[①] 正因如此，《法国民法典》（新债法）在肯定意思主义的同时明确例外情形，明确需要合同形式的类型。[②]

德国民法及学说认为，法律或合同要求形式的目的有保护当事人免受操之过急之害、保全证据，还有保护第三人的利益，如《德国民法典》第 566 条的规定，以及为了维护公众对公示性的利益。[③] 合同形式有时决定着解释的倾向性。德国帝国法院于“里夏德的流浪生活”喜剧演出权一案的判决中所持的观点是，基于合同主张某项权利的人，原则上应当负责使当事人各方针对这项权利在合同中达成协议，我们在进行解释时一般应当遵循这一观点。就此而言，《学说汇纂》D45，1，38，18 所传承下来的法谚至今仍然适用，帝国法院也引用该法谚：“如果人们在进行要式口约时业已探讨法律行为的内容，那么必须对其作出有利于要式口约债权人的解释。”[④]

根据美国的经验，由律师草拟详尽的甚至标准格式的书面协议可以避免许多争议，不少实际发生的争议是因为起草者不好才出现的。[⑤]

---

① Ripert et Boulanger，n°39，43et45；Farjat，L'ordre public économique n°261 et s. 转引自尹田：《法国现代合同法》（第 2 版），北京，法律出版社 2009 年版，第 215 页。

② 李世刚：《法国新债法·债之渊源（准合同）》，北京，人民日报出版社 2017 年版，第 23 页。

③ [德] 卡尔·拉伦茨：《德国民法通论》（下册），王晓晔、邵建东、程建英、徐国建、谢怀栻译，谢怀栻校，北京，法律出版社 2003 年版，第 466 页。

④ 《帝国法院判例集》6，第 28 页以下（1882）；[德] 维尔纳·弗卢梅：《法律行为论》，迟颖译，北京，法律出版社 2013 年版，第 373 页。

⑤ [美] E. 艾伦·范斯沃思：《美国合同法》（原书第 3 版），葛云松、丁春艳译，北京，中国政法大学出版社 2004 年版，第 426 页。

境外民法及学说关于合同形式制度的变迁值得重视。那种两耳不闻窗外事、陶醉于形式逻辑推演的态度和作风必须抛弃。法律人要面对活生生的社会实际，应使民法满足社会生活的实际需要。有人说得好，形式要件的目的有多种，其中之一是，使人们可以基于形式所记载的表示了解规则的内容，尽管这一目的并不是所有形式规则的关键性要素。[①] 体现这种思想的例证之一是婚姻的公示。例如，本为夫妻共同财产（如双方约定共有），却无结婚形式（事实婚姻），甲不知情，丈夫擅自出卖夫妻共同财产，在符合《物权法》第 106 条第 1 款规定的构成要件的情况下，甲可善意取得。但是，若有结婚登记特别是拜天地的仪式，甲为这对夫妻的同事，受邀出席结婚仪式，在丈夫擅自出卖夫妻共同财产时，极有可能构成恶意，甲不能善意取得该财产的物权。

现行运转机制决定了某些合同必须采取特定的形式。例如国有建设用地使用权出让合同、商品房买卖合同，若不采取书面形式，就无法在不动产登记机构办理国有建设用地使用权的转移登记、房屋所有权的转移登记。

合同形式对合同效力甚至都有影响。在德国，如果被掩盖的法律行为符合与其相关的法律规定，则这一被掩盖的法律行为生效。当被掩盖的法律行为属于要式行为却未履行形式要件时，它因欠缺形式要件而无效。[②]

在有的情况下，合同形式成为义务履行的条件，具备此种形式直接制约着义务的履行是否届期。例如，某《信托贷款合同》第 1.2.2.1 条约定："除贷款人以书面形式同意放弃本条约定的全部或部分条件外，当且仅当下列放宽条件全部、持续满足后，贷款人才有义务向借款人发放（首笔）信托贷款。"该条款约定了 15 种贷款人向借款人放款的条件，倘若贷款人对借款人宽容，放弃一条或数条放款的限制条件，借款人就相对容易实际取得借款款项。不过，贷款人此类放弃限制条件的意思表示，必须采取书面形式才会发生法律效力，若只是口头的，则不发生放弃限制放款条件的法律效力。可见，书面形式是极端重要性的。

重视书面形式的例证还有，该《信托贷款合同》第 1.14.2 条后段约定："对本合同的修改或变更必须经贷款人、借款人协商一致，并达成书面协议。"第

---

① ［德］维尔纳·弗卢梅：《法律行为论》，迟颖译，北京，法律出版社 2013 年版，第 351 页。

② ［德］维尔纳·弗卢梅：《法律行为论》，迟颖译，北京，法律出版社 2013 年版，第 483 页。

1.16.1 条约定："除本合同另有约定外，双方之间的一切通知均为书面形式，可以专人送达、挂号邮递、特快专递、传真等方式传递。"

当然，该《信托贷款合同》第 1.14.2 条后段关于书面形式的约定属于强制性的还是倡导性的，即欠缺书面形式时，修改、变更未采取书面形式时是否还发生修改、变更的法律效力？若是，则该约定属于倡导性的；若否，则该约定属于强制性的。对该《信托贷款合同》第 1.16.1 条约定的判断，也应如此认识。

诚然，不得从一个极端走向另一个极端，必须承认并坚持：合同形式在不少场合不决定合同成立与否、有效与否，主要是发挥证据法上的作用。只要有证据证明，合同已经成立，即使没有采取约定的形式，也应承认合同已经成立；在符合《合同法》第 44 条第 1 款的要求时发生法律效力。对此，有德国学者认为：根据当事人各方的共识，一个通过 E-mail 传输的文本是有效的，即使根据协议的字面意义这些表示本应通过传真作出，所使用的语词的含义经常以类似的方式从缔结合同的信件往来中得以确定。① 有中国的专家、学者认为：在没有采用书面形式之前，应当推定合同不成立。但是，形式不是主要的，重要的在于当事人之间是否真正存在一个合同。如果合同已经得到履行，即使没有以规定或约定的书面形式订立，合同也应当是成立的。如果合同不违反法律的强制性规定，就是有效的。② 对于设立动产质权合同未采用书面形式的，依据《合同法》第 36 条的规定，一方已经履行主要义务，对方接受的，该合同成立。③

与此道理相同或类似，在某些情况下，虽然法律规定合同应当采取书面形式，但依规范意旨此处书面形式并非合同的成立要件、生效要件的，欠缺书面形式的合同只要有有关证据证明该合同存在，就仍应认定该合同已经成立；在符合《合同法》第 44 条第 1 款的要求时发生法律效力。在这方面，耿林副教授从基本理论方面阐释："应当"含义可以有很多。例如，既有关于对制度性规定的要求，也有纯粹对当事人意思的推定解释。前者比如《合同法》第 115 条关于定金罚则（"应当"双倍返还）。如果当事人约定了不必双倍返还效果的罚则，或者没有惩

---

① ［德］哈里·韦斯特曼：《德国民法基本概念》（第 16 版），哈尔姆·彼得·韦斯特曼修订，张定军、葛平亮、唐晓琳译，北京，中国人民大学出版社 2013 年版，第 49 页。

② 胡康生：《中华人民共和国合同法释义》（第 3 版），北京，法律出版社 2013 年版，第 76 页。

③ 胡康生主编：《中华人民共和国物权法释义》，北京，法律出版社 2007 年第 1 版，第 458 页。

罚性的约定，不是约定无效，而是不发生定金制度的后果。后者比如《合同法》第 66 条关于同时履行抗辩权的规定。“没有先后履行顺序的，应当同时履行”，这里的“应当”就相当于意思“推定”。不过“应当”一词也完全可能包含有强制规范的含义，并且影响到合同的效力。例如，在很多基本原则的规定和构成要件的规定中常使用“应当”一词。关于基本原则的，如《民法通则》第 4 条、第 7 条；《合同法》第 5 条、第 6 条、第 7 条、第 8 条。这里，“应当”和“必须”在含义上就没有什么区别。所以，对于遵守法律，《民法通则》使用的是“必须”（第 6 条），《合同法》使用的是“应当”（第 7 条）。关于构成要件的比如《民法通则》第 55 条。《合同法》第 10 条第 2 款是强制规范。这可以从《合同法》第 36 条的反对解释中看出来。就是说，如果没有采用法定形式或者当事人约定的形式，一方没有履行或者虽履行但是对方没有接受的，合同不成立。合同便因为形式要件不具备而无效。只不过是该反对解释的后果还必须进一步接受规范目的的审查。总之，关于形式要件的要求肯定包含着强制规定的含义，不能因为其属于当事人之间的利益关系就认定其与效力无关。关于形式要求，在中国，存在问题的是太多使用了含义不明、当然也就不统一的“应当”一词，而不是形式要求本身的强制性问题。[①] 王轶教授从法律规范的三分法层面澄清：《合同法》确立了不少倡导性规范，如第 10 条第 2 款规定“法律、行政法规规定采用书面形式的，应当采用书面形式；当事人约定采用书面形式的，应当采用书面形式。”……当事人未依照倡导性规范的规定采用书面形式，属于自甘冒险的行为。由当事人自己承受由此带来的不利后果，法律并不因此就认定合同无效或不成立。[②]

三、取消行政审批是否影响合同形式的价值?

中外合资经营企业合同、中外合作经营企业合同、外资企业合同，依原来的

---

① 耿林：《强制规范与合同效力——以合同法第 52 条第 5 项为中心》，北京，中国民主法制出版社 2009 年版，第 190 页。

② 王轶：《民法典的规范配置——以对我国〈合同法〉规范配置的反思为中心》，载《烟台大学学报》（哲学社会科学版）2005 年第 3 期；王轶：《论倡导性规范——以合同法为背景的分析》，载《清华法学》2007 年第 1 期。

法律以行政主管机关的批准为生效要件，随着政府管理方式的改革，除国家规定实施准入特别管理措施的以外，这些合同的生效不再以行政主管机关的批准为要件，只要到行政主管机关备案即可。其法律依据是2016年9月3日第十二届全国人民代表大会常务委员会第二十二次会议通过的《全国人大常委会关于修改〈中华人民共和国外资企业法〉等四部法律的决定》，该决定的核心内容为："一、对《中华人民共和国外资企业法》作出修改""增加一条，作为第二十三条：'举办外资企业不涉及国家规定实施准入特别管理措施的，对本法第六条、第十条、第二十条规定的审批事项，适用备案管理。国家规定的准入特别管理措施由国务院发布或者批准发布。'""二、对《中华人民共和国中外合资经营企业法》作出修改""增加一条，作为第十五条：'举办合营企业不涉及国家规定实施准入特别管理措施的，对本法第三条、第十三条、第十四条规定的审批事项，适用备案管理。国家规定的准入特别管理措施由国务院发布或者批准发布。'""三、对《中华人民共和国中外合作经营企业法》作出修改""增加一条，作为第二十五条：'举办合作企业不涉及国家规定实施准入特别管理措施的，对本法第五条、第七条、第十条、第十二条第二款、第二十四条规定的审批事项，适用备案管理。国家规定的准入特别管理措施由国务院发布或者批准发布。'""四、对《中华人民共和国台湾同胞投资保护法》作出修改""增加一条，作为第十四条：'举办台湾同胞投资企业不涉及国家规定实施准入特别管理措施的，对本法第八条第一款规定的审批事项，适用备案管理。国家规定的准入特别管理措施由国务院发布或者批准发布。'"

中外合作勘探、开采石油、天然气的合同，依原来的法律，以行政主管机关批准为生效要件，《国务院关于废止和修改部分行政法规的决定》（2013年国务院令638号）已经改变态度："中国海洋石油总公司就对外合作开采石油的海区、面积、区块，通过组织招标，确定合作开采海洋石油资源的外国企业，签订合作开采石油合同或者其他合作合同，并向中华人民共和国商务部报送合同有关情况。"

这些变化是否表明合同形式的价值降低？回答是否定的，因为行政主管机关的审批不是中外合资经营合同等合同的成立要件，只是特别生效要件，故这些合同由"审批制"改为"备案制"，不涉及这些合同成立要件的变化，只是其特别生效要件的改变。

此外，应予注意，《全国人民代表大会常务委员会关于修改〈中华人民共和国外资企业法〉等四部法律的决定》保留国家规定实施准入特别管理措施的，仍然坚持行政主管机关的批准为合同特别生效要件的立场。

四、合同与之对应的形式及其意义

合同形式的价值不限于以上所述，在个案中“找准”某特定合同到底采取了何种形式甚至具有决定性意义。对此，通过下面的案例予以展示和说明。

某《招标文件》之“第一册 商务部分”之“第一章 投标人须知及附件”第12.8条第1项约定：“投标人电子版的商务和技术文件应以PDF格式提交，在评标中以投标人的电子版投标文件为准。要求投标人的电子版投标文件（含开标文件、商务投标文件和技术投标文件）的顺序和内容应与纸质版完全一致，且电子版的封面和法定代表人授权书应为纸质版的扫描件（必须有法定代表人或授权代表签字盖章）。其中商务投标文件须按品类将该标的所有文件制作成一个PDF文件，技术投标文件须按标的将该标的所有文件制作成一个PDF文件。不得将封面、封底、法人代表授权书等文件单独放置。纸质版应由电子版直接打印而成。”第12.8条第2项约定：“如果发现投标人投标文件的电子版和纸质版（含签字盖章）的内容有不一致的，则按招标文件第23.9条处理。”

第23.9条约定：“为落实国家节能环保政策，推进电子招投标的实施，评标工作以电子版投标文件为准，要求各投标人重视电子版投标文件的制作，务必确保电子版与纸质版包括签字盖章在内所有内容的一致性。若投标人所提供电子版投标文件内容（含签字盖章）不全，需要评标委员会评审纸质版投标文件的，将直接对该投标人的综合分扣除2分。”

招标人交给每个投标人电子方式投标的操作指引中警示：投标人投标时所用电子版的内容与纸质版的内容若有不一致，则取消投标资格。

投标人ZCTKG公司按照招标文件的要求，采用电子版的投标文件，参加了投标活动。

投标人ZCTKG公司于2017年3月20日收到《中标通知书》，其后中标人

ZCTKG 公司按照招标文件规定的合同版本及技术商务要求，陆续签订了书面采购合同，如《……货物买卖合同》（合同编号：06043920170105WZ10004）、《货物买卖合同》（订单）（编号 0607272017040105WZ10022）、《货物买卖合同》（订单）（编号 0607272017040105WZ10026）、《货物买卖订单合同》（合同编号：060803201704105WZ10005），等等。

2017 年 4 月 10 日，招标人发给中标人 ZCTKG 公司一份《工作联系函》，告知其在招标人 2016 年电能表类第二批框架招标项目（项目编号 NWGK16100502）中纸质版报价和电子版报价不相符，现通知贵司暂停合同约定的电能表、模块的生产及样品的送检。请贵司收到函件后 2 个工作日内回复。

中标人 ZCTKG 公司于 2017 年 4 月 11 日回复招标人《工作联系函回执》，同意暂停合同约定的电能表、模块的生产及样品的送检，等待招标人的后续通知。同日，中标人向招标人发出《声明函》，承诺以电子版投标文件所载价格为准，而不以纸质版文件所载高于电子版的价格为准；考虑到 ZCTKG 公司已为履约投入大量资金并组织大规模的生产，恳请贵司准许本公司继续履行《中标通知书》及相关采购协议；承诺依法及招标文件的规定，全面履行义务，保证供货产品的技术、质量和服务。

案涉证据证明，ZCTKG 公司用于投标的电子版投标文件载明的价格低于其纸质版投标文件载明的价格。这导致何种法律后果？按照电子方式投标的操作指引中的警示，应取消投标人 ZCTKG 公司的投标资质，ZCTKG 公司中标从而无效。可依据系争《招标文件》第 23.9 条的约定，则应扣减招标人 ZCTKG 公司的综合分中的 2 分，评标委员会据此将 ZCTKG 公司与其他投标人相比较，然后确定招标人。不难发现法律后果不一致。

依据何者处理方为合理合法？这首先涉及案涉要约及其形式。众所周知，在采取招标投标的方式缔约场合，招标为要约邀请，投标系要约。从系争《招标文件》第 12.8 条第 1 项前段关于“投标人电子版的商务和技术文件应以 PDF 格式提交，在评标中以投标人的电子版投标文件为准”的约定看，成立系争合同的要约——ZCTKG 公司的投标，其形式应为电子版 PDF 格式，换言之，招标人承诺所针对的、所基于的、所同意的要约，不是纸质版的投标文件所载意思表示，而是电子版 PDF 格式所载意思表示。评标委员会所考察的、所同意的是 ZCTKG

公司所投电子版PDF格式的要约，而非纸质版的所谓投标文件载有的意思表示。就地位及功能而言，纸质版的投标文件类似于某决议的腾清，某真迹的临摹。于腾清有误的情况下，在执行和落实的层面上，必须执行和落实的是真正的决议，而非腾清所显示的内容。在某真迹的买卖层面上，标的物是真迹而非临摹。既然如此，加上发现电子版的与纸质版的不一致的情形后，ZCTKG公司向招标人发出《声明函》，承诺以电子版投标文件所载价格为准，而不以纸质版文件所载高于电子版的价格为准，可以说，系争合同已经成立，不应依招标人交给每个投标人电子方式投标的操作指引中关于“投标人投标时所用电子版的内容与纸质版的内容若有不一致，则取消投标资格”的警示确定法律后果。

其次，在提请交易的对方注意的层面，招标人交给每个投标人电子方式投标的操作指引中关于“投标人投标时所用电子版的内容与纸质版的内容若有不一致，则取消投标资格”的警示，没有放置于招标文件之内，而是存储于一个U盘之中，且为小字体。与此不同，系争《招标文件》第12.8条第1项前段关于“投标人电子版的商务和技术文件应以PDF格式提交，在评标中以投标人的电子版投标文件为准”的约定，使用的是加粗的黑体字，特别醒目，提示作用非常明显。系争《招标文件》第12.8条第2项的约定也是如此。在这样的情况下，应当更加重视系争《招标文件》第12.8条的约定，优先其法律效力。

再次，评标委员会审阅的都是电子版的投标文件，对于ZCTKG公司的是这样，对于其他投标者的也是如此。评标委员会从中选定ZCTKG公司的投标文件，确定其中标。ZCTKG公司提交的纸质版的投标文件所约定的价格虽然高于其参加竞投的电子版的投标文件所显示的价格，但ZCTKG公司不坚持纸质版的投标文件，这就意味着纸质版的投标文件在整个招标投标过程中丝毫未起作用。换个角度说，在投标阶段各个竞投人凭其电子版的投标文件竞争，机会平等；在评标阶段，评标委员会对基于“同一起跑线”“起跑”的每份投标文件进行审视、比较，最后确定其中之一中标。这表明各个投标人是平等的、公平的竞争，ZCTKG公司中标并未损害其他投标人的权益。就此说来，因ZCTKG公司提交的纸质版的投标文件与电子版的不一致而取消其中标，“推倒重来”，是不合适的。

又次，在这种大背景下，案涉文件有三处的约定不一致，实质上赋予了招标人基于自己意志选择其中之一的权利，而非强加的义务。招标人选择了认可系争货物买卖合同，没有选择扣减 2 分、取消招标投标的路径，是其行使权利的表现，应当得到尊重。

最后，退一步说，即使十分看重电子版投标文件与纸质版投标文件不一致这个瑕疵，但因该瑕疵不是要害的，不是关键的，不是核心的，“推倒重来”也不明智。

中标人 ZCTKG 公司依据系争《招标文件》《中标通知书》等文件的要求，陆续签订了采购合同，如《……货物买卖合同》（合同编号：06043920170105WZ10004）等。有关系争合同明确约定了数份案涉合同文件相互间的位阶关系。例如，《……货物买卖合同》（合同编号：06043920170105WZ10004）第 18 条第 2 款约定：“本合同所包括的招标文件、投标文件、附件，是本合同不可分割的一部分，具有同等的法律效力；该等文件约定不一致时，以本合同条款为准。”第 18 条第 3 款约定：“合同双方承担的合同义务都不得超过合同的规定，合同任何一方也不得对另一方作出有约束力的声明、陈述、许诺或行动。”第 18 条第 6 款约定：“本合同通用条款与专用条款有矛盾时，以专用条款为准。”不难发现，《……货物买卖合同》（合同编号：06043920170105WZ10004）第 18 条第 2 款所列构成本合同的文件，不包括招标人交给每个投标人电子方式投标的操作指引，自然也不包括该指引中关于“投标人投标时所用电子版的内容与纸质版的内容若有不一致，则取消投标资格”的警示。这也是不应取消此次投标、中标的理由。

不取消此次投标、中标，是否应当根据系争《招标文件》第 23.9 条的约定，应扣减中标人 ZCTKG 公司的综合分中的 2 分。完成这项作业后，再权衡各个投标人的报价及有关履约的能力，最终确定谁中标？鉴于本案的特殊情形，评标委员会业已发出《中标通知书》，ZCTKG 公司接到该通知后已经着手履约的准备工作，付出了相当的成本，只要 ZCTKG 公司的报价及有关履约能力不低于其他投标人，就宜维持现状，终局地确定 ZCTKG 公司中标，实际履行业已订立的系争合同。

五、同一合同是否同时采取书面形式和口头形式？

1. 在有些情况下，解释合同时需要确定的不仅是书面文件还包括缔约人的口头协议，这就变成了一个部分表现为口头形式、一个部分表现为书面形式的合同。在英国，处理此类问题，允许当事人各方提供外来证据（extrinsic evidence）/口头证据（parol evidence），把这些文件联结起来，以确定口头协议的内容、范围和解释。而法官也是要看了所有的证据才能决定什么是当事人各方达成的协议。[①] 如果某合同明确约定“任何合同内容的更改（variation）或弃权（waiver）必须要以书面记录才能作准”之类的条款，那么，所谓口头协议便不会成为合同的组成部分。[②]

2. Carmichael v. National Power plc（1999）案的基本案情是，雇主以很低的工资雇用导游，招聘广告讲明只是临时工，需要的时候才按小时支付工资。之后，出现了争议，受雇人主张自己是公司的员工，应受立法保障，因为该合同应为正式的雇佣合同。在诉讼中，劳工裁判庭没有局限于签订的雇佣合同文本，而是根据当事人各方的文书往来的文字、缔约过程、当事人提供的他们自己认为属于证据的证据，判定该受雇人不是雇主的公司员工。上诉庭改判了该案，重要的原因在于上诉庭认定该雇佣合同为书面合同，故只解释当事人各方往来的文件，排除了口头协议。但这被贵族院推翻，肯定了劳工裁判庭的判决。Hoffmann 勋爵阐释道：这些往来的信函非常简单，也不是律师草拟的，在这种背景下，仅仅依赖这些往来文件作出雇佣合同的解释，是忽视了现实状况。至少，劳工裁判庭有权根据找出当事人各方的缔约意图是否把这些往来文件当作唯一的文书记录，或者这只是部分的合同记录。[③]

在笔者看来，贵族院在系争案件中十分看重草拟系争合同文本之人的身份及其素养，在草拟系争合同者非属法律人的情况下，因其不熟悉法律文件的草拟，极可能自觉不自觉地遗漏必要之点，这样，解释合同时就不宜局限于正式的合同文本，应将视野延伸，来寻觅缔约当事人共同的缔约意图，最终确定系争合同的确切含义。我们解释中国法下的合同也应如此。

---

① Carmichael v. National Power plc（1999）1 WLR 2042. HL. 转引自杨良宜：《合约的解释》，北京，法律出版社 2007 年版，第 89 页。

② 杨良宜：《合约的解释》，北京，法律出版社 2007 年版，第 89 页。

③ Carmichael v. National Power plc（1999）1 WLR 2042. HL. 转引自杨良宜：《合约的解释》，北京，法律出版社 2007 年版，第 89 页。

3. 如果缔约各方签订了一份看来是代表各方全部约定的书面合同，即一个完整的合同，而非残缺不全的，特别是合同条款中有一条“完整合同条款”（entire agreement clause），其后当事人各方对其中的一些内容发生争议，此时解释合同条款/文字，确定其含义，纯属法律问题。既然是法律问题，就不涉及证据，除非有例外的情形，如涉及一个专业性的文字。①

如果系争合同既有口头形式的部分又有书面形式的部分，则解释书面形式的部分就是法律问题或是一个事实问题与法律问题的混合（mixed fact and law）。至于口头形式的部分，当然全是事实问题。而事实问题的领域，证据法大有作为。②

看来，裁判者第一步应该认定事实，主要认定当事人各方在口头的谈判中作出了什么承诺和约定。第二步是确定有关法律，法律问题是用认定的事实来解释当事人各方的部分口头合同中的意思。第三步是裁判者作出决定。③

中国诉讼制度无陪审团一环，欧美法关于陪审团和主审法官分工事实问题和法律问题的架构及理论似无用场，这可能是中国民法和民事诉讼法及其理论不太议论事实问题和法律问题的原因之一。如今看来，这种思维及学说存在弱点。中国法虽无陪审团制度，但举证证明却不可或缺，主审法院/仲裁个案的仲裁庭在权限运用范围方面不同。举证证明及其分配、主审法院/仲裁个案的仲裁庭的权限与事实问题抑或法律问题密切相关。即使处理法律问题，主审法院/仲裁个案的仲裁庭虽可依职权决定援用哪个或哪些法律规定，但还受制于当事人是在抗辩还是在行使抗辩权。处理系争合同由口头部分和书面部分构成，不得忽视事实问题和法律问题的理论。当然，英国法关于仲裁员决定的法律问题可以上诉的制度，不符合中国《仲裁法》的规定及仲裁实务和司法实务，不应吸纳。

英国法把裁判者解释系争合同分为三步，这符合客观实际，值得中国法借鉴。

---

① 杨良宜：《合约的解释》，北京，法律出版社 2007 年版，第 90 页。
② 杨良宜：《合约的解释》，北京，法律出版社 2007 年版，第 90 页。
③ 杨良宜：《合约的解释》，北京，法律出版社 2007 年版，第 90 页。

六、同一合同的一侧可否有些当事人采取书面形式，而另一些人采取口头形式？

中国现行法同时承认合同的书面形式和口头形式，这似乎无人不解，但是否存有同一合同的一侧可否有些当事人采取书面形式，而另一些人采取口头形式？对此，存有不同的认识。在此，通过一案例予以展示和分析。

甲于其出具的《中国法律意见书》中称：系争《股权质押担保协议》文本上虽无王某某和董某某的签字，但据赵某某的非宗教誓词中陈述，王某某和董某某知晓且同意签署系争《股权质押担保协议》，同意作为出质人，因而，该《股权质押担保协议》采取了口头协议的形式，至少对王某某和董某某二人是这样。

卷宗证据显示，该《股权质押担保协议》文本上没有王某某和董某某的签字，有于某某、赵某、赵某某、李某某、宓某某的签字。于是，显现出来的问题之一是，一份合同文本上有人签字有人未签字，可以认定未于该合同文本上签字者已经签署了该合同吗？可以认定该合同采取了口头形式吗？

赵某某的誓词内声称的事实与甲出具的《中国法律意见书》成立密切相关的，主要是“我们七名小股东同意将我们共同持有目标公司的18.26％股份质押给陈某某，作为11代表向陈某某全部履行《借款协议》义务的连带担保。”“于王某某及董某某还未失去自由前，我们七名小股东对抵押我们之股权，用于融资事宜，完全高度一致，并无异议”“我们七人一致共同进退，目标一致”“七名小股东为协议同一方”。

所谓“我们七名小股东同意将我们共同持有目标公司的18.26％股份质押给陈某某，作为11代表向陈某某全部履行《借款协议》义务的连带担保”，这只是赵某某的陈述，最多算作证人证言。单凭这个陈述尚不能证明王某某和董某某已经同意向陈某某提供股权质押，必须结合其他有关证据形成完整的证据链条，才可得出王某某和董某某就是本案的股权转让人的结论。但在本人所阅证据中没有发现“完整的证据链条”。

所谓“于王某某及董某某还未失去自由前，我们七名小股东对抵押我们之股权，用于融资事宜，完全高度一致，并无异议”，即便属实，在与《股权质押担保协议》之间的关系上，也至多属于“意向性安排”或要约邀请，连要约都构成不了。

所谓“我们七人一致共同进退，目标一致”，出现于赵某某非宗教誓词第 8 段，而赵某某非宗教誓词第 4 段至第 13 段都是在叙述于某某、赵某、赵某某、李某某、宓某某、董某某、王某某这七名小股东与目标公司的实际控制人张某某之间的关系，为了对抗张某某，于某某、赵某、赵某某、李某某、宓某某、董某某、王某某这 7 名小股东才“一致共同进退，目标一致”。一句话，这种“我们七人一致共同进退，目标一致”处于“我们七人”小股东与控股股东张某某之间的股东关系之中，处于“我们七人”小股东与目标公司的实际控制人张某某之间的股东与公司高管之间的法律关系之中。众所周知，无论是股东之间的关系，还是股东与公司高管之间的关系，均不同于于某某、赵某、赵某某、李某某、宓某某等与陈某某之间的借款关系及质押担保关系。就是说，在股东关系、股东与公司高管之间关系中的“一致共同进退，目标一致”并不必然地体现在借款关系及质押担保关系之中。系争案件的证据印证了这个结论，除去赵某某的非宗教誓词。

所谓“于王某某及董某某还未失去自由前，我们七名小股东对抵押我们之股权，用于融资事宜，完全高度一致，并无异议”“七名小股东为协议同一方”，即便这为事实，也是发生在系争《股权质押担保协议》的洽商阶段之前，既然就王某某、董某某作为股权出质人未见“完整的证据链条”，即便赵某某于其非宗教式誓词中关于“七名小股东为协议同一方”等陈述属实，也构不成系争《股权质押担保协议》的要约、承诺，那么，在现有证据的背景下，王某某、董某某不是系争《股权质押担保协议》的出质人。

需要指出的还有，赵某某乃系争《股权质押担保协议》的出质人之一，其作证王某某、董某某亦为出质人之一，其身份是王某某、董某某的代理人，还是合伙人，抑或纯粹的证人？本人在现有证据中未发现王某某、董某某授权赵某某代理其签署系争《股权质押担保协议》，故截至今日无法认定赵某某为王某某、董某某的代理人的资格。本人在现有证据中亦未发现赵某某、王某某、董某某等目标公司的股东形成了合伙关系。如果这符合事实，那么，在系争案件中针对王某某、董某某是否签署了系争《股权质押担保协议》这点而言，赵某某的身份只是纯粹的证人。因而，赵某某关于王某某、董某某签署了系争《股权质押担保协议》之说，并不能适用代理制度或合伙制度而直接发生王某某、董某某为系争《股权质押担保协议》中出质人的法律效力，只能依据证据规则检验赵某某的非宗教誓词有无证据力。如上文所分析的那样，仅凭赵某某的非宗教誓词，不能认定王某某、董某某为系争《股权质押担保协议》中的出质人。

一份合同书，出质人有一组人，其中有的签字，有的没有签字。对于未签字者是否为出质人的认定，应适用代理规则，即未签字的出质人应授权他人代为签署；若无证据证明有此授权，则不宜认定未签字者已经成为出质人。

中国现行法上所谓合同的形式可有书面、口头、推定等形式，是指一份特定的合同或者采取书面形式，或者采取口头形式，或者通过某特定行为来表现，并非某一份特定合同同时采取书面形式和口头形式。在当事人各方均为一个当事人且只有一个合同文件的情况下，尤为如此。

如果某特定当事人之间的一份合同由数个法律文件构成（在一项复杂的交易场合存在此类现象），其中有的法律文件采取了书面形式，有的法律文件采取了口头形式，当事人对此均予承认，或有充分、确凿的证据证明果真如此，那么，可以认定该合同的形式既有书面的又有口头的。

如果某一份特定合同的当事人一侧由数个当事人组成，系争《股权质押担保协议》中的出质人即属此例，那么，在该合同仅由一份法律文件表现的情况下，该合同的形式要么是书面的，要么是口头的，要么是通过特定行为来表现，并非该特定合同已经采取了书面形式，但一侧的数个当事人中一个或几个当事人对该书面合同又采取口头形式，除非该一个或几个当事人明确承认自己采取口头形式，或有充分、确凿的证据证明。

具体到系争《股权质押担保协议》，它仅由一份合同文本作为载体，质权人一侧仅有陈某某一人，而出质人一侧则有赵某某、李某某、赵某等数人。系争《股权质押担保协议》已经采取了书面形式，在该书面形式的《股权质押担保协议》上出质人一栏签字的有于某某、赵某、赵某某、宓某某、李某某，没有王某某和董某某的签字。结合现有证据显示，王某某和董某某否认自己为出质人，加上除了赵某某的非宗教誓词外无其他证据证明王某某和董某某签署了系争《股权质押担保协议》，所以难以认定王某某和董某某签署了系争《股权质押担保协议》，难以认定王某某和董某某为出质人。

甲出具的《中国法律意见书》关于包括质押合同在内的合同可以采取口头形式的阐述，对于一份合同完全没有采取书面的形式、纯粹采取口头形式的案件来讲，有其道理。但对于一份已经有书面形式的合同的案件来讲，称于某某、赵某、赵某某、宓某某、李某某对同一份合同采取书面形式，而王某某和董某某对该合同采取口头形式，进而断言王某某和董某某已经成为系争《股权质押担保协议》的当事人、出质人，是难以成立的，是值得商榷的。

王某某和董某某之于系争《股权质押担保协议》，问题的实质不是口头形式，而是王某某和董某某有无向陈某某出质的意思表示，王某某和董某某是否为系争《股权质押担保协议》的当事人。王某某和董某某至今都在坚称其从未表示过出质的意思，亦无证据证明他们二人进行过这样的意思表示，除去赵某某的非宗教誓词。

须知，赵某某的非宗教誓词只是个孤证。孤证难明，依据证据规则，该孤证不具有证明王某某和董某某为系争《股权质押担保协议》中的出质人的法律效力。

系争《股权质押担保协议》中的甲方由7位股权人组成，作为出质人，但根据物权及处分行为的特性，质押的标的物并非一个，而是数个，就是说，在股权质权关系中，是一个股权为一个标的物。唯有如此，才会发生股权质押的物权变动。由此决定，于某某、赵某、赵某某、李某某、宓某某、董某某、王某某各为一个一个的出质人，而非甲方作为一个整体，作为一个出质人。这反映在债的关系中就是，作为借款人的于某某、赵某、赵某某、李某某、宓某某等对于出借人陈某某而言只是承担按份责任，而非连带责任。出借人兼质权人的陈某某实行股权质权也是分别就于某某、赵某、赵某某、李某某、宓某某等人的出质股权变价受偿，而不是由于某某、赵某、赵某某、李某某、宓某某等人就其股权承担连带责任。这样，认定于某某、赵某、赵某某、李某某、宓某某、董某某、王某某是否订立了系争《股权质押担保协议》不得适用多数决的规则，必须是每个股东为出质股权的意思表示，系争《股权质押担保协议》才对该股东具有法律约束力。

总而言之，甲关于王某某和董某某以口头形式订立了系争《股权质押担保协议》，向陈某某出质的案涉股权的法律意见欠缺事实根据，没有法律依据，不符合法理。

甲为了证成关于王某某和董某某以口头形式订立了系争《股权质押担保协议》的结论，于其出具的《中国法律意见书》及其附件中示例甘肃省高级人民法院（2016）甘民终365号民事判决书、吉林省松原市中级人民法院（2014）松民一终字第1161号民事判决书和上海市嘉定区人民法院（2008）嘉民一（民）初字第5295号民事判决书，以这些判决认定了担保合同可以采取口头形式为据，来论证其关于王某某和董某某以口头形式订立了系争《股权质押担保协议》的意见。

其实，甘肃省高级人民法院（2016）甘民终365号民事判决书、吉林省松原市中级人民法院（2014）松民一终字第1161号民事判决书和上海市嘉定区人民法院（2008）嘉民一（民）初字第5295号民事判决书所处理的案型，与系争《股权质押担保协议》的事实，没有可比性，甲出具的《中国法律意见书》在这里出现了方法论上的错误，其结论靠不住。

甘肃省高级人民法院（2016）甘民终365号民事判决书，以当事人之间有"实际交付行为"为由认定系争质押合同成立，乃适用《中华人民共和国合同法》第36条关于"法律、行政法规规定或者当事人约定采用书面形式订立合同，当事人未采用书面形式但一方已经履行主要义务，对方接受的，该合同成立"的规定的结果，这与系争《股权质押担保协议》的案情存在着实质的不同，二者不具有类似性，系争《股权质押担保协议》不可比照甘肃省高级人民法院（2016）甘民终365号民事判决书的思路和认定处理。此其一。甘肃省高级人民法院（2016）甘民终365号民事判决书处理的案型是一份合同仅有一个合同文本且每方当事人均为一人，该合同没有书面形式，只有口头形式。这与系争《股权质押担保协议》既有于某某、赵某、赵某某、李某某、宓某某的签字（书面形式），又有甲所认为的王某某和董某某口头形式的案情明显不符，二者不具有类似性，系争《股权质押担保协议》不可比照甘肃省高级人民法院（2016）甘民终365号民事判决书的思路和认定处理。此其二。

吉林省松原市中级人民法院（2014）松民一终字第1161号民事判决书认定口头质押合同成立，重要的理由是有关当事人在刑事案件中有口供笔录，承认了质押合同订立的事实，加上几位证人的证明。应当说证据充分、确凿。此其一。

该民事判决书处理的案型是一份合同仅有一个合同文本且每方当事人均为一人，该合同没有书面形式，只有口头形式。这与系争《股权质押担保协议》既有于某某、赵某、赵某某、李某某、宓某某的签字（书面形式），又有甲所认为的王某某和董某某口头形式的案情明显不符，二者不具有类似性，系争《股权质押担保协议》不可比照吉林省松原市中级人民法院（2014）松民一终字第 1161 号民事判决书的思路和认定处理。此其二。

上海市嘉定区人民法院（2008）嘉民一（民）初字第 5295 号民事判决书，认定口头质押担保合同成立，是由三张存单复印件、个人取款凭条、医疗费清单、出院小结、入院记录、证人证言等一系列证据形成了完整的链条为据的。而系争《股权质押担保协议》案中欠缺直接证据，间接证据也只有赵某某一人的非宗教誓词，没有形成完整的链条。此其一。因此，系争《股权质押担保协议》不可比照上海市嘉定区人民法院（2008）嘉民一（民）初字第 5295 号民事判决书的思路和认定处理。此其二。

陆

合同解释语境中的印章及其意义

一、印章的核查、认定与合同解释作业

合同解释就是对表现为合同条款的意思表示进行解释，这是常见的说法。据此，加盖于合同文本上的公章或合同专用章或法定代表人或代理人的个人私章（以下统称为印章），不是合同条款本身，不是意思表示本身，因而它不在合同解释的对象之内。可是，如此逻辑推演并自然地流淌出结论不免机械、直线和简单化了，人为地排除了确定、揭示意思表示的有用因素，作业时极为不便，更重要的是，不利于妥当地解决合同纠纷。

其实，印章显示着某特定意思表示所归属的表意者、受领者，也就反过来彰显着、影响着该特定意思表示的状况。例如，甲向裁判机构提交某特定文件，意欲基于该文件向乙主张权利，乙举证证明成功该文件上加盖的公章所显示的公司根本不存在，说明该文件系伪造，其载意思表示应属子虚乌有，那么，乙就能有效地对抗甲的诉讼请求。此处所谓意思表示存在不存在，应属意思表示的解释范畴，也就属于合同解释的领域。因为核查、认定所谓意思表示存在与否根据在于印章的真伪，所以，把印章这个因素排除出合同解释的范围显然缺乏说服力。

实际上，印章及其核查并认定的意义远不止于此，兹举如下几点予以展示：(1）一份合同书上原已打印在甲方栏目中的南方贸易有限公司被钢笔划掉，手写上东方贸易有限公司并于此处加盖有东方贸易有限公司的合同专用章。在该合同

进入履行阶段后，乙方西方实业有限公司提出："用笔划掉南方贸易有限公司，手写上东方贸易有限公司，必须于此处加盖有东方贸易有限公司的公章，加盖其合同专用章不发生该合同约束当事人各方的法律效力。因为只有公章才能显示、证明身份，加盖有东方贸易有限公司的公章才能显示、证明东方贸易有限公司已经取代南方贸易有限公司而成为该合同的当事人一方；合同专用章显示、证明合同，难以证明东方贸易有限公司已经取代南方贸易有限公司而成为该合同的当事人一方。"如果赞同此说，则表明印章在合同成立、约束力方面举足轻重；假如反对此说，认为当事人也是合同的必备要素，于当事人变动之处加盖变动后的当事人的合同专用章，那么，也在显示、证明该合同，包括显示、证明作为该合同构成要素的当事人。因此，在该案中，用笔划掉南方贸易有限公司，手写上东方贸易有限公司，于此处加盖有东方贸易有限公司的合同专用章，是具有法律效力的，该合同应当有效，对东方贸易有限公司和西方实业有限公司均有约束力。在笔者看来，无论采取哪种观点，都表明印章在解释合同中、在认定某特定合同对当事人有无约束力上具有不可或缺的作用和意义。(2) 在某案件中，存在数份文件，这些文件都属于合同文件吗？都成为合同的组成部分吗？即使均为合同文件，它们共同形成一个合同还是分为数个合同？结论的得出可能取决于种种因素，但印章可能是必须考量的一个因素。例如，在有数份文件的案件中，丙文件未加盖甲公司的公章，只有一个自然人签字，而该自然人没有代理权，从而可以断定丙文件不属于合同文本，对甲公司没有约束力。印章的地位及作用在这里一目了然。(3) 在有些案件中，因加盖于 A 合同书上的公章系他人私刻的或公司废弃不用的，故在印章所显示的公司举证证明成功这一点时，就可以认定 A 合同的签订构成狭义的无权代理。对此，下文专题分析、阐释。(4) 更有甚者，在有些案件中，甲公司举证证明成功加盖于 A 合同书上的甲公司公章系他人私刻的，而且 A 合同乃实施犯罪行为所用之手段，而非当事人的真意。如此，A 合同无效。该结论的得出与私刻公章密切相关。按照确定合同有效无效也属于合同解释范畴的学说，在个案中核查、认定加盖的印章真伪，并进而得出合同无效的认定，属于解释合同的作业。

总之，印章虽非合同条款，不是意思表示本身，可解释合同往往需要核查、认定它。从这个意义上说，对印章的核查、认定并就其与缔约人的身份、与意思表示之间的关联作出说明，予以阐释，进而探知整个合同的含义，发表评价意见，也是在从事合同解释的作业，简言之，印章及其意义属于合同解释的对象。看来，合同解释确实宽于意思表示的解释。

二、印章与文件的种类及性质

对于银行业务中的存单、存折甚至抵押合同、质押合同等文件，从标准、应然的角度讲，应该加盖银行的公章或合同专用章之类的印章，不过，鉴于银行对外负有最大诚信义务，考虑到百姓大众不见得清楚印章与文件之间的对应关系，从保护广大客户利益的目的出发，实务处理时把握的原则是：即使这些文件上加盖的是诸如财务章之类的印章，法律也认定银行承受存单、存折、抵押合同、质押合同等文件载明的权利义务，银行无权以这些文件上加盖的印章不对应、错误为由拒绝负担义务。

与此不同，自然人、普通的公司甚至学校、机关从事民事活动时使用文件，应视文件的种类和性质的不同而加盖相应种类的印章，否则，很可能不发生所预期的法律效果。例如，授权委托书之上最好由法定代表人亲笔签名，因为签字最不容易造假；也可以加盖法人的公章或法定代表人的个人印章；但不应加盖法人的合同专用章，因为授与代理权系单方法律行为（或曰单独行为），而非合同，合同专用章是用于证实合同的，不是用来证实单方法律行为的。再如，法人作为当事人的，其合同书上应加盖合同公章，也可以加盖合同专用章。如果合同书上未加盖法人的公章或合同专用章，就应由法定代表人签名或加盖其个人印章。在合同书上既无法人的公章、合同专用章，又无法定代表人亲笔签名或加盖其个人印章的，仅有法人的工作人员签名，是不够的，必须配有法人或其法定代表人签署的《授权委托书》（典型的表现形式即为授权委托书，其他表现形式的，如股东会决议、董事会决议、法人领导层决议等，只要含有代理权授与的内容，就可归为授权书的范围），才会使所签合同对法人产生法律效力，若无此种《授权委托书》，就构成狭义的无权代理，法人有权援用《合同法》第48条的规定，拒绝承受合同项下的权利义务，除非构成《合同法》第49条规定的表见代理。

值得注意的是，英国法有默示代理权的惯例，即在公司里担任一定职务的管理者，以该公司的名义与他人签订合同，即使未向该他人出示公司授与其代理权的文件，所签合同书上亦无公司董事的签名（欧美公司签订合同的惯常做法是签名，而非加盖公司印章），也推定该管理者拥有代公司签订合同的代理权。[①] 与之类似的，在中国现行法上有职务代理制度，只不过对职务代理的成立要件限制得较为严格。从《民法总则》第170条第1款关于“执行法人或者非法人组织工作任务的人员，就其职权范围内的事项，以法人或者非法人组织的名义实施民事法律行为，对法人或者非法人组织发生效力”的规定观察，职务代理特别强调“就其职权范围内的事项”，而非只要是高管之类的管理者对外签订合同时均推定其拥有代理权，不得“沾边就赖”。笔者接触实务，发现大多裁判者也是这样把握的。

顺便说明，有些单位备有技术合同专用章。签订技术合同时加盖技术合同专用章，应受法律保护，当然，在技术合同书上加盖公章或普通的合同专用章也符合法律的要求。

三、印章与当事人的意思及其认定

为了叙述的清楚、方便起见，先简要介绍基本案情：原告姚某主张，自己与蔡某于2013年9月1日订立《借款合同》，约定其向蔡某提供借款1 000.00万元人民币，月息3%。甲经济发展有限公司、杨某、李某出具《担保保证书》《保证函》，对蔡某还本付息承担连带保证责任。甲经济发展有限公司、杨某、李某辩称：确实出具过《担保保证书》《保证函》，但那是为担保乙典当有限公司向邱某所借1 000.00万元人民币的债权，而非担保姚某的债权。他（它）们在诉讼中进一步陈述：系争《担保保证书》《保证函》于2013年9月4日在邱某面前签署，于2013年9月5日在厦门银行同意后加盖上甲经济发展有限公司的印章，并交给邱某，用于担保邱某放贷的1 000.00万元人民币的借款。邱某收回本息之后，将系争《担保保证书》《保证函》交还给刘某（女），刘某（女）把它们交给蔡某，用于蔡某向姚某借款（见福建省厦门市中级人民法院（2015）厦民初字

---

① 董安生等编译：《英国商法》，北京，法律出版社1991年版，第182－183页、第189－190页。

第 108 号《民事判决书》第 3 页，福建省高级人民法院（2016）闽民终 774 号《民事判决书》第 3 页）。

福建省厦门市中级人民法院于 2015 年 6 月 13 日所作《询问笔录》载明的叶某陈述：姚某与蔡某订立《借款协议》时，系争《担保保证书》《保证函》系刘某（女）让其丈夫刘某（男）交给姚某的。这与甲经济发展有限公司、杨某、李某在诉讼中的陈述相一致。

但福建省厦门市中级人民法院于 2015 年 6 月 3 日所作《询问笔录》中载明的姚某陈述：甲经济发展有限公司出具的《担保保证书》《保证函》由姚某在出借人栏中填写“姚某”、在借款人栏中填写“蔡某”、在身份证号码栏中填写“411123 XX 63061000 XX ”以及《借款协议》，其他内容包括借款金额 1000.00 万元人民币、担保人公司印章、法定代表人签字以及担保人签字等在出具时已存在。蔡某将上述《担保保证书》《保证函》在维多利亚酒店提供给姚某之后，姚某才把《借款协议》签给她。签完《借款协议》后姚某把钱汇给蔡某（见福建省厦门市中级人民法院（2015）厦民初字第 108 号《民事判决书》第 4 页，福建省高级人民法院（2016）闽民终 774 号《民事判决书》第 8 页）。

福建省厦门市中级人民法院于 2015 年 5 月 11 日所作《询问笔录》载明的邱某的陈述与姚某的陈述在这点上一致。

刘某（女）丈夫刘某（男）于其 2017 年 6 月 27 日出具的《自述材料》称：2013 年 9 月底，他将系争《担保保证书》《保证函》交给了蔡某。这也与姚某的陈述一致。

前述《询问笔录》中载明的姚某陈述，被福建省厦门市中级人民法院（2015）厦民初字第 108 号民事判决书（第 6 页）、福建省高级人民法院（2016）闽民终 774 号民事判决书（第 11 页）基本采信。

这表明：系争空白的《担保保证书》《保证函》不是作为保证人的甲经济发展有限公司、杨某、李某亲自与作为债权人的姚某订立的，而是通过代理人与债权人姚某签订的。

此处代理人是刘某（女），还是蔡某，抑或刘某（男）甚至其他人？其说不一，从蔡某直接将系争空白的《担保保证书》《保证函》交给姚某，由姚某在出借人栏中填写“姚某”、在借款人栏中填写“蔡某”、在身份证号码栏中填写

"411123XX 63061000 XX"以及《借款协议》这些事实看，蔡某系甲经济发展有限公司、杨某、李某的代理人，代理甲经济发展有限公司、杨某、李某与姚某订立《担保保证书》《保证函》。

可是，按照甲经济发展有限公司、杨某、李某在诉讼中的陈述，刘某（女）先将系争《担保保证书》《保证函》交给蔡某，蔡某后来将系争《担保保证书》《保证函》交给姚某，用于担保蔡某还本付息给姚某的借款债权。在这种背景下，如果蔡某已经向姚某披露刘某（女）系甲经济发展有限公司、杨某、李某的代理人，自己不过是代刘某（女）向姚某转交系争《担保保证书》《保证函》，那么，刘某（女）是甲经济发展有限公司、杨某、李某的代理人；如果蔡某没有向姚某披露这些信息，则刘某（女）就不是甲经济发展有限公司、杨某、李某的代理人，只有蔡某是甲经济发展有限公司、杨某、李某的代理人。

面对这种情形，笔者只好在刘某（女）、蔡某、刘某（男）都可能是代理人的背景下予以讨论，其实，无论谁为代理人都不影响此处所探讨的印章在当事人的意思及其认定中的地位及作用这个话题。

刘某（女）、蔡某或刘某（男）果真是甲经济发展有限公司、杨某、李某的代理人吗？甲经济发展有限公司、杨某、李某一直否认自己为蔡某向姚某借款担保，也未认可刘某（女）、蔡某或刘某（男）代理自己与姚某签订系争《担保保证书》《保证函》；没有证据证明蔡某委托甲经济发展有限公司、杨某、李某作为自己的担保人；没有证据证明蔡某向姚某出示了甲经济发展有限公司、杨某、李某授权蔡某代理他（它）们订立系争《担保保证书》《保证函》的《授权委托书》。这样，按照《合同法》第48条关于"行为人没有代理权、超越代理权或者代理权终止后以被代理人名义订立的合同，未经被代理人追认，对被代理人不发生效力，由行为人承担责任"的规定，所谓刘某（女）、蔡某或刘某（男）代理甲经济发展有限公司、杨某、李某与姚某订立系争《担保保证书》《保证函》，构成狭义的无权代理。在这里，无论刘某（女）、蔡某或刘某（男）基于何种原因而持有空白合同书及空白担保书（函）（即无论基于受托保管等合法原因，或基于盗窃、欺诈等不法原因），只要其未经所谓被代理人甲经济发展有限公司、杨某、李某的授权而擅自使用该空白《担保保证书》《保证函》与第三人姚某缔约，约定由甲经济发展有限公司、杨某、李某向姚某提供担保，即构成狭义的无权代理。

系争《担保保证书》《保证函》若可约束甲经济发展有限公司、杨某、李某的话，只有同时构成表见代理才会成为现实；否则，就应适用《合同法》第48条关于“行为人没有代理权、超越代理权或者代理权终止后以被代理人名义订立的合同，未经被代理人追认，对被代理人不发生效力，由行为人承担责任”的规定，甲经济发展有限公司、杨某、李某有权否认系争《担保保证书》《保证函》对自己的约束力，拒绝承受系争《担保保证书》《保证函》项下的担保义务。

系争《担保保证书》《保证函》的签署和成立构成表见代理吗？答案是否定的，理由如下。

1. 鉴于空白合同书或空白担保书（函）可因各种原因而为他人所持有，这屡为实务发生的事实所证实，除非行为人与被代理人存在特定关系（如行为人与被代理人存在职务关系，且该代理行为属其职权范围；行为人曾代理被代理人与相对人实施过代理行为等），行为人持有空白合同书或空白担保书（函）的单纯事实，不足以使相对人相信其具有代理权。如前所述，中国现行法没有像英国法那样较为广泛、宽松地承认默示代理权，而是较为严格地把握代理权授与的成立要件，因此，行为人持有空白合同书或空白担保书（函）的事实本身，不能构成相对人相信无权代理人有代理权的法定理由。

在系争案件中，持有空白《担保保证书》《保证函》的刘某（女）、蔡某或刘某（男）与甲经济发展有限公司无任何职务关系，也从未代理该公司与姚某进行过任何交易，仅凭刘某（女）、蔡某或刘某（男）持有空白《担保保证书》《保证函》的事实，姚某没有理由相信其具有代理权。

2. 众所周知，为巨额借款提供担保存在巨大风险。依照常理，甲经济发展有限公司、杨某、李某不会将空白《担保保证书》《保证函》交给与其无特别关系之人持有并授权其向不特定的任何金额的债权及任何债权人提供保证。可是，依姚某诉讼中所主张的，甲经济发展有限公司、杨某、李某作为连带保证人的空白《担保保证书》《保证函》被蔡某交给了他，如此反常的情形理应引起姚某这个理性人的注意，使其有必要向甲经济发展有限公司、杨某、李某核实，即使从自身利益（甲经济发展有限公司、杨某、李某系真正的连带保证人，而非虚假的）出发，也有必要向甲经济发展有限公司、杨某、李某核实。可是，姚某并没有这样做，至少构成重大过失。

3. 特别是，向姚某提交系争空白《担保保证书》《保证函》的若为蔡某，则蔡某系借款人（债务人），于日后向姚某还本付息与其利害巨大。她以甲经济发展有限公司、杨某、李某的名义代为签订系争空白《担保保证书》《保证函》，由甲经济发展有限公司、杨某、李某为其还本付息承担连带保证责任，这就更应引起作为债权人的姚某的高度注意，其中包括姚某更有义务审核蔡某有无代理权。其中一种途径及方法就是姚某直接联系甲经济发展有限公司、杨某、李某，问询蔡某的代理权事项。姚某不这样处理，就构成重大过失。没有证据证明姚某实施了这种行为。

4. 姚某向甲经济发展有限公司询问、核实，轻而易举，但姚某始终未向甲经济发展有限公司进行任何询问、核实，甚至在债务到期未获清偿后，也长期不与甲经济发展有限公司进行任何联系。这是反常的、不合逻辑的。

总之，在系争空白《担保保证书》《保证函》签署、成立上，在刘某（女）、蔡某或刘某（男）无权代理上，姚某具有重大过失，依据《合同法》第 49 条关于“行为人没有代理权、超越代理权或者代理权终止后以被代理人名义订立合同，相对人有理由相信行为人有代理权的，该代理行为有效”的规定，予以反面推论，即相对人没有理由相信行为人有代理权的，该代理行为不可约束被代理人；根据法发〔2009〕40 号第 13 条关于“合同法第四十九条规定的表见代理制度不仅要求代理人的无权代理行为在客观上形成具有代理权的表象，而且要求相对人在主观上善意且无过失地相信行为人有代理权。合同相对人主张构成表见代理的，应当承担举证责任，不仅应当举证证明代理行为存在诸如合同书、公章、印鉴等有权代理的客观表象形式要素，而且应当证明其善意且无过失地相信行为人具有代理权”及第 14 条关于“人民法院在判断合同相对人主观上是否属于善意且无过失时，应当结合合同缔结与履行过程中的各种因素综合判断合同相对人是否尽到合理注意义务，此外还要考虑合同的缔结时间、以谁的名义签字、是否盖有相关印章及印章真伪、标的物的交付方式与地点、购买的材料、租赁的器材、所借款项的用途、建筑单位是否知道项目经理的行为、是否参与合同履行等各种因素，作出综合分析判断”的规定，系争空白《担保保证书》《保证函》签署、成立不构成表见代理，不具有约束甲经济发展有限公司、杨某、李某的法律效力，甲经济发展有限公司、杨某、李某有权拒绝向姚某承担保证责任。

不可否认，甲经济发展有限公司、杨某、李某将空白《担保保证书》《保证函》交给他人，可由他人任意填写有关内容，其疏忽大意、过于自信十分明显。这也是福建省厦门市中级人民法院（2015）厦民初字第108号民事判决书（第6页）、福建省高级人民法院（2016）闽民终774号民事判决书（第10－11页）认定并判决甲经济发展有限公司、杨某、李某向姚某承担保证责任的理由之一。

但务请注意：在法律上，当事人的过失在不同的法律关系中、在不同的阶段、在不同的制度及规则中，法律效果不尽相同。例如，在民事责任的成立、过失相抵、善意取得等制度及规则中，当事人的过失直接起作用。在表见代理的成立方面，相对人的过失系表见代理的成立要件，这从《合同法》第49条、法发〔2009〕40号第13条的规定中可以看出来；被代理人的过失则不是表见代理的构成要件。具体到系争案件，所谓被代理人甲经济发展有限公司、杨某、李某对于将系争空白《担保保证书》《保证函》交给他人、辗转到蔡某乃至姚某之手，具有过失甚至是重大过失，均非表见代理成立的要件，这促不成表见代理的成立。在此借用一句话来表达此意："表意人之过错引起的是损害赔偿义务，而不是法律行为上的约束力。"① 因此，福建省厦门市中级人民法院（2015）厦民初字第108号民事判决书（第6页）、福建省高级人民法院（2016）闽民终774号民事判决书（第10－11页）以甲经济发展有限公司、杨某、李某对于将系争空白《担保保证书》《保证函》交给他人、辗转到蔡某乃至姚某之手，具有过失为由，认定表见代理成立，判决甲经济发展有限公司、杨某、李某向姚某承担系争空白《担保保证书》《保证函》项下的保证责任，这是没有法律依据的，适用法律错误。

行文至此，可以得出如下结论：如果系争空白《担保保证书》上未加盖甲经

---

① 参见［德］杜塞尔多夫州高级法院：《州高级法院民事判决》，第24页开始的判决，1982年(OLG Düsseldorf OLGZ 1982，240，243)，第243页；［德］辛格：《意思表示法中的自我确定与交易保护》，1995年，第174页；［德］克尔曼：《法学学习》，第609页开始的论文，1971年，第615页；［德］蒂勒：《法学家报》，第405页开始的论文，1969年，第407页；［德］梅迪库斯：《民法典总则》（第10版），2010年版，边码608。转引自［德］汉斯·约阿希姆·穆谢拉克：《论"意思"与"表示"的关系》，载张双根、田士永、朱庆育、王洪亮、张谷主编：《中德私法研究》（第10卷），北京，北京大学出版社2016年版，第122页。

济发展有限公司的公章，系争《保证函》上未加盖杨某、李某的个人印章，加上无证据证明刘某（女）、蔡某或刘某（男）向姚某出示《授权委托书》，亦无其他证据证明刘某（女）、蔡某或刘某（男）获得甲经济发展有限公司、杨某、李某的授权，那么，空白《担保保证书》《保证函》不是甲经济发展有限公司、杨某、李某的意思表示，自外观观察也是如此。正是因为系争空白《担保保证书》上加盖了甲经济发展有限公司的公章，系争《保证函》上加盖了杨某、李某的个人印章，故即使甲经济发展有限公司、杨某、李某否认其为姚某的债权担保，也形成了为姚某的债权担保的外观。该外观与甲经济发展有限公司、杨某、李某的真意是否一致，成为关键，必须探究。其中起重要作用的是甲经济发展有限公司的公章、杨某和李某的个人印章是否加盖在了为姚某的债权担保的文书之上，结论肯定还是否定，都是如此。

四、印章的外观性及其认定规则

最高人民法院（2013）民申字第 1785 号民事裁定书[①]称：“合同书上盖章的意义在于确认当事人通过书面形式作出的意思表示的真实性及其所享受权利和承担义务的具体内容。”该章即使是他人私刻的，但只要在其他关系所涉文件上加盖了，该合同条款也被认定为该当事人的意思表示，该当事人应受该合同书的约束。这能成立吗？问题不小，不得不辨。

同样出于清楚和方便的考虑，先简要介绍基本案情：2007 年 9 月 28 日，甲银行作为贷款人，丙公司作为借款人，乙公司作为抵押人，向上海市东方公证处提出了贷款抵押合同公证申请，申请内容为，经贷款人（抵押权人）与借款人商定，由贷款人（抵押权人）向借款人提供最高额人民币借款 110 000 000.00 元贷款。抵押人自愿将本市中山北路 2438 号全栋房屋（1－25 层）作为抵押担保。为此，各方订立了合同，特申请综合授信协议、最高额抵押合同、借款合同公证。

① 最高人民法院（2013）民申字第 1785 号民事裁定书；参见中国裁判文书网，网址：http：//wenshu.court.gov.cn/content/content? DocID=b79f6519-003d-4da2-bf14-f939b8be7b7b，最后访问时间：2018 年 4 月 25 日。

案外人王某某持盖有乙公司公章及法定代表人印章的授权委托书，代理乙公司办理公证《最高额抵押合同》的相关手续。王某某向丁公证处提供了乙公司的《营业执照》《乙公司章程》《乙公司股东会决议》、抵押房屋产权证及房屋登记信息。当日，丁公证处出具了（2007）SH 证经字第 8072 号公证书。该公证书记载："兹证明抵押人乙公司的法定代表人的委托代理人王某某与抵押权人甲银行的负责人王某某于二〇〇七年九月二十八日在 SH 市签订了前面的《最高额抵押合同》。经查……"次日，SH 市 PT 区房地产登记处就上述抵押事项出具了他项权利证明。

甲银行依据系争《最高额抵押合同》和抵押登记，请求乙公司负担物上保证义务，实行系争抵押权。乙公司以王某某无代理权、办理公证及签署系争《最高额抵押合同》所用印章系伪造、股东会决议上的 6 位股东签名均非 6 位股东所为为由，否认系争《最高额抵押合同》和抵押登记的效力，拒绝承担物上保证义务。

最高人民法院（2013）民申字第 1785 号民事裁定书认为："合同书上盖章的意义在于确认当事人通过书面形式作出的意思表示的真实性及其所享受权利和承担义务的具体内容。本案中，虽然《最高额抵押合同》上加盖的乙公司的公章与杨某某 2007 年 9 月 27 日向黄某某移交的公章不一致，但是根据 SH 市公安局出具的鉴定结论，抵押合同上加盖的乙公司的公章与该公司 2007 年度工商行政管理部门年检报告上所加盖的公章一致。根据商事登记的公示原则，年检报告作为工商部门对公司的年检材料具有公示性，对外代表乙公司的意思表示。而且，在 ZJ 省高级人民法院（2008）浙民二终字第 223 号戊公司与乙公司原股东股权转让纠纷一案中，乙公司提交的应诉材料上加盖的公章与《最高额抵押合同》上的公司印章相同，作为该案当事人的乙公司的六位股东（其中包括公司法定代表人）均未对乙公司的诉讼主体资格及诉讼行为提出异议。因此，二审判决认定《最高额抵押合同》上加盖的公司的公章是乙公司对外正常使用的公章，能够代表乙公司的意思表示，且乙公司及其股东对此是知晓或应当知晓的，并无不当。"

在笔者看来，此论存在着若干不妥：第一，合同书上盖章的意义在于表示该书面形式的意思表示系公章或合同专用章显示的主体所为，不宜无条件地称"合同书上盖章的意义在于确认当事人通过书面形式作出的意思表示的真实性”，因为在下列情况下，合同书上虽然加盖了公章或合同专用章，但合同书上的条款却非公章或合同专用章显示的主体所实施的意思表示：(1) 公章或合同专用章显示的主体被犯罪集团胁迫在合同书上加盖公章或合同专用章；(2) 犯罪分子伪造公章或合同专用章，在合同书上加盖了公章或合同专用章；(3) 相对人欺诈公章或合同专用章显示的主体，该主体由此限于错误的认识，并基于该错误的认识签署了合同书；(4) 公章或合同专用章显示的主体发生重大误解，在合同书上加盖了公章或合同专用章；(5) 代理人超越代理权限签订合同，并在合同书上加盖公章或合同专用章；等等。

有充分、确凿的证据证明加盖了公章或合同专用章的合同书属于上述情形之一的，尽管合同书上加盖有公章或合同专用章，合同条款也仍非公章或合同专用章所显示的主体所为的意思表示。

第二，称“合同书上盖章的意义在于确认当事人……所享受权利和承担义务的具体内容”，也不周延，甚至错误。在合同书上先加盖公章或合同专用章，后被一方擅自伪造合同条款的情况下，“合同书上盖章就不能确认当事人……所享受权利和承担义务的具体内容”。

第三，乙公司提供的有关证据显示，上述两次出现在系争合同书以外的两份文件上的公章是有关人员私刻的，与在公安局备案的公章不符，也与预留在甲银行的印鉴不符；并且，这些公章出现于两份文件上的时间晚于加盖于系争合同书上的时间，迟于一审诉讼。如果此言非虚，则不得以“不法”公章因被当事人使用了数次就变成合法的；不可据此不法之章而认定加盖有公章的合同书所载意思为乙公司的意思表示。不然，就形成了“谎言重复一百遍便成为真理”之状。

在这里，有必要剖析、评论目前具有一定普遍性的理念及见解——有关人员私刻、伪造他人的印章，只要以该他人的名义签订合同且使用该章数次，就形成利用伪造、私刻印章成立合同构成代理的外观，应当认定表见代理成立。[①] 对此，笔者坚决反对，理由如下：从正面说，文本显示的被代理人本无成立合同的

① 最高人民法院（2013）民申字第1785号民事裁定书即为此种理念及见解的代表。

效果意思和表示行为，加盖于该文本上的该“被代理人”印章亦非该“被代理人”的真章，而是有关人员伪造、私刻的，一句话，文本上显示的所谓被代理人及其印章全是虚假的，这怎能构成被代理人所为意思表示的外观？构成被代理人成立合同的外观者，应为真实的，虚假者仅为无代理权的授与。此其一。自反面讲，如果如同最高人民法院（2013）民申字第1785号民事裁定书那样，把有关人员伪造、私刻他人印章以该他人的名义成立合同认定为表见代理，就等于认可甚至怂恿可恶之人伪造、私刻他人印章并假冒他人名义从事诈骗行为，如此每个人都面临着祸从天降的巨大危险，惶惶不可终日，这哪有安全可言？此其二。

第四，合同书上加盖公章或合同专用章，其地位及法律效果在本质上、机理上异于不动产登记的地位及法律效果。不动产登记具有推定所记载的权利存在和正确性的法律效力（《物权法》第16条第1款），对任何人都具有效力，尤其对于交易相对人还具有公信力，即便转让人对该不动产无处分权，只要交易相对人信赖不动产登记簿的记载而受让登记的不动产，且为善意，也可取得该不动产物权。这种公信力对交易相对人甲是这样，对交易相对人乙也是如此，对交易相对人丙亦然，不受合同相对性之类的规则限制。即使真正的物权人举出充分、确凿的证据，证明成功转让人对该不动产无处分权，也否定不了受让人取得的该不动产物权。与此不同，合同书上加盖公章或合同专用章，即使它们是在公安局备案的，在银行预留印鉴的，即使遵循商法学界主流观点所持有的外观主义，也不具有不动产登记那样的公信力，合同相对性有形无形地发挥着作用。交易相对人若为银行，则负有审核加盖的公章或合同专用章与预留于该行的印鉴是否一致的义务，在合同书上加盖的公章或合同专用章与预留于银行的印鉴不一致的情况下，银行仍然签署合同，就至少具有重大过失，对方当事人有权主张该合同对其无法律约束力，仅此一状足矣，无须再提出其他证据来证明银行具有过错。在交易相对人为普通的公司的场合，商法学界主流的观点为普通的公司无审核对方加盖于合同书上的公章或合同专用章真伪的义务，因此，即使加盖于合同书上的公章或合同专用章系私刻的，盖章所显示的主体也无权据此向作为交易相对人的普通公司主张不受该合同的约束，除非再举出其他证据证明该普通的公司明知盖章非合法、有效之章。

系争《最高额抵押合同》的一方当事人为甲银行，负有审核加盖于系争《最高额抵押合同》上的乙公司的公章与预留于本行的印鉴是否一致的义务，因加盖于系争《最高额抵押合同》上的所谓乙公司的公章与其预留的印鉴不一致，甲银行仍然在系争《最高额抵押合同》上签字，显然具有重大过失，乙公司有权向甲银行主张不受系争《最高额抵押合同》的约束。

第五，与“第四”所释密切相关，下述原理不得不辨。加盖于系争《最高额抵押合同》上的乙公司的公章，虽非乙公司在公安局备案的公章，亦与预留于甲银行的印鉴不一致，但的确出现于2007年度工商行政管理部门年检报告之上，亦出现于丙公司与乙公司原股东股权转让纠纷一案中乙公司提交的应诉材料之上，因而，“根据商事登记的公示原则，年检报告作为工商部门对公司的年检材料具有公示性，对外代表乙公司的意思表示”（最高人民法院（2013）民申字第1785号民事裁定书之语）。在笔者看来，这种逻辑和原理存在着严重的问题，理由如下：与不动产登记具有公信力（《物权法》第16条第1款），对任何交易相对人都具有效力具有实质的不同，工商登记具有的公示，不是工商登记所需、所用材料上加盖印章具有公示性，而是工商登记的记载具有公示性，交易相对人的信赖所在不是登记所需、所用材料上加盖的印章。工商登记所需、所用材料上加盖印章的作用和效力在于，登记申请人向作为登记机构的工商行政管理部门表明：这些材料是我登记申请人提供的，我对其真实性负责；倘若不真实，也是登记申请人向登记机构承担法律责任，而不是向交易相对人承担责任，就登记失真向交易主体承担责任（国家赔偿责任）的，是工商登记机构。只不过该工商登记机构回过头来对登记申请人施加处罚罢了。具体到系争案件，乙公司的公章出现于2007年度工商行政管理部门年检报告上，由乙公司对工商登记机构承担责任；因所用公章系伪造而导致的交易相对人的损失，由工商登记机构向因信赖失真登记而遭受损失的交易相对人承担国家赔偿责任，而后该登记机构处罚乙公司。此其一。因之，甲银行对乙公司的信赖，不源自于知晓乙公司加盖于2007年度工商行政管理部门年检报告上的公章，也不依赖于丙公司与乙公司原股东股权转让纠纷一案中诉讼材料上留有的公章，而是聚焦于乙公司加盖于系争《最高额抵押合同》上的公章与预留于银行的印鉴是否一致。若二者不一致，甲银行就有义务“追根问底”，搞清系争《最高额抵押合同》是否为乙公司真实的意思表示；否则，甲银行至少具有重大过失。此其二。印章用于当事人各方间的交易中，同样摆脱不掉合同相对性的桎梏，一方当事人所用印章对另一方当事人是否形成外观，是否使其产生信赖，取决于当事人各方间系列交易中所用印章，而不取决于一方当事人在与他人间形成他种法律关系时在有关文件上加盖的印章。再说，合同文本不像不动产登记那样具有面向世人的公示性，甲和乙签订A车买卖合同仅仅是第一次交易，该合同文本上加盖了乙公司的假章。于此场合，怎可认为或推定为甲信赖该假章为真章？就因为乙公司与丙公司之间成立的合同文本上，甚至乙公司与丁公司之间成立的合同文本上加盖了该假章吗？其实，在大多数情况下，甲都难以知晓乙公司和丙公司之间的合同文本及其上所盖之章。不知晓，何谈信赖？不知晓，无信赖，怎么认定加盖该假章的合同文本反映着该假章所显示的当事人的意思表示？具体到系争案件，甲银行对于乙公司所用印章的外观产生信赖，最起码的要求应当是乙公司在与甲银行成立数个法律关系时加盖于有关文件上的印章，而且一致（其实，即使一致也不可立即信赖，必须与预留印鉴核实，此时一致的，才可产生信赖）；而非此次所用印章与其他法律关系所涉文件上加盖的印章一致。其原因在于上文“第四”所阐释的印章与不动产登记的实质差异。此其三。如果这些都能成立，则甲银行是否信赖加盖于系争《最高额抵押合同》上的公章，是否确信系争《最高额抵押合同》能够约束乙公司，必须核实该章与预留的印鉴是否相符，必须审查王某某有无代理权。甲银行没有这样做，至少是重大过失。

在此，对于目前较为流行的“普通公司对于交易相对人的章程、加盖于合同书上的印章无核实义务”之说稍加辨析。不错，普通公司之处没有也难以预留交易相对人印鉴，到公安部门核实交易相对人的印章的真伪，一是不符合商事活动强调便捷、效率的原则，可能贻误交易机会，增大交易成本，二是可能被拒之门外。在这样的背景下，千篇一律地加于普通公司负有审核交易相对人的印章的注意义务，弊大于利。在这个意义上，笔者也不赞同将核实交易相对人的印章作为普通公司的一般义务。但这不意味着交易相对人在合同书上加盖伪造的或宣布作废的印章肯定不影响合同效力。笔者认为，交易相对人在合同书上加盖了伪造的或已经公示作废的印章，若有充分、确凿的证据证明系交易相对人故意所为，作为另一方的普通公司对此不知情且无重大过失，如该普通公司以此为由主张该合同对其不具有法律效力的，则应予支持。所谓恶意作出行为的表示受领人无须保护也。[①] 不然，就使在合同书上加盖伪造的或已经公示作废的恶意之人牟取了不当利益，纵容人们造假、行骗，法律在“为虎作伥”，损害了诚实、守法之人的权益，这严重背离了公平正义。

五、合同书上加盖印章与代理权有无的认定

（一）必要的前奏

在法定代表人以法人的名义与相对人订立合同时，无论是该法定代表人在合同书上亲笔签名，还是不签名而在合同书上加盖法人公章或合同专用章，均为法人行为，适用《民法总则》第 61 条第 1 款和第 2 款的规定。

除上述情形以外，法人与相对人订立合同，需要适用《民法总则》第 161 条以下关于代理的规定。行为人代理法人与相对人签订合同，须有代理权。代理权的授与，可有若干表现形式，或是法人向代理人出具《授权委托书》，或是法定代表人向代理人出具《授权委托书》，或是在合同书上加盖法人的公章或合同专用章，在职务代理的领域就是行为人具有以法人名义从事民事行为的相应职务。

由代理人而非法定代表人在合同书上签字并加盖法人公章或合同专用章，或者不签字仅加盖法人公章或合同专用章，不得谓“是法人行为”，只可说“作为法人行为”。强调这一点具有几方面的意义：（1）符合概念和逻辑。法定代表人与法人具有同一人格，故法定代表人履行职责或曰为法人事务对外实施民事行为，“就是法人行为”。法定代表人在合同书上亲笔签名时如此，不签名而仅加盖法人公章或合同专用章时亦然。至于该印章是由法定代表人握有并加盖于在合同书上，还是由办公室主任或其他工作人员保管，使用时再交由法定代表人，由法定代表人加盖在合同书上，抑或办公室主任或其他工作人员依法定代表人指令，在合同书上加盖，这只属于法人内部分工和程序的问题，在对外的民事关系中，均看作法定代表人“亲自而为”，办公室主任或其他工作人员如同法定代表人的“手”或“脚”，不具有独立人格。与此有别，法定代表人之外的工作人员，与法

① ［德］哈里·韦斯特曼：《德国民法基本概念》（第 16 版），哈尔姆·彼得·韦斯特曼修订，张定军、葛平亮、唐晓琳译，北京，中国人民大学出版社 2013 年版，第 51 页。

人不具有同一人格，更遑论法人以外的人员了。由此决定，这些人代法人与相对人订立合同，只能是以代理人的身份实施代理行为，适用代理制度。假如把代理人与相对人签订合同，不签名仅在合同书上加盖法人公章或合同专用章，也归入“是法人行为”，在概念和逻辑上背离了代理的界定，也搞乱了法人理论；在法律适用方面错位，即大大地缩小了代理的领域，限缩了代理制度的适用范围，扩张了法人制度的适用领域；在法律后果方面难免“张冠李戴”。(2) 法律适用不同。“是法人行为”适用《民法总则》第 61 条的规定；“作为法人行为”则适用《民法总则》第 161 条以下关于代理的规定。(3) 由“(2)”决定，在“是法人行为”的场合，可有《合同法》第 50 条、《民法总则》第 61 条第 3 款的适用；但在“作为法人行为”的情况下，不得适用《合同法》第 50 条、《民法总则》第 61 条第 3 款的规定，而应适用《合同法》第 48 条或第 49 条、《民法总则》第 171 条或第 172 条的规定。

在此，有必要强调：“(2)”和“(3)”的区别，在法律后果方面差别明显：在“是法人行为”的场合，适用《合同法》第 50 条、《民法总则》第 61 条第 3 款的规定，意味着法人必须承受法定代表人实施行为（实际上是越权行为）的后果，差异仅在于，相对人明知或应知法定代表人越权且法人对此不予承认时，法人承受缔约过失责任（适用《合同法》第 58 条、《民法总则》第 157 条的规定）；相对人为善意时，法人无权否认越权行为，须承受履行（越权签订的）合同所生义务的后果（适用《合同法》第 60 条第 1 款甚至包括第 2 款的规定）。与此不同，在“作为法人行为”的场合，适用《合同法》第 48 条或第 49 条、《民法总则》第 171 条或第 172 条的规定，意味着在构成狭义的无权代理的情况下，法人不予追认无权代理行为，不承受无权代理行为引发的一切法律后果。

（二）合同书上加盖的印章真实、合法、有效，合同项下的权利义务也未必由印章显示的法人承受

上文第四部分探讨了合同书加盖印章非真实、合法、有效的场合，发生何种法律后果。第三部分分析的是真实之章被他人盗盖时处理的路径及方法。下文思考的问题是：真实的、合法、有效之章被公司的总经理加盖在合同书上，但违背公司章程所赋权限，背离当事人各方整体交易安排，应当如何对待？

为了有具体场景，便于明了和叙述，同样先简述案情：2010 年 1 月，某经

济开发区管理委员会与某香港公司签署《协议书》，就后者在某经济开发区投资兴建“X花苑”商住项目相关事宜，达成协议，主要条款为：前者供给约600亩土地，其中商住用地约400亩、X公园约200亩、项目规划地上总建筑面积约100万平方米，项目计划在2010年9月份前开工建设，开发周期为5年；后者总投资20亿元人民币；后者为海外注册企业，投资开发需在中国境内依照相关法律、法规成立外商投资企业，具体实施“X花苑”项目；后者开工前，前者负责完成土地挂牌前的地面建筑物的拆迁安置和基础设施配套至后者项目红线外，保证受让土地通路、通电、通水、通信配套到宗地红线外、地面建筑物拆平；等等。

依据前述《协议书》约定，某香港公司在中国内地某市注册完成“某有限公司”。为落实该《协议书》约定的事项，某有限公司与某市国土资源局于2010年6月9日订立《国有建设用地使用权出让合同》（合同编号：3208012010CR0143），约定出让宗地面积70 560.00平方米，为商住用地，2010年10月9日前交地；出让价款为166 200 000.00元人民币，定金为33 240 000.00元人民币；等等。

同日，某有限公司与某市国土资源局又订立《国有建设用地使用权出让合同》（合同编号：3208012010CR0144），约定出让宗地面积为33 294平方米，为商住、办公、居住混合用地，2010年10月9日前交地；出让价款为125 400 000.00元人民币，定金为25 080 000.00元人民币；等等。

2012年7月26日，某有限公司与某市国土资源局再次订立《国有建设用地使用权出让合同》（合同编号：3208012012CR0195），约定出让宗地66 717.5平方米，2012年11月26日前交地；出让价款为173 000 000.00元人民币，定金为34 600 000.00元人民币；等等。

截至2015年，一期105.84亩项目用地已开发94.34%，基本完成竣工验收后续。

2015年2月，某市国土资源局、某经济开发区管理委员会与某有限公司订立《关于终止2012G062K18号地块〈国有建设用地使用权出让合同〉的协议》，约定终止2012G062K18号地块《国有建设用地使用权出让合同》，该出让合同项下的土地纳入政府储备；某有限公司不再承担3208012012CR0195号《国有建设用地使用权出让合同》所约定的各项义务；某经济开发区管理委员会退还某有限公司已经缴纳的出让价款。某有限公司的总经理（不是法定代表人）在该协议上签字并加盖某有限公司的公章。

其后，某香港公司及某有限公司均否认《关于终止2012G062K18号地块〈国有建设用地使用权出让合同〉的协议》的法律效力，理由是总经理擅自签署，违反了公司章程约定的重大事项须由三分之二以上股东会议同意决定才能实施。

某香港公司及某有限公司的诉求有无道理？首先，因系争《关于终止2012G062K18号地块〈国有建设用地使用权出让合同〉的协议》非法定代表人签署，而是由某有限公司的总经理签订，故不可遵循"是法人行为"，适用《合同法》第50条、《民法总则》第61条的路径处理，只得按照"作为法人行为"、适用《合同法》第48条或第49条和《民法总则》第171条或第172条的规定，也就是说，只可在有权代理、狭义的无权代理、表见代理的路径中确定其一。

经查，无证据证明该总经理向某市国土资源局、某经济开发管理委员会出示过《授权委托书》，加之某香港公司及某有限公司均否认该总经理有代理权签订系争《关于终止2012G062K18号地块〈国有建设用地使用权出让合同〉的协议》，这就排除了有权代理。

不过，在系争《关于终止2012G062K18号地块〈国有建设用地使用权出让合同〉的协议》上毕竟盖有某有限公司的公章，而在外观上该章显示着代理权的授与，因而可有表见代理或是狭义的无权代理之辨。

如同上文所述，英国法有默示代理权的惯例，公司的总经理这个职务本身示意着他处理公司事务时具有代理权，因此，该案在英国可认定为代理成立，公司须承受代理形成的合同所生的权利义务。但是，中国法对于职务代理的承认远比英国法严格，并非仅凭总经理的职务便当然地认定为已获代理权。如果这样认识是正确的，那么，因为系争《关于终止2012G062K18号地块〈国有建设用地使用权出让合同〉的协议》、2012G062K18号地块《国有建设用地使用权出让合同》均为落实某香港公司与某经济开发区管理委员会签署的系争《协议书》所约开发建设总体安排的环节、措施；因为至少某经济开发区管理委员会明知这一点，某市国土资源局作为某市政府的职能部门对此也应当知晓；因为在国有建设用地使用权的价值及价格飙升的背景下，某香港公司及某有限公司均为商人，却退还建设用地使用权，放弃巨大利益，这有背商业常理；所以，某经济开发区管理委员会甚至某市国土资源局都负有注意义务核实某香港公司及某有限公司的真意，查清它们是否真的愿意退还案涉国有建设用地使用权。某经济开发管理委员会甚至某市国土资源局没有这样做，至少具有重大过失。重大过失的不知非为善意，所以，依据《合同法》第49条的反面推论，根据法发〔2009〕40号第13条的规定，系争《关于终止2012G062K18号地块〈国有建设用地使用权出让合同〉的协议》的签署不构成表见代理。如此，在某香港公司及某有限公司均否认该总经理有代理权签订系争《关于终止2012G062K18号地块〈国有建设用地使用权出让合同〉的协议》的前提下，系争《关于终止2012G062K18号地块〈国有建设用地使用权出让合同〉的协议》不具有约束某香港公司及某有限公司的法律效力。

六、印章显示的缔约主体不存在的法律效果

鄱阳县农村信用联社城区信用社在2003年之前名为波阳县城区农村信用合作社，徐某某担任该社主任。江西省鄱阳县人民法院（2014）鄱民二初字第463号民事判决书、江西省上饶市中级人民法院（2015）饶中民二终字第289号民事判决书均查明：2009年，时任鄱阳县农村信用联社城区信用社负责人的徐某某以完成单位工作任务为由向原告江某某借款并出具《借条》及《担保书》。另，鄱阳县农村信用合作联社为法人，而鄱阳县农村信用合作联社城区信用社系鄱阳县农村信用合作联社的分支机构，不具有法人资格。该《担保书》载明：本单位承诺由我经手向江某某借款，由我城区信用社负责归还，具体金额详见借条为依据。该《担保书》上加盖“波阳县城区农村信用合作社”的公章。原告江某某据此担保书请求判令被告鄱阳县城区信用社及鄱阳县农村信用合作联社承担共同的清偿责任。被告鄱阳县农村信用合作联社辩称：《担保书》不真实，其从2004年起就启用了“鄱阳县农村信用合作联社”印章、“鄱阳县农村信用合作联社城区信用社”印章，不再使用“波阳县城区农村信用合作社”的公章，而徐某某于五、六年后再用这个印章，明显是假的；等等。对此，江西省上饶市中级人民法院（2015）饶中民二终字第289号民事判决书认为：身为鄱阳县城区信用社负责人的徐某某在向他人出具的《担保书》上加盖波阳县城区信用社业务公章，在客

观上形成具有代理权的表象；江某某作为普通公民，基于对徐某某为单位负责人身份的认知，在徐某某出具《借条》并加盖单位公章以示担保的情况下，有理由相信徐某某有权代表鄱阳县城区信用社就本案债务提供担保。对此，笔者不敢苟同，理由如下。

其一，被告之一鄱阳县农村信用合作联社否认就系争担保向徐某某授与代理权，依被告之二鄱阳县农村信用合作联社城区信用社的规章制度，徐某某无权使鄱阳县农村信用合作联社城区信用社为其个人借款承担担保责任。经查，卷宗证据中无授权委托书。这样一来，徐某某以城区信用社的名义出具《担保书》并加盖“波阳县城区农村信用合作社”的公章，构成狭义的无权代理。二被告对此不予追认。在这样的背景下，令鄱阳县农村信用合作联社承担担保责任，必须是出具系争《担保书》具有徐某某拥有代理权的外观。可是，在系争案件中不存在这样的外观，最为关键的原因在于：担保人的落款单位不是全称，而是“城区信用社”；担保书上加盖的是“波阳县城区农村信用合作社”公章，而“波阳县城区农村信用合作社”早在系争《担保书》出具时五、六年前就不复存在了。一句话，无论是作为保证人的“城区信用社”还是系争《担保书》上所盖印章显示的“波阳县城区农村信用合作社”，根本就不存在，与被告鄱阳县农村信用合作联社、鄱阳县农村信用合作联社城区信用社毫无关系，换言之，鄱阳县农村信用合作联社、鄱阳县农村信用合作联社城区信用社不是系争《担保书》上显示的主体。对此，出借人江某某作为鄱阳县的公务员，无论是按常理还是依规章制度，都理应知晓。结果却任凭徐某某在出具的系争《担保书》上加盖“波阳县城区农村信用合作社”的公章，听任徐某某将保证人写成“城区信用社”，江某某至少具有重大过失。

其二，作为证据的系争《担保书》复印件显示，系争担保内容被书写于一页普通的信纸之上。鄱阳县农村信用合作联社、鄱阳县农村信用合作联社城区信用社作为金融机构，对外出具如此重要的法律文件，不用公文纸，显然反常。作为公务员的江某某对此理应警觉起来，应予核实鄱阳县农村信用合作联社城区信用社是否真的愿意提供担保。江某某不予核实，也有重大过失。

众所周知，表见代理的成立必须是相对人善意，即不得是明知或有重大过失地不知行为人无代理权。作为相对人的江某某至少具有重大过失，不具有善意，故不成立表见代理。鄱阳县农村信用合作联社有权拒绝承担担保责任。

作为主审法院，除了关注以上两点外，以下三点会影响其判断和裁量。(1) 还应当考虑中国现行法没有赋予金融机构为其负责人个人的债务提供担保的权利，假如仅凭前两点还有所犹豫的话，加上法未赋权金融机构为其负责人的个人债务提供担保这一点，也不可支持出借人关于由鄱阳县农村信用合作联社承担担保责任的请求。(2) 系争《担保书》先于系争借款合同出具，这样的保证在中国现行法上发生法律效力，只能是最高额保证（《担保法》第 14 条）。而最高额保证必须约定所担保债权的最高额。但系争《担保书》上没有被担保债权的最高额，不构成最高额保证。系争《担保书》不是最高额保证，却先于被担保的债权出具，应当不发生保证的法律效力。(3)《公司法》第 16 条第 2 款规定："公司为公司股东或者实际控制人提供担保的，必须经股东会或者股东大会决议。"实际控制人在无股东会或股东大会决议的情况下，用公司的财产为其个人债务设立担保，属于越权行为。于此场合，应当适用《合同法》第 50 条关于"法人或者其他组织的法定代表人、负责人超越权限订立的合同，除相对人知道或者应当知道其超越权限的以外，该代表行为有效"的规定。鄱阳县农村信用合作联社城区信用社虽然不具有法人资格，亦无股东大会，但处理系争案件，主审法院应当注意到《公司法》第 16 条第 2 款、《合同法》第 50 条的精神。

综合以上分析，可知江西省上饶市中级人民法院（2015）饶中民二终字第 289 号民事判决书认定系争《担保书》构成表见代理，判决鄱阳县农村信用合作联社承担系争《担保书》项下的保证责任，是错误的。

柒

合同解释语境中的合同主体

一、概说

首先注意，在诉讼或仲裁的程序中，合同主体解读系争合同的约定，此时此地他是（无权）解释合同的主体，是主审法院/仲裁个案的仲裁庭对系争合同进行有权解释的辅助人，而非合同解释的客体。对于无权解释的主体、有权解释的辅助人，本书“叁、合同解释的主体”专题已经研讨过，本专题不再赘述。本专题的任务是，探讨作为合同解释对象的合同主体——缔约人，或曰合同项下权利义务的承受者，或曰合同当事人。

合同条款由缔约人合意而成，由合同主体承受合同条款产生的权利义务，加上主体适格与否在某些情况下影响合同的效力，故解释合同将合同主体弃之一旁是不符合客观实际的，是不明智的。再者，解释合同是纯自意思表示受领人一方考量，还是也注意到表意人一方，有时会影响到结果，所以有学者主张规范解释必须同时顾及表意人。[①] 值得提及的还有，在解释合同的模糊条款时，美国《合同法重述》（第2版）允许法院受“正义感”导引，探求正当的结果会考虑到所

① ［德］迪特尔·梅迪库斯：《德国民法总论》，邵建东译，北京，法律出版社2000年版，第241页。

有案件的衡平，包括诸如当事人的身份等。① 最后，合同主体，在合同的洽商、签订、履行乃至责任承担等环节，的确为主体，而非客体。但在合同纠纷中，裁判者在认定某特定意思表示究为谁发出、谁接受等问题上，合同主体反倒成为客体，即合同解释的对象。

二、权利能力在合同解释中的地位及价值

合同主体作为合同解释的客体，那是解释者视野中的现象，但作为民事法律关系的构成要素，作为形成该民事法律关系的意思表示的发出者或受领者，合同主体终究是主体。所谓客体者，只不过是以合同解释者为坐标时的称谓和现象，或者说在合同解释的法律关系中，合同主体是客体，但这不会也不应该动摇在另外的法律关系中，即在合同法律关系中合同主体的主体地位。由此决定，解释合同时，解释者不得不坚定地还原合同主体在合同法律关系中的主体地位。

作为合同主体，法律对其有系列要求，诸如权利能力、行为能力以及当事人的身份等等。

自然人作为合同主体的场合，现代法都一视同仁地赋予自然人权利能力（《民法总则》第 13 条、第 14 条），此类问题在合同解释中显得简单得多，本书也不着墨过多。

法人作为合同主体的情形则大不相同，在《经济合同法》实施的年代里，在相当长的历史时期，将法人的权利能力限制在法人的营业执照所列举的经营范围之内，法人超出其营业执照列举的经营范围而订立经济合同，或者不具备法人资格者而签订经济合同，一般要确认经济合同无效。例如，1984 年 9 月 17 日出台的《最高人民法院关于贯彻执行〈经济合同法〉若干问题的意见》（已生效）第 1 条第 1 款第 1 项规定："凡在当地开展'全面普查登记'后，仍不按照规定办理登记，或者虽已申请登记但工商行政管理部门不予认可的组织，应视为不具备法

① See Restatement (Second) of Contracts 204 cnt. B (1981). d (suggesting that courts may ascertain what term the parties would have used if the issue had been addressed in the writing). (stating that where no agreement exists in fact, the court should supply a term consistent with standards of fairness).

人资格。”“如未经上一级主管部门同意擅自成立的，所签订的经济合同，应视为无效。”1985年7月25日公布的《国家工商行政管理局关于确认和处理无效经济合同的暂行规定》（已失效）第1条第1款规定了三种经济合同因所谓主体不合格而无效的情形：（1）不具备法人资格的社会团体和组织以法人名义签订经济合同的；（2）未经核准登记领取营业执照，以个体经营户名义签订经济合同的；（3）国家法律限制行为能力的人签订经济合同的。

《合同法》在理念及规则方面实质性地改变了这种格局，不再区分经济合同与非经济合同、商事合同与民事合同、国内合同和涉外经济合同，而是统一地调整它们。这样，合同不再因缔约者不是法人而归于无效，不再因法人从事交易的范围超出营业执照所列项目而一律归为无效，合同无效的原因被限制在《合同法》第52条、第53条明定的种类之中。

不过，对于有些合同类型，法律仍然关注当事人的营业范围，例如，普通公司即未经金融监管部门批准设立的从事金融业务的公司，就不得从事金融业务，否则，所签金融业务的合同归于无效。

解释合同时，解释者必须审视这些因素，从而决定是否认定有关合同无效，即使认定此类合同有效，权利能力也可能影响法律的适用以及权利义务的态样。例如，按照法释〔2015〕18号第1条第2款的规定，经金融监管部门批准设立的从事贷款业务的金融机构及其分支机构，因发放贷款等相关金融业务引发的纠纷，不适用法释〔2015〕18号的规定，进而，在利率方面，也不适用法释〔2015〕18号第26条、第28—31条规定的年利率6%、年利率24%、年利率36%部分。

三、行为能力在合同解释中的地位及价值

起初的民法学说把法人的经营范围以及超出该范围缔约作为权利能力问题对待，后起的新说则改采行为能力限制说，甚至代表权限制说[①]，这有其合理性，

① ［日］北川善太郎：《民法总则》，东京，有斐阁1993年版，第71页；王利明主编：《民法》（第5版），北京，中国人民大学出版社2013年版，第77页。

因为权利能力作为民事主体之所以为民法上的“人”的实质要素，甚至是民事主体的同义语，且为抽象的、不可分割的，所以，它不会部分地欠缺，不会部分地丧失，而是要么全有，要么全无。人格减等，奴隶非“人”，甚至外邦人在罗马也无人格，那是久远的罗马法上的旧制了。依现代伦理，只要是民法上的“人”就有权利能力，只要有权利能力就是民事主体。既然如此，法人超出其经营范围订立合同，在合同效力依法不受影响的领域，既不涉及权利能力也不涉及行为能力。但在法律严格限制法人的经营范围的领域，如果法人超出经营范围订立合同并非法定代表人超越代表权限所致，那么，以行为能力欠缺的视角对待，即适用《合同法》第 52 条第 5 项的规定，甚至适用《合同法》第 52 条第 4 项的规定，更合逻辑；如果法人超出经营范围签订合同系因法定代表人超越代表权限所致，那么，是依据法人超出经营范围而论，还是作为法定代表人越权行为，所适用的法律，所导致的法律后果是不同的，不得不辨。笔者认为，此处是在法律严格限制法人的经营范围而法人超出该经营范围的前提下讨论问题的，因而，应当以法人欠缺行为能力论处，不得作为法定代表人越权行为，即应适用《合同法》第 52 条第 5 项的规定，甚至适用《合同法》第 52 条第 4 项的规定，认定此类合同无效；而不得适用《合同法》第 50 条关于越权行为的规定、《民法总则》第 61 条第 3 款的规定，以防因相对人善意而使越权行为有效的结果发生，避免《合同法》第 52 条第 4 项和第 5 项的立法目的落空。当然，如果不涉及法律严格限制法人的经营范围，或曰不存在适用《合同法》第 52 条第 4 项和第 5 项的余地，那么，在法人超出经营范围签订合同乃因法定代表人越权所致的场合，就只得适用《合同法》第 50 条、《民法总则》第 61 条第 3 款的规定，在相对人善意时，法人不得否认系争合同的效力，必须承受系争合同项下的权利义务，在相对人恶意时，法人可以否认系争合同的效力，但仍须负担《合同法》第 58 条规定的缔约过失责任。

这些虽非意思表示，但合同解释者在解释合同时必须面对它们，这样，合同当事人的行为能力便进入了合同解释的视野。

合同涉及当事人的行为能力的，还有法定代理、委托代理的介入，解释合同时同样要面对。

四、当事人的身份在合同解释中的地位及价值

当事人的身份如何，影响到合同的法律效力，在有些案件中决定着适用何种法律制度及规则才是合适的，甚至只有适用某特定的法律规定，才是正确的。这已得到实例的支持。例如，某《债权债务清偿确认书》及5张附件表格，使得出借人少要1 000多万元人民币。出借人作为典当专家的身份决定其不得以重大误解为由主张撤销该《债权债务清偿确认书》，因其不会误解民间借贷关系及款项；按照通说，也不得以显失公平为由请求撤销该《债权债务清偿确认书》，因其不符合《民法总则》第151条所要求的“缺乏判断能力”；但可以适用《民法总则》第146条关于“行为人与相对人以虚假的意思表示实施的民事法律行为无效。以虚假的意思表示隐藏的民事法律行为的效力，依照有关法律规定处理”的规定。因其作为典当专家，熟悉资本业务，依其本性，加上经营情事，资金周转困难，各方债权人纷纷讨债，为了筹集资金，“打发”讨债者，能从借款人之处要到一些款项是一些款项，要到之后再继续索要余款，这才虚假地签订《债权债务清偿确认书》。

再如，甲、乙、丙、丁、戊、己、庚于2003年10月15日订立《创办A中学合同书》，拟于将来申请成立A中学，甲、乙、丙、丁、戊、己、庚为显名合伙人，甲将出任校长。甲与辛于2003年10月28日订立《合伙投资入股参与A中学及学校周边50亩土地开发协议书》，约定甲同意把其股份中的9股转让给辛，甲应在相应的时候在股东大会上表决通过该转让行为；辛同意不直接参与创办A中学及其周边土地开发有关事项，辛全权委托甲代为履行股东权利义务；辛按创办A中学及开发A中学周边土地所享有的9股投资，参与分红，承担相关义务。其后，辛陆续出资，但均以甲的名义实施；辛也相应地获得了若干红利，也是由甲转给他的。

现在辛以A中学作为被告，请求确认他在A中学中的股东资格，遭到乙、丙、丁、戊、己、庚这些显名合伙人的否认，理由是他们既不知晓辛为合伙人，现在也不承认辛的合伙人资格。

如何确定辛的法律地位？首先，应区分甲和辛之间的法律关系、辛与乙等各

位股东之间的法律关系、辛与A中学之间的法律关系，因为每种法律关系的内容不同，抗辩及抗辩权有异，对抗范围参差。

其次，在甲和辛之间的法律关系中，虽然系争《合伙投资入股参与A中学及学校周边50亩土地开发协议书》的文字表述是甲将其股份中的9股“转让”于辛，但联系系争协议书关于“鉴于甲缺少部分资金，甲邀请辛共同合伙投资”“现就合伙投入股创办A中学及学校周边50亩土地开发有关事项达成如下协议”“颁发给辛出资入股证明书”等表述，遵循合同的体系解释原则及方法，以及该协议书签订时尚未成立A中学、尚不存在9股等事实，应该认为不是甲向辛“转让”股份，而是辛作为隐名合伙人出资，于A中学成立后由甲代持辛的9股股份。[①] 换个表述就是，甲和辛表示的是“转让”9股股份，但依法律及法理对之定性和定位，应为辛作为A中学的隐名合伙人出资。甲和辛在这里发生了错误认识（重大误解），并且此类错误属于法律上的错误，而非事实方面的错误。依据通说，对于法律上的错误，不依错误之人的认识及表示为准，而应依法律及法理的定性和定位为准，也不适用法律关于可变更、可撤销的规定。[②]

再次，甲和辛于系争《合伙投资入股参与A中学及学校周边50亩土地开发协议书》中的约定，依据合同相对性，不具有对抗乙、丙、丁、戊、己、庚及A中学的效力，辛无权以股东（合伙人）的地位和身份向乙、丙、丁、戊、己、庚及A中学主张股权，除非该约定已经这些显名合伙人同意；同理，辛依据系争《合伙投资入股参与A中学及学校周边50亩土地开发协议书》对甲名下的9股所享有的相应权利，乙、丙、丁、戊、己、庚及A中学也无权否认，更不得侵害。

最后，显名合伙人形成合伙，特别强调合伙的人合性，故某人欲成为合伙人，进入合伙团体，必须经过全体合伙人的同意。之所以如此，是因为合伙人享有选举权、被选举权、表决权、直接对合伙团体主张红利之权。但是，系争案件中的辛则不同，他是由甲这个显名合伙人代持股份的隐名合伙人，在合伙团体中

---

① 该看法由中国政法大学比较法学研究院教授刘承韪博士在2019年1月6日的研讨会上首先提出，中国社会科学院法学研究所教授谢鸿飞博士、中国政法大学法律硕士学院教授刘保玉博士、中国航空航天大学法学院副教授李昊博士均予赞同，特此感谢！

② 参考［德］维尔纳·弗卢梅：《法律行为论》，迟颖译，北京，法律出版社2013年版，第140页、第482页。

不享有选举权、被选举权、表决权以及分取红利之权。这表明，辛这样的隐名合伙人作为合伙团体的一员，具有合伙人的资格，并不害及合伙人的人合性，或者说，专就由显名合伙人代持股份的隐名合伙人而言，可以说不重视人合性，至少可以说人合色彩很淡。[①] 如果这种理念和认识是正确的，那么，在系争案件中，确认辛在A中学中的隐名合伙人的资格，不害及A中学及其显名合伙人的合法权益。辛作为隐名合伙人，不应遵循显名合伙人入伙的规则（如须经全体合伙人同意）来对待，而宜作为一个客观事实予以对待，即辛确实为A中学的隐名合伙人（只是在A中学有关事项的选举、被选举、表决、分红等方面无权对A中学及其显名股东主张），这对A中学及其显名合伙人以外的第三人具有一定的对抗效力（之所以说一定的对抗效力，是因为在某些方面不得对抗，如第三人请求A中学清偿债务，辛不得以其尚未分取红利为由反对该第三人的清偿请求），即第三人无权否认辛的这种隐名合伙人的地位和身份。

五、作为缔约人的非法人组织在合同解释中的地位及意义

甲会计师事务所的主任（负责人）张三与乙公司订立A审计合同，亲笔签名，未加盖甲会计师事务所的印章。其后，甲会计师事务所以张三无权代理为由拒绝承认该审计合同。

对此理念及思路，笔者不予赞同，因为甲会计师事务所不同于法人的分支机构、职能部门，而是《民法总则》承认的独立于自然人、法人的第三类民事主体；张三作为甲会计师事务所的负责人，不是其代理人，而是其代表。既然如此，处理该案就不得适用代理制度，而应适用《民法总则》关于非法人组织的规定。在这样的前提下，便有如下结论：订立A审计合同正是甲会计师事务所的业务范围，张三在此活动中有代表权，A审计合同有效，除非存在《民法总则》第144条、第146条第1款、第153条、第154条以及《合同法》第52条和第

---

① 该意见由中国政法大学比较法研究院教授刘承韪博士在2019年1月6日的研讨会上首先提出，中国社会科学院法学研究所教授谢鸿飞博士、中国政法大学法律硕士学院教授刘保玉博士、中国航空航天大学法学院副教授李昊博士予以赞同，特此感谢！

53条的规定。

该案及其处理提醒着我们：非法人组织缔结合同与法人的分支机构或职能部门签订合同，其法律后果不同。这要求法律人务必清醒地识别它们，分别适用法律，正确地认定合同效力。接下来尝试该项工作。

众所周知，《民法总则》除了固定自然人（第13—53条）、法人（第57—101条）各为独立的民事主体外，还破天荒地确立非法人组织为第三类民事主体（第102—108条）。

所谓非法人组织，按照《民法总则》的设计及规定，包括个人独资企业、合伙企业、不具有法人资格的专业服务机构等（第102条第2款），它们不同于银行的分行及支行、公司的职能部门、建筑公司的项目工程部等机构，主要表现为：(1) 非法人组织自成一统，“顶天立地”，就其组织结构而言，其上再无更高的管理层，至于行政管理机关对非法人组织的管理，则不属于非法人组织的组织结构范畴了；而银行的分行及支行、公司的职能部门、建筑公司的项目工程部等等机构则上有管理层，如银行总行、公司总部等团体。(2) 非法人组织有自己的财产（《民法总则》第104条）；而银行的分行及支行、公司的职能部门、建筑公司的项目工程部等机构则无自己的财产，其所辖财产归属于银行总行或公司等团体。(3) 非法人组织须经登记，甚至经过有关行政机关批准（《民法总则》第103条）；而银行的分行及支行、公司的职能部门、建筑公司的项目工程部等机构有的经过登记，有的则无须登记。(4) 非法人组织存在破产问题，而银行的分行及支行、公司的职能部门、建筑公司的项目工程部等机构不存在破产问题，除非银行总行、公司等团体破产。(5) 非法人组织对外实施法律行为，如订立合同，独立进行，不适用代理规则，除非其特意委托他人代为实施；而银行的分行及支行、公司的职能部门、建筑公司的项目工程部等机构对外实施法律行为，只是以其所归属的法人的代理人名义表示意思或接受意思表示，必须适用代理制度（《民法总则》第74条第2款，第170条）。诚然，在实务中，不乏建筑公司的项目工程部以自己名义签订《建设工程施工合同》之例，但在法律后果上，近些年来，特别是《民法总则》颁布实施之后，众多的主审法院、仲裁庭一方面不因此而否定此类合同的效力，另一方面将合同项下的权利义务归属于作为法人的建筑公司，一句话，还是把缔约的建筑公司的项目工程部作为建筑公司的代理人看待。

《民法总则》相对谨慎，没有明文规定业主委员会、某些农业经济合作组织、律师事务所等团体为非法人组织，但它们完全具备前述非法人组织所要求的法律特征及构成要件，至少应为非法人组织。它们以自己的名义订立合同时，至少应依非法人组织而论，即承认其为适格的合同主体。

其实，从积极的立场出发，把业主委员会、某些农业经济合作组织升格为法人，利大于弊，笔者呼吁，立法机构应当不断地总结实务中的经验，吸取教训，在条件成熟时适时地确立它们的法人资格。

六、合同解释语境中的幼儿园和入园小朋友、小学与在校小学生

对于在园小朋友，幼儿园处于什么法律地位？对于在校小学生，小学居于何种法律角色？《民法总则》在监护制度中对此完全回避；《未成年人保护法》虽设“学校保护”一章（第17—26条），但也未着眼于监护权及其转移的角度；《教育法》无论是其总则还是分则都强调了学校对于未成年学生的教育负有义务（第5—6条、第30条第4项、第38条、第39条、第73条及第83条），但仍未与监护制度挂钩，特别是其第50条第2款的规定更加凸显了这一点；《侵权责任法》对此聚焦于侵权责任[①]，没有提及监护，这无可非议，职责使然；全国人大常委会法制工作委员会负责草拟的数稿《中华人民共和国民法典·物权编（草案）》依然如故。与之不同，有学说主张，幼儿园、小学对于在园小朋友、在校小学生负有一定的监护性质的职责，对于小朋友在园期间、小学生在校期间因园方、校方的原因而受到的侵害，可视具体情况而适当地承担赔偿责任。[②] 笔者赞同监护责任的理念及观点：小朋友、小学生的监护人与幼儿园、小学之间成立委托合同关系，此类监护人将其监护权的一部分转移给幼儿园、小学；幼儿园对于小朋友

---

① 全国人大常委会法制工作委员会民法室编：《中华人民共和国侵权责任法：条文说明、立法理由及相关规定》，北京，北京大学出版社2010年版，第162-171页；王利明：《侵权责任法研究》（下卷），北京，中国人民大学出版社2011年版，第200-207页；杨立新：《侵权责任法》，北京，法律出版社2010年版，第284-296页；王成：《侵权责任法》，北京，北京大学出版社2011年版，第242-243页。

② 马原主编：《中国民法教程》，北京，人民法院出版社1989年版，第324-325页。

在幼儿园活动期间的学习生活、人身健康和安全承担相应的监护职责；小学对于小学生在校学习和活动期间的学习生活、人身健康和安全承担相应的监护职责；如果幼儿园、小学没有尽到相应的监护职责，就承担相应的民事责任。如此认识的根据有以下五点。

1. 监护，涵盖时空。从纵向来说，监护人对于小朋友、小学生负责施教、维护健康和保障安全必然和必须地存续于他们自出生始至精神正常的成年；就横向而言，监护人对于小朋友、小学生负责施教、维护健康和保障安全也必然和必须地存在于他们活动的任何场所，包括幼儿园、小学。唯有如此，才可保障小朋友、小学生茁壮成长。小朋友入园、小学生入校，暂时脱离了监护人的监护视野和能力，但小朋友、小学生受到监督和保护却不可或缺。此时此地的监护由幼儿园、小学担负起来，才最合逻辑。

2. 幼儿园、小学对于在园小朋友、在校小学生施教、维护健康和保障安全的义务（《未成年人保护法》第17—24条，《教育法》第30条第4项、第38条、第39条、第73条及第83条），完全符合监护的概念和特征，除非另有强有力的理由，法律人不宜也不应否认这种类型的监护。笔者至今尚未见到此类强有力的理由。

3. 幼儿园、小学对于在园小朋友、在校小学生施教、维护健康和保障安全的权利也是义务源自何处？这固然离不开《教育法》和《未成年人保护法》等法律、法规、规章的规定，但他们的监护人的委托赋权也位列其中，换句话说，幼儿园、小学承受的此类权利义务的根据来自两个方面：一是法律的赋权和强加义务；另一方面源自小朋友、小学生的监护人的委托授权，包括转移部分监护权。试想，最了解小朋友、小学生各方面情况（包括脾气秉性、身体状况、生活习惯）的首推监护人，抛弃、排斥监护人的介绍、嘱托等意思表示，《教育法》和《未成年人保护法》等法律、法规、规章凭空强加，幼儿园、小学恣意管理，能收到良效吗?！就实际情况来说，法律、法规、规章对于幼儿园和入园小朋友各自的权利义务，对于小学与小学生各自的权利义务，规定得十分有限，法律漏洞不少。补充这些法律漏洞主要依靠幼儿园和小朋友的监护人、小学与小学生的监护人通过协商予以填补。幼儿园、小学制定的填补法律漏洞的规章制度，从实质来看，也是小朋友、小学生的监护人的意思的反映。所以，承认监护人与幼儿园、小学之间订立了委托合同，转移了部分监护权于幼儿园、小学；同时认可《教育法》和《未成年人保护法》等法律、法规、规章赋权在园小朋友、在校小学生受教育、保健康和安全，赋以幼儿园、小学对应的义务，这是最全面、合适的解释论。

4. 诚然，对于小朋友在园期间受到损害、小学生在校期间受到损害，准予赔偿的法律依据，的确是《侵权责任法》第6条关于“行为人因过错侵害他人民事权益，应当承担侵权责任”（第1款），“根据法律规定推定行为人有过错，行为人不能证明自己没有过错的，应当承担侵权责任”（第2款）的规定，以及第38条关于“无民事行为能力人在幼儿园、学校或者其他教育机构学习、生活期间受到人身损害的，幼儿园、学校或者其他教育机构应当承担责任，但能够证明尽到教育、管理职责的，不承担责任”的规定，第39条关于“限制民事行为能力人在学校或者其他教育机构学习、生活期间受到人身损害，学校或者其他教育机构未尽到教育、管理职责的，应当承担责任”规定，第40条关于“无民事行为能力人或者限制民事行为能力人在幼儿园、学校或者其他教育机构学习、生活期间，受到幼儿园、学校或者其他教育机构以外的人员人身损害的，由侵权人承担侵权责任；幼儿园、学校或者其他教育机构未尽到管理职责的，承担相应的补充责任”的规定。此外，尚有《关于民法通则的意见》第160条、法释〔2003〕20号第7条以及《学生伤害事故处理办法》第8条第2款以下。这里的问题是，可否根据这些规定就把幼儿园和在园小朋友之间的关系、小学与在校小学生之间的关系囿于侵权责任关系的藩篱，而否定监护关系呢？回答是否定的，道理不深奥：侵权责任关系只占这些关系的部分内容，即在园小朋友、在校小学生受到侵害时的救济，除此而外的占比巨大的关系均非侵权责任关系。侵权损害赔偿关系之外的占比巨大的法律关系被定位和定性在监护权部分转移给幼儿园、小学所形成的关系，属于民事法律关系，这不但符合客观事实，而且具有现成的法律规定予以调整。如此，依构成部分融入整体的宜尽可能地服从整体的理念及方法，宜将侵权损害赔偿关系纳入监护体系之中。反之，假如不承认监护权部分转移给幼儿园、小学所形成的民事法律关系，硬性地把幼儿园和小朋友之间的关系、小学与小学生之间的关系归入教育行政法律关系或准教育行政法律关系，就存在着明显的缺陷，难以自圆其说：A. 幼儿园、小学不是行政机关，而是事业单位，它们何以能享有行政权？B. 该说无法符合事实地说明幼儿园和小朋友的监护人之间的关系、小学与小学生的监护人之间的关系，他们之间绝无隶属、服从的行政法律关系的属性。C. 将涵盖多种复杂的法律关系简单化了，人为地抹去了行政管理以外的法律关系。D. 弱化了在园小朋友、在校小学生的权益，只有同时承认在园小朋友、在校小学生享有某些民事权益，才最有利于他们。在笔者看来，于此场合至少存在着三种法律关系，一为教育行政机关与幼儿园、小学之间的行政法律关系，幼儿园、小学对于在园小朋友、在校小学生的权利义务均源于此；二为幼儿园、小学与在园小朋友、在校小学生之间的法律关系，内容极为复杂，也可以说特别庞杂，伴有教育管理（management）法律关系、民事法律关系等法律关系；三为幼儿园、小学与入园小朋友、入校小学生之间的民事法律关系。

5. 对于小朋友在园期间受到损害、小学生在校期间受到损害，成立损害赔偿责任，《侵权责任法》奉行过错责任原则①，这从第 38 条的“但能够证明尽到教育、管理职责的，不承担责任”、第 39 条的“未尽到教育、管理职责的，应当承担责任”、第 40 条的“未尽到管理职责的，承担相应的补充责任”诸种措辞，即可看出来。与之有别，《民法总则》第 34 条第 3 款关于“监护人不履行监护职责或者侵害被监护人合法权益的，应当承担法律责任”的规定，却未透露出奉行何种归责原则。如果对之也作过错责任原则的解释，那么，坚持监护责任说而不采教育行政法律关系说，这在损害赔偿方面不会遇到障碍；但若作无过错责任原则的解释，则需要回答为何允许《侵权责任法》第 38—40 条偏离监护制度而自行其是？换个角度说，小朋友在园期间受到损害、小学生在校期间受到损害的赔偿责任，完全让位于《侵权责任法》规制，不正是对监护责任说的否定吗？笔者对此的回应是，即使对《民法总则》第 34 条第 3 款的规定作无过错责任原则的解释，也动摇不了监护责任说，因为监护领域的损害赔偿系监护制度中的特殊一环，《侵权责任法》第 38—40 条的规定乃特别法，相对于《民法总则》第 34 条第 3 款的一般规定而言应优先适用。在民法领域，就一个法律制度中的某个事项专设特则，不乏其例，法律人大多不认为这否定了该法律制度的定位和定性，在

① 杨立新：《侵权责任法》，北京，法律出版社 2010 年版，第 290 页。

监护制度中也如此思考，是中规中矩的，并非强词夺理。就是说，特别法优先于普通法的规则及其实际运用显然不是对监护制度及监护责任说的摧毁。

七、借名登记合同在合同解释中的地位及价值

张三买受李四所有的A楼，却由王五出面订立A楼买卖合同，A楼也登记在王五的名下。后来，张三起诉到法院，主张A楼登记在王五名下属于登记错误，请求法院确认A楼的所有权归属于自己，更正登记簿的记载。其证据有张三与王五订立的《委托合同》，其上载有张三委托王五代其购买A楼的条款；张三向出卖人支付A楼价款的银行流水凭证。

主审法院必须审核A楼买卖合同、A楼的真正所有权人是谁，也就是说，甄别A楼买卖合同的买受人到底是张三还是王五，是A楼买卖合同的解释作业中的一环。

主审法院如何认定呢？一种思路及观点是，张三是A楼买卖合同的真正买受人，王五以买受人的名义订立A楼买卖合同不是其真实的意思表示，应依《民法总则》第146条第1款的规定认定A楼买卖合同无效。

在A楼的出卖人毫不知情张三出钱委托王五代为购买A楼的情况下，这种思路和观点特别不合适，尤其按照《合同法》第402条、第403条适用于国内交易的观点，结论更是如此。不然，就会使隐名代理（或曰间接代理）架构中的合同都统统归于无效，而这是极不适当的。不如坚持A楼买卖合同的效力不受影响的思路及观点，承认基于该合同履行的结果。但是，张三举证证明A楼确实是王五代张三购买的，房款也是由张三支付的，应当确认A楼归张三所有。不动产登记簿的记载错误，应予更正。

进一步，即使A楼的出卖人知晓张三出钱委托王五代为购买A楼，也不宜按虚假的意思表示对待，不适用《民法总则》第146条第1款的规定，而应贯彻鼓励交易原则，维持A楼买卖合同的效力。这是因为，A楼买卖是每个案涉之人的真实意思，至于真正的买受人是王五还是张三，已不那么重要，不重要到该项因素不足以影响A楼买卖合同的效力的程度。

八、冒名缔约在合同解释中的地位及价值

与借名登记不同，冒名缔约，如哥哥假冒弟弟的名义与银行签订 500.00 万元人民币的借款合同和以 A 楼抵押担保还本付息的合同，其后银行起诉到法院，请求弟弟还本付息、主张行使 A 楼抵押权，主审法院应如何处理？

一种思路及观点是依表见代理的架构，认定哥哥在外观上成为弟弟的代理人，进而 500.00 万元人民币借款合同和 A 楼抵押合同均为有效，弟弟须承受这些合同项下的权利义务。笔者不认同这种观点，因为这些合同实非弟弟的意思表示，哥哥纯属诈骗，不到万不得已，不得认定这些合同有效。此其一。哥哥是以自己的名义，而非弟弟的代理人的名义，签订这些合同的，银行怎么会相信哥哥是弟弟的代理人呢？至多误认为哥哥就是弟弟，而这属于错误的范畴。此其二。假如银行知晓哥哥不是弟弟，就是哥哥，那么，银行非善意，没有特别保护的必要，不构成表见代理。此其三。

主审法院查清案件事实，确定请求权基础，离不开对该 500.00 万元人民币借款合同和 A 楼抵押合同的解释，特别是甄别这些合同的主体。

九、把合同主体纳入解释客体的实践意义

明确合同主体在合同解释中也处于客体的地位，具有意义，在个案中已经显现出来。例如，天津市恒增房地产开发有限公司（发包人）与浙江环宇建设集团有限公司（承包人）于 2012 年 3 月 23 日订立《碧水庄园三期工程施工总承包协议》，第 1 条约定工程名称为碧水庄园三期；第 3 条“工程造价”名下的约定内容为：“该工程造价暂定为按本条第 1 款计算，最终造价按实际调整。”其第 1 款约定：“工程图纸齐备后，双方进行工程预算，工程预算执行 2008 年《天津市建筑工程计价办法》……”；第 6 条“工程价款的支付方式及时间”名下的约定内容为：“本工程暂定总造价约 1.35 亿元，工程款的支付方式根据工程形象进度实际完成工程量按比例付款。……”该合同未予备案。

天津市恒增房地产开发有限公司（发包人）与浙江环宇建设集团有限公司

（承包人）于2012年5月17日订立《天津市建设工程施工合同》，第1条约定工程名称为碧水庄园（三期）工程；第3条约定开工日期为2012年5月7日，竣工日期为2013年10月30日；第5条约定合同价款为159 777 866元人民币。该合同的《专用条款》第23条“合同价款及调整”名下，23.2约定“本合同价款采用固定价格合同方式确定”。该合同于2012年5月24日办理了备案。

2014年8月21日，天津市恒增房地产开发有限公司与浙江环宇建设集团有限公司订立《碧水庄园三期工程补充协议》，开门见山地约定：“甲乙双方分别于2012年3月23日订立了《碧水庄园三期工程施工总承包协议》，2013年10月10日订立了《2013年9月补充协议》，2014年3月12日订立了《关于碧水庄园三期工程确定工程量和工程总价的函》，但在合同履行过程中，由于甲方再三违约，不按时支付工程款，导致原协议无法履行。鉴于工程现状，为确保工程顺利进行，甲乙双方经友好协商，在上述三份协议的基础上，对其中部分条款作如下调整：　、工程造价：1. 合同造价：暂定为1.96亿元人民币（不包含甲方分包工程）。2. 执行定额及取费标准：本工程定额执行2008年《天津市建筑工程计价办法》、《天津市建筑工程预算基价》、《天津市安装工程预算基价》以及与该定额配套的政策性文件，各专业工程均按一类工程相应费率取费。……”

2015年1月12日，天津市恒增房地产开发有限公司与浙江环宇建设集团有限公司签订《备忘》，明确“根据甲、乙双方2014年8月21日《碧水庄园三期工程补充协议》，同时天津市建通工程招标咨询有限公司结算审核结果表明，碧水庄园三期工程审定金额为234 042 972元。现甲、乙双方经友好协商，就以下事项达成备忘如下：一、甲、乙双方一致确认，碧水庄园三期工程结算总价为234 042 972元。……”

根据《合同法》第286条以及法释〔2002〕16号的规定，承包人浙江环宇建设集团有限公司对案涉碧水庄园三期工程享有优先受偿权。

第三人张某某（民间借贷关系中的出借人）就案涉碧水庄园三期工程享有在建工程抵押权。

如果依据天津市恒增房地产开发有限公司与浙江环宇建设集团有限公司于2012年5月17日订立的《天津市建设工程施工合同》约定，承包人浙江环宇建设集团有限公司就案涉碧水庄园三期工程享有工程款债权为159 777 866元。这样，承包人浙江环宇建设集团有限公司行使其优先受偿权，碧水庄园三期工程建造的房屋的部分变价就能够满足该项债权，第三人张某某享有的在建工程抵押权可就其他房屋变价，部分甚至全部实现其民间借贷债权。与此不同，如果依据天津市恒增房地产开发有限公司（发包人）与浙江环宇建设集团有限公司（承包人）于 2012 年 3 月 23 日订立《碧水庄园三期工程施工总承包协议》及其补充协议，以及《备忘》，承包人浙江环宇建设集团有限公司享有的工程款债权为 234 042 972 元人民币，行使优先受偿权之后，第三人张某某的在建工程抵押权难以实现。

张某某认为，系争合同，即 2012 年 5 月 17 日订立的《天津市建设工程施工合同》，为备案合同，其第 5 条约定的合同价款为 159 777 866 元人民币。而天津市恒增房地产开发有限公司（发包人）与浙江环宇建设集团有限公司（承包人）所主张的案涉合同，系 2012 年 3 月 23 日订立的《碧水庄园三期工程施工总承包协议》及其补充协议以及《备忘》，均未备案。按照法释〔2004〕14 号第 21 条关于“当事人就同一建设工程另行订立的建设工程施工合同与经过备案的中标合同实质性内容不一致的，应当以备案的中标合同作为结算工程价款的根据”的规定，应以备案的《天津市建设工程施工合同》所约定的合同价款 159 777 866 元人民币为准，而不得以未经备案的《碧水庄园三期工程施工总承包协议》及其补充协议以及《备忘》所约定的合同工程款 234 042 972 元人民币为准。此其一。其二，该合同工程款 234 042 972 元人民币，系对建设工程造价进行鉴定所得数额，而法释〔2004〕14 号第 22 条规定：“当事人约定按照固定价结算工程价款，一方当事人请求对建设工程造价进行鉴定的，不予支持。”

反对张某某上述意见者则认为，案涉工程为碧水庄园三期，备案合同和未经备案的合同均以之作为标的物，合同的当事人双方也相同，未经备案的合同也是该当事人双方就同一标的物所为意思表示且一致的结果，所以，天津市恒增房地产开发有限公司与浙江环宇建设集团有限公司于 2013 年 10 月 10 日订立的《2013 年 9 月补充协议》，于 2014 年 3 月 12 日签署的《关于碧水庄园三期工程确定工程量和工程总价的函》，于 2014 年 8 月 21 日签订的《碧水庄园三期工程补充协议》，也都是对备案合同的补充或曰变更，因而其载明的合同工程款 234 042 972 元人民币应受法律认可和保护。承包人浙江环宇建设集团有限公司源自《合同法》第 286 条规定的优先受偿权，在债权数额方面就是 234 042 972 元人民币。

究竟孰是孰非？如果系争合同是依招标投标程序订立的，张某某援用法释〔2004〕14 号第 21 条的规定，主张以备案的《天津市建设工程施工合同》项下的工程款 159 777 866 元人民币为准，不得以未经备案的《2013 年 9 月补充协议》、《关于碧水庄园三期工程确定工程量和工程总价的函》和《碧水庄园三期工程补充协议》项下的工程款 234 042 972 元人民币为准，这是有法律依据的，至少在法律适用理论的层面结论应当如此。其道理在于：相同的当事人双方就同一标的物可以成立数个合同，如甲和乙就 A 楼先后签订了两个买卖合同。这两个 A 楼买卖合同可以是后一个对前一个的变更，从而在整体上甲和乙之间只有一个 A 楼买卖合同；也可以是各自独立的两个合同，各有其价值和法律意义。属于两个各自独立的 A 楼买卖合同，可能是第一个 A 楼买卖合同约定有存续期间，第一个合同的存续期间届满了，又成立了第二个 A 楼买卖合同；也可能是两个 A 楼买卖合同都有效存续，它们明确约定各自独立、互不取代；还可能受制于外界环境、特殊的管理体制，如北京市的商品房买卖主管部门要求网签，这样就可能出现买卖双方之间存在一个网签的商品房买卖合同和一个未经网签的商品房买卖合同。系争案件类似于后一种情形，中国现行管理体制区分备案的和未经备案的两类建设工程施工合同，并且以备案的建设工程施工合同约定的工程款为准。天津市恒增房地产开发有限公司与浙江环宇建设集团有限公司所签合同就是如此。由于它们双方明确 2013 年 10 月 10 日订立的《2013 年 9 月补充协议》、2014 年 3 月 12 日签署的《关于碧水庄园三期工程确定工程量和工程总价的函》、2014 年 8 月 21 日订立的《碧水庄园三期工程补充协议》都是对《碧水庄园三期工程施工总承包协议》及《天津市建设工程施工合同》的补充，而且《2013 年 9 月补充协议》、《关于碧水庄园三期工程确定工程量和工程总价的函》和《碧水庄园三期工程补充协议》未经备案，故难谓它们是对备案的《天津市建设工程施工合同》的补充。

但在系争合同非依招标投标程序订立的前提下，张某某径直援用法释〔2004〕14 号第 21 条的规定，就缺少了法律思维的步骤，不合法律适用的理论。其道理在于：法释〔2004〕14 号第 21 条关于“当事人就同一建设工程另行订立的建设工程施工合同与经过备案的中标合同实质性内容不一致的，应当以备案的中标合同作为结算工程价款的根据”的规定，以及法释〔2018〕20 号第 1 条第 1

款关于“招标人和中标人另行签订的建设工程施工合同约定的工程范围、建设工期、工程质量、工程价款等实质性内容，与中标合同不一致，一方当事人请求按照中标合同确定权利义务的，人民法院应予支持”的规定[①]，依其文义是适用于基于招标投标程序签订的建设工程施工合同的，系争合同非属依招标投标程序成立的建设工程施工合同，故系争案件不应适用这两条司法解释，即，不得以天津市恒增房地产开发有限公司与浙江环宇建设集团有限公司之间签订的《2013 年 9 月补充协议》、《关于碧水庄园三期工程确定工程量和工程总价的函》和《碧水庄园三期工程补充协议》未予备案为由，否定其效力。不错，这两条司法解释的确是就依照招标投标程序而订立建设工程施工合同而作的规定，但非依招标投标程序所签建设工程施工合同就不可类推适用该规定吗？所以，不得武断地、简单化地以系争案件非依招标投标程序订立的建设工程施工合同为由排除这两条司法解释的适用，而必须确定系争案件可否类推适用这两条司法解释，也就是必须识别这两条司法解释设定的案型（法定案型）与系争案型有无类似性。若二者无类似性，则系争建设工程施工合同就不可类推适用这两条司法解释；若二者有类似性，那么，系争建设工程施工合同就可以类推适用这两条司法解释。欲完成该项工作，第一要明确，这两条司法解释依其文义甚至规范意旨是适用于依招标投标程序所签建设工程施工合同的，而系争案型是非依招标投标程序而订立的建设工程施工合同，这种二者的不同是讨论系争案型可否类推适用的前提问题，而非确定法定案型与系争案型之间有无类似性时所寻觅的两种案型的不同点这种问题，简言之，这种差异不属于此处所议不同点的范畴。第二设定，法定案型与系争案型中的意思表示不存在虚伪表示的问题，假如存在虚伪表示，则应适用《民法总则》第 146 条第 1 款的规定，或者备案合同因其为虚伪表示而无效，或者补充协议因其为虚伪表示而无效，就免去了以何者为准的麻烦，便无此处的工作任务。第三，这两条司法解释要解决的问题为是否以备案合同约定的（包括工程款的约定）为准，系争案件也要解决是以备案的建设工程施工合同项下的工程款为准还

---

① 尽管依据法释〔2018〕20 号第 26 条第 3 款关于“本解释施行前已经终审、施行后当事人申请再审或者按照审判监督程序决定再审的案件，不适用本解释”的规定，法释〔2019〕20 号第 1 条第 1 款的规定不得适用于系争案件，但若将该条作为法释〔2004〕14 号第 21 条文义的澄清、明确，而非新设法律规范，那么，在系争案件中援用法释〔2018〕20 号第 1 条第 1 款的规定，就有其依据。

是以未经备案的补充协议约定的工程款为准，也就是二者的工作任务是相同的。在这些前提下又有第四，即法定案型与系争案型的相同点：(1) 二者均为建设工程施工合同，且存在变更的现象；(2) 二者均有备案的意思表示与未经备案的意思表示两种情形；(3) 二者均有发包人和承包人之间的关系（内部关系）及其与第三人之间的关系（外部关系），且对之应贯彻有别的精神及规则；(4) 二者都要追求公平、合理的处理结果。第五，二者的不同点至少有以下几点：(1) 法定案型追求公平、合理的处理结果时考量应平等对待各个投标人；系争案型不考虑此种因素；(2) 法定案型更关注国家投资的实效、社会公共利益；系争案型不存在国家投资及其保障的问题；(3) 贯彻意思自治原则、交易安全原则的强度不同：系争案型彻底贯彻意思自治原则，只要前后四份协议都是当事人的真实意思，就应承认其法律效力，约束当事人双方，即使没有备案也必须承认其变更了最先签订的《碧水庄园三期工程施工总承包协议》；法定案型则不同，必须考虑国家投资的安全和保障、竞争秩序和平等对待每家投标者。

面对如此多种相同点和不同点，确定法定案型和系争案型之间有无类似性，不是简单地统计相同点多还是不同点多，而是考察并确定于此场合法律评价的重心在何处。处理系争案件，法律评价的重心在于：以备案的为准抑或相反，其依据是否成立、是否充分。笔者就此分析如下。

系争合同属于普通的民商合同，不属于《招标投标法》、《合同法》第 44 条第 2 款调整的对象，故应首先适用意思自治原则。于此场合，适用意思自治原则时应受何种限制？系争合同因其不涉及国家利益、社会公共利益，故应最大限度地发挥意思自治原则的功效。因为此种合同的备案不属于法律强制要求的措施，所以该种备案不具有限制意思自治原则的效力。换句话说，备案与否不影响《碧水庄园三期工程施工总承包协议》与《2013 年 9 月补充协议》、《关于碧水庄园三期工程确定工程量和工程总价的函》和《碧水庄园三期工程补充协议》之间的位阶和效力。由此决定，《2013 年 9 月补充协议》、《关于碧水庄园三期工程确定工程量和工程总价的函》和《碧水庄园三期工程补充协议》即便未予备案，也发生变更《碧水庄园三期工程施工总承包协议》及《天津市建设工程施工合同》的效力。

与此不同，适用《招标投标法》以及法释〔2004〕14 号第 21 条、法释

〔2018〕20 号第 1 条第 1 款的合同，备案与否直接影响合同的位阶和效力，依据备案与未予备案的建设工程施工合同并存时，必须以业已备案的建设工程施工合同为准，除非备案合同系虚伪表示。

如此说来，系争案型与法定案型不具有类似性，系争合同不得类推适用法释〔2004〕14 号第 21 条、法释〔2018〕20 号第 1 条第 1 款的规定。但是，该项结论只适合于发包人与承包人之间的建设工程施工合同关系，建设工程施工合同涉及有关第三人时，就不见得有该项结论。其原因种种，例如，系争案件中的张某某对于案涉工程享有抵押权，抵押权系物权，具有对世效力，专就案涉工程的处分及其价值而言，张某某的抵押权可以对抗发包人和承包人。再如，法律对于非依招标投标程序而订立的建设工程施工合同虽不强制备案，即使要求备案的，此类备案也不发生物权效力。还如，合同的相对性决定了发包人与承包人之间的约定，包括关于工程款于备案之后的约定，可以约束它们双方，但对抗不了第三人，特别是物权人。具体些说，在天津市恒增房地产开发有限公司或浙江环宇建设集团有限公司中的任何一方以这三份文件未予备案为由否定其效力时，以系争合同非依招标投标程序成立故不得贯彻法释〔2004〕14 号第 21 条、法释〔2018〕20 号第 1 条第 1 款的理念和理由予以对抗，有其道理；但将视线延伸至对案涉工程享有抵押权的当事人时，就不得不尊重抵押权的物权效力，不得忽视备案这种公示及其效力。因为最高人民法院《关于建设工程价款优先受偿权问题的批复》第 2 条后段规定“优先受偿权担保的债权”“优先于其他民事主体在建设工程上设定的抵押权所担保的债权得到实现”，所以，承包人浙江环宇建设集团有限公司的工程款债权及其数额直接影响到张某某在案涉工程上设立的抵押权能否全部或部分地实现。如果浙江环宇建设集团有限公司享有的工程款债权的数额巨大，以至于它就案涉工程的变价优先实现其工程款债权后再无余额，那么，存在于案涉工程上的张某某的抵押权便无实现的机会。因为系争《碧水庄园三期工程施工总承包协议》业已备案，张某某与天津市恒增房地产开发有限公司订立借款合同并设立抵押权时不可能不注意《碧水庄园三期工程施工总承包协议》项下的工程款数额。张某某之所以同意在案涉工程上设立抵押权，是因为即使浙江环宇建设集团有限公司就案涉工程行使其工程款优先受偿权，余额也能满足案涉抵押权担保的借款本息，不然，张某某就会要求在天津市恒增房地产开发有限公司的其他财产上设立抵押权或质权，或请求天津市恒增房地产开发有限公司委托保证人。既然如此，如果任凭未予备案的《2013 年 9 月补充协议》、《关于碧水庄园三期工程确定工程量和工程总价的函》和《碧水庄园三期工程补充协议》项下的工程款债权额也拘束抵押权人张某某，使得浙江环宇建设集团有限公司就案涉工程享有的工程款优先受偿权覆盖该债权额，就严重限制了张某某在案涉工程上存在的抵押权的功效，该抵押权担保的借款本息难以全部或部分地收回。有鉴于此，笔者坚持未予备案的《2013 年 9 月补充协议》、《关于碧水庄园三期工程确定工程量和工程总价的函》和《碧水庄园三期工程补充协议》仅仅拘束缔约人双方，在与抵押权人张某某的关系上，基于这三份文件产生的工程款债权额不得害及该抵押权。

捌

合同解释的原则

解释合同，应遵循一些基本思想，达到合同目的，实现公平正义。“这些合同解释的原则，不论是立法提供的还是法理学阐明的，对于法律实务工作者与商人都是重要的，他们需要确定合同的含义。”[①] 这些合同解释的原则同时也是合同解释的方法。根据《民法总则》第142条及《合同法》第125条第1款等条款的规定及解释，以及新理念和新思维方式，介绍和讨论以下原则。

一、以合同文义为出发点，客观主义结合主观主义

合同条款系由语言文字所构成。欲确定合同条款的含义，必须先了解其所用词句，确定词句的含义。因此，解释合同必先由文义解释入手，对此《合同法》第125条第1款作了明确规定。

确定合同用语的含义，当然需要明确该词句的通常含义，在当事人按通常含义使用该词句时尤其如此（《合同法》第41条）。不过，在当事人赋予该词句特别含义时，合同解释就“并非始于用语的本身含义，而是始于当事人各方签订合同时采用的含义”[②]。

---

① Patrick S. Ottinger, Principles of Contractual Interpretation, 60 La. L. Rev., 765 (Spring, 2000).

② E. Allan Farnsworth, Farnsworth on Contracts, Aspen Publishers, 244 (1990).

合同文本采用两种以上文字订立并约定具有同等效力的，对各文本使用的词句推定具有相同含义（《合同法》第125条第2款）。

当事人在订立合同时采用的含义，是指其内心的意思，还是表示出来的意思？19世纪的立法盛行探求当事人内心意思的主观主义，至今仍有人主张应把主观主义作为解释合同的第一标准加以考虑[①]，这有其历史原因。罗马人主要以遗赠（Legaten）为出发点，发展形成了罗马法中的解释学说。罗马法中的遗赠是一种无偿的死因赠与，因此几乎不需要对受益人的信赖提供保护。这样，在对遗赠人的意思（voluntas）以及遗赠的文句（verba）进行解释时，就应以前者为优先的对象。德国民法中的遗赠（Vermächtnisse）起源于罗马法中的遗赠。《德国民法典》第133条的规定正说明了这个原则。[②] 但若绝对如此，则损害善意第三人的合法权益，违反交易安全原则。早在19世纪晚期，Oliver Wendell Holmes和Samuel Williston就都正确地认为，债将不按照当事人各方的主观意思，而是依据一个对当事人各方的用语和行为的合理解释而附着上去的。[③] 现代法奉行表示主义，应按当事人表示出来的意思加以解释。"所谓当事人之真意，不是指当事人主观内心之意思，而是从意思表示受领人立场去认定之'客观表示价值'。"[④]

所谓当事人表示出来的意思，首先是以合同用语为载体的意思。这就要依据合同用语解释合同。但由于主客观方面的原因，合同用语时常不能准确地反映当事人的真实意思，有时甚至相反。这就要求解释合同不能拘泥于合同文字，而应全面考虑与交易有关的环境因素（情事），包括书面文件、口头陈述、各方表现其意思的行为，以及当事人各方缔约前的谈判活动和交易过程、履行过程或惯例。

对此，在此试举一例予以说明并阐释。某《股权转让协议》由转让方甲、

---

① ［日］奥田昌道等：《民法学·I·总论的重要问题》，东京，有斐阁1981年版，第161页。

② ［德］迪特尔·梅迪库斯：《德国民法总论》，邵建东译，北京，法律出版社2000年版，第237页及其注13。

③ K. M. Sharma，From "Sanctity" to "Fairness"：An Uneasy Transition in the Law of Contracts? New York Law Journal of International & Comparative Law，18 N. Y. L. Sch. J. In't & Comp. L.，95 (1999).

④ 王泽鉴：《民法债编总论·基本理论·债之发生》（总第1册），台北，三民书局1993年版，第178页。

乙、丙、丁与受让方戊订立，其中第 4 条第 2 款约定："目标公司或转让方就本次股权转让按照与 A 银行的合同要求通知 A 银行，并就股权转让事项征得 A 银行的同意。目标公司征得 A 银行同意，进行提前还贷。"海南省高级人民法院（2017）琼民初 18 号民事判决书认定，该条款之意是"取得 A 银行同意本次股权转让同意函系股权转让方即目标公司等四公司的合同义务，而不是受让方的合同义务"。笔者对此认定商榷如下：系争《股权转让协议》第 4 条第 2 款的文义确是"取得 A 银行同意本次股权转让同意函系股权转让方即目标公司等四公司的合同义务，而不是受让方的合同义务"，但若结合系争合同的背景和交易的实质，则会有另外的结论。其道理在于，系争《股权转让协议》属于承债式股权转让，受让方须偿还目标公司所欠 A 银行 200 000 000.00 元人民币的本息，这样，受让方有无偿债能力对于 A 银行来说十分重要，假如受让方无偿债能力却实际受让案涉股权，A 银行就难以收取 200 000 000.00 元人民币的本息。由此决定，A 银行是否同意案涉股权转让的关键影响因素是受让方有无偿债能力，而非目标公司及转让方，尤其不是转让方。据此，应透过系争《股权转让协议》第 4 条第 2 款的字面意思，站在系争《股权转让协议》的整体角度，注意交易背景，得出"取得 A 银行同意本次股权转让同意函系受让方的合同义务"乃当事人真实的意思的结论。

不过，在合同因欺诈、胁迫、乘人之危、错误等原因而订立的情况下，如果不考虑受欺诈人、受胁迫人、处于困难境地的人、重大误解人的内心真意，片面强调他们表示于外部的意思，反倒不利于受欺诈人等，甚至会怂恿欺诈等违法行为的发生。于此场合，尚应采取主观主义的解释原则。

总之，客观主义为主、主观主义为辅，是中国法应采取的合同解释的原则之一。

奉行客观主义，在具体运作时，应把握以下要点：在解释合同用语的过程中，人们常说我们探寻当事人各方的意思和意图，但是，由于当事人各方可能有不同的意思和意图，法院必须确定谁的意思和意图具有法律效力，如果只能选择其中之一的话①，在当事人各方对合同用语理解不同的场合，法院应以一个理性

---

① Arthur Linton Corbin, Corbin on Contract (one volume edition), West Publishing Co., 500 (1952).

人处于缔约环境中对合同用语的理解为准，来探寻合同用语的含义，支持当事人一方对合同用语的理解，漠视当事人另一方的理解。在双方对某合同用语并未赋予特定含义的情况下，法院可以客观合理性标准（objective standard of reasonableness）来揭示合同用语的含义，而根本不根据当事人各方的任何意图。理解最后一点，仍不要忘记下述普通法系主流的观点：合同是完全依靠当事人的内心真意（intention）的结果，而非法院强加的。法院不为当事人订立合同，也不调整或改变由当事人拟定的条款。①

对此，再结合具体案例阐释如下。

按照马克思主义，合同的效力评价不总是尊重当事人的意思，甚至根本不顾其真实意思，完全以上升为法律的国家意志为评价标准。违反《民法总则》第146条第1款、第153条和第154条以及《合同法》第52条和第53条的法律行为无效，即为明证。但是，合同的成立及其内容，则应以当事人的意思为准，充分尊重当事人的意思。

海南新宏基房地产发展公司（甲方）、海南大骅实业有限公司（乙方）、海南正益计算机信息系统有限公司（丙方）、顾某某（丁方）于2014年1月23日订立《协议书》，序言为“甲、乙、丙三方于2007年1月16日和2007年7月18日就‘新宏基大厦’部分房产转让事宜签订《协议书》和《补充协议书（一）》，现经甲、乙、丙、丁四方充分协商，达成如下协议条款”。第4条约定：“本协议的生效是以丁方在（2014）海中法执字第4号执行案中收到全部14 650 000.00元为前提。”

案涉《和解协议》由顾某某与郑某某、海南大骅实业有限公司订立，与系争《协议书》有牵连的条款主要有第4条：“以上三项相抵后，郑某某、海南大骅实业有限公司应向顾某某支付14 650 000.00元。”第6条：“顾某某收到上述14 650 000.00元后，向海口市中级人民法院申请解除其对被执行人郑某某、海南大骅实业有限公司财产包括对海南大骅实业有限公司名下富爵广场2号楼项目、海南大骅实业有限公司在琼山区法院执行案件权益的查封。如郑某某未能按上述约定履行，该协议自动解除，顾某某有权继续申请法院强制执行。”

系争《协议书》所谓“本协议的生效是以……为前提”，属于《合同法》第

① P. S. Atiyah, The Rise and Fall of Freedom of Contract, Oxford · Clarendon Press, 681 (1979).

45条规定的附生效条件吗？观察其意，应做肯定的回答，尽管其措辞是“为前提”，而非“为条件”。

此处所附条件究竟是顾某某“在（2014）海中法执字第4号执行案中收到全部14 650 000.00元”这个纯粹的未来的事实，还是除此而外还有该事实发生的原因及其行为？原被告的理解很不一致。被告顾某某辩称：“涉案《协议书》与《和解协议》于2014年1月23日同日签订，《和解协议》于签订当日生效，而《协议书》应于《和解协议》得到完全履行才能生效，从而得到即时履行。因大骅公司不履行《和解协议》，《和解协议》于2014年3月7日失效，则《协议书》自始未生效。”

笔者不赞同这种抗辩及其理由，因为系争《协议书》第4条约定的文义是，该协议书的生效条件是顾某某在（2014）海中法执字第4号执行案中收到全部14 650 000.00元，而非顾某某在（2014）海中法执字第4号执行案中收到全部14 650 000.00元，且收到该14 650 000.00元乃基于案涉《和解协议》的一直有效与实际履行。顾某某的辩称超越了系争《协议书》第4条约定的文义，添加了案涉《和解协议》不失效和实际履行该协议而取得14 650 000.00元这些内容。而添加的内容只要未获包括原告在内的其他三方当事人同意，就不具有法律效力。从诉讼过程中的证据和辩论意见看，至少原告不认可这种添加。此其一。海南新宏基房地产发展公司、海南大骅实业有限公司、海南正益计算机信息系统有限公司、顾某某四方之间存在着一系列复杂的法律关系，需要了结。四方于2014年1月23日同日订立《协议书》和《和解协议》，就是这种了结的法律文书，系争《协议书》和案涉《和解协议》的约定正是这种了结的安排。其中，系争《协议书》安排一些事项，案涉《和解协议》安排另外的事项，二者相互衔接，各司其职，共同了结它们之间的权利义务，但不是互为前提，亦非系争《协议书》的生效以案涉《和解协议》持续有效为条件。此其二。审视案涉《和解协议》的约定及其他有关证据，不难发现，14 650 000.00元并由顾某某收取这个事实的确定，就其本源来说，并非案涉《和解协议》“首创”的，而是案涉当事人既存债权债务且犬牙交错的形态相互抵充的结果，就是说，通过订立《和解协议》可以形成14 650 000.00元并由顾某某收取这个局面，即便不签订《和解协议》也可以达到这个结果。在这个意义上说，系争《协议书》第4条关于“本协议的生效是以丁方在（2014）海中法执字第 4 号执行案中收到全部 14 650 000.00 元为前提”的约定，确实重在顾某某适时地收到 14 650 000.00 元这个事实，并不太在意顾某某基于案涉《和解协议》的生效并一直持续而适时地收到 14 650 000.00 元，换言之，案涉《和解协议》是否持续有效并非系争《协议书》第 4 条所关注的因素。此其三。

海南省海口市中级人民法院（2016）琼 01 民初字 257 号民事判决书认为：“本案《协议书》与《和解协议》于同日签订，两份协议均与 4 号执行案存在关联……就《和解协议》而言，既约定以 4 号执行案付款金额（达到 1 465 万元），又约定以 4 号执行案的付款期限（于 2014 年 3 月 7 日前）作为合同解除的条件。”可以说，该认定基本符合系争《协议书》第 4 条关于“本协议的生效是以丁方在（2014）海中法执字第 4 号执行案中收到全部 14 650 000.00 元为前提”的约定，值得肯定。

遗憾的是，海南省高级人民法院（2016）琼民终字 71 号民事判决书却撤销了海南省海口市中级人民法院（2016）琼 01 民初字 257 号民事判决书，虽然其未正面认定系争《协议书》第 4 条约定的生效条件包含案涉《和解协议》不得失效这个因素，但其判决主文却折射出未认定系争《协议书》已经生效，结合其“本院认为”部分反复强调、重申案涉《和解协议》已经自动生效，可探知其意是：系争《协议书》第 4 条约定的生效条件，不单纯是顾某某收取 14 650 000.00 元，案涉《和解协议》不自动解除也属于此处所附生效条件的因素。从笔者在上文的分析中可知，海南省高级人民法院（2016）琼民终字 71 号民事判决书在这点上不正确。

二、体系解释

（一）体系解释的界定

所谓体系，是指一种理念之下各种知识的统一，或依原则所编排的知识的整体。[①] 法律体系有内在体系和外在体系。所谓法律的内在体系，是指反映民法内

① Immanuel Kant, Kritik der reinen Vernunft, 1. Aufl., 1781, S. 832 及 2Aufl, 1787, S. 860, Metaphysische. 转引自朱岩：《社会基础变迁与民法双重体系建构》，载《中国社会科学》2010 年第 6 期，第 151 页。

在论证关联的根本价值取向体系。所谓法律的外在体系，是指以一定的逻辑方式对从生活事实层面抽象所得的法的概念、制度加以建构的体系。[①] 所谓法律上之体系，由于其本身亦系建立于价值判断之上，故亦具有规范之内容。合乎社会需要、结构严谨之法律体系，对于法律生活，具有规范之功能。[②] 此种概括更偏重于法律的内在体系。这种思想及观点是否适合于合同体系呢？按照《法国民法典》关于合同在当事人之间相当于法律（第 1103 条）的理念，答案应当是肯定的。但是，根据马克思主义，合同要发生法律效力必须是当事人的意思符合于上升为法律的统治阶级意志，事情就不像法国民法那样简单。例如，合同的外在体系难有法律的外在体系那样较为健全的概念、体系及方法，这在合同文本为非法律人所拟制的情况下表现得尤为明显。

不过，合同和法律终究有相通的一面。作为交易的法律形式，合同内在地要求具备要素以及相互衔接的环节，如买卖合同必有出卖人、买受人、买卖物和价款，以及交货和付款的时间、地点和方式。所有这些，应当属于合同的内在体系的范围。合同的上述内在要求必然地借助于合同用语、合同条款逻辑地表达出来，诸如"鉴于"条款、定义条款、通用条款、专用条款、争议解决条款等等。所有这些，应为合同的外在体系。

（二）确立体系解释的根据

萨维尼认为体系是"法律内在一致性的前提"[③]，变通其说可有合同体系是合同内在一致性的前提的断语。"它并不总是一个类似单纯的原因和结果之间关系的纯粹逻辑上的一致性，而是源于法律关系及其雏形内在本质的整体观念的有机统一。"[④] 为表达和传递当事人的合同意图所使用的语言文字，在合同的整个内容中是有组织的，而不是毫无联系、彼此分离的词语排列。因而，如果不把争

---

① ［德］卡尔·拉伦茨：《法学方法论》（学生版），陈爱娥译，台北，五南图书出版有限公司 1996 年版，第 357－359 页，第 369－394 页；朱岩：《社会基础变迁与民法双重体系建构》，载《中国社会科学》2010 年第 6 期，第 151 页。

② Vgl. Raiser，S. 45f. 关于体系之概念及功能，参阅 Larenz，Methodenlehre der Rechtswissenschaft，1969，S. 348. 转引自王泽鉴：《民法学说与判例研究》第 1 册，台北，三民书局 1980 年第 5 版，第 189 页。

③ ［德］维尔纳·弗卢梅：《法律行为论》，迟颖译，北京，法律出版社 2013 年版，第 346 页。

④ ［德］维尔纳·弗卢梅：《法律行为论》，迟颖译，北京，法律出版社 2013 年版，第 346 页。

议的条款或词语与其上下文所使用的其他词语联系起来，而是孤立地去探究它的一般意思或可能具有的意思，就很难正确、合理地确定当事人的实际意图。相反，还可能产生不该有的误解。由此决定，体系解释应是把全部合同条款和构成部分看作一个统一的整体，从各个合同条款及构成部分的相互关联、所处的地位和总体联系上阐明当事人系争的合同用语的含义，或者拟出欠缺的合同条款。甚至有时要有条件地把相关交易、连续交易看成一个整体解释合同条款。合同推定解释与（阐释性）解释的规则也要求法院把合同的所有部分作为一个整体。[①] 没有孤零零的条款会具有控制效力；恰恰相反，法院必须考虑指向整个合同的全部条款。[②] 进而，法院应把陷于冲突的条款往需要反映当事人各方的真意的方向上调和。[③] 当事人各方的意思不得从文本的特殊条款或不连贯的部分中推断出来，而须溯源于协议的整体，因为该当事人的意思仅有协议的任何部分或条款得不到证明，没有任何部分或条款的合同文本也得不到证明；依靠每一部分与条款证明当事人的意思，只有所作解释与每一其他部分相和谐、同整个协议相和谐时，该解释才是可取的。如此确定出的当事人各方的意思必须优先于合同中干巴巴的词、不适当的明示、不认真的叙述，除非这样的意思直接地同协议中有拘束力的词所呈现的平实意思相反。[④]

体系解释原则及方法被承认还有尊重当事人意思的合同自由原则的根源。既然合同条款经各方当事人协商议定，就自然需要平等对待，视同一体。[⑤] 例如，某《信托贷款合同》于其“前言”中明示：“本合同的通用条款与专用条款为对应关系，可相互解释，互为说明。”这显示出当事人要求体系解释，这不违反强制性法律规定，不损害公序良俗，应予承认。

所谓“平等对待，视同一体”，并非在说每个合同条款在合同中的地位相同、分量同等、功效一致，如同《物权法》《民法总则》虽然奉行平等保护物权的原

---

① See Forbau v. Aetna Life Ins. Co.，876 S. W. 2d 132，133（Tex. 1994）；Restatement（Second）of Contracts〈sect〉202（2）（1981）.

② See Coker v. Coker，650 S. W. 391，393（Tex. 1983）.

③ See Ogden v. Dickinson State Bank，662 S. W. 2d 330，332（Tex. 1983）.

④ Witherspoon Oil Co. v. Randolph，298 S. W. 520，522（Tex. Comm'n App. 1927，judgm't adopted）.

⑤ 金勇军：《一般交易条款的解释》，载《法学》1997年第5期，第41页。

则，但并不意味着国家所有权、集体所有权、私人所有权在客体的范围、在交易领域各方面完全一致一样；而是不贬低某个或某些合同条款，不人为地抬高某个或某些合同条款，而是依当事人的意思和法律精神实事求是地、恰如其分地揭示合同条款的意思，使其发挥应有的作用。其实，整体地审视和对待合同的全部条款，则体系解释就暗含着这样的内容：合同的每个条款各有各的地位，分量有轻有重，作用有大有小，如同一辆汽车由众多的零部件组成，但各个零部件所起作用不同一样。这就要求解释者恰如其分地对待每个合同条款，不得不合实际地将其等量齐观。例如，某合同先有"鉴于"条款，后有合同正文。尽管"鉴于"条款也是合同条款，但其本质及功能决定，"鉴于"条款应为缔约的缘由或背景或前提或基础，或者兼而有之。无论何者，"鉴于"条款在本合同中不直接产生由相应的当事人承受的权利义务，合同正文才是产生权利义务并由当事人承受的约定。所谓鉴于条款"通常不是作为允诺或者条件来起草的。尽管它们对合同正文的解释所起的作用有时并不是很明显的，但是它们经常被有意地用来（而且也经常被用来）对那些当事人希望在合同解释被予以考虑的情事予以强调"[①]。不过，由于缔约者未必是法律人，把本应安排在合同正文中的条款错置于"鉴于"条款之中，也难以避免。若果真如此，则应依合同条款的本来面貌对待，承认其产生权利义务并由相应的当事人承受，不可形式主义地以"鉴于"条款之名否认其产生权利义务，不认可当事人承受"鉴于"条款产生的权利义务。

应该确立体系解释的理由还有：合同内容通常是单纯的合同文本所难以完全涵盖的，而是由诸多的其他行为和书面材料所组成，诸如当事人各方的初步谈判、要约、反要约、信件、电报、电传，等等。其中可能包含当事人各方对合同文本内容的修订或其他问题的补充、说明，也可能包含对合同的担保、特殊信用要求等。"必须记住，书面或口头合同中所用用语并非当事人一方或各方的意思的唯一表达。的确，他们可以约定现在用文句表达的合同是他们唯一的和完整的合同，取代和取消一切先前的不生效的协议和理解，以便学识渊博的学者都可以

① ［美］E. 艾伦·范斯沃思：《美国合同法》（原书第3版），葛云松、丁春艳译，北京，中国政法大学出版社2004年版，第470页。

说，当事人各方的合同已经被特殊用语加以了‘整合’（integrated）。”[①] 因此，在确定某一条款或词语的意思过程中，应该把这些材料都放在一起进行解释，以便通过其他合同成分或证据材料的帮助，明确争议内容所具有的意义。换个角度说，订立合同，要求当事人把所有的合同内容都毫无遗漏地落实到书面上是非常困难的。当合同的某方面内容没有规定或规定不明确时，整体地把握合同内容，或者进而联系该种合同的法律制度，按照有关合同条款或法律规定的内容、精神来理解合同，都有一定的意义和价值。[②]

法律行为没有像法律那样被纳入统一秩序的整体框架之中，所以，与法律解释有所不同的是，法律行为解释无须考虑体系解释这一要素。这一点正是法律解释与法律行为解释的根本区别所在。[③] 但是，这绝对化了，即使对法律行为的解释也需要体系解释。

就法律行为的规范解释而言，除解释的语法和逻辑要素，以及可能会被考虑的历史因素以外，那些在法律行为表示作出时赋予其意义的事实情形可以取代解释的体系要素。此处的事实情形指的是那些涉及表示的事实情形，而不是那些涉及参与表示当事人个人的情形。在进行解释时，仅应考虑当事人作出表示时出现在他面前的那些事实情形。[④]

（三）体系解释的立法例及学说表达

体系解释得到了各国和地区的法律的认可，是普遍采用的解释原则。例如，《法国民法典》第 1161 条规定：“契约的全部条款得互相解释，以确定每一条款从整个行为所获得的意义。”美国《合同法重述》（第 2 版）第 235 条第 2 款规定：“文书之解释，应就其全部作为整体而为之。同一交易行为，有多种文书形成其部分者，应合并解释。”其判例和学说认为，合同解释的规则要求法院把合同的所有部分作为一个整体。[⑤] 在中国，《民法总则》第 142 条第 1 款关于有相对

---

① Arthur Linton Corbin，Corbin on Contract（one volume edition），West Publishing Co.，508 (1952).

② 苏惠祥主编：《中国当代合同法论》，长春，吉林大学出版社 1992 年版，第 258－259 页。

③ ［德］维尔纳·弗卢梅：《法律行为论》，迟颖译，北京，法律出版社 2013 年版，第 362 页。

④ ［德］维尔纳·弗卢梅：《法律行为论》，迟颖译，北京，法律出版社 2013 年版，第 363 页。

⑤ See Forbau v. Aetna Life Ins. Co.，876 S. W. 2d 132，133（Tex. 1994）；Restatement（Second）of Contracts 〈sect〉 235（2）(1981).

人的意思表示的解释应当结合相关条款确定意思表示的含义的规定，以及《合同法》第125条第1款关于按照合同的有关条款予以解释、第61条关于合同欠缺质量、价款或者报酬、履行地点等条款时按照合同有关条款加以确定的规定，可看作肯定了体系解释原则。

（四）体系解释与合同矛盾之判断和消除

合同体系，既然称作体系，就必然要求整个合同内部自洽。如果合同内部不自洽，就要通过合同解释达到自洽。这样，所谓体系解释，其潜台词便是：合同的全部条款应当协调一致，不存在抵触、矛盾，假如当事人草拟的合同文本在条款之间存在抵触、矛盾，就必须通过解释消除此类抵触、矛盾。这就不可避免地要漠视或删除某个或某些条款。这是理想的状态和结果，是解释合同之人努力达到的目标。在英国，一方面坚持这样的原则：如果能够协调它们之间的矛盾并且给两条或以上的不同条款都有一定的解释和存在的价值，就应该这样解释，即使在协调的过程中会把一些看来清楚无误的个别文字的意思作出一定的扭曲或局限①；在 The "Caspiana"（1956）2 Lloyd's Rep. 379 案中，Jenkins 大法官针对提单发表的意见是，提单使用一份印制的格式条款，内有一般性的条件，然后当事人各方写上、打字或合并其他条款，如租赁合同，而这与印刷形式的合同条件有矛盾或违背了提单的目的/目标和意图，法院就会限制或更改起矛盾的印刷形式的合同条件，或如果是一个全面的矛盾导致无法协调，才会漠视或删除。② 另一方面，又认可如下处理方法：在两条不同条款之间有矛盾时，漠视或删除其中一条是应该尽量避免的，因为这是重写（rewrite）当事人各方订立的合同，这样做只是没有其他办法时最后的办法（last resort）。比较普遍发生的情况是当事人各方使用一份被普遍使用的格式条款，然后当事人各方加上一些有特殊需要的附加条款。这就经常导致被加上的附加条款无法全面配合格式合同中的格式条款，如此，应接受附加条款有更大可能反映缔约当事人各方的意图。但是，即使出现

---

① Atkinson 阐释之意，See Fuller's Theatre and Vandeville Co. Ltd. v. Refe（1932）A. C. 435. 转引自杨良宜：《合约的解释》，北京，法律出版社2007年版，第98页。

② Jenkins 阐释之意，See The "Caspiana"（1956）2 Lloyd's Rep. 379. 转引自杨良宜：《合约的解释》，北京，法律出版社2007年版，第100页。

这种情况，还是要尽量协调，而不是简单地漠视或删除格式条款。[①]

英国判例视个案而决定是漠视或删除某个或某些条款以达合同内部自洽的目的，还是协调不同的合同条款之间的矛盾并且给两条或以上的不同条款，都有一定的解释和存在的价值，这是明智的，效果更佳。这值得中国法及理论借鉴。

客观实际是，删除某个或某些条款终究是极个别的现象，保留且使每个合同条款以及语句都有意义，又不存在矛盾、抵触，该项任务历史地落在了合同解释肩上。如何判断合同条款以及语句有无矛盾、抵触？确定合同条款确有矛盾、抵触后，如何消除？应该区分情况，然后对症下药。

在某特定交易基于当事人的约定或法律规定而确定地采取框架合同—具体合同的模式场合，具体合同的约定有异于框架合同的，不应视为合同条款以及语句存在矛盾、抵触，而应把具体合同作为框架合同的具体化、增强可操作性看待，换句话说，不得对具体合同超出框架合同的内容予以漠视，更不得将之删除。当然，如果具体合同已使框架合同面目全非，就不再是框架合同—具体合同的模式了。解决这个问题，必须确定当事人的真实意思，就是确定下来当事人各方究竟是信守框架合同—具体合同的模式，还是废弃该种模式。如果是废弃，则以具体合同为准；如果是信守，则坚持框架合同，凡是导致框架合同变形乃至不复存在的具体合同条款，都得被废除。

凡是当事人各方不坚持先签合同不得被改变的，那么，后续合同改变了先签合同项下的权利义务的，也不认定为先签合同与后续合同之间存在矛盾、抵触，而是认为后续合同变更了先签合同，前后不一致的条款以及语句，以后续合同的约定为准。但是，如果当事人有言在先：补充协议不得改变先签合同，补充协议与先签合同不一致的，均以先签合同为准，那么，如果出现补充协议与先签合同存在不一致的，就应认定为先签合同与补充协议之间存在矛盾、抵触。于此场合，消除的方法就是剔除补充协议中与先签合同不一致的条款或者语句。

法国民法等立法例及学说区分合同更改（更新）与合同变更，前者指后续合同改变了先签合同的要素，如替换了合同标的。中国民法及理论若接受此种区

---

① Yien Yieh Commercial Bank Ltd. v. Kwai Chung Gold Storage Co. Ltd. (1989) 2 H. K. L. R. 639. PC. 转引自杨良宜：《合约的解释》，北京，法律出版社 2007 年版，第 98－90 页。

分，会导致同一性理论及其法律后果被运用于何种场合的甄别，但在判断先签合同与后续合同之间是否存在矛盾、抵触方面，合同变更与合同更改之间似无差异。就此说来，上个自然段所论的方法和结论于合同更改领域中同样合适，不再赘言。

当事人双方明确以 A 楼抵作欠款 6 亿元人民币，且实际交付了 A 楼。这就是代物清偿，其法律效力是就此消灭了双方原来的借款合同关系。由于借款合同已被消灭，代物清偿合同在发挥作用，二者“有你没我”，因此不存在两个合同抵触、矛盾的问题，无须借助于合同解释消除所谓矛盾、抵触，依赖代物清偿合同足矣。其实，代物清偿合同也因使命完成而寿终正寝了。

与此有别，虽然当事人双方明确以 A 楼抵作欠款 6 亿元人民币，但 A 楼并未交付。此类合同不是代物清偿合同，只是以物抵债合同。于此场合，借款合同和以物抵债合同都存续，各自发生着法律效力。尽管以物抵债合同在不少方面都异于借款合同，但不得以两个合同存在矛盾、抵触论处，不得认定凡是不一致的均以以物抵债合同为准。正确的观点是，在 A 楼交付之前，两个合同都在发生着各自的法律效力，相互不变更、不更改、不取代；但在 A 楼交付后，借款合同归于消灭。

有必要讨论的还有，公司甲自银行乙处借款 8 000 万元人民币，届期未还，双方再签借款合同，借款 1 亿元人民币，银行乙直接扣除 8 000 万元本金外加利息。在公司甲依然无力偿还本息时，银行乙起诉公司甲和保证人丙，请求丙代还甲所欠本息。在该诉讼中，保证人丙以其不知公司甲和银行乙以新贷还旧贷为由，援用法释〔2000〕44 号第 39 条第 1 款关于“主合同当事人双方协议以新贷偿还旧贷，除保证人知道或者应当知道的外，保证人不承担民事责任”的规定，对抗银行乙的诉讼请求。其中的机理何在，尤其是公司甲和银行乙之间签订的第一个借款合同与第二个借款合同之间的关系如何？首先，除非第一个借款合同有交代，第二个借款合同并不是对第一个借款合同的变更，如不是对第一个借款合同项下的还本付息债权的展期，不是增加了第一个借款合同的放贷数额。笔者所见以新贷还旧贷的合同，均无明示第二个借款合同与第一个借款合同相牵连。这符合生活逻辑，如果放贷银行把第二个借款合同作为第一个借款合同的变更，如展期、增加放贷数额，那么，第一个借款合同项下的债权就相当于呆账、坏账，这无疑会降低银行的声誉，有关人员要承担领导责任；法律、法规及规章也不允许至少不提倡以新贷还旧贷。因此，放贷银行千方百计地撇清第二个借款合同与第一个借款合同的牵连。其次，第二个借款合同也不是对第一个借款合同的更改，因为合同更改是第二个合同一经生效，第一个合同项下的债权即告消灭，实际上，第二个借款合同生效本身并不发生消灭第一个借款合同项下还本付息债权的效果，只有借款人用第二个借款合同履行所获贷款偿还第一个借款合同项下的还本付息债权时，第一个借款合同项下的还本付息债权方才消灭，因无其他债权债务，第一个借款合同本身也就归于消灭了。不难发现，这不符合合同更改的规格。总而言之，按照银行设计及其初衷，第二个借款合同与第一个借款合同之间在意思表示的层面不发生关联，因而也就不存在两个借款合同之间存在矛盾、抵触的现象，在此体系解释派不上用场。

（五）条款以及用语存在矛盾之发现和消除受制于交易种类、交易基础、交易目的

究为固守框架合同—具体合同模式还是视事情发展而放弃该种模式？到底是坚持先签合同而不许以补充协议改变之抑或允许后续合同变更先签合同？法律难有明文，当事人各方也未言明，于此场合应当如何解释合同？交易种类、交易基础、交易目的于其中起着不容忽视的作用。例如，甲和乙签订 A 车买卖合同，约定车款 200 万元人民币，一次性付款，每逾期付款一天支付车款总额 1%的违约金；同时乙交付给甲 10 万元人民币的定金。在实际履行的过程中，甲依约交付 A 车，但乙未依约付款。在这种情况下，甲和乙签补充协议，约定付款方式改为分期付款，每月支付车款 20 万元人民币，已付 10 万元人民币作为预付款。此后乙仍未付款，甲催告未果，便告上法庭，诉请乙付清全部车款并支付违约金。乙的抗辩之一是，补充协议关于“已付 10 万元人民币作为预付款”的约定已经取消了定金合同，原本的 10 万元人民币的定金已经变性为预付款。对此，笔者不予赞同，理由如下：(1) 尽管甲和乙在补充协议中没有言明定金合同是否已被取消，但基于合同类型不难得出结论。定金合同系实践合同，定金一旦交付，定金合同就成立且已生效，余下的只是定金罚则了。依据该罚则，乙已经违约，应当向甲支付违约金。(2) 所谓“已付 10 万元人民币作为预付款”的约定与定金合同并不矛盾，因为在实务操作中已付定金大多都作为货款处理，预付款

是货款的一部分，仅就这一点来说“已付 10 万元人民币作为预付款”的约定没有否定定金合同。(3) 退一步说，即使对“已付 10 万元人民币作为预付款”的约定可能见仁见智，但它毕竟没有明确定金合同的命运如何，按照《合同法》第 78 条关于“当事人对合同变更的内容约定不明确的，推定为未变更”的规定，也应认为该项约定没有变更定金合同。(4) 补充协议没有涉及乙未付车款所生定金罚则的后果，这是否意味着补充协议取消了定金合同？回答是否定的，因为法释〔2012〕8 号第 24 条第 3 款规定：“买卖合同约定逾期付款违约金，但对账单、还款协议等未涉及逾期付款责任，出卖人根据对账单、还款协议等主张欠款时请求买受人依约支付逾期付款违约金的，人民法院应予支持，但对账单、还款协议等明确载有本金及逾期付款利息数额或者已经变更买卖合同中关于本金、利息等约定内容的除外。”将该规定适用于系争案件，就是甲和乙签订的补充协议未涉及乙违约后可否请求返还 10 万元人民币的定金，甲仍然可以基于定金合同拒绝乙关于返还 10 万元人民币定金的请求，这正是定金合同继续存在的根据之一。总而言之，在当事人各方未言明定金合同取消与否的情况下，基于定金合同这个交易类型，解释补充协议时应当得出定金合同未被补充协议否定的结论。

再如，出卖人甲企业和买受人乙进出口公司成立 A 油井钻机订购合同，约定该油井钻机必须按照买受人乙提供的若干参数制造。后来，甲和乙陆续签订了补充协议（一）和补充协议（二）。补充协议（一）完全是对 A 油井钻机订购合同条款的明确、补充，而补充协议（二）则除了明确 A 油井钻机订购合同的某些条款外，还约定了甲将 B 油井钻机出卖给乙的内容。后来，国际石油市场巨变，油价一落千丈，A 油井钻机和 B 油井钻机的最终用户取消了自乙处购买 A 油井钻机和 B 油井钻机的合同。乙便向甲主张解除双方之间的油井钻机订购合同，在乙违约而承担何种、多少违约损害赔偿的问题上，乙主张补充协议（二）更改了 A 油井钻机订购合同，即 A 油井钻机的订购已被 B 油井钻机的订购所取代，因而乙无须再赔偿不买 A 油井钻机所生损失。对此，笔者不予赞同，理由在于：(1) 从交易的种类方面看，A 油井钻机和 B 油井钻机是两个标的物，它们作为买卖物在本性上不是相互排斥的关系，甲和乙之间可以仅仅订购一台，也可以订购两台。在系争案件中到底订购几台，需要全面审视情况再作判断。(2) 从合同更改必须意思表示明确的角度看，由于补充协议（二）未明确取消A油井钻机（其实，给人的印象更多的是继续订购A油井钻机），按照《合同法》第78条的规定，补充协议（二）不发生取消A油井钻机订购的效力，只是增加了订购B油井钻机的条款。(3) 从交易背景观察，乙和甲成立油井钻机订购合同时，国际市场上的油价飙升，最终用户急需数量可观的钻机，以达多开采、多出卖、多赚钱的目的。乙作为中间商，满足最终用户的需求，自己从中渔利，符合实情。不料，风云变幻，国际市场上的油价一落千丈，最终用户压缩产油量最符合其经济核算，不再购买钻机，于是通知乙取消油井钻机订单。就此看来，乙和甲签订补充协议（二）时增购油井钻机与交易背景相吻合。

（六）体系解释与合同漏洞之发现和补充

就某特定合同而言，所采用语、所拟条款，依据合同的外在体系的规格衡量，缺少有关约定，很可能形成合同漏洞。这种情形在法律、法规、规章强制要求某特定类型的合同必须具备何种条款的情况下容易发生。例如，供用电、水、气合同的场合，缔约各方所签合同文本欠缺或明文排除安全保障条款的，就构成合同漏洞。再如，当事人各方于合同前言或其他文件中明确《A楼建设施工合同》由“鉴于”条款、定义条款、通用条款、专用条款、争议解决条款组成，但当事人各方实际签署的合同文本上却缺少定义条款、专用条款，这也构成合同漏洞。

实际上，合同漏洞的存在，更多的是合同文本无法满足合同的内在体系的要求，如买卖合同欠缺价款条款，这就构成合同漏洞。如果说法律漏洞的存在，时常是依据法律的外在体系加以衡量而得出的结论，那么，合同漏洞的存在，更多的是基于合同的内在体系的要求而发现的。就是说，判断合同漏洞是否存在，主要依赖于合同的内在体系的要求予以判断和发现。

自合同体系角度观察发现的合同漏洞，有漏洞就得填补，填补也应满足合同体系的要求。虽然可以，有时甚至必须按照合同的外在体系的规格补充合同漏洞，但大多是基于合同的内在体系的要求填补合同漏洞。这有别于法律漏洞的补充较多的是基于法律的外在体系的规格进行。

关于合同漏洞及其补充，本书设置“拾叁、合同漏洞的补充”专题予以研讨，此处不赘。

（七）体系解释的例证

体系解释的例证之一

在某《租赁协议》的仲裁案件中，涉及其中第 14.2 条与第 13.2 条之间的关系。对此，申请人认为，赔偿的范围应适用《租赁协议》第 14.2 条而不是第 13.2 条，因为第 14.2 条是一般违约条款，可以适用于合同的所有违约情况，除非个别条款有相反的规定。概而言之，第 13.2 条与第 14.2 条是个别与一般的关系。特定情况下适用第 13.2 条，一般情况下适用 14.2 条。第 13.2 条只适用于该条规定的特定违约情形，不适用于本案的一般违约情形。本案中，承租人单方提前解约的行为并非第 13.2 条所限定的违约类型，因此应当按照一般条款第 14.2 条确定违约赔偿的范围。据此，适用第 14.2 条应无争议。

承租人对此持反对意见，就《租赁协议》第 13.2 条和第 14.2 条的关系，从以下方面予以说明。

1. 从《租赁协议》约定本身进行的分析

《租赁协议》第 13.2 条的内容本身，可分为两个自然段。在第一个自然段中，双方约定，发生因前述两种情形为由解除《租赁协议》时，承租人只需要承担出租人的直接损失，同时在“()”内双方特别明确注明了排除预期利益，并举剩余租期的租赁费用为例，这毫无疑问地说明业主的租金损失是被排除在损失赔偿范围之外的。第二段的第一句话继续约定解约后的事项。同时，双方又在第 13.2 条的最后，总括、兜底式地约定：“在任何情况下，无论本协议其他条款如何约定，乙方（承租人——笔者注）均不应为甲方（出租人——笔者注）的间接损失承担责任”。双方在这一句话中采取了“在任何情况下”“无论…如何”“均不”等着重强调的字眼，可见当事人双方对于彻底排除出租人间接损失主张的强烈意思表示。

“在任何情况下，无论本协议其他条款如何约定，乙方均不应为甲方的间接损失承担责任”的约定不是仅仅针对第 13.2 条列举的两种情形，理由如下。

《租赁协议》第 13.2 条的标题为“甲方解除权”，即关于出租人解除《租赁协议》的约定，因此，在解释“在任何情况下”时，应当将其解释为出租人“在任何情况下”解除《租赁协议》才符合文义。

从文字表述上看，出租人“在任何情况下”解约是不附带任何限定条件的约定，因此按照一般人理解该词语的含义，应当是涵盖了所有事由解约的情形，这就包括了第 13.2 条所列举申请人两种解约的情形。

第 13.2 条“在任何情况下”后紧跟着存在“无论本协议其他条款如何约定”的措辞，实质上是强化了出租人“在任何情况下”解约的表述，行文的意思是唯恐《租赁协议》中的其他条款中出现承租人承担间接损失赔偿的约定。

“在任何情况下，无论本协议其他条款如何约定，乙方均不应为甲方的间接损失承担责任”这一约定是要表达一项独立含义。

既然“在任何情况下，无论本协议其他条款如何约定，乙方均不应为甲方的间接损失承担责任”这一约定有其独立含义，那么无论如何也不是重复第 13.2 条第一自然段两种情形的内容，那么将其解释为承租人“在包括第 13.2 条所述两种情形等的任何情况下”的解约均不承担间接损失的赔偿，不但赋予了其独立含义，而且也是合理的。

2. 上述第 5 点的解读结论也呼应了第 14.2 条的约定

进一步说明的是，从出租人提起仲裁的角度，是要求解除《租赁协议》的，而从租赁合同的本质而言，对于承租人而言最根本的违约是不向出租人交纳租金，而本案中承租人没有使用租赁场地运营购物广场本质上也是构成不交纳租金的一种特定情形。

综合上述可知，即使是在承租人构成违约而解约的情况下，承租人也无须承担申请人的间接损失的赔偿。而如承租人在答辩意见中所述，本案并不存在显失公平等情形，即使存在也超过了除斥期间，该等约定应有效地约束当事双方，仲裁庭也应当尊重当事人意思自治的选择。

体系解释的例证之二

甲塑料制品厂作为出卖人与乙新型建材有限公司作为买受人于 2014 年 8 月 12 日订立《购销合同》，其中第 1 条约定，标的物为法国英世力石墨 660 吨，单价 20 000.00 元人民币每吨，总金额为 13 200 000.00 元人民币，货物到港后 30 日提清；第 2 条约定交货地点为买受人的仓库；第 4 条约定质量要求为符合国家 B1 级标准；第 5 条约定，缔约后 3 日付总金额的 15%定金，每次提货货款按照货款金额 15%扣减；第 6 条约定，买受人付货款 15%定金后 60 日内出卖人到货，60 日未到货按所付定金每年息 8%计息，买受人付货款 15%定金后 75 日仍然没有到货，出卖人应无条件退还买受人所付货款15%定金及按年息8%计算利息。买受人在货物到港后30日内全部提清，30日后按照未销售货物金额8%计息。付款如发生违约行为，违约方向守约方支付总价款的10%的违约赔偿金。

买受人认为，上述约定表明系争《购销合同》约定的标的物是法国产的英世力石墨660吨，且为缔约后才进口的；而实际履行过程中，出卖人于系争《购销合同》缔结时便有石墨，其证据证明生产厂家是瑞士注册的公司，货物起运自安特卫普港。这说明出卖人交付的货物不是系争《购销合同》项下的标的物，构成违约，应承担相应的责任。

乍看系争《购销合同》特别是其中第6条的约定，买受人的主张似乎有些道理，但若整体地观察和把握，则不宜对其持赞同态度。道理在于，从种类物与特定物、可替代物与不可替代物之间的相互关系看：众所周知，种类物在未经特定化之前是可替代的，即使债务人起初交付的种类物不符合约定的标准，但只要他于履行期届满前更换了另一同种类、同性质的物（种类物）且符合约定的规格，法律仍予允许，债务人的交付行为和更换行为不构成违约。当然，种类物经过特定化则变为特定物，一般情况下也随之成为不可替代物。此种特定化的表现方式，可以是当事人通过意思表示将某种类物从众多的种类物中独立出来，区分开来；也可以是将种类物交付给相对人；还可以是经债权人指示将种类物移转给特定第三人占有。具体到系争《购销合同》案件，该合同约定的“法国英世力石墨660吨”，若其指向的是石墨的品牌时，则所谓“法国英世力石墨660吨”肯定是种类物，可替代物，而非特定物，更非不可替代物。其实，即使其指向的是产自法国的英世力石墨，甚至是某特定公司生产的法国英世力石墨，在无其他证据证明已经通过有关方式特定化的前提下，所谓“法国英世力石墨660吨”也不是特定物，不是不可替代的，因为它们系石墨堆中的一部分，这一部分石墨与另外的一部分石墨是可以相互替代的。只有有证据证明该“法国英世力石墨660吨”已被特定化时，才可以认定该“法国英世力石墨660吨”是特定物。

至此，问题便成为：有无证据证明“法国英世力石墨660吨”业已特定化了呢？因为系争《购销合同》第2条约定交货地点为买受人的仓库，现有证据显示出卖人一直没有将系争石墨送到买受人的仓库，所以，系争标的物没有通过交付的方式特定化。由于没有证据证明出卖人将石墨存放于第三人的仓库是基于买受人的指示，系争《购销合同》亦未约定将系争标的物存放于第三人的仓库视为交付，因而系争标的物亦未通过交付第三人实现特定化。系争《购销合同》第 6 条关于“买受人付货款 15%定金后 60 日内出卖人到货，60 日未到货按所付定金每年息 8%计息，买受人付货款 15%定金后 75 日仍然没有到货，出卖人应无条件退还买受人所付货款 15%定金及按年息 8%计算利息。买受人在货物到港后 30 日内全部提清，30 日后按照未销售货物金额 8%计息”的约定，可否被认定为将系争标的物特定化了呢？买受人也正是据此认为系争标的物是特定物的。看来，回答这个问题需要多说几句。如果将目光完全局限于系争《购销合同》第 6 条的约定，尽量优惠于买受人，对通过当事人的意思表示将种类物特定化采取最为宽松的标准，那么，或许可以十分牵强地说系争标的物不同于典型的种类物，因为该约定限缩了石墨的范围——“法国英世力石墨 660 吨”，而非“英国英世力石墨 660 吨”，亦非“德国英世力石墨 660 吨”。但是，这样限缩石墨的范围仍未达到将种类物特定化为特定物的程度，因为如同上文所述，“法国英世力石墨 660 吨”系英世力石墨堆中的一部分，这一部分石墨与另外的一部分石墨是可以相互替代的。换句话说，按照严格的判断标准，系争《购销合同》第 6 条仍未将系争标的物特定化。

究竟是采取最为宽松的判断标准，还是运用严格的判断标准呢？不宜凭裁判者的主观偏好，而应从整体把握有关制度及规则、有关约定的高度加以审视，然后作出取舍。

所谓从整体把握有关约定的高度，包括重视系争《购销合同》第 5 条约定的“缔约后 3 日付总金额的 15%定金”，第 6 条约定的“买受人付货款 15%定金后 60 日内出卖人到货”。这些约定告诉我们，系争标的物通过意思表示/交付等方式特定化，要以买受人先行支付货款“总金额的 15%定金”为前提的，没有买受人支付这些定金，就没有出卖人的到货，也就难以达到将系争标的物通过意思表示/交付等方式特定化的结果。没有证据证明买受人向出卖人于“缔约后 3 日付总金额的 15%定金”，于是，出卖人有权援用该约定对抗买受人将系争标的物通过意思表示/交付等方式特定化的主张，也就没有实际上的系争标的物通过意思表示/交付等方式特定化。

所谓从整体把握有关制度及规则，包括这样的理念和制度：处理包括系争案件在内的货物买卖纠纷时法律更关注什么。合同解释和法律适用把握的尺度是，对于诸如某商品房的买卖、某建设用地使用权的出让或转让等纠纷，特别看重标的物的特定、不可替代；但对于大宗商品的买卖、普通货物的买卖，则更关注所交货物的质量和数量，即，只要质量和数量符合要求，就认定出卖人在这方面没有违约，至于所交货物是这列车上的还是那艘船上的，则没那么重要。具体到系争案件，笔者所能看到的证据，没有发现买受人举证出系争《购销合同》约定的“法国英世力石墨”660吨系不可替代物。在系争标的物为可替代物的情况下，出卖人交付自己库存的“法国英世力石墨”，只要质量符合要求，也不构成违约。只有买受人举证成功出卖人交付的石墨不符合质量要求，才能确定出卖人违约。

所谓从整体把握有关制度及规则，还包括法律对于所交货物不符合约定时允许出卖人更换，并且于履行期届满前更换为符合要求的货物时不以违约论处。具体到系争案件，出卖人交付的石墨即便不符合系争《购销合同》的约定，《合同法》也允许其于履行期届满前更换符合约定的“法国英世力石墨”，出卖人若于履行期届满前更换了符合约定的“法国英世力石墨”，那么，不以出卖人违约论处。从中看出《合同法》对于标的物尽可能地不以不可替代物论处，允许债务人以另外的种类物予以替代，除非当事人有明确的、相反的约定。这种理念也适合系争案件。如此，从宽解释系争《购销合同》第5条及相关条款，更符合《合同法》的精神，符合1980年《联合国国际货物销售合同公约》的立场及具体规则。

所谓从整体把握有关制度及规则，还包括违约救济制度的规范意旨及具体措施。出卖人交付的货物于履行期届满时仍有瑕疵的，构成违约，《合同法》第111条对此规定的救济措施包括修理、重作、更换，这表明法律依然看重标的物的可替代性，而非不可替代性。具体到系争案件，即使出卖人未于履行期届满时更换符合约定的“法国英世力石墨”，也适用《合同法》第111条关于更换的规定，不是首选解除系争《购销合同》。既然是更换，就表明标的物是可替代物，而非不可替代物。从中我们也可发现《合同法》更倾向于按照可替代物对待。

总之，处理该案的关键是出卖人交付的石墨合格与否，至于是缔约时已经库存的，还是交付定金之后60日到港的，没有那么重要。

体系解释及文义解释的例证之三

1. 系争《协议书》、《合作协议书》及《联合体协议书》不是买卖合同，而是预约性质的工程项目合作合同。

系争《联合体协议书》不是设备买卖合同十分明显，无论是标题还是各个条款，显示的都是联合体的约定，与设备买卖合同相距甚远，特别是诉讼各方对此没有认识上的分歧，无须赘言。

系争《协议书》《合作协议书》不是设备买卖合同，这也是清楚明白的。但鉴于诉讼各方在认识上有分歧，需要做些详细分析。

(1) 从文义解释方面看

系争《协议书》第2条约定："工程总承包合同的执行由甲方承包给乙方全部设备进行完成，执行期限至该项目竣工验收结束。甲方负责项目的设计与工程管理过程的监管及调试启动。"从其语法角度分析，"工程总承包合同的执行"是宾语，"乙方"是主语，"进行完成"是谓语，"乙方"又是"甲方承包给乙方"短语的宾语。至于仅仅出现过一次的"全部设备"，只是谓语"进行完成"的状语，并且是语法不通的表述，准确的表述应是"利用全部设备"。统观全句，重点是"工程总承包合同的执行""由甲方承包给乙方""进行完成"，而非全部设备的买卖。此其一。况且，甲方即太钢公司也不可能从三友公司处购买"全部设备"。此其二。假如是买卖设备，没有必要等到"执行期限至该项目竣工验收结束"，因为买卖不是继续性合同，而是一时性合同，即给付一次即告完成的合同。既然是"给付一次即告完成"，为何还要拖延到"该项目竣工验收结束"？此其三。所谓"甲方负责项目的设计与工程管理过程的监管及调试启动"，描述的是工程承包合同是贴切的，称其用来叙述买卖设备合同则是牛头不对马嘴。道理在于，假如是设备买卖，则应由出卖人三友公司负责"监管及调试启动"，而非买受人太钢公司负责"监管及调试启动"，哪有买受人对于买卖物进行"监管"的？其实，买受人也往往无力对于大型设备"调试启动"，出卖人才有这种能力。此其四。

《协议书》第3条约定："乙方在工程总承包合同的执行过程中，必须严格执行国家相关法律法规，施工、安装、安全、监理等上岗人员必须具备相应的资质且要无条件服从甲方的监管。”这全句都在陈述施工方（在系争案件中只能是承包人）而非出卖人“执行”“工程总承包合同”，只有施工方即承包人才有“施工、安装、安全、监理等上岗人员必须具备相应的资质”的法律法规的要求，才有义务“要无条件服从甲方的监管”。假如系争协议是设备买卖合同，则出卖人的义务只是移转设备的占有和所有权，绝无“施工、安装、安全、监理等上岗人员必须具备相应的资质且要无条件服从甲方的监管”的义务，绝无“监理”可言；只要三友公司这个“出卖人”将设备交付给太钢公司这个“买受人”就功成身退，哪有还深入到太钢公司这个“买受人”的内部进行“施工、安装、安全、监理”？

系争《协议书》第 4 条约定：“甲方的设计与监管费及挂靠费由发包人合同总额的 4%由乙方分批支付给甲方。”这是关于工程转包合同或分包合同项下的义务，工程转包合同或分包合同才有“监管费”，有的才有“挂靠费”，才按照“发包人合同总额的 4%”付费的现象。假如系争协议是设备买卖合同，价款应是按照设备的质量和数量计算价款，与“发包人合同总额的 4%”无关，也不可能有“监管费及挂靠费”。此其一。假如系争协议是设备买卖合同，价款的出处应来自买受人太钢公司，三友公司这个“出卖人”是收款人，而不会是付款人。可是，系争《协议书》第 4 条约定的付款人恰恰是三友公司，收款人却是太钢公司。哪有出卖人向买受人支付买卖物价款的道理？此其二。系争《协议书》第 4 条约定的资金走向是：发包人将钱款支付给三友公司，三友公司再从中拿出 4%给太钢公司。这种现象时常出现在工程转包或分包的场合，不会发生在买卖合同的场合。此其三。

系争《协议书》第 5 条约定：“双方有合作条约的发包人有后期石灰窑工程甲方承包后必须承包给乙方。”系争《协议书》第 6 条约定：“双方有合作条约的项目中标后全部承包给乙方。”这些约定毫无歧义地表明系争《协议书》是建设工程转包合同，而非设备买卖合同。

系争《合作协议书》第 2 条关于“工程总承包合同的执行由甲方委托承包给乙方全部设备进行完成，执行期限至该项目竣工验收结束。甲方负责项目的设计与工程管理过程的监管及调试启动”的约定，与系争《协议书》第 2 条的约定几乎完全相同，只是多了“委托”一词。所以，它不是设备买卖合同的结论不会改变。并且，单就甲方太钢公司与乙方三友公司之间的合同关系而言，太钢公司这个“买受人”委托三友公司这个“出卖人”，肯定是文不对题。

系争《合作协议书》第3条关于“乙方在工程总承包合同的执行过程中，必须严格执行国家相关法律法规，施工、安装、安全、监理等上岗人员必须具备相应的资质且要无条件服从甲方的监管”的约定，与系争《协议书》第4条的约定一模一样，所以，结论照旧。

系争《合作协议书》第4条关于“甲方的设计与监管费为合同总额的4%由乙方分批支付”的约定，比系争《协议书》第4条的约定减少了“挂靠费”及“给甲方”，这不影响系争《合作协议书》不是设备买卖合同的结论。

(2) 从体系解释方面看

所谓从体系解释方面看，至少包括两个方面：一是就从系争《协议书》或系争《合作协议书》自身全部条款观察，并进行解释；二是统观案涉全部证据材料，从中探寻当事人双方的真实意思表示。对于“二是”，将在下文分别具体分析，此处集中分析“一是”。

假如是买卖合同，就没有必要于第1条约定“由甲方负责与发包人签订工程总承包合同”，因为甲方即太钢公司有无工程承包合同、是总承包合同还是分包合同，均与买卖设备无关。

假如是买卖合同，系争《协议书》的开头语或曰序言就不应写成“甲乙双方……优势互补，石灰窑项目上进行长期合作。双方对合作范围、合作内容及取费办法进行了探讨……”在笔者看来，所谓合作，常用在合伙、联营、转包、分包、劳务分包等场合，用在设备买卖场合不太贴切。所谓取费，常用在技术咨询、技术服务、劳务、转包、分包、劳务分包等场合，也不用在买卖场合。

(3) 从自认方面看

三友公司于其落款时间为2013年9月22日的《民事起诉状》中承认：“山西太钢工程技术有限公司为项目投标牵头人，对整个总包工程负责，上海三友宝发环保工程技术有限公司负责该项目的具体施工。”（第2～3页）太钢公司“严重违背双方的联合体协议，只将其中一小部分除尘设备交给原告（即三友公司——法律专家注）完成。”（第 4 页）三友公司提交的证据九证明了这一点。三友公司于其落款时间为 2014 年 11 月 25 日的《民事起诉状》中再次申明：太钢公司“违背双方签订的《协议书》，只将一小部分除尘设备交由原告（即三友公司——法律专家注）完成。”（第 4 页）三友公司的这些自认推翻了系争协议是设备买卖合同的认定，而是在承认系争协议是为承包项目而组成联合体，而后再由三友公司具体施工。

（4）从缴纳保证金的主体及作用看

2011 年 6 月 2 日，三友公司通过工商银行宁夏石嘴山平罗支行汇给新疆中泰化学（集团）股份有限公司投标保证金 80 万元人民币。这由三友公司提交的证据四证明。该保证金是用于建设工程承包合同的，十分明显。假如系争协议是设备买卖合同，就不会有该保证金，更不会由三友公司这个“出卖人”向发包人交纳保证金。

（5）从《宁夏回族自治区石嘴山市中级人民法院（2013）石民商初字第 53 号民事判决书》关于违约金的计算方面看

假如系争协议是设备买卖合同，并且有效，追究“违约方”太钢公司的违约金责任，那么，该违约金的计算依据应当是“出卖人”三友公司因未出卖或少出卖设备而失去的利润，绝对不可以是“买受人”太钢公司在建设工程承包合同得到适当履行时所获利润。但令人难以理解的是，《宁夏回族自治区石嘴山市中级人民法院（2013）石民商初字第 53 号民事判决书》却按照太钢公司与案外人中化二建集团有限公司之间的《新疆中泰矿冶有限公司 60 万吨/年电石项目石灰窑装置工程施工合同》被适当履行时太钢公司的利润计算违约金。这恰恰表明《宁夏回族自治区石嘴山市中级人民法院（2013）石民商初字第 53 号民事判决书》实质上是将系争《协议书》《合作协议书》作为承包合同对待的，而未作为设备买卖合同对待。

2. 系争《协议书》《合作协议书》不是本约，而是预约。

系争《协议书》《合作协议书》约定的许多内容都有待于未来双方再订立具体明确的、能够具体操作实施的合同。如果未来不签订具体明确的、能够具体操作实施的合同，双方则只就监管费、违反《协议书》《合作协议书》的后果达成了协议，而监管费不属于设备买卖合同的内容，违反《协议书》《合作协议书》

的后果基本上是违反预约的责任，而非违反设备买卖合同的责任。所以，如果说设备买卖合同是系争案件中的本约，那么，系争《协议书》《合作协议书》就仅仅是预约。

三、交易的整体解释

（一）问题的提出

传统解释论的体系解释存在着先天的弱点，这早被有识之士发现，并尽力克服：现在的趋势明显是要追求缔约时当事人各方的意图与共同目的，而找出共同目的就涉及接受有关谈判时的背景证据。而不再像传统做法只就一个书面合同中的条款/文字咬文嚼字地作出解释，以避免一个解释客观看来与当事人各方缔约的共同目的不相符，甚至是断章取义或是离题（out of context）。[①] 其实，将视线延伸至有关谈判时的背景证据，在解释合同联立、狭义的合同变更、合同更改、反对合同、代物清偿、债权让与合同、债务承担合同之类的合同时，大多可能完成作业，但解释主从关系的合同就勉为其难了，特别是解释“先签合同和后续合同虽然各自独立、标的物不同，但依当事人的真意二者在实质上互为因果”的情形，更是鞭长莫及。

客观现实是，现代交易时常由数方当事人参与，借助若干个合同或单方允诺形成系列交易安排。对此，不得孤立地抽出一个合同或单方允诺“作茧自缚”地处理，而应注意这些合同、单方允诺之间的关联性，整体审视全部合同、单方允诺即完整的交易，注意每份法律文件项下的权利义务间的相互影响，以达法律人的判断和结论符合交易真实，利益衡平地解决问题。假如孤立地看待和处理单个的合同、单方允诺，就很可能得出显失公平的结论。这种理念和思维方式正与如下的“范式的转换”相契合：与引导性的市场行为相关的认知倾向于在单个法律关系之外的标准并用超越单个法律关系视角中的价值来确定“合同正义”。这些视角包括市场规则是一个整体。[②]

---

① 杨良宜：《合约的解释》，北京，法律出版社 2007 年版，第 45 页。

② ［德］赖讷尔·舒尔茨：《迈向欧洲私法之路》，金晶、李海、张抒涵、王剑一、姚明斌译，北京，中国政法大学出版社 2016 年版，第 79 页。

满足这样要求的合同解释方法已经不是《民法总则》第 142 条及《合同法》第 125 条规定的（单个合同的）体系解释，而是超越又尊重单个合同、单方允诺而形成的交易的整体解释。《法国民法典》（新债法）第 1189 条第 2 款关于“如果依照当事人的共同意图，多个合同共同协作于同一交易，那么应根据该整体交易解释这些合同”[①] 的规定，似乎合乎其旨。这样的交易的整体解释的规则应是：在某合同的约定其实源于其他法律关系的设计时，解释合同时不宜甚至不得局限于该合同条款，而应将视野扩展于另外的法律关系，整体审视，全面衡量。[②] 正在制定的中国民法典不仅应当承继（单个合同的）体系解释规则，而且应该创设交易的整体解释规则，在合同解释方法上领先于，至少不落后于各国和地区的民法之林。

（二）交易的整体解释路径及方法与传统的解释论方法

交易的整体解释不排斥而是依赖传统解释论中的文义解释、历史解释、反对解释、目的解释、举重以明轻、举轻以明重、合宪性解释等解释方法，利用它们为自己服务。

（三）交易的整体解释路径及方法与体系解释

交易的整体解释与单个合同的体系解释之间不是否定态势，而是前者包容后者的关系。稍微详细说明如下：在交易由系列合同构成的案型中，即使采取交易的整体解释路径及方法，也是就某特定的单个合同而言仍须遵循体系解释的方法，即，通过解释使该合同内部自洽，各条款之间不矛盾、不抵触甚至填补合同漏洞；对于另一的特定合同也如此解释；以此类推，以至将交易涵盖的全部合同都解释完毕。按照传统的合同解释方法，解释作业至此结束。但依据交易的整体解释方法，不可解释交易中的合同甲时忽略其他合同及其对合同甲的影响，而是关注构成该交易的各个合同之间的相互影响、衔接。如此操作，有些时候单个合同的体系解释及其结论会原封不动地留存下来，整体审视交易后不改变单个合同的体系解释及其结论；但另外一些时候则不同，单个合同的体系

---

① 源自复旦大学法学院教授李世刚博士的翻译（李世刚：《法国新债法：债之渊源（准合同）》，146 页，北京，人民日报出版社，2017），特此致谢！

② 崔建远：《意思表示的解释规则论》，载《法学家》2016 年第 5 期。

解释所得结论在交易的整体解释时发现存在问题，只有对其矫正后才符合整个交易的实情。

（四）交易的整体解释路径及方法与“口头证据规则”（parol evidence rule）

口头证据规则系英美法上重要的实体法规则之一，其主要含义包括：如果合同A是完整的（integrated），那么，在合同A签订之前当事人之间所有的口头约定、书信、电报甚至合同草稿等书面证据，皆因确定的书面合同的成立而失去其效力，对当事人不具有约束力。[①] 其实，中国法及其理论同样关注并解决这样的问题：合同A由哪些意思表示（载体为文件、口头表示等）构成？相同的当事人之间除了合同A，还有文件B、电子邮件C、短信D、欠条E等等。文件B、电子邮件C、短信D、欠条E是合同A的组成部分吗？借鉴英美法的口头证据规则，可有如下结论：如果合同A是一完整的合同文本，特别是其中载有“本书面合同已经包含当事人所有合意的事项”之类的表述时，文件B、电子邮件C、短信D、欠条E均先于合同A出现，那么，它们均非合同A的组成部分；如果出现于合同A之后，则应按照先签合同与后续合同之间关系的类型的思路及方法确定。如果合同A不是一完整的合同文本，则应视具体情形、运用有关规则而检视文件B、电子邮件C、短信D、欠条E是否为合同A的组成部分。完成此项工作依然需要运用本专题第二部分关于先签合同与后续合同之间关系的类型的思路及方法。

笔者倡导交易的整体解释路径及方法，不是推翻口头证据规则，不是否定，亦非改变上个自然段关于确定合同A的思路及方法，换句话说，合同A由哪些意思表示（载体为文件、口头表示等）构成，在英美法上系口头证据规则的任务，在中国法上依据上个自然段所述路径及方法解决，交易的整体解释路径及方法不过是更无障碍地完成这样的任务，因为它关注合同A与文件B、电子邮件C、短信D、欠条E之间的联系，最终确定它们是否为合同A的组成部分。

---

① Mark K. Glasser & Keith A. Rowley, On Parol: The Construction and Interpretation of Written Agreements and the Role of Extrinsic Evidence in Contract Litigation, 49 Baylor L. Rev. 657 (1997)；［美］E. 艾伦·范斯沃思：《美国合同法》（原书第3版），葛云松、丁春艳译，北京，中国政法大学出版社2004年版，第431－434页；杨桢：《英美契约法》（第四版），北京，北京大学出版社2007年版，第250页。

（五）交易的整体解释路径及方法与合同的相对性

交易的整体解释不是对合同相对性的否定，是在尊重、遵循合同相对性的基础上进行的解释作业。对此展开说明如下：(1) 在交易系由数个主体参与、由数个合同构成的情况下，甲和乙之间的合同不约束作为交易主体之一的丙与丁，同理，丙和丁之间的合同也不约束甲与乙。交易的整体解释并不破坏、改变这种合同的相对性，只是寻觅出、注意到数个合同之间的牵连、制约。例如，甲和乙之间的合同之所以如此约定，是因为甲与丙之间的合同提供了特定的条件，如果甲与丙之间的合同不提供该特定条件，甲和乙之间的合同就不会约定这样的权利义务。这样，在处理甲和乙之间的合同纠纷时就必须注意到甲与丙之间的合同。再就是，全面审视整个交易，也可能有助于填补某特定合同的漏洞，甚至于有的合同漏洞是用另外的合同约定予以补充的。(2) 在交易系由数个主体参与、由数个合同构成的情况下，甲和乙之间的合同约定了丙对甲或乙承担义务，若得到了丙的同意，则意味着丙与甲、乙达成了这方面的协议。这仍属遵循着合同的相对性。如果甲和乙约定丙负有此类义务，未得到丙的同意，则适用《合同法》第65条的规定。对于该条规定的理解，有些学者认为它未突破合同的相对性，另外一些学者则主张它突破了合同的相对性。即使采取后者，也是《合同法》第65条的规定使然，而非交易的整体解释造成的结果。确立交易的整体解释的路径及方法，不改变上述格局。(3) 在交易系由相同的当事人各方参与、由数个合同构成的情况下，合同A约定甲和乙的权利义务，合同B约定甲和乙的权利义务，哪怕合同B约定的内容本应由合同A约定，也无关紧要，因为当事人各方相同，这样约定还是那样约定纯属技术层面的问题，没有破坏、改变合同的相对性。采取交易的整体解释的路径及方法，解释合同A、合同B甚至合同C，不改变上述状况，不破坏合同的相对性。

还要辨析，交易的整体解释路径及方法与“口头证据规则”的关系，不同于交易的整体解释路径及方法与合同的相对性之间的关系，因为前者意在讨论合同A的边界，哪些文件不属于合同A的范围；而后者旨在描述合同A的法律效力，合同A项下的权利义务由谁承受。在纵向上，先有前者，然后有后者。

（六）交易的整体解释路径及方法与漏洞补充

交易的整体解释路径及方法的优势之一是，在法无明文、某特定合同未明确约定的情况下，关注同一交易的系列安排，重视各个合同之间的牵连、制约甚至个别权利、义务的形变，复原、外化、明晰化当事人的真实意思，从而衔接、自洽、衡平权利义务关系。对该优势从另外的视角审核，可否认为这是在规避法律？漠视了当事人的表示行为？回答是否定的。(1)《民法总则》第142条第1款确定了意思表示解释、合同解释以客观主义为原则，但这并不断然阻止探求当事人的真意。缔约者大多不是法律人，词未达意，前后矛盾，彼此未连，不乏其例。其实，这并不符合交易规则、惯例，没有反映整个交易的全貌，未能体现当事人的真实意思。尽管传统的解释论也在努力解决这些问题，弥补当事人约定的不足，衡平当事人之间的利益关系，但不堪重负，鞭长莫及，也是事实。交易的整体解释路径及方法解决它们则不费力，它帮助法律人由外在而入其内，从客观探知主观，复原、明晰化当事人的真意。在解释、确定某特定条款之意时，交易的整体解释路径及方法践行着具体→整体→具体→整体……，最终合理地、准确地确定合同条款之意。(2)中国现行法未规定随意条件，未规定合同条款附条件和附期限，看不出究竟是采纳了主观行为基础说还是客观行为基础说，情事变更原则仅仅停留于司法解释的位阶，尚未成为基本法律上的制度，且适用范围一方面过于狭窄（排除了不可抗力引发的履行实在困难），另一方面过于宽阔（侵占了不能履行制度的领地），这无法满足实际生活的需要。例如，对赌协议存在不少条款附条件，有些合同附随意条件，等等，必须解决，却法无明文。交易的整体解释路径及方法能够较为“轻松”地解决这些以及其他法无明文的问题，也就“合理合法”地、自然而然地填补了这些以及其他的法律漏洞。

（七）交易的整体解释路径及方法与行为基础说

所谓行为基础理论，有从“主观”方面理解和从“客观”方面理解两种思路。前者简称为主观行为基础说，为厄尔特曼教授力倡，是指当事人各方都具备的某种观念，或为一方当事人所具备，而另一方当事人至少知道其存在；并且有关的当事人将这种观念作为其考虑和决策的基础。[①] 从“客观”方面理解行为基

① ［德］厄尔特曼：《行为基础》，1921年版。转引自［德］卡尔·拉伦茨：《德国民法通论》（下册），王晓晔、邵建东、程建英、徐国建、谢怀栻译，谢怀栻校，北京，法律出版社2003年版，第534页。

础，即客观行为基础说，系克吕克曼教授和洛赫尔教授所主张，指行为基础是处于行为之外的各种情形的总称。这些情形的存在或持续存在是一种先决条件，否则，鉴于行为典型的或在行为内容中体现出来的行为目的，法律行为不能作为一种有意义的规则存在下去。[①] 形成的共识是，无论是主观行为基础说还是客观行为基础说，在特定条件下均须被重视：主观行为基础说应归属于错误学说[②]，而客观行为基础的丧失则应归属于给付障碍的范围，时常在“情事变更”或者“情事的重大变化或对情事认识的重大错误”的题目下讨论这个问题。[③]

中国民法及学说如何看待这些?《民法通则》和《合同法》均因在重大误解制度中未规定动机错误和共同错误、在履行制度中未承认情事变更原则而未体现出（主观的、客观的）行为基础学说，学界肯定它的也只是部分学者。[④] 法释〔2009〕5号第26条虽然规定了情事变更原则，但它把不可抗力排除在情事的范围之外，至少将若干客观行为基础对合同效力的影响否定掉了。加上将情事变更原则与客观行为基础说联系起来的阐释实在鲜见，尽管存在这样解释的空间，所以，法释〔2009〕5号第26条未能全部解决问题。但笔者接触实务体会到：行为基础学说确有价值，处理某些案件时遵循它才会结果妥当，呼吁编纂中国民法典应当吸纳它。[⑤]《民法总则》设计的重大误解制度依然未规定动机错误和共同错误，依立法分工，情事变更原则不由它规定，也就是说，仍未采纳行为基础学说。

---

① ［德］卡尔·拉伦茨：《德国民法通论》（下册），王晓晔、邵建东、程建英、徐国建、谢怀栻译，谢怀栻校，北京，法律出版社2003年版，第534－535页。

② ［德］维亚克尔：《维亚克尔诞辰庆贺文集》，1965年版，第241页以下；《慕尼黑注释》119条之120以下（克拉默）；［德］帕夫洛夫斯基：《德国民法总则》，1987年第3版，边码第563以下。转引自［德］卡尔·拉伦茨：《德国民法通论》（下册），王晓晔、邵建东、程建英、徐国建、谢怀栻译，谢怀栻校，北京，法律出版社2003年版，第535页。

③ ［德］卡尔·拉伦茨：《德国民法通论》（下册），王晓晔、邵建东、程建英、徐国建、谢怀栻译，谢怀栻校，北京，法律出版社2003年版，第535页；［德］迪特尔·梅迪库斯：《德国债法总论》，杜景林、卢谌译，北京，法律出版社2004年版，第358页；［德］迪尔克·罗歇尔德斯：《德国债法总论》，沈小军、张金海译，沈小军校，北京，中国人民大学出版社2014年版，第279－282页。

④ 崔建远主编：《合同法》（第3版），崔建远执笔，法律出版社2004年版，第79页；崔建远：《合同法总论》（上卷），北京，中国人民大学出版社2008年版，第303页。

⑤ 崔建远：《关于制定民法总则的建议》，载《财经法学》2015年第4期。

在这样的背景下，囿于传统的解释论对合同进行解释，包括运用文义解释、体系解释、历史解释、目的解释等方法，得出某特定合同因符合主观行为基础说进而构成动机错误而主张撤销之，十分困难，或曰底气不足。笔者等学者倡导借鉴行为基础说，响应者寡，就从一个侧面印证了这一点。之所以如此，一个重要原因是，法律不承认动机错误，就很难将主观行为基础囊括在重大误解制度中，也就难以适用《民法总则》第 147 条及《合同法》第 54 条第 1 款第 1 项将符合主观行为基础说的合同撤销。换个角度说，在相对于合同 A 而言是动机的、而已经外化为合同 B 的条款的情况下，传统的解释论就合同 A 论合同，解决合同 A 的效力问题，就只好继续在动机的框框内思考，很可能就不作为重大误解的案型，不适用《民法总则》第 147 条及《合同法》第 54 条第 1 款第 1 项，否认撤销权。与此有别，如果确立交易的整体解释路径及方法，就理所当然地注意合同 B 的条款，进而认定为动机已被明确地表示出来了，虽然它写在了合同 B 之中，但可认定其已成为合同 A 的内容，故可适用《民法总则》第 147 条及《合同法》第 54 条第 1 款第 1 项的规定，将合同 A 撤销。

囿于传统的解释论对合同进行解释，在客观行为基础的丧失场合，也难以达到解除合同的目的。因为客观行为基础在合同自身之外，而合同之外的因素一般不得左右合同的效力，除非法律设计了一个功能齐备的而非残缺不全的情事变更原则。在这样的背景下，因客观行为基础丧失，即实质上不可归责于债务人的原因致使合同履行困难，若履行就显失公平，甚至已经不能履行，又无法适用情事变更原则，就只得认定债务人违约。其实，这样处理并不符合客观真实，明显不公正。与此有别，如果确立了交易的整体解释路径及方法，那么，即便现行法及学说未接纳行为基础理论，局面也会得到根本改观。因为其质的规定性决定了要将审视、解释合同的视线延伸至某特定合同之外，它强调整体地审视、解释合同，注意各个合同之间的牵连、制约，这样，合同 A 缔结的基础在履行阶段丧失，构成履行障碍，可类推适用《合同法》第 94 条第 1 项或适用法释〔2009〕5 号第 26 条的规定，解除合同，而不认定为违约。

（八）交易的整体解释路径及方法与交易安全

交易的整体解释路径及方法将视野延伸到某特定合同之外，是否可能甚至已经损害了第三人的权益？有无违背、破坏交易安全的危险呢？回答是否定的，因为交易的整体解释被用于相同当事人之间处分自己权益而形成的数个合同场合，虽然重视把这些合同联系起来审视，整体把握，但仍然依当事人的意思而非裁判者的意志确定权利义务，且不涉及第三人，故谈不到违背、破坏交易安全。交易的整体解释被用于相同当事人之间处分他人的权益而形成的数个合同，且整体把握，因为依然依据《物权法》第 16 条第 1 款和第 106 条的规定，遵循公示性、公信力，严格贯彻《民法总则》第 61 条第 3 款和第 65 条的规定，所以，对该"他人"物权或股权的"强夺"是控制在众人都认可的范围内的，况且《物权法》第 16 条第 1 款和第 106 条的设置和作用本身就是遵循交易安全原则的。此其一。交易的整体解释路径及方法将多个当事人之间的数个合同作为整体审视，虽然表面上联系了某特定合同之外的法律文件来解释该合同，但因依旧遵循合同的相对性，在涉及处分第三人的权益时严守《物权法》第 16 条第 1 款和第 106 条的规定，故结论仍同上述，即不违背、破坏交易安全。

（九）结论

天才的商人们务实又机智地创造了令人眼花缭乱的法律关系及其形式，包括签署号称"完整协议"的合同之后陆续签订一个或系列合同，以求利益最大化，有时还伴随着规避法律的动机和运作。法律人不应完全囿于先见，更不应凭主观好恶来认识并处理它们，而应基于当事人的意思表示及法律规定将之恰如其分地定性和定位。具体到先签合同和后续合同之间的关系，必须依当事人的意思表示及法律规定进行解释和认定：其中有的确实呈现着主从关系、后续合同变更或更改了先签合同，但有的是各自独立、互不取代，也是事实。认定后续合同变更、补充了先签合同，不得遗忘《合同法》第 78 条关于"当事人对合同变更的内容约定不明确的，推定为未变更"的规定，而须严格把握。一旦构成变更，合同无效、被撤销时，所谓"后续合同"不会有效。认定先签合同与后续合同之间形成主从关系，必须是基于当事人之间的明确约定或法律的明文规定，不得凭裁判者、解释者的感觉和任性擅作主张。认定先签合同和后续合同之间互为因果，应取决于当事人的明确表示，这是不可动摇的原则，但寻觅并借助于缔约背景、合同的周围情事作出判断，也是必要的和有效的。于此场合，先签合同无效、被撤销时，后续合同的效力可能要受影响，或是变更或是归于消灭，以达公平结果。对于后续合同约定违约金责任、违约损害赔偿等救济方式，务必首先分辨此类约定是对未来结果的预测并分配，还是对业已产生的违约结果的梳理、确认、了结，分清之后，可有这样的结论：属于对未来结果的预测并分配的，构成合同变更，合同无效、被撤销时，所谓“后续合同”要归于消灭；属于对业已产生的违约结果的梳理、确认、了结的，不是合同变更，亦非合同更改，更不是先签合同的从合同，而是先签合同与后续合同之间呈各自独立的关系，先签合同无效、被撤销不影响后续合同的法律效力。

认识并处理呈现主从关系、独立担保、互为因果、安排违约后果等先签合同与后续合同之间的关系，以及“闭环交易”、合同的周围情事，传统解释论中的体系解释方法或是无能为力或是顾此失彼，交易的整体解释路径及方法则游刃有余，且所得结论更加可靠。

交易的整体解释超越但不否定传统解释论中的体系解释方法，不破坏、否定合同的相对性，不损害交易安全，有利于合同漏洞的填补，可补中国现行法欠缺动机错误规则、似未吸纳行为基础理论之缺，更能全面、妥当地解决纠纷，衡平当事人各方的利益关系。既然复杂甚至连续的交易需要与之相适应的法律规则及方法，交易的整体解释为其中一例，那么，只有承认它，最好是法律明确设置它，才符合马克思主义关于经济基础与上层建筑之间关系以及事物之间相互联系的原理。

交易的整体解释的例证之一

AHFY 公司与 AHLYSH 公司为国有企业或国有控股企业，在取得 BB 市人民政府国有资产监督管理委员会批准的前提下，并依规在 BB 市产权交易中心参加挂牌交易，就 AHLYSH 公司受让 AHFY 公司在目标公司 GYZQ 公司中 6.4%的股权，AHLYSH 公司竞买成功，双方于 2006 年 9 月 22 日订立《股权转让协议书》。该协议书第 6 条第 1 款约定：“本协议的变更，必须经双方共同协商，并由双方及鉴证方订立书面变更协议。如协商不能达成一致，本协议继续有效。”

AHFY 公司与 AHLYSH 公司以及第三人 AHFYSH 公司于 2006 年 12 月 22 日订立了《关于转让 AHFY 公司在 GYZQ 公司中的股权的补充协议》，其中第 5 条约定：“本协议自 AHFY 公司、AHFYSH 公司、AHLYSH 公司的法定代表人或授权代表签字盖章并加盖公章后生效。”该补充协议未经 BB 市人民政府国有资产监督管理委员会批准。

无论就两份协议的内容的关联性，还是AHFY公司与AHLYSH公司的自认，均可得出结论：《关于转让AHFY公司在GYZQ公司中的股权的补充协议》系对《股权转让协议书》的补充：前者增加了AHLYSH公司这个主体，增加了4 500万元的股权转让款，将AHFYSH公司所欠AHLYSH公司的款项的支付期限由工商变更登记变更为2006年12月31日前，将违约金由股权转让款总额的20%变更为40%。所有这些，都表明《关于转让AHFY公司在GYZQ公司中的股权的补充协议》是对《股权转让协议书》的实质性变更。

《关于转让AHFY公司在GYZQ公司中的股权的补充协议》第5条约定："本协议自AHFY公司、AHFYSH公司、AHLYSH公司的法定代表人或授权代表签字盖章并加盖公章后生效。"因为三个公司的法定代表人或授权代表均在该补充协议上签字了，同时还加盖了公章，所以依该第5条的约定，《关于转让AHFY公司在GYZQ公司中的股权的补充协议》已经生效了。可是，另一方面，该补充协议未经鉴证方即BB市产权交易中心的鉴证，根据《股权转让协议书》第6条第1款关于"本协议的变更，必须经双方共同协商，并由双方及鉴证方订立书面变更协议。如协商不能达成一致，本协议继续有效"的约定，《关于转让AHFY公司在GYZQ公司中的股权的补充协议》尚未生效。于是，引发一个问题：究竟是依据《股权转让协议书》第6条第1款的约定还是按照《关于转让AHFY公司在GYZQ公司中的股权的补充协议》第5条的约定，确认《关于转让AHFY公司在GYZQ公司中的股权的补充协议》生效与否？

一般的理论是，订立在后的补充协议变更了先前签署的协议，因此，凡是二者存在不一致之处，都以补充协议约定的为准，不然，订立补充协议不是没有意义了吗？据此，结论是《关于转让AHFY公司在GYZQ公司中的股权的补充协议》因其第5条的约定加上签字盖章的事实而已经生效了。

但是，系争案件的特殊之处在于：案涉股权属于国有资产，依据《企业国有资产监督管理暂行条例》[国务院令（第378号）]第23条关于"国有资产监督管理机构决定其所出资企业的国有股权转让"的规定，再根据《合同法》第44条第2款关于"法律、行政法规规定应当办理批准、登记等手续生效的，依照其规定”的规定，法释〔1999〕19号第9条关于“依照合同法第四十四条第二款的规定，法律、行政法规规定合同应当办理批准手续，或者办理批准、登记等手续才生效，在一审法庭辩论终结前当事人仍未办理批准手续的，或者仍未办理批准、登记等手续的，人民法院应当认定该合同未生效；法律、行政法规规定合同应当办理登记手续，但未规定登记后生效的，当事人未办理登记手续不影响合同的效力，合同标的物所有权及其他物权不能转移”（第1款），“合同法第七十七条第二款、第八十七条、第九十六条第二款所列合同变更、转让、解除等情形，依照前款规定处理”（第2款）的规定，以及《合同法》第45条第1款中段规定的“附生效条件的合同”，此处的生效条件，既包括AHLYSH公司和AHFY公司订立书面变更协议，也包括第三方鉴证，在系争案件中是BB市产权交易中心鉴证。

AHLYSH公司受让AHFY公司的股权须经安徽省国有资产管理委员会的批准。法律专家们没有发现《补充协议》已经安徽省国有资产管理委员会批准的证据，AHLYSH公司也声称其受让AHFY公司股权订立的《补充协议》未经安徽省国有资产管理委员会的批准。如果这符合事实，那么，《补充协议》违反了《企业国有资产监督管理暂行条例》[国务院令（第378号）]第23条的规定。按照法释〔1999〕19号第9条第2款的规定，它因未经国资委的批准而未生效，故仍须根据《股权转让协议书》第6条第1款的约定处理，即《补充协议》尚未生效。

交易的整体解释的例证之二：交易的整体解释与文件签署时间

一般地说，确定、反映同一交易的合同文本，若有数份，且内容不尽一致，甚至存在着矛盾、冲突，则签署在后的更能反映当事人的真实意思，它（们）已经变更了此前签署的合同条款，于是，在解释时应以签署在后的合同文本为准。但是，这个原则可能存在着例外。

例如，某建设工程施工《合同协议书》第1条约定：“本协议书与下列文件一起构成合同文件：（1）中标通知书；（2）投标函及投标函附件；（3）专用合同条款；（4）通用合同条款；（5）技术标准和要求；（6）图纸；（7）已标价工程量清单；（8）其他合同文件。”

该《合同协议书》第2条约定："上述文件互相补充和解释，如有不明确和不一致之处，以合同约定次序在先者为准。"

该建设工程施工《合同协议书》的"通用条款"第2条的条名是"合同文件及解释顺序"，第2.1条第1款约定："合同文件应能相互解释，互为说明。除专用条款另有约定外，组成本合同的文件及优先解释顺序如下：(1) 本合同协议书；(2) 中标通知书；(3) 投标书及其附件；(4) 本合同专用条款；(5) 本合同通用条款；(6) 标准，规范及有关技术文件；(7) 图纸；(8) 工程量清单；(9) 工程报价单或预算书。"第2.1条第2款约定："合同履行中，发包人、承包人有关工程的洽商、变更等书面协议或文件视为本合同的组成部分。"

显然，标准，规范及有关技术文件，在大多数情况下存在最早；有些图纸也较早存在；投标书及其附件成立（签署）在中标通知书签发之前；这些文件均在"本合同协议书"签署之前。但是，当这些文件"如有不明确和不一致之处"时，在优先解释顺序上，却以"本合同协议书"的约定为准。

该建设工程施工《合同协议书》的"专用条款"第2条约定："合同文件组成及解释顺序：投标承诺、施工招标答疑纪要、询标记录、有关工程施工双方协商纪要作为合同附件。解释顺序：(1) 本合同协议书；(2) 中标通知书；(3) 投标书及其附件（包括询标记录、投标承诺等）；(4) 本合同专用条款；(5) 本合同通用条款；(6) 施工图纸、标准、规范及其有关文件；(7) 本工程履行过程中双方有关洽商、变更等书面协议、会议纪要。"

不难看出，发生时间在后的"本工程履行过程中双方有关洽商、变更等书面协议、会议纪要"，在解释中却要服从发生时间在先的"本合同协议书"等文件的约定。因为当事人之间已有约定，对于"本合同书"、"本合同书"所附"通用条款"、"专用条款"、招标文件、投标文件等本合同的组成部分，应按以下顺序解释：(1) 本合同书；(2) 本合同书所附"专用条款"；(3) 本合同书所附"通用条款"；(4) 招标文件；(5) 投标文件。

这个约定不违反法律、行政法规的强制性规定，不违背公序良俗，应当有效。我们解释该合同时应以该约定的顺序为准。

四、历史解释

（一）历史解释方法的总说

1. 历史解释方法的价值

观察《合同法》第125条第1款关于“当事人对合同条款的理解有争议的，应当按照合同所使用的词句、合同的有关条款、合同的目的、交易习惯以及诚实信用原则，确定该条款的真实意思”的规定，《民法总则》第142条第1款关于“有相对人的意思表示的解释，应当按照所使用的词句，结合相关条款、行为的性质和目的、习惯以及诚信原则，确定意思表示的含义”的规定，可知合同解释计有文义解释、体系解释、目的解释、参照交易习惯以及遵循诚实信用原则诸项原则，亦称合同解释方法。可否据此断言这已经穷尽了合同解释的方法？笔者作否定的回答，而是主张历史解释也是合同解释的方法。其道理在于：历史方法是以事实的发展过程认定当事人之间法律关系的方法[①]，被运用于合同领域，就是考察并关注某特定合同形成过程中的有关事实、素材，从中挖掘出当事人各方的意思，最终确定哪个或哪些意思表示汇入合意之中，具有法律拘束力，可产生法律效果。合同是个过程，除一些简单的交易之外，订立合同大多是个较为复杂甚至漫长的博弈，自当事人各方接触、讨价还价直至最后形成协议，存留过数个意思表示，或以书面为载体，或以口头为表现形式，或以行为甚至沉默表达出来，哪个、哪些意思表示形成合同条款，哪个、哪些意思表示不属于合同条款，是必须解决的、确定的事项。审视这个过程，甄别、筛选出形成合同条款的意思表示，正是历史解释以及有关解释的原则亦为方法的题中应有之义。此其一。合同为当事人交易的过程，因而解释合同不能掐头去尾，而应斟酌签订合同时的事实和资料，例如磋商过程、来往文件和合同草案等，加以解释。[②] 在某特定合同的场合，如果存在备忘录、意向书、初步协议等缔约过程中存留的文件，那么，这些文件也是解释合同应当重视、考虑的因素。这正是历史解释方法的题中应有之

① 王泽鉴：《民法总则》（最新版），北京，北京大学出版社2009年版，第36页。

② 王泽鉴：《民法债编总论·基本理论·债之发生》（总第1册），台北，三民书局1993年版，第179页。

义。所谓“当下乃为成事而拾掇的往昔，往昔尤为解惑而展开之当下”[①]，这道出了包括意思表示史在内的“历史”对于解释合同含义的重要意义。在这个意义上说，《合同法》第125条、《民法总则》第142条存在着法律漏洞，应予填补。填补的方式就是承认历史解释的方法。此其二。

2. 历史解释方法在法律解释与合同解释中所起作用不同

在此，有必要注意历史解释方法在法律解释与合同解释上的共性和差异，以助于妥当理解和把握合同解释及其历史解释方法。法律解释上的历史解释方法，系探求立法者或准立法者于制定法律时所作的价值判断及其所欲实现的目的，以推知立法者的意思。立法史及立法过程中的有关资料，如一切草案、审议记录、立法理由书等，均为历史解释的主要依据。[②] 由于立法严格其程序，必有法律草案、审议记录，有些国家和地区尚有立法理由书，历史解释不但是必要的，而且是可能的。但合同的订立有简有繁，谓其简，有些合同的订立是双方当事人“一拍即合”，只有合同文本，甚至于连文本也没有，毫无其他洽商记录；论其繁，有些合同的订立历经较长期间的谈判，数易其稿，不但留有前后的几个合同文本，甚至尚有一方的方案、单方允诺、双方合意的备忘录、意向书、初步协议，等等。对于“简”的合同，历史解释方法发挥的作用有限，甚至没有历史解释方法运用的空间；对于“繁”的合同，历史解释方法则大有作为，可以参考正式合同文本之前的口头的、书面的当事人的意思表示，包括备忘录、意向书、初步协议在内，来解释正式合同文本中的合同条款。

3. 历史解释方法因奉行主观目的论抑或客观目的论而作用不同

法律解释素有主观目的论和客观目的论之争，前者强调探求立法者于立法当时的主观意思，后者则在确定法律于被解释时所应具有的合理意思。[③] 所谓法律所应具有的合理意思，在实务操作中系由解释者探寻、确定、表达出来的，从直

---

① ［美］杜兰特：《宗教改革》，第Ⅷ页。转引自［美］威尔·杜兰特、阿里尔·杜兰特：《历史的教训》，倪玉平、张闶译，冯克利、晏绍祥校，北京·成都，中国方正出版社、四川人民出版社2015年版，第4页。

② 梁慧星：《民法解释学》，北京，中国政法大学出版社1995年版，第219页。

③ 参考［德］考尔·拉伦茨：《法学方法论》（学生版），台北，五南图书出版有限公司1996年版，第221－225页；梁慧星：《民法解释学》，北京，中国政法大学出版社1995年版，第219页。

白、不周延的角度说，就是解释者心目中并在裁判文书中表达出来的意思。因为解释者都是有血有肉的个体，其价值取向、价值位阶不见得相同，所以，对于同一条款的解释在不同的裁判文书中显现的意思可能不同，故有“不应该放任由解释者个人自由解释，而应以确实、可事后审查的方式来从事”[①] 之说，从而另创折中说：“两说均有其部分的真理，因此都不能毫无保留地接受”[②]。对于合同解释是否也采用客观目的论呢？如果说依客观目的论解释法律规定有点像解释者取代了立法者的位置，将立法者赋予特定条文的本意替换成自己的意思，那么，在任何情况下，对法律行为予以解释的人都不能成为法律行为的主宰者，他不能以自己确定的法律行为当事人本应制定的规则来取代当事人基于私法自治所实际制定的规则。[③] 在对合同解释的过程中，参与表示各方的实际理解作为历史事实对解释产生关键性的影响，亦即应当基于参与表示各方的实际理解来理解表示所确立规则的内容效力。只有当无法获知当事人对表示的实际理解时，或者当不能确定参与表示的各方当事人，即表意人及表示受领人时，或者在合同的情形，缔约各方当事人，是否就表示达成一致理解时，才有必要针对合同进行规范解释。[④] 看来，合同解释更多的是探求当事人于合同条款中含有的真实意思，即采取主观目的论，但亦不绝对排斥客观目的论：“如果当事人对合同文字的含义根本没有进行过考虑，那么解释合同时就无法去探究当事人所理解的含义，而必须考察：对与当事人处于相同情形下的合理人来说，假如他们曾经对合同文字的含义进行过考察，那么他们原本会理解的含义。”[⑤] “如果所订立的合同是被广泛使用的标准化文本，那么使用这种纯客观的解释办法有助于促进解释上的统一性，而不必

---

① ［德］考尔·拉伦茨：《法学方法论》（学生版），台北，五南图书出版有限公司 1996 年版，第 226 页。

② ［德］考尔·拉伦茨：《法学方法论》（学生版），台北，五南图书出版有限公司 1996 年版，第 225 页。

③ ［德］维尔纳·弗卢梅：《法律行为论》，迟颖译，北京，法律出版社 2013 年版，第 360 页。

④ ［德］《联邦最高法院判例——林登迈尔-默林编联邦最高法院参考资料》，§119Nr. 6. 转引自［德］维尔纳·弗卢梅：《法律行为论》，迟颖译，北京，法律出版社 2013 年版，第 353 页。

⑤ Southern Bell Tel. & Tel. Co. v. Florida E. C. Ry.，399 F. 2d 854（5th Cir. 1968）. 转引自［美］E. 艾伦·范斯沃思：《美国合同法》（原书第 3 版），葛云松、丁春艳译，北京，中国政法大学出版社 2004 年版，第 467 页。

考虑当事人具有的特殊情形。”①

众所周知，缔约过程中存留的文件更能反映缔约人的真实意思，这是主观目的论被认可的基础之一，循此学说，备忘录、意向书、初步协议以及其他口头的、书面的意思表示在解释合同时就必然受到重视，并将之纳入缔约人所示意思的范畴，而非解释者的意思，换言之，历史解释方法处于重要的地位，发挥着明显的作用。与此有别，如果采取客观目的论，并且把解释者当作“加工厂”的话，那么，包括正式的合同文本、备忘录、意向书、初步协议在内的所有留存的文件，就都是被送往“加工厂”的“原材料”。这些“原材料”不得原封不动地作为反映缔约者的意思表示的“展示板”，而是统统在“加工厂”中被“分解”“制作”，生产出“产品”。使用合同解释的术语表述就是，包括正式的合同文本、备忘录、意向书、初步协议在内的所有留存的文件，统统被摄入解释者的脑海之中，经过酝酿、思虑，形成解释者被置于缔约人的地位时所表示的意思，再以缔约人赋予合同条款所含意思的面貌出现，最终载入裁判文书之中。不难发现，于此场合，历史解释方法已经“变味”了，或者说作用已被弱化了。

（二）历史解释方法的比较法分析

1. 普通法上接近历史解释的规则及理论

美国《统一商法典》规定，连续交易（a course of dealing）是解释合同的基础，能够赋予合同条款特定含义并补充或限定合同条款。具体而言，“连续交易是指该交易的当事人之间的一系列先前的行为。在解释当事人的意思表示和其他行为时，将公平地认为这些先前的行为对此确立了一个共同理解的基础”。“当事人之间的连续交易……赋予合同条款特定含义，并起着补充或限制合同条款的作用。”“合同的明示条款和可适用的连续交易或交易惯例，只要合乎情理，应解释为是相互一致的；但这样的解释不合情理时，明示条款优于连续交易和交易惯例，连续交易优于交易惯例（第 1－205 条）。”

在英美法系，当需要解释合同时，法院须广泛地考虑交易所处的情事（sur-

---

① ［美］E. 艾伦·范斯沃思：《美国合同法》（原书第 3 版），葛云松、丁春艳译，北京，中国政法大学出版社 2004 年版，第 467 页。

rounding circumstances)。须注意，只有围绕着并影响着当事人或人们的情事，才是交易所处的情事。[①] 它包括所有的书面文件、口头阐述和当事人各方证实其同意的其他行为，结合他们之间的任何先前的洽商，结合任何适用的连续交易、履行过程或连续的习惯与交易惯例。[②] 特别是，先前的交易经常帮助确定合同当事人各方是否已经形成了一个对其关系大有益处的共同理解，包括他们作出明智判断的阅历、知识和经验的进程。[③] 应当指出，“交易所处的情事”规则的重要性不能被过分强调。与合同推定解释的其他主要规则不同，该规则确定地要求法院考虑外部证据或曰外来证据（extrinsic evidence)，即使没有就模糊申辩、在一份判决里认定模糊多少，即使当事人约定了完整的合同。

使用书面合同以外的证据——外部证据或曰外来证据（extrinsic evidence）——来解释该书面合同，在普通法上要依据口头证据规则（parol evidence rule)。尽管很少有比口头证据规则更黑暗、更充满难于捉摸的困难的事项[④]，但该规则中某些思想及规则对中国合同法的解释还是具有益处，尤其是其中哪些内容可被吸纳进历史解释之中，更需要辨析，因而，对它作一简要的介绍是必要的。

口头证据规则的要义是：其一，对于一份完整的、最后的、唯一的书面合同，外部证据不得抵触书面合同的条款；只有不完整的书面合同才被允许运用外部证据予以解释。其二，对于含义清楚的书面合同，不得使用外部证据加以解释；只有模糊的合同才可以运用外部证据予以解释。判例明确，在先前订立的协议或同时订立的协议提出改变、增加或否定无漏洞的、不模糊的书面协议的条款时，依据口头证据规则，一般不允许提出关于先前订立的协议或同时订立的协议

---

① Arthur Linton Corbin, Corbin on Contract (one volume edition), West Publishing Co., 500 (1952).

② See, e.g., Lischem Corp. v. Atomic Energy Org. Of Iran, 7 Iran U.S.CI. Trib. Rep. 18, 23 (1984～III).

③ K. M. Sharma, From “Sanctity” to “Fairness”: An Uneasy Transition in the Law of Contracts? 18 N. Y. L. Sch. J. Int l & Comp. L., 95 (1999).

④ James B. Thayer, A preliminary Treatise on evidence at common law, 390 (1898), quted in Johon D. Calamari & Perillo, Contracts 〈sect〉 3-1, at 133-34 (3d ed. 1987).

的外部证据。[1] 允许用外部证据来澄清、解释或赋予模糊的或者表面不完整的书面协议的含义，但它仅仅可以在这个范围内作为证据使用。它作为证据不改变或否定不模糊的、完整的与最后的书面协议的条款。[2] 其三，提供外部证据以证明当事人履行合同时的意思。这种“解释”类型的证据不遵循口头证据规则，当事人可以将它提交给主审法院，尽管陪审团从未考虑过这类解释证据。相反，提供外部证据，以增加、减少或修改书面协议。这种“补充”类型的证据遵循口头证据规则，事实审的法官可以直到主审法院首次发现书面协议既不完整又不清楚时才考虑它。[3]

在这里，何谓模糊？什么是完整？便成为亟待弄清的问题。如果一份文件的条款是“不确定与有疑义或其合理地可能有两种以上的含义，在特定的书面合同得到履行时要考虑现存的合理情况，那么它就是模糊的”[4]。在这样的情况下，事实审的法官必须确定该条款的意思。[5] 另一方面，如果一份书面文件“是如此表达的以至于能有一个确定的或界定的法律含义或解释，那么，它就不是模糊的，它能作为一个法律问题加以解释”[6]。用得克萨斯州最高法院在 Universal C. I. T. Credit Corp. v. Daniel 判例中的话说，就是：仅仅在对文件外表适用相关的解释规则不能确定哪一种意思为适当时，合同才是模糊的。换言之，如果在适

① See, Lewis v. East Tex. Fin. Co., 136 Tex. 149, 146 S. W. 2d 977, 980 (1941); Pan Am. Bank v. Nowland, 650 S. W. 2d 879, 884 (Tex. App. —San Antonio 1983, writ ref'd n. r. e.), disapproved of on other grounds by Crimmins v. Lowry, 691 S. W. 2d 582 (Tex. 1985).

② See, First Victoria Nat' 1 Bank v. Briones, 788 S. W. 2d 632, 635 (Tex. App. —Corpus Christi 1990, writ dened); Patterson v. Patterson, 679 S. W. 2d 621, 625 (Tex. App. —San Antonio 1984, no writ).

③ 历史地观察，普通法欲使书面协议同两种形式的外部证据或附带证据相隔离。然而，更多的近来的判例法受到美国法学会整理《合同法重述》（第 2 版）和美国《统一商法典》的合理支持，支持更广泛地使用书面协议的字面意思之外的证据，证明当事人双方在书面合同成立时的意思和理解，支持条款的存在和含义并不必然地反映在书面合同的观点中。See Restatement (Second) of Contracts 〈sect〉 〈sect〉 209, 211, 214, 216, 218, 220 (1981); Tex. Bus. & Com. Code Ann. 〈sect〉 2. 202 (Vernon 1994). 关于依照美国《统一商法典》对口头证据规则的评论，See 2 James J. White & Robert S. Summers, Uniform Commercial Code: Practitioner Treatise Series 〈sect〉〈sect〉 2 - 9 to - 11 (1995&Supp. 1996).

④ Lenape Resources Corp. V. Tennessee Gas Pipeline Co., 925 S. W. 2d 565, 574 (Tex. 1996).

⑤ See Harris v. Rowe, 593 S. W. 2d 303, 306 (Tex. 1979); accord American Guar. & Liab. Ins. Co. v. Shel-Ray Underwriters, Inc., 844 F. Supp. 325, 330 (S. D. Tex. 1993).

⑥ Lenape Resources, 925 S. W. 2d at 574 (citing Coker, 650 S. W. 2d at 393).

用既有的解释规则之后，仍可能留有两种以上的合理意思，那么该合同是模糊的。但是如果仅仅留下一种合理意思，那么该合同是清楚的。[①]

关于被解释的合同是否“完整”，某些判例认为，如果当事人各方欲使书面合同作为他们协议的最后的完整的表达，那么，该合同是完整的。[②] “一份完整的协议是形成一个最后表达一份协议的一条或多条的一书面体或者一组书面体。”[③] 一份完整的合同是一份当事人各方都同意的所有条款的最后的且完全的表达。一份不完整的合同，虽是包含在这份协议中的所有条款的最后的且完全的表达，但不是那份当事人各方都同意的所有条款的最后的且完全的表达。[④] 按照美国《合同法重述》（第 2 版）第 216（2）条的界定，“如果一份书面文件省略了当事人同意增加的与它不矛盾的条款，那么该协议不是完整的。该同意增加的条款是为分离理由而同意的条款，或是在这种情况下能自然地不书写的条款”[⑤]。如果一个书面合同在外观上存在着许多空格尚未填写[⑥]；书面合同清楚地指明，还包含另外的文件；或者该书面合同遗漏了必要条款（necessary terms），那么该合同是不完整的。[⑦] 不完整也可以通过其他书面文件显现出来，该其他书面文件可以成为合同整体的全部或部分，也可以不是合同整体的全部或部分。不完整还可以通过口头的或书面的相关证据显现出来。[⑧]

---

① 150 Tex. 513，243 S. W. 2d 154，157（1951）.

② Restatement（Second）of Contracts ch. 9，pt. 3 intro. note（1981）. see Mark K. Glasser & Keith A. Rowley，On Parol：The Construction and Interpretation of Written Agreements and the Role of Extrinsic Evidence in Contract Litigation，49 Baylor L. Rev. 657（1997）.

③ Restatement（Second）of Contracts 〈sect〉 209（1），at 125（emphasis added）；see also Restatement of Contracts 〈sect〉 228，at 307（1932）.（“一份协议是到此为止当事人双方采用的书面形式的完整体，或是作为最后的与完全的表达该协议的完整书面体。”）see Mark K. Glasser & Keith A. Rowley，On Parol：The Construction and Interpretation of Written Agreements and the Role of Extrinsic Evidence in Contract Litigation，49 Baylor L. Rev. 657（1997）.

④ David R. Dow，The Confused State of the Parol Evidence Rule in Texas，355 Tex. L. Rev. 459 - 60（1994）.（emphasis added）；see also Restatement（Second）of Contracts 〈sect〉 210（1）—（2）.

⑤ Restatement（Second）of Contracts 〈sect〉 216（2）.

⑥ See，e. G.，City of Beaumont v. Excavators & Constructors，Inc.，870 S. W. 2d 123，146（Tex. App. —Beaumont 1993，writ denied）.

⑦ See，e. G.，City of Beaumont v. Excavators & Constructors，Inc.，870 S. W. 2d 123，146（Tex. App. —Beaumont 1993，writ denied）.

⑧ Restatement（Second）of Contracts 〈sect〉 210 cmt. c（emphasis added）.

2. 对于有关概念和规则的甄别

诚然，所谓完整的合同系“协议的最后的完整的表达”，“最后表达一份协议的一条或多条的一书面体或者一组书面体”“当事人各方都同意的所有条款的最后的且完全的表达”，云云，都只在描述“完整的合同”的态样，均非最终的判断某特定合同“完整”与否的判断标准。对于该判断标准理论，笔者将另撰专文加以探讨，此处不赘。

为什么一份特定合同是完整的或不是完整的至关重要呢？这是因为“在当事人各方已经对一特定对象订立了一个有效的完整的协议场合，口头证据规则不赋予先于或同时于该协议存在的但又同该协议相矛盾的条款以强制效力”①。首先，对于该讨论更为重要的是，科宾教授将该规则阐述如下：“当双方当事人已经签订了一份合同，并采用了书面形式。该书面体表达了他们双方已经同意把该书面体作为该合同的完全的精确的整体看待。当事人双方在了解与谈判之前的证据，不论是口头的还是其他形式的，都将不得用作证明改变或违反该书面的目的。”②得克萨斯州最高法院的观点与科宾教授阐述的规则不同，尽管两者所述都是正确的与重要的。按照 Hubacek 法官的观点，如果书面合同是完整的，那么任何当事人各方之间的其他先于或同时于该协议的有关相同对象的证据，在它们改变或违反该协议的范围内不具有强制力。③ 其次，为该讨论的目的或许更为重要的，科宾教授阐述道，如果书面合同是完整的，那么任何其他先于或同时于当事人各方之间的协议的关于相同对象的证据，因为它们改变或违反该书面协议，是不被承认的。④

在书面协议尚未包括全部协议的场合，口头证据被允许用作证实附属协议同

---

① Hubacek v. Ennis State Bank，159 Tex. 166，317 S. W. 2d 30，32（1958）.

② 3 Arthur L. Corbin，Corbin on Contracts〈sect〉573，at 357（emphasis added），quoted with approval in Loe v. Murphy，611 S. W. 2d 449，451（Tex. Civ. App. —Dallas 1980，writ ref'd n. r. e.）；see also Restatement（Second）of Contracts ch. 9，pt. 3 intro. Note. The Second Restatement of Contracts states the following：一份具有拘束力的完整协议的主要效力可将解释集中于固定在书面中的条款的意思上……，将消灭该协议前的同该协议不一致的部分的效力……同一份完整协议相反的证据容许性受到限制，对一份完成的完整协议增加内容也受到限制，这样，一个限制要置于事实审法官的权力之上。

③ Hubacek，317 S. W. 2d at 32.

④ See 3 Corbin on Contracts，〈sect〉573，at 357.

该书面协议不矛盾、未改变或未抵触完整的清晰的书面合同的条款。[①] 一个附属协议可以并且必须是当事人各方自然使其分离，通常不期望它具体化在该书面合同中的；它必须不是如此清楚地作为主要交易的组成部分与主要交易结合在一起的。[②]

应当注意，外部证据不可以填补一个另外的不完全的书面协议的必备条款（essential terms）。

口头证据规则存在着例外，如口头证据始终有资格证明合同不存在[③]，等等。

诚然，口头证据规则与历史解释的原则及方法系各自独立的规则，只不过两者在某些领域存在交叉，即口头证据规则关于完整协议之前的协议、承诺等是否成为系争合同的组成部分的思想，可为历史解释所重视甚至吸纳。

3. 比较法分析所得结论

（1）毋庸讳言，普通法上的口头证据规则与大陆法系上的历史解释方法并非同一个领域的规则，其缘起和确立的背景与机理均不相同，在中国现行法上本无口头证据规则的背景下尤为如此。不过，口头证据规则关于哪些口头的甚至书面的证据（反映缔约人的意思表示的文件）应被纳入最终的合同文本之中的一系列确定规则及理论，可被历史解释方法所借鉴，即确定合同条款的含义时哪些口头的甚至书面的证据（反映缔约人的意思表示的文件）应作为合同解释的考虑因素，从而形成历史解释方法的完整内容，使得历史解释方法丰满，更具可操作性。例如，"只有不完整的书面合同才允许运用外部证据予以解释"、"只有模糊的合同才可以运用外部证据予以解释"、"允许用外部证据来澄清、解释或赋予模糊的或者表面不完整的书面协议的含义"、"提供外部证据以证明当事人履行合同时的意思"这些口头证据规则，均可被历史解释方法所吸纳。

（2）普通法关于连续交易、交易惯例与明示条款相互关系的规则及学说，启

---

① See Jack H. Brown & Co. v. Toys "R" Us, Inc., 906 F. 2d 169, 175 (5th Cir. 1990); see Hubacek v. Ennis State Bank, 159 Tex. 166, 317 S. W. 2d 30, 32 (1958).

② Weinacht, 673 S. W. 2d at 680 (citing Leyendecker v. Strange, 204 S. W. 2d 845, 847 (Tex. Civ. App—Galveston 1947, writ ref'd. n. r. e.)).

③ See Baker v. Baker, 143 Tex. 191, 183 S. W. 2d 724, 728 (1944); Bellaire Kirkpatrick Joint Venture v. Loots, 826 S. W. 2d 846, 847 (Tex. Civ. App-Fort orth 1992, writ denied).

发着我们：在运用历史解释方法时不宜将“历史”元素等量齐观，而是要注意其有先有后、有轻有重，从而使得历史解释方法连同其他解释方法发挥正常作用。

(3) 应当承认，中国现行法及其实施，民法条文的草拟、适用、解释自觉不自觉地轻视了程序法本来的作用。这种状况在合同解释领域也未得到改变，其实本应改善。普通法上的口头证据规则恰恰重视证据及证明责任，这非常值得我们重视和借鉴，在历史解释方法的运用中的确应当结合证明责任及其分配。只有这样，才会使历史解释方法沿着正确的轨道发展和运用。

(三) 单独运用历史解释的方法存有风险

1. 单独运用历史解释方法的风险性

对于历史解释的地位及作用，要有清醒的认识：一般而言，历史解释要素在法律行为规范解释中不像在法律解释中那样发挥核心作用，虽然在个别情形中，法律行为规则可能会以当事人之间业已存在的规则为基础制定。[①]

这种提醒值得重视，采取的措施之一是把历史解释与有关解释原则及方法联系起来运用，倘若单独运用历史解释的方法，就会面临着风险。有鉴于此，英国法律不允许在解释合同时考虑谈判时的草拟合同（draft agreement)。[②] 特别是，如果合同订有明确当事人各方以前所有的承诺和约定全部作废类型的“完整合同条款”(entire agreement clause，merger clause，integration clause)，因该条款的本意是把合同局限于合同内明示条款/文字之内，将合同明示条款/文字以外的约定排除于该合同以外，那么，于此场合，依赖历史解释的方法解释系争合同，就极可能得出十分错误的结论，除非该条款被认定为无效。[③]

2. 风险性的例证

在中国，单独运用历史解释的方法同样存有风险。对此，先举单独运用历史解释的方法解释法律产生风险的两个例证，予以展现。

第一个例证为《合同法》第114条第3款规定：“当事人就迟延履行约定违约金的，违约方支付违约金后，还应当履行债务。”对此规定存疑、争议的是违

---

① ［德］维尔纳·弗卢梅：《法律行为论》，迟颖译，北京，法律出版社2013年版，第362页。

② 杨良宜：《合约的解释》，北京，法律出版社2007年版，第60页。

③ 杨良宜：《合约的解释》，北京，法律出版社2007年版，第75-76页。

约金责任与违约损害赔偿可否并存？解决该项争议的方法可有历史解释的运用。

经查，受全国人民代表大会常务委员会委托、由14家法律院系的专家学者草拟并经梁慧星教授、张广兴教授和傅静坤博士整理而成的《中华人民共和国合同法（学者建议草案）》于第八章“违约责任”中分设第二节“违约金”和第三节“损害赔偿责任”，第147条之第1款规定：“除当事人另有约定外，违约金视为固定的违约赔偿金。”第2款规定：“债权人请求债务人支付违约金的，不得同时请求其继续履行或者赔偿损失，但如果违约金是专门为迟延履行约定的，不在此限。”第149条规定：“约定的违约金过分高于或低于违反合同所造成的损害的，当事人可以请求法院或者仲裁机构适当予以减少或增加。”这些条文显示出：违约金责任原则上同于违约损害赔偿，但在当事人约定二者并存以及在迟延履行的情况下，违约金责任与违约损害赔偿可以并存。

这种违约金责任与违约损害赔偿在两种情况下可以并存的思想，在全国人民代表大会组织的于1993年4月8日草拟的《中华人民共和国合同法（征求意见稿）》中只剩下一种情形，即当事人约定二者并存时依其约定，这体现在其第53条中段和后段关于“除当事人另有约定外，违约金视为违反合同的损失赔偿。约定的违约金或者按照约定的计算方法计算的损失赔偿额过分高于或者低于违约所造成的损失，显失公平的，一方当事人可以请求合同仲裁机构或者人民法院予以减少或者增加”的规定中。

自此以后，全国人民代表大会组织草拟的《中华人民共和国合同法》试拟稿、征求意见稿、草案、审议稿都不见了违约金责任与违约损害赔偿并存。例如，1995年10月16日的《中华人民共和国合同法（试拟稿）》第69条第2款规定：“违约金视为因违约造成损失的赔偿金。约定的违约金过分高于或者低于因违约造成损失的，当事人可以请求人民法院或者合同仲裁委员会适当减少或者增加。”1996年6月7日的《中华人民共和国合同法（试拟稿）》第81条第2款前段完全承继了1995年10月16日的《中华人民共和国合同法（试拟稿）》第69条第2款的规定。1997年5月14日的《中华人民共和国合同法（征求意见稿）》第77条第2款重复了1995年10月16日的《中华人民共和国合同法（试拟稿）》第69条第2款的规定。1998年8月20日的《中华人民共和国合同法（草案）》第118条第2款规定：“约定的违约金，视为违约的损失赔偿，但约定的违约金过分高于或者低于因违约造成损失的，当事人可以请求人民法院或者合同仲裁机构予以适当减少或者增加。”其精神同于此前的试拟稿、征求意见稿、草案关于违约金与违约损害赔偿之间关系的规定，只是文字有所调整。1998 年 12 月 21 日的《中华人民共和国合同法（草案）》（三次审议稿）第 115 条的规定基本同于 1998 年 8 月 20 日的《中华人民共和国合同法（草案）》第 118 条第 2 款的规定，只是将原来的“过分低于”改为“低于”，体现了更侧重保护守约方的精神。1999 年 3 月 15 日第九届全国人民代表大会第二次会议通过的《中华人民共和国合同法》第 114 条之第 1 款规定：“当事人可以约定一方违约时应当根据违约情况向对方支付一定数额的违约金，也可以约定因违约产生的损失赔偿额的计算方法。”第 2 款规定：“约定的违约金低于造成的损失的，当事人可以请求人民法院或者仲裁机构予以增加；约定的违约金过分高于造成的损失的，当事人可以请求人民法院或者仲裁机构予以适当减少。”第 3 款规定：“当事人就迟延履行约定违约金的，违约方支付违约金后，还应当履行债务。”这些规定中不见违约金责任与违约损害赔偿可以并存的文字。

纯依历史解释的原则及方法，似可得出《合同法》否定违约金责任与违约损害赔偿可以并存的结论。但笔者不这么认识问题，反倒呼吁和倡导：即使考察《合同法》的立法史，也不宜得出《合同法》排斥违约金责任与违约损害赔偿并存的结论，而应认为《合同法》的立法者在这个问题上犹豫不决。坚持《合同法》的立法者犹豫不决说，可有如下理由：(1)《合同法》及其此前的若干试拟稿、征求意见稿、草案、审议稿从未明确排除过违约金责任与违约损害赔偿并存。(2) 单纯的违约金责任有时未能填补守约方因对方违约所遭受的损失，没有实现合同法为补偿法（填补守约方的损失之法）和否定违约法（不让违约方从其违约中获取不当利益）的目的及功能。(3) 实务中时常出现当事人约定违约金责任与违约损害赔偿并存，按照合同自由原则，宜尊重当事人的此类约定，除非其损害公序良俗、违反强制性法律规定。(4) 至少仲裁实务把握的尺度是，只要当事人明确约定违约金责任与违约损害赔偿并存，如使用“承租人除了承担未付租金部分的千分之五的违约金外，还应当赔偿违约给出租人造成的损失”之类的字样，就支持守约方的仲裁请求。(5) 中国法没有如同美国法那样禁止惩罚性违约金，而是依靠公序良俗、强制性法律规定等制度控制，于是，只要当事人关于违约金责任与违约损害赔偿并存的约定没有损害公序良俗、违反强制性法律规定，就宜承认二者的并存。

再举自己代理一例，表明不宜单纯地依赖历史解释的原则及方法。《经济合同法》第7条规定自己代理签订的经济合同无效，《民法通则》对此未予表态，《中华人民共和国合同法（学者建议草案）》于第38条规定自己代理订立的合同无效，但合同纯使被代理人一方获得利益的，不在此限。其后全国人民代表大会常务委员会法制工作委员会草拟的《中华人民共和国合同法（试拟稿）》也有类似的规定，但《合同法》却未设自己代理和双方代理的规则。何以如此？有关立法例及判例、学说认为，自己代理必须禁止，理由一是自己代理缺乏公开性，二是自己代理难以避免利益冲突。①

如果单纯地依赖历史解释的原则及方法，就会得出中国法律不承认自己代理的结论来。但笔者同样不赞同这样的态度及解释思路，而是赞同如下观点：不是立法者否定了自己代理规则，而是设置什么样的规则方为适当把握不准，留给判决、学说总结实务中的经验，形成规则。

果然，积累了较为丰富的经验、教训，对自己代理的利弊认识更清楚了，《民法总则》兴利避害，便设置了自己代理规则（第168条第1款）。

以上二例虽为在法律解释中应慎用历史解释，但其道理也适合于合同解释，英美法关于缔约过程中的证据可否用来判定合同文字是否欠缺必要的清晰度的争论，与之有异曲同工之妙。

对于文义解释，英美法分为两个步骤。首先，在进入第二个步骤（合同解释阶段）之前，法院需要先行判定：发生争议的合同文字是否未达到必要的清晰度。只有当法院判定该合同文字的含义确实没有达到这一必要的清晰度时，关于缔约过程中的证据才能在以合同解释为目的的第二个步骤（合同解释阶段）中被采纳。② 根据比较旧的、比较严格的观点，在第一个步骤中不得采纳关于缔约过

① ［德］汉斯·布洛克斯、沃尔夫·迪特里希·瓦尔克：《德国民法总论》（第33版），张艳译，杨大可校，北京，中国人民大学出版社2014年版，第244页以下；崔建远、韩世远、申卫星、王洪亮、程啸、耿林：《民法总论》（第2版），耿林执笔，北京，清华大学出版社2013年版，第238页。

② ［美］E·艾伦·范斯沃思：《美国合同法》（原书第3版），葛云松、丁春艳译，北京，中国政法大学出版社2004年版，第478页。

程中的证据来证明合同文字是否欠缺必要的清晰度。初审法院应当基于合同文字本身，结合周围情事，来判定产生争议的合同文字是否未能达到必要的清晰度，但不能考虑关于缔约过程中的证据。[①] 只有当法院已经作出先行判断合同文字欠缺必要的清晰度后，才可以在第二个步骤（合同解释阶段）中使用关于缔约过程中的证据。这一观点体现在了美国法学会所整理的《合同法重述》（第 1 版）第 230 条及其评注第 a 条，而且仍然被许多司法判决所采纳。[②]

宽松观点出现于攻击严格观点的过程中，但仍未无条件地采纳缔约过程中的证据，而是主张，在第一个步骤中，关于缔约过程中的证据可被采纳，但仅限于帮助法官判断产生争议的合同文字是否欠缺必要的清晰度。这样，初审法官就不再像严格观点之下的法官那样，仅基于合同文字本身和周围情事来作出判断。[③] 这就是美国法学会所整理的《合同法重述》（第 2 版）所采纳的观点，美国法学会所整理的《合同法重述》（第 2 版）第 212 条的评注第 b 条解释道："对文字含义或者有歧义的判定，必须只能在考虑了……缔约过程中的基础上进行"。

五、符合合同目的

（一）目的解释的必要性和重要性

当事人订立合同均为达到一定目的，合同的各项条款及其用语均是达到该目的的手段。因此，确定合同用语的含义乃至整个合同内容自然须适合于合同目的。如果说"立法旨趣之探求，是阐释法律疑义之钥匙"[④]，那么合同目的之探寻，亦有如此重要性。《合同法》第 125 条明确规定了符合合同目的原则。法释〔2005〕6 号第 13 条关于"承包方未经发包方同意，采取转让方式流转其土地承

---

① 转引自［美］E. 艾伦·范斯沃思：《美国合同法》（原书第 3 版），葛云松、丁春艳译，北京，中国政法大学出版社 2004 年版，第 479 页。

② W. W. W. Assocs. V. Giancontieri，566 N. E. 2d 639（N. Y. 1990）. 转引自［美］E. 艾伦·范斯沃思：《美国合同法》（原书第 3 版），葛云松、丁春艳译，北京，中国政法大学出版社 2004 年版，第 479 页。

③ ［美］E. 艾伦·范斯沃思：《美国合同法》（原书第 3 版），葛云松、丁春艳译，北京，中国政法大学出版社 2004 年版，第 480 页。

④ ［德］Oertmann，Interesse und Begriff in der Rechtswissenschaft，1931，S. 12. 转引自王泽鉴：《民法思维》，北京，北京大学出版社 2009 年版，第 190 页。

包经营权的，转让合同无效。但发包方无法定理由不同意或者拖延表态的除外”的规定中，后段的解释实际运用了立法目的的解释的方法论，其规定与《农村土地承包法》的立法目的是一致的。[①]

（二）典型交易目的：抽象的视角

此处所谓抽象的视角，是指这样的思考方法和处理方式：不考虑合同标的物、服务或劳务的具体质量要求，只关心其种类和数量，甚至数量也予以忽略。

合同目的，首先是合同的典型交易目的，即给与所欲实现的法律效果。这种典型交易目的在每一类合同中是相同的，不因当事人订立某一具体合同的动机不同而改变。例如，在买卖合同中，买受人的典型交易目的是取得标的物的所有权，出卖人的典型交易目的是获得价款。因该典型交易目的决定了给与的法律性质及对其所适用的法规[②]，所以，依据符合合同目的原则解释，首先确定被解释合同的典型交易目的，就可以锁定合同的性质、种类，进而确定适用于被解释合同的法律规范。

典型交易目的，在典型合同（有名合同）中相对容易确定，例如，在赠与合同中，典型交易目的是移转赠与物的所有权。但在非典型合同（无名合同）中寻觅典型交易目的则务须区分情形，逐个甄别，而后下结论。

依抽象的视角审视合同目的，在古玩交易、降价处理物品交易中最具意义，因为在这些交易中，合同目的仅仅关注于标的物、服务的种类，以及价款（报酬）的数额，有时及于数量。例如，在古玩市场，甲将其所有的 A 古玉出卖给乙，价款 20 万元。甲对 A 古玉未作品质担保。于此场合，乙的合同目的即为取得 A 古玉的占有和所有权，至于 A 古玉的品质则不在合同目的的范围之内；甲的合同目的是取得 20 万元价款。事后发现，A 古玉品质不佳，乙也不得以合同目的不能实现为由主张解除 A 古玉买卖合同。

（三）典型交易目的：具象的视角

此处所谓具象，是指合同标的在种类、数量、质量方面的要求及表现，如标

---

① “最高人民法院副院长黄松有就最高人民法院《关于审理涉及农村土地承包纠纷案件适用法律问题的解释》答记者问”（2005 年 7 月 29 日），载奚晓明主编：《解读最高人民法院司法解释·民商事卷》（新编本），北京，人民法院出版社 2006 年版，第 221 页。

② 王泽鉴：《民法学说与判例研究》（第 1 册），台北，三民书局 1980 年版，第 279 页。

的在花色、规格、品质及数量方面的当事人约定和法律规定。所谓从具象的视角审视合同目的，就是将这些因素都摄入寻觅和确定合同目的的因素和依据之中。

对此，通过下面的案件及其处理加以说明。

在某《硫黄购销合同》中，买受人向出卖人购买块状硫黄，单价 USD775/MT CFR Qingdao CY（中国 A 港集装箱堆场），数量 4 000 吨（允许 10%溢短装），总价 3 100 000.00 美元（+/-10%）。

第一批货物到港后，买受人认为出卖人交付的货物与合同约定的不符，于是立即书面通知出卖人要求根据合同约定对货物进行复检。同日，出卖人回复买受人，要求买受人安排法定检验机构做好分析、取证和定损工作，同时声称马上安排业务人员和 SGS 赴港口检验，并承诺根据检验报告给予买受人补偿。同日，在收到出卖人的回复后，买受人立即联系甲检验公司对货物进行复检并书面告知出卖人：买受人已向甲检验公司申请检验、取证和定损，并请出卖人予以确认。

此后，出卖人方工作人员回函予以确认（出卖人对此予以否认）。在这种情形下，为行使合同赋予的对货物复检的权利，买受人委托了甲检验公司对货物分批进行了检验，甲检验公司先后出具了 5 份《残损鉴定》，鉴定结论表明：(1) 与《硫黄购销合同》规定的 5 个质量指标对比，到货的 5 个批次的全部货物中，仅有一个批次的货物即 644.84 吨批次符合规定的质量指标；而其他 4 个批次货物中，其中三个批次货物有四项指标（即纯度、含碳量、灰分、酸度）不符合合同规定；另一个批次即 783.72 吨批次有三项指标（即纯度、含碳量、灰分）不符合合同指标。(2) 全部批次的货物内均混有小石块或细小石粒等固体杂质，且这些杂质分布比较均匀。鉴定报告认为硫黄混有的这些杂质在装箱之前就已经存在。(3) 2008 年 11 月 8 日，买受人致函出卖人并提出货物质量异议，认为出卖人已经根本违约，但出卖人一直未予正式答复。

对于 644.84 吨批次的硫黄，尽管理化指标符合合同约定，但因含有大量杂质，无法用于正常生产硫酸产品。如果使用，将对买受人的硫酸生产线造成严重损坏，甚至造成人员伤亡。事实上，2008 年 9 月 5 日，买受人将运抵 A 港的部分硫黄运回买受人仓库，并作为生产硫酸的原料使用。买受人在使用含有杂质的硫黄生产硫酸过程中，硫酸生产线的熔硫槽、管线发生堵塞，造成硫酸生产系统停产，根本无法生产出买受人需要的合格产品。因此，买受人认为，对该批货物，出卖人也构成根本违约。

对于买受人的上述诉讼请求，出卖人均予以反驳，认为出卖人向买受人交付的全部硫黄货物完全符合合同的约定，完全能够实现合同的目的，本案货物即便在杂质或理化指标等方面不符合本案合同的约定（出卖人对此予以否认），充其量这也仅仅是一般性违约，不构成"根本"或"严重"违约，没有达到不能实现合同目的的程度。

对此，应当如何处理？买受人若享有解除权，其产生及其行使的条件如何？系争《硫黄购销合同》虽未全部而详细地列举，但分析其第 5.2 条的约定可知，出卖人所交付的货物质量不符合约定，为买受人行使解除权的条件之一。至于该货物质量不符合约定达到何种程度才能解除合同，系争《硫黄购销合同》则语焉不详，需要适用《合同法》第 94 条第 4 项等规定加以解决。

按照《合同法》第 94 条第 4 项的规定，买受人解除系争《硫黄购销合同》，仅仅存在着出卖人交付的硫黄质量不符合约定的事实并不足够，尚须硫黄质量不符合约定的事实致使买受人不能实现其合同目的。

学说认为，买卖合同，无论标的物是什么，当事人是何种类型，都具有相同的目的，即典型交易目的，从出卖人方面来看是取得价款的所有权，从买受人方面观察是取得标的物的所有权。在这个层面上，出卖人取得价款的所有权，买受人取得标的物的所有权，均为合同目的。[①] 不过，必须指出，如果机械地将取得标的物所有权这个抽象视角下的典型交易目的作为《合同法》第 94 条第 4 项所说的合同目的，作为案涉买受人的合同目的，会出现极不合理的现象：即便标的物在品质上极其低劣，在数量上严重短缺，买受人无法使用，由于买受人已经取得了它的所有权，也算达到了合同目的，不得主张解除合同。换句话说，机械地把这种抽象视角下的典型交易目的作为《合同法》第 94 条第 4 项所说的合同目的，作为系争案件买受人的合同目的，显然违反了买受人的本意，因为买受人订立系争《硫黄购销合同》绝非旨在取得质量低下的硫黄；也模糊了根本违约和轻微违约之间的界限，因为这样会使《合同法》第 94 条第 4 项强调"不能实现合

---

① 王泽鉴：《民法学说与判例研究》（第 1 册），台北，三民书局 1980 年版，第 279 页。

同目的”的要素失去意义和价值，会使人们无法准确地确定合同解除的条件，难以适当地适用合同解除制度。有鉴于此，在系争案件中，不宜把取得硫黄所有权这种抽象视角下的典型交易目的等同于买受人的合同目的。①

假如买受人将系争《硫黄购销合同》项下的硫黄用于生产过程，假如这些硫黄可以用于买受人的生产过程，换句话说，系争《硫黄购销合同》项下的硫黄的用途，可否作为买受人的合同目的？于此场合，放弃抽象视角下的典型交易目的的思路，改采具象视角下的典型交易目的，作为系争案件中买受人的合同目的，更为妥当。

诚然，不宜在任何情况下都采取具象视角下的典型交易目的这种方法来确定系争案件中的合同目的。笔者认为，在当事人明确地将标的物的种类、质量、数量告知了对方当事人，并且作为成交的基础，或者说作为合同的条件；或者虽然当事人在订立合同时没有明确告知，合同中也没有将它们条款化，但有充分且确凿的证据证明它们就是该合同（交易）成立的基础，也可以甚至应当将它们作为合同目的。这就是具象视角下的典型交易目的。具体到系争案件，假如买受人在订立系争《硫黄购销合同》时明确地告知了出卖人：拟购买的硫黄就是用于自己的生产过程的，若出卖人交付的硫黄不符合生产的要求，就会退货，对此有确凿的证据证明，那么，买受人所要求的案涉硫黄的全部规格，就是合同目的；或者系争《硫黄购销合同》的条款里显示出买受人的这些规格已经成为系争《硫黄购销合同》的内容，成为了系争《硫黄购销合同》的组成部分，那么，买受人取得系争《硫黄购销合同》项下的数量足够、质量合格的硫黄及其所有权，是系争《硫黄购销合同》中买受人的合同目的。②

经查，系争《硫黄购销合同》于第 1.1 条约定了案涉硫黄的规格，于第 5.2 条约定了检验，于第 7 条约定了免责条款。对于欠缺的质量标准，可适用《合同法》第 154 条关于“当事人对标的物的质量要求没有约定或者约定不明确，依照本法第六十一条的规定仍不能确定的，适用本法第六十二条第一项的规定”的规定，予以补充。于此场合，《合同法》第 61 条的规定于此处派不上用场，只得求

① 崔建远：《合同一般法定解除条件探微》，载《法律科学》2011 年第 6 期。

② 崔建远：《合同一般法定解除条件探微》，载《法律科学》2011 年第 6 期。

助于《合同法》第 62 条第 1 项关于当事人对“质量约定不明确的，按照国家标准、行业标准履行；没有国家标准、行业标准的，按照通常标准或者符合合同目的的特定标准履行”的规定。

工业硫黄的相关国家标准，即 GB/T2449—2006。甲检验公司接受买受人的委托，以 GB/T2449—2006 为判断基准，对案涉块状硫黄的质量进行鉴定，并出具了《咨询分析意见》。该《咨询分析意见》第 2 条第 1 款第 2 项认为，按照 GB/T2449—2006 工业硫黄国家标准，硫黄的优等品、一等品、合格品是不允许有大块的砂石存在的；而出卖人交付的案涉块状硫黄内均混有小石块或细小石粒等固体杂质，且这些杂质分布比较均匀，即质量不合格。

既然工业硫黄的相关国家标准 GB/T2449—2006 可以确定案涉块状硫黄的质量，那么，系争案件采取具象视角的方法审视合同目的，得出买受人的合同目的是取得符合质量标准和约定数量的块状硫黄的结论，就是妥当的。

（四）合同目的：某些情况下的动机（主观目的）

所谓当事人的主观目的，就是当事人订立合同的动机。[①] 动机乃为法律行为之缘由，此一缘由实则指给付目的，与债务目的在于清偿实现债权不同。[②] 解释合同时是否接受它？许多专家、学者持否定见解：解释合约必须是客观的（objective），而非主观的（subjective）[③]，因为主观意图难以证明，当事人各自抖出其不同的主观解释，法官或仲裁员会无所适从。再说，各方在争辩时强调的缔约时的主观意图，往往只能靠空口说，而不会有证据证明于缔约时脑海里的想法是怎么样的。事实上很可能是各方在缔约时根本没有想到这一方面，谈不上有什么主观意图，只是出现争议了才想自圆其说。还有，争议发生相距缔约时很久，对各方缔约时脑海里有什么主观意图根本无法取证。所以，解释合同接受当事人的主观意图既不科学也不可靠。此其一。缔约一方只看到相对人所愿意接受的合同条款/文字，无法看到用字不准确或表达上含糊不清的相对人内心的主观意图。在这样的背景下接受相对人的主观意图，对缔约的另一方不公平。此其二。更为

---

① 王泽鉴：《民法学说与判例研究》（第 1 册），台北，三民书局 1980 年版，第 279 页。

② 林诚二：《民法理论与问题研究》，北京，中国政法大学出版社 2000 年版，第 198 页。

③ 杨良宜：《合约的解释》，北京，法律出版社 2007 年版，第 11 页。

严重的是，一个书面合同若任由缔约人用其缔约时的主观意图来扭曲已经表示出来的合同文字，就会对依赖该合同的第三人不公平。在今天的商业环境下，这种第三人非常之多，包括银行依赖书面合同融资，提单会被转让/转卖，合同权益会被转让。对这些无辜的第三人而言，唯一能看到的证据就是一份书面合同。此其三。如果强调用当事人的主观意图解释合同，就会使代理当事人的律师无所适从，因为形成法律意见，代理律师也只能依赖看到的书面合同条款/文字，不会知晓对方或自己的客户在缔约时的内心主观意图。对于自己的客户还可以查询，但对方的主观意图根本不会在现阶段知晓。此其四。如果接受当事人一方的主观意图解释合同条款/文字，最后得出的结论是当事人各方对同一文字的理解南辕北辙，就会得出一个可能出现的危险，即当事人各方根本没有达成意思表示的一致。这样的所谓合同不会具有法律效力。这与下面的原理相左：合同是否有效要看缔约人的真正意图。有了合同的约束，有争议要解释合同条款/文字，就不理会缔约人的真正意图了。此其五。如果接受缔约人的主观意图，而不理会书面合同的条款/文字，或加以扭曲，就会失去法律的肯定性/稳定性。因为文字本身会随着每一个不同案件中缔约人的主观意图而得出各种奇怪的结论。此其六。①

这虽有些道理，却不免绝对，且自觉不自觉地忽视了有些负面结果是可以通过举证证明责任规则解决的。笔者赞同与此有别的观点——在解释合同时可以有条件地考察当事人的动机，理由如下。

1. 依据（抽象的、具象的）典型交易目的解释合同，尽管在某些个案中可能一揽子地解决了问题，但由于它在许多情况下还只是确定了解释的大方向，对于不少合同用语和条款的含义尚无力界定，只有根据特定的当事人订立特定合同的主观目的，才能完成明确合同用语、条款的含义的任务，所以，依据合同目的的解释原则，还需要根据当事人的主观目的解释合同。

2. 之所以在符合条件时可以将动机作为合同目的（主观目的），原因之一是目的无不存在于意欲之内，动机虽大多存在于意欲之外，但偶亦可存在于意欲之内。在此情形，动机与目的可能为同一之意欲，既为发动意思之力量，又为将来

① 杨良宜：《合约的解释》，北京，法律出版社 2007 年版，第 12－15 页。

希望之事由。于是，目的与动机可能并无分别。（但此时影响行为之效力者仍为目的而非动机。）[①]

3. 其实，论者自己也不是一概将主观意图排除于合同解释的考量因素之外，法官/仲裁员在解释合同时关心合同当事人通过合同条款/文字所表达出来的客观与合理的缔约意图[②]，在此处所谓客观的缔约意图正好是缔约人的主观意图，当然，要由主张的一方举证证明这一点，主观意图便成为解释合同所要考量的因素。

诚然，法律人不宜不分情形地将动机作为合同目的（主观目的），进而作为解释合同的考虑因素，因为“在每一个类型的合同中，原因总是相同的，它们不同于缔约人的动机，后者因人而异”[③]。因为动机因人而异，藏于当事人的内心，对其证明困难，所以，法律对于动机一般不予评价，不对动机赋予相应的法律后果。[④] 倘若动辄依据当事人的主观目的（动机）解释合同，也会出现不适当的后果。在重大误解制度中原则上如此，在寻觅合同目的时亦然。

对于将动机作为合同目的（主观目的），笔者以某《F设备开发合作合同》为例予以解说。该《F设备开发合作合同》包括若干亚（子）合同，如《F设备研发合同》《F设备销售有限责任公司设立合同》《市场销售及分成合同》，其中，《F设备研发合同》的典型交易目的，在甲方（主要负担研发费用，也承担叶片、轮毂的研发，以及样机生产）一侧是取得合格的F设备的样机及其制造技术，在乙方（承担F设备的核心部分的研发）一侧是研发成功F设备的样机及其制造技术，以及取得技术服务费。但须注意，《F设备研发合同》用了相当数量的条款约定了研发F设备所生知识产权的归属以及申请权，表明当事人各方已将享有此类知识产权的意图（动机）作为交易的组成部分。在这种情况下，该动机应当作为《F设备研发合同》目的之一，即享有研发F设备研发过程中所生知识产权也

---

① 王伯琦：《法律行为之标的及目的》，载《王伯琦法学论著集》，台北，三民书局1999年版，第274页以下。

② 杨良宜：《合约的解释》，北京，法律出版社2007年版，第22页。

③ 法国法学家多马之语，转引自徐涤宇：《原因理论研究》，北京，中国政法大学出版社2005年版，第110页。

④ 徐涤宇：《原因理论研究》，北京，中国政法大学出版社2005年版，第117页。

是各方当事人的合同目的。

（五）严格把握将动机作为合同目的

必须指出，如前所述，因为动机毕竟不同于目的，将动机作为合同目的并进而作为解释合同所要考量的因素，存在着先天的“弱点”，所以，把动机作为合同目的并进而作为解释合同所要考量的因素时，需要注意以下几点：（1）合同目的应是当事人各方在合同中通过一致的意思表示而确定的目的。（2）当事人各方内心所欲达到的目的不一致时，以各方均已知或应知的表示于外部的目的为准。例如，甲与其单位订有委托培养合同，合同载明“学成回原单位工作”，但甲回原单位后工作了3个月便离职，声称已经履约。该案应依合同目的解释，单位目的是培养合格人才在单位长期工作，其时间应与单位所花代价相一致，甲应知其单位培养目的，故甲的行为构成违约。[①]（3）主张用其动机解释系争合同的一方必须承担举证证明：其动机为何，并影响合同的订立和含义，且为对方知晓并接受，或者作为系争合同的成立基础。不然，不得将一方的动机作为解释系争合同的考量因素。

（六）客观目的与主观目的之间的关联

有必要指出，典型交易目的（客观目的）与动机（主观目的）之间存在着一定联系。一方面，现代学者视野中的主观目的（某些情况下的动机），被强调为当事人所共知而具有了某种程度的客观性，它不再属于严格的主观范畴。但这种客观性仅仅体现在具体的合同中，而不像典型交易目的（客观目的）那样，在类型相同的合同中不具差别。另一方面，典型交易目的（客观目的）与动机（主观目的）也呈现出共性和个性的联系。例如，如果一个人准备购买某物，他可能以尽可能清楚的方式陈述其具体的理由或要求，并使出卖人知晓其需要该物的动机，那么，此时买受人的动机就构成主观意义上的原因。然而，同样在买卖合同中，如果买受人没有表达其具体的动机，那么，典型交易目的（客观目的）理论事实上设立了一项推定，即，买受人的合同目的是取得买卖物的所有权，舍此别无其他目的。这样，在任何买卖合同中，只要买受人没有明示更为具体的动机或目的，其承担义务的原因就总是取得买卖物的所有权。由此可见，典型交易目的

---

① 崔建远主编：《合同法》（第五版），崔建远执笔，北京，法律出版社2010年版，第363－364页。

（客观目的）理论乃以一项一般推定为基础，但显然的事实是，所推定的典型交易目的（客观目的）可以通过对当事人在缔约情境下表示的更为具体的动机（主观目的）的证明来压制或予以限制。①

（七）合同目的：双方的？单方的？

合同目的，在若干场合是双方当事人共同的目的。在合伙合同、合作开发合同等“共同行为”的场合，合同目的为当事人双方所共有，当然，也不排除除此而外还有一方当事人独有的合同目的。例如，在前述《F设备研发合同》中，甲方和乙方对于取得研发成功的F设备样机以及相应的知识产权这些合同目的是相同的，只不过乙方还单独拥有获得一定技术服务费的合同目的。

与“共同行为”的合同有别，“契约”则是当事人双方的意思表示的方向相对、目的相向的合同，买卖、租赁、承揽、运输、委托等合同均属此类。由于“契约”一类的合同中当事人的目的是相向的，此类合同的目的一般都要就每一方专门审视、界定。这样，合同目的时常是当事人一方的合同目的，而非各方的共同目的，因为很难形成各方共同的合同目的。例如，在买卖合同中，出卖人的合同目的是取得价款，买受人的合同目的是取得买卖物的占有、所有权，可见各有各的合同目的，即，合同的双方当事人常常有不同的目的。②

不过，各方当事人仍有可能知道相对人的缔约目的。如果一方当事人在明知相对人的基本目的场合同意订立合同，那么，当产生疑问时，应当以此为理由有限采纳一种有利于达到该目的的解释，而不是采纳一种使该目的落空的解释。③

（八）目的解释原则的功能

符合合同目的原则的功能是，其解释结果可以用来印证文义解释、体系解释、习惯解释的结果是否正确。合同目的应被认为是当事人真意的核心，是决定

---

① 徐涤宇：《原因理论研究》，北京，中国政法大学出版社2005年版，第163－164页。

② Spaulding v. Morse，76 N. E. 2d 137（Mass. 1947）；［美］E. 艾伦·范斯沃思：《美国合同法》（原书第3版），葛云松、丁春艳译，北京，中国政法大学出版社2004年版，第469页。

③ Corinno Civetta Constr. v. City of New York，493 N. E. 2d 905（N. Y. 1986）. 转引自［美］E. 艾伦·范斯沃思：《美国合同法》（原书第3版），葛云松、丁春艳译，北京，中国政法大学出版社2004年版，第469－470页。

合同条款内容的指针。[①] 如果文义解释、体系解释、习惯解释的结果与依合同目的解释的结果不一致，应取后者，亦即，认为当事人缔约时不愿依文字的通常含义或习惯确定合同用语的含义。不过，如果合同目的模糊，通常会寻求文义解释等方法；合同目的违法，更不得依合同目的解释；适用情事变更原则，也不依合同目的解释合同条款。还有，由于一方所追求的目的，有时并非另一方所追求的目的，所以，目的并不能直接决定法律行为的内容。[②]

六、参照习惯与惯例

参照习惯（custom）和惯例（usage）原则，是指在对合同文字或条款的含义发生歧义时，按照习惯和惯例的含义予以明确；在合同存在漏洞，致使当事人的权利义务不明确时，参照习惯和惯例加以补充。

虽然有人认为，法律的一般原则常可完成补充合同用语的任务，用惯例补充合同用语的含义有时被当作对法律一般原则的无端侵害[③]，但是，参照习惯和惯例解释合同仍为各国法普遍承认的解释原则，因为合同并不是在真空中成立，而是在行业惯例和地理惯例的背景下成立的。[④]《法国民法典》率先明定（第1159条、第1160条），《德国民法典》（第157条）及《德国商法典》（第346条）相袭承继。德国的拉伦茨教授指出，交易惯例是某种在确定意思表示实际所指的意义以及在对意思表示作规范解释时都应予重视的事实因素。[⑤] 弗卢梅教授更进一

① 杨仁寿：《法学方法论》，台北，三民书局1989年版，第221页。

② ［德］迪特尔·梅迪库斯：《德国民法总论》，杜景林、卢谌译，北京，法律出版社2004年版，第233页。

③ E. Allan Farnsworth，Farnsworth on Contracts，Aspen Publishers，285（1990）.

④ ［美］杰弗里·费里尔、迈克尔·纳文：《美国合同法精解》，陈彦明译，北京，北京大学出版社2009年版，第230页。

⑤ ［德］卡尔·拉伦茨：《德国民法通论》（下册），王晓晔、邵建东、程建英、徐国建、谢怀栻译，谢怀栻校，北京，法律出版社2003年版，第468页。

步断言：交易习惯可以“自动”适用于表示的规范解释。[①] 日本的判例学说肯定交易习惯和惯例填补合同漏洞。[②] 在英美法系，习惯和惯例对于合同解释的作用，不仅有众多的判例予以确认和限定，而且美国《统一商法典》（第1—205条、第2—317条）等制定法也作了明确规定。如今，这种解释原则已经冲破国别、法系的界限，成为国际贸易中合同解释的通则。1980年《联合国国际货物销售合同公约》（第9条）等国际性的公约、条约都对此作了概括性的规定。在中国，《合同法》第125条第1款、《民法总则》第10条、第142条等条文也规定按照交易习惯解释合同，值得肯定。首先，习惯与惯例是在人们长期反复实践的基础上形成的，在某一地域、某一行业或某一类经济流转关系中普遍采用的做法、方法或规则，能够被广大的合同当事人所认知、接受和遵从。一些与现行法律、法规等规范性文件不相抵触、经国家认可的某些习惯，还常常成为民事法律的渊源。因此，在合同解释中，参照一定的习惯与惯例，不仅符合合同当事人的利益和愿望，而且符合社会正义和法律的要求。其次，随着改革开放的逐步深化和扩展，中国的国际经济交往将得到进一步增强，涉外合同的数目也必将随之增加。于此场合，出现合同解释问题时，运用国际通用的解释原则界定当事人各方的权利义务，至为重要。

贯彻参照习惯与惯例原则，英国法要求满足三个条件：(1) 一定要肯定，即习惯的做法非常明确和受到承认，当事人各方在缔约时就已经存在于其脑海里；(2) 一定要出名，因为如果一个商业习惯做法/惯例不是出名的，就无法合理估计缔约各方在缔约时有这样的商业习惯做法/惯例在他们的脑海里，有可能其中一方或是各方都不知道有这种所谓习惯做法；(3) 一定要合理，诸如合同履行期间的合理、合同价格的合理等等，从反面说，商业习惯不能是不合理的，不可在基本法律原则或规则下显得不合理，不可在合同明示条款或架构下显得不合

---

① [德] 丹茨 (Banz)：《解释》（第3版），1911年版，第54页，N.5引注；[德] 厄尔特曼，§157 N.2b δ；[德] 科英-施陶丁格，§133 N.14；《联邦最高法院判例——林登迈尔-默林编联邦最高法院参考资料》，§157 (B) Nr.1. 转引自 [德] 维尔纳·弗卢梅：《法律行为论》，迟颖译，北京，法律出版社2013年版，第366页。

② [日] 山本敬三：《民法讲义Ⅰ·总则》（第3版），解亘译，北京，北京大学出版社2012年版，第109-112页。

理。[1] 在德国，原则上，只有“那些相关交易领域中所有群体都一致认同的观念”[2]，才能被称为交易习惯。如果表示当事人分属于适用不同交易习惯的不同职业领域，或仅一方当事人的职业领域适用交易习惯——例如，商人与非商人之间的交易——那么将交易习惯作为解释要素的做法是成问题的。[3] 此其一。在按照交易习惯进行解释之前，必须探究当事人之间是否存在其他一致理解。[4] 只要参与表示的一方当事人意识到，另一方当事人没有从符合交易习惯的意思层面上来理解表示，当事人之间就存在着这种一致理解。[5] 此其二。只有那些符合“诚实信用”，且已经成为法律秩序有机组成部分的交易习惯才应被重视。[6] 法律不承认“恶习”[7]。借鉴其有益经验，结合中国实际，在参照习惯和惯例填补合同漏洞时，应当注意以下问题。

1. 习惯和惯例应当是客观存在的、符合其构成的行为规范。惯例（usage），按照美国的《路易斯安那民法典》第 2053 至第 2054 条的规定，是遵循常规地践行与合同标的性质相同或相似的事务的习惯做法（practice）。依据《合同法重述》（第 2 版）第 219 条的规定，一个交易惯例，既指一个特定交易或特定地区的习惯，又指对一个文句或短语的含义在特定交易或特定地区都普遍知晓这样一种情形。习惯（custom），按照《路易斯安那民法典》第 3 条的规定，仅是指来自长期反复实践形成的并被普遍认为具有法律强制力的习俗。主张存在并符合其构成的当事人，负有当然的举证责任。

2. 习惯与惯例必须适法。首先，习惯与惯例的内容违反强行性规定者，应

---

① 杨良宜：《合约的解释》，北京，法律出版社 2007 年版，第 343－347 页。

② ［德］丹茨（Banz）：《解释》（第 3 版），1911 年版，第 54 页，N. 5 引注；［德］厄尔特曼，§157 N. 2b δ；［德］科英-施陶丁格，§133 N. 14；《联邦最高法院判例——林登迈尔-默林编联邦最高法院参考资料》，§157（B）Nr. 1. 转引自［德］维尔纳·弗卢梅：《法律行为论》，迟颖译，北京，法律出版社 2013 年版，第 366 页。

③ ［德］维尔纳·弗卢梅：《法律行为论》，迟颖译，北京，法律出版社 2013 年版，第 366 页。

④ ［德］科英-施陶丁格，§133 Nr. 15. 转引自［德］维尔纳·弗卢梅：《法律行为论》，迟颖译，北京，法律出版社 2013 年版，第 367 页。

⑤ ［德］维尔纳·弗卢梅：《法律行为论》，迟颖译，北京，法律出版社 2013 年版，第 367 页。

⑥ ［德］维尔纳·弗卢梅：《法律行为论》，迟颖译，北京，法律出版社 2013 年版，第 367 页。

⑦ ［德］《帝国法院判例集》114，第 9 页以下；科英-施陶丁格，§133 Nr. 17. 转引自［德］维尔纳·弗卢梅：《法律行为论》，迟颖译，北京，法律出版社 2013 年版，第 367 页。

确认它为无效。纵使合同当事人有依此的意思，也不能以此确定或填补合同的含义及内容。交易惯例和商业习惯只有在符合法律制度的价值标准的范围内才具有意义，它们本身不能作为认识法律的源泉。违反交易惯例，还不足以使某项行为“违法”①。其次，习惯与惯例的内容既不违反强行性规定，又不违反任意性规定者，除当事人明示排斥，或在当事人的职业、阶层、地域等关系中非为普遍而不被各方所知悉者外，该习惯与惯例即有参照适用的效力。

3. 习惯与惯例应当是当事人各方已经知道或应当知道而又没有明示排斥者。在习惯与惯例的内容不违反强行性规定的情况下，是否可用于解释合同，取决于当事人各方对该习惯或惯例的认知情况。该习惯与惯例若为当事人各方所共知时，则优越于任意性规定，可用于解释合同（《合同法》第 61 条等）；在当事人各方均不知道该习惯与惯例存在，或仅为一方所知悉的情况下，则应依照任意性规定，补充合同内容，不得依据该习惯与惯例解释合同。建议合同按照习惯与惯例解释的当事人必须证明，习惯或惯例被广泛知晓或已经被运用足够的时间从而被广泛知晓，必须证明合同当事人知晓或应当知晓提供的习惯或惯例，因此法院能推定当事人各方在订立合同时指向了这些习惯、惯例。② 例如，在 Monesson v. Champion International Corp. 案中，一个供应地毯的书面建议包含有“没有告知时，价格随市场变化”的短语，该书面建议随后得到了承认并成为符合将地毯供应给上诉人内容的合同。③ 民事上诉法院判决，合同模糊，因为对“没有告知时，价格随市场变化”的用语至少存在着两种合理的解释。④ 因此，法院裁判为，关于价格条款的行业的外部证据被允许。⑤ 再如，在美国的路易斯安那州，Nebal v. Wise & Miller 案，一个不动产的卖方起诉其前雇主，根据在原告脱离被告的雇佣后完成的买卖而寻求返还佣金。被告主张，职务习惯是离开雇主的雇员无权索要佣金。法院阐明“仅仅当合同与惯例完全相似时，习惯或惯例才可被

---

① ［德］卡尔·拉伦茨：《德国民法通论》（上册），王晓晔、邵建东、程建英、徐国建、谢怀栻译，北京，法律出版社 2003 年版，第 18 页。

② See Texas Gas Exploration Corp. v. Broughton Offshore Ltd. II，790 S. W. 2d 781，785 (Tex. App. —Houston [14th Dist.] 1990，no writ).

③ 546 S. W. 2d 631，637 (Tex. Civ. App. —Tyler 1976，writ ref'd n. r. e.).

④ 546 S. W. 2d 631，637 (Tex. Civ. App. —Tyler 1976，writ ref'd n. r. e.).

⑤ See 546 S. W. 2d 631，637 (Tex. Civ. App. —Tyler 1976，writ ref'd n. r. e.).

用于解释模糊的合同"[①]；该被告没能举证证明原告了解并信赖该惯例存在，便不可依习惯或惯例解释相应的条款。[②]

4. 只有在合同载有"疑义条款"时，才可以运用习惯作为解释工具（《路易斯安那民法典》第2053条）。正如在对《路易斯安那民法典》第2053条的评论中所阐述的，"只有在合同条款的含义有疑义时，法院才可以求助于衡平和习惯作为指导。在合同条款的含义清楚的场合，法院不可为了扩张或限制合同或其条款的范围而运用习惯加以解释"[③]。在Crook v. Tensas Basin Levee District[④]案中，路易斯安那州最高法院认为，习惯不能优越于合同的明示语句。[⑤] 得克萨斯州的法律同样如此。在合同是清晰的、完整的和不模糊的情况下，新条款不能通过吸收惯例或习惯而被加入该合同中。这些惯例、习惯会增加当事人一方或各方的合同债务。[⑥] 这有其道理，值得中国法借鉴。

5. 习惯依其范围可分为一般习惯（通行于全国或全行业的习惯）、特殊习惯（地域习惯或特殊群体习惯）和当事人之间的习惯。在合同解释中，其效力依序增强：在合同文义无明示反对该习惯解释的前提下，当事人之间的习惯优于特殊习惯，特殊习惯优于一般习惯。但如果当事人一方仅有一般习惯而另一方有特殊习惯，或者当事人来自不同地域或群体而有不同的特殊习惯，则应视具体情况而定：(1) 当事人一方将特殊习惯在缔约时或其后告知对方，对方未表示反对的，则依各方明知的习惯解释。(2) 一方虽未积极地将其意指的特殊习惯通知对方，但对方对此理应知晓的，仍应依该特殊习惯予以解释。(3) 如果当事人各方互不了解各自意指的特殊习惯，或一方不知或不应知对方的特殊习惯，则依一般习惯

---

① 360 So. 2d 642，644 (La. App. 3dCir. 1978).

② Patrick S. Ottinger，Principles of Contractual Interpretation，Louisiana Law Review，60 La. L. Rev. 765 (Spring，2000).

③ See C. J. Meeker & Co. v. Klemm，11 La. Ann. 104，105 (La. 1856).（现在，一个规范债的强制力的惯例侵害了该债自身所依赖的原则时，它便不能继续存在。）

④ 51 La. Ann. 285，286，25 So. 88 (La. 1899).

⑤ Patrick S. Ottinger，Principles of Contractual Interpretation，60 La. L. Rev.，765 (Spring 2000).

⑥ S. K. Y. Inc. Corp. v. H. E. Butt Grocery Co.，440 S. W. 2d 885，891～92 (Tex. Civ. App. —Corpus Christi 1969，no writ).

而不是依特殊习惯解释合同，地域习惯与群体习惯冲突时，适用上述规则加以确定。[1]

所谓参照习惯和惯例，勿忘考虑（依据）交易的类型、性质。例如，某《磁控溅射系统买卖合同》第 12 条在“品质保证”（GUARANTEE OF QUALITY）的标题下约定：“出卖人保证货物采用上等原料及精良技术制成，全新未用过及品质规格完全符合合同规定。品质保证期限为货物正式验收调试合格日后 24 个月和终身有偿维修。验收合格的标准，按合同附件 2。”第 14 条在“索赔”（CLAIMS）标题下约定：“国外供货商提供的货物运抵目的港后 90 天内，买受人应向中华人民共和国出入境检验检疫局提出申请，对货物的有关内在和外观质量、规格、数量或重量进行检验，并出具检验证书。如果中华人民共和国出入境检验检疫局检验发现质量、数量或规格与合同规定不符合时，除应由保险公司或船运公司负责者外，买受人将有权在货物到港卸货后规定时间内，凭中华人民共和国出入境检验检疫局出具的检验证书拒收货物或向出卖人提出索赔。”（第 1 款）“在合同规定的质量保证期间内，如果发现货物的质量或规格与合同或附件规定不符，或证明货物有缺陷，包括潜在的缺陷或使用不合适的原材料等，出卖人应申请中华人民共和国出入境检验检疫局检验，并有权根据商检证书及质量保证条款立即向出卖人提出索赔。出卖人对货物与合同要求不符负有责任，并且买受人已于规定的检验、安装、调试和验收测试期限内和质量保证期内提出索赔，出卖人应按买受人同意的下述方法解决索赔事宜。（1）更换有缺陷的零件、部件和设备，或修理缺陷部分，以达到合同规定的规格、质量和性能，得到买受人确认，买受人承担有关费用和风险。如果买受人提出索赔通知后 30 日内出卖人未予答复，该索赔视为已被出卖人接受。如果出卖人未能在买受人提出索赔 30 日内或买受人同意的更长一些时间内按买受人同意的上述任何方式处理索赔事宜，买受人将从预付款中扣回索赔金额。”（第 2 款）

该合同实际履行及争议的情况是，出卖人交付货物后，双方合作安装调试设备，买受人认为货物质量不符合合同约定，出卖人也配合解决这些问题；但无证

---

① 胡基：《合同解释的理论与规则研究》，载梁慧星主编：《民商法论丛》（第 8 卷），北京，法律出版社 1997 年版，第 44 页。

据证明买受人在案涉货物运抵目的港后90日内已经申请了中华人民共和国出入境检验检疫局进行检验，出卖人据此认为，按照《合同法》第158条第1款的规定，案涉货物应当视为合格，不承担瑕疵担保责任。买受人则引用系争《磁控溅射系统买卖合同》第12条的约定，认为24个月尚未届满，它仍有权申请检验机构对案涉货物进行检验，因而案涉货物不得视为合格；现有证据证明该货物的确不合格，且很严重，故援用《合同法》第94条第4项的规定主张解除合同。

笔者认为，系争《磁控溅射系统买卖合同》第12条约定了24个月的质量保证期，第14条第1款前段约定了90日的检验期，在认定案涉货物合格与否方面，存在着不一致。考虑到案涉货物为电子产品，且要将系列零部件组装、调试，而后才会发现问题，中华人民共和国出入境检验检疫局在目的港难以完成符合此类要求的检验；考虑到出卖人也承认案涉货物存在一些问题（只不过不很严重）；考虑到第14条也数次提及按照24个月的质量保证期索赔；考虑到90日被规定于“索赔”名下，而合同解除则为另一制度，因而应以24个月而非90日作为《合同法》第158条规定的质量异议期。截至当事人起诉之日，尚未超过24个月的质量保证期，故不得对案涉货物视为合格。

［提示］

《合同法》第61条、第62条关于合同漏洞补充的规定，使用的术语是“当事人……没有约定或者约定不明确的”，而第125条第1款关于合同解释的规定采用的措辞是“当事人对合同条款的理解有争议的”，二者存在着实质的不同。撇开“当事人……没有约定”这个明显不同于“当事人对合同条款的理解有争议”这点暂时不谈，单就“当事人……约定不明确的”与“当事人对合同条款的理解有争议”而言，后者涵盖面较广，既包括当事人就约定不明的条款、没有约定的条款在理解上有争议，也包括当事人对约定明确的条款在理解上有争议。例如，某《投资建设合同书》第5.2.1条最后一句约定：“本项目所有投入资金利息按复利计算，每月结算一次。”建设方（甲方）在庭审中认为，该约定是指按每月计算投资款的利息，即时间方面的计算基数为计算周期内每月未移交受让余额，类似月利率。承建方（乙方）则明确反对此种理解，认为该约定的意思为，建设方向承建方所付利息的数额，是每月一次进行计算、明确数额并意味着支付义务到期；至于计算利息的时间基准则由该《投资建设合同书》第6.3.2条第2

自然段作了如下约定："本项目按月结算投资回报，当期回报额计入下期的回报计算基数。计算基数为计算周期内每日未移交受让余额，每月的25日结算一次。"承建方如此解释还得到了该《投资建设合同书》第8.3.1条关于"项目公司按月向甲方提供银行对账单等资料，以便甲方了解、监督资金到位、拨付、使用情况"约定的支持。在笔者看来，无论是从文义解释还是从体系解释抑或目的解释来看，承建方（乙方）的理解都更符合系争合同的本意。此其一。

"当事人……约定不明确的"是个客观事实，其判断标准也是客观的，即应当以一个理性人的认识水平来认定约定明确与否；而"当事人对合同条款的理解有争议"既包括当事人限于知识水平、社会阅历、法律修养等因素而对合同条款理解不同，也包括当事人故意曲解合同条款，表现出对合同条款的理解不同于相对人的理解。于后者场合，大多发生在该争议条款不利于一方当事人，而该当事人欲于"乱"中取胜的场合。此其二。

《合同法》第61条、第62条的规定适用于合同漏洞的填补，而第125条第1款适用于合同解释的全部，包括对合同漏洞的补充。此其三。

七、民法基本原则更是合同解释的原则

法律人解释合同，路径及方法固然多种多样，但依据法律的基本原则或法律制度的本质要求，在不少情况下都是必要的，甚至是必须的。换句话说，法律基本原则或法律制度的本质要求在许多情况下都是解释合同的基点。以下示例说明。

（一）法律基本原则或法律制度的本质要求在确定和解协议的归属和效力方面的作用

最高人民法院民事审判第一庭于其解读法释〔2016〕5号的《物权法司法解释（一）理解与适用》（以下简称为"民一庭解读"）中区分给付性调解书、确权性调解书和形成性调解书，主张形成性调解书经过人民法院的最终认可，体现出国家公权力，具有引起物权变动的形成力，故应属于《物权法》第28条所言的法律文书。至于给付性调解书、确权性调解书因其不具有引起物权变动的形成

力，故不属于《物权法》第28条所言的法律文书。[①] 尽管如此辩解和阐释具有一定道理，但仍然存在如下值得商榷之点。

1. 一般而言，诉讼两造于诉讼程序中和解，是成立了一个协议，或曰合同，在中国现行法上，该和解协议产生债权债务。既然产生债权债务，那么只有履行债务、实现债权时才会发生不动产或动产的物权变动，而不是德国民法上的物权行为，不是和解协议直接引发不动产或动产的物权变动。进而，这种产生债权债务的和解协议即使采取调解书的形式，得到了国家公权力的保障，但因其“基因”和“功效”的缘故，不会因披上了调解书的“外衣”，“罩上”了国家的公权力，或者说经过了诉讼程序，就“蜕变为”直接引发物权变动的物权行为；同样由于和解协议的“基因”和“功效”的缘故，调解书也不会质变为形成性文书。

2. “民一庭解读”为了证成其观点，举例合同变更，当事人经法院调解达成合同变更的调解书，则该调解书因变更了合同关系而具有形成力。[②]这存在着缺陷：《物权法》第28条及法释〔2016〕5号第7条都是调整（非基于法律行为所产生的）物权变动的，由此决定，此处所谓和解协议必须是引发物权变动的合同，否则，和解协议不属于此处所论的对象。可是，按照中国现行法的立法计划和立法目的，中国现行法上的合同没有物权合同，在物权法和债法领域运用的合同都是产生债权债务的合同（相当于德国法所说的债权行为），即使涉及物权变动的，也是通过履行合同项下的债务而达到目的。尽管有学说认为国有建设用地使用权出让合同、质押合同、抵押合同等合同为物权合同，但这是混淆了“约定”与“设定”物权的结果，更不要说这是采取德国民法区分债权行为与物权行为的分析结构，而无视中国现行法没有承认物权行为理论的现实了，这种观点不足取。[③] 在这种背景下，中国现行法上的此类合同变更，所能变更的法律关系也只能是变更债权、债务或标的物，标的物的变更也是导致债权、债务的变更，不

---

① 杜万华主编：《物权法司法解释（一）：理解与适用》，最高人民法院民事审判第一庭编著，北京，人民法院出版社2016年版，第218－226页。

② 杜万华主编：《物权法司法解释（一）：理解与适用》，最高人民法院民事审判第一庭编著，北京，人民法院出版社2016年版，第219页。

③ 崔建远：《物权：规范与学说——以中国物权法的解释论为中心》（上册），北京，清华大学出版社2011年版，第95－113页；崔建远：《物权法》（第3版），北京，中国人民大学出版社2014年版，第451页。

可能直接变更物权关系。因此，即使如“民一庭解读”所说“调解书因变更了合同关系而具有形成力”，也是变更了债权债务关系，而非变更了物权关系。就是说，在中国现行法上，不会有径直导致物权变动的调解书。此其一。即使是当事人之间分割其共有物的合意，包括和解协议在内，在中国现行法上也不是径直引发所有权变化这种物权变动，而是此类和解协议等合意产生债权债务，即共有人负有分割共有物/共有权的债务，适当履行该债务导致物权变动。以此为内容的调解书怎么能直接引发共有权分解的物权变动呢？此其二。诚然，关于共有人请求分割共有物的权利，即共有物分割请求权，有专家、学者采形成权说：共有物分割请求权是各共有人得随时以一方的意思表示，请求其他共有人终止共有关系，而不是请求其他共有人同为分割的权利。因为该项权利的行使足以使其他共有人负有与之协议分割的义务，在协议不成时，得诉请法院裁判共有物分割的方法。① 其实，由此并不能得出共有物分割请求权的行使就即刻发生物权变动的结论。原来，形成权的类型不同，其法律属性和法律效力不尽一致。与撤销权、解除权之类的形成权一经行使便确定地发生一定的法律效果（如合同立即消灭）不同，共有物分割请求权的形成权性质和效力表现在：共有人（形成权人）行使共有物分割请求权时，其他共有人负有与之协议分割的义务，该义务属于债法上的债务，而非物权法上的义务；其他共有人履行该债务表现为全体共有人之间成立协议分割共有物合同，该合同在德国民法、中国台湾地区“民法”上属于债权行为；嗣后依该协议分割共有物合同履行，使共有人按约定取得一定的所有权，在德国民法、中国台湾“民法”上，这个阶段涉及物权行为，发生物权变动的结果。② 其演变路线图为：共有物分割请求权行使→成立协议分割共有物合同→履行债权行为项下的债务→出现使共有人按约定取得一定的所有权的物权合意（物权行为）→共有人按约定实际取得一定的共有物的所有权（物权变动结果）。这是共有物协议分割方法与共有物上的物权变动的情形，我们不难看出，共有物分割请求权行使距离物权变动相差几个因果链条，绝非共有人（形成权人）一经请

---

① 王泽鉴：《民法物权》，北京，北京大学出版社 2009 年版，第 242 页；谢在全：《民法物权论》（上），台北，新学林出版股份有限公司 2010 年版，第 546 页。

② 谢在全：《民法物权论》（上），台北，新学林出版股份有限公司 2010 年版，第 551 页。

求分割共有物，就确定地形成新的物权关系。中国现行法虽未采纳物权行为理论，但在共有物分割请求权行使与物权变动之间的因果链条方面，也大体如此。共有物协议分割方法采取调解书的形式，如同上文“其二”所分析的那样，不会改变基本的格局。接下来再看共有物裁判分割方法下的物权变动情形：全体共有人就共有物分割达不成协议，或于协议分割共有物合同成立后因时效完成经共有人拒绝履行的，任何一个共有人均可诉请法院，裁判分割共有物。在这种裁判分割的方法中，诉讼结构为，同意共有物的共有人为原告，不同意的为被告，持其他态度的也列为被告，全体共有人均须参加。只要原告享有共有物分割请求权，且共有物无不得分割的限制的，主审法院即应予分割。判决的结果足以使各共有人之间的共有关系变成单独所有权关系或共有关系的其他变更，创设共有人之间的权利义务关系，判决为形成判决。[①] 简言之，共有物分割采取裁判分割方法时，形成判决直接导致共有权的变动。但须注意，是形成判决直接引发物权变动，而非共有物分割请求权的行使直接引发物权变动。此其三。即使按照德国民法及其理论，由物权行为引发物权变动，和解协议就是物权合同，也难谓和解协议及其调解书直接引发物权变动。因为按照物权行为系由物权意思表示加上公示构成的学说，仅有和解协议，尚无登记（不动产场合）或交付（动产场合）的，物权行为尚不存在，这显然无法引发物权变动。以这样的和解协议为内容作成的调解书怎么能直接引起物权变动呢？否则，“巧妇难为无米之炊”就不成立了！依据物权行为纯由物权意思表示构成的理论，仅有和解协议，尚无登记（不动产场合）或交付（动产场合）的，物权行为虽然存在，但仍无引发物权变动的法律效力。以这样的和解协议为内容作成的调解书照样无法直接引起物权变动。此其四。

（二）法律关系—法律适用—民商法的逻辑—法律之美

某《股权转让协议》第2条前段约定，甲方（转让方）将其持有的丙方（目标公司）70%股权28 000万元人民币（其中7 000万元人民币为增资注册资本金；2 000万元人民币为股权对价款）转让给乙方（受让方）。第3条第4款第1项约定，2014年12月31日前付28 000万元人民币，其中的7 000万元人民币为

---

① 谢在全：《民法物权论》（上），台北，新学林出版股份有限公司2010年版，第555-558页。

增资款；……

路径之一：以上约定，28 000 万元人民币为股权转让款，应为乙方即受让方的义务，请求权人为甲方即转让方，其中含有的 7 000 万元的支付义务人为乙方，请求权人亦为甲方即转让方。这种法律关系纯属合同关系，没有公司制度的因素，故应适用合同法，不适用公司法。所以，甲方作为申请人，其仲裁请求之一是乙方（受让人，被申请人）向丙方（目标公司，案外人）支付该 7 000 万元人民币增资注册资本金，就违反了合同的相对性，似乎是依据公司法的规定主张了。这属于法律适用错误，请求权基础错误。

路径之二：当然，不按照上述路径理解，而是仍将甲方（转让人，申请人）作为乙方支付 7 000 万元人民币的请求权人，依甲方的指令乙方将 7 000 万元人民币打给丙方（目标公司），换言之，付给丙方 7 000 万元人民币的义务人是甲方而非乙方。如果依此思路，则甲方的仲裁请求仍有依据。

路径之三：与此不同，如果系争合同约定，7 000 万元增资注册资本金的义务人是乙方，那么，7 000 万元人民币的请求权人便是丙方，处理这个法律关系，就不仅适用合同法，还要适用公司法。因为增资扩股属于公司法的调整范围。

路径不同，抗辩也不相同。路径之三中，多出了公司法上的抗辩。

玖

合同解释的规则

一、合同解释规则概述

《合同法》）第 125 条第 1 款规定的是合同解释的原则，第 125 条第 2 款关于“合同文本采用两种以上文字订立并约定具有同等效力的，对各文本使用的词句推定具有相同含义。各文本使用的词句不一致的，应当根据合同的目的予以解释”的规定，才属于合同解释的规则。《合同法》第 41 条就格式条款的解释设置了规则，但不够完整。《合同法》第 61 条和第 62 条的规定属于补充合同漏洞的规则，不是通常意义的合同解释规则。《民法总则》第 142 条关于意思表示的规定，位居解释原则的高处，而非操作性强的解释规则。不但中国现行法尚未就合同解释的全部规则明确表态，而且审判和仲裁的实务所积累的经验有限，理论研究也开始不久。有鉴于此，本专题主要介绍和评论普通法上的若干解释规则，洋为中用，吸取有益元素，以期建立中国的合同解释规则及其体系。

二、“明示其一就排斥其他”

如果当事人在合同中列明了特定的款项，未采用更为一般性的或包罗万象的术语，那么，其意图就是排除了未列明的项目，尽管未列明的项目与列明的项目类似。这就是所谓“明示其一就排斥其他”（expressio unius est exclusio alterius）规则。[①] 按照《路易斯安那民法典》第 2050 条与第 2051 条的规定，该规则包含一事或一人就暗示地产生排除其他一切事或人的效果。该解释规则的全部理由是，在当事人各方已经列举了作为合同客体的一事或一人，并尚未通过言辞邀请适用“同类”理论的情况下，就推定已列举的事或人是独有的，不仅仅是例证的。

一般地，除非一份整体的合同表露出相反的意思，具有一般意义的言辞将被更特定的或所描述的标的限制。在裁决以特定言辞限制最先使用的一般赔偿的用语中，法院摘录“合同的推定解释的一般规则是，除非自作为一份整体的合同中出现一相反意思，具有一般意思的言词将由更特定的条款或描述的合同标的加以限制”[②]。法院判决“赔偿条款的明显目的，作为一个整体考虑，会使合同当事人对其所为的事项仅仅在其义务的范围内（orbit）承担责任”[③]。

这个道理说起来不太深奥，但真正贯彻起来却不那么容易。例如，某《特许经营合同》第 8.1.3 条约定：“在本项目附近甲方不得进行任何竞争性的建设规划。如果依照法律、法规而确实必须另建收费公路，则应当优先考虑乙方投资建设。”

对于此处所谓“如果依照法律、法规而确实必须另建收费公路，则应当优先考虑乙方投资建设”，甲方的解释是，在甲方于案涉高速公路附近之地另建九条高速公路、严重影响乙方经营收益甚至亏损的情况下，乙方只得选择再投资于甲方计划建设的其他项目，不得选择追究违约责任等救济方式，换言之，“优先考虑乙方投资建设”是乙方充分的、唯一的救济方式。甲方应当是采用了“明示其一就排斥其他”规则，把“优先考虑乙方投资建设”作为排斥“违约损害赔偿”“合理补偿”等救济措施的特定列明项目。

笔者不赞同这样的解释。依据合同解释规则，“优先考虑乙方投资建设”与“解除合同”“违约损害赔偿”“合理补偿”等处于平列的关系，而非“优先考虑乙方投资建设”包含了“解除合同”等救济措施，更不是“优先考虑乙方投资建

---

① E. Allan Farnsworth，Farnsworth on Contracts，Aspen Publishers，261 - 269（1990）.

② 51 La. Ann. 285，286，25 So. 88（La. 1899）.

③ 51 La. Ann. 285，286，25 So. 88（La. 1899）.

设”排斥“解除合同”等救济措施，所以，《特许经营合同》第8.1.3条后段不能解释为对政府不遵守前段“唯一性条款”时的充分法律救济。

还有，在合同中列举了特定的救济方式（如违约金）的情况下，是否适用“明示其一就排斥其他”规则，即只能采用该特定的救济方式（如违约金），而不得寻求损害赔偿等救济方式？换言之，该规则是否具有使合同约定的救济方法优先于其他法律救济方法的效力？在美国，似乎存在着冲突。持肯定观点的例证是Fogle v. Feazel[①]与Heirs of Gremillion v. Rapides Parish Police Jury[②]判例。持相反观点的判例是Queenshorough Land Co. v. Cazeaux。[③]在后一个案件中，被告通过援用“明示其一就排斥其他”规则，来证明其“当事人双方欲使合同规定的禁令与损害赔偿的特定救济方法具有独占地位”[④]的辩论观点，未得到Queenshorough法院的支持。[⑤]

在这个问题上，在中国，也存在着不同的见解。一种观点主张，排他性违约金与损害赔偿并非立于债权人可自由选择的地位，而是有违约金场合必须适用违约金。其理由如下：第一，作为损害赔偿额预定的违约金，是当事人的特别约定，应当优先适用。第二，违约金的特别约定对于当事人而言，还有限定责任的功能，如果允许债权人任意选择，必然使违约金的这一规范目的落空。[⑥]第三，违约金条款系各方当事人的合意，而不向违约方请求其承担违约金责任转而主张违约损害赔偿，乃守约方单方的意思表示，对此若予准许，则意味着单方意思表示优越于各方合意，显非妥当。另一种观点则没有采纳违约金责任优先运用的看法，认为在约定违约金与违约损害赔偿并存的情况下，债权人有权在两者之间择一请求。[⑦]

对于违约金责任优先于违约损害赔偿而实现的第三点理由，笔者发表不同意

---

① 201 La. 899，10 So. 2d 695（1942).

② 493 So. 2d 584（la. 1986).

③ 136 La. 734，67 So. 641（1915).

④ 136 La. 738-39，67 So. at 646（1915).

⑤ Patrick S. Ottinger，Principles of Contractual Interpretation，60 La. L. Rev. 765（Spring，2000).

⑥ 韩世远：《合同法总论》（第3版），北京，法律出版社2011年版，第664页。

⑦ 崔建远主编：《合同法》（第4版），崔建远执笔，北京，法律出版社2007年版，第360页；王利明：《合同法研究》（第2卷）（修订版），北京，中国人民大学出版社2011年版，第711页。

见如下：(1) 这种观点把意思表示制度的功能不适当地扩张了，将两个阶段的制度及问题混为一谈了。虽然违约金责任来源于当事人的约定（法定违约金则另当别论），但合意与违约金责任毕竟分属于不同的法律制度，各自遵循着自己的逻辑和规则。如果在意思表示的层面讨论和解决问题，那么，应当是单方意思表示不得变更和废止合意。表现在具体的法律制度上有合同变更、合同更改应由当事人各方协商一致，而不得仅凭一方当事人的意思表示就发生合同变更、合同更改的效果。再就是协议解除（合意解除或曰反对合同），在不具备法定的或约定的解除权产生的条件场合，以及不适用情事变更原则的场合，将既有的合同解除，必须有各方当事人的合意，单方意思表示不发生合同解除的效力。至于已经独立存在的违约金责任，则实质上属于债务/债权的范畴，不属于意思表示领域的问题，不再遵循意思表示的规则。无论其实现还是被放弃，均可由有权的一方（守约方）单方意思表示为之。(2) 其次，需要说明，如果当事人约定违约金时明示违约金责任优先于违约损害赔偿而实现，那么，只要该约定不损害社会公共利益，不违背社会公德，就应当有效。不过，这个结论与合意是否优越于单方意思表示不搭界。我们所要讨论的是，当事人没有明确约定违约金责任优先于违约损害赔偿的场合，守约方可否不再主张违约金责任的问题。(3) 从意思表示与其所生权利之间的关系来看，意思表示产生权利，单方意思表示如此，合意亦然。但权利一经产生，权利间是平等的，还是相互间存在着优先的顺序，以及哪个权利具有优先性，有时允许当事人约定，在许多情况下是由法律设计的。在当事人约定违约金的场合，抛开当事人明确约定违约金责任必须优先于违约损害赔偿而实现不谈，法律并无关于违约金责任优先于违约损害赔偿而实现的设计及具体规定。在法理上倒是高倡债权平等这个原则。既然违约金责任和违约损害赔偿均为债务，依据债权平等原则，违约金责任并无优先于违约损害赔偿而实现的天然本性。(4) 从意思表示与法律之间的关系方面讲，在法律认可当事人意思这点上，当事人各方的合意并非永远至高无上，当事人单方的意思并非总是低于当事人各方的合意。例如，当事人一方依法请求调整违约金的数额，但相对人不同意，若请求调整的一方举证成功相对人实际损失的数额、违约金的数额确实低于实际损失的数额，或违约金的数额确实高于实际损失额30%以上，依据《合同法》第114条第2款及法释〔2009〕5号第28条、第29条的规定，裁判机关就支持关于调整违约金的请求。这就使得当事人单方的意思在效力上高于了当事人各方的合意。再如，合同解除权的行使，也是单方的意思在效力上取代了当事人各方的合意。既然存在着当事人单方的意思可以优越于当事人各方的合意的例证，那么，只要有其他较为充分的理由支撑，守约方选取法定的损害赔偿，而放弃主张约定的违约金，就具有合理性、正当性。（5）在守约方为一理性人、经济人的大理论背景下，守约方不再主张违约金责任，而请求违约方负责损害赔偿，应当发生在守约方能够获得的赔偿金明显高于违约金且违约金不足以填补该种损失的场合。既然违约责任制度的主旨之一在于填补守约方因相对人违约所遭受的损失，既然在个案中唯有获得足额的赔偿金才使守约方因相对人违约所遭受的损失得到填补，那么就只有允许守约方请求违约方承担违约损害赔偿才可以达到违约责任制度的目的，才符合公平正义。[①]（6）从排他性赔偿性违约金与违约损害赔偿之间的关系来讲，排他性赔偿性违约金系违约损害赔偿额的预定，尽管二者于外在形式上各为独立的制度及措施，苏联、东欧各国和中国的民法及其理论都将违约金责任与损害赔偿责任并列，但它们在本质上并无不可逾越的鸿沟。它们所追求的目的、所要达到的效果，都是相同的。它们在数额上大体相当。即使约定的（预估的）数额与违约所造成的损失额不一致，法律也允许当事人请求裁判机关予以调整；通过这样的调整，使得违约金的数额与违约损害赔偿的数额保持一致。在这样的背景下，相对于追究违约损害赔偿苦于举证损失数额的困难，赔偿性违约金无非是为了使解决问题更为便捷、大大降低了举证的负担而被当事人约定，而被法律所认可的。既然如此，纠缠于合意与单方意思孰优孰劣，谁高谁低，颇有些同自己过不去的味道。（7）从责任竞合的理论来看，违约行为一经成立，就同时成立违约金责任和法定损害赔偿责任，只不过赔偿性违约金系违约损害赔偿额的预定，二者在本质上相同，功能一样，守约方不得一并主张，以免其双重得利，故采竞合规则，守约方选择其一而主张。按照责任竞合的理论，权利人有权选择其一而主张，并未限制他只可主张特定的一个。不然，就不是责任竞合，而是排除责任竞合。中国现行法尚无关于禁止赔偿性违约金与违约损害赔偿竞合的规定，理论上亦无相应的阐释。在这个意义上讲，守约方不再向违约方主

---

① 理由“（5）”是北京市金杜律师事务所的余日红律师所建议的，特此致谢！

张赔偿性违约金，而是请求其承担违约损害赔偿，符合责任竞合的理论。(8) 从权利处分的角度观察，违约方一旦违约，违约金责任就已经成立，守约方就业已享有请求违约方承担违约金责任的债权。于此场合，守约方不再向违约方主张赔偿性违约金责任，是在处分自己的债权，这与当事人双方合意、单方意思表示无关。(9) 消费者和商家在合同中约定了违约金，但其数额低于双倍赔偿的金额，消费者援用《消费者权益保护法》第 55 条的规定及《合同法》第 113 条第 2 款的规定，选择惩罚性损害赔偿，放弃合同中约定的违约金，这涉及公序良俗。于此场合，合同自由应当让位于公序良俗。不然，《消费者权益保护法》第 55 条、《合同法》第 113 条第 2 款便功能减退乃至形同虚设。

违约金责任优先于违约损害赔偿而实现的第一点理由，可被概括为约定优先于法定。对此，笔者持有异议：(1) 首先需要明确，如果当事人约定违约金时明示违约金责任优先于违约损害赔偿而实现，那么，只要该约定不损害公序良俗，就应当有效。不过，这个结论并非违约金责任优先于违约损害赔偿而实现的第一点理由所指出的，而是笔者意识到的。鉴于违约金责任优先于违约损害赔偿而实现的第一点理由没有考虑到这一点，它是在将违约金作为损害赔偿额预定的背景下讨论问题的，笔者以下所论也不涉及“当事人约定违约金时明示违约金责任优先于违约损害赔偿而实现”的情形。(2) 在中国现行法上，并非约定总是优先于法定。究竟是约定优先还是法定优先，需要具体问题具体分析，不存在一个普适性的结论。1) 如果约定的权利（义务）为 A，法定的权利（义务）为 B，则 A 权利（义务）与 B 权利（义务）至少在绝大多数情况下都有自己的一席之地，难谓约定优先于法定。例如，当事人约定就 A 房设立抵押权，没有约定就该房所在土地的建设用地使用权设立抵押权，但依《物权法》第 182 条第 2 款的规定，抵押权当然地存在于该建设用地使用权之上。于此场合，难谓约定的抵押权优先于法定的抵押权。必须指出的是，存在着法定优先于约定的例证。例如，在同一动产上并存着留置权与质权、动产抵押权的场合，留置权人优先受偿（《物权法》第 239 条）。再如，A 房屋买卖合同系因出卖人甲欺诈而成立，买受人乙未于付款期日付款，按照 A 房屋买卖合同的约定，甲无须催告即可解除合同。在甲行使解除权，乙主张撤销权的情况下，裁判机关支持乙的主张最符合公平正义。如果这是正确的，就出现了法定优先于约定的情形。[①] 2）即使约定的和法定的权利（义务）均为A，也不好说约定优先于法定。例如，当事人各方约定解除权产生的条件有：a. 销售代理商擅自将销售代理权转让给他人的；b. 销售代理商未能使规划部门允许开发商变更写字楼、公寓、住宅的比例关系，在商品房预售的策划、宣传方面不到位，经过整改仍不到位的。在出现上述情形之一时，开发商固然有权解除合同，在没有出现这些情形时，开发商也有权援用《合同法》第410条的规定，解除合同；即使是出现了上述情形之一，也不妨碍开发商援用《合同法》第410条的规定解除合同。从中看不出约定优先于法定的影子，反倒有法定更为强劲的味道。

明白了上述道理，讨论违约金与违约损害赔偿的优先与否就方便多了。1）在违约金系针对瑕疵履行、不能履行而约定的情况下，债务人拒绝履行、迟延履行，恐怕不得说违约金责任优先运用。2）按照苏联和东欧、中国的民法及其通说，违约金责任和违约损害赔偿责任分别为独立的责任方式。既然是分属不同的责任方式，类似于上文所谓“约定的权利（义务）为A，法定的权利（义务）为B”，就不宜说约定的违约金责任优先适用。3）按照罗马法及大陆法系的违约金契约说，违约金责任源自违约金契约这个从契约，只不过以债务人违约为支付条件；违约损害赔偿源自主契约，同样以债务人违约为成立要件。可见，违约金责任与违约损害赔偿责任分属两种法律关系。称违约金责任优先于违约损害赔偿责任而实现，意味着断言从契约关系优先于主契约关系或其变形。这是缺乏法律及法理依据的。4）即使聚焦于赔偿性违约金系违约损害赔偿额的预定这个关联，看重二者的实质，是否就可以得出违约金责任优先于违约损害赔偿而实现的结论呢？笔者仍不以为然。在法律未设明文违约金责任优先运用、当事人亦无此类约定的背景下，确定二者的相互关系，必须权衡方方面面。笔者曾经指出，在违约金为损害赔偿额预定的法制下，当事人在合同中约定违约金无非是为了更为简捷迅速地解决纠纷，违约金和法定的损害赔偿两种方式在法律地位上没有高下之分，《合同法》第114条第2款允许对约定的违约金的数额予以调整，调整

① 详细论述，请见崔建远：《合同法总论》（中卷），北京，中国人民大学出版社2012年版，第567-569页。

的参照系显然是当事人的实际损失数额——所受损害与所失利益之和（法释〔2009〕5号第28条、第29条），实际上意味着承认了违约金和损害赔偿在个案中可以互相置换。此其一。在当事人约定了违约金的情况下，当实际的违约行为发生时，违约金责任、损害赔偿等都是违约的救济方式，法律并未强制规定这些救济方式的适用顺序，当事人选择哪个或哪些救济方式，是其权利，已经不涉及意思自治的问题了。既然如此，守约方选择损害赔偿的救济方式，应当允许。此其二。① 这些理由在今天看来仍未过时，当然，需要深化和加强。笔者在上文批评违约金责任优先于违约损害赔偿而实现的第三点理由之中的"（3）""（6）""（7）""（8）""（9）"中的分析，就是深化和加强的表现，此处不再重复。

违约金责任优先于违约损害赔偿而实现的第二点理由，即违约金条款系限责条款之说，也值得商榷。其道理如下：如果当事人没有特别约定违约金不许调整，那么，该违约金就是损害赔偿额的预定，在当事人援用《合同法》第114条第2款的规定主张调整时，裁判机关无权拒绝。就是说，作为损害赔偿额预定的违约金，起不到限制违约责任的作用。只要当事人请求调整违约金的数额，并举证成功，实际上支付的违约金就是/相当于违约损害赔偿。如此，称违约金责任优先于违约损害赔偿，仅仅是表面的，在实质上，它并非不同于违约损害赔偿的责任。只有在当事人明确约定，当事人各方约定的违约金不许调整，该违约金的数额又确实低于违约行为造成的实际损失，并且该约定不违反法律、行政法规的强制性规定，不违背公序良俗的情况下，该违约金才是限责的。但此类违约金已经不再属于损害赔偿额预定的违约金了，称之为违约金可能都不合适了。此类违约金的约定仅仅是限责条款而已。于此场合，违约损害赔偿责任依然在运用，只不过其数额受到限责的违约金条款限制而已。

三、"同类"

如果当事人列明了特定的项目，随后又使用了更为一般性、包容性的术语，

① 崔建远主编：《合同法》（第4版），崔建远执笔，北京，法律出版社2007年版，第360页；王利明：《合同法研究》（第2卷）（修订版），北京，中国人民大学出版社2011年版，第711页。

那么，其意图就包含了与特定项目类似的项目。据此即可概括出“同类”（ejusdem generis）规则。[①] 该规则在路易斯安那民法上称作“较大者包含较小者”（the greater includes the lesser），即一项一般原则所含事项（specification），在范围上若是广泛的，将被认为包含适用范围较小的原则。[②] 在这里，务必回答这样的诘问：既然后有“更为一般性、包容性的术语”，前面的特别列明事项不就显得多余吗？因为没有理由称它们不被最后一句包含在内。消除诘问，树立正确的理念：假设缔约各方不会约定多余的内容，这就应当限制最后“更为一般性、包容性的术语”的含义和范围，使在前面列明的事项并非多余，就假设最后的“更为一般性、包容性的术语”仅仅包括与前面列明事项相同类型的其他事项。[③]

在 Craten v. Aetna Life Insurance Co. of Hartford，Connecticut[④] 案中，保险合同约定，如果 Mr. Craten 的双手或双脚，或者一只手与一只脚在使用功能上遭受了不可恢复的损害，那么，受害人将被认为已经完全与永久的无能力。[⑤] 合同履行的结果是，Mr. Craten 的一只手受到了轻微的伤害，另一只手受到了完全的不可恢复的损害。法院拒绝了保险公司关于被保险人未满足双手均无能力的要求的争辩观点，认为合同条款“并未排除以下意思：对于一个未受教育与无技能的人来说，一只手或一只脚的使用功能完全与不可恢复的丧失可能是完全与永久的无能力”[⑥]。再如，在一个买卖农场连同“牛群、公猪和其他动物”的合同中，出卖人的家犬、饲养的绵羊是否也被包含在买卖物之内？法官遵循同种类规则进行解释，饲养的绵羊与牛群、公猪为同一种类，应在买卖物之列，而家犬则不与牛群、公猪为同一种类，不在买卖物之内。[⑦]

《路易斯安那民法典》第 3506 条第 2 款将“诸如”一词界定为列举一个规则

---

① E. Allan Farnsworth，Farnsworth on Contracts，Aspen Publishers，261 - 269 (1990).

② Genina Marine Services，Inc. v. Mobil Exploration & Prod. Southeast，Inc.，506 So. 2d 922，929 (La. App. 1st Cir. 1987).

③ 杨良宜：《合约的解释》，北京，法律出版社 2007 年版，第 121 页。

④ 186 La. 757，173 So. 306 (La. 1937).

⑤ 186 La. 767，173 So. 309 (La. 1937).

⑥ 186 La. 768，173 So. 309 (La. 1937).

⑦ State ex rel. Commissioners of Land Office v. Butler，753 P. 2d 1334 (OKl. 1987)．转引自［美］E. 艾伦·范斯沃思：《美国合同法》（原书第 3 版），葛云松、丁春艳译，北京，中国政法大学出版社 2004 年版，第 472 页。

所含若干例证而使用的言辞，不排除该规则包含的其他情况。当事人各方经常试图通过使用如“包括，但不限于”，或者“包括，借助例证的方式，但不限制前述的一般性原则（通则）”，或其他的那样效果的词等短语来援用该项原则。[①] 例如，某《TJ 市商品房买卖合同》之《补充协议》第 2 条第 2 款第 1 项约定：“……不可抗力，包括但不限于地震、台风、战争、政府行为……”解释该约定时，“同类”规则应当适用[②]，即与“地震、台风、战争、政府行为”同类的事项，如海啸，虽然该《TJ 市商品房买卖合同》之《补充协议》未明文约定，也应作为不可抗力对待。

从笔者接触到的系争合同看，未经律师审阅的合同文本在描述标的物、不可抗力的范围以及其通常事变时模糊不清者不在少数，这给究竟是适用“明示其一即排斥其他”还是“同类”规则，带来困难；与之有别，由业务娴熟的律师草拟的合同文本大多采用“包括，但不限于”的表述方式，使得裁判者较为容易地确定要适用“同类”规则来确定系争合同所约免责事由的范围。例如，某《投资合同》第 8.1.2 条约定：“如果由于任何一方违反合同，致使其他方承担任何费用、责任或蒙受任何损失，违约方应就上述任何费用、责任或损失（包括但不限于因违约而支付或损失的利息、律师费、投资方所持目标公司股权价值的减损），向守约方进行赔偿，并使守约方免受任何损害。”该条“包括但不限于”的约定使得违约损害赔偿的“损失范围”清楚无误：“因违约而支付或损失的利息、律师费、投资方所持目标公司股权价值的减损”。

“同类”规则告诉我们，“等”字在合同条款中出现，意味着明示的列举尚未穷尽，未列举的与列举的属于同类的，均应属于该条款的内容。这促使我们反思，目前有些文件在陈述某类事物时本已列举穷尽，未列举的被当事人排斥，不属于系争合同的内容，但却画蛇添足地加个“等”字，这是违背当事人的真意的，实属不该，可能由此导致不必要的纷争。

---

① Patrick S. Ottinger，Principles of Contractual Interpretation，60 La. L. Rev. 765（2000）.

② 参考杨良宜：《合约的解释》，法律出版社 2007 年版，第 393 页；［美］杰弗里・费力尔、迈克尔・纳文：《美国合同法精解》，陈彦明译，北京，北京大学出版社 2009 年版，第 518 页。

四、推定每一条款具有意思与目的

当事人的意思是希望合同的每个部分都有一定的含义，尽管并非每个部分都必然具有法律约束力。[①] 如果可能，法院将采用赋予每一条款含义与目的的方式来解释合同条款，以便不使条款成为无意思或无实际意义。[②] 如果一个合同或合同条款可能具有两种合理的推定解释，其中之一会使它充满意思，而另一种解释则使它无实际意义，那么，使合同或条款充满意思的推定解释必须优先采纳。[③]《法国民法典》（新债法）第 1191 条明确规定："若某一条款可有两种意思，能使其产生某项效力的意思优先于不生任何效力的意思。"[④] 例如，在 KMI Continental Offshore Production Co. v. ACF Petrolem Co. [⑤]案中，系争合同含有购买选择权（purchase option）。两方当事人提出了两种不同的解释，其中一种解释将使购买选择权在某些情况下成为无意义。[⑥] 因为上诉人的合同解释会在某些情况下使购买选择权无效（defeat）[⑦]，而另一种解释则相反，于此场合，法院采纳了后一种解释。

由该规则推知，多次使用的言辞在整个合同中应具有相同的含义[⑧]，且该含义应与作为一个整体的合同的性质相协调。[⑨] 如果当事人之间订立了两个或更多

---

① ［美］E. 艾伦・范斯沃思：《美国合同法》（原书第 3 版），葛云松、丁春艳译，北京，中国政法大学出版社 2004 年版，第 472 页。

② See Lenape Resources Corp. v. Tennessee Gas Pipeline Co.，925 S. W. 565，574（Tex. 1996）.

③ See Harris v. Rome，593 S. W. 2d 303，306（Tex. 1979）.

④ 源自复旦大学法学院教授李世刚博士的翻译（李世刚：《法国新债法：债之渊源（准合同）》，146 页，北京，人民日报出版社，2017），特此致谢！

⑤ 764 S. W. 2d 238，240（Tex. App. —Houston［1st dist］1987，writ denied）.

⑥ 764 S. W. 2d 241，243（Tex. App. —Houston［1st dist］1987，writ denied）.

⑦ 764 S. W. 2d 238，243（Tex. App. —Houston［1st dist］1987，writ denied）.

⑧ Taracorp，Inc. v. NL Indus，73F. 3d 738（7th Cir. 1996）. 转引自［美］E. 艾伦・范斯沃思：《美国合同法》（原书第 3 版），葛云松、丁春艳译，北京，中国政法大学出版社 2004 年版，第 473 页。

⑨ Barco Urban Renew Corp. v. Housing Auth，674 F. 2d1001（3d Cir1982）. 转引自［美］E. 艾伦・范斯沃思：《美国合同法》（原书第 3 版），葛云松、丁春艳译，北京，中国政法大学出版社 2004 年版，第 473 页。

的相互关联的合同的，也要适用类似的推定。[①] 但是，如果合同中的两个条款显然冲突，并且两者无法同时具有完全的法律效力，那么就应当推定：越具体的条款，越可能体现当事人的意思。这是下文将介绍的特别条款优于一般条款。[②]

应当指出，该规则强调"当事人的意思"，"希望合同的每个部分都有一定的含义"，其反面推论便是，在当事人的意思明确地不让某合同言辞具有法律效力时，就不得推定每一条款具有意思与目的。例如，某《股东协议》设有条名，其第 1 条的条名为"定义和解释"，第 1.2 条的条名为"其他解释"，第 2 条的条名为"对特殊权利约定"，第 2.1 条的条名为"优先认购权"，第 2.2 条的条名为"优先购买权"，第 3 条的条名为"公司治理"……这些条名的地位和法律效力如何？因该《股东协议》第 1.2.1 条明确约定"本协议的目录和标题仅为查阅方便而设，不以任何形式影响本协议的含义或解释"，该约定不损害公序良俗，未违反强制性法律规定，所以，应依意思自治原则，承认当事人的约定，不以这些条名来确定相应条款的确切意思，在条名明示的意思与条款所含意思不一致时，应以条款所含意思为准。在这方面，最高人民法院法复〔1996〕16 号关于"当事人签订的经济合同虽有明确、规范的名称，但合同约定的权利义务内容与名称不一致的，应当以该合同约定的权利义务内容确定合同的性质，从而确定合同的履行地和人民法院的管辖权"的批复，以及最高人民法院《全国法院知识产权审判工作会议关于审理技术合同纠纷案件若干问题的纪要》（2001 年 6 月 15 日）关于"技术合同名称与合同约定的权利义务关系不一致的，应当按照合同约定的权利义务内容，确定合同的类型和案由，适用相应的法律、法规"的规定，已经示范，值得重视和仿效。

还有，虽然"当事人的意思是希望合同的每个部分都有一定的含义"，但该合同的某个或某些部分损害公序良俗或违反强制性法律规定时，也不得推定该条款具有意思与目的，或者说即使具有意思与目的，也不受法律保护。

---

① ［美］E. 艾伦·范斯沃思：《美国合同法》（原书第 3 版），葛云松、丁春艳译，北京，中国政法大学出版社 2004 年版，第 473 页。

② ［美］E. 艾伦·范斯沃思：《美国合同法》（原书第 3 版），葛云松、丁春艳译，北京，中国政法大学出版社 2004 年版，第 473 页。

五、推定不违法

如果一个合同或一个条款可能有两种合理的解释，其中一种解释与制定法、行政法规或普通法相一致，另一种解释则相反，法院将采用使之合法的方式解释该合同或其条款。[①] 其例证之一是，某短航次的租赁合同载有一条明示条款，强制船东必须在卸货港无单放货。该条款可能合法，也可能不合法。合法的是针对提单在结汇的过程中发生延误，不能及时抵达卸货港的情形。这样一来，采取折中的办法，就是在租船合同的条款下通常以承租人给担保无单放货在本质上与根据一流银行给的担保无单放货是一样的，不存在任何不合法。但是，如果提单尚未成功结汇，还在发货人手中，这表示该票货物的所有权仍在发货人之处。在这种情况下，无单放货就是约定作出侵权行为，是侵占第三人所有的货物，于是变成非法。[②]

如果一个合同的文字只能有一个合理解释，而该解释不合法，此时应看不合法表现在什么方面，若表现在损害公序良俗或违反强制性法律规定，那么，不适用推定不违法的解释规则。[③]

看来，区分、确定合同言辞是只能有一个合理解释还是可能有两种合理解释，居于十分重要的地位。在合同言辞只能有一个合理解释且该解释不合法的情况下，该不合法又属于损害公序良俗或违反强制性法律规定的，不得适用推定不违法的解释规则。在中国，就是该种合同言辞及其解释违反《民法总则》第 146 条第 1 款、第 153 条、第 154 条以及《合同法》第 52 条第 1 项、第 3 项、第 5 项的规定，就应当是绝对无效的，不允许作出合同条款有效的解释。此其一。如果某合同言辞可能有两种合理解释，其中一种解释不违反《民法总则》第 146 条第 1 款、第 153 条、第 154 条以及《合同法》第 52 条第 1 项、第 3 项、第 5 项的规定，另一种解释则相反，那么，宜用使之合法的方式解释该合同或其条款。此

---

① See Smart v. Tower Land & Inv. Co., 597 S. W. 2d 303, 306 (Tex. 1979).

② 杨良宜：《合约的解释》，北京，法律出版社 2007 年版，第 209 - 210 页。

③ 参见杨良宜：《合约的解释》，北京，法律出版社 2007 年版，第 208 页。

其二。

推定不违法的解释规则具有实践价值。实务中不乏房屋使用权转让合同、房地产项目的收益权转让合同、股权的收益权转让合同、桥梁或公路收费权中的收益权转让合同，等等。只要房屋使用权未被设立成他物权，仅仅是房屋所有权的一种权能；只要建设用地使用权、房屋所有权中的收益权尚未独立出来，未被设立为他物权，仅仅是建设用地使用权的权能、房屋所有权的权能；只要股权的收益权未依法成为独立于股权的一种权利，仅仅是股权的一种权能；只要桥梁或公路收费权中的收益权未依法成为独立于桥梁或公路收费权的一种权利，仅仅为桥梁或公路收费权的一种权能，那么，所谓使用权、收益权就不是一个独立之物，而是“物”的成分，也就不是交易的客体。按照法释〔2009〕5 号第 1 条正文关于“当事人对合同是否成立存在争议，人民法院能够确定当事人名称或者姓名、标的和数量的，一般应当认定合同成立”的规定，前述各个转让合同就因欠缺标的物而未成立，也就不具有法律效力，时常叫作无效。如此解释，符合司法解释及法理，属于将系争合同解释为违法，解释为系争合同不成立或曰无效。

不过，相比较而言，上述解释不符合鼓励交易原则，不是最为理想的选项。如果更换思路，注意到债法不同于物权法的理念及运作，则可有如下结果：(1) 房屋使用权转让合同的实质并非在转让房屋所有权，不发生物权变动的效果，而是在转让人与受让人之间形成债的关系，债的关系遵循意思自治原则，且无法定主义的桎梏：受让人对于该房屋享有使用的债权，转让人有义务承受受让人使用该房屋的负担，可能是有偿的，也可能是无偿的。此其一。至于当事人各方认为该合同是房屋使用权转让合同，乃误解了合同类型，这属于法律上的错误。而法律上的错误在法律效果上不以当事人的认识为准，而以法律的规定或共识的法理为准。[①] 此其二。这样的合同不存在《合同法》第 52 条、第 53 条规定的无效原因，应为有效。此其三。需要注意，该债权对抗不了第三人，如转让人把该房屋出卖与第三人并已经完成过户登记手续，那么，该第三人取得该房屋的完整的所有权。该受让人无权向该第三人即该房屋的新所有权人主张自己继续享

① 参见［德］维尔纳·弗卢梅：《法律行为论》，迟颖译，北京，法律出版社 2013 年版，第 140 页、第 482 页。

有该房屋的使用权，换言之，该受让人对该房屋享有的使用权随着该房屋买卖合同的履行完毕而消失殆尽。此其四。至于该受让人因此遭受的损失，可基于违约之诉向转让人请求支付违约金或赔偿损失。此其五。如此解释，也不违反法律、公序良俗，运用了推定不违法的解释规则。此其六。接下来，究竟是把该房屋使用权转让合同视为受让人代转让人行使房屋所有权中的收益权能，还是看作转让人和受让人关于该房屋所有权行使的安排，抑或其他交易类型，那是进一步的合同解释作业。此其七。(2) 房地产项目的收益权转让合同的机理、效力，与"(1)"中的分析相同，不再赘言。(3) 股权的收益权转让合同在实质上不是也不可能是转让股权的收益权，因为收益权系股权的组成部分，而非独立的权利，不过，该合同可在股权人与受让人之间形成一种债的关系：该股权的收益权转归受让人行使，受让人就由此产生的利益享有取得权，股权人对此负有容忍、承受的负担，至于受让人就此支付对价与否，取决于当事人各方的约定。此其一。至于当事人各方认为该合同是股权的收益权转让合同，乃误解了合同类型，这属于法律上的错误。而法律上的错误在法律效果上不以当事人的认识为准，而以法律的规定或共识的法理为准。此其二。这样的合同同样不存在《合同法》第52条、第53条规定的无效原因，应为有效。此其三。同样需要注意，受让人享有的此类债权对抗不了第三人，如司法拍卖该股权时由第三人拍定，或股权人把该股权转让给第三人，该第三人都取得完整的股权，包含收益权在内，至此，受让人基于他与股权人之间订立的股权的收益权转让合同而取得的所谓收益权便不复存在。此其四。至于该受让人因此遭受的损失，可基于违约之诉向转让人请求支付违约金或赔偿损失。此其五。如此解释，也不违反法律、公序良俗，运用了推定不违法的解释规则。此其六。接下来，把该股权的收益权转让合同视为受让人代股权人行使股权的收益权能，还是看作股权人和受让人关于该股权行使的安排，抑或其他类型的交易安排，同样属于进一步的合同解释作业。此其七。(4) 桥梁或公路收费权未经《物权法》及其他法律确立为物权，应为债权。债权与其权能之间的联结远比物权与其权能之间的结合紧密，债权的权能更难独立出来成为另一种权利。并且，专就桥梁或公路收费权而论，在民事权利的层面，桥梁或公路收费权的核心正是收益权，桥梁或公路收费权的收益权几乎等同于桥梁或公路收费权。单就这点说来，当事人各方订立桥梁或公路收费权中的收益权转让合同，似乎更无标的物，此类转让合同似乎都未成立，不具有法律效力。此其一。但是，债权可以由债权人自己行使，也可以依法或通过约定与他人分享，合同自由嘛！按照这样的理念，完全可以把桥梁或公路收费权中的收益权转让合同看作收费权人与他人分享收费权的合同，即便是当事人各方发自内心地认为该合同地地道道地属于桥梁或公路收费权中的收益权转让合同，也不以他们的认识为转移，因其为法律上的错误。[①] 此其二。这样的合同依然不存在《合同法》第 52 条、第 53 条规定的无效原因，应为有效。此其三。合同的相对性于此场合发挥作用，受让人享有的此类债权对抗不了第三人，如受让人以自己的名义向过桥人或过路人收取费用，过桥人或过路人有权拒付。更遑论该桥梁或公路收费权由第三人取得后，受让人无权向该第三人主张收益权了。此其四。至于该受让人因此遭受的损失，可基于违约之诉向转让人请求支付违约金或赔偿损失。此其五。如此解释，不违反法律、公序良俗，运用了推定不违法的解释规则。此其六。

再举独立担保合同展示推定不违法规则的运用。在很长的时期，最高人民法院一直坚持独立担保可被用于国际贸易中，不可被用于国内交易中。何谓不可用于国内交易中？一种思路就是，独立担保合同违反了《物权法》及《担保法》关于担保应有从属性的要求，因而无效。如此解释，应属将用于国内交易中的独立担保合同解释为违法、解释为用于国内交易中的独立担保合同不成立或曰无效的思路。但是，最高人民法院没有采取这种路径，而是把此类合同作为具有从属性的担保合同对待，且为有效，除非其存有《合同法》第 52 条规定的无效原因。这就是运用了推定不违法的解释规则，值得赞同。值得欢迎的还有，最高人民法院已经改变立场及态度，出台了《最高人民法院关于审理独立保函纠纷案件若干问题的规定》（法释〔2016〕24 号），于第 3 条规定："保函具有下列情形之一，当事人主张保函性质为独立保函的，人民法院应予支持，但保函未载明据以付款的单据和最高金额的除外：（一）保函载明见索即付；（二）保函载明适用国际商会《见索即付保函统一规则》等独立保函交易示范规则；（三）根据保函文本内容，开立人的付款义务独立于基础交易关系及保函申请法律关系，其仅承担相符

---

① 参见［德］维尔纳·弗卢梅：《法律行为论》，迟颖译，北京，法律出版社 2013 年版，第 140 页、第 482 页。

交单的付款责任”（第 1 款）。“当事人以独立保函记载了对应的基础交易为由，主张该保函性质为一般保证或连带保证的，人民法院不予支持”（第 2 款）。

最高人民法院这种立场的转变正好印证了推定不违法的解释规则有可取之处，即最高人民法院此前虽不承认国内贸易中的独立担保但并未彻底否认其法律效力的态度，不论是有意地还是无形中采取了推定不违法的解释规则，值得赞同。

六、推定明示条款优先于默示条款或随后行为

解释合同，应尽可能地寻觅并确定缔约各方所用合同文字中表达出来的真正缔约意图。而默示条款作为假设当事人各方缔约意图，难以站住脚。如果在合同里已经有明示条款去针对默示条款，则推定明示条款优先于默示条款，因为明示条款代表了当事人各方真正的缔约意图。[①] 由此可以带来一些观点甚至规则，例如，一个非常详尽与包罗万象的合同条款，应当尽量避免默示。因为明示条款直接或间接地导致的漏洞恐怕不会太多，甚至没有。这些详尽的合同条款很可能有多条明示条款针对有争议的一方面，把所有这些条款合并起来解释就可以找出当事人各方缔约的真正意图。这样一来，就不应当再去增加任何默示条款去假设他们的缔约意图。[②]

还有，该默示条款必须达到“它在当事人各方的意图（contemplation）中是如此清楚，以至于无须明示地表达”的程度。[③] 如果缔约各方在缔约谈判中明确拒绝某些内容，就不可用默示条款推定缔约各方存有已被明确拒绝的内容的意图。[④] 要承认一默示条款，只具备默示条款为使一份协议“公平”所必需，并不足够；没有这样的默示条款，协议会是无远见的、不明智的或不公正的，也不足

① 杨良宜：《合约的解释》，北京，法律出版社 2007 年版，第 111 页，第 341 页。

② 杨良宜：《合约的解释》，北京，法律出版社 2007 年版，第 341 页。

③ Danciger，154 S. W. 2d at 635；Calvin，563 S. W. 2d at 957. 在这样的案例中，《合同法重述》（第 2 版）建议主审法院提供“依照周围情况是合理的条款”。Restatement（Second）of Contracts〈sect〉204.

④ 杨良宜：《合约的解释》，北京，法律出版社 2007 年版，第 342 页。

够。[①] 进而，得克萨斯州法院一般地会自制以避免作如下推定解释：需要嵌入改变文件的通常含义的限制性短语。[②]

行文至此，不难窥知《民法总则》第 140 条第 2 款关于“沉默只有在有法律规定、当事人约定或者符合当事人之间的交易习惯时，才可以视为意思表示”的规定的良苦用心。该条规定与“推定明示条款优先于默示条款或随后行为”的合同解释规则异曲同工。

在解释一份书面合同时，履行过程、连续交易与交易惯例处于法院考虑的“周围情事”。不过，这些考虑产生了与书面明示条款相反的解释结果。[③]

七、有利于公共利益

如果合同用语可合理地得出两种解释，且只有一种解释有利于公共利益，那么该解释将被优先考虑。该规则常用于支持对限制性合同所作的严格解释。

该项规则背后的理由之一是，使有悖于公共利益的合同或合同条款归于无效，换句话说，该项规则与违反公益的合同及其条款无效的规则有关联。不过，这项理由与当事人的意思毫无关联。理由之二是，该项规则使得合同的所有条款都有效力，而不是让部分内容有效，从而能实现当事人的意图。[④]

《合同法》把社会公共利益、社会公德作为基本原则（第 7 条），《民法总则》将公序良俗原则放置于最高地位（第 8 条），顺理成章的是，一种解释有利于公共利益的，该解释将被优先考虑。

---

① See Danciger，154 S. W. 2d at 635.

② See Praeger v. Wilson，721 S. W. 2d 597，601 (Tex. App. —Fort Worth 1986，writ ref'd n. R. E.).

③ See Restatement (Second) of Contracts 〈sect〉 203 (b) [明示条款较之履行过程、系列交易与交易习惯更具有分量（优先效力）……] 第 203 条的评论解释说：正因为（just as）协议的当事人双方经常背离（depart from）关于词或其他行为的含义，所以他们可以背离一项交易习惯。相似地，他们可以改变由其已经存在的系列交易建立起来的模型（模式）。他们在这种情况下的意思通常作为一项事实加以确定；没有惩罚性违约金通过合同法与不遵循他人的惯例或当事人自己之间已经存在的惯例联系在一起（合同法不把违反他人的惯例或当事人自己之间已经存在的惯例作为惩罚性违约金的条件）。

④ [美] E. 艾伦・范斯沃思：《美国合同法》（原书第 3 版），葛云松、丁春艳译，北京，中国政法大学出版社 2004 年版，第 475 页。

八、有疑义时作不利于草拟人的解释

一个极具共性的例子揭示出这样一条规则：如果一方提供的用语可合理地得出两种解释时，应选择不利于用语提供人的解释。在格式条款中，不利于条款草拟人的解释尤为适当（《合同法》第 41 条中段）。德国判例仅在格式条款和保险条款中得以严格适用这个解释规则。[①] 除此之外，该规则一般不具有适用性。[②]这是因为与个别商议的条款不同，顾客未对格式条款的草拟施加影响，而且格式条款的使用人本可以而且必须进行清楚的表达，所以要适用有利于顾客而不利于使用人的解释结果。[③] 《法国民法典》（新债法）的态度是："有疑义时，对于（经过当事人协商订立的）协商合同（contract de gréãgré）的解释应当不利于债权人而有利于债务人，对于附合合同的解释则不利于合同的提供者"（第 1190 条）。[④]

应该强调，如果解释合同没有疑义，即合同条款/文字只有一个合理解释，就不得适用上述规则。此其一。在一些缔约各方共同草拟的合同或有关条款/文字中，换言之，不是去看谁草拟第一稿，而要看整个过程是否你来我往地作出了大幅度的修改。此其二。[⑤] 这很有道理，中国法应予采纳。

确立有疑义时作不利于草拟人的解释，最重要的前提是，提供合同文本的当事人最能够清楚无误地表达交易（合同）条款。一旦条款不确定或不清楚，而这又是本应能够避免的话，那么，草拟条款的当事人将承受该后果。换言之，草拟者当心（caveat scrivener）！例如，在 B. F. Edington Drilling Co. v. Yearwood[⑥]

---

① 《帝国法院判例集》116，第 274 页以下，第 276 页；120，第 18 页以下，第 20 页；145，第 20 页以下，第 26 页；《联邦最高法院判例集》5，第 111 页以下；24，第 39 页以下。转引自［德］维尔纳·弗卢梅：《法律行为论》，迟颖译，北京，法律出版社 2013 年版，第 369 页。

② ［德］维尔纳·弗卢梅：《法律行为论》，迟颖译，北京，法律出版社 2013 年版，第 369 页。

③ ［德］汉斯·布洛克斯、沃尔夫·迪特里希·瓦尔克：《德国民法总论》（原书第 33 版），张艳译，杨大可校，北京，中国人民大学出版社 2014 年版，第 108 页。

④ 源自复旦大学法学院教授李世刚博士的翻译（李世刚：《法国新债法：债之渊源（准合同）》，146 页，北京，人民日报出版社，2017），特此致谢！

⑤ 杨良宜：《合约的解释》，北京，法律出版社 2007 年版，第 177－178 页。

⑥ 239La. 303，118 So. 2d 419（1960）.

案中，一份由钻探者提供的书面合同上载有钻探者将安装抽取 1 000gpm 油泵的条款。因该用语模糊，提供合同文本的钻探者被认为有担保油井在实际上能生产 1 000gpm 的义务，而非由钻探者提供的油泵具有抽取出该数量的能力。由于该井生产不出如此多的数量，钻井者追偿合同价款的请求遭拒绝。在路易斯安那州，某些法院认为，如果租赁条款模糊，就一定要习惯性地作有利于出租人、不利于承租人的解释。[①] 在这些判例中，如果合同文本是由承租人提供的，那么，适用上述规则是合适的。然而，因为这些判例并未显示出关于谁提供了合同文本的事实上的要求，所以，选择这些判例以说明在所有的内容方面与任何情况下，租赁合同中的模糊条款都作有利于出租人而不利于承租人的解释的观点，是不合适的。举例来说，在路易斯安那州，有些兼办慈善事业（institutional）的地主（日后签订租赁合同中的出租人）提供其复杂的（sophisticated）与独特的（unique）租赁合同形式。经验告诉我们，这些出租人大多坚持这些合同形式应予修改或修订，甚至在某些情况下，想要拒绝这些合同。在这些判例中，把这些租赁合同中的任何模糊条款都作有利于出租人（提供合同文本者）而不利于承租人（请求合同救济遭拒绝者）的解释，是完全不合逻辑的。[②]

在合同是当事人各方谈判的结果场合，因为不存在单一的草拟者，故不存在将合同作不利于哪个草拟人的解释的决定性规则。例如，在 Shell Offshore, Inc. v. Marr[③] 案中，法院认为，在本案，没有哪一方当事人被认为是合同的草拟者，因为在这里，原始的草案在当事人各方一系列的讨价还价过程中已被修改、再修改。[④] 这给我们以启示，不可在每个案件中都机械地对合同条款一律作不利于特定一方当事人的解释。

还有，一份合同不需要整个地被解释为不利于一方或另一方当事人（可能一部分内容作有利于债权人的解释，另一部分内容作有利于债务人的解释）。这样，在合同文本是采用了印有一方当事人的信笺抬头的纸张的场合，就推定该当事人

---

① See, e. g., Rives v. Gulf Refining Co. of La., 133 La., 178, 194, 62 So. 623, 629 (1913).

② Patrick S. Ottinger, *Principles of Contractual Interpretation*, Louisana Law Review, 60 La. L. Rev. 765 (Spring, 2000).

③ 916 F. 2d 1040 (5th Cir. 1990).

④ 916 F. 2d 1046. (5th Cir. 1990).

草拟了至少是提供了合同文本，那么，按照法院的观点，该合同中的模糊的文句就作不利于草拟特别文句的一方当事人的解释。[①] 因为这个理由，某些贸易律师便保留他们起草的稿子或电传，这些文件反映了讨价还价的进程和每一方当事人在洽商中对合同的特别意见（contribution）。这给我们以警示：保留交易谈判过程中的全部材料，说不定在事物进程中的某个时段、某个环节会挽救自己于纠纷之中。

九、推定特别条款优先于一般条款

合同中的特别用语优先于一般条款。[②] 这是一则重要的与经常适用的规则，可举 The “Brabant”（1965）2 Lloyd's Rep. 546 为例，予以展示。案情是一份租船合同，采用 Baltime 标准格式，它有一条印本条款第 13 条，文字上与金康租赁合同的第 2 条一致，豁免了船东对货损的责任，即便是因船员的疏忽和过错所致，也是如此。这显然对船东非常有利。不过，当事人各方又约定了第 28 条附加条款——清洁船舱是船东的责任。该合同成立之后，在一个装运木质纸浆的航次中，因船舶肮脏而导致货损，船东在提单下赔偿了损失。其后，船东向承租人请求补偿，根据是第 9 条约定承租人要补偿船东所有因签发提单而导致的责任。船东要获得支持，必须证明此次货损是在系争租船合同项下他不必承担责任的，只是因签发了提单才带来了重于系争租船合同项下的责任。这就导致了第 13 条与第 28 条之间的矛盾。如果根据第 13 条，船东不必对船员疏忽（在装货前船员未认真清洁船舱，也属于船员的疏忽）所致结果负责。但第 28 条却说明清洁船舱是船东的责任，船舱不清洁所致损失等后果由船东负担。对此，麦克奈尔（McNair）大法官在解释这些条款时，虽然考虑到清洁船舱肯定是船员的工作，船东自己不会去清洁，即第 13 条针对的是船员的疏忽，但因未约定船东自己疏忽免责便无法消除与第 28 条的矛盾。麦克奈尔（McNair）大法官认为第 28 条超

---

① Car Kits, Inc. v. Bolt on Parts, Inc., 439 So. 2d 479 (La. App. 1st Cir. 1983).

② See Guadalupe Blanco River Auth. v. City of San Antonio, 145 Tex. 611, 200 S. W. 2d 989, 1001 (1947).

越第 13 条，第 28 条在解释起来时分量重于第 13 条，故判决船东对承租人的补偿请求败诉。至于第 13 条，麦克奈尔（McNair）大法官也未否定其价值，但其运用领域限于船员疏忽和过错的情况，只要不涉及第 28 条运用的清洁船舱。[①]

无论是个案及其处理的经验，还是抽象的合同中的特别用语优先于一般条款，均符合事理及逻辑。特别用语，表露出缔约人的强调之点，特意设置的“例外”，唯有使其处于优先位置，才最能达到缔约目的，取得预期结果。这与特别法优先于普通法的机理相同。中国法有必要对之借鉴。

需要注意，如果当事人各方清楚地显示出相反的意思，那么，合同中的特别用语的优先性（preference）将丧失。[②] 只要这种意思不违反法律、行政法规的强制性规定，不违背公序良俗，依据意思自治原则，就得予以尊重。这在中国法上不存在疑问。

十、推定协议中先陈述的条款优先于后陈述的条款?

在协调书面协议的条款时，“一份协议中先陈述的条款必须优先于随后陈述的条款”[③]。但是，在随后陈述的条款或保留条款否认任何先前陈述的条款效力的情况下，得克萨斯州法院对随后陈述的条款或保留条款予以尊重。[④]

这种情形在中国也有发生，法律人应当根据具体情况而持相应的态度。一般地说，确定、反映同一交易的合同文本，若有数份，且内容不尽一致，甚至存在着矛盾、冲突，则签署在后的更能反映当事人的真实意思，它（们）已经变更了此前签署的合同条款，于是，在解释时应以签署在后的合同文本为准。于此场

---

① 杨良宜：《合约的解释》，北京，法律出版社 2007 年版，第 113－114 页。

② See Restatement (Second) of Contracts 〈sect〉 203 cmt. e.

③ Coker v. Coker，650 S. W. 2d 391，393 (Tex. 1983)；see also Southland Royalty Co. v. Pan Am. Petrolem Corp.，378 S. W. 2d 50，57 (Tex. 1964)；Hughes v. Aycock，598 S. W. 2d 370，376 (Tex. Civ. App.—Houston [14th Dist.] 1980，writ ref'd n. r. e.). But see Mid Plains Reeves，Inc v. Farmland Indus.，768 S. W. 2d 318，321 (Tex. App.—El Paso 1989，writ deied).（认为如果两个冲突的条款中的第一个是书面的一般条款的形式，第二个条款是特别条款，那么，第二个条款优先于第一个条款。）

④ Mark K. Glasser & Keith A. Rowley，The Construction and Interpretation of Written Agreements and the Role of Extrinsic Evidence in Contract Litigation，49 Baylor L. Rev. 657 (1997).

合，应该贯彻“后陈述的条款优先于先陈述的条款”规则。但在另外的情况下，可能要奉行“先陈述的条款优先于随后陈述的条款”规则。以下通过一个案例展现这些解释规则。

某建设工程施工《合同协议书》第1条约定：“本协议书与下列文件一起构成合同文件：(1) 中标通知书；(2) 投标函及投标函附件；(3) 专用合同条款；(4) 通用合同条款；(5) 技术标准和要求；(6) 图纸；(7) 已标价工程量清单；(8) 其他合同文件。”该《合同协议书》第2条约定：“上述文件互相补充和解释，如有不明确和不一致之处，以合同约定次序在先者为准。”

该建设工程施工《合同协议书》的“通用条款”第2条的条名是“合同文件及解释顺序”，第2.1条第1款约定：“合同文件应能相互解释，互为说明。除专用条款另有约定外，组成本合同的文件及优先解释顺序如下：(1) 本合同协议书；(2) 中标通知书；(3) 投标书及其附件；(4) 本合同专用条款；(5) 本合同通用条款；(6) 标准，规范及有关技术文件；(7) 图纸；(8) 工程量清单；(9) 工程报价单或预算书。”第2.1条第2款约定：“合同履行中，发包人、承包人有关工程的洽商、变更等书面协议或文件视为本合同的组成部分。”

显然，标准，规范及有关技术文件，在大多数情况下存在最早；有些图纸也较早存在；投标书及其附件成立（签署）在中标通知书签发之前；这些文件均在“本合同协议书”签署之前。但是，当这些文件“如有不明确和不一致之处”时，在优先解释顺序上，却以“本合同协议书”的约定为准。这体现的是“后陈述的条款优先于先陈述的条款”规则。

该建设工程施工《合同协议书》的“专用条款”第2条约定：“合同文件组成及解释顺序：投标承诺、施工招标答疑纪要、询标记录、有关工程施工双方协商纪要作为合同附件。解释顺序：(1) 本合同协议书；(2) 中标通知书；(3) 投标书及其附件（包括询标记录、投标承诺等）；(4) 本合同专用条款；(5) 本合同通用条款；(6) 施工图纸、标准、规范及其有关文件；(7) 本工程履行过程中双方有关洽商、变更等书面协议、会议纪要。”

不难看出，发生时间在后的“本工程履行过程中双方有关洽商、变更等书面协议、会议纪要”，在解释中却要服从发生时间在先的“本合同协议书”等文件的约定。于此场合贯彻的是“先陈述的条款优先于随后陈述的条款”规则。

十一、推定书面文句优先于数字或符号

在清楚的书面文句与数字或符号之间存在不同时，书面文句优先。[①] 这是因为，按照常理，人们在数字上较为容易出现错误，例如少打一个零。但相对较长的文字出错的概率就比较低，这也是为什么在一些比较严肃的法律文件中经常会在数字后加上文字，例如在 10 000.00 美元后加上一个括号以文字补充（ten thousand dollars）。如果它们之间出现矛盾，例如阿拉伯数字的 10 000.00 美元多了或少了一个零，应以文字的补充为准。[②] 这是社会生活经验的结晶，值得中国法重视。

十二、推定手写的优先于打字的，打字的优先于印刷的

除非当事人各方清楚地显示出相反的意思，手写的合同条款在同打字的或印刷的合同条款相比较时被优先认定，打字的合同条款在同印刷的合同条款相比较时被优先认定。[③]

但务请注意，该规则不是一成不变的教条，而应灵活使用。例如，在采用格式条款的情况下，经常会出现印刷的条款的空间不够而要以附加条款才能满足需要的情形。于此场合，印刷的条款部分针对相应的部分会写上“请参看 XX 附加条款”。这样一来，缔约意图明显不是为了各该条款更高的解释分量，而纯粹是现实需要。[④] The “TEL Prosperity（1984）1 Lloyd’s Rep. 123”一案，涉及了一条这样的条款针对租船的细节，贵族院不接受这样的意见：该条款从印刷条款变成了第 26 条的附加条款，相比第 13 条的印刷的免责条款具有更重的分量。[⑤]

---

① Guthrie v. National Homes Corp.，394 S. W. 2d 494，496（Tex. 1965）.

② 杨良宜：《合约的解释》，北京，法律出版社 2007 年版，第 115 页。

③ See Southland Royalty Co. v. Pan Am. Petrolem Corp.，378 S. W. 2d 50，57（Tex. 1964）；Mcmahon v. Chrristmann，157 Tex. 403，303 S. W. 2d　341，344（1957）.

④ 杨良宜：《合约的解释》，北京，法律出版社 2007 年版，第 112 页。

⑤ 见杨良宜：《合约的解释》，北京，法律出版社 2007 年版，第 112 页。

有必要指出，所谓手写的优先于打字的、印刷的，限于手写的、打字的、印刷的均由缔约各方已经合意的场合。如果打字的、印刷的已经缔约各方合意，但手写的是一方擅自添加的，则手写的不但不优先于打字的、印刷的，连约束力都没有。例如，某《债权债务确认书》约定，经过各方对账，乙方尚欠甲方 8 000.00 万元人民币，在括号里注明见“清单”。实际上乙方由 A、B 构成，该“清单”明确地显示 A 负有债务，却未清晰地显示 B 所欠债务。不过，其后甲方和乙方订立的《债权债务确认书补充协议》的“鉴于”条款则明示此处 8 000.00 万元人民币债务涵盖 A、B 二人的欠款。在诉讼中，乙方作为证据提交给主审法院的系争《债权债务确认书》复印件下部有书写的一行字“8 000.00 万元人民币欠款都是 A 所欠甲方的”。由于甲方作为证据提交给主审法院的系争《债权债务确认书》复印件没有手写的“8 000.00 万元人民币欠款都是 A 所欠甲方的”字样，加上系争《债权债务确认书补充协议》等证据的印证，“8，000.00 万元人民币欠款都是 A 所欠甲方的”手写文字只是乙方中的 A 单独添加上去的，不是甲方和乙方的合意，故不得适用推定手写的优先于打字的该项规则。

最后，当事人于合同中明示手写的、打字的、印刷的具有同等的效力时，应依其约定，除非此类约定损害公序良俗、违反强制性法律规定。例如，某《信托贷款合同》第 2.5 条第 1 款约定：“本合同的所有条款各方均已进行了充分协商。本合同以印刷体表述的文字与以手书体表述的文字具有同等效力。”对此，裁判者应予尊重。

十三、作有利于债务人的解释

如果适用其他规则也不能解决疑义，那么，合同必须作不利于特定债的关系中的债权人而有利于债务人的解释。

这项解释规则在保证等制度中特别有价值。《担保法》第 19 条规定：“当事人对保证方式没有约定或者约定不明确的，按照连带责任保证承担保证责任。”这显然不利于保证人这类债务人，与多数立法例及学说的立场正好相反。如此偏袒债权人确实有些过分，适用法律时应尽可能地适时矫正。

拾

格式条款的解释

一、格式条款的规格

格式条款在形成及内容的平等协商性等方面，较非格式条款或曰个别商议条款存在特殊性，因而在解释上亦有自己的特点，故单独提出讨论。

将格式条款作为合同解释的对象，首先要界定清楚格式条款，不然，把个别商议条款也当作格式条款来解释，极可能损害消费者的权益，也扭曲法律秩序。

所谓格式条款，是指当事人为了重复使用而预先拟定，并在订立合同时未与对方协商的条款（《合同法》第 39 条第 2 款）。其法律特征如下：（1）格式条款具有广泛性、持久性和细节性。所谓广泛性，是指格式条款这种形式的要约需要向公众发出，或至少是向某一类有可能成为承诺人的人发出。在德国，能够成为格式条款的，得用于三份以上的合同签订[①]，有时，只用于三份合同仍然不够。当然，也不是非得由将格式条款引入具体合同的当事人的数目来确定不可，条款利用人所追求的宗旨才具有决定性的意义。所谓持久性，是指格式条款这种形式的要约一般总是表现为在某一特定时期将要订立的全部的合同条款。不过，对此

① BGH NJW 2002，138；NJW1998，2601. 转引自［德］汉斯·布洛克斯、沃尔夫·迪特里希·瓦尔克：《德国民法总论》（原书第 33 版），张艳译，杨大可校，北京，中国人民大学出版社 2014 年版，第 104 页。

也不宜要求得过于严格，将只有一次用作草案的文本，在签订每一份单独的合同时再重新抄写一遍，也构成格式条款。所谓细节性，是指格式条款这种形式的要约包含和确定了合同的全部条款。(2) 格式条款具有单方事先决定性。格式条款一般由一方当事人事先确定，实践中多为提供商品或服务的一方制订并提出。但有些格式条款也是由某些超然于当事人各方的利益之上的社会团体、国家授权的机关制订的。出现此类情况，或是为了保障交易公平，维护当事人利益的衡平；或是为了实现国家干预社会经济的职能。但无论如何，相对人不直接参与格式条款的制订。《德国民法典》(新债法) 规定，在合同诸方当事人之间对合同条件作具体商议的范围内，不存在一般交易条件 (第 305 条第 1 项后段)。(3) 格式条款具有不变性。所谓不变性，是指全部合同条款为一整体，都已定型化。(4) 格式条款以书面明示为原则。格式条款多由提供商品或劳务的一方当事人印制成书面形式，格式条款明确印刷于一定文件 (如车船票、保险单) 之上，比较常见，把各类个别约定包容进来的表格也并非不可。但在实践中也有非书面形式的格式条款，如某些理发美容合同，某些口头订立的合同的告示。(5) 格式条款的一方在经济方面具有绝对的优势地位，使其有可能将预定的格式条款强加于相对人，从而排除或降低当事人各方就格式条款进行协商的可能性。这就是格式条款表现出的法律上或事实上的垄断。其法律上的垄断，是指当事人根据法律规定，对铁路、自来水、煤气、电力供用等所享有的经营垄断。而事实上的垄断，是指当事人对保险、海上运输等合同的某些条款在事实上所具有的垄断权利。①

应当注意区分格式条款与个别协议。所谓个别协议，又称个别商定，或个别约定，是指当事人各方经过协商谈判达成的协议，即人们通常所说的合同。虽然格式条款与个别协议互为对立物②，但是，如果当事人各方就格式条款的具体内

---

① [德] 卡尔・拉伦茨：《德国民法通论》(下册)，王晓晔、邵建东、程建英、徐国建、谢怀栻译，谢怀栻校，北京，法律出版社 2003 年版，第 768－776 页；[德] 迪特尔・梅迪库斯：《德国民法总论》，邵建东译，北京，法律出版社 2000 年版，第 293－314 页；张新宝：《定式合同基本问题研讨》，载《法学研究》1989 年第 6 期，第 44－53 页；尹田：《法国现代合同法》，北京，法律出版社 1995 年版，第 121－122 页；杜景林、卢谌：《德国新债法研究》，北京，中国政法大学出版社 2004 年版，第 262 页；黄越钦：《论附和契约》，载郑玉波主编：《民法债编论文选辑》(上)，台北，五南图书出版有限公司 1984 年版，第 321 页。

② [德] 迪特尔・梅迪库斯：《德国民法总论》，邵建东译，北京，法律出版社 2000 年版，第 301 页。

容进行了实际磋商，且达成一致意见，格式条款便成为个别协议，从而不再是格式条款。……如果格式条款中的有关条款通过当事人各方的实际磋商得以修改，或条款利用人为了原封不动地将格式条款订入合同，而在其他方面给相对人照顾以达成妥协，即在一定程度上为此付出代价，就属于这种情形。① 不过，仅仅是向顾客选读和解释格式条款，尚不足以成为这里的磋商②，必须是顾客具有施以影响的"实际可能"的观点，才构成实际磋商。③ 并且，对于格式条款中的有关条款，必须是当事人各方进行了"逐一的"磋商，且条款利用人承担举证责任。仅仅是条款利用人答应相对人，他若全盘接受格式条款则给予某些好处，仍不构成实际磋商。④

格式条款必须由其利用人向相对人提出，才可能订入个别协议。这里的所谓"提出"，并非指"列举出"（即表述出）格式条款，而是指格式条款的利用人具有单方面将格式条款引入合同的意图。⑤ 此时的格式条款才是能够约束当事人的合同条款。

明确了格式条款的规格，也就能够解决用于网签的商品房买卖合同、制式建设工程施工合同、制式国有建设用地使用权出让合同等类似的合同，是否为格式合同的问题。在笔者看来，除去这些合同文本在与具体主体相结合时填空的部分，其他条款完全符合格式条款的规格，应为格式条款。这样，这些合同文本与特定的主体相结合即被定入商品房买卖合同、建设工程施工合同、国有建设用地使用权出让合同等类似的合同时，就形成了格式条款与个别商议条款相结合的合

① ［德］卡尔·拉伦茨：《德国民法通论》（下册），王晓晔、邵建东、程建英、徐国建、谢怀栻译，谢怀栻校，北京，法律出版社 2003 年版，第 768－770 页，771 页。

② ［德］施米特-萨尔泽尔：《一般交易条件》。转引自［德］卡尔·拉伦茨：《德国民法通论》（下册），王晓晔、邵建东、程建英、徐国建、谢怀栻译，谢怀栻校，注 6，北京，法律出版社 2003 年版，第 770 页。

③ ［德］《新法学周报》（77 卷），第 1937 页。转引自［德］卡尔·拉伦茨：《德国民法通论》（下册），王晓晔、邵建东、程建英、徐国建、谢怀栻译，谢怀栻校，北京，法律出版社 2003 年版，第 771 页。

④ 德国联邦法院判决，载《新法学周报》（77 卷），第 432 页，第 624 页；［德］卡尔·拉伦茨：《德国民法通论》（下册），王晓晔、邵建东、程建英、徐国建、谢怀栻译，谢怀栻校，北京，法律出版社 2003 年版，第 771 页。

⑤ ［德］迪特尔·梅迪库斯：《德国民法总论》，邵建东译，北京，法律出版社 2000 年版，第 302 页。

同形式，其中的个别商议条款指的是“填空”部分，格式条款泛指除此而外的合同条款。

二、格式条款规则的适用范围

格式条款，在德国称作一般交易条件，其规则并不适用于所有的合同。根据《德国民法典》（新债法）第310条第1、2、4款，第305条及以下在不同领域的适用限制或排除，特别是针对（被视为不值得保护的）经营者的一般交易条件，婚姻法、继承法和公司法领域的合同以及劳资协定、企业协议，不适用一般交易条件。[①] 这样，至少一些商事合同不受一般交易条件规则的调整。

格式条款，在日本叫作一般条款或曰标准条款，由《消费者契约法》规定，其规则的适用范围如何，意见不一。一种观点认为，经过个别交涉的条款，不应当成为不当条款规制的对象，因为《消费者契约法》上的不当条款规制，较之于民法，以信息、交涉力的差距为理由，拓宽了无效条款的范围。可是，没有理由将无效的范围扩展到消费者接受经营者提供的必要信息、经过个别交涉达成合意的情形。如果扩展到那般程度，就与基于自我决定的自己责任的基本原理不相容了。[②]

关于《消费者契约法》与《日本民法典》《日本商法典》之间的关系，第一，按照《消费者契约法》第11条Ⅱ的规定，消费者合同的要约或承诺的撤销以及消费者合同条款的效力，《日本民法典》《日本商法典》以外的其他法律另有规定的，从其规定。第二，其他的情形，依照《消费者契约法》的规定。第三，按照《消费者契约法》第11条Ⅰ的规定，对于《消费者契约法》没有规定的事项，依照《日本民法典》《日本商法典》的规定。[③]

因为《消费者契约法》适用于消费者与经营者之间缔结的合同，相对于民

---

① ［德］汉斯·布洛克斯、沃尔夫·迪特里希·瓦尔克：《德国民法总论》（原书第33版），张艳译，杨大可校，北京，中国人民大学出版社2014年版，第104页；朱岩编译：《德国新债法：条文及官方解释》，北京，法律出版社2003年版，第121页。

② ［日］山本敬三：《民法讲义Ⅰ》，解亘译，北京，北京大学出版社2012年版，第248-249页。

③ ［日］山本敬三：《民法讲义Ⅰ》，解亘译，北京，北京大学出版社2012年版，第249页。

法，其为特别法，经营者之间订立的合同不由《消费者契约法》调整，《日本民法典》《日本商法典》未设置一般条款/标准条款，《日本民法典》债权编的修订依然如故，所以，难谓一般条款/标准条款规则适用于商事合同。

在中国，《合同法》第 39、40、41 条设置的格式条款规则是否适用于商事合同，素有争论。在笔者看来，一方面，《合同法》的立法计划并未将格式条款制度限制适用于消费者合同领域，据此可定商事合同也适用格式条款规则；另一方面，商人在商事交易中毕竟为专家，对其中一方不得如同对待消费者那样优惠保护，而应最大化地贯彻意思自治原则，尽可能地适用一般民事规则。例如，对提请注意的程度要求宜适当降低。一般地说，某家具制造厂甲与家具经销商乙签订家具买卖合同 A，其中的格式条款约定免除甲的家具瑕疵责任，在该免责的格式条款已经醒目地作为家具买卖合同 A 的条款时，乙诉至某人民法院，请求确认该条款无效，在笔者看来，该诉讼请求难获支持。但是，家具经销商乙与消费者丙签订衣柜、茶几买卖合同 B，其中的格式条款约定乙不负家具瑕疵的担保责任，在丙验收乙送货到门的衣柜和茶几时发现存有瑕疵，随即诉至某人民法院，请求确认该条款无效，乙承担衣柜、茶几的瑕疵担保责任，依笔者理念和观点，人民法院应当支持丙的诉讼请求。

三、认定格式条款无效是否属于格式条款的解释范畴?

在格式条款无效是否仍属于合同解释的范畴方面存在不同意见，但笔者倾向于肯定说的立场。在此前提下，需要辨析《合同法》第 40 条后段关于“提供格式条款一方免除其责任、加重对方责任、排除对方主要权利的，该条款无效”的规定。

笔者一直主张，对于《合同法》第 40 条后段的规定，法律人绝不可单纯地、望文生义地将其适用于个案，必须结合《合同法》第 39 条的规定确定免责的格式条款的效力。其道理在于，免责条款，顾名思义，肯定是免除一方的责任、加重对方责任或排除对方主要权利，无论哪一种，都符合《合同法》第 40 条的规定，就都得无效。如此，免责的格式条款在《合同法》上都统统无效，不会存在有效的情形。这显然是不符合客观实际的，是违反生活常识的，并不符合《合同法》的立法目的。应当这样认识问题:《合同法》第 40 条的文义涵盖过宽,依据立法目的,此类免责条款若系企业的合理化经营所必需,或免除的是一般过失责任,或是轻微违约场合的责任等,并且提供者又履行了提请注意的义务,那么,此类免责条款就应当有效;除此而外的免责条款才归于无效。因而,对于该条规定应当进行目的性限缩。对此,法释〔2009〕5 号第 10 条已经这样解释了:提供格式条款的一方当事人违反《合同法》第 39 条第 1 款的规定,并具有《合同法》第 40 条规定的情形之一的,人民法院应当认定该格式条款无效。

特定的合同载有无效的免责条款,除去无效的免责条款也不会使其余条款有效的话,整个合同便归于无效(《合同法》第 56 条后段)。

值得提及的是,《消费者权益保护法》第 26 条规定,经营者在经营活动中使用格式条款的,应当以显著方式提请消费者注意商品或者服务的数量和质量、价款或者费用、履行期限和方式、安全注意事项和风险警示、售后服务、民事责任等与消费者有重大利害关系的内容,并按照消费者的要求予以说明(第 1 款)。经营者不得以格式条款、通知、声明、店堂告示等方法,作出排除或者限制消费者权利、减轻或者免除经营者责任、加重消费者责任等对消费者不公平、不合理的规定,不得利用格式条款并借助技术手段强制交易(第 2 款)。格式条款、通知、声明、店堂告示等含有前款所列内容的,其内容无效(第 3 款)。这周到地保护了消费者的合法权益,解释《合同法》第 40 条后段的规定时,对于《消费者权益保护法》第 26 条的规定必须予以注意。

《合同法》第 53 条规定,免除造成对方人身伤害的责任的条款无效,免除因故意或重大过失造成对方财产损失的责任的条款无效。如果合同只载有这样的条款,那么,这样的免责条款无效就是合同无效的原因。如果特定的合同载有包括这样的免责条款在内的众多条款,此类免责条款无效,导致其他条款也无效的,那么,此类免责条款无效同样是合同无效的原因(《合同法》第 56 条后段)。

《德国民法典》(新债法)规定了更为宽泛的一般交易条件无效的原因。其第 307 条在"内容控制"的标题下规定,一般交易条件中的规定,如违背诚实信用的要求,不合理地损害使用人的合同相对方的利益,则该规定不生效力(第 1 款)。产生疑问时,下列规定可认为构成不合理的损害:该项规定与其所偏离的法律规定的基本思想不相符合，或该项规定限制了依合同本质所产生的根本的权利义务，以致危及合同目的的达成（第 2 款）。其第 308 条规定，在一般交易条件中，特别是下列规定不生效力：规定一般交易条件的使用人……为提供给付保留不合理长久的或不够确定的期间，但该使用人保留在消费者合同中的撤回权、交回权的期间届满后才履行的，不在此限（第 1 款）。规定一般交易条件的使用人可以违反法律规定，为其应提供的给付保留不合理长久的延展期间或不够确定的延展期间（第 2 款）。约定一般交易条件的使用人享有无须具备实质上合理的并且在合同中说明的理由即可免除其给付义务的权利；但这一点不适用于长期债务关系（第 3 款）。约定一般交易条件的使用人享有变更或偏离其允诺提供的给付的权利，除非虑及使用人的利益，对变更权或偏离权的约定对合同相对方而言是可以合理期待的（第 4 款）。规定一般交易条件的使用人的合同相对方在为或不为特定的行为时所作的意思表示，视作已由他发出或未曾发出，除非（1）给合同相对方以一个发出明示的意思表示的合理期间，并且（2）使用人承担义务，负责在该期间起算之时向合同相对方特别指出其行为的规定意义。这一点不适用于将《建筑工程发包条例》B 部分整体纳入在内的合同（第 5 款）。如此细致的规定，考虑得比较全面，值得中国民法重视。

四、以客观合理性标准解释格式条款

在法解释学上，曾经认为法律解释方法与合同解释方法相互对立。前者系客观的，其目的乃在于探求法律本身所具有的合乎逻辑的、普遍的、客观的意义；后者则系主观的，其目的乃在于探求当事人的主观的意思。然而时至今日，通说认为无论法律解释还是合同解释，在本质上应无任何差异，即认为两者皆应客观地、合理地为之。[①] 然而，对格式条款虽以客观解释为原则，但它有别于法律解释的客观性。

格式条款之所以采取客观解释的原则，乃因其为当事人一方制定的，其内容未经过单个、具体协商，具有为交易上的制度或规范的性质。从消极方面说，应

① ［日］米谷隆三：《约款法的理论》，东京，有斐阁 1970 年版，第 575 页。

不受交易当事人个别主观情事的影响；从积极方面讲，则应使将来不特定多数的交易具有统一的内容。[①] 视野放宽、转换，在现今，商事交易领域，或许合同并不是由当事人草拟，而是一份早已印制好的格式文本；或许合同的条款摘自一本法律文件汇编；或许交易属于常规交易而由低级职员经手。这样，当事人各方对合同条款/文字的含义未曾考虑，那么，解释合同时法院就无从探寻当事人所理解的含义，而必须考察：对与当事人处于相同情形下的合理人来说，假如他们曾经对合同文字的含义进行考察，那么他们原本会理解的含义。如果所订立的合同是被广泛使用的标准化文本，那么使用这种纯客观的解释方法、合理的标准（a standard of reasonablenese），有助于促进解释上的统一性，而不必考虑当事人具有的特殊情形。[②] 这就要求解释格式条款不考虑订立合同的单个因素和具体因素，即不采取主观解释。所谓单个因素，是指合同当事人的看法、意图和理解力。所谓具体因素，是指订立合同的个案情事。[③] 在英国，Mellett 勋爵在 A. I. B. Group（UK） v. Murtin（2001）先例中阐明，采用格式条款的场合，假如在本质不同的/案件的事实下给出不同的解释，就欠缺了肯定性，会令这份格式条款的价值减少甚至失去。格式条款的解释需要有肯定性/可循性，而不能受个别案件的本质和背景影响，不能在不同案情的案件中个别作出不同解释。这对商业活动尤为重要。[④]

格式条款的产生、理论和价值判断等，毕竟有别于法律、法规，致使格式条款的解释与法律解释在解释的基准上存在着差异。格式条款的客观解释，系以该条款所预定适用的特定或不特定的消费者或顾客圈的平均而合理的理解能力为基准，这显然与法律解释采取纯粹客观的方法不同。[⑤] 此其一。其二，格式条款的客观解释之所以有别于法律的客观解释，还因为在格式条款场合，存在

---

① Raiser，Das Recht der Allgemeine Geschaeftsbedingungen（1935）；刘春堂：《一般契约条款之解释》，载郑玉波主编：《民法债编论文选辑》（上），台北，五南图书出版有限公司 1984 年版，第 227 页。

② 杨良宜：《合约的解释》，北京，法律出版社 2007 年版，第 467 页。

③ Vgl. statt aller Larenz，Methodenlehre der Rechtswissenschaft，2 Auff. 1969，S. 287.

④ A. I. B. Group（UK） v. Murtin（2001） U. K. H. L. 63. 转引自杨良宜：《合约的解释》，北京，法律出版社 2007 年版，第 168－169 页。

⑤ 刘春堂：《一般契约条款之解释》，载郑玉波主编：《民法债编论文选辑》（上），台北，五南图书出版有限公司 1984 年版，第 227－228 页。

个别商议条款的优先性问题（《合同法》第 41 条后段）。应联系个别商议条款解释格式条款，而个别商议条款是可以作主观解释的。因此，格式条款的客观解释是在符合个别商议条款的条件下的客观解释。[①] 我们称之为客观合理性标准解释原则。

客观合理性标准解释原则有若干具体的表现：（1）特殊术语或文句的解释。格式条款因含有特殊术语或文句而具有特别意义场合，如果理解该特别意义，只有高于理性人的标准时，才能做到；换言之，在相对人无法理解该格式条款的特别意义时，那么条款的利用者就不得主张该特殊术语或文句所具有的特别含义。在这里，所谓理性人的标准，不是考察与提供格式条款的文本的当事人处于相同地位的合理人会怎样来理解能力，而是考察一个处于附合方的地位的合理人会怎样来理解合同条款/文字的含义[②]，换个表述，它是指该格式条款所预定适用的对象（消费者或顾客圈）的平均而合理的理解能力。格式条款所追求的目的是在缔结大批量合同时稳定地进行业务处理，由此决定，在解释格式条款时，重要的并非具体表示受领人在个案中如何或应当如何理解格式条款，而是应当参考平均水平的顾客的理解程度。因此，在解释格式条款时，要考虑的只是那些能够被平均水平的顾客所期待的情况。[③] 如此可以说，对于该特殊术语或文句的含义，进而对于含有该特殊术语或文句的格式条款的含义，应当以理性人的标准，即消费者或顾客圈的平均而合理的理解能力为基准，予以解释。（2）外国术语的解释。格式条款中含有外国术语场合，确定该外国术语的含义，应当以理性人的标准进行解释，而非以该外国术语在该国所具有的含义为基准，亦不问格式条款的利用人使用该条款的本意如何。[④]（3）同词异意的解释。格式条款经长期使用后，其中某些用语或文句的意义已经不同于草拟该格式条款时所赋予的含义，解释时应

---

① Siehe Joachim Schmidt-salzer, Allgemeinen Geschaeftsbedingungen, 2. A., C. H. Beck, Muechen, 1977, S119. S. 144 - 145, 147.

② ［美］E. 艾伦·范斯沃思：《美国合同法》（原书第 3 版），葛云松、丁春艳译，北京，中国政法大学出版社 2004 年版，第 476 页。

③ ［德］汉斯·布洛克斯、沃尔夫·迪特里希·瓦尔克：《德国民法总论》（原书第 33 版），张艳译，杨大可校，北京，中国人民大学出版社 2014 年版，第 107 页。

④ 刘春堂：《一般契约条款之解释》，载郑玉波主编：《民法债编论文选辑》（上），台北，五南图书出版有限公司 1984 年版，第 228 - 229 页。

当以交易时的理性人的理解能力为准。[①] （4）引用法律条文的解释。格式条款中引用有法律条文场合，有学说主张，应遵循法律的解释原理。[②] 这在格式条款明确表示在引用法律的情况下，固无不妥，但在仅仅引用法律中的某些规定或文句时，由于格式条款并未因此而蜕变为法律规范，仍然是当事人拟定的交易上的私的规范，所以，不应依法律解释原理，而应以理性人的理解能力为基准进行解释。[③]

五、统一解释

统一解释原则，是指以理性人的理解力为标准统一解释格式条款的原则。此处所谓理性人的理解力标准何意？依一种理论应当是无所差别的、统一适用的。[④] 进一步追问的是，此处所谓无所差别、统一适用，是覆盖整个法域的吗？若作肯定回答，就会呈现一个理性人的理解力标准既应用于建设工程合同的场合，又应用于保险合同的领域，还应用于融资租赁合同的市场，等等。可是，世界上存有这样万事皆通的理性人吗？似乎不存在。特别是不同的事物应不同处理，不应对不同的合同类型进行解释时采取唯一的理性人理解力标准。因此，笔者赞同下面的观点：对于具有同一属性（包括同一地域、同一职业团体或同一时间范围等因素）的可能缔约人，保持解释的统一性。在解释格式条款时，不考虑专业语言的特别含义（例如医学、化学和工程技术学的语言的含义）。《合同法》第 41 条规定，对格式条款的理解发生争议的，应当按照通常理解予以解释。如果专业语言系于普遍的习惯用法中无法查找的，则理性人自然不可能知悉，故不

---

① Raiser，a. a. O. S. 354. 转引自刘春堂：《一般契约条款之解释》，载郑玉波主编：《民法债编论文选辑》（上），台北，五南图书出版有限公司 1984 年版，第 229 页。

② Ehrenberg，a. a. O. S. 85；J. V. Gierke，Bedigungen（in Manes Versicherungs _ Lexikon，1930）. 转引自刘春堂：《一般契约条款之解释》，载郑玉波主编：《民法债编论文选辑》（上），台北，五南图书出版有限公司 1984 年版，第 229 页。

③ Raiser，a. a. O. S. 257. 转引自刘春堂：《一般契约条款之解释》，载郑玉波主编：《民法债编论文选辑》（上），台北，五南图书出版有限公司 1984 年版，第 229 页。

④ 陈杭平：《统一的正义——美国联邦上诉审及其启示》，北京，中国法制出版社 2015 年版，第 73 页。

宜考虑。但是，如果理性人虽不知悉，但可以向专业人员咨询的，则应推定其知悉该专业语言。法律术语即属此类。于此场合，应按照专业语言的本义解释格式条款。[①] 如果某一合同用语存在着普遍的习惯用法和法律术语的含义差别，理性人确实可以依照普遍的习惯用法理解该合同用语，那么，在解释格式条款之前，应先决定法律术语和普遍的习惯用法的优先性问题。[②]

应看到，统一解释也是相对的。如果某格式条款适用于特定地区的交易圈，其条款或用语的特殊含义均为该特定地区的交易圈内的当事人所知晓；当该格式条款又流行于另一地区的交易圈，其当事人并不如此理解上述条款或用语的特殊含义时，就不应在不同地区统一解释格式条款。

六、限制解释

限制解释原则，是指在格式条款中某个或某些对消费者不利的条款与任意性法律规范不一致，则应对其进行限制的解释，即作有利于顾客的解释。对于免责条款来说尤其如此。在德国，该项解释原则由司法界提出，但未被吸纳入法律之中。[③] 在中国，虽未见现行法和司法解释明确地提出该项解释原则，但其符合法治精神，应予借鉴。

限制解释还含有格式条款应从狭解释之意。在格式条款未规定或规定不完备的事项场合，不得如法律规定有欠缺或不明了时，采用逻辑的解释方法，类推适用其他条款的规定以扩张其适用范围或补充其规定的欠缺，而应依法律加以补充或依补充的合同解释方法加以填补。这是因为，如果允许在上述情况下类推适用，往往会违反条款目的，产生对用户或消费者不利的结果。[④] 相反，因任意性法律规范系立法者斟酌某类典型合同的典型利益状态而设置的，一般都符合当事

---

① Siehe Joachim Schmidt-salzer, Allgemeine Geschaeftsbedingungen, 2. A., C. H. Beck, Muenchen, 1977, S119. S. 144-145, 147.

② Schw BGH (24, 5, 56) E82 II. 445, 454f. Vgl. auch RG (28. 11. 19) E97/206ff.

③ [德] 汉斯·布洛克斯、沃尔夫·迪特里希·瓦尔克：《德国民法总论》(原书第33版)，张艳译，杨大可校，北京，中国人民大学出版社2014年版，第108页。

④ 刘春堂：《一般契约条款之解释》，载郑玉波主编：《民法债编论文选辑》(上)，台北，五南图书出版有限公司1984年版，第233页。

人的利益，法官依据公平正义的理念采取补充的合同解释方法，也不易出现不当。所以，在格式条款未规定或规定不完备的事项场合，依法律加以补充或依补充的合同解释方法加以填补，应予坚持。

拓宽视野，限制解释原则存在的依据更在于，设权法律条款若有疑义，从狭解释。循此思路，格式条款，如免责条款、担保条款等采取格式条款的形式时，如果有疑义，应从狭解释。

应当指出，限制解释原则，并非指应为严格的文义解释。在解释条款时仍应探求它所具有的合理的含义。

格式条款的限制解释原则，具体表现在许多方面。例如，本书“玖、合同解释的规则”专题中所谓“明示其一就排斥其他”规则、“同类”规则①，本书“拾壹、免责条款的解释”专题中关于“限制解释原则在免责条款上的具体化”等，均为其代表。

七、调和解释

调和解释原则，是指合同的某些条款之间互相对立矛盾时，应将它们都视为有效，且在其共通范围内，尽可能使之调和。如果当事人各方使用格式条款，又添加上一些缔约是否有特殊需要的附加条款即个别商议条款，则有时导致此类附加条款即个别商议条款与格式条款不甚协调，于此场合，因附加条款即个别商议条款更能反映缔约各方的意图，故宜确认附加条款的效力。但是，即使出现这种情况，还是要尽量协调，而不是简单地漠视或删除格式条款。②

调和解释原则可适用的情形之一是，条款中的用语或文句有一般与特殊的对立矛盾时，应认为这些用语或文句皆为有效，只是特殊用语或文句的效力应优先于一般用语或文句，因为特殊用语或文句系为排除一般用语或文句所特别制定。此外，条款中如有手书条款与印刷条款，以图印插入的特殊条款与印刷的一般条

① ［日］米谷隆三：《约款法的理论》，有斐阁1970年版，第573页；刘春堂：《一般契约条款之解释》，载郑玉波主编：《民法债编论文选辑》（上），台北，五南图书出版有限公司1984年版，第233页。

② Yien Yieh Commercial Bank Ltd. v. Kwai Chung Gold Storage Co. Ltd. (1989) 2 H. K. L. R. 639. PC. 转引自杨良宜：《合约的解释》，北京，法律出版社2007年版，第98－90页。

款，附加印刷条款与基本印刷条款并存时，亦皆应比照前述原则，认为各个前者的效力优先于后者。调和解释原则的具体适用情形之二是，“用语有疑义时，应对使用者为不利益之解释”。罗马法即有“有疑义应为表意者不利益之解释”原则，后世各国的判例学说多予承继。《合同法》也规定，对格式条款有两种以上解释的，应当作出不利于提供格式条款一方的解释（第 41 条中段），以保护用户和消费者的利益。

八、个别商议条款优先

本来，合同解释采体系解释原则，合同条款可以互相解释，从整体中获取条款的含义。这适用于个别商议合同（即经当事人各方单个、具体协商议定的合同），不成问题，但在格式和个别商议条款并存的情况下则不宜适用。其道理在于：（1）这与当事人的意思相符，因为他们希望个别商议的事项能够落实，而他们是否知道个别商议的内容与格式条款中的某个或某些条款相矛盾则不重要。[①]（2）个别商议合同具有单个性与具体性，格式条款在纳入个别商议合同前并未单个化与具体化。（3）格式条款是为了将来缔约而拟制，其本身并不是高于合同的规范。相反，经当事人各方共同援用纳入合同，成为合同的一部分后，才单个化与具体化，因此，格式条款不可能同个别商议条款平等，而是有先后之别。由第三个理由决定，格式条款不可能优先于个别商议条款，所以，个别商议条款具有优先性。[②]《合同法》采纳了这一思想（第 41 条后段）。

应予指出，合同的每一个条款都必须被考虑，亦是法解释学上的主要法则。因而，个别商议条款虽然具有优先效力，但仍必须考虑合同文本的上下文而为解释，而且在可能范围内应与格式条款配合解释，即使该格式条款表面上与该个别商议条款不合，亦然。[③] 该原则常导致下述结论：格式条款补充个别商议条款，

---

① ［德］汉斯·布洛克斯、沃尔夫·迪特里希·瓦尔克：《德国民法总论》（原书第 33 版），张艳译，杨大可校，北京，中国人民大学出版社 2014 年版，第 107－108 页。

② Siehe Joachim Schmidt Salzer，Allgemeine Geschaeftsbediungen，2. A.，C. H. Beck，muechen，1977，S119，S. 120.

③ 刘宗荣：《定型化契约论文专辑》，台北，三民书局 1988 年版，第 138－139 页。

而非与个别商议条款冲突；只是在二者不可调和时，格式条款中不能调和的部分应被摒弃。这多发生在“格式条款”歪曲个别商议条款，达到破坏合同目的场合。

尚需指出，在格式条款经过行政规制或行业规制，所反映的利益关系比较公平合理的情况下，条款利用人利用其优势地位强行与用户或消费者“个别商议”，形成不利于用户或消费者的所谓个别商议条款。于此场合，该个别商议条款不得具有优先性，甚至应被依法确认为无效，或被撤销。由此看来，《合同法》第41条关于非格式条款优先于格式条款的规定需要进行目的性限缩，设置在非格式条款严重损害了消费者合法权益时无效或可被撤销的但书。

九、沉默在格式条款制度中的意义

沉默（wirkliches Schweigen），通常情况下没有任何法律意义。但是，当事人可以约定具有表示的意义[①]，只不过在格式条款约定沉默具有表示的意义时，存在着一定的限制。例如，格式条款的使用人应当再次向相对人提请注意。[②] 此其一。其二，法律明文规定沉默具有意思表示的意义时[③]，应依其规定。这些合适的观点切合中国的客观实际，若干沉默类型确实符合意思表示的构成，《民法总则》也已经确认（第140条）。对此简述如下：（1）合同约定了一定事实所导致的法律效果，在该事实出现以后，当事人一方所为一定行为含有的意思与该合同约定的法律效果正好相反，另一方当事人对此保持沉默，没有主张该合同约定的法律效果，此时，应当认定当事人一方所为行为与另一方当事人的沉默达成了变更该合同的合意，该合同已经变更。（2）当事人一方实施了特定的行为，相对人对此保持沉默，可否认定系争合同已被变更？对此，应区别不同情况加以讨论。若系争合同明文约定，当事人一方实施了特定的行为，相对人对此明知而不作反对表示的，视为其同意，那么，这对于系争合同是个变更；若系争合同无此

① ［德］迪特尔·梅迪库斯：《德国民法总论》，邵建东译，北京，法律出版社2000年版，第261页。
② ［德］迪特尔·梅迪库斯：《德国民法总论》，邵建东译，北京，法律出版社2000年版，第261页。
③ ［德］迪特尔·梅迪库斯：《德国民法总论》，邵建东译，北京，法律出版社2000年版，第261页。

约定，法律亦无此类规定，那么，当事人一方实施的行为和相对人对此保持的沉默，都不构成对系争合同的变更。

十、格式条款最终解释权的归属

商家声称对其所拟的格式条款享有最终的解释权，是否受到法律的保护？这属于合同解释的主体及其法律效力的范畴。

虽然关于合同解释主体的范围素有争论，一种观点主张合同解释的主体仅限于受理案件的法院或仲裁庭①，但是笔者赞成另一说，即合同解释有广义、狭义之分，解释的主体随之有宽窄之别。在狭义的合同解释场合，解释主体只能是受理案件的法院或者仲裁庭；在广义的合同解释场合，解释主体还包括当事人、诉讼代理人、证人、鉴定人等。② 狭义说所指的解释具有法律效力，而广义说中所含的当事人及其代理人等的解释则否。但当事人的解释并不因此而无价值③，相反，法官或仲裁员的有权解释往往是认同了当事人及其诉讼代理人的解释，或者是以他们的解释为素材所作的解释。④

关于当事人解释合同与法院或仲裁庭解释合同之间的关系，美国著名合同法学家 Corbin 教授早就指出，在解释合同条款的过程中，法院经常能够从当事人自己作出的解释性阐述中得到极大的帮助，或者从他们依据该解释性阐述而提供或受领给付的行为中获得巨大的助益。当事人各方不把实际解释合同（practical interpretation）与应用合同（application of contract）的过程视为合同的重新订立，恰恰相反，他们把这种解释看成就其先前所订合同条款赋予的或已经赋予的含义所作出的进一步的表达。法院也是如此认识问题的。法院确实没有恰当的理由不充分重视这些进一步的表达。在如此众多的以至于在此不能完全引述的判例中，法院已经坚持这样的观点：在合同条款将被赋予法律效力的情况下，选择合同条款的含义时，当事人各方的实际解释与推定解释（construction）的证据被

① 王家福主编：《经济法要义》，北京，中国财政经济出版社 1988 年版，第 181 页。

② 苏惠祥主编：《中国当代合同法》，长春，吉林大学出版社 1992 年版，第 246－247 页。

③ 有反对说，见苏惠祥主编：《中国当代合同法论》，长春，吉林大学出版社 1992 年版，第 246 页。

④ 崔建远主编：《合同法》，北京，法律出版社 2000 年 4 月第 2 版，第 323 页。

认为具有助益。[①]

笔者认为，Corbin 教授的上述观点中蕴含着当事人也是合同解释主体的思想。如此理解是正确的话，就有如下结论：商家对消费者合同及其条款有权解释，法院、仲裁机构应该承认当事人享有合同解释权。但是，这种合同解释权不是解释合同过程中的最终权利，它低于而非高于受理案件的法院或仲裁庭的解释权。它行使的结果，即当事人对合同及其条款的解释，只有被受理案件的法院或仲裁庭所认可，才发生法律效力。并且，即使这种解释被该法院或仲裁庭认可而发生法律效力，也不是当事人的解释具有法律效力，仍然是这种解释因该法院或仲裁庭的认可而上升为法院或仲裁庭的解释，是法院或仲裁庭的解释具有法律效力。

尽管关于合同解释主体的范围存在着分歧，但其在持有上述观点方面则是一致的，即只有受理案件的法院或仲裁庭对合同的解释才具有法律效力，换言之，该法院或仲裁庭享有具有法律效力的合同解释权，或者说最终的解释权。这说明商家对其所拟格式条款享有最终解释权在学理上找不到根据。

商家声称对其所拟的格式条款享有最终的合同解释权，还受到另一观点的挑战。正如人们向来所说的，当事人对合同的实际解释，除非为当事人各方所同意，将不予考虑。真的，一方当事人不能通过作有利于他自己的解释来增强其理由。[②] 这告诉我们，在商家对其所拟格式条款的解释客观、真实、公正场合，即使身为消费者的对方当事人不同意，也能被受理案件的法院或仲裁庭所接受；在商家对其所拟格式条款作有利于他自己的解释，但该解释不客观、真实、公正时，对方当事人对此不同意，就不会被法院或仲裁庭所接受，其解释不发生法律效力。

总之，比较全面的观点是，商家可以对其所拟格式条款进行解释，但无最终解释权。商家关于最终解释权的约定无效。对格式条款的最终解释权归受理案件的法院或仲裁庭享有。

---

① Arthur Linton Corbin, Corbin On Contract (one volume edition), West Publishing Co., 526 (1952).

② Id. at 526.

十一、商家不允许消费者选择退货的条款无效

商家不允许消费者在合同中选择退货条款，属于限制消费者权利的条款，从商家的责任角度看，则为限制其责任的条款。它是否发生法律效力，即商家是否真的排除了消费者的退货权，首先得看它是否已经订入了消费者合同。如果尚未订入合同，该条款根本不具有法律效力，无须再作下一步的工作就可以确定消费者有权选择退货；如果已经订入合同，则进入到该条款有效抑或无效的判断阶段，尚须援引其他规则。

判断商家不允许消费者在合同中选择退货条款是否已经订入合同，因该条款系格式条款抑或个别商议条款而有不同。在后者场合，应遵循民法关于意思表示的规则与合同法关于合同订立的一般准则。消费者不得选择退货的条款若以口头方式表达出来，商家与消费者就此达成意思合致，该条款就成为合同的组成部分；若以书面形式出现，该条款必须载于商家与消费者之间的合同文本上，并经当事人各方签字或盖章，它才算订入合同。[①]

在商家不允许消费者在合同中选择退货的条款为格式条款场合，存在以下判断路径：其一，商家提请消费者注意该格式条款（《合同法》第 39 条第 1 款）；其二，消费者在载有不允许消费者选择退货条款的合同文本上签了字。完成其中任何一项，该条款即订入合同。

在商家不允许消费者选择退货的条款已经订入合同的情况下，要做的工作是，认定该条款是否有效。在该条款以格式条款的形式出现的情况下，首先适用《合同法》第 40 条的规定，予以确定。在此，一个稍微麻烦的问题是，商家不允许消费者在合同中选择退货，属于限制商家责任；《合同法》第 40 条在字面上规制的是免责条款，未出现限制责任条款的字样，于此场合，该条是否有适用余地？其实，学者所使用的免责条款（exemption clause）概念，其含义多种多样，既指完全免除当事人未来责任（excluding liability）的情形，也含有限制（亦即部分

① 崔建远：《合同责任研究》，长春，吉林大学出版社 1992 年版，第 135 页。

免除）当事人未来责任（limiting liability）的状况。[①] 笔者对此使用免责条款概念持赞成态度。[②]《国际商事合同通则》的规定就是如此使用免责条款概念的(第 7.1.6 条)。如此，《合同法》第 40 条关于免除自己责任的条款无效的规定，完全适用于商家不允许消费者在合同中选择退货这一限制责任条款，我们可以得出该条款无效的结论。这种解释符合《消费者权益保护法》第 48 条规定的精神。

十二、商家保留选择顾客的权利条款

（一）案情、当事人所述理由和裁判

2001 年 8 月 30 日 12 时，周恩泽着短裤、塑料拖鞋到罗杰斯公司中关村分店就餐时被拦住，当日值班经理任英美以周恩泽着短裤、拖鞋为由，请他改日再来就餐，并附送周两张酒水“买一赠一”餐券；此外，还向周出示了内容为“为了维护多数顾客的权益，本餐厅保留选择顾客的权利”的告示，但未向周出示有关于该餐厅内穿拖鞋的男士不得入内的具体规定。[③]

周恩泽认为，自己的穿着不属于衣冠不整之列，亦未侵犯其他顾客的权益，且只有消费者有选择消费的权利，而无经营者选择消费者的权利。罗杰斯公司中关村分店拒绝自己在此就餐，其理由不能成立，其做法伤害了其作为一个中国人的自尊心，并侵害了自己的名誉权，故起诉要求：(1) 判令罗杰斯公司中关村分店向其书面赔礼道歉；(2) 判令罗杰斯公司中关村分店拆除其以“为了维护多数顾客的权益，本餐厅保留选择顾客的权利”的告示；(3) 判令罗杰斯公司中关村分店赔偿精神损失费 5 000 元整。诉讼费由罗杰斯公司承担。罗杰斯公司辩称，本公司一向以为顾客提供第一流的服务及文明有序的就餐氛围为宗旨。为维护在本餐厅就餐顾客的权益，本公司专门设立以“为了维护多数顾客的权益，本餐厅保留选择顾客的权利”为内容的告示牌，对少数衣冠不整或举止粗鲁，有明显影响其他顾客的客人进行劝阻。本公司认为，周恩泽身着短裤及塑料拖鞋到公共场

---

① See G. H. Treitel, The Law of Contract, Steven & Sons (London), 197 (1999).

② 崔建远:《合同责任研究》,长春,吉林大学出版社 1992 年版,第 134 页。

③ 资料来源于马军:《顾客着短裤、拖鞋到餐厅就餐——商家有权拒之门外吗?》,载《人民法院报》2002 年 2 月 8 日。

所就餐，有影响其他顾客的可能，故礼貌地拒绝其在本公司中关村分店用餐，行为并无不当，亦未构成对其名誉权的损害，不应对其负精神损害赔偿责任。其所称看见有穿拖鞋的外籍男子进入我餐厅用餐，本公司对此不予认可。故不同意周恩泽的诉讼请求。北京市海淀区人民法院经审理认为，罗杰斯公司中关村分店的行为并无不妥，故驳回周恩泽要求北京罗杰斯餐饮有限公司向其书面赔礼道歉、拆除店堂告示及赔偿其精神损失费 5 000 元的诉请。[①]

（二）评析

本案及其裁判涉及如下法律问题：其一，被告是否负有强制缔约义务？其二，被告所设置“为了维护多数顾客的权益，本餐厅保留选择顾客的权利”（以下简称为“该告示”）是否已经订入餐饮服务合同？其三，它是否有效？其四，若有效，如何解释？

其一，被告是否负有强制缔约义务？该义务是否附有前提？

如果被告无强制缔约义务，那么，依据缔约自由原则，它拒绝原告在其餐厅就餐就完全正当、合法，该告示有效无疑。如果被告负有强制缔约义务，该告示是否有效尚取决于其他要求。在中国，餐饮业是否负有必须同意消费者就餐的义务，迄今为止，法律尚无明文，但在人们的观念上餐饮业负有强制缔约义务，并且在实务中实行着，已经具有习惯法的性质。不过，该义务附有前提。其前提诸如餐厅有权拒绝在餐厅寻衅滋事者、污垢不堪者、拒付餐费者就餐，等等。笔者亦持此种观点。

本案中，“为了维护多数顾客的权益，本餐厅保留选择顾客的权利”是否属于上文所指前提？回答这一问题需要审查餐饮业者保留的是何种权利。这样，就要进入到对它解释的阶段。

其二，“为了维护多数顾客的权益，本餐厅保留选择顾客的权利”的含义宽泛且模糊，对其解释应遵循作不利于提供格式条款一方的解释的规则（《合同法》第 41 条）。此处所谓多数顾客的权益，应在社会公共利益的层次来理解，不得特指诸如外籍人士的权益、公司的高级管理阶层的权益等。此处所谓选择顾客的权利，必须不得违反社会公共利益、社会公德，应以社会一般标准加以衡量。在社

---

① 马军：《顾客着短裤、拖鞋到餐厅就餐——商家有权拒之门外吗?》，载《人民法院报》2002 年 2 月 8 日。

会一般人看来，餐厅应允许某一特定阶层的顾客就餐的，当该阶层的顾客来就餐时，餐厅就无权拒绝。

具体到本案，因被告的餐厅具有西式餐饮特色，已经形成罗杰斯公司的饮食文化氛围，被告拒绝原告就餐就是在维护社会公序良俗及规范行为人尊重社会公德方面具有合理性。原告的衣着是否属于衣冠不整，是否影响其他消费者的消费，应当由经营者根据消费者保护法的有关规定和其经营过程中所形成的公序良俗和一般人的常态界定，可见被告根据原告当日的衣着情况，拒绝他到中关村分店消费，并不违反法律规定。①

马军法官的意见原则上值得赞同，仍需进一步探讨的是，假如餐饮公司允许穿拖鞋的外籍人士在其餐厅就餐，而拒绝穿拖鞋的中国籍的消费者在此处就餐，应产生何种法律后果？笔者认为，这种行为具有歧视性，伤害了消费者的人格尊严，违反了《消费者权益保护法》第 14 条关于消费者在接受服务时享有其人格尊严得到尊重的权利的规定，经营者应承担损害赔偿责任。

其三，判断该告示是否已经成为餐饮服务合同的条款，是判断它有无法律效力的前提。

该告示由罗杰斯公司中关村分店单方面制定，从诉讼过程看，罗杰斯餐饮有限公司未否认设置该告示的行为，亦未否认该告示内容，故可把设置该告示的行为视为被告罗杰斯餐饮有限公司的行为，将该告示的内容作为被告同意的条款。该告示系由被告预先拟定，重复使用，适应于每一位就餐者却不与就餐者协商，故属于格式条款（《合同法》第 39 条第 2 款）。

其四，该告示这个格式条款欲有效，被告必须提请就餐者注意该告示（《合同法》第 39 条第 1 款）。该提请注意必须达到合理程度，具体表现在以下方面：该告示在外观上必须给就餐者以它是合同或合同条款的文件之感；被告或者向每一位前来就餐者说明该条款，或者把该告示醒目地设置于餐厅门前或厅内；该告示所用的语言或文字必须清楚明白；被告的告知必须在就餐者订立就餐合同前作出。从本案的案情看，被告做到了提请注意，为使该告示有效完成了铺垫。

---

① 马军：《顾客着短裤、拖鞋到餐厅就餐——商家有权拒之门外吗?》，载《人民法院报》2002 年 2 月 8 日；王成：《衣冠不整禁止入内是否侵权》，载《人民法院报》，2002 年 3 月 8 日第 3 版。

拾壹

免责条款的解释

一、免责条款的规格

将免责条款作为合同解释的对象，首先要界定清楚免责条款，不然，把其他条款纳入免责条款之内并依免责条款解释的路径及方法作业，无疑会混淆民事义务与民事责任的界限，酿成不当后果。

所谓免责条款，就是当事人以协议排除或限制其未来责任的合同条款。分解开说，其一，免责条款是合同的组成部分，是一种合同条款。它既然是一种合同条款，就必须是经当事人各方同意的，具有约定性。不可抗力、货物本身的自然性质、货物的合理损耗、受害人的过错等，虽然也排除或限制民事责任，但它们是法定的，因而不是免责条款，而是免责条件。其二，免责条款的提出必须是明示的，不允许以默示方式作出，也不允许法官推定免责条款的存在。其他合同条款虽然大多也以明示方式作出，但有的却可以默示或推定的方式表示其存在。如房屋租赁合同终止后，承租人继续交纳房租，出租人未附加条件地受领之，便推定房屋租赁合同延长了租期。其三，免责条款旨在排除或限制未来的民事责任。除非免责条款未成为合同的组成部分，或者虽然成为合同条款但被确认为无效，它便具有排除或限制未来责任的作用。具有免责功能，这是免责条款最重要的属性，是区别于其他合同条款的明显特征。[①]

“免责”只是一种概括的命名。其实，在不同的免责条款中，免责的含义不尽相同。有的条款之免责，是完全排除当事人未来的民事责任。如某些商店和个体工商户在其柜台或摊床上醒目地标明“货经售出，恕不退换”，即属此类。有的条款之免责，是限制当事人的未来责任，即部分免责，一般是受害人同意接受以特定方法计算的、不超过一定数额的有限赔偿。如电报单中关于“电报在投递处理过程中，由于邮电局的原因，电报稽延或错误，以致失效的，邮电局应按规定退还报费，但不承担其他赔偿责任”的免责条款，即属此类。[②]

有的条款之免责，只是排除或限制违约责任，而不免除侵权责任。前述商店关于“货经售出，恕不退换”的免责条款，就是如此。有的条款之免责，不论违约责任还是侵权责任，均在排除或限制之列。

有的条款之免责，是排除或限制民事责任；有的条款却只是免除单纯的合同债务。后者如财产保险单明确免除因战争、军事行动、被保险人的故意行为等致保险财产以损害的赔偿责任，该责任并非不履行合同债务所产生的违约责任，而是保险合同债务本身。[③]

二、认定免责条款无效可否归入免责条款解释的范畴?

免责条款并非一律有效，有的免责条款是无效的，不能发挥免责的作用。这样，免责条款又有无效的免责条款和有效的免责条款之分。

在英国，曾经在 20 世纪 50 年代出现一连串的案件，如 J. Spurling Ltd. v. Bradshaw（1956） 1 W. L. R. 461；Sze Hai Tong Bank Ltd. v. Rambler Cycle Co. Ltd. （1959） 2 Lloyd's Rep. 114；Astley Industrial Trust v. Crimley （1963） 1 W. L. R. 1468 等等，带出了根本违约（fundamental breach），即债务人违反合同中的根本条款、重大条款的行为。[④] 一旦一方违约行为构成根本违

---

① 崔建远：《合同责任研究》，长春，吉林大学出版社 1992 年版，第 134 页。
② 崔建远：《合同责任研究》，长春，吉林大学出版社 1992 年版，第 134 页。
③ 崔建远：《合同责任研究》，长春，吉林大学出版社 1992 年版，第 135 页。
④ 杨良宜：《合约的解释》，北京，法律出版社 2007 年版，第 402 页。

约，他就等于走出了合同的框架（step outside the four corners of the contract），合同中的一切免责、限责的条款包括船东可收取多少运费并不适用，也不必再追究这些条款本身的内容、性质如何。[①] 本来，依合同自由原则，即使当事人约定了免除根本违约所生责任的条款，也应有效。但是，英国上诉庭却判决，任何免责条款都不得使一方对根本违约或不履行某一基本条款的行为不负责任，因而有关免除根本违约所生责任的条款无效。[②] 例如，Sze Hai Tong Bank Ltd. v. Rambler Cycle Co. Ltd. （1959）案，是有关海上运输中的无单放货。显然，如果如此行事，船东便违反了提单合同中的一条基本、重大的条款，因为整个海上运输的目标是把货物运送至目的地并准确地交给收货人，而不是随意地将货物侵占/胡乱地交给其他人。但在该案中，提单有一条十分广泛的免责条款，明确约定船东在船旁卸货后所有的责任就绝对终止，不论是作为承运人或是托管人的责任。上诉庭判决这是一条免除船东根本违约所生责任的条款，不允许船东依赖该免责条款。[③] 当然，也有与此不同的理念及观点：只有在合同条款的运用与合同的宗旨完全相悖的情况下，才会否定该合同条款的效力，至于违约的性质，并不是唯一的考虑因素。[④]

诸如此类的认定免责条款无效的作业是否属于合同解释的范畴？有一种观点认为，免责条款的解释以免责条款被订入合同并有效为前提，因而免责条款未订入合同或者虽然订入合同了但归于无效，均非免责条款的解释作业。免责条款具有《合同法》第 52 条和第 53 条规定的无效原因时，归于无效，不属于解释的范畴。[⑤] 免责条款采取格式条款的形式，又免除格式条款提供者的责任、加重对方责任、排除对方主要权利的，该条款无效（《合同法》第 40 条），亦不属于解释

① 杨良宜：《合约的解释》，北京，法律出版社 2007 年版，第 406 页。

② P. S. 阿蒂亚：《合同法概论》，程正康、周忠海、刘振民译，北京，法律出版社 1982 年版，第 141－142 页。

③ 杨良宜：《合约的解释》，北京，法律出版社 2007 年版，第 402 页。

④ 杨良宜：《合约的解释》，北京，法律出版社 2007 年版，第 406 页。

⑤ 刘宗荣：《论免责条款之订入定型化契约》，载郑玉波主编：《民法债编论文选辑》（上），台北，五南图书出版有限公司 1984 年版，第 248 页；崔建远：《合同责任研究》，长春，吉林大学出版社 1992 年版，第 135 页，第 147 页。

的范畴。相反的意见则认为，合同无效的识别过程同样属于解释的范畴。[①] 笔者赞同识别免责条款无效属于免责条款解释的范畴这种观点。

违约责任，尤其是侵权责任，具有国家的强制性，其中的过错责任还是法律谴责和否定过错行为的表现，何以允许当事人以协议免除？这是必须回答的基本法理问题。有些西方学者曾求救于私法自治原则，认为"合同责任可以通过协议免除，是因为合同责任的基础是协议自身"[②]。他们还认为违约责任规范具有任意性规范的一面，至少相当的规范都是这样，而"任意法规与意思表示之内容相异时，任意法规应受排斥，原为任意法规之特色，亦即契约自由之原则，唯应以当事人之意思表示，系平等对立为前提"[③]，因而当事人可以协议排除或限制违约责任。至于侵权责任，新思想流派摒弃了侵权责任对公共秩序起重大作用的观点，而认为侵权责任并不是一个公共秩序问题，所以，原则上没有理由阻止当事人各方预先调整将来发生于他们之间的侵权行为的后果，只要免责条款未为法律所明文禁止，就受合同自由原则的保护。[④] 这种观点的缺陷在于，它忽视了有些民事责任规范具有强制性规范的另一面，降低了民事责任对督促义务履行、保障权利实现、保护社会公德、维护社会秩序所具有的重大作用，藐视了法律对过错行为给予否定性评价的严肃性和权威性，没有弄清社会利益、社会秩序同个人利益之间的辩证关系，否认了当事人的意思只有在符合国家意志的要求时才会发生预期的法律效果这个事实。如果按上述观点进行立法和司法，显然不能科学地划分免责条款有效和无效的界限，扩大了免责条款有效的范围，后果不堪设想。再者，这种观点也不符合各国立法的实际，因为各国立法均直接或间接地设有限制乃至禁止某些免责条款的规定。鉴于这种观点的缺陷如此严重，它不能成为中国

---

① ［德］迪特尔·梅迪库斯：《德国民法总论》，邵建东译，北京，法律出版社 2000 年版，第 235－236 页。

② F. H. Lawson，A. E. Anton &L. Neville Brown，Amos and Walton's Introduction to French law，3rd edn. Oxford ·Clarendon Press，190（1967）.

③ 苏明诗：《契约自由与契约社会化》，载郑玉波主编：《民法债编论文选辑》（上），台北，五南图书出版有限公司 1984 年版，第 173 页。

④ 《国际比较法百科全书·侵权行为法·为自己行为之责任》，北京，海洋出版社 1974 年版，第 127－134 页。

法承认某些免责条款有效的理论根据。[①]

现在，西方民法及其学说确定免责条款有效和无效的根据，在基本原则方面是公序良俗、诚实信用的原则；在具体规则及其理论根据方面，有合理的风险分配理论及企业的合理化经营理论[②]，过错程度规则及理论，根本性违约规则及理论等。[③] 这个思路有合理性，中国法及其理论可以批判地借鉴。

在中国现行法上，确定免责条款有效和无效的最根本的法律依据，是《民法通则》第 7 条关于“民事活动应当尊重社会公德，不得损害社会公共利益，破坏国家经济计划，扰乱社会经济秩序”的规定，第 6 条关于“民事活动必须遵守法律”的规定。《合同法》承继了这些原则（第 7 条、第 6 条等），《民法总则》亦然（第 8 条等）。就是说，如果民事责任的成立及其实现为保护社会公共利益、稳定社会秩序、满足社会公德的要求所必需，是法律坚决谴责和否定侵权或违约的表现，那么免除这类民事责任的条款无效。如果民事责任的成立及实现主要关系到当事人之间的利益分配，对保护社会公共利益、稳定社会秩序、维护社会公德来说虽然需要，但作用相对小些，即使允许当事人以协议排除或限制，也无碍大局，甚至是必要的风险分配，那么法律就可以承认这类免责条款有效。

三、抗辩说与界定说之争

关于免责条款应与其他条款一体解释还是分开而独立解释，存在抗辩说与界定说之争。[④] 英国某些判例所采用抗辩说，认为免责条款是对“请求损害赔偿”的抗辩。在确定当事人的义务范围时可先不考虑免责条款，经依其他条款确定当事人的义务后，若有义务未获履行，则属违约。此时再看该免责条款是否涵盖该被违反的义务，以决定其赔偿范围。在债务人违反某项或某几项债务而产生的民事责任正好是免责条款的对象时，该债务人便可援引该免责条款对抗债权人关于

---

① 崔建远：《合同责任研究》，长春，吉林大学出版社 1992 年版，第 141－142 页。

② Cheshire、Fifoot and Furmston's Law of Contract，Eleventh Edition，Butterworths，166（1986）.

③ G. H. Treitel，The Law of Contract，Steven & Sons（London），172－183（1999）.

④ 本部分关于抗辩说与界定说的介绍，参见刘荣宗：《定型化契约论文专辑》，台北，三民书局 1993 年版，第 118－123 页。

该债务人承担该民事责任的请求。丹宁勋爵在 Karsales（Harrow）Ltd. v. Wallis 案中指出，解释免责条款时应暂时撇开免责条款，先看其他非免责条款所明定或衍生（暗示）而加诸当事人的是什么义务。[①] 此其一。免责条款的免责范围若过分宽泛，则其结果不但是“因为该免责条款内容违背合同本质，所以免责条款必须从合同中被删除”，而且由于免责的范围过分广泛，使得当事人一方的允诺接近或等于零，而相对人仍受拘束，当事人之间显然欠缺“约因”，因此合同根本不成立。此时所谓合同不过是“意愿的宣言”，不具有法律约束力。这就使得本应有效的合同却成为未成立的合同，这是违背事实真实的。如果采取抗辩说，暂时撇开免责条款，相当于把免责条款从合同中“剔除”出去，消除了欠缺“约因”的因素，合同完全成立，进而发生法律效力。此其二。

当然，抗辩说的弱点也是明显的，即，它不但无法解释为什么免责条款必须与其他条款分开解释，而且这种“分开”违背当事人的真实意思。

界定说认为：免责条款与其他条款均为合同的组成部分，必须合并解释，才能界定当事人的权利义务范围。这确有道理，既然免责条款也是合同条款，特别是在免责条款系合理分配交易风险的解决方案之一、企业的合理化经营的法律表现的前提下，尤其如此。按照体系解释的原则及方法，应当把免责条款与其他合同条款作为一个整体予以解释，确定整个合同项下的权利义务及责任。此其一。至于所谓“免责的范围过分广泛，使得当事人一方的允诺接近或等于零，而相对人仍受拘束，当事人之间显然欠缺‘约因’”，即使用在英国也有些绝对，即，在合同正常履行的情况下，确为免除违约责任的免责条款无从发挥作用，当事人各方之间的债权债务关系是衡平的。称此种合同未成立，不符合客观事实，乃只重极端情形而不顾常态的“剑走偏锋”之论。此其二。具体到中国，合同法上无约因制度，不存在英国法上那种合同因欠缺约因而不成立的情形。即使免责条款破坏了当事人各方的交易均衡，违反合同正义，可以通过变更、撤销、无效等法律制度矫正。此其三。

---

① （1956）I. W. L. R. 936－940.

四、免责条款解释的一般与特殊

因为免责条款为合同条款的一种，所以，合同解释原则及规则基本上适用于免责条款的解释。因为格式条款被广泛采用，加上其使用人基于“优越交涉地位”而常常滥用免责条款，所以，格式条款的解释原则及规则亦被用于解释格式免责条款。诸如“用语有疑义时，应对使用者为不利益之解释”“限制解释”等原则或规则，均适用于免责条款的解释。鉴于上文已就合同解释的原则及规则、格式条款的解释探讨过了，本专题不再赘述，应予特别提出讨论的，是下文议论的免责条款解释的特殊问题。

五、“同类”规则被用于免责条款的解释

合同解释中的“同类”规则在免责条款的解释方面大有作为，且有特殊性，在此简介如下。

免责/停算装卸时间条款时常包括一些可以说是包罗万象的“通称事项”（general item），最常见的是“阻碍”（hindrance）“妨碍”（obstruction）“意外”（accident）“承租人控制以外的事件”（matters beyond the charterer's control）。如果这些“通称事项”都被宽松地解释，就会出现这样的结果：只要约定有“通称事项”就再不会有迟滞费这回事了，因为任何导致装卸作业的延误都或多或少地有点意外，当事人事先估计不到。再说，如果去宽松地解释“通称事项”，免责/停算装卸时间条款岂非再也不必去详细约定各种免责事项。例如，罢工或战争等等，因为它们都会在“阻碍”“妨碍”“意外”或者“承租人控制以外的事件”的范围之内。有鉴于此，解释这种“通称事项”应受“同类”规则的限制，计有以下三项规则：其一，如果合同条款中的其他特定免责事项是属于某一“类型”（genus），则“通称事项”也必须归为同一类型，换言之，适用“同类”规则。其二，如果合同条款中的其他免责事项属于不同类型，则对“通称事项”就要给一个广泛的解释。如此，可以说，“同类”规则不适用此类场合。其三，如果合同条款或“通称事项”包括像“无论如何”（whatsoever）的十分广泛的文

字，这显示了缔约各方想去明示豁免“同类”规则。这样一来，即使合同条款中的其他特定免责事项属于某一类型，对“通称事项”也必须给一个广泛的解释。也可以说，“同类”规则不适用。①

六、免除疏忽所致责任的条款及其解释

这方面有著名的加拿大上诉庭先例 Canada Steamship Liners Ltd. v. R. (1952) 1 Lloyd's Rep. 1。② 基本案情是涉及加拿大政府出租一个在蒙特利尔的码头货棚给有关的船公司，在租赁合同中，有一条补偿条款，是要求该船公司补偿出租人的所有损失等，条款非常广泛。

租赁合同也涉及出租人（加拿大政府）要去进行该码头货棚的修理，但不幸在修理期间，由于出租人的工人使用喷灯疏忽而导致火灾。其中是把属于第三方的价值超过 50 万加元的货物烧毁，这导致第三方纷纷向加拿大政府提出索赔。而加拿大政府也就以出租人身份向该船公司要求补偿。

枢密院判决，补偿条款虽然十分广泛，但还是不足以说明出租人的工人所造成的损失不论如何重大，都需要承租人的船公司承担首要责任。Morton 勋爵对疏忽所致责任的免除条款的三种情形概括和分析如下：(1) 如果雇主对其雇员未来的疏忽所致结果予以广泛地免责，那么，该免责条款被承认。(2) 如果没有明示写清楚对疏忽所致后果予以免责，但有其他十分宽泛的意思，据此一般性的解释，可以涵盖雇员的疏忽，那么，法院将考虑免责措辞是否足够宽泛。如果就此存疑，则不认可该免责条款。(3) 如果为达免责目的而使用了足够宽泛的合同用语，则法院将考虑受害方提出索赔是否必须依赖违约方的疏忽或其他根据（other ground)。该所谓其他根据当然要合情合理。如果有其他根据，这些足够宽泛的合同文字在免责条款就不足以包括疏忽了。③ Morton 勋爵概括和分析的这三种

① 杨良宜：《合约的解释》，北京，法律出版社 2007 年版，第 191 - 192 页。

② Canada Steamship Liners Ltd. v. R. (1952) 1 Lloyd's Rep. 1. 转引自杨良宜：《合约的解释》，北京，法律出版社 2007 年版，第 236 页，第 414 - 415 页。

③ Canada Steamship Liners Ltd. v. R. (1952) 1 Lloyd's Rep. 1. 转引自杨良宜：《合约的解释》，北京，法律出版社 2007 年版，第 414 - 415 页。

情形被其后的一些判例命名为 Morton 勋爵的三个测试（tests）。[①] 对于第三个测试，有判例践行。如果货物运不到目的地，货方即可提出索赔，不必理会疏忽与否。公共承运人负有严格责任，必须完成航次，只除去在普通法的极少数的免责（天意、公敌）可以逃脱责任，否则，就是违约。这样一来，运输合同中仅仅写明一些足够宽泛（如说“运输的风险在货方”）而非明确地约定疏忽所致责任予以免除的文字，这就不足以排除疏忽所致的责任。[②]

鉴于免除疏忽所致责任的条款容易被缔约的相对人拒绝，聪明的缔约人往往采取隐晦曲折的表达方式草拟此类免责条款，“合法地蒙骗”相对人。这种隐晦曲折的表达方式，例如，使用“无论如何……”术语来包括疏忽所致责任，使用“普通法上的责任”措辞来包括疏忽所致责任，把责任定在更高的层次，如“违约方是有意的疏忽/错误（wilful neglect or default）才需要负责”（因为有意的疏忽与一般的疏忽很不容易区分，特别是时隔很久的诉讼，变得很难证明在事发当时到底是有关人士有意还是一时的判断错误），“at sole risk”也被有的判例认定为包括疏忽所致责任，等等。[③] 不过事物都有两面性，合同解释的大原则是，一定要有极清楚明确的合同用语，才可以豁免一方的过错/疏忽引起的损失，因为这不是合理和正常的缔约意图，所以非得是极清楚不可。[④]

免责条款可否将当事人一侧的疏忽导致的民事责任一律免除？在中国不可作一概肯定的回答，道理在于，《民法通则》第 43 条规定：“企业法人对它的法定代表人和其他工作人员的经营活动，承担民事责任。”该责任的规定包括企业法人的工作人员疏忽导致合同对方受损所成立的责任。对此理念、原则，《民法总则》非但未予淡化、弱化，反而设置了更为细致的规则，如其第 61 条第 2 款规定：“法定代表人以法人名义从事的民事活动，其法律后果由法人承受。”第 62 条第 1 款规定：“法定代表人因执行职务造成他人损害的，由法人承担民事责任。”第 74 条第 2 款规定：“分支机构以自己的名义从事民事活动，产生的民事

---

① 杨良宜：《合约的解释》，北京，法律出版社 2007 年版，第 415 页。

② 杨良宜：《合约的解释》，北京，法律出版社 2007 年版，第 415 页。

③ 杨良宜：《合约的解释》，北京，法律出版社 2007 年版，第 417－423 页。

④ Canada Steamship Liners Ltd. v. The King（1952）AC 192. PC. 转引自杨良宜：《合约的解释》，北京，法律出版社 2007 年版，第 421 页。

责任由法人承担；也可以先以该分支机构管理的财产承担，不足以承担的，由法人承担。”第170条第1款规定：“执行法人或者非法人组织工作任务的人员，就其职权范围内的事项，以法人或者非法人组织的名义实施民事法律行为，对法人或者非法人组织发生效力。”对于此类责任，《合同法》虽未绝对禁止当事人以约定减免，但设置了限制条件，其第53条规定：免除造成对方人身伤害的条款无效，免除因故意或者重大过失造成对方财产损失的条款无效。“造成对方人身伤害”“重大过失造成对方财产损失”都包括疏忽造成对方人身伤害、疏忽造成对方财产损失。可见，按照《合同法》第53条的规定，有些疏忽所致责任不得借助免责条款而不予实际承担。看来，我们应当遵循中国现行法的这些规定，不宜无条件地沿袭英国及加拿大的判例关于免除疏忽致损所生责任的条款的全部解释规则。

七、“假设缔约方不能从其错误的行为中获利”

英国判例承认“假设缔约方不能从其错误的行为中获利”（The presumption that a contracting party cannot take advantage of its own wrong）。此处错误，指的是对相对人而言，而非道德上的过错或是对第三人的过错。这是个非常重要的假设，适用于许多情况。例如，后续条件因一方缔约人的错误而无法满足而导致合同无效。[①]

就代表犯错的一方或是其行为所导致的事故，即使在文字上清清楚楚地约定此类事故属于免责范围内的事项，但他还是不得依赖该免责条款得以免责。个中缘由就在于“缔约方不能从其错误的行为中获利”的假设。例如，如果一个租赁合同中的免责条款含有船舶搁浅可以免责的内容，而有关船舶在礁石处搁浅了，就文义而言，船舶在礁石处搁浅的确属于免责事项，不会有他种解释。对于此类情形，凭借“同类”规则将该搁浅的事项排除于免责事项，是不合逻辑的。但是，让船东依赖该免责条款而主张免责，也是不公正的，因为搁浅是船员的疏忽。但注意这些解释合同的规则并非想干预缔约自由，所以，免责条款中以明示

① 杨良宜：《合约的解释》，北京，法律出版社2007年版，第197－198页。

条款说明要依赖的一方即使有疏忽或过错也一样可以去享受，这就可以排除“缔约方不能从其错误的行为中获利”的假设。[①]

再如，New Zealand Shipping v. Societe des Ateliers etc de France（1919）A. C. 1，HL. 案，一个造船合同中约定了工程完成时间是1915年1月30日，如果船厂无法在此日之后的18个月内交船，合同就自动失去效力。结果是，到了1916年7月30日，也就是刚过了18个月，当事人的争议是船厂可否把合同视为无效？贵族院判决船舶无法在约定的时间完成工程并非船厂的过错，所以他可以依赖该后续条件（condition subsequent）让合同中断。[②]

如果当事人各方均无过错，则“假设缔约方不能从其错误的行为中获利”的解释规则就不适用。[③]

“假设缔约方不能从其错误的行为中获利”符合自己责任原则、合同正义，中国法及理论有借鉴它的空间，只是不得遗忘《合同法》第53条限制、禁止免责条款的规则，换句话说，应在《合同法》第53条等规定的背景下借鉴这个“假设”。

八、不可抗力条款及其解释

（一）不可抗力与免责条款

不可抗力在法律上设有明文（《民法总则》第180条第2款，《合同法》第117条第2款），不论当事人是否在合同中约定，都不影响其为不负责任条件的法律地位及作用。严格地说，在法律奉行过错责任原则的背景下，不可抗力致使合同不能履行，债务人对此无过错，自然不负违约责任，而非本有责任但被法律免除，因此，把不可抗力称作不负责任条件或不负责任事由，而非免责条件，较为贴切。与此有别，在法律采取无过错责任原则的框架下，依其字面意义，任何

① 杨良宜:《合约的解释》，北京，法律出版社2007年版，第197-198页。

② New Zealand Shipping v. Societe des Ateliers etc de France（1919）A. C. 1，HL. 转引自杨良宜:《合约的解释》，北京，法律出版社2007年版，第201页。

③ New Zealand Shipping v. Societe des Ateliers etc de France（1919）A. C. 1，HL. 转引自杨良宜:《合约的解释》，北京，法律出版社2007年版，第198页。

情况导致合同不能履行的，债务人都要承担违约责任，不可抗力发生的场合也是如此，只是法律出于伦理、风险分配等考量而“特赦”：不可抗力致使合同不能履行的，债务人免负责任。就是说，在无过错责任原则下，将不可抗力叫作免责条款或免责事由，是周延的。不过，既然法律人已经习惯于称不可抗力为免责条件或免责事由，本书遵从习惯用法。

在笔者的分析架构中，把法律规定的债务人免负责任的事由叫作免责条件，而非免责条款；将当事人约定的免责事由称作免责条款，而非免责条件。据此，把法律规定的不可抗力致使不能履行时债务人免负违约责任的情形，叫作不可抗力免责条件。如果当事人于合同中约定的不可抗力与法律规定的不可抗力在内涵和外延上完全相同，则该不可抗力的约定仍为不可抗力条件，而非不可抗力条款。如果当事人于合同中约定的不可抗力在外延上超出了法律规定的不可抗力的，实质上也相应地改变了内涵，则超出部分不叫不可抗力条件，而称不可抗力条款。

提醒这一点在合同解除领域的价值为：不可抗力导致不能实现合同目的，可径直适用《合同法》第94条第1项的规定，任何一方当事人均可主张解除合同；超出法律界定的不可抗力的客观原因致使目的不达，可类推适用《合同法》第94条第1项的规定，也是任何一方当事人都有权通知相对人解除合同；但是，超出法律界定的不可抗力范围的事项属于债务人一侧的事由（如债务人先自其关联公司之处取得货物，然后交付给债权人，以清偿债权，但债务人的关联公司未将案涉货物交付给债务人，致使债务人无法依约向债权人清偿），实质上属于债务人的过错，于此场合不得援用《合同法》第94条第1项的规定通知解除合同，尤其是债务人因其有过错而在现行法上无解除权。当然，债权人可以援用《合同法》第94条第3项或第4项或第2项的规定，通知债务人解除合同。

换个角度，当事人各方约定不可抗力意在解除合同，如使用不可抗力“阻止”（prevented）、“妨碍”（hindered）或“延误”（delayed），甚至于“不可抗力”事项导致合同履行“不经济”（rendered uneconomic）的字样。“阻止”一词被解释为依赖不可抗力条款的缔约人无法履行其合同义务，不论是实质上（physically）还是法律上（legally）。但如果只是使履行合同更困难或要亏本，远不足够。[①]“妨碍”是个比较广泛的文字，此时的约定与《民法总则》第180条第2款、《合同法》第117条第2款界定的不可抗力相同，与《合同法》第94条第1项规定的解除合同条件无异，这仍属法定解除、不可抗力条件；但是，当事人各方的约定超出法律界定的不可抗力范围，且作为解除合同的原因，此类约定的“不可抗力”解除，归入约定解除，适用《合同法》第93条第2款的规定，较为适当。

超出法律界定的不可抗力范围的事项，对该事项应以不可抗力条款论，适用法律关于合同条款的控制规则，诸如法律关于不可抗力条款有效抑或无效、有效时发生何种法律效果等项规则；不再属于不可抗力条件，即不得适用法律关于免责事由、解除权产生和行使的条件、风险负担诸项规则。其道理在于：符合法律界定的不可抗力的场合，作为免责条件，其法律效力是确定的，即适用《民法总则》第180条第1款及《合同法》第117条第1款的规定，债务人在不可抗力致使合同不能履行的场合不负责任；尽管当事人各方约定的名为不可抗力的事项超出了法律界定的不可抗力范围，但仍属不可归责于当事人各方的客观原因，换言之，当事人无过错，依法理，宜类推适用《民法总则》第180条第1款及《合同法》第117条第1款的规定，债务人同样免负责任；但是，当事人各方约定的名为不可抗力的事项超出了法律界定的不可抗力范围，其实是债务人的过错或视为债务人的过错，于此场合不得适用或类推适用《民法总则》第180条第1款及《合同法》第117条第1款的规定，债务人必须承担民事责任。

不可抗力条款的另外一个主要问题是，当事人各方约定的不可抗力事项之外的某个或某些事项是否属于不可抗力？[②] 解决这个问题应该适用“同类”规则，即当事人各方未列明的事项与已经作为不可抗力列明的事项相互比较，得出肯定或否定的结论。其过程包括两个方面的作业：一是判断当事人已经列明的不可抗力事项应否被认可为不可抗力，若不被认可为不可抗力（如配偶反对），则其非为判断当事人未列明的事项可以纳入不可抗力范围的“准据”；若被认可为不可

---

① 杨良宜：《合约的解释》，北京，法律出版社2007年版，第386页。

② ［美］杰弗里·费里尔、迈克尔·纳文：《美国合同法》，陈彦明译，北京，北京大学出版社2009年版，第518页。

抗力，则开启“二是”，即，依社会一般理念、常识，判断当事人未列明的事项与已经列明的不可抗力事项是否同类，若属于同类，则该未列明的事项作为不可抗力对待，若不属于同类，则该未列明的事项不以不可抗力论处。

行文至此，就不难理解许多法官、仲裁员非常注意甄别当事人约定的不可抗力了。例如，麦卡荻耶（McCardie）大法官认为，不可抗力可以包括战争、罢工、立法和行政干预（如禁令）、意外的设备故障，但不包含正常的坏天气（除了非常规风暴）和经济上的因素（如欠缺资源）。[①] 麦卡荻耶大法官将正常的坏天气、经济上的因素排除于不可抗力，符合“同类”规则，值得重视。其道理在于，首先因为“正常的坏天气、经济上的因素”不与战争、立法和禁令同类，除去非常规风暴的正常的坏天气，诸如大雨、降温、炎热等“正常的坏天气”，非导致系争合同不能履行的因素，债务人若以大雨、降温、炎热为由称不能履行系争合同，则实为掩饰自己的过错，推卸其责任；至于“经济上的因素”，除非构成情事变更（在大陆法系、中国法）或合同落空（在普通法系），皆为商业上的风险范畴，合同当事人应该自己承受，不得推脱给相对人。

不可抗力被当事人各方在合同中约定为延期履行、降低价款、解除合同的事由，不涉及免除当事人的民事责任。换言之，当事人各方约定：在不可抗力出现时，债务人可以延期履行、主张降低价款，债权人有权解除合同。此种不可抗力条款，虽然已经成为合同条款，但非免责条款，因其无免除当事人所负民事责任的效力。

不可抗力被当事人约定在合同之中，不可抗力条款因而形成。如果此种不可抗力条款约定的不可抗力在内涵和外延方面与法律界定的不可抗力完全重合，并且具有免除当事人所负民事责任的效力，那么，把此种不可抗力作为法定的免责条件还是作为约定的免责条款，结果应该一样，除非该不可抗力的免责条款被认定为无效。正因不可抗力作为法定的免责事由会确定地发生法律效力，而不存在无效的危险，而不可抗力条款作为约定的免责条款或其他条款却存在着无效或被排除的风险，那么，除非必要，缔约当事人各方无须在合同中重述法律关于不可

---

① Lebeaupin v. Richard Crispin & Co（1920）2 K. B. 714. 转引自杨良宜：《合约的解释》，北京，法律出版社 2007 年版，第 384 页。

抗力的规定。

（二）当事人的控制与不可抗力条款

《合同法》界定的不可抗力由不能预见、不能避免并不能克服三要素构成（第117条第2款），《民法总则》承继（第180条第2款），但境外的法律文件、判例及学说大多不强求三个“不能”同时具备。例如，《国际商事合同通则》第7.1.7条之（1）规定：“若不履行的一方当事人证明，其不履行是由于非他所能控制的障碍所致，而且在合同订立时该方当事人无法合理预见，或不能合理地避免、克服该障碍及其影响，则不履行一方当事人应予免责。”再如，1980年《联合国国际货物销售合同公约》第79条之（1）规定：“当事人对不履行义务，不负责任，如果他能证明此种不履行义务，是由于某种非他所能控制的障碍，而且对于这种障碍，没有理由预期他在订立合同时能考虑到或能避免或克服它的后果。”还如，《国际商会不可抗力（免责）条款》［“Force Majeure（Exemption）Clause of the International Chamber of Commerce”］只强调不可抗力是不能合理避免或控制其结果（第3条）。这样不要求同时具备三个不能的设计是符合客观现实的，值得中国法重视。商人们没有盲从《民法通则》、《合同法》和《民法总则》关于不可抗力的不合理界定，而是从客观实际出发，自行界定不可抗力且较为合理。例如，某《合作协议》第9.1条约定：“不可抗力是指本协议各方不能合理控制、不可预见或即使预见亦无法避免的事件，该事件妨碍、影响或延误任何一方根据本协议履行其全部或部分义务。”重视并满足当事人们的要求，中国一些判决也是不强求三个不能同时具备。① 有鉴于此，正在编纂的《中华人民共和国民法典》界定不可抗力时不宜再强求不可抗力同时具备不能预见、不能避免和不能克服三项因素，宜视个案变通处理，如在有的情况下仅仅具备两项要素即可构成不可抗力。②

的确，不可抗力条款无须“叫真”三个“不能”同时具备与否，因为不可抗力条款不一定按照当事人约定的那样发生法律效力，而是首先受控于法律关于免

① 上海市高级人民法院（1999）沪高经终字第423号民事判决书，信息来源：http://china.findlaw.cn/info/qinquanzerenfa/qqmzsy/bkkl/20100825/130495_2.html，最后访问时间：2018年7月22日。

② 崔建远：《民法总则如何设计民事责任制度》，载《法学杂志》2016年第11期。

责条款被定入合同、有效还是无效的规定，通过这些调控而作为有效的合同条款之后，就如同其他合同条款一样发挥作用，而不一定像法律规定的不可抗力那样肯定地产生固定的法律效力。

辨析这一点具有不可低估的意义，分两个方面：其一，就法律界定的不可抗力及其作为免责条件来说，在立法论的层面，正在编纂的《中华人民共和国民法典》对于不可抗力的界定不再沿用“不能预见、不能避免并不能克服”的表述，而是“不能预见、不能避免和/或者不能克服”；在法律解释和适用的领域，对于不可抗力应作弹性处理，如在有的案件中即使当事人预见了不可抗力的发生（如从天气预报中得知台风即将来临，但在案发时的社会及经济、技术的条件下仍无法采取预防措施），也视为不可抗力；在另外的案件中即使当事人克服不可抗力时仍有损失，也同样视为不可抗力。其二，就当事人约定的不可抗力及其免责条款而言，应视个案案情来认定不可抗力条款的法律效力，如虽然当事人约定其关联企业不供货作为不可抗力，在出卖人因此而迟延交货时，也仍然按照出卖人过错违约处理，不可免其违约责任。

（三）当事人的合理预见与不可抗力条款

在合同落空或情事变更的理论下，不可抗力的构成需要当事人各方在缔约时无法合理预见。但对此若严格把握，则不尽妥当。其道理不难理解，如果是严格要求当事人各方在缔约时无法合理预见，则所有会发生的“不可抗力”事项在一定程度上都可以被当事人各方所预见，例如战争、政治问题、自然灾害等事件，经由媒体反复渲染，当事人便知晓了，如此便不构成不可抗力。如何解决这个问题？一种思路是继续维持不可抗力的构成，仍需当事人不可合理预见这个要素，但应区分事后分析与在商业谈判中去准确预测并且合同在这种状态中签署两种情形，即对在缔约过程中当事人的预见能力不宜要求过高，故强调“合理”预见。再者，经常会有商人比较乐观地缔约，并希望可能会发生的不可抗力事项将来不会出现。① 这种理念及观点值得重视。所谓“事后分析”，常态可以是人们从容、冷静，思虑周全，甚至“明察秋毫”，这样，有些事件、现象可被预见。所谓“在商业谈判中准确预测并且合同在这种状态中签署”，常态是缔约人压力不轻、

① 杨良宜：《合约的解释》，北京，法律出版社2007年版，第394页。

信息不见得全面详、急促决断甚至被对方欺诈、误导，“当事者迷”，有些事件、现象未能预见，故而“对在缔约过程中当事人的预见能力不宜要求过高，故强调‘合理’预见”。

事实证明，要求不可抗力必须具备不能预见这项因素，有时会出现不适当的结果。例如，甲将其 A 房出卖与乙，在约定的交房日期来临前，预报将要发生强烈地震。此种地震无疑会震塌房屋，甲虽然已经知晓，但无法采取避免 A 房震塌的有效措施。实际结果如同地震预报那样，强烈地震发生于约定的交付 A 房之前，并且摧毁了 A 房。对此，按照不可抗力必须同时具备不能预见、不能避免和不能克服三项因素的界定及标准衡量，因甲知晓地震将要来临，故地震不属于不可抗力。但是这样认定显然是不适当的。有鉴于此，正在编纂的《中华人民共和国民法典》界定不可抗力时不宜再强求不可抗力必须具备不能预见这项因素，宜视个案变通处理，如在有的情况下仅仅具备两项要素即可构成不可抗力。

辨析这一点同样具有如同上文所述在立法论和解释论几个方面的价值，例如，在有些案件中，即使债务人预见到了不可抗力将要发生，如上个自然段所述，也不裁判债务人承担迟延履行的违约责任。

（四）不可抗力条款的对内效力和对外效力

当事人各方在合同中约定的不可抗力在外延方面明显超出法律界定的不可抗力，如将通常事变甚至自己一侧的过错也并入不可抗力之中，由此也会导致不可抗力的内涵发生改变。于此场合，首先确定该约定有无法律效力，如果无效，则不可抗力回归到法律的界定，且依法律规定发生效力，这似乎是“误言，无害真意”；如果有效，则不可抗力条款的功效视领域的不同而定：在当事人各方约定不可抗力的范围是为了免除当事人一方未来责任的情况下，此类不可抗力条款属于不可抗力免责条款，不再属于（法定的）不可抗力免责条件/不负责任条件，它使得当事人免除责任的范围超出了法定的不可抗力使得当事人不负责任的范围，这有利于责任方；在当事人各方约定不可抗力的范围是作为解除合同的条件的场合，此类不可抗力条款只能属于《合同法》第 93 条第 2 款规定的约定解除条件，而非《合同法》第 94 条第 1 项规定的法定解除条件。

无论不可抗力条款是作为免责条款还是作为约定解除条件，均只得在当事人各方之间具有法律约束力，不得对抗第三人。此处所谓不得对抗第三人，可有方方面面的情形，至少有如下两种：一是免责方面，二是合同解除方面。

首先，看免责方面。例如，在某连环交易中，甲将A车出卖与乙，乙将A车再出卖与丙，缔约时均未实际履行。甲和乙之间的A车买卖合同约定，不可抗力包括地震、海啸、洪水、泥石流以及第三人将A车毁损灭失，且它们均为免除甲向乙承担的违约责任的事由。乙和丙之间的A车买卖合同没有约定免责条款。在履行A车买卖合同的过程中，A车恰巧被第三人砸坏，导致乙拒收A车，只是无法追究甲的违约责任。此时，就不能依约向丙交付合格的A车而言，乙不得以第三人砸坏A车、甲和乙之间的A车买卖合同约定免责为由，拒不向丙承担违约责任。个中缘由，不但有合同的相对性制约因素，而且有甲和乙约定的不可抗力不符合法律关于不可抗力的规定，丙只受法律规定的束缚，不受甲和乙共同约定的约束。从另一个角度讲，此种乙不能依约向丙交付合格的A车，前置原因是第三人将A车砸坏，这正符合《合同法》第121条前段关于“当事人一方因第三人的原因造成违约的，应当向对方承担违约责任”的规定，因此，乙必须向丙承担违约责任，只不过而后有权向第三人追究侵权责任罢了。

如果将上文设置的场景修改为，A车被泥石流淹没、毁损，致使甲无法向乙交付，乙也不能向丙交付。由于A车被泥石流淹没、毁损同时符合法定的不可抗力这个免责条件，也符合约定的不可抗力这个免责条款，甲无论援用哪个，均可不向乙承担违约责任。但对于丙而言则不一样，一种思路及观点是，泥石流将A车淹没、毁损，属于不可抗力致使甲和乙之间的A车买卖合同不能履行，但乙和丙之间的A车买卖合同不能履行却是乙无法依约向丙交付A车，而非不可抗力致使乙和丙之间的A车买卖合同不能履行。在这种情况下，丙可以援用《合同法》第121条的规定，请求乙向自己承担违约责任，至于乙由此遭受的损失，无权自甲处获得赔偿，因为甲有权援用不可抗力条件对抗乙的请求。与此不同的第二种思路及观点则为：作为买卖物的A车不论归甲所有还是属于乙的所有物，一经被泥石流淹没、毁损，就构成不可抗力致使乙和丙之间的A车买卖合同不能履行，A车既是甲和乙之间的A车买卖合同的标的物，又是乙和丙之间的A车买卖合同的标的物，这种因果链条不影响不可抗力致使合同不能履行这个事实。换言之，事物的本质是不可抗力致使乙和丙之间的A车买卖合同不能履行，而非乙无法向丙交付A车导致的乙和丙之间的A车买卖合同不能履行。

既然《合同法》第 117 条第 1 款前段规定了不可抗力作为免责条件，那么，乙就有权援用它对抗丙关于乙就 A 车不能交付而应承担违约责任的请求。笔者赞同第二种思路及观点，理由在于不可抗力这个法定的免责条件。

再看合同解除及由此波及至第三人方面。虽然甲和乙之间 A 车买卖合同约定第三人毁损灭失 A 车属于不可抗力，但依不可抗力、通常事变的质的规定性衡量，第三人毁损灭失 A 车属于通常事变而未达不可抗力的规格。甲和乙的这种约定于其间可以有效，甲可以第三人已将 A 车砸坏为由，援用《合同法》第 94 条第 1 项关于“因不可抗力致使不能实现合同目的”的“可以解除合同”的规定，行使解除权，通知乙解除他们之间的 A 车买卖合同。解除合同的效果发生后，甲向乙交付 A 车的义务便告消失。于此场合，乙无权以其关于第三人毁损灭失 A 车不属于不可抗力为由，对抗甲援用《合同法》第 94 条第 1 项的规定，根据就在于当事人各方的约定有效。不过，这种关于不可抗力的约定不得对抗第三人。例如，甲将其请求乙付清 A 车价款的债权质押给丁银行，按理该债权随着甲和乙之间的 A 车买卖合同的解除而化为乌有，丁银行对甲享有的债权质权也应随着质物的消失而不复存在。这对于丁银行十分不利，也不公正。笔者反对如此处理，理由如下：对于丁银行来说，不可抗力的内涵和外延依法定，甲和乙的约定对其不发生法律效力；丁银行信赖的是法定的，而非甲和乙约定的不可抗力，即使丁银行知晓甲和乙的约定也是如此。这就是债权不同于物权、人格权、知识产权的表现之一。一方面要保护丁银行的信赖，维护交易安全；另一方面又在甲和乙之间尊重其约定，不宜阻止甲主张解除 A 车买卖合同，如何协调？那就是在维持、保护丁银行的债权质权的范围内，视为 A 车买卖合同仍然存续，乙对甲负担的 A 车价款支付债权没有消失，丁银行的债权质权也就继续存在。

（五）不可抗力通知的规格与效力

1. 不可抗力通知的必要性

在不可抗力免责条件/不负责任条件的情况下，《合同法》第 118 条规定：“当事人一方因不可抗力不能履行合同的，应当及时通知对方，以减轻可能给对方造成的损失，并应当在合理期限内提供证明。”对此规定的疑问是，为什么要“及时通知对方”“并应当在合理期限内提供证明”？因为不依赖不可抗力条款的一方往往是不知道有这种事故出现的，所以给了通知就可允许他马上作出调查，否则，等到将来发生争议时再去调查可能什么证据都没有了。[①]

2. 不可抗力通知的主体

债务人为不可抗力通知的主体，自不必说。债权人是否为不可抗力通知的义务人呢？若从债务人对于不可抗力影响系争合同等事项也有采取措施减损的必要方面看，在债务人不知不可抗力的情况下，债权人向债务人为不可抗力通知就有价值。但是，这无疑增加了债权人的负担。若将债权人的此种通知义务定性和定位为不真正义务，尚可接受如此设计；但若为真正义务，就对债权人过于苛刻，有失权衡。有鉴于此，不宜把债权人作为不可抗力通知的义务人。不过，债权人自愿通知于债务人，应当支持和鼓励，在系争合同为双务合同，尤其是各方均未履行的情况下，这更有积极意义。

3. 不可抗力通知的期限要求

不可抗力通知过迟，无法使债权人及时采取减轻损失的措施，难以避免损失扩大，导致不可抗力通知的规范意旨落空。落实该规范意旨，不可抗力通知得当然是距离不可抗力发生之时越短越好，也就是应当及时。此处所谓及时，也就是期限合理。

判断期限是否合理，需要考量若干因素。因素之一是债务人的行动自由度。债务人若身陷囹圄，就难以及时发出不可抗力的通知，这段时间不得计入不可抗力期限之内。考量因素之二是通信手段。债务人若身处暴风雪肆虐的南极，通信信号中断，就无法及时发出不可抗力通知。考量因素之三是债权人能否接收到不可抗力通知。即使债务人通知得及时，也未必使债权人取得不可抗力致使系争合同不能履行的信息，并进而采取减轻损失的措施，如债权人下落不明。

4. 不可抗力通知的内容构成

不可抗力通知的内容应由哪些因素构成？对此，先举一例予以导引：建设工程合同经常会要求承包商提供不可抗力干预的程度和估计会带来的进度的影响。在 Intertrader v. Lesieur（1978）2 Lloyd's Rep. 509 案中，合同中约定的不可抗力条款要求通知必须要说明延误的原因，但系争合同履行过程中发生不可抗力，债务人向债权人发出的通知中只说明榨油厂供电系统损坏这一个原因，未说明另

---

① 杨良宜：《合约的解释》，北京，法律出版社 2007 年版，第 387 页。

一个同时发生的原因——火车运送花生去工厂时受到干扰，被主审法官丹宁（denning）勋爵判案涉不可抗力通知存在缺陷。[①]

体会丹宁勋爵判决的思路，似可得出这样的结论：不可抗力通知不但包含不可抗力发生的因素，而且必须包含该不可抗力致使合同不能履行这项要素。其道理不难理解，不可抗力即便规模、程度、破坏力空前，但只要对系争合同的履行没有影响，合同当事人就不得援用不可抗力条款，故当事人仅仅通知不可抗力发生的事实，而无系争合同受到不可抗力的影响的事实，是不得产生不可抗力的法律效果的；只有同时含有不可抗力导致系争合同不能履行两大方面事实的通知，才可能引发不可抗力的法律效力。为什么称“可能”而未用肯定的语气？一是因为该不可抗力通知所陈事实是否属实，亦未可知，尚待证明；二是不可抗力未致系争合同全部不能履行，不可抗力条款只能发生部分效力，债务人只可就不能履行的部分免负责任。

再者，不可抗力及其发生含有不少内容，都需要通知吗？回答是否定的，因为事关债权人权益的，其实基本上是不可抗力致使系争合同不能履行，通知的内容含有这些足矣，无须无限扩张。从另一个角度说，把“不必要”的因素都作为不可抗力通知的内容，无疑加重了债务人的注意义务，使债务人的负担过重。没有必要却令债务人负担，显非善法。

5. 是否所有的不可抗力情形都需要通知？

现代社会媒体发达，诸如战争、海啸、台风等典型的不可抗力一经发生便被媒体迅速报道甚至渲染，合同的当事人也就知晓了此事，这还需要债务人向债权人通知不可抗力发生的事实吗？回答是肯定的，道理在于：（1）世界上的事情复杂多样，债权人身处场景也千差万别，不见得总能得知不可抗力发生的事实。债权人不知时，债务人向其通知不可抗力发生的事实，显然是必要的。（2）不可抗力发生不见得影响系争合同的履行，即便影响了，也有影响的程度问题。相对而言，这些情形只有债务人最为清楚，债权人则难以了解清晰。这也显示出不可抗力通知的必要性。

---

① Intertrader v. Lesieur（1978）2 Lloyd's Rep. 509. 转引自杨良宜：《合约的解释》，北京，法律出版社 2007 年版，第 387 页。

接下来的问题是，不可抗力因个案而有不同的表现形式，所有的表现形式都需要通知吗？据杨良宜先生回忆，有其参与的 BIMCO 格式造船合同文本 Standard Shipbuilding Contract 2007，在拟订过程中议论过地震、火山爆发等巨大灾难发生时是否也要通知，最后决定不区分哪些事项需要通知、哪些事项不需要通知，因为会有地区性的地震影响造船进度但船东不一定能够从公开消息中获悉的情形。[①] 这有其道理，如同上个自然段所述道理，也符合实际，值得中国法重视。

6. 不及时为不可抗力通知的法律后果如何？

首先看系争合同的约定，如果明确约定不可抗力发生后不及时通知相对人就不得援用不可抗力免责条款予以免责，那么依其约定。如果系争合同无此类约定，那么，在英国法上就带来不可抗力条款到底是条件条款还是中间条款的争论和不稳定。因为中间条款只会允许被通知的一方索赔收不到及时、准确的通知所导致的损失。如果是这样，则通知迟延了一天或半天的场合，损失可能为零。[②] 在 Bremer v. Vanden（1978）2 Lloyd's Rep. 109 案中，由于系争买卖合同只是约定 "sellers shall advise buyers or reason therefor"，贵族院认为这种约定不足够明确地构成先决条件，出卖人不得依赖该约定而不负责任。[③]

在中国法上，不可抗力通知义务是属于《合同法》第 60 条第 2 款规定的附随义务，还是不真正义务？不可抗力致使合同不能履行，从因果关系的层面看，合同不能履行的结果与债务人的行为（实际上大多为不作为）之间没有因果关系；自过程的角度观察，债务人对于合同不能履行没有过错。就此说来，债务人对于此类不能履行不应承担民事责任。债务人向债权人通知不可抗力致使系争合同不能履行，旨在方便债权人采取救济措施，不必再为履行对待给付义务而做准备，甚至另觅新的交易对象。债权人的这些救济措施与债务人履行系争合同项下的债务相比，价值要低。再者，假如令怠于不可抗力通知的债务人承担债权人未及时采取救济措施导致的损失，就必须由债权人举证该损失的数额及其与怠于通知不可抗力之间的因果关系，债务人不接受债权人的举证的，还得自己举证推翻

---

① 杨良宜：《合约的解释》，北京，法律出版社 2007 年版，第 387 页。

② 杨良宜：《合约的解释》，北京，法律出版社 2007 年版，第 387 页。

③ 杨良宜：《合约的解释》，北京，法律出版社 2007 年版，第 388 页。

债权人的举证。如此旷日持久、耗时费力、成本高昂，划不来。既然如此，宜改变制度设计：如果债务人怠于向债权人通知不可抗力及其对于系争合同履行的影响，则不允许债务人援用不可抗力条款而免责，换言之，债务人就不可抗力条款所享有的权益不再享有，就已经优惠于债权人了，即足矣，假如还责令债务人就其怠于通知再向债权人承担损害赔偿责任，就过分了。就此说来，把不可抗力通知的义务归入不真正义务，方为适当，而将之作为《合同法》第 60 条第 2 款规定的义务，就意味着令怠于通知的债务人承担违约责任，矫枉过正了。

明白了前述道理，自然可有这样的结论：假如赋予债权人向债务人通知不可抗力的义务为《合同法》第 60 条第 2 款规定的真正义务，就更加“出师无名”了。

总之，笔者赞同不可抗力通知义务为不真正义务，债务人若未为不可抗力发生及其对合同影响的通知，则无权援用不可抗力条款主张免责，但不增加其新的负担，换句话说，债务人就不可抗力条款所享有的权益不再享有。对于债权人更是如此。

需要讨论的还有，债务人未为不可抗力发生及其对合同影响的通知，是全部丧失就不可抗力条款所享有的权益，还是视具体情况而部分丧失，换个角度说，债务人是完全无权援用不可抗力条款而主张免责，还是可以主张部分免责？权衡利弊，衡平债权人和债务人双方的权益，应确立这样的规则：视具体情况而全部或部分失去就不可抗力条款所享有的权益，甚至可以主张全部免责。

对于以上观点，通过下面的案例再予展示：某《TJ 市商品房买卖合同》之《补充协议》第 2 条第 2 款第 1 项约定：“如遇下列特殊原因，除双方协商同意解除合同或变更合同外，出卖人可据实予以顺延交付时间，且出卖人无需承担违约责任：不可抗力，包括但不限于地震、台风、战争、政府行为……”第 2 条第 2 款第 3 项约定“非基于出卖人的原因，因水、电、热力、燃气等地方公用设施建设单位等原因造成工程延误，或此类部门对出卖人的相关报批手续审批不及时、进行能源供用限制或规划调整等行为……”的，“除双方协商同意解除合同或变更合同外，出卖人可据实予以顺延交付时间，且出卖人无需承担违约责任”。在该案件中，案涉房屋因政府数次强令停止施工这种不可抗力而无法依约定的期间交付，依系争《TJ 市商品房买卖合同》之《补充协议》第 2 条第 2 款第 1 项和第3项的约定，出卖人可对其迟延交房不向买受人承担违约责任，但系争案件中出卖人未向买受人通知此种不可抗力。由此产生的问题是，出卖人还能就其迟延交房免负责任吗？回答应是肯定的，理由如下：（1）上文关于不可抗力通知义务及其法律效果的分析，可运用于系争案件。（2）系争《TJ市商品房买卖合同》之《补充协议》未明文约定出卖人（开发商）负有不可抗力通知的义务，中国现行法亦无不可抗力通知及其义务的规定。既然无此义务的合同依据和制定法依据，就不宜认定出卖人因未为不可抗力通知就无权援用不可抗力条款，而是相反，出卖人有权援用不可抗力条款。（3）系争合同卷宗证据中欠缺出卖人未为不可抗力通知增加了买受人的负担这方面的证据。既然如此，若不允许出卖人援用不可抗力条款，就过于优惠了买受人，这有失权衡。鉴于系争案件的实情，笔者赞同出卖人享有援用不可抗力条款所具有的全部利益。

九、免责条款不得违反合同主要目的

违反合同主要目的的免责条款，应自合同中排除，这种解释已经获得广泛支持。丹宁勋爵指出：“假定免责条款可以被解释为免除船公司将货物交给明知无受领权之人，其推论结果，无异于免除承运人将货物随便交付给过路之人的责任，将货物焚毁，甚至任意将货物抛弃所生责任一样。如将免责条款如此解释实非当事人的本意。”①

十、不得将“免责条款之合意”视为“自甘冒险”

免责条款是否免除违约责任或侵权责任不明确时，只能免除违约责任，对侵权责任不发生免除的效力。但虽不发生免除侵权责任的效力，仍发生“警告”或“通知”的效力，使行为人得据此援用“自甘冒险理论”，由受害人自行负责，其结果与免责条款无异。如果欲控制免责条款，就必须控制“因免责条款有警告或通知的效果所发生的自甘冒险理论的适用”。因此，英国1977年《不公平合同条

① ［英］丹宁：《法律的训诫》，龚祥瑞等译，北京，群众出版社1985年版，第67页。

款法》第 2 条和第 3 条规定，对于免除或限制过错责任条款或通知之知悉或同意本身，不得视为自甘冒险。

十一、非为企业合理化经营所必需的免责条款应从严规制

免责条款从其功能方面可分为两类：一是“企业合理化经营所必需的免责条款”，二是“非为企业合理化经营所必需的免责条款”。前者旨在使企业确定风险，预估成本，一方面避免企业遭受偶发或无法负担的损失，直接以维护企业的合理经营，间接以保障社会经济安定；另一方面也兼为保障相对人的利益，使之能以合理负担获得对价的实益。法律应承认此类免责条款有效。例如，免除因战争、地震、洪水等所生损失的责任条款，即属此类。

“非为企业合理化经营所必需的免责条款”旨在排除或限制企业依法应负之责任，谋取不平衡利益，应从严控制。[①]

据此分析《合同法》第 40 条后段关于“提供格式条款一方免除其责任、加重对方责任、排除对方主要权利的，该条款无效”的规定，可知该规定应当区分两种情况而分别适用：一是提供格式条款一方免除其责任、加重对方责任、排除对方主要权利，若属于企业合理化经营所必需的风险分配，则这种免责条款有效；反之，则此类免责条款无效。就是说，《合同法》第 40 条后段的规定在文义上涵盖过宽，不符合立法目的，应予进行目的性限缩，在条文表述上应当设一但书，即“在属于提供格式条款一方合理化经营所必需的风险分配时除外”。

十二、限制解释原则在免责条款上的具体化

其一，免责条款未指明是免除违约责任还是侵权责任，究竟免除何者还是全部免除，存在疑义时，解释为只免除违约责任，而不涉及因侵权行为产生的请求

---

① 刘宗荣：《定型化契约论文专辑》，台北，三民书局 1988 年版，第 138－139 页。

权。在德国，这属于司法界提出但未被法律吸收的所谓限制性原则的内容。[①] 笔者赞同该项解释原则，因为侵权责任规范较违约责任规范，属于强制性规范的更多，是适当兼顾“人类活动自由”和“民事主体的合法权益不容侵犯”两种价值的规范，事关公共秩序的大问题。因此，应树立尽可能不允许免除侵权责任的基本理念。在免责条款是免除违约责任还是侵权责任不明确时，从不利于条款利用人解释的原则出发，不能同时免除这两种责任，只能免除其中之一，即只免除违约责任。

其二，在条款利用人可能负过错责任和无过错责任的情况下，如果免责条款未指明所免除的责任是否包括过错责任时，从不利于条款制作人解释的原则出发，只解释为免除无过错责任。之所以如此选择，是因为如上文所述，过错责任系法律对过错行为予以否定性评价的表现，为维护法律的严肃性和权威性，应树立尽可能限制免除过错责任的条款生效的基本理念。而对免除无过错责任的条款的控制可以相对放宽。

其三，免责条款适用于“隐蔽性瑕疵责任”抑或“不符合特定目的所生责任”不明确时，根据不利于条款制作人解释的原则，不能同时免除两种责任，只能免除其中之一，即只免除“隐蔽性瑕疵责任”。之所以如此选择，是因为每个合同都有特定目的，若免除“不符合特定目的所生责任”，意味着使相对人达不到特定目的，完全满足不了需要，因而应尽可能限制免除“不符合特定目的所生责任”的条款生效。

其四，免责条款适用于“隐蔽性瑕疵责任”抑或“不符合描述的瑕疵责任”不明确时，从不利于条款制作人解释的原则出发，不能同时免除两种责任，只免除“隐蔽性瑕疵责任”。之所以如此解释，是因为当事人在合同中描述标的物的质量、规格、型号等，表明了他订立合同的特定目的，若允许条款制作人免除这种“不符合描述的瑕疵责任”，意味着怂恿他根本违约，使相对人的合同目的落空。因此，应尽可能限制免除“不符合描述的瑕疵责任”的条款生效。

其五，在买卖合同中，当事人双方约定：若买受人在一定期间内对货物的质

---

① ［德］汉斯·布洛克斯、沃尔夫·迪特里希·瓦尔克：《德国民法总论》（原书第33版），张艳译，杨大可校，北京，中国人民大学出版社2014年版，第108页。

量不提出异议，即视为货物合格，出卖人不负责任。在这里，免除的是出卖人“已经交付的货物”的瑕疵责任，还是“尚未交货”的责任？在用语不明确时，解释为只免除“已经交付的货物”的瑕疵责任，不免除“尚未交货”的责任，从而体现不利于条款制作人解释的原则。之所以如此解释，是因为按一般理解，买受人在一定期间内未对货物的质量提出异议，是仅指对已经交付的货物而言的，尚未交付的货物在质量上是否合格，买受人难以知晓。如果解释为也免除“尚未交货”的责任，那就等于鼓励出卖人不再交货或交付不合格的货物。这显然是不能容许的。

其六，在当事人有权约定免除第三人对合同相对人所负责任的情况下，如果免责条款所欲免除的责任是否包括第三人所负之责不明确时，根据不利于条款制作人解释的原则，解释为只免除第三人所负的责任，不免除条款利用人所负的责任。之所以如此选择，主要是因为这样可以防止条款制作人故意违约，逃避债务。但是，如果第三人对合同相对人所负之责系故意责任或重大过错责任，而条款制作人所负之责为无过错责任或一般过错责任，那么就不能免除第三人所负的责任。

其七，惩罚性违约金条款。在 Graham v. Lieber① 案中，作为合同当事人的房主请求被告承担的损害赔偿，包含迟延完成建筑任务的惩罚性违约金。法院拒绝了房主的这一请求，强调“惩罚性违约金条款必须被严格解释”②，因为合同的文义不支持不合理的迟延损害赔偿。惩罚性违约金条款应作不利于寻求该不合理利益的当事人的解释。③

路易斯安那州的法律一直具有判给具有惩罚性质的律师费的特点。④ 正因如此，法院必须严格解释据人们宣称的形成判给惩罚性质的律师费基础的合同（或制定法），只有在该费用条款是清楚的与无疑义的场合，法院才判给该笔费用。

同严格地解释惩罚性违约金条款的规则十分相似的是下述规则：没收条款并

① 191 So. 2d 204（La. App. 2d Cir. 1006），writ denied，192 So. 2d 371（La. 1966）.

② Ibid. at 207.

③ Albe v. Albe，703 So. 2d 756（La. App. 4th Cir. 1997），writ denied，709 So. 2d 757（1998）.

④ Cracco v. Barras，520 So. 2d 371，372（La. 1988）；Ferrier v. Jordache Ditto's，662 So. 2d（La. App. 3d Cir. 1995），writ deied，666 So. 2d1100（La. 1996）.

不受欢迎，也不会持续，除非合同的一切合理要求均被遵循。[①]

十三、实例分析

某《房屋租赁合同》第 3.1 条约定："租赁房屋于 2007 年 2 月 1 日交付给承租人。"第 4.1 条在"租赁期"条名之下约定："自本合同第 3.1 条约定的交付日次日起的第一百八十（180）天或至商场开业日（以两者中较早的日期为准）为免租期。在免租期内，承租人无须支付租金。免租期结束的次日为起租日"（第 4.1.1 条）。"在免租期届满前，如因商业中心红线四周邻近道路、出租人商业设施或其它租户水、电设施等的修建、维修，导致承租人无法在交付日起的一百八十（180）天内开业，则免租期应相应顺延至道路畅通、设施正常运转、满足承租人开业条件之时止"（第 4.1.2 条）。"租赁期为自租赁物业起租日起计二十（20）年的期间"（第 4.1.3 条）。第 4.5 条在"提前终止租赁"条名之下约定："除了本合同所规定的其它终止事件外，经提前十二（12）个月通知出租人，承租人有权在起租日后第四（4）个租约年末起的任何时候提前终止本合同，而无须向出租人支付任何赔偿或补偿。终止在通知发出十二（12）个月后生效"（第 4.5.1 条）。"若承租人有意在起租日后第四（4）个租约年末前的任何时候提前终止本合同，则在补齐最初四个租约年的租金中尚未缴付的部分并另行支付第五个租约年的租金作为赔偿金的前提下，承租人可以书面通知出租人终止本合同。在此情形下，终止在该书面通知载明为终止日期的最初四个租约年中的某一日生效"（第 4.5.2 条）。

对于上述《房屋租赁合同》第 4.5.1 条约定的含义，见解不一。

甲说认为，该《房屋租赁合同》第 4.5 条约定的终止，至少包括《合同法》规定的合同解除。其第 4.5.1 条所谓"承租人有权在起租日后第四（4）个租约年末起的任何时候提前终止本合同，而无须向出租人支付任何赔偿或补偿。终止在通知发出十二（12）个月后生效"，显然对解除权的行使附加了条件。对此，稍作具体解说如下。

---

① Schultz v. Texas & Pac. Ry. Co., 191La. 624, 186 So. 49 (1938).

由于该《房屋租赁合同》第 3.1 条约定了 2007 年 2 月 1 日交付租赁房屋，第 4.1.1 条约定自本合同第 3.1 条约定的交付日次日起的第 180 天为免租期，免租期结束的次日为起租日，该《房屋租赁合同》的起租日为 2007 年 8 月 1 日，起租日后第 4 个租约年末为 2011 年 8 月 1 日，起租日后第 5 个租约年为 2012 年 8 月 1 日。

因为该《房屋租赁合同》第 4.5.1 条约定了解除权行使的两项条件，一是承租人有权在起租日后第 4 个租约年末起的任何时候提前终止本合同，而无须向出租人支付任何赔偿或补偿；二是承租人解除合同须提前 12 个月通知出租人，并且明定合同终止（解除）在解除通知发出 12 个月后生效，所以，承租人依约、依法行使解除权，该《房屋租赁合同》实际发生解除效力的时间为 2011 年 8 月 2 日及其以后。

由于承租人行使解除权须提前 12 个月向出租人发出解除通知，承租人欲使该《房屋租赁合同》于 2011 年 8 月 2 日实际解除的话，则必须于 2010 年 8 月 2 日向出租人发出解除合同的通知。当然，承租人于 2010 年 10 月 2 日，或 2011 年 11 月 5 日，等等，向出租人发出解除通知更应得到支持。承租人实际发出解除通知的日期是 2011 年 5 月 10 日。这符合该《房屋租赁合同》第 4.5.1 条的约定。

现在落脚在该解除权的行使所附条件是否有效。甲说认为，该解除权的行使所附条件系在出租人和承租人之间分配运营成本、经营风险的措施之一，并非完全不利于承租人，法律不宜否定其效力。

在解除权的行使附条件的视野下，与该《房屋租赁合同》第 4.5.1 条类似的是，第 4.5.2 条所谓"若承租人有意在起租日后第四（4）个租约年末前的任何时候提前终止本合同，则在补齐最初四个租约年的租金中尚未缴付的部分并另行支付第五个租约年的租金作为赔偿金的前提下，承租人可以书面通知出租人终止本合同"中的"在补齐最初四个租约年的租金中尚未缴付的部分并另行支付第五个租约年的租金作为赔偿金的前提下"，属于对解除权的行使附加的停止条件（或曰延缓条件、生效条件）。该停止条件是否有效，取决于对承租人是否过苛，是否不适当地限制了承租人的行为自由，若是，则应无效；否则，应为有效。

乙说则主张，该《房屋租赁合同》第 4.5.1 条约定的条件，真正含义是该

《房屋租赁合同》提前解除的最早日期为2012年8月1日，即起租日后第5个租约年，而非第4个租约年。承租人若依约最早解除该《房屋租赁合同》，则最早向出租人发出解除通知的日期为2011年8月2日。如此解释该《房屋租赁合同》第4.5.1条的理由是，该《房屋租赁合同》第4.5.2条约定："若承租人有意在起租日后第四（4）个租约年末前的任何时候提前终止本合同，则在补齐最初四个租约年的租金中尚未缴付的部分并另行支付第五个租约年的租金作为赔偿金的前提下，承租人可以书面通知出租人终止本合同。在此情形下，终止在该书面通知载明为终止日期的最初四个租约年中的某一日生效。"该约定表明了起租日后第5个租约年。我们应当从体系解释入手，来理解该《房屋租赁合同》第4.5.1条。再者，承租人的真实意思也是如此，例如，承租人与某叉车公司租赁叉车的合同也是5年存续期。

笔者认为，出租人的这些理由站不住脚。(1) 称出租人同意约定该《房屋租赁合同》第4.5.1条的真实意思是起租日后第5年可使该合同解除，没有充分、确凿的证据。叉车租赁合同存续期为5年，乃叉车租赁行业的惯例，以此为据证明承租人的真实意思是起租日后第5年可使该合同解除，欠缺说服力。(2) 更为重要的是，观察该《房屋租赁合同》第4.5.1条的文义，未见其言及起租日后第5年可使该合同解除，我们所能见到的，只有"承租人有权在起租日后第四（4）个租约年末起的任何时候提前终止本合同，而无须向出租人支付任何赔偿或补偿。"此其一。从体系解释的方面看，该《房屋租赁合同》第4.5.2条虽然涉及承租人向出租人支付起租日后第5个租约年的租金作为赔偿金，但该条款约定的是"出租人有意在起租日后第四（4）个租约年末前的任何时候提前终止本合同"，所应承受的法律后果，与该《房屋租赁合同》第4.5.1条约定的"承租人有权在起租日后第四（4）个租约年末起的任何时候提前终止本合同"的情形、所产生的法律后果，存在着天壤之别。既然两个条款约定的情形、法律后果完全不同，就不存在这样的逻辑：该《房屋租赁合同》第4.5.2条涉及起租日后第5个租约年，第4.5.1条也就是起租日后第5个租约年。此其二。该《房屋租赁合同》第4.5.1条、第4.5.2条等条文都严格区分、分别使用"终止""通知"诸用语。此处所谓"终止"，也是解除，是指消灭合同项下的权利义务。此处所谓"通知"，是指承租人向出租人发出解除该《房屋租赁合同》的意思表示，并不立即发生解除合同的实际效果，只有在该“通知”符合约定和法定的条件时，才会后延至 12 个月届满时发生解除的实际效果。既然如此，该第 4.5.1 条中段所谓“承租人有权在起租日后第四（4）个租约年末起的任何时候提前终止本合同”，就不是承租人只能在起租日后第 4 个租约年末才有权发出解除通知，而是该《房屋租赁合同》可于起租日后第 4 个租约年末实际解除。该第 4.5.1 条前段所谓“经提前十二（12）个月通知出租人”，才是指承租人发出解除通知的约定。该第 4.5.1 条后段所谓“终止在通知发出十二（12）个月后生效”，则约定了解除通知与实际解除之间的关系。

拾贰

非典型合同的解释

一、非典型合同系客观存在

首先明确，一份合同文本可能只载明一个典型合同或非典型合同，也可能载明几个典型合同或非典型合同。某《股权收购协议》就属于后者，即一份合同文本载有数个合同，其骨干为《股权转让合同》，同时也包含着其他法律关系。

所谓其他法律关系，例如，转让方即甲方（被申请人）以股东身份对目标公司的权利义务（如《股权收购协议》“鉴于”条款第4条后段等），作为股权受让方的乙方（申请人）对目标公司的权利义务（如《股权收购协议》第3.1.2条，第3.3（1）、（2）后段等），乙方对第三人承担的义务（如《股权收购协议》第3.2.1（2）a）、b）条），还包含目标公司的义务（如《股权收购协议》第3.2.9a）条前段）、目标公司的责任（如《股权收购协议》第3.3（6）i条），以及目标公司与其债权人之间的关系（如《股权收购协议》“鉴于”条款第4条前段，第3.2.2（1）a）、b）前段、c），第3.2.2（2）i条后段，第3.2.10a）条前段等）。

面对这样的“合同”，不可笼而统之地作为一个合同予以解释而后适用法律，而应“分解”为若干合同，视情况不同而决定类推适用或结合适用或吸收适用典型合同规范，最后作整体审视和协调、平衡，妥当地分配当事人各方的权利义务。在理论上，对此分解说明如下。

非典型合同，又称无名合同，是指法律尚未特别规定，至少是欠缺必要的法律规范，能使此非典型合同区别于他合同的法律规范，亦未赋予一定名称的合同。诚然，如何界定非典型合同，见解不一。例如，有观点以全国人民代表大会或其常务委员会对某类合同是否设置法律规范区分典型合同与非典型合同，如果全国人民代表大会或其常务委员会对某类合同未设置法律规范，即使最高人民法院已就该类合同作出司法解释，且形成主要的规则，此类合同也仍然为非典型合同。[①] 从《合同法》整部法律及第 52 条第 5 项的规范意旨看，只有在认定合同有效无效的方面限于法律、行政法规两个位阶，在其他方面，尤其是确定合同项下的权利义务方面，各级位阶的法律规范都起作用，最高人民法院出台的司法解释、地方性法规、部委的部门规章、地方性规章，均应在内。换句话说，司法解释、地方性法规、部委的部门规章、地方性规章均为调整包括非典型合同在内的法律规范。既然如此，笔者从宽界定非典型合同，把司法解释、地方性法规、部委的部门规章、地方性规章设置关键性规范的合同也划归典型合同的范畴之内，即使全国人民代表大会及其常务委员会颁行的法律、国务院出台的系争法规尚未就此类合同作出规定。

合同法奉行合同自由原则，在不违背公序良俗或强制性法律规定的前提下，允许当事人订立任何内容的合同。这就是合同类型自由原则。据此，当事人订立法未规定的非典型合同系自然之事。何况社会在不断发展变化，交易活动日益复杂，当事人不能不在法定合同类型之外，另创新形态的合同，以满足不同需要。一个时代所允许的合同的种类恰巧与这个时代的必需具有表里相依的关系。[②] 但这并不意味着典型合同无存在的必要。其道理在于，其一，当事人往往不是法律家，所拟合同不周全、未达利益平衡系常有之事，而典型合同规范是立法者就实际存在的具有成熟性和典型性的交易形式，斟酌当事人的利益状态和各种冲突的可能性，以主给付义务为出发点所作的规定，一般都体现公平正义，符合当事人的利益。以典型合同规范补充当事人约定的疏漏，使合同内容臻于完备，十分必要。其二，典型合同规范中可设有强制性法律规定，在当事人的约定损害社会公

① 顾祝轩：《合同本体解释论》，北京，法律出版社 2008 年版，第 218 页。

② Rudolf von Jhering, Der Zweck im Recht, 5. Aufl. 1916, S. 209～226. 转引自［日］我妻荣：《债权在近代法中的优越地位》，王书江、张雷译，谢怀栻校，北京，中国大百科全书出版社 1999 年版，第 374 页，第 384 页。

共利益、国家利益，或使当事人之间的利益状态严重失衡时，可以该强制性法律规定矫正，从而保护公序良俗以及当事人的合法权益。[①] 正因如此，在合同类型自由的原则下规定典型合同，仍然必要。非典型合同产生以后，经过一定的发展阶段，具有成熟性和典型性时，合同立法应适时地设置规范，使之成为典型合同。在这种意义上说，合同法的历史是非典型合同不断地变成典型合同的过程。

二、非典型合同适用法律的路径及方法

非典型合同的突出特征是，法律对之未设必要的规范甚至根本没有专门的法律规范，而解决非典型合同纠纷又非寻觅到合适的法律规范不可。“巧妇难为无米之炊”？非也，如果通过解释当事人于某非典型合同中表示的意思，锁定该非典型合同的构成，依据类型理论，基于当事人的意思表示，就可以寻觅并确定可以适用的法律规范。在这方面，德国法系积累了丰富的经验，我们可以结合中国国情建立非典型合同的法律适用理论。

首先须强调的是，《民法总则》《民法通则》关于法律行为的规定及《合同法》的总则对非典型合同均有适用余地；其次应说明的是，不同类型的非典型合同，适用法律的规则不同。[②] 其中有的参照《合同法》分则或其他法律最相类似的规定（《合同法》第 124 条），即类推适用，有的则采用结合说或吸收说，等等。

其一，非典型合同同时具备类推适用典型合同法律规范与规避适用典型合同法律规范的两面性。后者主要体现在非典型合同的规避功能上，当事人常常有意识地通过采用非典型合同的形式，规避某一典型合同规范（尤其是强制性法律规范）。[③] 这方面的例证不少，例如，甲跑关系为乙公司落实特许批文，可自乙公司处获得 500.00 万元人民币的酬金，但合同条款却写成甲退出目标公司而取得

① 参见王泽鉴：《民法债编总论・基本理论・债之发生》（总第 1 册），台北，三民书局 1993 年版，第 93 页。

② 参见王泽鉴：《民法债编总论・基本理论・债之发生》（总第 1 册），台北，三民书局 1993 年版，第 94－95 页。

③ 顾祝轩：《合同本体解释论》，北京，法律出版社 2008 年版，第 231 页，第 322 页。

500.00 万元人民币的股权预期收益款。再如，甲凭借其在村里的势力帮助乙公司实施在该村的旧城改造，可自乙公司处取得 1 亿元人民币的酬金，但合同条款却写成甲退出目标公司而取得 1 亿元人民币的股权预期收益款。还如，甲本来是出借人，乙是借款人，可合同却取名为合作协议，本来的利息叫作甲自乙处取得的顾问费。如果当事人的这种规避符合《合同法》第 52 条、第 53 条的规定，《民法总则》第 146 条第 1 款、第 153 条、第 154 条的规定，那么，该非典型合同全部或部分地无效。这是在解释非典型合同时务必注意的。

其二，纯粹非典型合同的法律适用。所谓纯粹非典型合同，是指以法律全无规定的事项为内容，即其内容不符合任何典型合同要件的合同。广告使用他人肖像或姓名的合同，属于此类。其法律关系应依合同约定、诚实信用原则，并斟酌交易惯例加以确定。[①] 对于纯粹非典型合同，《民法总则》关于诚信原则和公平原则的规定，关于法律行为的规定，以及《合同法》的总则，当然有适用余地。

其三，合同联立的法律适用。所谓合同联立，是指数个合同具有互相结合的关系。一种情况是单纯外观的结合，即数个独立的合同仅因缔约行为而结合，相互之间不具有依存关系。于此场合，应分别适用各自的合同规范。例如，甲种禽公司与乙养鸡户订立合同，约定甲公司向乙养鸡户提供种鸡，乙养鸡户向甲公司供应饲料，种鸡和饲料单独结算，互不牵连。其中的种鸡买卖合同和饲料买卖合同之间不具有依存关系。另一种情况是依当事人的意思，一份合同的效力或存在，依存于另一份合同的效力或存在。于此场合，各个合同是否有效成立需要分别判断，但在效力上，被依存的合同不成立、无效、被撤销或解除时，依存的合同应同其命运。例如，甲公司和乙公司订立合同，约定甲公司将 4 000.00 万元人民币出借与乙公司，同时约定，在该笔款项到账后，乙公司在丙公司所持有的 2 000 股股权必须转让与甲公司。其中，股权转让合同具有依存合同的性质，借款合同为被依存的合同，借款合同无效，股权转让合同也随之无效。

其四，混合合同的法律适用。所谓混合合同，是指由数个合同的部分而构成的合同。它在性质上属于一个合同，有四种类型。

---

① 王泽鉴：《民法债编总论·基本理论·债之发生》（总第 1 册），台北，三民书局 1993 年版，第 95 页。

第一种类型是典型合同附其他种类的从给付。所谓典型合同附其他种类的从给付，是指当事人各方所提出的给付符合典型合同，但一方当事人尚附带负有其他种类的从给付义务。例如，甲商店向乙酒厂购买散装酒，约定使用后返还酒桶，属于买卖合同附带借用合同的构成部分类型。其中，买卖合同为主要部分，借用合同的构成部分为非主要部分。对此，原则上仅适用主要部分的合同规范，非主要部分被主要部分吸收。①

第二种类型是类型结合合同。所谓类型结合合同，是指一方当事人所负的数个给付义务属于不同的合同类型，彼此间居于同值的地位，而对方当事人仅负单一的对待给付或不负任何对待给付的合同。例如，甲律师事务所和乙饭店订立“包租”10个房间的合同，乙负有提供办公房间、午餐、清扫房间和洗涤办公用品的义务，甲负有支付一定对价的义务。其中乙的给付义务分别属于租赁、买卖、雇佣诸典型合同的构成部分。对此，应分解各构成部分，分别适用各部分的典型合同规范，并依当事人可推知的意思调和其歧义。②

第三种类型是二重典型合同。所谓二重典型合同，是指当事人各方互负的给付分属于不同的合同类型的合同。例如，甲担任乙所有的大厦的临时管理员，乙为其免费提供住房。其中，甲的给付义务为雇佣合同的组成部分，乙的给付义务属于借用合同的领域。对此，应分别适用各个典型合同的规定。③

第四种类型是类型融合合同。所谓类型融合合同，是指一个合同中所含构成部分同时属于不同的合同类型的合同。例如，甲以半赠与的意思，将其价值50万元的图书以25万元的价款出售给乙图书馆。甲的给付同时属于买卖和赠与。对此，原则上适用两种典型合同规范：关于物的瑕疵，依买卖合同的规定；关于乙图书馆的不当行为则按赠与的规定处理。④

实际上混合合同与合同联立不易分辨。中国台湾地区的实务界认为，混合合

① 王泽鉴：《民法债编总论·基本理论·债之发生》（总第1册），台北，三民书局1993年版，第97页。

② 王泽鉴：《民法债编总论·基本理论·债之发生》（总第1册），台北，三民书局1993年版，第97页。

③ 同上书，第98页。

④ 同上书，第97－98页。

同系以两个以上有名合同应有的内容合并为其内容的单一合同，两者有不可分割之关系。而合同联立系为数个合同便宜上的相互结合，数个合同并无不可分割之关系。[①] 由此决定了混合合同是单一的合同，而合同联立则是复数的合同，两者之间存在着显著的不同。德国通说认为，是否为一个或仅仅是数个独立合同同时成立，必须透过当事人意思表示的解释才能加以确定。[②] 也就是说，如果当事人缔约的经济目的并不重视合同的个别性，就可以将其视为一个整体而以混合合同来对待。比如同时缔结买卖材料和承揽工作物的合同时，如果解释当事人的意思表示和经济目的，买卖材料的价金和承揽工作物的报酬明显可以分开，当事人在缔约时如果承揽不能达成而材料买卖的合意仍然存在时，可以认定为合同联立；如果价金和报酬已不可分割，合而为一，当事人并不细分或分别计算价金与报酬的区别，则为混合合同中的制作物供给合同。[③]

三、系争《股权收购协议》的解释和法律适用

对系争《股权收购协议》的解释和法律适用也应遵循上述规则和方法，尤其是“其三”中的“第四”的规则和方法。

（一）系争《股权收购协议》的主要约定

系争《股权收购协议》的主干为系争股权转让合同，该合同项下的权利义务由甲方、乙方承受，主要为系争《股权收购协议》第 3.1.1 条约定了甲方（被申请人）向乙方（申请人）所负将案涉股权移转给乙方（申请人）的义务（主给付义务）；系争《股权收购协议》第 3.1.5 条约定了乙方（申请人）向甲方（被申请人）所负股权转让款的义务（主给付义务）。

---

① 参见中国台湾地区 1982 年台上 1286 号判决。中国台湾地区“司法院”院字第 2287 号意见也认为：“混合契约系由典型契约构成分子与其他构成分子混合而成之单一债权契约，若其契约为复数，而于数个契约之间具有结合关系者，则为契约之联立。”转引自高润恒：《保理合同中的应收账款债权转让研究》，清华大学法学院博士学位论文（2006 年），第 27～28 页。

② Helmut Heinrichs，a. a. o.，305，Rdnr. 40. 转引自高润恒：《保理合同中的应收账款债权转让研究》，清华大学法学院博士学位论文（2006 年），第 28 页。

③ 高润恒：《保理合同中的应收账款债权转让研究》，清华大学法学院博士学位论文（2006 年），第 28 页。

系争《股权收购协议》第 3.2 条约定的义务绝大部分属于系争《股权转让合同》项下的义务，有些义务则为其他法律关系的内容；并且，系争《股权转让合同》项下的义务，多为主给付义务，也有从给付义务，附随义务也较多。

系争《股权收购协议》第 3.2 条的约定使得义务往往作为乙方支付股权转让款的条件，即义务与条件交织在一起，较为复杂。

《合同法》第 45 条、《民法总则》第 158 条和第 159 条规定的条件，仅为生效条件和解除条件两种类型，且只规定合同/法律行为附条件，未规定合同/法律行为的条款附条件。如果机械地适用法律，难以妥当地处理本案。必须承认合同/法律行为的条款也可以附条件，且实务中常见的不是合同/法律行为附条件，恰恰是合同/法律行为的条款附条件。再者，必须承认混合条件、随意条件的附条件的种类，而且进一步承认纯粹随意条件系于相对人的意思时有效，纯粹随意条件系于债务人自己的意思时无效。唯有如此，才会符合缔约人本意地、妥当地处理本案。

兹对系争《股权收购协议》第 3.2 条的约定具体分析、认定如下。

系争《股权收购协议》第 3.2.1（1）条、第 3.2.2（1）条约定了甲方（被申请人）向乙方（申请人）所负将系争股权移转给乙方（申请人）的义务（主给付义务）。

系争《股权收购协议》第 3.2.1（1）a）条约定了乙方支付第二笔股权转让款的条件之一。

系争《股权收购协议》第 3.2.1（1）b）条约定了目标公司对第三人的义务，该第三人向目标公司承担的义务，以及甲方对乙方承担的义务。这些义务被履行，作为乙方支付第二笔股权转让款的条件之一。

系争《股权收购协议》第 3.2.1（1）c）条约定了目标公司与第三人完成工程结算、签署结算文件，作为乙方支付第二笔股权转让款的条件之一。

系争《股权收购协议》第 3.2.1（1）d）条约定了目标公司与第三人签署解除总包合同的协议，乙方出具按本协议相关约定支付工程款的书面承诺，这些作为乙方支付第二笔股权转让款的条件之一。

系争《股权收购协议》第 3.2.1（1）e）条约定了目标公司的义务，该义务被履行作为乙方支付第二笔股权转让款的条件之一。

系争《股权收购协议》第 3.2.1（1）f）条约定了甲乙双方的义务，该义务被履行作为乙方支付第二笔股权转让款的条件之一。

系争《股权收购协议》第 3.2.1（2）i 条约定了目标公司、第三人的义务，这些义务被履行作为乙方支付第二笔股权转让款的条件之一。

系争《股权收购协议》第 3.2.1（2）ii 条约定了甲方的义务，该义务被履行加上其他事件，共同构成乙方支付第二笔股权转让款的条件之一。

系争《股权收购协议》第 3.2.3 条约定了乙方的付款义务及其期限。

系争《股权收购协议》第 3.2.4 条约定了乙方的付款义务及其期限，同时约定债权人履行从给付义务。

系争《股权收购协议》第 3.2.5 条约定了乙方的付款义务及其期限、前提条件——a）—e）。

系争《股权收购协议》第 3.2.5 a）条约定了甲方的义务，对于乙的付款义务而言，这属于纯粹随意条件且系于相对人的意思，应为有效。

系争《股权收购协议》第 3.2.5 b）条约定了甲方的义务，对于乙的付款义务而言，这属于纯粹随意条件且系于相对人的意思，应为有效。

系争《股权收购协议》第 3.2.5 c）条约定了甲方的义务，对于乙的付款义务而言，这属于纯粹随意条件且系于相对人的意思，应为有效；同时约定了目标公司的义务，这对于乙的付款义务而言构成混合条件，应为有效。

系争《股权收购协议》第 3.2.5 d）条约定了甲方的义务，对于乙的付款义务而言，这属于纯粹随意条件且系于相对人的意思，应为有效。

系争《股权收购协议》第 3.2.5 e）条约定了甲方的义务，对于乙的付款义务而言，这属于纯粹随意条件且系于相对人的意思，应为有效。

系争《股权收购协议》第 3.2.6 条约定了乙的付款义务。

系争《股权收购协议》第 3.2.6（1）条前段约定了乙的付款义务，同时约定甲方的保证义务，作为乙方履行付款义务的条件。该条件属于纯粹随意条件且系于相对人的意思，应为有效。

系争《股权收购协议》第 3.2.6（1）条后段约定了乙于其他法律关系中的义务，该义务的履行又作为乙支付六笔款的条件。该条件属于纯粹随意条件且系于乙方自己的意思，应为无效。

系争《股权收购协议》第 3.2.6（2）i 条约定了甲的保证义务。该义务及其履行不是乙方支付第六笔款的条件。

系争《股权收购协议》第 3.2.6（3）条前段约定的不是甲乙的义务，是中性的。

系争《股权收购协议》第 3.2.6（3）条后段约定了甲方、乙方的义务或负担。按照体系解释的方法，此处约定的事项不是乙支付第六笔款的条件。

系争《股权收购协议》第 3.2.6（4）条约定了甲方的义务。按照体系解释的方法，此处约定的事项是乙支付第六笔款的条件，且为有效。

系争《股权收购协议》第 3.2.6（5）条约定了乙方的风险。按照体系解释的方法，此处约定的事项不是乙支付第六笔款的条件。

系争《股权收购协议》第 3.2.7 条约定第七笔付款项的金额并确定为第三笔股权转让款。

系争《股权收购协议》第 3.2.7（1）条约定了乙方支付第三笔股权转让款的义务及其条件，以及甲方和乙方共同的义务。

系争《股权收购协议》第 3.2.7（1）a）条约定了甲方移转股权的义务，该义务的履行作为乙方支付第三笔股权转让款的条件。相对于乙方付款的义务及其履行而言，这属于纯粹随意条件且系与相对人的意思，应为有效。

系争《股权收购协议》第 3.2.7（1）b）条约定了甲方的从给付义务，该义务的履行作为乙方支付第三笔股权转让款的条件。相对于乙方付款的义务及其履行而言，这属于纯粹随意条件且系与相对人的意思，应为有效。

系争《股权收购协议》第 3.2.7（1）c）条未约定甲乙双方的义务，但约定的情形系乙方支付第三笔股权转让款的条件。

系争《股权收购协议》第 3.2.7（1）d）条约定了甲方向第三人承担的义务，同时也构成向乙方承担的义务，因为甲方履行该义务与否事关乙方的权益。从体系解释的角度看，该义务的履行是乙方支付第三笔股权转让款的条件。相对于乙方付款的义务及其履行而言，这属于纯粹随意条件且系与相对人的意思，应为有效。

系争《股权收购协议》第 3.2.7（2）条约定了甲方的义务，同时是乙方的抵销权。该条所约不是乙方支付第三笔股权转让款的条件。

系争《股权收购协议》第 3.2.7（2）a）条约定了目标公司的义务，同时是乙方的抵销权。

系争《股权收购协议》第 3.2.7（2）b）条约定了甲方的附随义务，同时构成乙方的权利。

系争《股权收购协议》第 3.2.7（2）c）条约定了目标公司的义务，同时是乙方的抵销权；并且，目标公司不履行该项义务时，转嫁到甲方对乙方承担的义务。

系争《股权收购协议》第 3.2.7（2）d）条约定了乙方的抵销权，间接地约定了甲方的义务。

系争《股权收购协议》第 3.2.7（2）e）条约定了甲方的义务。

系争《股权收购协议》第 3.2.7（3）条约定了甲乙双方的义务。

系争《股权收购协议》第 3.2.8 条约定了乙方支付第八笔支付款的义务。

系争《股权收购协议》第 3.2.9 条第 1 款约定了乙方支付第九笔支付款的义务。

系争《股权收购协议》第 3.2.9 条第 2 款约定了乙方的抵销权。

系争《股权收购协议》第 3.2.9 条第 2 款 a）约定了目标公司的义务，同时约定了乙方的抵销权。

系争《股权收购协议》第 3.2.9 条第 2 款 b）约定了甲方的义务，同时约定了乙方的抵销权。

系争《股权收购协议》第 3.2.9 条第 2 款 c）约定了目标公司的义务，目标公司违反该项义务时，乙方径直享有抵销权；并且，目标公司违反该项义务时，转嫁成甲方的义务。

系争《股权收购协议》第 3.2.9 条第 2 款 d）约定了甲方的义务，同时约定了乙方的抵销权。

系争《股权收购协议》第 3.2.10 条约定了乙方支付第五笔股权转让款的义务。

系争《股权收购协议》第 3.2.10 条第 2 款约定了乙方支付第五笔股权转让款的义务，同时约定了乙方的抵销权。

系争《股权收购协议》第 3.2.10 条第 2 款 a）约定了第三人对目标公司的义

务，第三人履行该项义务转嫁为目标公司的义务，同时约定了乙方的抵销权。

系争《股权收购协议》第 3.2.10 条第 2 款 b）约定的是客观事实，它作为乙方享有并行使抵销权的条件。

系争《股权收购协议》第 3.2.10 条第 2 款 c）约定了乙方的抵销权。

小结：系争《股权收购协议》第 3.2 条约定的义务主要为乙方支付股权转让款的义务。该项义务与甲方将系争股权移转给乙方的义务形成对待给付关系，其他义务（包括从给付义务、附随义务）与该项义务不形成对待给付关系。

（二）具体分析

（1）所谓辅助义务、配合义务在民法理论上叫作附随义务。

系争《股权收购协议》第 3.2 条的约定具有很大的特点：义务往往作为乙方支付股权转让款的条件，即义务与条件交织在一起，较为复杂。其中绝大部分条件合法有效，但系争《股权收购协议》第 3.2.6（1）条后段约定的乙于其他法律关系中的义务，该义务的履行又作为乙支付六笔款的条件。该条件属于纯粹随意条件且系于乙方自己的意思，应为无效。

（2）由于系争《股权收购协议》第 3.2 条约定的乙方支付股权转让款的义务所附条件，只有系争《股权收购协议》第 3.2.6（1）条后段定约定的无效，其他条件均为有效，且其中有些至今尚未成就，故乙方有权以支付股权转让款的条件尚未成就为由，暂时拒绝支付相应的股权转让款。这不属于滥用抗辩权。

除系争《股权收购协议》第 3.2.6（1）条后段约定的条件，可能存在乙方恶意放任其事项不完成以外，其他条件尤其是取决于甲方的意思及行为的条件，不存在乙方恶意放任其事项不完成的可能。只要取决于甲方的意思及行为的条件尚未成就，乙方就正当地有权暂时拒绝支付相应的股权转让款。

再者，系争《股权收购协议》第 3.2 条约定所生义务，有些也可以适用《合同法》第 66 条、第 67 条的规定，允许乙方行使履行抗辩权。当然，这样做必须承认：有些情况下两项义务不处于对待给付关系，但一方的义务不履行会给相对人造成重大损失或合同目的落空的，也允许相对人援用《合同法》第 66 条、第

67 条的规定，主张履行抗辩权。[①]

（3）付款条件不成就，乙方有权暂时不履行支付股权转让款的主给付义务。其法律依据有两方面：一是援用《合同法》第 45 条、《民法总则》第 158 条和第 159 条的规定，以生效条件未成就为由，暂时拒绝履行支付股权转让款的义务，除非甲方有证据证明乙方恶意阻止条件成就。就系争《股权收购协议》的约定看，甲方难成功举证。二是援用《合同法》第 66 条、第 67 条的规定，主张履行抗辩权，暂时拒绝履行支付股权转让款的义务。但须注意，乙方必须暂时拒绝相应的款项。

（4）观察系争《股权收购协议》第 3.3（11）条关于“若本协议中前一笔付款条件未成就的，乙方有权顺延此后的所有付款直至之前的所有付款条件成就”的约定，可有如下意见：第一，如果从严把握，该约定对甲方确实苛刻，在甲方为自然人的情况下，可考虑适当调整；但如果甲方和乙方均为公司的话，宜承认该约定的完全法律效力，不宜调整。第二，即使调整，乙方也至少享有顺延一笔甚至几笔股权转让款的支付义务。如果存在付款条件确实未成就，亦无证据证明乙方恶意阻止条件成就的，应当承认乙方的暂时拒绝权。

于此场合，最为合理的解决方案是甲方积极作为，满足付款条件；涉及第三人的，甲方也要积极促成。如果甲方已经尽最大努力，付款条件仍不成就，乙方又不行使解除权的，虽然中国现行法上未规定违约方享有解除权，但本人主张甲方享有解除权。[②]

虽然付款条件尚未成就，乙方有权暂时拒绝支付相应的股权转让款，但在乙方果真拒绝支付的情况下，无权请求甲方将 10%的股权过户给乙方；如果乙方请求过户，那么，因支付股权转让款与股权过户义务形成对待给付关系，故甲方有权《合同法》第 66 条、第 67 条的规定，主张履行抗辩权，暂时拒绝办理过户手续。

（5）系争《股权收购协议》第 7.5.1 条约定的甲方享有解除权的条件不具

---

① 详细论述，请见崔建远：《合同法总论》（中卷），北京，中国人民大学出版社 2016 年版，第 87－97 页。

② 详细理由，请见崔建远：《合同法总论》（中卷），北京，中国人民大学出版社 2016 年版，第 722－723 页。

备，换言之，依据系争《股权收购协议》第 7.5.1 条的约定，甲方尚不享有解除权，也就无权援引系争《股权收购协议》第 7.5.1 条的约定主张解除合同。

甲方主张解除系争《股权收购协议》，只能援引《合同法》第 110 条的规定，举证证明双方僵持下去会造成严重损失或使合同目的落空，依公平正义，应当及时消灭负面结果累累的系争《股权收购协议》，具体措施就是承认甲方有权解除合同，尽管中国现行法没有这方面的规定。

四、系争《协议书》的解释和法律适用

（一）基本案情

江苏富科思科技有限公司主张，它与南京博喜医药技术有限公司之间的关系是销售代理关系，而非货物买卖关系；南京博喜医药技术有限公司则认为自己为独家代理经销江苏富科思科技有限公司生产的“放疗红外定位系统”和“红外定位球”。

经查，系争《协议书》约定了南京博喜医药技术有限公司全国独家代理权，存续期限为自本《协议书》订立之日起 5 年；也约定了江苏富科思科技有限公司将自己生产的“放疗红外定位系统”每台 20 万元、“红外定位球”每套 1 500 元销售给南京博喜医药技术有限公司，在试运行期间，江苏富科思科技有限公司提供“放疗红外定位系统”2 台、“红外定位球”200 套，南京博喜医药技术有限公司支付货款 70 万元。……

（二）具体分析

这些约定清楚地显示，系争《协议书》产生的法律关系属于非典型合同关系，包含委托合同关系（江苏富科思科技有限公司委托南京博喜医药技术有限公司，代理销售“放疗红外定位系统”和“红外定位球”）、独家销售代理权的授予、销售（买卖）“放疗红外定位系统”和“红外定位球”（以下简称案涉产品）合同关系。适用法律处理系争《协议书》项下的法律关系，不可适用单一的合同规范，而应分别适用法律关于委托合同、代理权授予、买卖合同的规定，不可遗漏其中任何一项法律制度及规则。

前述委托合同、独家销售代理权的授予和案涉产品销售合同三者相互衔接、

配合、影响和制约，其法律效果不同于单一的委托合同或单一的买卖合同项下的权利义务。

其中，委托合同关系约束作为委托人的江苏富科思科技有限公司与作为受托人的南京博喜医药技术有限公司，委托人江苏富科思科技有限公司负有向受托人南京博喜医药技术有限公司授权销售案涉产品的义务，以及移转某些利益的义务；受托人南京博喜医药技术有限公司对委托人江苏富科思科技有限公司负有勤勉等注意义务，负有不得将独家销售案涉产品代理权转让的义务等。

该委托合同还是委托人江苏富科思科技有限公司向受托人南京博喜医药技术有限公司授予独家销售案涉产品代理权的原因行为，从法律关系的角度看是基础法律关系。没有该委托合同就难以有独家销售案涉产品代理权的授予。

独家销售案涉产品代理权的授予一经完成，就具有相对独立性，使得南京博喜医药技术有限公司有资格、有权限在全国向使用案涉产品的分销商、医疗机构相对独立地销售案涉产品，就排斥了江苏富科思科技有限公司以自己名义向有关分销商、医疗机构销售案涉产品，如果江苏富科思科技有限公司以自己名义向有关分销商、医疗机构销售案涉产品，就违反了委托合同，构成违约；同时也侵害了独家销售案涉产品的代理权，构成侵权，南京博喜医药技术有限公司可请求江苏富科思科技有限公司停止以自己名义销售案涉产品、赔偿损失。

前述委托合同、独家销售案涉产品代理权的授予是南京博喜医药技术有限公司与江苏富科思科技有限公司之间案涉产品销售合同的前提和基础，委托合同、独家销售案涉产品代理权的授予，使得江苏富科思科技有限公司有义务向南京博喜医药技术有限公司出售案涉产品，南京博喜医药技术有限公司有权请求江苏富科思科技有限公司销售给自己案涉产品。江苏富科思科技有限公司若拒不向南京博喜医药技术有限公司出售案涉产品，就违反了委托合同，构成违约，应当承担继续履行、赔偿损失的违约责任。

江苏富科思科技有限公司与南京博喜医药技术有限公司订立系争《协议书》《补充协议》及其包含的案涉产品销售合同之后，江苏富科思科技有限公司若拒不向南京博喜医药技术有限公司供货，就违反了系争《协议书》《补充协议》所包含的案涉产品销售合同，构成违约，应当承担继续履行、赔偿损失的违约责任。

独家销售案涉产品代理权的授予是南京博喜医药技术有限公司向分销商、医疗机构出售案涉产品的前提和基础，该代理权一经终止，南京博喜医药技术有限公司就丧失了自己向分销商、医疗机构销售案涉产品的资格、权限，这从《医疗器械经营质量管理规范》第 8 条第 1 项、第 4 项和第 6 项、第 32 条的规定可以看出来；如果销售，就侵害了江苏富科思科技有限公司的权益，构成侵权；同时也违反了委托合同，构成违约，应当向江苏富科思科技有限公司承担停止销售、赔偿损失的责任。

另一方面，委托合同终止、独家销售案涉产品代理权终止，且该终止具有法律上的根据或合同上的依据，那么，这决定了南京博喜医药技术有限公司与江苏富科思科技有限公司不应再有案涉产品的销售合同及案涉产品的交付，除非南京博喜医药技术有限公司自用案涉产品，因为此时南京博喜医药技术有限公司已无资格、权限向分销商、医疗机构销售案涉产品。这同样可从《医疗器械经营质量管理规范》第 8 条第 1 项、第 4 项和第 6 项、第 32 条的规定看出来。但是，如果是江苏富科思科技有限公司终止委托合同、独家销售案涉产品代理权没有法律上的根据或合同上的依据，那么，此类终止不发生法律上的效果，而是构成江苏富科思科技有限公司违约，那么，南京博喜医药技术有限公司不但有权请求江苏富科思科技有限公司承担违约责任，而且有资格、有权限继续向分销商、医疗机构销售案涉产品。

因此，南京市栖霞区人民法院（2015）栖商初字第 558 号《民事判决书》一方面判决系争《协议书》及《补充协议》解除，另一方面又判决南京博喜医药技术有限公司于该判决生效之日起 30 日内自江苏富科思科技有限公司领取质量完好的定位球 3 534 套，是违反上述法律及法理的，这无端地给南京博喜医药技术有限公司造成了不该有的损失。

五、系争《某户外广告牌租赁合同》及其《补充协议》的解释和法律适用

（一）基本案情

甲公司和乙公司于 2007 年年初订立了《某户外广告牌租赁合同》及其《补

充协议》，第 1 条系关于广告场地和广告牌的约定。其中第 1 款约定，乙公司为发布其所代理的客户户外广告，特向甲公司租赁位于某裙楼楼顶的户外广告媒体。其第 2 款约定，上述户外广告媒体广告发布画面为单面，长 128 米，高 6 米，广告牌总面积为：长 128m×高 8m＝1 024m² （其中包括 6m 画面和 2mLED 繁星镶边）。其第 3 款约定，上述广告媒体的形式为：内打灯灯箱＋LED 繁星镶边＋单独客户 LOGO 造型（吸塑亚克力或霓虹灯）。第 2 条系关于权利保证的约定。其中第 1 款约定，甲公司保证本合同项下的广告位为其自有媒体。第 2 款约定，甲公司保证上述广告位经过了相关政府部门的审批。第 3 条系关于甲公司的权利义务的约定。其中第 1 款约定，向乙公司提供政府部门有效的广告审批表复印件并加盖甲公司公章。其第 2 款约定，负责广告牌主体结构（框架/板面/配电系统）的建设安装、拆除及使用期间的维修、清洁。其第 3 款约定，负责广告牌结构的设计、制作、安装和设置，保证符合相应技术、质量，使广告牌达到合理的、安全的强度。其第 4 款约定，在广告发布期间，保持广告设施的完整、清洁，保证广告的正常发布，有责任在力所能及的范围内防止广告设施遭受人为的破坏；若广告设施发生一般性故障，保证 24 小时内前来维修。如该广告牌发布受影响，甲公司须按每延误一天顺延 1 天发布该广告；如该广告牌因意外暂时停止发布，甲公司应及时通知乙公司。其第 5 款约定，若广告媒体发生意外事故造成第三者损害，其责任由甲公司承担。其第 6 款约定，甲公司将负责有关广告媒体构架之安全性及购买媒体有关保险，费用由甲公司支付。其第 7 款约定，画面安装：如需甲公司安装的广告画面应当平整、无破损，表面灯光均匀。其第 8 款约定，甲公司负责每年一次画面制作费，若乙公司更换新的画面，费用由乙公司负责。其第 9 款约定，甲公司保证该广告位为其自有广告位且经过了相关政府部门的审批，并且已经办理了占地允许使用手续，否则，因此引发的所有后果均由甲公司自行承担。第 4 条系关于乙公司的权利义务的约定。其中第 1 款约定，乙公司提供的欲发布的广告画面内容应符合《广告法》的相关规定和要求。其第 2 款约定，乙公司重新更换本广告内容的相关画面，应当提前通知甲公司并经有关部门审批备案后方可更换，此种情况下费用由乙公司承担。其第 3 款约定，保证设计、制作和发布的广告内容的真实、合法、不损害公共利益和社会形象。其第 4 款约定，自行承担广告画面的设计。其第 5 款约定，必须按照本合同第 6 条约定，按时、足额支付广告费用。第5条系关于广告场地使用期限及发布时间的约定。其中第1款约定，本合同项下广告场地使用期限为3年，预计广告发布时间：从2007年9月1日起至2010年8月31日止，共3年。其第2款约定，亮灯时间：在本合同项下广告发布期间内，甲公司保证每天亮灯时间不少于4小时：18：00—22：00（秋冬季），18：30—22：30（春夏季）。其第3款约定，甲乙双方可根据天气变化协商调整亮灯时间。第6条系关于广告费及支付方式的约定。其中第1款约定，该广告媒体年度的广告费为：人民币300.00万元整（即人民币叁佰万元整）。此费用包括：广告发布费、每年一次灯箱画面制作安装费和每两年一次LOGO造型（吸塑亚克力或霓虹灯）制作安装费、保险费、税金、监测费、主体框架制作、维护费、增容、配电系统及安装维护等费用。其第2款约定，合同广告费支付方式：自签约之日起5个工作日内，乙公司向甲公司预付广告发布费人民币50.00万元整（即人民币伍拾万元整）；广告正式发布且验收合格后5个工作日内乙公司向甲公司支付广告发布费人民币50.00万元整（即人民币伍拾万元整）；2007年11月30日前，乙公司向甲公司支付广告发布费人民币100.00万元整（即人民币壹佰万元整）；2008年3月31日前，乙公司向甲公司支付广告发布费人民币100.00万元整（即人民币壹佰万元整）；2008年7月31日前，乙公司向甲公司支付广告发布费人民币100.00万元整（即人民币壹佰万元整）；2008年11月30日前，乙公司向甲公司支付广告发布费人民币100.00万元整（即人民币壹佰万元整）；2009年3月31日前，乙公司向甲公司支付广告发布费人民币100.00万元整（即人民币壹佰万元整）；2009年7月31日前，乙公司向甲公司支付广告发布费人民币100万元整（即人民币壹佰万元整）；2009年11月30日前，乙公司向甲公司支付广告发布费人民币100.00万元整（即人民币壹佰万元整）；2010年3月31日前，乙公司向甲公司支付广告发布费人民币100.00万元整（即人民币壹佰万元整）。第8条系关于广告验收的约定，甲公司在广告画面完成安装后即通知乙方实地进行验收，乙公司收到甲方通知后3个工作日内验收完毕，并向甲方出具书面的《广告发布验收报告》。乙方接到甲方通知后3个工作日内不参加验收的，视为验收合格。如果遇到特殊恶劣天气（例如暴雨、七级以上大风等），该时间顺延。

（二）判决要旨

北京市海淀区人民法院（2008）海民初字第15713号民事判决书认定，系争《某户外广告牌租赁合同》（以下简称系争合同）虽名为租赁，但该合同性质应属承揽合同。其依据在于："甲公司基于合同的主要义务是根据乙公司提供的广告画面制作广告牌，并负责日常维护和清洁，可见甲公司合同义务的实质是交付约定的工作成果，其权利是向乙公司收取报酬；而乙公司的合同权利是要求甲公司完成约定的工作，其义务是接受甲公司的工作成果并支付报酬。"（第8页）

（三）评释

北京市海淀区人民法院（2008）海民初字第15713号民事判决书的上述认定及其依据，均违背法律及法理，兹分析如下。

1. 北京市海淀区人民法院（2008）海民初字第15713号民事判决书认定系争合同为承揽合同的重要依据是："甲公司基于合同的主要义务是根据乙公司提供的广告画面制作广告牌，并负责日常维护和清洁，可见甲公司合同义务的实质是交付约定的工作成果"。对此，可有两种解读，一是案涉广告牌是系争合同的标的物，二是制作案涉广告牌是系争合同的标的。

若为前者，且将系争合同定性和定位为承揽合同，则该广告牌需要交付给乙公司，其所有权自交付之日起归属于乙公司。纵观系争合同的规定和实际履行情况，均无案涉广告牌须交付乙公司并移转所有权的意思和事实。这不符合承揽合同的属性，恰是租赁合同的特点。

若将制作广告牌作为系争合同的标的，并将系争合同定性和定位为承揽合同，则甲公司这个"承揽人"的义务自案涉广告牌制作完成之日即告履行完毕，此后，甲公司这个"承揽人"与案涉广告牌无关。可事实正好相反，甲公司这个"承揽人"一直负责案涉广告牌的众多事项。这不符合承揽合同的属性，反倒符合租赁合同的规格。

若将制作广告牌作为系争合同的标的，并将系争合同定性和定位为承揽合同，则甲公司这个"承揽人"不应收取广告费，只能收取报酬，并且，该报酬产生和存在的基础和计算依据，仅与质量和数量有关，不会随着时间的推移而增加报酬数额。纵观系争合同的规定和实际履行情况，广告费的数额因使用广告牌期限的长短而出现多寡的不同。这不符合承揽合同的规格，正好体现了租赁合同的特征。

若将制作广告牌作为系争合同的标的，并将系争合同定性和定位为承揽合同，则甲公司这个“承揽人”不应收取广告费，只能收取报酬，并且，该报酬产生和存在的基础和计算依据，应是案涉广告牌制作的成本加上适当的利润。如此，该报酬的数额极为有限，没有几个钱。可纵观系争合同的规定，广告费竟高达每年 300.00 万元人民币，三年共 900.00 万元人民币。这不符合承揽合同的性质，却体现了租赁合同的特征。

2. 北京市海淀区人民法院（2008）海民初字第 15713 号民事判决书认定系争合同为承揽合同的重要依据是：“乙公司的合同权利是要求甲公司完成约定的工作，其义务是接受甲公司的工作成果并支付报酬。”其错误在于：1）代替当事人订立合同。查阅系争合同全文，均未发现乙公司支付报酬的约定，约定的是乙公司支付广告费或广告发布费。须知，报酬和广告费、广告发布费不是同义语。2）乙公司的权利义务的重心，不是要求甲公司制作广告牌，亦非接受该广告牌这个“工作成果”，而是使自己拥有或他人所有的广告画面在甲公司的广告牌上展示，系争合同的用语为“发布广告”（第 1 条第 1 款和第 2 款、第 3 条第 4 款、第 4 条第 1 款、第 5 条、第 8 条等）。3）承揽合同中，报酬的支付时间点在承揽人向定作人交付工作成果之时，除非当事人另有约定或交易习惯相反（《合同法》第 263 条、第 61 条、第 62 条），且以一次付清为原则，而不采取分期付款的方式。分期付款，是租赁、分期付款买卖等合同的固有属性。观察和分析系争合同第 6 条关于广告费支付的约定，恰恰采取了分期支付广告费的方式。

既然如此，加上其他各项理由，可以肯定地说，系争合同不是承揽合同。

3. 租赁合同为典型的继续性合同，合同项下的权利义务随着时间的推移而逐渐增加；承揽合同为一时性合同，合同项下的权利义务取决于工作成果的质量和数量，不因时间的长短而变化。观察和分析系争合同的约定，不难发现甲公司收取广告费的权利随着乙公司使用案涉广告牌期限的增长而不断增加。这是租赁合同的特征，而非承揽合同的性质。

4. 从风险负担的角度看，租赁合同场合，标的物意外毁损灭失的风险一律由出租人负担；而承揽合同场合，定作物意外毁损灭失的风险负担规则不同，定作人受领定作物前，风险由承揽人负担，定作人受领后，风险由定作人负担。观察系争合同，它虽无关于风险负担的直接条款，但结合系争合同第3条第6款关于"甲公司将负责有关广告媒体构架之安全性及购买媒体有关保险，费用由甲公司支付"的约定，可知案涉广告媒体（广告牌）意外毁损灭失的风险由甲公司承担。之所以如此断言，是因为投保必须具有保险利益，否则，保险无效。此处所谓保险利益，正是甲公司对广告牌拥有所有权，以及对广告牌致人损害的赔偿责任。该项保险利益一直存在于系争合同的始终。这与租赁合同的属性相符，而不同于承揽合同，因为承揽合同场合风险自工作成果交付时起由乙公司承担。

5. 如何看待系争合同第3条第2、3、4款的约定？这些约定决定了系争合同只能是承揽合同还是可以为租赁合同？笔者认为，系争合同第3条第2款关于"甲公司负责广告牌主体结构的建设安装、拆除及使用期间的维修、清洁"的约定，符合租赁合同出租人对租赁物建造、维修的法律性质；第3条第3款关于"甲公司负责广告牌的设计、制作、安装和设置，保证符合相应技术、质量，使广告牌达到合理的、安全的强度"的约定，符合租赁合同保证租赁物适宜租赁目的的特质；分析第3条第4款的约定，同样可以得出这是关于出租人义务的规定的结论。

6. 退一步说，即使系争合同定性和定位较为模糊，既可解释为租赁合同，亦可解释为承揽合同的场合，也应当全面审视合同的整体，而不可断章取义。所谓合同的整体，包括合同的名称、合同的条款。其中，系争合同的名称显得十分突出和重要，因为它至少反映了当事人各方于缔约当时的认识水平，更体现了当事人的真意。谈及系争合同的条款，系争合同第1条第1款明确约定："乙公司为发布其所代理的客户户外广告，特向甲公司租赁位于某裙楼楼顶的户外广告媒体。"

作为法律人，包括裁判人员，不得轻易抛弃合同文本的名称，而将该合同认定为他种合同。只有在合同的条款清楚而充分地显现出该合同文本的名称与该合同的实际内容严重不符时，才可以置合同文本的名称于不顾，径直按照该合同条款所确定的权利义务来定性和定位该合同。系争合同的众多条款都清楚而充分地显示，该合同就是租赁合同。这样，不允许将它定性和定位为承揽合同。

诚然，系争合同的主体部分为租赁合同，也包含一些他种合同的条款，如发布广告合同的条款。观察系争合同的全部条款，不难发现，这些他种合同的条款处于附属地位，并未成为系争合同的主干部分。按照法律解释的规则及理论，如果这些他种合同的条款不容忽视，则采取分别适用法律的方法，即租赁合同条款部分适用《合同法》关于租赁合同的规定，他种合同条款适用法律关于它们的相应规定，如适用《广告法》的有关规定；如果他种合同的条款可以暂时忽略不计，则采取“吸收说”，仅仅适用《合同法》关于租赁合同的规定。万不可本末倒置，将本属系争合同主干部分的租赁条款弃置一边。

拾叁

合同漏洞的补充

一、合同漏洞补充及其定位

所谓合同漏洞（gaps），是指合同关于某事项应有约定而未约定的不圆满的现象。[①] 易言之，合同的客观规范内容不能包括某种应处理的事项。依据一定规则，审视、甄别、发现、确定并填补合同漏洞，使合同完整化，即为合同漏洞补充或曰合同漏洞填补。全面、周延的合同漏洞补充应该包含这些所有的环节和作业，当然，在特定情况下，把合同漏洞补充用于填补合同漏洞这个最后环节，也不宜说错。

合同漏洞及其补充遇到的第一个问题是，它是独立于还是归属于合同解释？如果承认合同解释“是确定当事人双方的共同意思”[②]，是指“对合同及其相关资料的含义所作的分析和说明。……当合同条款不清楚时，法院可以远离最初的协议来确定当事人双方的真意”[③]，那么，发现并确认合同漏洞的存在以及随后的补充，就应当属于合同解释的范畴。其道理在于：审视、甄别系争合同存否漏洞，需要通过解释系争合同方可知晓并最终予以确定。寻觅待补漏洞的合同条

① 参见王泽鉴：《债法原理》，北京，北京大学出版社 2009 年版，第 170 页。

② 《法国民法典》第 1156 条；La. Civ. Code Ann art. 2045.

③ Rabenhorst Funeral Home，Inc. v. Tessier，674 So. 2d 1164（La. App. 1st Cir. 1996）.

款/文字并将之填补于系争合同之中，仍须探求并确定当事人的意思，即使被认定的当事人的意思是推定的当事人的意思（the presumed intentions of the parties），也是如此。既然两个方面的作业都属于合同解释，那么，补充合同漏洞属于合同解释可以成立。

从比较法的视角也能得出上述结论。在美国普通法上，合同解释在相当长的历史时期被区分为推定解释（construction）与除此而外的合同解释（interpretation）的，时至今日也有不少的法院及专家学者仍如此思维。柯宾教授于其《柯宾论合同》、范斯沃思教授于其《美国合同法》中似将 interpretation 与 construction 作为平列的两个概念来使用，介绍其内涵、外延、功能和演变，同时也注意到越来越不区分二者的趋势。[①] 按照《布莱克法律词典》的解释，interpretation 是发现和确定制定法、遗嘱、合同和其他书面文件的意思的行为和过程。它有时在严格意义上使用，有时在宽泛意义上使用。construction 不但用于澄清、确定制定法、合同的意思，而且用于澄清、确定其他文件含义，还用于漏洞的补充。就是说，interpretation 和 construction 都符合合同解释的界定和规格。如果在严格意义上使用 construction 概念，那么，construction 是较 interpretation 适用范围更为宽泛的概念。当然，interpretation 和 construction 经常互换使用。[②] interpretation 与 construction 分工的一个重要表现是，合同漏洞的补充依赖推定解释（construction），而推定解释（construction）开始于对合同语义的解释，但并不以此为终结。推定解释是在事实上已经发现意思并完成解释之后，确定交易的法律效果。[③] 具体实施补充合同漏洞的作业为“推断”（implication），而“推断”本身亦为解释过程，据以发现可以仅仅从合同文句中产生的意思并予以执行。[④] 既然推定解释（construction）开始于对合同语义的解释，那么，把合同漏洞的

① ［美］A. L. 柯宾：《柯宾论合同》（一卷版）（上册），王卫国、徐国栋、夏登峻译，王卫国校，北京，中国大百科全书出版社 1997 年版，第 619－671 页；［美］E. 艾伦·范斯沃思：《美国合同法》（原书第 3 版），葛云松、丁春艳译，北京，中国政法大学出版社 2004 年版，第 427－515 页。

② Henry Campbell Black, M. A., Black's Law Dictionary, West Publishing CO. 283, 734 (1979).

③ ［美］A. L. 柯宾：《柯宾论合同》（一卷版）（上册），王卫国、徐国栋、夏登峻译，王卫国校，北京，中国大百科全书出版社 1997 年版，第 625 页、第 659 页。

④ ［美］A. L. 柯宾：《柯宾论合同》（一卷版）（上册），王卫国、徐国栋、夏登峻译，王卫国校，北京，中国大百科全书出版社 1997 年版，第 669 页。

发现并补充阻挡在合同解释的大门之外，就不太符合逻辑和事理。

可是，柯宾教授关于“法院若填补由于当事人未考虑到某些问题而无可表达意图，因而在协议条款中留下的漏洞，这样的司法活动不应成为解释。称其为解释只是方便的伪装”[①] 的论述，以及范斯沃思教授关于合同解释“并非法院确定合同的法律效果的唯一法律技术”，“法院可以通过推断的过程（the process of implication），为合同漏洞补充一个应适用的条款”[②] 的介绍和辨析，似乎把合同漏洞的发现并补充排除于合同解释了。其实，此段议论是建立在区分推定解释（construction）与除此而外的合同解释（interpretation）的前提、基础之上的，此处所谓解释限于除推定解释（construction）以外的合同解释（interpretation）。

如果改采另外的理念及操作——法院虽然有时区分推定解释（construction）与除此而外的合同解释（interpretation），但也经常忽略这一区分，而把推定解释（construction）的过程说成是合同解释，在法律实务中，很难一成不变地坚持推定解释（construction）与除此而外的合同解释（interpretation）这种区分，范斯沃思教授于其《美国合同法》（第 3 版）也不强调这种区分[③]，那么，把合同漏洞及其补充的作业纳入合同解释的作业之中，就顺理成章了。

当然，着眼于逻辑周延的层面，可以寻觅、确定 interpretation 和 construction 的一个上位概念，由该上位概念统领 interpretation 和 construction；也可以赋予 interpretation 广义的和狭义的两种含义，广义的 interpretation 涵盖 construction，而狭义的 interpretation 则与 construction 同义。也可以反过来，赋予 construction 广义的和狭义的两种。这如同中国台湾地区的“民法”及理论使用的过失概念，狭义的过失是与故意平列的概念，而广义的过失则包括故意和狭义的过失。

英国法如何呢？贝尔（Beale）教授等学者在“通过合同解释来补充合同漏

---

① ［美］A. L. 柯宾：《柯宾论合同》（一卷版）（上册），王卫国、徐国栋、夏登峻译，王卫国校，北京，中国大百科全书出版社 1997 年版，第 627 页。

② ［美］E. 艾伦·范斯沃思：《美国合同法》（原书第 3 版），葛云松、丁春艳译，北京，中国政法大学出版社 2004 年版，第 453 页。

③ ［美］E. 艾伦·范斯沃思：《美国合同法》（原书第 3 版），葛云松、丁春艳译，北京，中国政法大学出版社 2004 年版，第 453－454 页。

洞”(gap filling by interpretation)的章名下总结道：对于合同漏洞，主审法院一是可采风险分配的思路予以裁判，二是可判决默示条款填补合同漏洞。[①] 安久(Andrews)教授在“合同解释与默示条款”(interpretation and implied terms)的标题下讨论用默示条款填补合同漏洞。[②] 这些著作都把用默示条款填补合同漏洞划归合同解释的领域。杨良宜先生的大作《合约的解释》全面而系统地介绍和分析了英国法关于合同解释的判例以及个别的制定法，英国判例用法律上的默示条款、事实上的默示条款填补合同漏洞，所有这些均未作为独立于、并列于合同解释的作业，而是置于合同解释的总题目之下。[③] 如果这符合事实，则合同漏洞及其补充在英国法上属于合同解释的内容。

德国的萨维尼先生认为，漏洞补充属于法律解释的合法任务，“因为对完整性的要求与对一致性的要求一样，本身都属于不受任何限制的权利”[④]。布洛克斯、瓦尔克两位教授总结道：“解释不只是查明真意。在法律不完整，存在漏洞的情况下，解释同样可以实现对法律的补充。此类漏洞的原因可能是立法者故意未对某一特定问题作出规定或者在创设法律时没有考虑到某种情况(非故意)。填补法律中的既存漏洞被称为补充性解释。”[⑤] 当然，须除去援用法律规定、交易习惯补充合同漏洞的情形。相似的事务宜相同对待，合同漏洞的补充之于合同解释也应如此定位。“无论法律还是法律行为均可能存在漏洞，它们可以通过补充解释而得到填补。”[⑥] 补充的合同解释，是对合同的客观规范内容加以解释，以填补合同的漏洞现象。其所解释的，是当事人所创设的合同规范整体。其所补充的，为个别的合同条款。所以，学说上认其性质仍属合同的解释。易言之，即

---

① H. G. Beale/W. D. Bishop/M. P. Furmston, Contract Cases & Materials, Butterworths & Co (publishes), 303 - 304 (1990).

② Neil Andrews, Contract Law, Cambridge University Press, 333 (2015).

③ 杨良宜：《合约的解释》，北京，法律出版社 2007 年版，第 1 - 378 页。

④ [德] 萨维尼：《当代罗马法体系》Ⅰ，第 290 页。转引自 [德] 维尔纳·弗卢梅：《法律行为论》，迟颖译，北京，法律出版社 2013 年版，第 345 页。

⑤ [德] 汉斯·布洛克斯、沃尔夫·迪特里希·瓦尔克：《德国民法总论》(第 33 版)，张艳译，杨大可校，北京，中国人民大学出版社 2014 年版，第 37 页。

⑥ [德] 汉斯·布洛克斯、沃尔夫·迪特里希·瓦尔克：《德国民法总论》(第 33 版)，张艳译，杨大可校，北京，中国人民大学出版社 2014 年版，第 63 页。

合同解释，可分为单纯的合同解释与补充的合同解释。[①] 看来，合同漏洞的补充属于合同解释的范畴，这在德国法系不成问题。如同本书“壹、合同解释辨”专题中所析，此处单纯的合同解释有不同的称谓，包括阐释性合同解释的叫法。

在中国，《合同法》第 61 条、第 62 条的规定用于补充合同漏洞，笔者未见反对意见。《合同法》第 125 条的规定依其字面意思适用于明示的合同条款、语句的解释。《民法总则》第 142 条第 1 款规定的意思表示的解释规则是否涵盖合同漏洞的补充，专就其字面意思观察也难下结论。不过，合同漏洞的发现并确定需要解释既有的明示条款或语句，此时此地需要适用《民法总则》第 142 条第 1 款及《合同法》第 125 条的规定。对已经确定为合同漏洞的进行补充作业，无论是依据《合同法》第 61 条或第 62 条或《合同法》分则的有关规定以及其他有关法律予以填补，还是裁判者运用补充的合同解释，至少不得无视合同的明示条款，自内在要求而言，基于体系解释和目的解释的要求，补充合同漏洞并非拘泥于该漏洞之中探究、确定待补的意思表示，而须审视合同的全部条款乃至合同周围情事甚至关联交易，来寻觅自洽的、周延的、符合公平正义的合同条款或语句，最终将之填补进合同之中。这其实也是在解释，即阐释性合同解释，特别是其中“确定合同所用之词与符号的含义的过程”，即为阐释性合同解释。如此说来，将合同漏洞的补充作业纳入合同解释的范畴，符合客观实际和逻辑。梁上上教授把法律漏洞补充方法直接注释为法律解释方法[②]，与此不谋而合。

当然，首先，合同漏洞补充显然具有特殊性。比较周全的说法可能是：合同解释是最上位的概念，阐释性合同解释为合同解释的下位概念，合同漏洞补充亦为合同解释的下位概念，属于合同解释的另一种，且为特殊的一种。此处所谓特殊，其最显著、最本质的表现就是填补合同漏洞。其次，合同漏洞补充带有合同解释和法律解释的双重解释的特征：合同漏洞的补充需要适用《合同法》第 61 条、第 62 条以及其他法律规范，这离不开法律解释[③]；先于或同时解释合同的明示条款/文字，这就是阐释性合同解释。看来，合同漏洞补充的确属于十分特殊

---

① 王泽鉴：《债法原理》，北京，北京大学出版社 2009 年版，第 171－172 页。

② 梁上上：《利益衡量论》(第 2 版)，北京，法律出版社 2016 年版，第 70 页。

③ 参见［德］维尔纳·弗卢梅：《法律行为论》，迟颖译，北京，法律出版社 2013 年版，第 380 页。

的合同解释。再次，合同漏洞补充的待补条款/文字，尽管有与当事人各方的真实意思重合的情形，但偏离当事人各方的真意者可能更为常见。这不同于阐释性合同解释更多地寻觅并确定当事人的真实意思。最后，通过补充的合同解释填补合同漏洞，虽然以缔约时所为行为作为出发点，但应着眼于现存的行为。有鉴于此，应将那些在这类行为进行之后所产生的交易习惯纳入考虑范围，并且应以进行补充解释之时的法律观念为基础进行解释。[①] 如此寻觅并确定待补条款/文字，以便填补合同漏洞之后整个合同契合无间，如同修缮古建筑物系以旧补旧，贴补外墙脱落的瓷砖应使整个外墙浑然一体。在运用阐释性合同解释时，恐怕不得如此厚今薄古，因为“意思表示自其生效之时就具有——也许通过解释而获得的——恒定不变的表示价值。该价值不受事后发生事件的影响。意思表示不能于其生效之时具有某一含义，而生效之后又具有另外一个含义”[②]。

二、合同漏洞的判断标准

合同漏洞是否存在于某特定合同之中，不应单凭解释者的主观好恶来认定，而是有其客观标准的。该标准如何？可否借鉴法律漏洞的判断标准予以确立？这是应予回答的问题。当事人各方故意未就某个问题予以约定是否构成不圆满？违反计划？[③]

法律漏洞的基本特征，一是违反立法计划性，二是不圆满性。[④] 关于违反立法计划的判断，见解不一，有一种观点主张，以法秩序的全体精神、法律的内涵目的为标准，也就是说，应以内在于法律的法理念为标准。[⑤] 这种观点兼顾了法

---

① 《联邦最高法院判例集》12，第 337 页以下；23，第 282 页以下。转引自［德］维尔纳·弗卢梅：《法律行为论》，迟颖译，北京，法律出版社 2013 年版，第 383 页。

② 《联邦最高法院判例——林登迈尔-默林编联邦最高法院参考资料》，§133（B）Nr.7. 转引自［德］维尔纳·弗卢梅：《法律行为论》，迟颖译，北京，法律出版社 2013 年版，第 363 页。

③ ［德］迪特尔·梅迪库斯：《德国民法总论》，邵建东译，北京，法律出版社 2000 年版，第 257 页。

④ 参见王泽鉴：《民法思维》，北京，北京大学出版社 2009 年版，第 198 页；黄建辉：《法律漏洞·类推适用》，台北，蔚理法律出版社 1988 年版，第 21 页、第 22 页。

⑤ K. Larenz，Methodenlehre der Rechtswissenschaft. S. Aufl. 1983，S. 282f.

秩序与法外空间的区别，被认为比较妥当。[①] 所谓不圆满性，是指未能被法律规范涵盖的事实类型出现，不能以现行法直接加以调整的现象。关于欠缺法律规范调整事实类型是否即为法律体系存在不圆满性，其确定以解释为前提。在依“可能文义范围”仍不能推出立法目的、意图所承认的效果时，可以称这种法律规范的欠缺具有不圆满性，构成法律漏洞。[②]

合同漏洞与法律漏洞虽有相近的一面，也有不同之点，判断合同漏洞的标准，既要重视法律漏洞的判断标准，也应注意自己的特色。对此分解阐释如下。

其一，构成合同漏洞，需要具备违反合同计划和不圆满性两项标准。

其二，在不圆满性这个判断标准方面，合同漏洞与法律漏洞所要求的元素存在较多的相同点或近似点，只不过构成合同漏洞所要求的不圆满性自然不会是“未能被法律规范涵盖的事实类型出现，不能以现行法直接加以调整的现象”，而是合同条款残缺不全，非“完整的合同”。显然，“完整的合同”因其完整，自然不存在漏洞；只有欠缺合同条款的合同才会存在漏洞。

何为合同“完整”抑或“不完整”？在英美普通法上存有这样的观点：如果当事人各方欲使书面合同作为他们协议的最后的完整的表达，那么，该合同是完整的。[③] “一份完整的协议是形成一个最后表达一份协议的一条或多条的一书面文件或一组书面文件。”[④] 一份完整的合同是一份当事人各方都同意的所有条款的最后的与完全的表达。一份不完整的合同，虽是包含在这份协议中的所有条款的最后的与完全的表达，但不是那份当事人各方都同意的所有条款的最后的与完

---

① 黄建辉：《法律漏洞·类推适用》，台北，蔚理法律出版社1988年版，第37页。

② W. Knittel，Die Verfassungsgerichtliche Normenkontrolle als ursache Von Gesetzeslücke，Juristische Zeitung，1967，S. 79ff.

③ Restatement（Second）of Contracts ch. 9，pt. 3 intro. note（1981）. see Mark K. Glasser & Keith A. Rowley，On Parol：The Construction and Interpretation of Written Agreements and the Role of Extrinsic Evidence in Contract Litigation，49 Baylor L. Rev. 657（1997）.

④ Restatement（Second）of Contracts〈sect〉209（1），at 125（emphasis added）；see also Restatement of Contracts〈sect〉228，at 307（1932）.（“一份协议是到此为止当事人双方采用的书面形式的完整体，或者是作为最后的与完全的表达该协议的完整书面体。”）see Mark K. Glasser & Keith A. Rowley，On Parol：The Construction and Interpretation of Written Agreements and the Role of Extrinsic Evidence in Contract Litigation，49 Baylor L. Rev. 657（1997）.

全的表达。[①] 一份由当事人各方签署的清晰的书面的合同在外表上是完整的，可被认为具备了整体的范围。[②] 这些观点值得重视，但它们只是在描述合同完整的态样，而非确立合同完整抑或不完整的判断标准。看来，确立合同不圆满性的判断标准，还得另觅他途。

实际上，合同圆满与否，或曰是否完整，直接受制于合同计划。如果A楼租赁合同计划是这样的，则A楼租赁合同是完整的，具有圆满性；如果A楼租赁合同计划是那样的，则A楼租赁合同就不完整，不具有圆满性，需要补充漏洞。具体些说，甲公司兴建A楼，但因资金短缺无力装修已经封顶的A楼，于是拟借他人之力完成A楼的装修。乙公司资金充盈，但缺乏经营场所，自己建造经营场所"远水不解近渴"，租赁他人大楼效益最佳。尽职调查之后，发现A楼的地理位置非常理想，只是A楼非"拎包入住"之物，必须装修完毕后方可正常营业。甲和乙各取所需，订立《A楼租赁合同》，约定内容之一是乙出资装修A楼，甲降低租金数额。这表明甲和乙形成的《A楼租赁合同》的计划涵盖租赁物、租期、租金、装修、违约救济诸事项，假如《A楼租赁合同》的条款中欠缺装修的内容，就构成合同漏洞。与此不同，因A楼已经装修完好，承租人"拎包入住"即可，故甲和乙的《A楼租赁合同》的计划涵盖租赁物、租期、租金、违约救济诸事项，不包括装修内容。于此场合，装修A楼既非《A楼租赁合同》的要素亦非常素，即使《A楼租赁合同的》条款中无装修的内容，也不构成合同漏洞。看来，合同计划与合同漏洞及其补充密切关联。

毋庸讳言，对此并非无疑，而且疑问源自根本：人的理性有限，而事物的全面和完美无尽。就此说来，任何合同均有不圆满性，若将不圆满性作为合同漏洞的判断标准之一，就意味着所有的合同都存有漏洞。这显然与人们的常识不符，也脱离了合同运行、解释和裁判的客观实际。

究竟是把不圆满性作为判断合同漏洞有无的标准错了，还是人的理性有限、事物的全面和完美无尽属于伪命题？都不是。问题出在将人的理性有限、事物的

---

① David R. Dow, The Confused State of the Parol Evidence Rule in Texas, 355 Tex. L. Rev. 459 - 60 (1994). (emphasis added); see also Restatement (Sccond) of Contracts 〈sect〉 210 (1) — (2).

② Mark K. Glasser & Keith A. Rowley, On Parol: The Construction and Interpretation of Written Agreements and the Role of Extrinsic Evidence in Contract Litigation, 49 Baylor L. Rev. 657 (1997).

全面和完美无尽的愿景用于合同有无漏洞的衡量并下结论，这是忘记了不同的事物应该不同对待，忽视了交易分阶段、有步骤的事实，这是忽视了交易的目标、合同的构成要素的结果。

不圆满性之于合同，而非之于事物的全部面貌，亦非之于哲学的使命及思考和美学的取向与追求。哲学，认知宇宙的无限广阔和微观层面的无限可分。美学，追求完美，尽管难以抵达至美至善的彼岸。与此不同，特定的当事人之间从事一项交易，不是哲学家的思绪遨游宇宙、敲开夸克，也不是美学家在孜孜以求至善至美，而是要办妥具体事项，满足特定的需求。当事人要受限于合同目的、缔约和履约的时间、合同文本的草拟及草拟人、谈判力量对比、交易成本等许多因素。所有这些，都决定了某特定合同不应该、也不可能如同哲学、美学所要求的那样，包罗万象、追问终极、完美无缺。这不奇怪，每个学科有每个学科的使命和追求，每个事物有每个事物的本质及要求，每个人有每个人的目的和计划(短期的和长期的，权宜之计的)，每个交易有每个交易的周期和目标。换个表述，圆满性是个相对的概念，在不同的学科有不同的要求和规格。

所谓某特定合同受限于当事人的目的、目标，“顾不得”美学要求的至善至美，完美无缺不是一个市场主体追求的目标；亦无哲学探究无穷无尽的本性，一个经济人、理性人“不解哲学的风情”；即便退至合同法调整的交易，也仍存于实践逻辑的不可穷尽性①的客观现实；而是要解决“油盐酱醋柴”的“俗事”“琐事”。例如，甲饥饿难耐，需要尽快将一碗牛肉面吞进肚里，以便继续赶路；乙餐馆需要食客盈门，不断地将牛肉面换成人民币。如果遵从哲学、美学的使命，使牛肉面色香味绝佳、确定清楚其于茫茫宇宙中的真正角色，那么，甲非饿死不可，乙餐馆可能亏损直至破产。就该餐饮合同而言，含有牛肉面的品种和数量以及供应的时间、价款，就算具有圆满性，符合合同计划，至于距离色香味俱佳尚远、餐具已经褪色、餐桌陈旧等等，均非该餐饮合同不圆满性的体现，亦非该合同计划关心所在。再进一步，在乙餐馆一侧，应当区分餐饮事业的终极追求和与每位顾客的每次“交易”，专就乙餐馆和甲食客的此次就餐而言，须暂时忽

① ［德］格布哈特：《前草案》之《总论》Ⅱ。2. 第 251 页。转引自［德］维尔纳·弗卢梅：《法律行为论》，迟颖译，北京，法律出版社 2013 年版，第 367 页。

略乙餐馆的终极事业追求，亦不理会甲曾于闲暇时光对燕窝的渴望，而是聚焦于填饱肚子及其规格。这样，只要乙餐馆和甲食客商定的牛肉面数量足够、品种符合甲的指定、卫生达标，就算该餐饮合同具备圆满性的规格。

所谓受制于交易成本，就是既完成交易又控制交易成本，特定的商家之间从事一项交易，大多不是追求该项交易尽善尽美，时常伴有交易成本方面的考量。由此决定，即使某特定合同舍去一些要求，也不以合同具有不圆满性论。例如，甲便利店自乙酿酒厂购进 1 吨白酒，双方约定散装送至甲便利店。虽然瓶装白酒美观，便于保管，也利于顾客购买携带，甲便利店和乙酿酒厂之间的购酒合同约定瓶装白酒最为完美，但也不得认定该购酒合同具有不圆满性，个中原委在于甲便利店要降低经营成本。

所谓受制于谈判力量的对比、缔约和履约的时间、合同文本的草拟及草拟人等许多因素，使得所签合同在一项或几项指标方面降低规格，对此也不得认定该合同不圆满，其证立的思路和遵循的道理相同于上文之法，不再一一分析。

再从合同的角度观察和剖析某特定合同圆满与否。合同，由要素和常素组成，有时也需要偶素。[①] 只要缔约人将要素和常素体现于合同条款/文字，就算作完整的合同，偶素的欠缺，往往忽略不计，不因此而认定合同不圆满。就是说，法律设计的典型合同由法律的计划性决定不可能、亦无必要十全十美、包罗万象、至善至美。

现在回答，当事人各方未就某个问题予以约定是否构成不圆满。如果此类故意遗漏的事项非属合同的要素、常素和偶素，则该遗漏不构成合同漏洞。如果该遗漏恰好是合同的要素和常素，则肯定构成合同漏洞，因其使得该合同残缺不全。如果该遗漏的是合同的偶素，那么，先看该偶素是否为合同计划所要求的事项，亦即是否为该具体合同所必需，若是、必需，则构成合同漏洞无疑；若非、不必需，则不构成合同漏洞。

需要指出，判断、认定某特定合同圆满与否，务必重视举证证明责任及其分配，即由主张圆满性为何种要素构成、什么面貌的当事人举证证明，否则，以法律设计的相应的典型合同的构成为准，从而体现出规范性。

---

① 陈朝璧：《罗马法原理》，北京，法律出版社 2006 年版，第 94－95 页。

最后还要说明，就某特定的合同洽商、形成条款/文字、签署而言，当事人的理性大多足够，甚至绰绰有余，而非力有不逮。换句话说，在许多情况下，特定的当事人各方订立某特定的合同，可有切合实际的完备的合同计划，草拟完成完整的合同条款/文字。这在 FIDC 条款、银行系统运用的按揭贷款合同、网签的商品房销售合同等场合十分明显。

其三，合同计划，即当事人关于合同事项的安排，包括当事人各方、标的和内容，甚至于合同术语的定义、"鉴于条款"、担保条款、履行步骤、附条件、附期限、抗辩及抗辩权、争议解决机制，等等。值得注意的是，合同计划远较于立法计划复杂多样。立法计划，出自一个立法者，故只有一个。但合同计划客观上被分为若干层次的计划，第一层面的合同计划，属于整个交易的计划，也可以说是交易的整体安排。这个层次的计划有可能是共同的，或者共同点多一些。无论是买卖合同等旧时称作"契约"还是合伙合同等"共同行为"都是如此，并非"契约"就无此合同计划。"契约"双方当事人尽管其目的尤其是动机相互对立，但为达自己的目的及动机也得在交易上"让步"，"让步"到一定程度、界限，当事人双方都接受了，对立而统一，也就形成了整个交易的计划，且为当事人双方共同的意思。换个表述就是，他们在合意的基础上制定规则且各方就其所达成的合意的事实不存在争议，那么，当人们仅考虑参与作出表示的人或参与制定合同规则的人之间的关系时，就没有理由不使表示或基于合同所确定的规则"自动"按照参与者实际一致理解的内容生效。[①] 由此决定，在发现、认定、填补合同漏洞时，即使面对的是"契约"，也仍有第一个层面的合同计划发挥作用的空间，即依该层面的合同计划发现、确定出待补的合同条款/文字，并填补合同漏洞，至少为发现、确定、填补合同漏洞划定基本路线。第二个层面的合同计划，是合同目的意义上的计划。该层面的合同计划因合同系"共同行为"抑或"契约"而有不同。合伙等"共同行为"，当事人的计划在典型的交易目的层面是共同的，在当事人的动机层面很可能仍然不同。由此决定，补充合伙合同等"共同行为"的漏洞，重心放在典型交易目的、共同计划的内在要求上，同时也不忽视当事人的动机企求，目光往返巡视，并依赖任意性法律规范、交易惯例等因素，最终完

---

① ［德］维尔纳·弗卢梅：《法律行为论》，迟颖译，北京，法律出版社 2013 年版，第 350 页。

成发现、确定、填补“共同行为”的漏洞的任务。与此有别，在买卖合同等旧时称作“契约”的场合，无论是就典型的交易目的而言，还是就当事人的动机来说，都难有当事人各方共同的合同计划，大多是一方当事人一个计划，相对人则是另外一个计划。由此决定，发现、确定、补充“契约”的漏洞，应尽可能地寻觅当事人双方认可的合同计划即第一个层面的合同计划，以便兼顾双方的权益，假如囿于当事人一方的目的，包括典型交易目的和动机，就会忽视另一方当事人的典型交易目的及动机，也就难以兼顾另一方当事人的权益。这决定了发现、确定、补充“契约”漏洞虽然不得无视一方当事人的目的及动机，但必须超越此类一方当事人的目的及动机，注意和依赖第一个层面的合同计划，直至强制性法律规定、任意性法律规定、倡导性法律规定以及交易习惯，方能完成任务。退一步说，即使聚焦于一方当事人的典型交易目的，基于某特定合同所归属的典型合同的典型性，也可以确定合同漏洞之所在，并进而予以填补工作。[①] 例如，买卖合同中出卖人的典型交易目的是获取买卖物的价款，当某特定的买卖合同缺少价款条款时，就可根据出卖人的典型交易目的而确定该合同存在漏洞，进而依据《合同法》第 61 条或第 62 条以及第 160 条、第 161 条、第 162 条的规定，进行填补合同漏洞的具体工作。

对于合同计划，先由主张何种合同具有何种合同计划的一方当事人举证证明，否则，以交易的本性所要求的合同计划为准，并兼顾交易习惯、法律的相应规定等有关因素，从而体现客观性。这类似规范解释。

最后，当事人的合同计划若被明确记载下来，补充合同漏洞有一定依据可寻，自然容易完成作业，但实务中常常是有合同的成立却难留清晰可见的合同计划，使得补充合同漏洞缺乏依据，至少依据短缺。于此场合，需要借助于法律规范、交易习惯、备忘录、初步协议、预约等工具（依据、手段），推断合同计划的内容和面貌，寻觅并确定合同漏洞之所在。例如，A 车买卖合同存有漏洞，可用《合同法》第 9 章关于买卖合同的规定予以填补。此其一。如果该章仍无填补 A 车买卖合同的漏洞的规定，或虽有规定但不合当事人双方一直以来的交易习

① 此处“退一步说”之论，系北京大学法学院教授王成博士于 2019 年 4 月 21 日下午举办的民法沙龙上评论笔者关于《关于合同解释主体的思考》报告时所提，特此说明并致谢王成教授！

惯，就可用其交易习惯填补漏洞。于此场合，《合同法》第 9 章关于买卖合同的规定虽然可以补充 A 车买卖合同的漏洞，但其属非强制性规定的合同法规范，故应让位于交易习惯，除非该交易习惯违背公序良俗或违反强制性法律规定。此其二。如果当事人之间订立有 A 车买卖预约，则该预约能够补充 A 车买卖合同的漏洞时，因其为当事人各方的真实意思表示，按照意思自治原则，其应优先于任意性法律规定、交易习惯被选定，除非该预约违背公序良俗或强制性法律规定。此其三。如果当事人之间留有备忘录、初步协议，那么，在这些备忘录、初步协议也成为 A 车买卖合同的组成部分时，可用它们补充 A 车买卖合同的漏洞，并且，同样因其为当事人各方的真实意思表示，依据意思自治原则，其优先于任意性法律规范、交易习惯被选定；相反，在它们被排除于 A 车买卖合同的组成部分的场合，它们不得用作补充 A 车买卖合同的漏洞，只可作为填补 A 车买卖合同的漏洞的参考因素。

三、合同漏洞的类型

上述分析及结论决定了，审视圆满与否的对象限于某特定的典型合同相对容易些，因典型合同肯定有可视边际，有成形面貌，有固有特征，而非典型合同至少复合而成的非典型合同在边际、面貌方面难有章法，所谓特征也可能形形色色，这使得判断、确定非典型合同圆满与否困难很大。有鉴于此，本专题基本上限于某特定典型合同来审视、确定圆满与否。如果当事人约定的合同条款/文字超出了法律设计的某特定典型合同的规格、边际，且超出部分不构成另外一个合同，那么，就应当认定具备圆满性，除非相对人举证推翻。如果当事人约定的合同条款/文字少于法律设计的某特定典型合同的规格、边际，那么，主张该合同具备圆满性的一方负责举证证明该合同已达圆满性，不存在漏洞；主张该合同不具有圆满性的一方只要出示法律关于该典型合同所应有的规格、边际，而系争合同欠缺其中有的或有些规格、边际，就算完成了证明责任，结论是系争合同具有不圆满性。

非典型合同，限于特别“单一的”而非类型结合的非典型合同、混合类型的非典型合同，也可以检验、确定其圆满与否，因为此类非典型合同也有有限边际，有可视面貌，有固有属性。解释合同之人有可能把握此类非典型合同圆满与否的客观化的规格、边际。如果是内容丰富的复合而成的另一类非典型合同，则没有一成不变的客观化的规格、边际，必须一事一议，具体分析，这就不易判断彼类合同圆满与否。这也正是本专题讨论合同漏洞及其补充原则上限于典型合同的原因之一。

当然，作为审理案件的主审法院或仲裁个案的仲裁庭，哪能总是处理单一的典型合同的纠纷？难免面对复杂交易。处理复杂交易的案件，需要“解剖”或曰分解之，审视其构成元素。如果该复杂交易是由若干各典型合同组合而成，或者由一个典型合同和非典型合同组合而成，那么，判断其圆满与否，可以就一个一个的典型合同加以检验，从而得出结论。如果它是由几个典型合同和若干非典型合同组合而成，那么，判断其圆满与否，同样是就一个一个的单纯的合同加以审视，从而得出结论。当然，于此场合，特别困难，因为非典型合同圆满与否欠缺客观化的规格、边际。

需要指出，判断、认定某特定合同圆满与否，务必重视举证证明责任及其分配，即由主张圆满性为何种要素构成、什么面貌的当事人举证证明，否则，以法律设计的相应的典型合同的构成为准，从而体现出规范性。

合同漏洞，是仅限于典型合同的漏洞而言的概念，还是既包括典型合同的漏洞也包括非典型合同的漏洞？前者可叫狭义的合同漏洞，后者可称广义的合同漏洞。如果在狭义上使用合同漏洞，那么，甲合同文本中所含 A 楼租赁合同是完整的，只是欠缺 B 楼买卖合同的条款，此种情景就不属于合同漏洞，因为 A 楼租赁合同是完整的，不存在漏洞，只是欠缺整个 B 楼买卖合同。如果采取广义的合同漏洞的概念，则甲合同存在漏洞，该漏洞即为整个 B 楼买卖合同。区分狭义的和广义的，在填补漏洞时所运用的方法是不同的。补充狭义的合同漏洞，可以忽视 B 买卖合同这个因素，依赖 A 楼租赁合同的体系、交易习惯、目的和《合同法》第 13 章关于租赁合同的规定，即可完成任务。与此不同，补充广义的合同漏洞，固然不应排斥 A 楼租赁合同这个考量因素，但主要的还是探究当事人关于 B 楼买卖合同的意思表示，依赖当事人洽商备忘录、初步协议、交易习惯、目的和《合同法》第 9 章买卖合同的规定等因素综合考量，确定出待补的 B 楼买卖合同条款/文字。

广义的合同漏洞在填补时依赖的方法多样，补充此类漏洞时常须视个案情形而定方案及方法，不易形成清晰而确定的合同漏洞补充规则和方法，换言之，考量的因素具有明显的不确定性。与此有别，补充狭义的合同漏洞已有相对确定的规则及方法，便于操作。再者，由于非典型合同在许多情况下含有典型合同，典型合同漏洞的补充规则及方法也可径直或变通地用于非典型合同漏洞的补充之中，只不过最终要整体审视非典型合同的解释结果是否妥当罢了。有鉴于此，以下所论限于狭义的合同漏洞即典型合同的漏洞及其补充，除非另有说明。

四、合同漏洞存在的原因

（一）原因之一

当事人对于非必要之点，未经表示，例如买卖钢琴而未约定运费由谁负担。在现代社会，由于复杂世界中计划的难度和难以准确预知事件的发生，当事人通常不能草拟出规定有一切未来事项的合同。合同漏洞在所难免，无论当事人多么周到地设计合同。[①] 在交易中，商人们总将更多的注意力放在给付的内容方面，予以约定，而不是对偶发事件或瑕疵给付如何处理作出安排；对合同能否得到强制执行效力也容易忽视。[②]

（二）原因之二

当事人对非必要之点虽经表示，然未获协议，同意保留于合同成立后再行商议。[③] 换个表述，一个潜在的争议可以被预见到，但当事人有意地决定不作约定。[④] 例如，某《股权转让协议》第 7 条第 2 项约定："YTT 公司拥有的 A 地块的土地用途能变更为建设用地时，则受让方同意转让方有权参与 A 地块的合作开发，合作开发项目公司的股权比例按转让方的实际投入及适当溢价和受让方已

---

① Hillman, An Analysis of the Cessation of Contractual Relations, 68 Cornell L. Rev., 627 - 628 (1983).

② Maryland, Non-Contractual Relations in Business, A Preliminary Study, 28 Ann. Soc. Rev. 55, 60 (1963).

③ 王泽鉴：《债法原理》，北京，北京大学出版社 2009 年版，第 171 页。

④ ［美］E. 艾伦・范斯沃思：《美国合同法》（原书第 3 版），葛云松、丁春艳译，北京，中国政法大学出版社 2004 年版，第 496 页。

经发生的实际投入及势必发生的投入来确定，转让方溢价部分双方另行协商。”这样，转让方溢价的计算和折合成股权数量就构成该《股权转让协议》的漏洞。

（三）原因之三

一方当事人对相对人知道得更多，作为一种策略，他决定不去针对法律上的默认规则（哪怕它并不妥当）作出相反约定，因为涉及这一问题可能会泄露信息。[①] 一方当事人或许还会担心，如果涉及某一问题，可能会导致缔约拖延，或者导致一项于己不利的条款被约定，或者甚至会导致整个交易失败。[②]

（四）原因之四

当事人各方都有意遗漏若干合同条款，并明示补充漏洞的依据。例如，某《信托贷款合同》于其“前言”中明示：“本合同文本主体内容由通用条款和专用条款两部分组成，通用条款部分根据法律、法规及市场惯例制订，无须另行约定；专用条款部分为合同各方根据具体情况予以专门约定的内容。两部分内容共同组成一份完整的合同。”

（五）原因之五

合同的部分条款因违背公序良俗，或违反强制性法律规定而无效。[③] 就该无效的部分出现合同漏洞。

（六）原因之六

限缩解释不当导致合同漏洞。对此，先从限缩不当导致法律漏洞谈起。例如，《合同法》第 52 条第 5 项规定，违反法律、行政法规的强制性规定的合同无效。相当于《民法通则》第 58 条第 1 款第 5 项前段关于违反法律的民事行为无效的规定而言，这项规定在《合同法》制定当时无疑是长足的进步。但对于当下的法律人来说，这有其不足并且已经显而易见了，即并非所有的违反法律、行政法规的强制性规定的合同都应归于无效，违反法律、行政法规的效力性的强制性

---

① Ayres & Gertner, Filling Gaps in Incomplete Contracts: An Economic Theory of Default Rules, 99 Yale I J. 87, 127 (1989).

② ［美］E. 艾伦·范斯沃思：《美国合同法》（原书第 3 版），葛云松、丁春艳译，北京，中国政法大学出版社 2004 年版，第 496 页。

③ 王泽鉴：《民法债编总论·基本理论·债之发生》（总第 1 册），台北，三民书局 1993 年版，第 181 页。

规定的合同无效，违反法律、行政法规的管理性的强制性规定的合同效力如何，人民法院应当根据具体情形认定其效力（法发〔2009〕40 号第 15 条后段）。《民法总则》第 153 条第 1 款也表达了这样的意思。这告诉我们，《合同法》第 52 条第 5 项的规定就其字面意思而言的确适用范围过宽了，应当予以限缩。但是，此处所谓限缩适用范围，难有“一刀切”的法律解释方式，只好“应当根据具体情形”予以确定。但是，法释〔2009〕5 号却采取了“一刀切”的限缩方式，其第 14 条规定：“合同法第五十二条第（五）项规定的‘强制性规定’，是指效力性强制性规定。”这导致全国众多的人民法院及法官和不少专家学者发生了错误的认识：违反法律、行政法规的管理性的强制性规定不影响合同的效力。其实，违反法律、行政法规的管理性的强制性规定的合同，究竟是有效还是无效，需要综合考量方方面面的因素，而后方有定论。就是说，法释〔2009〕5 号第 14 条的规定又造成了新的法律漏洞。

在合同漏洞及其补充方面，也是如此。限缩解释不当，也会导致合同出现漏洞。例如，《TJ 市商品房买卖合同》之《补充协议》第 2 条第 2 款第 1 项约定：“如遇下列特殊原因，除双方协商同意解除合同或变更合同外，出卖人可据实予以顺延交付时间，且出卖人无需承担违约责任：不可抗力，包括但不限于地震、台风、战争、政府行为……”买受人张某解释该条款中不可抗力的含义时，认为其中的政府行为不属于不可抗力，因为《合同法》第 117 条第 2 款规定的“不可抗力，是指不能预见、不能避免并不能克服的客观情况”，而系争案件中政府出于环境需要而禁止承包人施工的行为是发包人可以预见的，这不符合不可抗力所要求的“不能预见”。如此解释系争《TJ 市商品房买卖合同》之《补充协议》第 2 条第 2 款第 1 项关于不可抗力免责的约定，使得政府行为障碍系争合同履行时发生何种法律后果欠缺法律依据，因为《合同法》并未明文规定政府行为与合同履行及其责任之间的关系，《合同法》第 107 条的规定是否确立了无过错责任原则见仁见智，系争《TJ 市商品房买卖合同》之《补充协议》本有约定却因买受人张某的上述解释形成漏洞。笔者不赞同买受人张某对于系争《TJ 市商品房买卖合同》之《补充协议》第 2 条第 2 款第 1 项的解释，反对曲解合同约定酿成漏洞的思路及意见，理由如下：其一，系争《TJ 市商品房买卖合同》之《补充协议》第 2 条第 2 款第 1 项明确约定了不可抗力包括政府行为，该约定不违背公序良俗，不违反强制性法律规定，依据意思自治原则，理应承认其法律效力。其二，《合同法》欠缺政府行为与合同履行及其责任之间的关系的明文，当事人双方于系争合同中明确约定，必要且允当，扭曲解释，导致合同漏洞，人为地抹杀处理依据，显非上策。其三，系争《TJ 市商品房买卖合同》之《补充协议》第 2 条第 2 款第 3 项约定“非基于出卖人的原因，因水、电、热力、燃气等地方公用设施建设单位等原因造成工程延误，或此类部门对出卖人的相关报批手续审批不及时、进行能源供用限制或规划调整等行为……”的，“除双方协商同意解除合同或变更合同外，出卖人可据实予以顺延交付时间，且出卖人无需承担违约责任”。举轻以明重，政府行为系不可抗力之一种表现形式，完全符合系争《TJ 市商品房买卖合同》及其《补充协议》全部约定之间的逻辑。最后，境外一些法律文件所界定的不可抗力是不能预见、不能避免和/或不能克服，不强求三个不能同时具备。如同上文所举，《国际商事合同通则》第 7.1.7 条之（1）、1980 年《联合国国际货物销售合同公约》第 79 条之（1）都不要求同时具备三个不能的设计是符合客观现实的，值得中国法重视。中国一些判决也是不强求三个不能同时具备。[①] 解释系争《TJ 市商品房买卖合同》之《补充协议》第 2 条第 2 款第 1 项关于不可抗力的约定，系争案件的处理，不应忽视上述法律文件和判决关于不可抗力的立场。

五、合同漏洞补充的理论基础与步骤

（一）首先确定合同漏洞是否存在

1. 确定合同漏洞是否存在，需要先进行合同解释，因为只有认定了系争合同的文字本应对特定事项作出约定却未作约定之后，才能补充此类约定。[②] 只是该解释不应停留于对效果意思的查明，还应对引起效果意思的动机以及合同周围

---

① 上海市高级人民法院（1999）沪高经终字第 423 号民事判决书，信息来源：http://china.findlaw.cn/info/qinquanzerenfa/qqmzsy/bkkl/20100825/130495_2.html，最后访问时间：2018 年 7 月22 日。

② City of Yonkers v. Otis Elevater Co.，844 F. 24 42 (2d Cir. 1988)；[美] E. 艾伦·范斯沃思：《美国合同法》（原书第 3 版），葛云松、丁春艳译，北京，中国政法大学出版社 2004 年版，第 498 页。

情事进行分析。[①] 先行合同解释的目的之一是，当事人的约定（无论是明示的还是必然的推论）可以排除裁判者原本会补充的条款。[②]

2. 在判断系争合同是否存在构成漏洞的解释过程中，应该把握的第一点是，合同约定得越详细、越全面，裁判者就越不可能判定存在合同漏洞；应该把握的第二点是，如果裁判者确信当事人不可能预见有关情形，从而不可能在他们的合同中对此作出约定，那么，即使合同文字表面上看来可以适用可预见性规则，裁判者也可能拒绝适用之，并可能认定所审理的事项属于合同漏洞。相反，裁判者若确信当事人可以预见某种情形，则可能认定当事人的意思：表面上看来可以适用的合同文字，应当适用于这种情形。[③]

3. 在这里，以留待商议条款为例，剖析其存否合同漏洞。所谓留待以后商议条款，顾名思义，依当事人各方的合同计划，是当事人各方于未来补充的合同条款，只要其后未予补充，就构成合同漏洞。例如，A 股权抵债协议中约定，关于 A 股权的评估机构留待以后商议确定，直至双方诉讼也未就股权评估机构的选定协商一致。这构成 A 股权抵债协议的漏洞。

需要指出，将上述结论及其思路运用于典型合同的漏洞的场合，可以，但运用于非典型合同的场合，则未必适当。例如，如果在 A 楼租赁合同约定有留待商议条款，内容属于 A 楼买卖合同，当事人双方后来未再商议 A 楼买卖合同或虽经商议但未获一致意见，那么，这不构成 A 楼租赁合同的漏洞，但成立 A 楼买卖合同欠缺的漏洞，及广义的合同漏洞。就此可见，把合同漏洞补充区分狭义的与广义的两类，有其便利的一面。

针对留待以后商议条款，当事人双方日后有商议、确定待补合同条款，最为理想。但因权益彼增此消，当事人双方协商一致的情形有限，需要法官等解释合同之人选择、确定待补合同条款。采取这种路径及方法确定的待补合同条款，仅

---

① ［德］汉斯·布洛克斯、沃尔夫·迪特里希·瓦尔克：《德国民法总论》（原书第 33 版），北京，中国人民大学出版社 2014 年版，第 69 页。

② ［美］E. 艾伦·范斯沃思：《美国合同法》（原书第 3 版），葛云松、丁春艳译，北京，中国政法大学出版社 2004 年版，第 498 页。

③ ［美］E. 艾伦·范斯沃思：《美国合同法》（原书第 3 版），葛云松、丁春艳译，北京，中国政法大学出版社 2004 年版，第 499 页。

在个别情况下反映当事人双方的意思表示，时常反映一方当事人的意思表示，少数情况下为客观意思。

4. 接下来观察和辨析“了结协议”是否存在合同漏洞。笔者认为，如果不单是合同名称叫“了结协议”或“对账单”或“结算单”或“还款协议”或“清算协议”或“结清协议”等等，关键是合同内容的确属于了结当事人各方既有的债权债务，那么，在此类约定、协议没有提及原合同约定的违约责任、违约方本应承担的违约责任时，应当认定该“了结协议”不存在合同漏洞，换句话说，不再执行原合同的约定，完全按照新的协议处理，包括不再追究违约方的违约责任。

在这里，有必要研讨的是法释〔2012〕8号第24条第3款关于“买卖合同约定逾期付款违约金，但对账单、还款协议等未涉及逾期付款责任，出卖人根据对账单、还款协议等主张欠款时请求买受人依约支付逾期付款违约金的，人民法院应予支持，但对账单、还款协议等明确载有本金及逾期付款利息数额或者已经变更买卖合同中关于本金、利息等约定内容的除外”的规定。对此规定，应把握如下几点：(1) 所谓“对账单、还款协议等明确载有本金及逾期付款利息数额或者已经变更买卖合同中关于本金、利息等约定内容的除外”，意味着承认了当事人依其约定变更了原来关于逾期付款违约金的约定，完全按照对账单、还款协议的约定确定逾期付款的法律后果。因为逾期付款利息与逾期付款违约金在本质上为同一个类型的责任，不宜并罚，所以，法释〔2012〕8号第24条第3款后段的规定值得赞同。(2) 所谓“买卖合同约定逾期付款违约金，但对账单、还款协议等未涉及逾期付款责任，出卖人根据对账单、还款协议等主张欠款时请求买受人依约支付逾期付款违约金的，人民法院应予支持”，贯彻了权利的放弃、责任的免除需要明确的意思表示这个原则，若无此类明示则不得认定放弃权利、免除责任，这有其道理。(3) 应当看到，法释〔2012〕8号第24条第3款后段的规定，与“了结协议”说正相反。按照所谓“了结协议”说，在一方违约之后，各方当事人就善后事宜达成新的协议，包括形成对账单、还款协议，该新的协议没有提及原合同约定的违约责任、违约方本应承担的违约责任，那么，不再执行原合同的约定，完全按照新的协议处理，包括不再追究违约方的违约责任。

法释〔2012〕8号第24条第3款后段与“了结协议”说各有千秋：前者的优

点在于，对守约方保护周到：降低了对守约方协商对账单、还款协议等新协议条款的能力要求，即使守约方考虑不周、法律知识欠缺，遗漏了逾期付款违约金等违约责任方面的条款，也没有关系；相应地，提高了对违约方协商对账单、还款协议等新协议条款的能力要求：在协商对账、还款的过程中，违约方拟不再依原合同约定承担支付违约金等责任，必须在对账单、还款协议等新协议中明确写明，不然，就仍须承担依原合同约定所生的违约责任。而“了结协议”说符合合同变更的理论，即对账单、还款协议等新协议变更了原合同，应以对账单、还款协议等新协议的约定为准。此其一。“了结协议”说符合狭义债的关系理论，即原合同项下的一个狭义债的关系因适当履行消灭了，另一狭义债的关系出现了债务不履行（违约），对账单、还款协议等新协议对此做了了断，或曰一揽子解决了。如此，原合同关系已经不复存在，没有再基于原合同约定追究逾期付款违约金等违约责任的合同依据；对账单、还款协议等新协议没有约定逾期付款违约金等违约责任，也没有基于新协议追究逾期付款违约金等违约责任的合同。此其二。“了结协议”说避免了合同漏洞及其填补的麻烦。允许出卖人基于对账单、还款协议等新协议追究买受人逾期付款违约金等违约责任，意味着认定对账单、还款协议等新协议存在着合同漏洞，即应当约定逾期付款违约金等违约责任却未作约定。对此合同漏洞，裁判者有权予以补充，认定逾期付款违约金等违约责任应当成为对账单、还款协议等新协议中的条款。如此，出卖人基于对账单、还款协议等新协议追究买受人逾期付款违约金等违约责任，便有了合同依据。此其三。两相比较，“了结协议”说的优势更为明显。

（二）当事人以协议补充合同漏洞

有漏洞就得补充（gap of filling），使合同由不完整的变成完整的，以便安排妥当当事人交易的方方面面。补充合同漏洞，在中国首先适用的规则是《合同法》第61条关于“合同生效后，当事人就质量、价款或者报酬、履行地点等内容没有约定或者约定不明确的，可以协议补充；不能达成补充协议的，按照合同有关条款或者交易习惯确定”的规定中的前段，即当事人就合同漏洞的补充协商一致。如果当事人达成了此种协议，填补了合同漏洞，解释合同的作业便暂告结束。在欧美，奉行意思自治原则，承认当事人各方以协议补充合同漏洞乃当然之理。

当事人各方未经诉讼或仲裁的程序，便发现其合同存在漏洞，通过协商把该漏洞补充完毕，最为理想；已经进入诉讼或仲裁的程序，甚至在裁判者主持下，当事人各方和解，填补上合同漏洞，为时未晚。无论何者，并且排在补充合同漏洞的最优先顺序，均为意思自治的贯彻、落实，只要其不违反法律的强制性规定、不违背公序良俗，就应承认其正当。

当事人各方订立协议，补充合同漏洞，有些是保持系争合同约定的原样，只是规规矩矩地填补遗漏的合同条款/文字，从而使合同完整化，如同一个漏锅经过锔补继续可用；有些则变更了系争合同的有关条款/文字，经过此种补充漏洞的合同已非原合同了。无论何者，并且将之排在补充合同漏洞的最优先顺序，均为意思自治原则的贯彻、落实，只要其不违反法律的强制性规定、不违背公序良俗，就应承认其正当。

有观点认为，无论如何，也不存在撤销被补充的表示的问题。① 不知如此断言有无限制条件，若无，则在当事人各方以协议补充合同漏洞的场合不可接受。因为当事人各方补充合同漏洞的协议之于法律效力，没有不同于普通协议之于法律效力之处，所以当事人各方补充合同漏洞的协议存在无效或可变更、可撤销或解除的原因时，没有理由阻止当事人一方请求裁判者确认补充条款/文字无效，裁判者应当受理当事人一方关于变更或撤销或解除的诉讼请求。

（三）裁判者补充合同漏洞

1. 裁判者补充合同漏洞的作业前提

由于当事人双方均为经济人，在合同中的权益大多是此消彼长，就合同漏洞补充能够协商一致的情形不多。在当事人协商未果的情况下，处理纠纷的裁判者便担负起补充系争合同漏洞的职责。

在德国，法官在这个阶段必须查明：假如当事人双方考虑到了未想到的情况并且注意到了诚实信用原则以及交易习惯，那么，他们希望的是什么？因此，起决定性作用的并非当事人双方的真实想法，而是假设的意思（hypothetischer Parteiwillen）。对假设意思的查明必须从当事人在合同中的评价（im Vertrag ge-

---

① So jetzet auch Larenz, Schuldrecht Ⅰ, 8. Aufl., S. 89 Anm. 1; Anders noch Auslegung und Rechtsgeschäft, S. 94 Anm. 2. 转引自［德］弗朗茨·维亚克尔：《法律行为解释之方法》，范雪飞译，载王洪亮、张谷、田士永、朱庆育、张双根主编：《中德私法研究》（第 14 卷），北京，北京大学出版社 2016 年版，第 305 页。

troffene Wertung）出发并提出以下问题：在知道该漏洞的情况下当事人会如何合理地进行约定?[①] 这个过程本身即为阐释性合同解释本身。在美国，补充合同漏洞有先后两个步骤，第一个步骤是对合同进行解释（interpretation），因为只有当法院判定了合同文本没有对特定事项作出约定之后，才能补充一个条款；第二个步骤是“推断”（implication）……[②]

“推断”本身亦为解释过程，据以发现可以仅仅从合同文句中产生的意思并予以执行。“推断”的允诺也是明示的允诺，表达符号总是包括当事人附加于书面或口头文句之上的活动或其他活动。“推断”过程为限制合同义务和创立合同义务而使用。依“推断”去发现不另外表达的允诺；依“推断”去发现以合同文句或行为表达的允诺附有条件和受到限制。[③] “推断”的过程可以有两个基础，首要基础是当事人的真实预期。如果法院相信，当事人对存在漏洞的事项有共同的预期，那么，法院将赋予该预期以法律效力，即使当事人并未以书面形式来表达该预期。然而，如果各方当事人的预期有重大差异，或者一方当事人并无任何预期，那么，法院将不适用以各方共同预期为标准的主观判断法，而是采用客观判断标准法：看看一方当事人是否应当合理地知道对方的预期。[④]

有观点认为，如果法院不能确定当事人实际发生的预期，那么，法院应当考察的是：在法院看来，假如当事人考虑了该事项，那么他们原本会发生的预期，从而“代替他们完成假如他们曾经预见到的事情的进展，他们可能为自己做的事情，以弥补他们的短视”[⑤]。但对此有反对意见。[⑥]

---

① ［德］汉斯·布洛克斯、沃尔夫·迪特里希·瓦尔克：《德国民法总论》（原书第 33 版），北京，中国人民大学出版社 2014 年版，第 70 页。

② ［美］E. 艾伦·范斯沃思：《美国合同法》（原书第 3 版），葛云松、丁春艳译，北京，中国政法大学出版社 2004 年版，第 498 页，第 500 页。

③ ［美］A. L. 柯宾：《柯宾论合同》（一卷版）（上册），王卫国、徐国栋、夏登峻译，王卫国校，北京，中国大百科全书出版社 1997 年版，第 669 页。

④ ［美］E. 艾伦·范斯沃思：《美国合同法》（原书第 3 版），葛云松、丁春艳译，北京，中国政法大学出版社 2004 年版，第 500 页。

⑤ ［美］J. Bentham，A General View of a Complete Code of laws，in 3 Words of Jeremy Bentham 191 (J. Bowering ed. 1843). 转引自［美］E. 艾伦·范斯沃思：《美国合同法》（原书第 3 版），葛云松、丁春艳译，北京，中国政法大学出版社 2004 年版，第 501 页。

⑥ ［美］E. 艾伦·范斯沃思：《美国合同法》（原书第 3 版），葛云松、丁春艳译，北京，中国政法大学出版社 2004 年版，第 501 页。

在这种情况下，需要考察的并不是假定的预期或拟制的意思，而是正义的基本原则，它指导法院从当事人所约定的事项中推断他们未作约定的事项。[①]

尽管德国和美国的上述学说表述不尽一样，但仍有共性：其一，美国法学说明确地把寻觅、确定当事人的真实预期作为首要基础，德国法理论同样重视考证当事人各方“希望的是什么?”二者在实质上没有分歧。这体现了美国判例和德国民法非常看重意思自治原则。其二，在当事人各方无共同意思或无法查明此类共同意思的前提下，德国法学说直截了当地言明“起决定性作用的并非当事人双方的真实想法，而是假设的意思”。美国法理论叙述得更为细致、周详：“看看一方当事人是否应当合理地知道对方的预期”。其三，德国民法理论的用语是：法官须查明当事人各方“注意到了诚实信用原则以及交易习惯”。美国合同法学说的表述是：“需要考察的并不是假定的预期或拟制的意思，而是正义的基本原则。”二者殊途同归。看来，诚信、公平的原则能补当事人的意思所不逮，甚至能合理矫正当事人的意思。所有这些均有其合理成分，值得中国法及其理论借鉴。

2. 依赖法律规定填补合同漏洞

在德国，法官在填补漏洞时要考虑案件中的所有情况[②]，寻觅适合填补系争合同漏洞的强制性规范和任意性规范对法律行为规则予以补充。[③] 在美国，这属于合同推定解释的职责，由推断（implication）来实施[④]，法院一旦已经通过第一个步骤即合同解释（interpretation）的过程而判定有关事项属于合同漏洞，就应当补充一个条款来填补该漏洞。法院补充条款的过程通常叫作“推断”（impli-

---

① ［美］E. 艾伦·范斯沃思：《美国合同法》（原书第3版），葛云松、丁春艳译，北京，中国政法大学出版社2004年版，第501页。

② ［德］汉斯·布洛克斯、沃尔夫·迪特里希·瓦尔克：《德国民法总论》（原书第33版），北京，中国人民大学出版社2014年版，第70页。

③ ［德］维尔纳·弗卢梅：《法律行为论》，迟颖译，北京，法律出版社2013年版，第377页。

④ ［美］A. L. 柯宾：《柯宾论合同》（一卷本）（上册），王卫国、徐国栋、夏登峻译，王卫国校，北京，中国大百科全书出版社1997年版，第627页；［美］E. 艾伦·范斯沃思：《美国合同法》（原书第3版），葛云松、丁春艳译，北京，中国政法大学出版社2004年版，第500－515页；Mark K. Glasser & Keith A. Rowley，On Parol：The Construction and Interpretation of Written Agreements and the Role of Extrinsic Evidence in Contract Litigation，49 Baylor L. Rev. 657（1997）。

cation)，为补充合同漏洞的第二个步骤，由此补充的条款被称为“默示条款”[①]。在英国法上，补充合同漏洞是默示条款，特别是法律上的默示条款的任务[②]，许多判例、学说主张只有在“必须”时才可用默示条款填补合同漏洞，但也有判例、学说认为在法律上的默示条款方面“必须”的要求过于严格，在许多情况下做不到，故应有更多的其他考虑，包括“合理的必须”（reasonably necessary）或政策方面的合理等。[③]

所谓默示条款，是指缔约时当事人各方从来没有写明或提及，而由法官/仲裁员根据有关事实或法律或习惯而引入合同的条款，在很大程度上就把它当作缔约各方假设/假定的缔约意图。默示条款通常需要满足五个条件：（1）必须合理和公平；（2）必须是合同的商业效力所必需的，如果缺少默示条款合同仍能运作，就不会采用默示条款填补合同漏洞；（3）必须在缔约时可以假设各方会理所当然或异口同声地同意这个说法；（4）必须可以被清楚地表达；（5）不能与合同明示条款起冲突，因为明示条款代表了各方真正的缔约的意图，而默示条款是去假设各方的缔约意图，这假设是站不住脚的。[④]

默示条款有三类：第一类为法律上的默示条款（implied-in-law terms），包括制定法（statue）和判例（judicial decision）被当事人各方默认为相应的合同条款/文字；第二类为事实上的默示条款（implied-in-fact-terms）；第三类为基于交易习惯和惯例而形成的默示条款（implied on the basis of custom or trade usage）。[⑤] 用其中的法律上的默示条款填补系争合同的漏洞，相当于德国法上依赖法律规定补充系争合同的漏洞。

在中国，裁判者应首先寻觅合适的或曰相应的强制定规定[⑥]、任意性规定、

---

① ［美］E. 艾伦·范斯沃思：《美国合同法》（原书第3版），葛云松、丁春艳译，北京，中国政法大学出版社2004年版，第498页，第500页。

② H. G. Beale/W. D. Bishop/M. P. Furmston，Contract Cases & Materials，Butterworths & Co (publishes)，303-304（1990）；Neil Andrews，Contract Law，Cambridge University Press，333（2015）；杨良宜：《合约的解释》，北京，法律出版社2007年版，第309-378页。

③ 转引自杨良宜：《合约的解释》，北京，法律出版社2007年版，第325页。

④ 杨良宜：《合约的解释》，北京，法律出版社2007年版，第309页，第332页。

⑤ Neil Andrews，Contract Law，Cambridge University Press，333（2015）.

⑥ 王越宏、李媛：《论合同漏洞的补充》，载《中国法学》2001年第5期，第164页。

倡导性规定[①]，以及交易习惯[②]，作为补充合同漏洞的依据，最后用诚信、公平两项原则作整体审视、权衡。此处所谓合适的强制性规定、任意性规定及倡导性规定，主要指《合同法》第 61 条、第 62 条的规定以及其他有关规定。

在此项作业中，要将《合同法》分则中有关填补漏洞的规则与《合同法》第 61 条后段关于"不能达成补充协议的，按照合同有关条款或者交易习惯确定"的规定，以及第 62 条关于"当事人就有关合同内容约定不明确，依照本法第六十一条的规定仍不能确定的，适用下列规定：（一）质量要求不明确的，按照国家标准、行业标准履行；没有国家标准、行业标准的，按照通常标准或者符合合同目的的特定标准履行。（二）价款或者报酬不明确的，按照订立合同时履行地的市场价格履行；依法应当执行政府定价或者政府指导价的，按照规定履行。（三）履行地点不明确，给付货币的，在接受货币一方所在地履行；交付不动产的，在不动产所在地履行；其他标的，在履行义务一方所在地履行。（四）履行期限不明确的，债务人可以随时履行，债权人也可以随时要求履行，但应当给对方必要的准备时间。（五）履行方式不明确的，按照有利于实现合同目的的方式履行。（六）履行费用的负担不明确的，由履行义务一方负担"的规定联系起来。

所谓《合同法》分则中有关填补漏洞的规则，例如，《合同法》第 139 条确立了填补交付期限条款漏洞的规则：适用《合同法》第 61 条、第 62 条第 4 项的规定，填补欠缺交付期限的条款。再如，《合同法》第 154 条确立了填补标的物质量标准条款漏洞的规则：依照《合同法》第 61 条的规定确定标的物质量标准仍不能奏效时，适用第 62 条第 1 项的规定予以解决。

所谓《合同法》分则中有关填补漏洞的具体规定，《合同法》第 141 条第 2 款、第 156 条、第 160 条、第 161 条均为其表现。

某些合同漏洞的补充，要依赖《合同法》以外的法律规定。例如，某特定保证合同欠缺保证期间，而保证期间关系到保证人、债权人的核心利益，该保证合

① 关于将法律规范区分为任意性规范、倡导性规范和强制性规范的提出及分析，请见王轶：《民法典的规范配置——以对我国〈合同法〉规范配置的反思为中心》，载《烟台大学学报》（哲学社会科学版）2005 年第 3 期；王轶：《论倡导性规范——以合同法为背景的分析》，载《清华法学》2007 年第 1 期，第 68 - 73 页。

② 王越宏、李媛：《论合同漏洞的补充》，载《中国法学》2001 年第 5 期，第 165 页。

同欠缺保证期间应当构成合同漏洞。补充该漏洞须依赖《担保法》第 25 条第 1 款关于“一般保证的保证人与债权人未约定保证期间的，保证期间为主债务履行期届满之日起六个月”的规定，以及《最高人民法院关于适用〈中华人民共和国担保法〉若干问题的解释》（法释〔2000〕44 号）第 32 条第 2 款关于“保证合同约定保证人承担保证责任直至主债务本息还清时为止等类似内容的，视为约定不明，保证期间为主债务履行期届满之日起二年”的规定。就是说，该保证合同无“保证人承担保证责任直至主债务本息还清时为止等类似”条款的，保证期间自主债务履行期届满之日起 6 个月，有此类条款的，保证期间自主债务履行期届满之日起 2 年。

以下换个角度讨论依赖强制性规定、任意性规定、倡导性规定填补合同漏洞。

所谓依赖强制性规定填补合同漏洞，如 A 涉外股权转让合同约定：“本合同自双方签字或盖章时生效”。根据《中外合资经营企业法实施条例》第 14 条、第 20 条第 1 款和第 4 款的规定，行政主管机关不批准 A 涉外股权转让合同的，无效。如此，A 涉外股权转让合同形成欠缺生效条件的漏洞。对此合同漏洞可援用《合同法》第 44 条第 2 款的规定予以补充。

所谓依赖任意性规定填补合同漏洞，如 B 设备买卖合同欠缺 B 设备因不可归责于双方当事人的原因灭失时由谁承受该损失的条款，补充该漏洞，可援用《合同法》第 142 条关于“标的物毁损、灭失的风险，在标的物交付之前由出卖人承担，交付之后由买受人承担，但法律另有规定或者当事人另有约定的除外”的规定以及第 143—149 条的规定。

所谓依赖倡导性规定填补合同漏洞，如 C 设备买卖合同欠缺 C 设备质量的条款，先援用《合同法》第 12 条第 1 款第 4 项的规定，确定 C 设备买卖合同存在合同漏洞，再援用《合同法》第 62 条第 1 项的规定，将该漏洞补充。对此，也可以说《合同法》第 12 条第 1 款第 4 项和第 62 条第 1 项的规定共同填补 C 设备买卖合同欠缺 C 设备质量条款的漏洞。

在此，需要明确，中国参加国际条约的，该国际条约优先于中国国内法适用于个案。例如，在合同解释中，1980 年《联合国国际货物销售合同公约》须优先于《合同法》等中国国内法而适用。

与当事人各方补充合同漏洞的协议可被变更、撤销、解除或被确认为无效不同，依据强制性规定、任意性规定、倡导性规定填补合同漏洞，至少在理论上认为，这些法律规定系立法者斟酌某类型合同的典型利益状态而设，一般多符合当事人的利益。[①] 如此法律规定被补入合同，怎么可以基于《合同法》第 52 条、第 53 条、第 54 条、第 94 条等规定予以变更或撤销或解除或被确认为无效呢?!

3. ［辨析］

《合同法》第 61 条和第 62 条所谓“约定不明确”，非指当事人各方对约定有争议，但实质上约定明确的情形。对此，通过一个案例加以说明。[②]

某《模板分项承包施工合同》第 3 条约定：承包单价“按投影面积（水泥接触面）计算，综合包干单价每平方米按人民币 42 元计算。基础展开每平方米按 15 块计算，后期甲方如需三套模板时乙方必须提供三套模板施工，即三套模板每平方米加价 2 元；……”对于该条约定的“按投影面积（水泥接触面）计算……”，原告即承包人解释为，所谓按投影面积计算，就是按水泥接触面计算，即模板工程量按与水泥面接触的模板展开面积计算。而被告即发包人则将之理解为，模板工程量按与水泥面接触的模板水平投影面积计算。一、二审法院的判决书均认定这是案件的争议焦点，并认为该条属于约定不明确，故应按照《合同法》第 61 条的规定处理。对此，笔者不敢苟同，分析如下。

投影面积一词可有“水平投影面积”“垂直投影面积”等含义，而“水平投影面积”“垂直投影面积”并非相同的概念。在这种情况下，应当按照下述路径和方法界定系争《模板分项承包施工合同》第 3 条约定的“投影面积”的含义。

首先，解释系争合同条款，应当探求已经表示出来的当事人的真意，除非当事人的真意违反了法律、行政法规的强制性规定，损害了社会公共利益，违背了社会公德。这是《民法通则》第 4 条及《合同法》第 4 条所定自愿原则的题中应有之义。

系争《模板分项承包施工合同》第 3 条的表述是承包单价“按投影面积（水泥接触面）计算……”该约定没有违反法律、行政法规的强制性规定，没有损害

① 参见王泽鉴：《债法原理》，北京，北京大学出版社 2009 年版，第 171－172 页。

② 武夷学院周玉文副教授向笔者提供了诉争案件的卷宗材料，并认为诉争合同第 3 条关于“按投影面积（水泥接触面）计算……”的约定是清楚、明确的，只可遵循文义解释的规则，不得再按照交易习惯进行解释。对此，谨表由衷的谢意！

社会公共利益，没有违背社会公德，因而应当有效。此其一。“投影面积（水泥接触面）”的表述，显示出系争当事人使用括号对“投影面积”进行了注释、解释。括号内的“水泥接触面”即是对“投影面积”的注释、解释。换句话说，在系争《模板分项承包施工合同》中，其第3条约定的“投影面积”，就是“水泥接触面”。此其二。“水泥接触面”，应是非常通俗易懂的一个词语，就是指水泥（即混凝土）与模板接触到的面积。在建筑行业，这是一个连普通工人都明白的问题。因而，无论“投影”还是“投影面积”在汉语字典上有几种含义，只要“水泥接触面”是清楚、明确的，没有歧义，不存在几种含义，“投影面积（水泥接触面）”就应当是明确的，就应当是只有一种含义，而非有“水平投影面积”和“垂直投影面积”等几种含义。此其三。

其次，解释合同条款，应当遵从中国正在通行的有关规程的要求。因为这些规程也是法律，是人们应当遵循的行为规范。《国家标准·标点符号用法》第4.9.3条规定：行文中注释性的文字，用括号标明。注释句子里某些词语的，括注紧贴在被注释词语之后；注释整个句子的，括注放在句末标点之后。这是括号用法及其意义的权威性规定，我们应予遵循。既然括号内的文字属于注释性的文字，即注释括号前面的文字含义，那么，系争《模板分项承包施工合同》第3条关于承包单价“按投影面积（水泥接触面）计算……”约定中的“投影面积”，应是“水泥接触面”。

再次，解释合同条款，应当尽可能地符合专业、行业的知识和原理。某权威机构于2011年9月出具的《模版工程量计算依据和方法的说明解释》阐述道：“将‘投影面积’用于模板工程量的计算方面，需要结合混凝土构件本身所在方向，按照模板工程的工程量计算规则进行计算。因此，‘投影面积’需要结合建筑工程混凝土模板实际施工情况应用计算。”建设部颁布的《全国统一建筑工程预算工程量计算规则》（土建工程 DJDZ-101-95）第3.5.1条规定：“现浇混凝土及钢筋混凝土模板工程量，除另有规定外，均应区别模板不同材质，按混凝土与模板接触面的面积，以平方米计算。”如此，将系争《模板分项承包施工合同》第3条关于承包单价“按投影面积（水泥接触面）计算……”约定中的“投影面积”，解释为“水泥接触面”，正好符合建设部颁布的《全国统一建筑工程预算工程量计算规则》（土建工程 DJDZ-101-95）第3.5.1条规定的“……按混凝土与模板接触面的面积，以平方米计算”。

复次，解释合同条款，还要尽量考虑当事人各方利益的平衡。原告也是申诉人在其呈递的《民事申诉书》中有下述意见：申诉人在本合同的29 472.76平方米的工程量中，仅按当时所在市模板建筑业的成本计算，按每一名木工每日工资是110元，每人每日工作量是6平方米模板计算，29 472.76平方米的工程量需要4 830多个工作日，以每个工作日工资是110元，则29 472.76平方米的工程量的人工费就是53万多元。由于被申诉人的工程质量要求高且时间又紧，申诉人实际支出的工人每日工是125元，申诉人仅人工费一项就达60余万元，这还不算40余万元的模板、支撑、铁钉、铁线等材料费了。申诉人在该项工程中仅仅得到52万余元。

如果申诉人所述属实，则一、二审法院的民事判决书对系争合同第3条约定的解释，显然违反了公平原则。

最后，一、二审法院的民事判决书认定：系争《模板分项承包施工合同》第3条约定不明确，故应按照《合同法》第61条的规定处理。笔者认为，这些意见均不成立。其一，这些意见混淆了约定不明确与当事人争议之间的区别。《合同法》第61条所指约定不明确，是指合同标的的质量究竟是国家标准、行业标准还是通常标准，约定得不明确；合同价款或者报酬究竟是多少，约定得不明确；履行地点究竟在何处，约定得不明确；履行期限究竟是一个时间点，还是一段具体的时间段等，约定得不明确。而当事人争议则是当事人对于合同条款的含义存有不同的看法。在约定不明的情况下，当事人之间存有争议比较常见，即便约定得十分明确，当事人之间也可能发生争议。换句话说，当事人争议可以发生于约定不明确的场合，也可以发生在约定十分明确的合同之中。在系争案件中，当事人各方对于系争合同第3条的约定理解不同，属于当事人之间存有争议，但因有“（水泥接触面）”的注释性文字，“投影面积”的含义便清楚了，只有一种含义了，并非约定不明确。其二，在合同条款不存在不明确的情况下，不得援用《合同法》第61条的规定处理系争案件。

4. 通过补充的合同解释方法填补合同漏洞

(1) 概说

根据强制性规定、任意性规定、倡导性规定补充合同漏洞，在某些案件中不合适，此时裁判者有必要另选补充的合同解释来填补合同漏洞。[①] 对此，拉伦茨教授阐释得更为周详：假使法律就特定合同类型备有任意性规定，而且具体的合同又充分符合该类型，则通常可以借法律的任意性规定来填补合同漏洞。然而，假使具体合同类型与（任意性规范针对的）一般类型相去甚远，那么应将任意性的法律规范适用于合同，恐怕未必能切合合同基础的利益情境与合同的意义。就如同根本欠缺任意性规定的情况（特别是当交易中发展出新的合同类型，而法律尚未为特殊规定时），于此，补充的合同解释就是填补合同漏洞的可能途径。[②] 相同的作业，在美国普通法上是用推定解释尤其是其中的推断补充合同漏洞[③]，在英国系用法律上的默示条款完成任务。[④]

所谓补充的合同解释，是对合同的客观规范内容加以解释，以填补合同的漏洞现象。其所解释的，是当事人所创设的合同规范整体。其所补充的，是个别的合同条款。所以，补充的合同解释仍具合同解释的性质。[⑤]

补充的合同解释与任意性规范、倡导性规范之间的关系有三：1）无任意性规范、倡导性规范时，应依补充的合同解释方法，填补合同漏洞。2）由于任意性规范、倡导性规范系立法者斟酌某类型合同的典型利益状态而设，一般多符合当事人的利益。当事人对于合同未详订其内容，多期待法律设有合理规定；因为法律设任意性规范、倡导性规范的目的，实际上也着眼于漏洞的补充，所以，只要合同类型符合任意性规范、倡导性规范的类型，这些规范原则上应优先加以适用，合同漏洞得以补充。这就排除了补充的合同解释的机会。3）在下述情况下，补充的合同解释应优先于任意性规范、倡导性规范加以适用：其一，当事人所订合同虽具备典型合同（有名合同）的要素，但具有特殊性，适用任意性规范、倡

① ［德］汉斯·布洛克斯、沃尔夫·迪特里希·瓦尔克：《德国民法总论》（原书第33版），北京，中国人民大学出版社2014年版，第69页。

② ［德］卡尔·拉伦茨：《法学方法论》（学生版），陈爱娥译，台北，五南图书出版有限公司1996年版，第204页。

③ ［美］A. L. 柯宾：《柯宾论合同》（一卷版）（上册），王卫国、徐国栋、夏登峻译，王卫国校，北京，中国大百科全书出版社1997年版，第627页，第669－671页；［美］E. 艾伦·范斯沃思：《美国合同法》（原书第3版），葛云松、丁春艳译，北京，中国政法大学出版社2004年版，第498－503页。

④ Neil Andrews, Contract Law, Cambridge University Press, 333（2015）；杨良宜：《合约的解释》，北京，法律出版社2007年版，第311－316页。

⑤ 王泽鉴：《债法原理》，北京，北京大学出版社2009年版，第171－172页。

导性规范未尽符合当事人利益的场合。例如，出卖人对物之瑕疵不负修缮义务，其主要理由系出卖人多非商品制造人，不具修缮能力或设备，一般说来固甚合理，唯设在家具店购买高级沙发，出卖人特别表示系自制自销时，则应依补充的合同解释，肯定买受人有瑕疵修补请求权。其二，在无名合同，如旅游合同，适用或类推适用任意性规范、倡导性规范违反合同目的时，应针对该合同的特殊利益状态，依补充的解释，补充合同的欠缺。[①] 其三，合同显示当事人不愿意接受任意性规范、倡导性规范的适用。其四，法定规范由于当事人的错误想法，致其效果与当事人所寻求的大相径庭。其五，任意性规范、倡导性规范不符合改变的经济关系，以至于合同实务上均不采纳。[②]

在理论和逻辑上存在着当事人各方的真实意思与推定的意思一致的可能和情形，但在系争合同纠纷的解决程序中，这必须由当事人举证证明才能完成。可是，一旦当事人举证证明成功缔约各方确实有此真意，就表明当下看起来的合同漏洞原本已有合同条款/文字，这就不存在合同漏洞。既然系争合同不存在漏洞，便无补充的合同解释运用的余地。如果当事人未举证证明原本存此真意，就确定地存在合同漏洞，又无依据法律规定予以填补的余地，才有补充的合同解释发挥作用的空间。

如同德国、美国的判例、学说一再揭示的那样，补充的合同解释所探求的不是当事人的真意，即事实上的意思（actual intention），而是所谓“推定的当事人意思”（the presumed intentions of the parties），即双方当事人在通常交易上所合理意欲或接受的合同条款。[③] 推定的当事人意思，属于一种规范的判断标准，以当事人在合同上所作的价值判断及利益衡量为出发点，依诚实信用原则并斟酌交易惯例加以认定，以实现公平、效率为依归。应予强调的是，补充的合同解释旨在补充合同之不备，而非在为当事人创造合同，自不能变更合同内容，致侵害意

---

① 参见王泽鉴：《债法原理》，北京，北京大学出版社 2009 年版，第 172－173 页。

② 黄立：《民法债编总论》，北京，中国政法大学出版社 2002 年版，第 81 页。

③ ［德］维尔纳·弗卢梅：《法律行为论》，迟颖译，北京，法律出版社 2013 年版，第 378 页。

思自治原则。[①] 当然，也有观点主张裁判者可以变更合同内容。[②]

应予指出，由于公平的判断因人而异，裁判者在个案中的公平判断未必与各方当事人的公平判断相一致。按照裁判者的公平观补充的条款很可能没有基于各方当事人的公平观补充的条款更有效益。因为一般说来，当事人已是或正是经济人（economic man），趋利避害，精于计算，追求效益最大化，为其天生本性。如果他们各方又按照公平理念进行交易，就是兼顾了公平与效率两项价值。而裁判者是法律人（lawyer），未必是经济人，于是便可能出现依其公平观补充的合同条款不能带来最佳经济效益。这是在以补充的合同解释填补漏洞的具体运作中应认真对待的。

需要注意的还有，运用补充的合同解释填补合同漏洞，可能有两种情形：一是保持当事人明确约定的内容不变，填补的是当事人遗漏的合同内容；二是填补合同漏洞的过程部分地修改了当事人于合同中明确表示的意思，以达合同体系自洽、合同内容更加合理的结果。无论何者，或是规范解释的结果，或是补充的合同解释的结果。借用、仿照弗卢梅教授之见，规范解释也有理解合同条款/文字与变更性解释合同之分，甚至有许多人理所当然地认为，变更性解释似乎属于解释者的“根本”甚或“首要”任务。[③] 显而易见，所谓变更性解释合同，就是在修正合同约定的意思。正是在这些意义上，那种单独提出修正的合同解释类型，与规范解释、补充的合同解释的类型并列，这是不合逻辑的。

（2）补充的合同解释的理论基础

既然补充的合同解释所探求的是“推定的当事人意思”，即各方当事人在通常交易上所合理意欲或接受的合同条款，那么，裁判者实际上是以其心目中的理性人处于此情此景中应作何种意思表示来确定待补合同条款/文字。

此种推定的当事人意思、这样的待补合同条款/文字，与各方当事人的真实

---

① 王泽鉴：《债法原理》，北京，北京大学出版社2009年版，第172页。

② 参考［德］维尔纳·弗卢梅：《法律行为论》，迟颖译，北京，法律出版社2013年版，第348－349页。

③ 参考［德］维尔纳·弗卢梅：《法律行为论》，迟颖译，北京，法律出版社2013年版，第348－349页。弗卢梅教授原本是在阐释法律解释的三种类型：理解法律、漏洞补充和变更性解释法律。当然，弗卢梅教授认为变更性解释法律属于例外，应予严格限制。笔者觉得对合同的规范解释也大抵如此。

意思之间的关系如何？望文生义，二者应当距离不短，甚至有天壤之别。如此断言固然可以，且为通说，笔者也接受，但实际上也存在着各方当事人若为意思表示的话就与推定的当事人意思完全一致的情形，如当事人系合格的理性人，按照一个理性人的思维和准则表示意思，即属此类，且为支持意思自治原则的一个微例。在此应予提醒，如果主张于此场合的填补合同漏洞系以当事人的真意为准①，就必须由举证证明完成。如举证当事人各方签署过备忘录、意向书、初步协议等文件，确凿无疑地显示已补合同条款/文字正是载于这些文件上的当事人各方意思。如果完不成这样的举证证明，就以理性人于此场合会表示的意思为准，推定出当事人的意思。必须强调的是，活生生的缔约个体大多没有理性人那样的理性，其表示的意思时常没有那么逻辑地展示和排列，更遑论相对人也有其利益，并经各方妥协后形成合同条款/文字。对此，纯粹的/绝对的意思主义无法自圆其说，那种"无论如何，意思表示的效力看起来并不是绝对的，而且最终也并不取决于立法者的肯定或者否定"② 的法理，难被中国民法及理论所接受。马克思主义关于"合同是当事人意思与上升为法律的国家意志的统一体"，"从根源上讲，合同的法律效力源自法律，是合同法等法律赋予合同的，由国家的强制力保障"的原理，能够轻松地解释这种现象。

在笔者看来，经由解释确定系争合同存在漏洞之后，裁判者即可基于系争合同的类型而锁定相应的理性人。其实，理性人也是形形色色，在不同的合同关系中理性人的思维和准则不尽相同。例如，钻井设备买卖合同的场合，处于出卖人位置的理性人是钻井设备的专家，熟悉钻井设备的性能和价格，这样的理性人理应知晓完整的钻井设备买卖合同应当具备什么条款；而酒店经营托管合同的场合，处于受托人地位的理性人系酒店经营管理方面的专家，擅长酒店的经营管理以及应得对价，如此理性人肯定清楚完整的酒店经营托管合同应当具备多少条款。总之，裁判者处理系争合同案件，面对该合同类型立即在内心树立起特定的理性人，依据该理性人的思维和准则自然演化出完整的系争合同的全部条款。这

---

① 王越宏、李媛：《论合同漏洞的补充》，载《中国法学》2001 年第 5 期，第 162 页；魏玮：《补充解释方法在合同漏洞填补时的运用》，载《人民司法》2013 年 6 月 20 日。

② ［德］弗朗茨·维亚克尔：《法律行为解释之方法》，范雪飞译，载王洪亮、张谷、田士永、朱庆育、张双根主编：《中德私法研究》（第 14 卷），北京，北京大学出版社 2016 年版，第 299 页。

些合同条款减去系争合同的当事人各方约定的条款之差，即为待补的合同条款/文字。

此种推定的当事人意思，这样的待补合同条款/文字，与依赖法律规定确定的已补合同条款/文字之间的关系如何？这可分两方面阐释。其一，如果说立法者设计法律规范系斟酌某类型合同的典型利益状态而设，一般多符合当事人的利益，那么，运用补充的合同解释填补合同漏洞，裁判者以其心目中的理性人处于此情此景中应作何种意思表示来确定待补合同条款/文字，实质上也就是斟酌系争合同的典型利益状态，予以衡平，最终确定符合当事人各方的利益平衡的待补合同条款/文字，因为衡平即为在合同当事人之间的关系上取得一种对各方均属恰当的平衡状态[①]，这在实质上就是以一个理性人的思维和准则在进行系争合同的典型利益分配，立法者也是根据其心目中的理性人的思维和准则来设计使各方利益基本平衡的法律规则。如同治大国如烹小鲜的道理，立法者设计法律规范的遵循与裁判者打着理性人的旗号安排合同条款/文字的遵循，机理相同。就特定的典型合同而言，理性人的理念及思维逻辑发展，结合法律关于该典型合同的规定，自然会形成一个合同的全部条款/文字。该合同的全部条款/文字减去当事人双方实际订立的合同条款/文字之差，就既是系争合同漏洞之所在和轮廓，也是待补的合同条款/文字。其二，立法者设计法律规范系斟酌某类型合同的典型利益状态而设，一般多符合当事人的利益，这相对统一、稳定，但裁判者在个案中以理性人于此场合所思所想补充系争合同漏洞，则难免杂糅进自己的价值及其衡量，在标准和结果方面波动较大。由此显示出依赖法律规定填补合同漏洞与运用补充的合同解释补充漏洞二者的差异。不过，无论“其一”还是“其二”，在补充的合同解释场合，系争合同漏洞及其补充是客观实在。

（3）已补合同条款/文字有无无效、变更、撤销、解除？

通过补充的合同解释填补合同漏洞，也不同于各方当事人补充合同漏洞的协议可被变更、撤销、解除或被确认为无效，却类似于依赖强制性规定、任意性规定、倡导性规定不可基于《合同法》第 52 条、第 53 条、第 54 条、第 94 条予以

---

① ［德］卡尔·拉伦茨：《法学方法论》（学生版），陈爱娥译，台北，五南图书出版有限公司 1996 年版，第 195 页。

变更或撤销或解除或被确认为无效，道理在于从事补充合同漏洞作业的裁判者同样应为斟酌某类型合同的典型利益状态而设，一般多符合当事人的利益。

5. 交易习惯在补充合同漏洞作业中的地位及作用

《德国民法典》第157条规定，合同解释必须斟酌交易习惯。交易习惯可以“自动”适用于表示的规范解释，包括作为补充的合同解释的要素。[①] 法官在填补漏洞时要考虑案件中的所有情况，包括动机、交易习惯、利益状况。[②]

美国《统一商法典》赋予交易习惯（custom）和惯例（usage of trade）在交易中以重要地位（第1—205条，第1—102条第2款第a项），并承认以惯例补充合同条款。[③]《统一商法典》的评注否定了“那些认为有关‘习惯’的证据可能会排除或否定‘已经确立的法律规则’的判例”，并且认为，惯例“构成了双方的默契，它们优于任何一般性法律规则，因为后者仅适用于不存在这种默契的情形”[④]。

范斯沃思教授在合同解释的大框架内考察和讨论交易习惯，在合同漏洞补充的题目下却未涉及交易习惯，这表明交易习惯在包括补充合同漏洞在内的合同解释中覆盖面更为宽泛。如此，把交易习惯仅限于推定解释之内显然不合实际及逻辑，换个表述是将交易习惯仅限于补充的合同解释范畴不合实际及逻辑。

在英国，第三类默示条款即为基于交易习惯和惯例而形成的默示条款。[⑤] Wilberforce勋爵把默示条款分为四类（但其实只同意有三类）。第一类为商业惯例的默示条款，第二类为事实的默示条款，第三类是丹宁勋爵倡导的但被Wilberforce勋爵否定的合理性的默示条款，第四类是法律上的默示条款。[⑥] 既然默

---

① ［德］维尔纳·弗卢梅：《法律行为论》，迟颖译，北京，法律出版社2013年版，第366页，第380页。

② ［德］汉斯·布洛克斯、沃尔夫·迪特里希·瓦尔克：《德国民法总论》（原书第33版），北京，中国人民大学出版社2014年版，第70页。

③ ［美］E. 艾伦·范斯沃思：《美国合同法》（原书第3版），葛云松、丁春艳译，北京，中国政法大学出版社2004年版，第485页。

④ 美国《统一商法典》第1-205条的评注第4条。转引自［美］E. 艾伦·范斯沃思：《美国合同法》（原书第3版），葛云松、丁春艳译，北京，中国政法大学出版社2004年版，第486页。

⑤ Neil Andrews，Contract Law，Cambridge University Press，333（2015）.

⑥ Liverpool City Couneil v. Irwin（1977）A. C. 239，253. 转引自杨良宜：《合约的解释》，北京，法律出版社2007年版，第319页。

示条款是用来补充合同漏洞的，商业惯例的默示条款便可用于补充合同漏洞。与美国法的情形类似，英国法同样承认可用交易习惯来解释合同的明示条款。[①]

在中国，《合同法》第61条在字面上把交易习惯列为补充合同漏洞考虑因素的第二，学说也赞同交易习惯为补充合同漏洞时的依据。[②]

观察和总结以上简要的考察，可以得出几下结论。

补充合同漏洞时考虑交易习惯不同于依赖法律规定填补合同漏洞，“交易习惯不属于法律规范”[③]。因为后者无须审视其合法与否，甚至无须考量补充合同漏洞的结果是公平的还是失衡的，只要裁判者确定系争合同的漏洞所在及轮廓，又寻觅到适当的法律规定，即可径直填补系争合同的漏洞；但在前者，裁判者首先要审视交易习惯合法、公平与否，只有合法、合理的交易习惯才可被作为确定待补条款/文字的依据，最终填补完毕系争合同的漏洞。再退一步，即使某特定的交易习惯合法、合理，处理个案的裁判者因其立场及价值取向也可能不考量按照交易习惯填补系争合同的漏洞。

补充合同漏洞时考虑交易习惯也不同于补充的合同解释的常态，因为后者系裁判者以其心目中的理性人的思维和标准来推定出待补合同条款/文字，这样的标准是一以贯之的，有时与交易习惯形成的规则一致，有时却有差异，有时因交易习惯不合理性人的思维和标准所推演出来的待补条款/文字而被裁判者弃置一旁。换个角度表述，在补充的合同解释的架构下，交易习惯即使被裁判者考虑用作填补系争合同的漏洞，也只是理性人的思维和标准的表现形式之一，并非全部。

行文至此，可有这样的结论：补充合同漏洞时考量交易习惯可被纳入补充的合同解释的方法之中，说得过去；但是，交易习惯乃所有的解释合同的方法甚至原则，并不限于补充合同漏洞这一隅。在这个意义上，加上补充的合同解释不适用于合同漏洞补充以外的合同解释的缘故，故将考量交易习惯以补充合同漏洞作

---

① Shore v. Wilson（1989）9 Cl. &F. 355；Brown v. Shand（1877）2 App Cas455. 转引自杨良宜：《合约的解释》，北京，法律出版社2007年版，第261页。

② 王越宏、李媛：《论合同漏洞的补充》，载《中国法学》2001年第5期，第163页；魏玮：《补充解释方法在合同漏洞填补时的运用》，载《人民司法》2013年6月20日。

③ ［德］维尔纳·弗卢梅：《法律行为论》，迟颖译，北京，法律出版社2013年版，第365页。

为独立于、并列于依赖法律规定补充合同漏洞、补充的合同解释等方法中的一种，更符合交易习惯在整个合同解释的制度中的覆盖面，更适合于其角色定位。

6. 诚信原则和公平原则的地位及作用

有学者主张，诚实信用原则不与当事人协议、法律规定、交易习惯、补充的合同解释诸方法竞争顺序，而是在运用其中某种方法填补合同漏洞后，以诚实信用审视其结果，发挥修正、补足已补合同条款/文字的。[①] 这有其合理性，值得重视。只不过需要注意，《民法总则》第 6 条不但确立公平原则，而且揭示其“合理确定各方的权利和义务”的功能，《民法总则》第 7 条规定诚信原则以“秉持诚实，恪守承诺”收尾，使得诚信原则落脚在民事主体的主观态度，依文义解释，诚信原则主要管辖欺诈、胁迫、乘人之危等问题，难见其含有以公平理念衡平当事人之间的权益关系之义，似无“帝王条项，君临法域”的神威，这相较于罗马法及后世的法国民法、德国民法、日本民法和中国台湾地区“民法”对于诚实信用原则的定性与地位，在地位上降低了，在功能上限缩了。但是，若依体系解释，将公平原则和诚信原则联系起来观察，则不难发现德国等国家和地区民法上的诚实信用原则含有公平原则的内容，除在不当得利制度建立的基础等极个别场合单提公平原则或衡平理念之外，均用诚实信用原则表达；与此有别，在中国，《民法通则》、《合同法》和《民法总则》一直将公平原则与诚信原则平列，且有分工，特别是《合同法》和《民法总则》把“合理确定各方的权利和义务”的重任交给了公平原则，而非诚信原则。这样，似可说公平原则而非诚信原则如同“帝王条项，君临法域”。这决定了法律人不宜甚至不得沿袭传统民法关于诚实信用原则的定性和定位，而应展开具有中国特色的解释论。如果如此解释是正确的，则在合同漏洞补充的问题上应该是让诚信原则和公平原则共同起作用，在运用有关补充漏洞的方法填补系争合同的漏洞之后，修正甚至补足已补合同条款/文字。[②]

还需指出，诚实信用原则、公平原则在英美法上所起作用明显低于在德国法

---

① 王越宏、李媛：《论合同漏洞的补充》，载《中国法学》2001 年第 5 期，第 165 页。另见［德］弗朗茨·维亚克尔：《法律行为解释之方法》，范雪飞译，载王洪亮、张谷、田士永、朱庆育、张双根主编：《中德私法研究》（第 14 卷），北京，北京大学出版社 2016 年版，第 305 页。

② 崔建远：《中国大陆民法总则的新发展》，载《月旦民商法杂志》2017 年第 56 期。

系、中国法上所起的作用。在美国，法院经常补充的一个条款是，合同的当事人各方应当履行“诚实信用”义务，或者有时表述为“诚实信用和公平交易”义务。该默示义务根据基本的公平观念而发生。按照美国《统一商法典》的规定，当事人不得以约定排除诚实信用义务，尽管当事人可以约定履行该义务的标准，只要该约定的标准并非明显不合理（第10102条第3款）。[①] 但法院反复强调的原则却是，诚实信用的默示义务不能被用来排除或变更合同的明示条款。[②] 法院是针对当事人之间的协议中遗漏的事项而补充条款，因此，除非有关的协议已经成立，否则，无论是美国《统一商法典》还是普通法都不要求诚实信用的默示义务。所以，在当事人达成协议之前，他们不负诚实信用义务，诚实信用义务并不约束他们的缔约过程。[③] 然而，如果一份已经存在的合同的当事人协商变更合同，那么，他们受到合同上的诚实信用义务的约束。[④] 在英国法上，对默示条款的运用是相当严格的，因为动辄强调合理并据以变动合同约定这一做法与缔约自由和合同相对性（privity of contract）严重冲突。裁判者并不是合同的一方，只是解释该合同中产生的争议，所以无权自说自话，增加或删除该合同明示了的条款。而增加默示条款，这正是做这种有严重冲突的行为，除非完全符合法律的要求，而其中就是能够肯定去假设默示的部分正是当事人各方的缔约意图。[⑤] 既然如此，从事比较法研究和处理与英美的公司交易纠纷，必须注意英美法对于诚实信用的立场及态度，不可以我法度他法。

（四）几种补充合同漏洞方法之间的顺序

有观点主张，补充合同漏洞，首先采取当事人协议补充的方法，若无此类协议，则确定当事人共同的真实默示意图；其次，除此而外的补充方法之间，强制

---

① ［美］E. 艾伦・范斯沃思：《美国合同法》（原书第3版），葛云松、丁春艳译，北京，中国政法大学出版社2004年版，第504页。

② Riggs Natl. Bank of Washington v. Linch，36 F. 3d. 370（4 th Cir. 1994）. 转引自［美］E. 艾伦・范斯沃思：《美国合同法》（原书第3版），葛云松、丁春艳译，北京，中国政法大学出版社2004年版，第505页。

③ Husaman，Inc. v. Triton Coal Co.，809 P. 2d 796（Wyo. 1991）.［美］E. 艾伦・范斯沃思：《美国合同法》（原书第3版），葛云松、丁春艳译，北京，中国政法大学出版社2004年版，第505－506页。

④ ［美］E. 艾伦・范斯沃思：《美国合同法》（原书第3版），葛云松、丁春艳译，北京，中国政法大学出版社2004年版，第279－280页，第506页。

⑤ 杨良宜：《合约的解释》，北京，法律出版社2007年版，第324页。

性规定、任意性规定原则上优先于其他方法适用；再次，无法律规定的，依推定的当事人意图补充合同漏洞，且在如下两种情形下，依推定的当事人意图补充合同漏洞优先于依赖法律规定补充合同漏洞：(1) 某特定典型合同具有特殊性，适用任意性规定未尽符合当事人的利益；(2) 对某特定非典型合同适用或类推适用任意性规定违反合同目的，应针对该合同的特殊利益状态，依推定的当事人意图补充合同漏洞。[①] 再进一步，具体到目的、习惯、任意法规、诚实信用标准，其决定有不同时，以当事人所欲予达到的目的为第一顺序，习惯可推定当事人有依从的意思或就其事项无任意法规时为第二顺序，任意法规为第三顺序，但习惯为当事人所不知的场合，任意法规则上升为第二顺序。诚实信用原则不平列于这些顺序之中，而是修正或补足运用上述方法补充合同漏洞时确定的已补合同条款/文字。[②] 另有观点较为硬性：交易习惯优先于任意性规定而用于填补合同漏洞。[③]

这些意见具有合理因素，如把强制性规定作为填补合同漏洞的依据之一，将诚实信用原则用于修正或补足运用上述方法补充合同漏洞时确定的已补合同条款/文字，梳理出合同漏洞补充法的运用顺序，等等；但也有再斟酌的余地，至少有如下几处：(1) 在交易习惯与法律规定之间的关系方面，在交易习惯违反强制性规定或违背公序良俗时，不得用于填补合同漏洞，不得优先于任意性规定、倡导性规定而运用。(2) 即使交易习惯不违反强制性规定，也不一定优先于任意性规定、倡导性规定而运用。如果交易习惯不公正，例如，餐饮合同领域的高额开瓶费、高额沏茶费，典当行、小额贷款公司放款时预先扣除未来的利息，等等，那么，不得把此类交易习惯优先于任意性规定、倡导性规定来填补合同漏洞，而应依诚信原则、公平原则衡量，是否对其调整（矫正）。(3) 诚然，观察《合同法》第 61 条和第 62 条的字面意思，似乎交易习惯优先于任意性规定，但因这两条规定均非强制性规定，故这种优先顺序的结论便无法律依据的支撑。之所以说这两条不是强制性规定，是因为它们属于合同漏洞补充方面的技术性规

① 王越宏、李媛：《论合同漏洞的补充》，载《中国法学》2001 年第 5 期，第 164 - 165 页。
② 王越宏、李媛：《论合同漏洞的补充》，载《中国法学》2001 年第 5 期，第 165 页。
③ 魏玮：《补充解释方法在合同漏洞填补时的运用》，载《人民司法》2013 年 6 月 20 日。

则，而不影响社会公共利益。假如硬说它们事关社会公共利益，就意味着第 61 条规定的当事人以协议补充合同漏洞必须实施，永远排在第一顺序，即使当事人各方明确表示不新签合同补充系争合同的漏洞，请求裁判者依补充的合同解释填补系争合同的漏洞，也不得如愿以偿。显然，这是背离意思自治原则的，也不符合实务中的操作实际。其实，交易习惯和任意性规定及倡导性规定之间在个案漏洞填补的作业中是可以调整运用顺序的。此其一。假如认定这两条为强制性规定，还无法解释裁判者最后可以甚至应该用诚信和公平两项原则修正甚至补足已补合同条款/文字，因为这两条并未明示诚信和公平两项原则在补充合同漏洞时扮演的角色。此其二。单就《合同法》第 62 条而言，各方当事人事先设有相应约定时便不适用其规定，如果第 62 条为强制性规定，就否定了当事人的此类约定。可这不符合客观事实。此其三。在某些场合，如时过境迁但某些法定标准（如农用车的车厢长和宽的标准长时期不予修正，某些设备在环境保护方面的标准远远低于“蓝天保卫战”的要求）仍未修正，远远落后于社会生活的要求，就是说，《合同法》第 62 条规定的补充漏洞规则及标准未必合理、公正。于此场合，裁判者可依公平正义的理念填补合同漏洞，而不适用《合同法》第 62 条的规定。此其四。(4) 审视交易习惯补充合同漏洞是独立于、并列于补充的合同解释的方法，还是运用补充的合同解释时应予考虑的因素？考察其“合同漏洞补充所依据之间的关系”的总结，交代得不甚明确，但自其“依法官推定的当事人意图补充”部分的体系排列观察，属于补充的合同解释的一种表现形式。(5) 从全文的体系逻辑和“合同漏洞补充所依据之间的关系”的第一自然段叙述看，补充的合同解释优先于依赖法律规定而运用，但其“合同漏洞补充所依据之间的关系”的第二自然段又言“法律规定优先于其他而适用”，第三自然段却说明任意性规定原则上优先于补充的合同解释，例外的有两种情形需要补充的合同解释优先于任意性规定。在笔者看来，因为法律规定包括强制性规定，所以不得笼统地说补充的合同解释优先于依赖法律规定而运用，而应是依赖强制性规定补充合同漏洞肯定优先于运用补充的合同解释方法填补合同漏洞。依赖任意性规定填补合同漏洞原则上优先于运用补充的合同漏洞填补合同漏洞，但承认两种例外情形。(6) 如同上文所述，在中国现行法上，不宜如欧美法那样界定诚实信用原则，而应将诚信和公平两项原则共同发挥作用，在运用有关补充漏洞的方法填补系争合同的漏洞之后，修正甚至补足已补合同条款/文字。（7）所谓“以当事人所欲予达到的目的为第一顺序”，若指以当事人协议补充合同漏洞，则无疑问；但若指依补充的合同解释方法填补合同漏洞，则有问题，即，补充的合同解释方法必定位于强制性规定之后，在许多情况下也后于任意性规定的，而非处于第一顺序。

拾肆

法律关系方法乃解释合同必须遵循之法

法律及法学知识会随着时间的推移而变得过时，至少是其重要性会大大降低，遇有时代变迁、社会制度更替时，法律及法学知识的更新不可避免。但是，法律思维规律及法学方法却具有永恒性，使法律人终生受用。只不过因法律人所信奉的哲学流派不同而选取的法学方法可能有别，法学方法的位阶编排可能有异，法律思维的轨迹不见得同一。如果这种理念及认识是正确的，那么，作为法律人，务必形成法律思维，重视和掌握法学方法。限于笔者的学识，以下仅就法律关系方法予以讨论。

一、法律关系方法的机理

（一）总说

所谓法律关系的方法，是指识别并确定某特定的民事权利/民事义务处于哪个法律关系之中，进而寻觅与之相适应或类似的法律规范，据此法律规范乃至整部法律甚或法治，确定该法律关系中的全部的民事权利/民事义务及其相互关联，以妥当地处理系争案件。

应当确立并运用法律关系的方法，源自民法及民事法律关系的内在要求，而非外力强加于人的结果。当事人的诉讼请求或仲裁请求，自原告或申请人的一侧审视，即为民事权利，从被告或被申请人的一侧观察，就是民事义务。民事权利、民事义务必须存在于特定的民事法律关系之中，不可能置身其外。即使是法律直接规定的民事权利、民事义务，也必然处于民事法律关系之中，在无具体的法律事实出现时，构成抽象的民事法律关系；一旦出现具体的法律事实，就形成具体的民事法律关系。

某项民事权利究竟是处于A法律关系之中，还是归属于B法律关系之内，应当适用哪部法律的哪个条文，其生效条件、实现条件，其效力强弱，其负担有无及轻重，受到怎样的对抗（抗辩、抗辩权的行使），等等，可能大不相同。自民事义务入手，结论也是如此。假如A法律关系中的某项民事权利被张冠李戴地放置于B法律关系之中，法律适用也就自然地错位，该项民事权利的效力强弱、负担状况、相应的抗辩及抗辩权等就难免偏离，甚至于义务人都不对应了。

就民事法律关系来说，债的法律关系与人格权法律关系、身份权法律关系、亲属法律关系、物权法律关系、继承法律关系、知识产权法律关系、股权法律关系具有本质的不同。债的法律关系也有合同法律关系、单独行为引起的法律关系、无因管理法律关系、不当得利返还关系、侵权损害赔偿关系之分，就其积极特征而言，相互之间的差异也不容忽视。面对这种状况，假如误把物权法律关系当作债的法律关系对待和处理，难免适用法律错误，处理结果失当；反之亦然。下面的例证表明了这一点。

某《合作开发协议》第6.3条约定："分配物业销售款监管账户内所有资金归属于甲公司实际享有，甲公司拥有全权的处分权，有权全权管理分配物业销售款监管账户销售款项的收取和支出，乙公司无权干涉，乙公司应于甲公司提出支出分配物业销售款监管账户资金的2日内无条件配合甲公司办理支出资金的相关手续。"对于该条约定的理解不同，一种观点认为甲公司对于分配物业销售款监管账户内所有资金享有所有权，反对意见则主张甲公司对于该项资金仅仅享有债权。究竟谁是谁非，所有权关系毕竟实质性地不同于债权关系，这涉及开户行对于该项资金的控制和运用及其权限，在强制执行程序中是否为执行标的及其对抗事由，物权法与债法的衔接和配合，不可小觑。在笔者看来，单就文义看，所谓"分配物业销售款监管账户内所有资金归属于甲公司实际享有，甲公司拥有全权的处分权"，是说该项资金的所有权归属于甲公司，而不是归属于乙公司。但依民法通说，该项资金处于监管账户内的阶段应归开户行丙银行所有。疑问因此而生：到底是民法通说不合时宜，需要修正，还是甲乙两家公司于系争《合作开发协议》第 6.3 条的约定错误？笔者仍然坚持民法通说，理由如下：（1）在方法论的层面上，相较于少数说、自己说甚至有力说，民法通说处于优势地位，只有在采取少数说、自己说、有力说的理由充分的前提下，方可放弃民法通说。（2）资金所有权及其归属，属于物权法的范畴，而物权法奉行物权法定主义，且将之作为自己的结构原则。《物权法》和《民法总则》以及其他单行法均未规定银行账户内的资金归该银行以外的包括存款人在内的主体所有。存款人等主体与银行之间就存入该银行的资金而发生的关系，由债法调整。如此，把案涉监管账户内的物业销售款认定为归属于甲公司所有，不符合物权法定主义。没有充分理由不得置物权法定主义于不顾。（3）实际上，自法律及法理的观点观察，系争《合作开发协议》第 6.3 条的约定包括两种情形：第一种情形是“分配物业销售款监管账户内的资金尚未支出阶段的归属”，第二种情形是“分配物业销售款监管账户内的资金已经支出时/后的归属”。甲乙公司将第一种情形的资金约定为甲公司对其享有所有权，属于认识上的错误，且为法律上的错误。而法律上的错误在法律效力上不依当事人的认识为准，而依法律及法理为据，即该项资金不归甲公司所有，而归丙银行所有。第二种情形，案涉资金已经脱离丙银行的占有，其所有权不再归属于丙银行，而归占有人。在甲公司占有该项资金时即享有其所有权。如此解释系争《合作开发协议》第 6.3 条的约定还有一个十分重要的理由，即系争《合作开发协议》第 6.3 条的设置目的，重心不在于处理甲公司、乙公司与丙银行之间的关系，而在于确定甲公司和乙公司之间的利益分配和利益固定的规则。第二种情形的案涉资金所有权的归属规则，能够确保甲公司的权益，不言自明，无须赘言。在第一种情形下，甲公司对于监管账户内的资金虽然享有债权，也可对抗乙公司对于该项资金的主张，特别是约定了“乙公司无权干涉”甲公司对于该项资金的处分，就更是如此，这样，甲公司的权益也能得到保障。（4）系争《合作开发协议》第 6.3 条的措辞虽有“处分权，有权全权管理……”，但“处分权”“管理”并不为物权所独有，债权也有，故不把第一种情形下的监管账户内的资金解释为甲公司的所有权的客体，符合法理。

即使是合同法律关系，也形形色色，如买卖合同关系、承揽合同关系等，债权债务的类型不同，依其的形成权、抗辩及抗辩权也不整齐划一。如果误将民间借贷关系当作买卖合同关系对待和处理，会害及一方甚至几方当事人的权益，已在实务中屡见不鲜。《意大利民法典》第1369条规定，在有疑义的情况下，对有多重意思表达的解释，应当取其符合合同性质和目的的方式理解之。如果某人“希望规定”一个与该合同类型不相同的特别规则，则他必须确保该规则被明确纳入合同。否则，原则上应按合同类型予以解释。[①] 这在一定程度上道出了法律关系方法在合同解释中的价值。

既然如此，审视当事人的诉讼请求或仲裁请求有无事实根据和法律依据，必须先行确定其请求权处于哪个法律关系之中，然后寻觅与之相应的或类似的法律规范，适用法律。当然，尤其对于尚未纯熟把握法律关系方法者而言，此种锁定具体的法律关系和法律规范的工作，不易一蹴而就，而应胸怀公平正义，目光反复地巡视于具体的诉讼请求/仲裁请求与具体的法律关系之间，具体的法律关系与法律规范（抽象的法律关系）之间，最终达到目的。这种工作之“不易”，在系争合同属于合同联立、混合合同的情况下，突出地显现出来。假如系争合同文本本来载有租赁、买卖、雇佣诸典型合同的构成部分，或二重典型合同，或类型融合合同[②]，等等，裁判者却不顾当事人的意思表示，简单化地把系争合同仅仅归结为一种典型合同，如买卖合同，或者将本属租赁元素的约定误作借用合同的构成部分，等等，就肯定没有找准当事人的诉讼请求或仲裁请求所处之法律关系，结果是法律适用错位，案件处理得不当，这就可想而知了。

把握和运用法律关系的方法，切忌一上来就利益衡量，而应该逐次使用概念/类型、法律性质、法律构成、矛盾的主要方面、类推适用、目的性限缩/目的性扩张等方法，避免解释者主观好恶、主观臆断、先入为主地解释合同，处理案件，酿成背离公平正义。我们不能忘记这样的告诫：“结论价值”存在于，对基于“为何”这一问题的回答所得出的目的——或者人们也可以认为“利益”——予以正确评价。然而，人们总是应该注意的是，关键应当对行为依其作出时的状况予以解释，解释者不能为了“结论价值”，即不能为了从利益角度出发看到的

① ［古罗马］《学说汇纂》D50，17，64；［德］维尔纳·弗卢梅：《法律行为论》，迟颖译，北京，法律出版社2013年版，第368页。

② 关于这些非典型合同及其法律适用的阐释，请见王泽鉴：《债法原理》，北京，北京大学出版社2009年版，第86－89页；崔建远：《合同法》（第3版），北京，北京大学出版社2016年版，第22－24页。

"结论价值"而无视行为，将行为本身根本不具备的含义强加于其。[①]

（二）例证之一

1989年8月14日，某总公司（以下简称为委托方）委托外贸代理公司，代为进口家禽及饲料加工项目，合同号为AA-89011。基此，外贸代理公司（以下简称为买方）与丹麦的英特库食品工艺公司（以下简称为卖方）于1989年10月10日在北京订立家禽及饲料加工项目引进合同，合同号为CDKAA-P89074。该合同于1989年12月经丹麦国际开发署和中国对外经济贸易合作部批准生效。该合同第1条约定，买方向卖方支付的合同项下的所有款项，首先应利用丹麦提供的赠款，不足部分使用由丹麦出口金融公司提供的卖方信贷。第2条约定，付款采用电汇方式，买方向卖方付款时，应通过甲银行付至丹麦的哥本哈根AMAGERBANKEN银行的卖方账户。买方向卖方付款时，应通过哥本哈根AMAGERBANKEN银行付至甲银行总行的买方账户。第3条约定，买方应按照以下百分比和方式向卖方支付金额为2 900万丹麦克朗的价款：(1)第一次付款：数额为11 532 000 00丹麦克朗的第一批政府赠款，用于支付第4条约定的预付定金。(2)第二次付款：卖方信贷将用于第5条约定的其余价款17 298 000 00丹麦克朗。

为担保买方及时如数付款，甲银行（以下简称为保证人Ⅰ）于1990年2月14日向卖方开出不可撤销的保函，充任保证人。

应委托方的申请，1989年5月24日，乙银行（以下简称为保证人Ⅱ）开出一《不可撤销的信用担保函》，受益人为甲银行。该保函约定："当委托方收到买方收取合同预收金的通知书时，应立即将款汇入买方在贵行开立的指定账户。如委托方不能按期将所需资金调入买方在贵行的指定账户，使贵行无法对外支付，贵行可主动将上述款项从我们（委托方）的账户划账，并按贵行的规定支付利息和罚息。由于汇率变化而使本担保函金额不足支付时，本担保金额做相应调整。本担保函自出具之日起生效，有效期至引进设备贷款支付完毕日终止。"

买卖双方均依约履行了债务，未发生纠纷。保证人Ⅰ因此未承担对外的保证责任。但当（形式意义的）买方基于委托合同请求委托方偿付2 900万丹麦克朗

① ［德］维尔纳·弗卢梅：《法律行为论》，迟颖译，北京，法律出版社2013年版，第371页。

的款项时，委托方却无资金可付。于是，（形式意义的）买方转向保证人Ⅱ诉请其承担保证责任。

在诉讼中，保证人Ⅱ抗辩道：我方与（形式意义的）买方之间无债权债务关系，仅向保证人Ⅰ出具了信用担保函，保证人Ⅰ为该保函的受益人，故我方不是适格的被告。主审法院支持了该种抗辩，驳回（形式意义的）买方的诉讼请求。这是正确的，（形式意义的）买方确实混淆了不同的法律关系，它与保证人Ⅱ之间的确不存在债的关系，保证人Ⅱ对其无债务及责任。实际上，（形式意义的）买方与保证人Ⅰ之间存在着委托开户的合同关系，作为受托人的保证人Ⅰ本应注意保证人Ⅱ在《不可撤销的信用担保函》约定的条件、操作流程，在该向卖方丹麦的英特库食品工艺公司支付货款时，就应当告知保证人Ⅱ将所需资金调入（形式意义）的买方在保证人Ⅰ开设的账户，然后才向卖方付款。可是，保证人Ⅰ没有如此操作，而是擅自将（形式意义的）买方在保证人Ⅰ开设的账户上存留的自有资金直接转给卖方。保证人Ⅰ如此行事，显然未尽到善良管理人的注意，违反了委托合同，应当承担相应的违约责任。这决定了（形式意义的）买方应将保证人Ⅰ作为被告，诉请其向自己承担损害赔偿责任。

（三）例证之二

把握和运用法律关系的方法，不难辨明一段时期以来行政合同与民事合同之争的谁是谁非。为了简便，在此仅以国有建设用地使用权出让合同为例辨析其归属。许多行政法学者主张国有建设用地使用权出让合同为行政合同，理由种种，其中之一是行政机关将其管理国有土地的行政权一点一点地转移入国有建设用地使用权出让合同关系中了。这是混淆不同种类和性质的法律关系的典型表现。

诚然，行政机关决定某宗国有土地用于二级开发建设，决定采取挂牌、招标投标还是拍卖的方式出让，决定竞投者的资质，决定出让金的底价，等等。这些均为管理国有土地的行政权的表现，这个阶段的法律关系的确是行政法律关系。所谓行政权一点一点地转移，是转移至这个或这些行政法律关系之中。但是，一俟招拍挂，特别是国有土地资源管理部门与拍定人订立了国有建设用地使用权出让合同时，双方形成的国有土地使用权出让合同关系遵循的基本上是市场规律，即等价有偿，行政权的存在及行使仅为个别现象，如因受让人逾期开发或不开发建设用地而收回国有建设用地使用权。在这个阶段、这个层次的法律关系中基本上没有行政权的移入，这决定了国有建设用地使用权出让合同在基本属性上应归民事合同。如同“物以类聚，人以群分”，行政权处于行政法律关系之中，民事权利活跃于民事法律关系之内，不得“鸠占鹊巢”，否则，就乱了套。一句话，招拍挂程序之前阶段的法律关系为行政法律关系，国有建设用地使用权出让合同基本上属于民事合同关系。将国有建设用地使用权出让合同划归行政合同的观点显然是混淆了不同法律关系。①

还有，国有建设用地使用权出让合同履行完毕，特别是在该合同项下的建设项目开发完工且已经通过竣工验收之后，社会效用显著，体现出社会公共利益性，也可能借此实现行政管理职能，一句话，具有行政法律关系的色彩。能否因此得出国有建设用地使用权出让合同为行政合同的结论呢？不能！因为此处项目成果用于社会已是国有建设用地使用权出让合同完成使命之后的关系了，不再属于合同法调整的领域了，此种关系即使属于行政法律关系，也与国有建设用地使用权出让合同关系分属两域了。

对此，打个比方，甲商务厅厅长决定后勤科章科长负责单位食堂的食材采购，章科长与李菜农订立蔬菜买卖合同。商务厅厅长的决定为行政权的行使，但该行政权不因此转移入章科长与李菜农订立的蔬菜买卖合同之中。再如，甲公司董事长决定其部门经理章某某与乙公司订立 A 设备的买卖合同，此处所谓甲公司董事长决定应为劳动法律关系中权限的行使，或者公司内部管理权的行使，不是民事权利的行使。

（四）例证之三

法律关系方法牵涉若干法理和法律制度，下面的案例及争论凸显了这一点。中国内地的公司甲与中国香港的公司乙订立《股权转让合同》，约定公司甲将其在目标公司丙中 75%的股权转让给公司乙，双方于本合同订立后 9 个月内申请办理案涉股权的审批手续，本合同自中国行政主管机关批准时生效。本合同适用中华人民共和国法律，若发生诉讼，由中华人民共和国的法院管辖。其后，公司乙未于约定的期间提供报批手续所需材料，系争合同直至诉讼到某市中级人民法院

---

① 崔建远：《行政合同族的边界及其确定根据》，载《环球法律评论》2017 年第 4 期。

时仍未履行报批义务。

系争案件的争点较多，包括如何定性和定位系争的报批义务。论争双方就此交锋多个回合。

第一个回合：

观点A主张，该报批义务属于从给付义务，根据在于当事人可单就该报批义务提起诉讼。

笔者则认为，从给付义务必须以在同一法律关系中存在着主给付义务为前提，若无主给付义务则难有从给付义务的容身之所。与报批义务处于同一法律关系中的主给付义务存于何处？

如果把报批义务划归系争《股权转让合同》项下的从给付义务，那么，面临着如下障碍：(1) 根据《中外合资经营企业法》第3条、《中外合作经营企业法》第10条以及《中外合资经营企业法实施条例》第14条和第20条第1款的规定，系争主管机关对于涉外股权转让合同的批准为法定的特别生效要件，报批义务及其履行处于行政主管机关审批之前的阶段，就是说，报批义务与系争《股权转让合同》项下的义务不属于同一个法律关系。因此，所谓把报批义务划归系争《股权转让合同》项下的从给付义务之说，一是误把法定的合同的特别生效要件以及此前的法律事实当作了该合同的内容，二是混淆了前后两种法律关系。(2) 退一步说，即使把报批义务划归系争《股权转让合同》项下的从给付义务，也违反从给付义务必须以主给付义务的存在为前提的原理。系争《股权转让合同》项下的主给付义务包括公司甲将案涉股权转让给公司乙和公司乙将案涉股权转让款支付给公司甲，而这两项主给付义务均以系争《股权转让合同》的生效为前提。因公司乙未提供报批所需材料，故系争主管机关未批准系争《股权转让合同》，依据法释〔1999〕19号第9条的规定，系争《股权转让合同》尚未生效，案涉股权转让和股权转让款支付两项之给付义务因而不存在。主给付义务不存在，从给付义务从何而来？何以立足？

第二个回合：

观点A回应：《合同法》第57条规定："合同无效、被撤销或者终止的，不影响合同中独立存在的有关解决争议方法的条款的效力。"第98条规定："合同的权利义务终止，不影响合同中结算和清理条款的效力。"这告诉我们，合同无效、被撤销或终止的场合，主给付义务肯定不存在，合同中独立存在的有关解决争议方法的条款、结算条款和清理条款依然有效。相似的事物相同处理，主给付义务不存在，类似于合同中独立存在的有关解决争议方法的条款、结算条款和清理条款的从给付义务可以独立存在。

笔者对此反驳如下：(1) 在浅层次上，《合同法》第 57 条和第 98 条所规定的解决争议方法的条款、结算条款、清理条款不发生主给付义务、从给付义务，合同的其他条款已经无效，亦不产生主给付义务、从给付义务，故《合同法》第 57 条和第 98 条所定解决争议方法的条款、结算条款、清理条款继续有效，不涉及主给付义务和从给付义务之间的关系，观点 A 的前个自然段中的观点及其逻辑不会成立。(2) 在深层次上，《合同法》第 57 条和第 98 条的设计机理在于，当事人双方就其所签合同发生纠纷的，总是要解决的。解决的渠道和方式固然有法律规定的诉讼、仲裁，也有当事人双方约定的渠道和方式。究竟是优先适用法定的程序还是尽可能地尊重当事人双方的意思？《合同法》选择了后者，这符合意思自治原则。如此，在《合同法》上，不但合同的订立、变更、履行和解除应尽可能地尊重当事人双方的意思，而且纠纷的解决方式也尽可能地尊重当事人双方的意思。为达此目的，法律假定有关解决争议方法的条款、结算条款和清理条款独立于合同的主给付义务条款、从给付义务条款。这些条款不随着合同的无效、被撤销或终止而无效。报批义务设计的机理是这样吗？回答是否定的，《合同法》第 44 条第 2 款及有关报批义务的法律、行政法规、部门规章规定与《合同法》第 57 条款和第 98 条款的规定不具有类似性。《合同法》第 44 条第 2 款及有关的法律、行政法规、部门规章之所以继续坚持某些中外合资经营企业合同、中外合作经营企业合同、涉外股权转让合同、探矿权转让合同、采矿权转让合同，以及中外合作勘探、开发石油、天然气合同依然以行政主管部门的批准为法定的特别生效要件，是因为某些领域仍然实行计划管理；是为了确保国家利益、战略安全，也是有序、有计划地开采能源的需要；是为了使得利用外商投资与国内产业结构调整、引进先进技术、加快国有企业改造、鼓励出口及地区布局优化，促进整个国民经济的持续快速健康发展；是为了鼓励和引导外资投向，吸引外商投资举办资金密集、技术密集以及对国民经济发展有较大作用的合资企业；是为了防止探矿权、采矿权移转给缺乏资质的受让人之手，避免自然资源的浪费，降低乃至减少矿难的发生。[①] 正因如此，《国务院关于第六批取消和调整行政审批项目的决定》（国发〔2012〕52号）再次坚持了这几种合同以行政主管部门的批准为法定的特别生效要件的基本精神。2016年9月3日第十二届全国人民代表大会常务委员会第二十二次会议通过的《全国人大常委会关于修改〈中华人民共和国外资企业法〉等四部法律的决定》保留国家规定实施准入特别管理措施的，仍然坚持行政主管机关的批准为合同特别生效要件的立场。

第三个回合：

观点A再辩：报批义务被规定在系争《股权转让合同》中，故其为系争《股权转让合同》项下的义务，相较于该合同项下的主给付义务，它应为从给付义务。

笔者则认为，首先，报批义务是法定义务，系争《股权转让合同》约定之与否，都不影响其存在和法律效力，实务中也确有合同未约定它的，当事人双方照样负有报批义务。其次，即使专就系争《股权转让合同》约定了报批义务而言，遵循合同类型理论，系争《股权转让合同》属于非典型合同而不是典型合同，它包含着几个合同——作为典型合同的“股权转让合同”、作为非典型合同的“约定报批义务的合同”，等等。“约定报批义务的合同”先于、独立于作为典型合同的“股权转让合同”。报批义务作为“约定报批义务的合同”项下的义务，是地地道道的主给付义务，而非从给付义务。其道理不难理解：“约定报批义务的合同”不可能缺少主给付义务。最后，在笔者的理论体系中，报批义务属于法定义务，相对于系争《股权转让合同》而言，它属于先合同义务。

（五）例证之四

《合同法》第286条后段规定：“建设工程的价款就该工程折价或者拍卖的价款优先受偿。”法释〔2002〕16号第1条规定：该“优先受偿权优于抵押权和其他债权”；第2条规定：“消费者交付购买商品房的全部或者大部分款项后，承包人就该商品房享有的工程价款优先受偿权不得对抗买受人”。有些专家、学者演绎成：优先受偿权优于抵押权，交付购买商品房的全部或者大部分款项的消费者就该商品房的债权优先于优先受偿权，进而优先于抵押权。

① 崔建远：《不得盲目扩张合同法第44条第2款的适用范围》，载《中外法学》2013年第6期。

笔者对此不予赞同，理由如下：(1) 法释〔2002〕16 号第 2 条的表述是“承包人就该商品房享有的工程价款优先受偿权不得对抗买受人”，“不得对抗买受人”的表述并未赋权此种债权优先于其他权利的效力。无优先效力的权利、地位也可对抗他人的有关权利，如未经登记的动产抵押权可以对抗一般债权人的债权，再如普通的债权也能对抗第三人的不法侵害。不得对抗与优先效力是存在差异的两个概念。(2) 商品房买卖合同关系、建设工程施工合同关系、借款及抵押权关系存在着质的不同，在实现条件、抗辩、约束力的强弱方面不同，保护的机理不同。对购房消费者的保护是突破民法制度及原理的，是特别关照消费者的措施。工程款债权优先受偿权的立法目的在于：“为了确实解决拖欠工程款的问题，保障承包人价款债权的实现，本条规定了发包人未按约支付价款，经承包人催告后在合理期限内仍不支付的，承包人可以与发包人协议将该工程折价，也可以申请人民法院将该工程依法拍卖。建设工程的价款就该工程折价或者拍卖的价款优先受偿。”① 抵押权关系遵循着物权法关于公示原则和公信原则，贯彻和落实特别是担保物权的地位及效力。每个法律关系适用着相应的规则，调整着利益关系，固有自己的抗辩。前述消费者的债权优先于抵押权的观点及逻辑显然违背了这样的规则及抗辩，不合理地打破了这样的利益平衡。

（六）例证之五

新世纪融银设备租赁有限公司（出租人）、内蒙古丰汇化工有限公司（承租人）、中国昆仑工程公司（EPC 工程总承包）与遵化丰汇热力有限公司（保证方）于 2014 年 4 月 16 日订立《设备设施租赁商务合同》[合同编号：BLTBC-2014-003]，约定设备设施项目包括甲醇制稳定轻烃流水线设备及材料，及与之相配套的公用工程设施等；项目总造价最高为 188 000 000.00 元人民币；新世纪融银设备租赁有限公司负责按照内蒙古丰汇化工有限公司的要求委托中国昆仑工程公司进行项目 EPC 建设，提供项目所需最高 1.88 亿元人民币的建设资金，并将资金支付给中国昆仑工程公司；内蒙古丰汇化工有限公司负责办理项目建设所需政府审批手续，无偿向新世纪融银设备租赁有限公司提供使用土地和项目所在地基础设施的权利；在项目建设期间，中国昆仑工程公司 100%拥有项目资产的

---

① 胡康生主编：《中华人民共和国合同法释义》(第 3 版)，北京，法律出版社 2013 年，第 479 页。

所有权和相关权益；在租赁期内，新世纪融银设备租赁有限公司100%拥有项目资产的所有权和相关权益；内蒙古丰汇化工有限公司为承租人，每年的租金金额为项目造价扣减预付款后总额的40.70%，年租金额为61 457 000.00元人民币，首期租金的实际支付日期为2014年12月30日前，以此类推每三个月支付一次租金；发生争议时由中国国际经济贸易仲裁委员会管辖。

新世纪融银设备租赁有限公司（委托建设方）、中国昆仑工程公司（建设方）和内蒙古丰汇化工有限公司（最终用户）于2014年4月16日订立《设备设施建设合同》[合同编号：BLTBC-2014-003]，约定新世纪融银设备租赁有限公司作为合同项目——项目设备设施租赁的出租人和本合同的委托建设方，中国昆仑工程公司作为合同项目的建设者，内蒙古丰汇化工有限公司作为生产甲醇制轻烃的设备设施——租赁物件的承租人及合同项目（设备设施）的一方；新世纪融银设备租赁有限公司接受内蒙古丰汇化工有限公司的委托向中国昆仑工程公司进行合同项目的委托建设；内蒙古丰汇化工有限公司需要"年产10万吨甲醇制轻烃"；中国昆仑工程公司同意接受新世纪融银设备租赁有限公司的委托，进行上述项目的总承包建设，总价188 000 000.00元人民币。

合同订立后，内蒙古丰汇化工有限公司于2014年4月22日将租赁手续费（融资管理费）846万元人民币、保险保证金（财产保险费）2 030 400.00元经中国银行汇给新世纪融银设备租赁有限公司，新世纪融银设备租赁有限公司于2014年8月4日为内蒙古丰汇化工有限公司出具了收据。

上述合同项下的其他义务均未履行。

2016年12月21日，玉田县昌隆金属制品有限责任公司、唐山龙利保温建材有限公司与内蒙古丰汇化工有限公司、唐山玉全聚氨酯开发有限公司订立《债权转让协议》，约定玉田县昌隆金属制品有限责任公司、唐山龙利保温建材有限公司对唐山玉全聚氨酯开发有限公司拥有5 837 929.78元担保债权，内蒙古丰汇化工有限公司对新世纪融银设备租赁有限公司拥有10 490 400.00元人民币债权，且唐山玉全聚氨酯开发有限公司和内蒙古丰汇化工有限公司系关联公司，经其共同上级公司协调，内蒙古丰汇化工有限公司将以上对新世纪融银设备租赁有限公司等相关单位拥有的相应全部债权及权益转让给玉田县昌隆金属制品有限责任公司、唐山龙利保温建材有限公司，用以抵销唐山玉全聚氨酯开发有限公司对玉田县昌隆金属制品有限责任公司、唐山龙利保温建材有限公司的全部担保债权 5 837 929.78 元；玉田县昌隆金属制品有限责任公司、唐山龙利保温建材有限公司同意受让，并确认用所受让各项债权及权益抵销对唐山玉全聚氨酯开发有限公司的担保债权；内蒙古丰汇化工有限公司于本协议订立之日起 7 日内负责将相关权益转让事宜通知债务人新世纪融银设备租赁有限公司，通知到达债务人时本协议即生效；玉田县昌隆金属制品有限责任公司、唐山龙利保温建材有限公司和唐山玉全聚氨酯开发有限公司明确反对内蒙古丰汇化工有限公司与债务人等单位所订相关合同中有关的仲裁条款，玉田县昌隆金属制品有限责任公司、唐山龙利保温建材有限公司和唐山玉全聚氨酯开发有限公司均不接受内蒙古丰汇化工有限公司与债务人等单位所订相关合同中所有仲裁约定；本协议及相关的事宜如发生纠纷，任何一方均有权向玉田县昌隆金属制品有限责任公司、唐山龙利保温建材有限公司住所地有管辖权的人民法院起诉……

后玉田县昌隆金属制品有限责任公司、唐山龙利保温建材有限公司起诉到河北省玉田县人民法院，请求判令内蒙古丰汇化工有限公司依约向其提交全部对新世纪融银设备租赁有限公司享有的债权的原始债权凭证及相关资料，新世纪融银设备租赁有限公司直接向玉田县昌隆金属制品有限责任公司、唐山龙利保温建材有限公司履行支付 10 490 400.00 元债务的义务。在诉讼过程中，玉田县昌隆金属制品有限责任公司、唐山龙利保温建材有限公司追加中国昆仑工程公司为被告，增加和变更诉讼请求如下：确认《设备设施租赁商务合同》《设备设施建设合同》无效，由新世纪融银设备租赁有限公司返还收取的费用 10 490 400.00 元及利息，如不能返还，由新世纪融银设备租赁有限公司向玉田县昌隆金属制品有限责任公司、唐山龙利保温建材有限公司赔偿 10 490 400.00 元及利息，中国昆仑工程公司承担连带返还赔偿责任。

河北省玉田县人民法院（2017）冀 0229 号民初 924 号民事判决书认定《设备设施租赁商务合同》《设备设施建设合同》属于融资租赁合同，但仅有融资却无融物属性，新世纪融银设备租赁有限公司和中国昆仑工程公司恶意串通，在租赁标的物（建设标的物）不存在的情况下订立了虚假的《设备设施租赁商务合同》《设备设施建设合同》，适用《合同法》第 52 条第 2 项的规定，上述两个合同应属无效；判决新世纪融银设备租赁有限公司向玉田县昌隆金属制品有限责任公司、唐山龙利保温建材有限公司返还租赁手续费、保险保证金 10 490 400.00 元，并自 2014 年 8 月 4 日起按照中国人民银行规定的同期贷款利率的 70%支付资金占用期间的利息至付清之日止，中国昆仑工程公司承担连带责任，于判决生效之日起 10 日内付清。

笔者不赞同该判决，分几部分分析如下。

1. 系争案件应由中国国际经济贸易委员会仲裁管辖，法院无权管辖

《设备设施租赁商务合同》第 13.3 条约定仲裁管辖系争合同纠纷，第 15.1 条前段约定："在执行本合同中产生的或关于违约的所有分歧，应经过友好协商予以解决，如经协商解决无效，任何一方均可将争议提交位于北京的中国国际经济贸易仲裁委员会，按照该会现行有效的程序进行仲裁。"《设备设施建设合同》第 9.1 条约定："各方对执行合同时发生的一切争执均应通过友好协商解决，如果不能解决，进行仲裁解决。"第 9.2 条约定："仲裁应在位于北京的中国国际经济贸易仲裁委员会，并将根据该会届时有效的仲裁程序和规则进行仲裁。"

玉田县昌隆金属制品有限责任公司、唐山龙利保温建材有限公司基于《债权转让协议》受让内蒙古丰汇化工有限公司对于新世纪融银设备租赁有限公司享有的租赁手续费、保险保证金 10 490 400.00 元人民币债权。

《最高人民法院关于适用〈中华人民共和国仲裁法〉若干问题的解释》第 9 条规定："债权债务全部或者部分转让的，仲裁协议对受让人有效，但当事人另有约定、在受让债权债务时受让人明确反对或者不知有单独仲裁协议的除外。"系争《债权转让协议》确有排除仲裁条款的约定，是否属于《最高人民法院关于适用〈中华人民共和国仲裁法〉若干问题的解释》第 9 条的但书范围？玉田县昌隆金属制品有限责任公司、唐山龙利保温建材有限公司受让案涉债权时明确反对仲裁条款，可否认定债权受让人玉田县昌隆金属制品有限责任公司、唐山龙利保温建材有限公司诉请中国昆仑工程公司承担责任时不受《设备设施租赁商务合同》和《设备设施建设合同》约定的仲裁条款的约束？

在诉讼过程中，第三人中国昆仑工程公司述称："贵院对本案不具有管辖权，假设法院认定原告有关证据是真实的情况下，丰汇公司与原告订立的协议书转让的是《设备设施租赁商务合同》和《设备设施建设合同》项下的权利义务，原告作为内蒙古丰汇公司权利义务的承继者，应当遵守合同的约定，《设备设施租赁

商务合同》第 15.1 条和《设备设施建设合同》第 9.2 条已经明确约定争议的解决方式为提交在北京的中国国际经济贸易仲裁委员会，该仲裁条款对债权的承继者具有约束力，即便债权转让，变更协议管辖时也应当征求《设备设施租赁商务合同》《设备设施建设合同》所有当事人的一致同意后，方可变更协议的管辖权，因此依照《仲裁法》第 5 条，河北省玉田县法院无权管辖本案，贵院应当驳回本案起诉，告知原告向中国国际经济贸易仲裁委员会提起仲裁。”

此种抗辩有理有据，河北省玉田县人民法院应当驳回本案起诉，向原告释明，其应向中国国际经济贸易仲裁委员会提起仲裁。对此稍微展开辨析如下：系争《债权转让协议》的当事人为玉田县昌隆金属制品有限责任公司、唐山龙利保温建材有限公司、内蒙古丰汇化工有限公司，系争《债权转让协议》关于排除仲裁的约定约束这三方当事人应无疑问，它们之间的纠纷由人民法院管辖，具有法律依据。但是，因系争《设备设施租赁商务合同》项下的债权以及借助于系争《债权转让协议》转让给玉田县昌隆金属制品有限责任公司、唐山龙利保温建材有限公司的债权，请求新世纪融银设备租赁有限公司返还租赁手续费、保险保证金 10 490 400.00 元人民币，中国昆仑工程公司对此承担连带责任，系争《债权转让协议》关于排除仲裁的约定便不再具有约束力，合同的相对性使然。既然《设备设施租赁商务合同》《设备设施建设合同》关于仲裁管辖的约定对于新世纪融银设备租赁有限公司、中国昆仑工程公司继续有效，通过系争《债权转让协议》和《最高人民法院关于适用〈中华人民共和国仲裁法〉若干问题的解释》第 9 条的规定，对于玉田县昌隆金属制品有限责任公司、唐山龙利保温建材有限公司也有约束力，故所谓返还租赁手续费、保险保证金 10 490 400.00 元人民币的纠纷，只要追加中国昆仑工程公司为被告，必须由中国国际经济贸易仲裁委员会受理，河北省玉田县人民法院无权管辖。但是，河北省玉田县人民法院却固执地予以审理并作出极不适当的判决，因此，河北省玉田县人民法院（2017）冀 0229 号民初 924 号民事判决书应予撤销。

2. 关于系争合同的定性和定位以及诉讼主体适格与否

所谓融资租赁合同，是指出租人根据承租人对出卖人、租赁物的选择，向出卖人购买租赁物，提供给承租人使用，承租人支付租金的合同（《合同法》第 237 条）。这是人们常说的融资租赁合同，且为广义的融资租赁合同，反映着出租人、承租人和出卖人之间的三角关系。有时，人们也将出租人与承租人之间的租赁合同叫作融资租赁合同，即狭义的融资租赁合同。据此衡量《设备设施租赁商务合同》《设备设施建设合同》，无论观察其名称还是其内容均非广义的融资租赁合同，当然，《设备设施租赁商务合同》可归为狭义的融资租赁合同，不过，《设备设施建设合同》无论如何构不成融资租赁合同，而是地地道道的建设工程施工合同。中国昆仑工程公司为《设备设施建设合同》中的承包人。河北省玉田县人民法院（2017）冀 0229 号民初 924 号民事判决书将《设备设施建设合同》认定为融资租赁合同，实属定性和定位错误。

中国昆仑工程公司虽然在《设备设施租赁商务合同》文本上签字盖章了，但并不享有融资租赁合同项下的权利、不承担融资租赁合同项下的义务。如此，如果仅仅审理《设备设施租赁商务合同》，且将之界定为融资租赁合同，那么，中国昆仑工程公司绝非实质上的当事人；只有审理《设备设施建设合同》时，中国昆仑工程公司才是当事人。玉田县昌隆金属制品有限责任公司、唐山龙利保温建材有限公司基于《债权转让协议》主张权利，这与中国昆仑工程公司无关，中国昆仑工程公司不是适格的诉讼主体。

在这里，值得指出的还有，河北省玉田县人民法院（2017）冀 0229 号民初 924 号民事判决书一方面认定中国昆仑工程公司为无独立请求权的第三人，它无权对受诉法院的管辖权提出异议，另一方面又适用《合同法》第 52 条第 2 项的规定，认定新世纪融银设备租赁有限公司与中国昆仑工程公司恶意串通，损害内蒙古丰汇化工有限公司的权益，判决其承担连带责任这种实体义务，这显然不合法律规则，其逻辑是混乱的，其法律适用是错误的。

3. 关于恶意串通的举证证明

河北省玉田县人民法院（2017）冀 0229 号民初 924 号民事判决书以新世纪融银设备租赁有限公司与中国昆仑工程公司恶意串通与内蒙古丰汇化工有限公司订立《设备设施租赁商务合同》《设备设施建设合同》为由，适用《合同法》第 52 条第 2 项的规定，判决《设备设施租赁商务合同》《设备设施建设合同》无效。

问题在于，笔者在卷宗证据中未发现新世纪融银设备租赁有限公司与中国昆仑工程公司恶意串通的证据。既然玉田县昌隆金属制品有限责任公司、唐山龙利保温建材有限公司未能举出恶意串通的证据，就不得适用《合同法》第 52 条第 2 项的规定，可河北省玉田县人民法院（2017）冀 0229 号民初 924 号民事判决书却援用《合同法》第 52 条第 2 项的规定，判决《设备设施租赁商务合同》《设备设施建设合同》无效，这无事实依据和法律依据，是不适当的。

4. 所评释判决确将法律关系错位

即使就合同条款的字面意思而论，中国昆仑工程公司为《设备设施租赁商务合同》的当事人之一，适用《合同法》第 52 条第 2 项的规定，由新世纪融银设备租赁有限公司与中国昆仑工程公司承担连带责任，也只有同时适用《合同法》第 58 条的规定，由新世纪融银设备租赁有限公司负责缔约过失责任，承担信赖利益的赔偿，由中国昆仑工程公司承担连带责任，才符合逻辑，才可以成立。河北省玉田县人民法院（2017）冀 0229 号民初 924 号民事判决书判决新世纪融银设备租赁有限公司向玉田县昌隆金属制品有限责任公司、唐山龙利保温建材有限公司返还租赁手续费、保险保证金 10 490 400.00 元，就其实质而言，这是新世纪融银设备租赁有限公司承担的不当得利返还，而非缔约过失的赔偿责任。无论现行法还是当事人的约定，均无中国昆仑工程公司承担连带责任的依据。对此展开分析如下：

河北省玉田县人民法院（2017）冀 0229 号民初 924 号民事判决书适用《合同法》第 52 条第 2 项关于双方恶意串通订立合同损害第三人利益的场合合同无效的规定，判决系争融资租赁合同无效。据此判令中国昆仑工程公司承担连带责任，其逻辑应是新世纪融银设备租赁有限公司就系争融资租赁合同无效而向玉田县昌隆金属制品有限责任公司、唐山龙利保温建材有限公司（债权转让前的内蒙古丰汇化工有限公司）承担赔偿损失的责任，作为合谋一方的中国昆仑工程公司对新世纪融银设备租赁有限公司所负缔约过失赔偿责任承担连带责任。换言之，在该因合同无效而产生的赔偿损失的法律关系中，新世纪融银设备租赁有限公司和中国昆仑工程公司为法律关系中的一方，内蒙古丰汇化工有限公司（债权转让后为玉田县昌隆金属制品有限责任公司、唐山龙利保温建材有限公司）为另一方。在同一个法律关系中，一方中的两个主体向另一方承担连带责任，存在着前提，只要法律设有明文或当事人有约定，连带责任即可成立。与此逻辑不同，新世纪融银设备租赁有限公司对玉田县昌隆金属制品有限责任公司、唐山龙利保温建材有限公司（债权转让前为内蒙古丰汇化工有限公司）负责返还租赁手续费、保险保证金 10 490 400.00 元人民币的租金及其利息，乃因系争融资租赁合同无效之故，法律依据是《合同法》第 58 条前段关于“合同无效……，因该合同取得的财产，应当予以返还”。而中国昆仑工程公司系案涉建设工程施工合同的当事人一方，并非系争融资租赁合同的当事人一方，其在合同文本上盖章也没有改变这种法律地位。既然如此，在连带责任的成立及承担必须有法律的明文规定或当事人的约定的原则下，作为案涉建设工程施工合同的当事人的中国昆仑工程公司对系争融资租赁合同中的当事人内蒙古丰汇化工有限公司（债权转让后为玉田县昌隆金属制品有限责任公司、唐山龙利保温建材有限公司）返还租赁手续费、保险保证金 10 490 400.00 元人民币承担连带责任，欠缺法律依据、合同依据。换个角度说，因为建设工程施工合同关系与融资租赁合同关系乃两个法律关系，新世纪融银设备租赁有限公司和中国昆仑工程公司分属不同合同关系的当事人，新世纪融银设备租赁有限公司返还租赁手续费、保险保证金 10 490 400.00 元人民币的租金及其利息属于系争融资租赁合同关系中的义务，案涉建设工程施工合同中的当事人中国昆仑工程公司怎会为此承担连带责任呢？这是河北省玉田县人民法院（2017）冀 0229 号民初 924 号民事判决书混淆不同法律关系的表现。现行法没有规定这种类型的连带责任，系争合同也没有约定此类连带责任，故河北省玉田县人民法院（2017）冀 0229 号民初 924 号民事判决书判令中国昆仑工程公司就新世纪融银设备租赁有限公司返还租赁手续费、保险保证金 10 490 400.00 元人民币承担连带责任没有法律依据、合同依据。

以上“2”“4”属于运用法律关系方法的体现。

（七）例证之六

甲公司系国有独资企业，乙公司为民营企业，乙公司增资于甲公司，形成新公司，股东有甲公司和乙公司。合同订立之后，双方发生纠纷，主审法院以国有股权转让未经行政主管机关批准为由，适用《企业国有资产监督管理暂行条例》第 23 条和《合同法》第 52 条第 5 项的规定，判决系争增资扩股合同无效。对此，笔者持有不同意见，分析如下。

首先，股权转让关系不同于企业增资扩股关系：（1）在某特定股东甲向第三人乙转让其全部股权的情况下，甲就不再是该国有企业的股东，乙才是该国有企业的新股东，目标企业的股东已经发生变动，股东的持股比例也有所变化；与此不同，企业的增资扩股发生于固有股东以外之人时，没有股东脱离目标企业，只有增资于目标企业的第三人成为该目标企业的新股东。(2) 在某特定股东甲向第三人乙转让其部分股权的情况下，甲继续为目标公司的股东，乙成为该目标公司的新股东，股东的人数增多了；与此不同，企业的增资扩股发生于固有股东之中时，无第三人加入股东的行列，股东的人数依旧，但持股数量却有变化，甚至持股比例也有不同。这些规律同样适合于国有企业。

其次，对于国有资产的监督管理，《企业国有资产监督管理暂行条例》区分了国有股权转让与国有企业增资扩股两种情况而有区别地予以监管，其第 23 条规定："国有资产监督管理机构决定其所出资企业的国有股权转让。其中，转让全部国有股权或者转让部分国有股权致使国家不再拥有控股地位的，报本级人民政府批准。"其第 22 条第 2 款则规定："国有控股的公司、国有参股的公司的股东会、董事会决定公司的分立、合并、破产、解散、增减资本、发行公司债券、任免企业负责人等重大事项时，国有资产监督管理机构派出的股东代表、董事，应当按照国有资产监督管理机构的指示发表意见、行使表决权。"不难发现，对于国家出资的企业的国有股权转让，以及重要的国有独资企业、国有独资公司分立、合并、破产、解散的，《企业国有资产监督管理暂行条例》要求"应当由国有资产监督管理机构审核后，报本级人民政府批准"(第 21 条后段)；但对增减资本则未规定"应当由国有资产监督管理机构审核后，报本级人民政府批准"(第 21 条后段)。尤其是案涉甲公司这个国有独资企业不属于《企业国有资产监督管理暂行条例》第 21 条所谓"重要的国有独资企业、国有独资公司"，其增资扩股就更不需要"应当由国有资产监督管理机构审核后，报本级人民政府批准"。

最后，却是最为重要的是，确定甲公司这个国有企业增资扩股是否需要类推适用《企业国有资产监督管理暂行条例》第 21 条后段和第 23 条的规定，"由国有资产监督管理机构审核后，报本级人民政府批准"，离不开探究《企业国有资产监督管理暂行条例》第 21 条和第 23 条的规范目的。统观《企业国有资产监督管理暂行条例》整体乃至整个国家所有权制度，可知此处所谓规范目的应是：维护国家这个所有者的权益(《企业国有资产监督管理暂行条例》第 13 条第 1 项)，促进企业国有资产保值增值，防止企业国有资产流失；推进国有资产合理流动和优化配置，推动国有经济布局和结构的调整；指导和促进国有及国有控股企业建立现代企业制度，完善法人治理结构，推进管理现代化（《企业国有资产监督管理暂行条例》第14条第1、3、4项）。系争案件的卷宗中的证据证明：乙公司增资于甲公司之前，甲公司经营状况严重恶化，难以为继，职工的待遇得不到保障；乙公司增资于甲公司、形成新公司之后，没有减少而是增值了国有资产，没有恶化而是繁荣了新公司，纳税数额大增，职工的待遇显著提高。一句话，在系争案件中，乙公司增资于甲公司、形成新公司，达到了《企业国有资产监督管理暂行条例》第21条和第23条的规范目的，应予维护和保护，而不应加以否定，系争增资扩股合同不因缺乏"本级人民政府批准"而归于无效或不生效。

这告诉我们，国有股权转让关系与国有企业增资扩股关系不同，所适用的法律应有差异，裁判者不得错将关于国有股权转让须经"本级人民政府批准"的规定盲目地适用于国有企业增资扩股关系领域。

（八）例证之七

张三和李四为夫妻，共有A房。1987年李四去世，张三与五个子女并未就A房做任何处理，张三继续居住于此。1991年，张三与其小儿子张甲签署A房赠与合同，约定A房归张甲所有。张甲随后把A房过户登记在自己名下。2009年，张甲又将A房过户登记在其妻王五的名下。现在，除张甲以外的张三的子女们主张对A房享有权益，张甲和王五坚决反对，理由是其父张三已将A房屋赠与自己，且已登记过户完毕，其兄姊们对A房没有权益；退一步说，即便兄姊们原来对A房享有权益，也早已超过诉讼时效期间，援用诉讼时效完成的抗辩，对抗兄姊们的请求。若干律师和法官支持张甲和王五的主张，赞同其理由。

张甲和王五的主张及理由是否成立？运用法律关系的方法不难明了。(1)李四于1987年去世时，依据《继承法》第2条的规定，A房的1/2由张三及其子女们继承，根据《物权法》第29条的规定，张三及其子女们开始享有A房所有权。(2)张三及其子女们对A房没有析产，不影响其所有权的状态和享有。(3)张三将A房赠与张甲，就张三的四个子女们对A房享有的共有权部分而言，构成无权处分，按照《物权法》第106条第1款的规定，张甲不能善意取得这些共有权，张三的四个子女有权主张该共有权。(4)张甲对其兄姊们无权援用《物权法》第16条的规定予以对抗，因为该条适用于交易领域中交易各方之间的关系，而不适用真实物权人与登记名义人之间的关系。张甲与其兄姊们之间就A房的归属必须遵循实事求是的原则处理。(5) 张甲将A房过户登记在其妻王五的名下，也改变不了前述结论，理由如同上述。(6) 张三的子女们对于A房享有共有权，属于不动产物权，按照《民法总则》第196条第2项的规定，这不适用诉讼时效的规定，故除张甲以外的张三的四个子女至今对于A房仍有权主张共有权。(7) 不过，张三擅自将A房本属除张甲以外的四个子女的共有权赠与张甲，张甲明知此情将A房过户登记于自己名下，后又过户登记在王五名下，也构成侵权。如果这四个子女以张甲等侵权为由请求张甲负责，则可以适用诉讼时效的规定。

(九) 例证之八

把握和运用法律关系方法乃解决案件纠纷的不可忽视的方法，再通过下面的案例分析予以展现。

1. 把握案涉法律关系的全貌，认清案涉资金的地位及作用

(1) 增资扩股关系：季某某认购甲目标公司增资扩股的部分股份。

(2) 购买季某某认购的股份·股权代持·民间借贷

《甲目标公司股份代持协议》约定：成某投资，购买季某某认购的甲目标公司250.00万股，由季某某代持（第3条）；这些股份的资金总额为2 975 000.00元人民币（第2.1条），该笔资金由黄某代成某垫付，年利率2%（第2.4条）。

这些约定形成的法律关系如下。

1) 成某购买季某某认购甲目标公司增资扩股的股份，成为新股东，但为隐名股东，显名股东为季某某（股权代持）。

A. 季某某认购的股份（成某购买季某某认购的股份，从而形成甲目标公司—成某之间的目标公司与股东之间的关系）；B. 代持关系（季某某代成某持股250.00万股）。

2) 增资款给甲目标公司2 975 000.00元人民币，形成法律关系为：A. 成某作为债务人对甲目标公司负有2 975 000.00元人民币的债务（因增资扩股形成的付款债务关系）；B. 黄某出借2 975 000.00元人民币给成某的民间借贷关系。

成某与黄某之间的民间借贷关系，因成某购买季某某认购甲目标公司增资扩股的股份而形成的关系以及成某资金短缺的原因而产生。

(3) 民间借贷关系

《甲目标公司股份代持协议》约定：成某同时提供 250.00 万元人民币配借资金交由季某某供甲目标公司使用 1 年（第 2.3 条），该笔资金同样由黄某代成某垫付，年利率 2%（第 2.4 条）。

这些约定形成如下法律关系：

A. 成某作为出借人与甲目标公司作为借款人之间的民间借贷关系；B. 黄某作为出借人与成某作为借款人之间的民间借贷关系。

履行这些民间借贷关系中的债务，无须黄某将 250.00 万元人民币付给成某，成某再付给甲目标公司，而是黄某径直将 250.00 万元人民币直接付给甲目标公司。

(4) 辨析不同的法律关系的意义

辨析不同的法律关系，有助于分清债务、责任的归属，最终有助于认清案涉资金是否实际支付。福建省厦门市思明区人民法院（2015）思民初字第 17152 号民事判决书、福建省厦门市中级人民法院（2016）闽 02 民终 2757 号民事判决书均未做到这一点，而是将不同的法律关系相混淆，对债务、责任的归属确定也有误，这属于事实不清。

2. 本案中所谓债务转移不成立，因而 2 975 000.00 元人民币也就不可依据债务转移而认定已经实际支付

正确处理本案，重要一点是案涉资金是否实际垫付。福建省厦门市思明区人民法院（2015）思民初字第 17152 号民事判决书、福建省厦门市中级人民法院（2016）闽 02 民终 2757 号民事判决书均认定案涉资金已由黄某垫付，其中一个理由是：季某某因认购股份而欠甲目标公司或欠黄某债务——2 975 000.00 元人民币的股权认购款，该笔 2 975 000.00 元人民币债务随着成某购买与该笔款项对应的 250.00 万股股权而转移给成某，既然成某已经取得了 250.00 万股股权，就相当于自黄某之处取得了 2 975 000.00 元人民币的借款，故黄某已经实际付给成某 2 975 000.00 元人民币的借款，成某便有义务偿付 2 975 000.00 元人民币的借款。

笔者不赞同上述逻辑和结论，最关键的一点是，中国现行法没有规定这样的债务转移（法定债务转移），中国民法理论亦无这种债务转移理论。此其一。中

国现行法及理论赞同合同的相对性，季某某与黄某之间的认购股权关系或季某某与甲目标公司之间的认购股权关系，与成某和黄某之间的民间借贷关系，各为独立的法律关系，这些不同法律关系中的债务不会当然地相互转移，只有在当事人之间有债务转移的约定、法律设有债务转移的规定时，才会发生债务转移的效力。法律专家们从现有证据中未发现成某、黄某之间存在此类约定。此其二。打个比方来看上述逻辑和结论的不当：乙从甲处购买A房，欠下购房款300.00万元人民币。其后，丙自乙处购买A房，付清350.00万元人民币的购房款。于此场合，不可说乙欠甲的300.00万元人民币的债务随着A房过户给丙而由丙承受，不得认为甲有权请求丙付清该300.00万元人民币的购房款。此其三。特别是，如果季某某认购股权所欠股权款，是欠甲目标公司的，而不是欠黄某的，那么，就更不得说“成某已经取得了250.00万股股权，就相当于自黄某之处取得了2 975 000.00元人民币的借款，故黄某已经实际付给成某2 975 000.00元人民币的借款，成某便有义务偿付2 975 000.00元人民币的借款”。此其四。福建省高级人民法院（2017）闽民申766号民事裁定书认定，案涉股份已被代持人季某某出质给第三人。由于质权的效力优先于股权的效力，加上在股权质权行使时拍定人有善意取得案涉股权的可能，成某能否最终拥有案涉股权是有疑问的。如果成某最终没有拥有案涉股权，意味着《甲目标公司股份代持协议》没有得到遵守和实际履行，作为派生于《甲目标公司股份代持协议》的黄某垫付股权转让款的民间借贷合同有无必要继续履行，也存在疑问；特别是在黄某是否已经垫付股权转让款的事实模糊、证据不充分的情况下，强行认定黄某已经垫付股权转让款，明显对成某不公。此其五。

既然如此，加上也没有发现其他的关于2 975 000.00元人民币的借款实际支付的证据，就更不可认定黄某已将2 975 000.00元人民币的借款支付给成某了。

3. 妥当认识和处理250.00万元的配借资金

如何看待《甲目标公司股份代持协议》约定的、成某同时提供250.00万元人民币配借资金交由季某某供甲目标公司使用1年（第2.3条），该笔资金同样由黄某代成某垫付，年利率2%（第2.4条）？

按照合同的相对性，的确是成某作为出借人与甲目标公司作为借款人之间的民间借贷关系，黄某作为出借人与成某作为借款人之间的民间借贷关系。据此，如果该笔 250.00 万元人民币的配借资金由黄某实际支付了，那么，黄某有权请求成某偿还。如果黄某尚未垫付该笔 250.00 万元人民币的配借资金，则成某有权拒绝向黄某偿还。

不过，本案的特殊性在于，成某自黄某处借贷 250.00 万元人民币，不是用于纯粹的自身业务，而是立即转借给甲目标公司，由甲目标公司从中受益。黄某、季某某和成某作为甲目标公司的股东，从中间接受益。在这种格局中，按照公平理念，不宜让成某承担全部的不利，让黄某和季某某单纯地享有利益而不承受负担。由此决定，在认定黄某是否已经实际将 250.00 万元人民币垫付到位时，应当严格标准。

笔者注意到，成某在诉讼中主张该笔 250.00 万元人民币的配借资金应由甲目标公司偿付给黄某。笔者认为，尽管成某的这种主张不符合合同的相对性，不宜直接支持，但在主审法院全面审理黄某、成某、季某某、甲目标公司之间的法律关系时，有必要统筹考虑，一并解决。

4. 未发现案涉借款实际支付的证据

在现有证据中，没有发现案涉资金由黄某实际支付的证据。在这样的情况下，福建省厦门市思明区人民法院（2015）思民初字第 17152 号民事判决书、福建省厦门市中级人民法院（2016）闽 02 民终 2757 号民事判决书，仅凭《借据》、《收具》及拟制理论，判决成某向黄某偿付借款，不符合法释〔2015〕18 号第 15 条等规定。

5. 结论

总之，福建省厦门市思明区人民法院（2015）思民初字第 17152 号民事判决书、福建省厦门市中级人民法院（2016）闽 02 民终 2757 号民事判决书，认定事实不清，适用法律不当。

（十）例证之九

甲公司作为订购方与种植和经营三七的乙公司之间订立某《三七订购合同》，由乙公司种植并出卖三七给甲公司，甲公司先行支付货款 7 300.00 万元人民币，但乙公司供货 1/2 的三七后便未再供货。甲公司诉讼到某人民法院，其诉讼请求为解除系争《三七订购合同》；乙公司返还超付的货款 3 650.00 万元人民币。乙公司抗辩为系争案件的案由是合同纠纷，主审法院也是按照合同纠纷审理的，但甲公司诉讼请求为乙公司返还超付的货款 3 650.00 万元人民币，其请求权基础应为《民法通则》第 92 条，应划归不当得利返还的案由。有鉴于此，主审法院应当驳回甲公司的诉讼请求。

其实，甲公司诉请乙公司偿付 3 650.00 万元人民币，有两个请求权基础：一是《民法通则》第 92 条关于不当得利返还的规定，另一是《合同法》第 107 条关于违约损害赔偿的规定。相应地，该请求权可处于两个法律关系：一是基于《民法通则》第 92 条的规定而形成的法律关系为不当得利返还关系，另一是基于《合同法》第 107 条的规定而形成的法律关系为违约损害赔偿关系。这两个/两种法律关系所适用的法律规定、所含有的抗辩/抗辩权不同。例如，在系争案件中，甲公司诉讼请求乙公司返还超付的货款 3 650.00 万元人民币，若构成不当得利返还，必以系争《三七订购合同》被解除为前提，因为唯有如此，乙公司收取 7 300.00 万元人民币的债权才归于消灭，乙公司保有 3 650.00 万元人民币的法律根据才不复存在，3 650.00 万元人民币在乙公司之手才构成不当得利。换个角度说，如果系争《三七订购合同》未被解除，则甲公司的不当得利返还请求就不会被主审法院支持。与此不同，甲公司若把 3 650.00 万元人民币货款作为乙公司违约所致损失，援用《合同法》第 107 条的规定，请求乙公司承担赔偿 3 650.00 万元人民币损失的责任，则即使系争《三七订购合同》未被解除，也能成立。再者，不当得利返还 3 650.00 万元人民币，还是违约损害赔偿 3 650.00 万元人民币，在诉讼时效期间的起算方面也存在差别。

诸如此类竞合的案件，注意运用法律关系方法，根据个案案情，视证据搜集和把握的情况而选定哪个法律关系，援用相应的法律规定，时常关系着当事人权益的保有、实现。

二、通过辨析概念/类型的方法予以解释

（一）通过辨析概念予以解释

无论是合同纠纷的处理还是合同难题的解决，在不少时候立足于概念/类型的辨析，确定纠纷、难题属于 A，而非 B，寻觅并适用调整 A 的法律规定，就会

如愿以偿。并且，笔者反复观察、体悟，面对合同纠纷、合同难题，首先想到的试错点就是概念/类型，不宜甚至不应一上来就寻觅所谓高深的理论、复杂的制度及规则，否则，时常会事倍功半甚至徒劳无功。

所谓通过辨析概念/类型，既要辨析系争案件究竟为何者，例如，是商业风险还是情事变更，又要辨析法律规范，例如，究竟是A法律规范对应着系争案件事实抑或B法律规范类似于系争案件事实；并且，这两面的辨析交替进行，不断地试错，最终寻觅到合适的法律规范。一句话，辨析概念/类型的方法仍旧是确定当事人的诉讼请求/仲裁请求所处的法律关系，并寻觅到可以适用或类推适用的法律规范。

所谓概念，在法学方法论上，是指法律事实的特征已被穷尽罗列，从而系争法律事实是否得涵摄于某一法律概念之下，可以单纯地通过逻辑推论而确定。因为概念可以穷尽法律事实的全部特征，被认属不同概念的两个法律事实之间存在着截然的界限，所以，某一法律事实之于概念，只能是非此即彼，而不能是或多或少。职是之故，概念只能指向相互对立关系的事物，如相对权与绝对权，在这其中，不容许有第三者插入。否则，概念可能无法精确地加以表达。例如，债权的物权化就不能成为精确的概念标准。①

借助定义，概念可被确定到如下程度："当而且仅当"该定义的全部要素在具体事件或案件事实全部重现时，概念始可适用于彼。这不适用于类型。为描述类型而提出的各种因素不需要全部重现；它们也可以多少不同的程度出现。②

如果立法者想形成一个概念，借以描述一种案件事实的特征时，应尽量精确，其确定方式并应达到下列要素：在个别案件中，不须回溯到评价性的观点，径以涵摄的方式即可确认案件事实的存在。于此，立法者选择概念的要素时，当然也必须留意：借此等要素构成的概念，其的确足以涵摄拟意指的案件事实。不同处只在于：其选择如此的概念要素，以致"在适用概念时，概念要素存在与否

---

① 胡玉鸿：《韦伯的"理想类型"及其法学方法论意义——兼论法学中"类型"的建构》，载《广西师范大学学报》（哲学社会科学版）2003年版第4期。

② ［德］卡尔·拉伦茨：《法学方法论》（学生版），陈爱娥译，台北，五南图书出版有限公司1996年版，第111页。

的问题可以完全取代评价的问题”①。

然而，社会生活事实变化无穷，对象特征经常呈现出无明确界限的相互联结，流动过渡，事实上我们不可能完全清楚地列举定义出所有对象的特征，我们所描述、说明的，经常只是类型而非概念。② 换言之，法定的构成要件并非全以概念组成。在很多情况，法律利用“类型”，而非概念来描绘案件事实的特征，类型与概念不同，其并未借不可或缺的要素而被终局确定。③ 类型在它与真实性接近的以及可直观性、有对象性来看，是相对的不可以被定义的，而只能被“描述”④。

类型在民法上的运用有两种主要情形，一种称为“规范的实际类型”，如动物占有人、占有辅助人；另一种为“法律的结构类型”，如买卖、赠与、租赁等各种合同类型。⑤ 不应该把民法典中的“合同类型”视为古典逻辑中的概念。⑥ 具体地说，它们是“法的构造类型”，质言之，是法律关系的类型。⑦

类型与概念存在如下不同：(1) 类型具有开放性 (Offenheit)。因为类型所描述的特征中的某一个别特征时刻舍弃的，并非绝对必须存在，反之，概念系封闭的，须具备概念的所有特征始有其适用。(2) 类型具有意义性 (Sinnhafigkeit)。类型的特征彼此间基于某种评价观点的意义联络，特征间相互依赖，共同作用以呈现出类型的整体面貌。概念特征则是彼此分离、独立并列，不具有此种特性。(3) 类型特征彼此间是不同的强度彼此补充的，所表现的是一种整体图像，因此某一对象是否应被归类 (Zuordnung) 为该类型，端视其典型的重要

---

① ［德］卡尔·拉伦茨：《法学方法论》(学生版)，陈爱娥译，台北，五南图书出版有限公司1996年版，第112页。

② 吴从周：《民事法学与法学方法》(第3册)，台北，一品文化出版社2007年版，第25页。

③ ［德］卡尔·拉伦茨：《法学方法论》(学生版)，陈爱娥译，台北，五南图书出版有限公司1996年版，第106页。

④ ［德］考夫曼：《法律哲学》，刘幸义译，北京，法律出版社2004年版，第190－191页。

⑤ 吴从周：《当代德国法学上具体化之理念及其方法》(下)，载《万国法律》2001年第6期（总第117期），第104页。

⑥ ［德］卡尔·拉伦茨：《法学方法论》(学生版)，陈爱娥译，台北，五南图书出版有限公司1996年版，第205页。Leenen，(a. a. O. S. 103ff) 曾经深入说明其理由。

⑦ ［德］卡尔·拉伦茨：《法学方法论》(学生版)，陈爱娥译，台北，五南图书出版有限公司1996年版，第205页。

特征是否以某种数目及强度存在，使该对象在整体上符合类型的外在图像。[①] 概念的外延透过其定义要素被终局地确定，类型则否。描绘类型的"特征"，至少部分可以不同的强度出现，在一定的程度上也可以彼此交换。[②]（4）因此，类型是以"归类"的方式为之，以是否或多或少（mehr order minder）具备重要特征，而得将某一对象归类于该类型下。但概念则是一种"涵摄"程序，对象只能以全然具备概念特征的方式，非此即彼（entweder-order）地涵摄于该概念下。（5）因而，类型要求对象与类型之间具有类似性（Ähnlichkeit）即可，但概念则要求须有同一性（Gleichheit）。法定的构成要件并非均以概念组成，在很多情形法律是利用类型来描述事实的特征，它仅指出该类型若干确定、始终必要且充分的要素。[③]（6）与纯粹概念性的观察方式相比，类型化的观察方式有相当大的弹性，这种弹性似乎是以法安定性较小为代价而取得的，但也只是似乎。[④]

当然，"类型"与"概念"也并非截然对立。其中仍有一些流动空间。[⑤] 除象征性的因素外，透过确定若干不可或缺的要素，类型也可以接近概念。类型描述也可以被当作形成概念的前阶段，有时，所谓的概念定义，事实上是一种类型描述。法律概念性规定的背后，经常还是类型。[⑥]

明确了概念与类型的异同及相互关系之后，接下来借助例证来展示辨析概念予以解释合同的方法。

甲与生产厂商乙订立《A设备买卖合同》，约定价款300.00万元人民币，如果A设备瑕疵严重，则乙向甲偿付价款三倍的赔偿。乙交付A设备后，经鉴定A设备瑕疵严重，甲一方面拒收，另一方面诉讼到某人民法院，不但请求乙依约偿付900.00万元人民币，还请求乙赔偿其缔约支出的费用10.00万元人民币、

---

① 吴从周：《民事法学与法学方法》（第3册），台北，一品文化出版社2007年版，第25页。

② ［德］卡尔·拉伦茨：《法学方法论》（学生版），陈爱娥译，台北，五南图书出版有限公司1996年版，第205页。

③ 吴从周：《民事法学与法学方法》（第3册），台北，一品文化出版社2007年版，第25-26页。

④ ［德］卡尔·拉伦茨：《法学方法论》（学生版），陈爱娥译，台北，五南图书出版有限公司1996年版，第206页。

⑤ ［德］卡尔·拉伦茨：《法学方法论》（学生版），陈爱娥译，台北，五南图书出版有限公司1996年版，第113页。

⑥ ［德］卡尔·拉伦茨：《法学方法论》（学生版），陈爱娥译，台北，五南图书出版有限公司1996年版，第205页。

鉴定费 20.00 万元人民币、为准备付清货款而借款 300.00 万元人民币所产生的利息 20.00 万元人民币，共计 50.00 万元人民币。乙对此予以反对。

甲的诉讼请求能否得到全部支持，关键在于 300.00 万元人民币价款三倍的赔偿数额即 900.00 万元人民币赔偿的性质，前溯至惩罚性损害赔偿的界定。如果把 900.00 万元人民币界定为惩罚性损害赔偿，接下来需要厘清 900.00 万元人民币的损害赔偿是纯为惩罚性损害赔偿（不包含补偿性损害赔偿，或曰填平性损害赔偿），还是涵盖了补偿性损害赔偿和惩罚性损害赔偿？尽管关于惩罚性损害赔偿的界定意见不一，但笔者倾向于惩罚性损害赔偿系补偿性损害赔偿以外的损害赔偿这种界定。如此，900.00 万元人民币的损害赔偿已经包含了补偿性损害赔偿的数额，甲另外请求赔偿的 50.00 万元人民币的实际支出，就是双重请求了补偿性损害赔偿，若支持此种请求，意味着使甲双重获利，不合公平正义。此其一。在违约损害赔偿属于履行利益（期待利益）的损害赔偿的前提下，守约方为缔约和履约所支出的费用系其交易的成本，此类成本在合同实际且适当的履行时也是由其自己负担的，不得请求对方予以赔偿或补偿。这种风险分配的规则不应因违约还是实际且适当履行而发生改变。在履行利益的损害赔偿规则这个层面上，甲同时请求乙赔偿 900.00 万元人民币和 50.00 万元人民币，也是不应获得支持的。此其二。

由于有人认为系争案件中的 900.00 万元人民币属于惩罚性违约金，我们再从惩罚性违约金的角度分析。的确，《合同法》是否承认了惩罚性违约金，因其第 114 条第 3 款的用语不详而分歧严重。实务中大多采取如下立场及态度：如果当事人明确约定违约方既支付违约金又赔偿守约方的损失的，那么，该违约金为惩罚性违约金，守约方有权同时请求违约方支付违约金和赔偿违约所致损失；如果当事人未如此明确约定，则所约违约金属于赔偿性违约金，守约方只有权请求违约方支付违约金，或不主张违约金责任而援用《合同法》第 113 条的规定请求违约方承担违约损害赔偿责任。系争《A 设备买卖合同》未明确约定乙违约时既有义务向甲支付违约金 900.00 万元人民币又有义务赔偿甲的损失，故不宜支持甲关于 50.00 万元人民币的违约损害赔偿的诉讼请求。

再如，某《关于资产证券化项目之提前终止协议》第 3 条约定：“自本协议签署之日起，甲方不得与 LH 信用评级有限公司、BJZQH 资产评估有限公司及

HQ 律师事务所合作，并不得使用和本项目资产专项计划相关的 LH 信用评级有限公司出具的评级报告、BJZQH 资产评估有限公司出具的评级报告及 HQ 律师事务所出具的法律意见书。此限制条款自 2015 年 12 月 24 日至 2020 年 12 月 24 日。”第 5 条约定：“甲方违反本协议第 1 条、第 2 条、第 3 条款任何一条，甲方须承担违约责任，即甲方支付乙方资产证券化项目发行总额贰拾亿元人民币年化千分之七，每年支付财务顾问费壹仟肆佰万元人民币整。共支付伍年，合计人民币柒仟万元整。”对于第 3 条所谓“合作”有不同的解释，广西壮族自治区南宁市中级人民法院（2017）桂 01 民初 12 号民事判决书认为：“该条所指合作，应作广义解释，包括直接合作和间接合作，既不得直接委托该中介机构提供专业意见，亦不得在同一资产证券化项目中作为交易方进行合作。”

笔者不赞同这样解释合作。首先，所谓“亦不得在同一资产证券化项目中作为交易方进行合作”，系对“间接合作”的同义反复，未给间接合作下定义。而系争案件的要害恰恰在于被告甲方是否与 LH 信用评级有限公司、BJZQH 资产评估有限公司及 HQ 律师事务所间接合作了，因为不存在直接合作的证据。不界定间接合作，就认定甲方与上述中介机构间接合作了，也就是合作了，从而依系争《关于资产证券化项目之提前终止协议》第 5 条的规定衡量，甲方构成违约。其次，《现代汉语词典》给合作下的定义是：“为了共同的目的一起工作或共同完成某项任务。”① 据此对照系争案件，甲方与 LH 信用评级有限公司、BJZQH 资产评估有限公司及 HQ 律师事务所没有共同目的，也不是共同完成案涉资产证券化的任务，特别是并非共同完成信托贷款。再次，具体到合同关系上，认定甲方与 LH 信用评级有限公司、BJZQH 资产评估有限公司及 HQ 律师事务所合作，典型的表现形式是在主观方面存在合意或意思联络，至少应有意思关联；在客观方面形成民事权利义务关系。但在系争案件中，无证据证明它们之间存在合意或意思联络、意思关联。打个比方，甲公司作为买受人与乙公司订立 A 设备的买卖合同，乙公司自作主张从制造厂商丙购买 A 设备。两个 A 设备买卖合同遵循合同相对性处理，于此场合，绝不可说甲与丙之间合作，因为甲和丙目的不同，

---

① 中国社会科学院语言研究所词典编辑室编：《现代汉语词典》，北京，商务印书馆 1981 年版，第 446 页。

亦非共同完成 A 设备的制造、销售。当然，甲、乙、丙三方协商，形成 A 设备的交易，则可说甲和丙合作。最后，认定甲方与 LH 信用评级有限公司、BJZQH 资产评估有限公司及 HQ 律师事务所合作，应有证据证明：在资产证券化项目中，LH 信用评级有限公司、BJZQH 资产评估有限公司及 HQ 律师事务所受甲方的某些行为所左右。如此，才可说甲和其他主体合作，不然，仍应信守合同相对性。系争案件中缺乏此类证据，故不应认定甲与其他主体合作。因此，广西壮族自治区南宁市中级人民法院（2017）桂 01 民初 12 号民事判决书关于合作的认定，值得反思。

还如，出卖人甲公司和买受人乙公司于 2017 年 6 月 12 日订立《煤炭购销合同》第 4.3 条约定："煤进入目的港专场后，出卖人将转移货权给买受人，明确该批货物的货权归买受人所有。"出卖人甲公司于 2017 年 6 月 15 日为买受人乙公司出具《货权转移证明》，主要内容为："……17 819 吨煤，我司委托丙公司发运。根据与贵公司签订的编号为 LY-JF-20170612-137 的合同现将存放于目的港专场的 17 819 吨煤的货权转移给贵公司，双方核对数量后生效。"此处所谓丙公司系出卖人甲公司的出卖人，案涉煤即丙公司出卖于甲公司的。其后，丙公司、乙公司和目的港签署《目的港内贸煤炭变更申请表》，内容为案涉 17 819 吨煤"欠费过户，场地盈亏由原作业委托人承担，过户前堆存费由原作业委托人（丙公司）承担，过户后堆存费由新作业委托人（乙公司）承担"。

履行该合同过程中，甲公司欠付丙公司部分货款，丙公司起诉甲公司和乙公司，诉请解除丙公司和甲公司之间的《煤炭买卖合同》，甲公司和乙公司返还案涉煤。

解决该纠纷的关键是系争案件的货权与货物所有权之间的关系，道理在于：若货权就是货物的所有权，则案涉 17 819 吨煤的货权已经转移给乙公司了，也就是案涉 17 819 吨煤的所有权已经转移给乙公司了，因此，即使丙公司关于解除甲公司与其之间的《煤炭买卖合同》的诉讼请求获得支持，甲公司无须也不可能返还案涉 17 819 吨煤了，更遑论乙公司了。如果货权不等于货物所有权，那么，虽然案涉货权已经转移给乙公司了，但因案涉 17 819 吨煤的占有尚未转移给乙公司，故案涉 17 819 吨煤的所有权便未转移给乙公司，于是，如果丙公司关于解除甲公司与其之间的《煤炭买卖合同》的诉讼请求获得支持，甲公司就有义务返还案涉 17 819 吨煤，乙公司因此难以取得案涉 17 819 吨煤的所有权。

可见，确定货权的概念对于适当处理系争案件至关重要。笔者认为，一般地说，货权不等于货物所有权，因为《物权法》以及有关单行法设计的物权中没有货权，依物权法定主义（《物权法》第 5 条、《民法总则》第 116 条）衡量，货权不是物权，不是所有权。此其一。货权的成立和转移不符合货物所有权成立和转移的形态和规格。基于法律行为而发生的动产所有权的变动，必须遵循《物权法》第 23 条的规定，即以交付为生效要件，第 25 条至第 27 条只是交付类型和态样的变形，并非动产所有权的变动以交付为生效要件的例外。基于法律行为而发生的不动产物权的变动，必须遵循《物权法》第 9 条第 1 款正文、第 14 条的规定，即以登记为生效要件。所谓货权的变动则不遵循这些规则，故难谓货物所有权。此其二。尽管《合同法》设计的风险负担规则未与所有权变动模式挂钩，但在买卖合同中采取交付主义（《合同法》第 142 条），这与《物权法》第 23 条设计的动产所有权变动模式暗合通曲。但货权与风险负担规则之间的关系，却看不出如此端倪。就此说来，称货权等于货物所有权至少是草率的。此其三。

在现行权利体系中，货权应属债权系列，因其权利人有权请求债务人承受、履行合同项下的债务，受领合同约定的货物，但该权无约束第三人的效力。接下来的问题是，货权系债权本身还是债权的附属权？综合实务中货权出现的场合和情境，可知货权的效力重在请求债务人履行、受领给付物，并无债权的全部效力。再说，假如将货权等同于债权本身，就难以理解置法律及法理既有的概念于不用，却使用法律上未出现的、众人陌生的术语。

诚然，如果当事人双方于合同中明确约定货权就是货物所有权，且约定的情形符合法定的所有权的规格，那么，宜依当事人双方的约定。如果当事人双方于合同中的约定不符合法定的所有权的规格，则对外不具所有权的效力，不得对抗第三人；在当事人双方之间，符合简易交付、指示交付或占有改定时，可看成货物所有权转移的约定。

行文至此，不由得感慨商人们的双面性，其令人钦佩的一面是，不断地、天才地创造法律甚至法理都未曾出现的法律关系，催促法律人分析、总结和升华法律概念和法律关系，自觉不自觉地推动着社会及经济的前进；其困惑经济人、法律人之处是，“生”“弄”出模糊不清的术语，不易对接法定概念、法定权利，导致法律适用的困难。当然，无论哪一面，都是向法律人提出的课题。

（二）通过甄别类型予以解释

邝某作为转让人与四平九洲房地产开发有限责任公司（以下简称为九洲公司）作为受让人以及目标公司海南吉森鸿润投资发展有限公司（以下简称为目标公司）于 2017 年 12 月 2 日订立《股权转让协议书》，第 2 条第 1 款约定邝某将其持有目标公司 70％的股权和在目标公司享有的全部债权权益整体转让给九洲公司，使九洲公司在目标公司成为持股 70％的股东，享有相应的债权权益。第 2 条第 3 款约定，由于目标公司的股权因借贷关系已设定质押，在邝某、九洲公司和目标公司订立本协议后，视为九洲公司已取得目标公司 70％的股权，在目标公司中的股权质权被注销后，邝某有义务配合九洲公司办理在工商机关的股权变更手续。第 2 条第 4 款约定，九洲公司向邝某支付的股权转让款及通过目标公司向邝某出借的款项，总计为叁仟贰佰伍拾万元人民币，此款项视为九洲公司已向邝某支付的部分股权转让的对价款。第 2 条第 5 条约定，三亚鸿钺投资发展有限公司（以下简称为三亚鸿钺公司）持有目标公司 30％的股权，拟于近期内挂牌转让，对邝某和九洲公司基于本协议发生的股权转让行为不持异议，放弃优先购买权（三亚鸿钺公司放弃优先购买权的书面声明作为本协议附件）。第 3 条第 1 款约定，依照吉林省众诚达资产评估有限公司出具的《资产评估报告》（吉众诚达评报字 2017 第 006 号），邝某和九洲公司同意，九洲公司以人民币壹亿伍仟万元整的货币资金及海南陵水麒麟汇房地产项目 B 区酒店式公寓自持经营部分其中的建筑面积 2 000 平方米不动产（使用权），向邝某支付股权和债权的对价利益。鉴于九洲公司已向邝某支付了股权转让对价款叁仟贰佰伍拾万元整人民币的事实，九洲公司再向邝某支付股权转让对价款人民币壹亿壹仟柒佰伍拾万元整。其他不在《资产评估报告》（吉众诚达评报字 2017 第 006 号）内容体现的债权债务关系、邝某或其以目标公司的名义对外的担保、出具的借据等债务关系均与九洲公司、目标公司无关，由邝某自行承担。第 3 条第 2 款约定，如目标公司在 2017 年 2 月 28 日出具的《资产评估报告》（吉众诚达评报字 2017 第 006 号）以外发生的任何债务关系与九洲公司无关，均由目标公司的原股东邝某、三亚鸿钺公司两方按原股权比例承担相关经济、法律责任。第 3 条第 4 款约定，九洲公司应支付的人民币壹亿伍仟万元整的对价款应分三次向邝某支付完毕，第一次支付时间为本协议签订后的7个工作日内支付30%的剩余部分，即人民币壹仟贰佰伍拾万元整（另叁仟贰佰伍拾万元整已支付）；2018年3月1日前再支付30%，即人民币肆仟伍佰万元整；2018年6月1日前将剩余的40%部分，即人民币陆仟万元支付完毕。第3条第5款约定，九洲公司支付首期股权转让对价款后，即使在工商机关尚未办理股权登记变更手续，也视同九洲公司已取得股东的相应持股资格。第3条第6款约定，九洲公司已知晓并认可目标公司的股权已处于质押中，并同意承继该质押协议中的权利和义务。第3条第7款约定，本协议签订后，九洲公司应在7个工作日内筹措壹亿叁仟捌佰万元整交付目标公司，用于偿还目标公司所欠债务并解除目标公司的股权质押以释放股权。第4条第1款约定，任何一方违反本协议约定条款，即构成违约，违约方应向守约方承担违约责任。任何一方违约，并给对方造成损失时，守约方有权向违约方要求赔偿损失，并有权单方解除合同。

在履行过程中，双方发生纠纷，诉至海南省高级人民法院。海南省高级人民法院（2018）琼民初8号民事判决书认定了如下事实：被告即邝某认可原告即九洲公司已经支付3 250万元人民币的股权转让的对价款。除此以外，九洲公司至今未向邝某支付过任何股权转让款。2018年1月14日，邝某以九洲公司未依约支付1 250万元人民币的股权转让的对价款为由，依据系争《股权转让协议书》第4条第1款的约定，向九洲公司发出《解除合同通知书》，主张解除系争《股权转让协议书》。

在诉讼中，九洲公司提交《股权收购框架意向书》及相关的银行转账凭证，以及目标公司2017年各项支出明细及汇总、《发生额及余额表》《银行余额表》，主张其实际控制人林某与邝某、目标公司的另外一家股东三亚鸿钺公司已于2016年订立《股权收购框架意向书》，约定九洲公司收购该股东在目标公司中的30%的股权，并约定九洲公司交存5 000万元人民币保证金至目标公司的账户；未经林某书面同意，目标公司及其股东邝某、三亚鸿钺公司不得动用该保证金。但九洲公司于2017年12月接管目标公司后发现，邝某及目标公司已挪用了该保证金的4 400万元人民币，已构成严重违约。

海南省高级人民法院（2018）琼民初8号民事判决书认为：（1）九洲公司向目标公司支付的1.38亿人民币用于偿还目标公司欠他人的借款债务，而邝某只是目标公司的股权，而非目标公司，二者系相互独立的民事主体，该债务并非邝某的个人债务，该1.38亿元人民币并非支付给邝某的股权和债权的转让款，故九洲公司主张其已付的股权转让款应包含该1.38亿元人民币，没有事实和法律依据，本院不予采纳。(2) 九洲公司至今未支付已于2017年12月12日到期的1 250万元人民币，违约在先，邝某有权拒绝办理案涉股权的变更登记，故九洲公司主张邝某至今未将案涉股权办理变更登记至其名下已构成严重违约，理由不能成立，本院不予支持。(3)《股权收购框架意向书》系对目标公司的另外一家股东三亚鸿钺公司所持目标公司中30%股权而非系争案件邝某的70%股权订立的股权转让意向书，与本案股权转让并无关系。该5 000万元保证金系另外一家股东三亚鸿钺公司所持目标公司中30%股权转让的保证金，系争《股权转让协议书》并无保证金的约定，该保证金与本案的70%股权转让无关，属于另外一个合同法律关系，且九洲公司也不能提供有效证据证明邝某、目标公司挪用该保证金的行为，故九洲公司关于邝某存在严重违约行为的主张，缺乏事实和法律依据，本院不予采纳。……综上所述，九洲公司主张其未向邝某支付第一期股权转让款1 250万元人民币不构成违约的各种理由，依法均不能成立，本院不予支持。既然如此，邝某有权依系争《股权转让协议书》第4条第1款的约定及《合同法》第93条第2款的规定，主张解除该合同，九洲公司起诉请求确认该解除行为无效，没有事实和法律依据，本院不予支持，判决驳回九洲公司的诉讼请求。

对该判决，笔者评释如下。

对于系争《股权转让协议书》第4条第1款关于"任何一方违反本协议约定条款，即构成违约，违约方应向守约方承担违约责任。任何一方违约，并给对方造成损失时，守约方有权向违约方要求赔偿损失，并有权单方解除合同"的约定，有三种意见：第一，当事人双方的真实意思应为当事人一方违约达到一定程度时，另一方才有权解除合同；而非只要一方违约，哪怕违约程度十分轻微，另一方就取得解除权，因此，该约定未反映当事人双方的真实意思。处理系争《股权转让协议书》纠纷，在九洲公司未支付1 250万元人民币的股权和债权的首期转让对价款的情况下，认定邝某是否已经取得解除权，应依当事人双方的真实意思而不应按照系争《股权转让协议书》第4条第1款的字面意思进行解释。第二，系争《股权转让协议书》第 4 条第 1 款的约定无效，认定邝某是否取得解除权应依《合同法》第 94 条第 3 项或第 4 项的规定。第三，在现有证据的前提下，承认系争《股权转让协议书》第 4 条第 1 款的约定为当事人双方的真实意思，但邝某是否因九洲公司未付 1 250 万元人民币的股权和债权的首期转让对价款而取得解除权，取决于九洲公司是否在行使履行抗辩权而未付 1 250 万元人民币的股权和债权的首期转让对价款，即使九洲公司未付 1 250 万元构成违约，判断邝某是否享有解除权需要依赖诚信原则和公平原则。

笔者不赞同第二种意见，因为系争《股权转让协议书》第 4 条第 1 款的约定不存在《合同法》第 52 条、第 53 条规定的无效原因，没有法律依据确定系争《股权转让协议书》第 4 条第 1 款的约定无效。海南省高级人民法院（2018）琼民初 8 号民事判决书未认定系争《股权转让协议书》第 4 条第 1 款的约定无效，值得赞同。

笔者也不赞同第一种意见，因为现有证据中无证明系争《股权转让协议书》第 4 条第 1 款的约定不是当事人双方的真实意思的证据，相反，反倒是被告邝某坚持系争《股权转让协议书》及其第 4 条第 1 款的约定为其真实的意思表示。加上九洲公司系经济人、理性人，对于案涉业务不陌生，未举出确凿、充分的证据证明系争《股权转让协议书》第 4 条第 1 款的约定不是当事人双方的真实意思，海南省高级人民法院（2018）琼民初 8 号民事判决书未认定系争《股权转让协议书》第 4 条第 1 款的约定非当事人双方的真实意思表示，值得赞同。

笔者赞同第三种意见。抛开九洲公司未付 1 250 万元人民币是否属于行使履行抗辩权的结果暂且不论，假定未付款已经构成违约，邝某是否就有权基于系争《股权转让协议书》第 4 条第 1 款的约定，行使解除权，将系争《股权转让协议书》解除？回答应该是否定的，理由种种，重要的一点是准确地甄别、确定合同类型在系争案件中具有十分重要的价值。

系争《股权转让协议书》安排了承债式股权转让（第 3 条第 7 款等条款），九洲公司作为股权受让人，不但须向转让人邝某支付股权和债权的转让对价款，而且要向目标公司支付 1.38 亿元人民币，用于偿还目标公司所欠债务并解除了目标公司的股权质押。该 1.38 亿元人民币表面上是九洲公司与目标公司之间的关系，但实质上是九洲公司承担目标公司对外的 1.38 亿元人民币的债务作为向邝某所转让的股权和债权的对价款的一部分。这是由承债式股权转让模式的本质所决定的。换个角度说，邝某在目标公司的股权价值几何？它虽然涉及若干因素，如目标公司的发展前景，但主要是由目标公司的责任财产的价值决定的。目标公司清偿了对外债务，其责任财产的价值额大大降低，甚至为负。据此计算，邝某在目标公司的股权价值就不是系争《股权转让协议书》约定得那么多，就是说，邝某是在溢价转让其股权。这样，计算九洲公司所负股权和债权的转让对价款，确定邝某所享股权和债权的转让对价款，必须将九洲公司支付给目标公司的 1.38 亿元人民币考虑进去。海南省高级人民法院（2018）琼民初 8 号民事判决书认定“九洲公司向目标公司支付的 1.38 亿人民币用于偿还目标公司欠他人的借款债务，而邝某只是目标公司的股东，而非目标公司，二者系相互独立的民事主体，该债务并非邝某的个人债务，该 1.38 亿元人民币并非支付给邝某的股权和债权的转让款，故九洲公司主张其已付的股权转让款应包含该 1.38 亿元人民币，没有事实和法律依据”，倒是没有事实依据，是忽略系争《股权转让协议书》安排了承债式股权转让模式的实质的表现，应予修正。

忽略还是正视系争《股权转让协议书》安排了承债式股权转让模式对于能否妥当地处理系争案件至关重要。如果忽略系争《股权转让协议书》安排了承债式股权转让模式，则九洲公司仅仅向邝某支付了 3 250 万元人民币的股权和债权的转让对价款，这距离本应支付的 1.5 亿元人民币的股权和债权的转让对价款相差悬殊，邝某因此主张解除系争《股权转让协议书》，具有合理性。但是，如果承认系争《股权转让协议书》安排了承债式股权转让模式，那么，局面和结论就会明显不同：请看，扣除已经向邝某支付的款项，九洲公司对邝某所负转让款为 1.5 亿元整的货币资金及海南陵水麒麟汇房地产项目 B 区酒店式公寓自持经营部分其中的建筑面积 2 000 平方米不动产（使用权）；已经支付给目标公司人民币 1.38 亿。着眼于承债式股权转让的模式及其本质，该 1.38 亿元人民币乃变相的股权和债权的转让对价款。于是有这样的公式和理念：1.5 亿元人民币减去 1.38 亿元人民币之差为 1 200 万元人民币，九洲公司未付 1 250 万元人民币相较于已付的 1.38 亿元、3 250 万元人民币所占比重明显微弱。再考虑到 1.38 亿元人民币到账目标公司之后给邝某和目标公司带来的明显效果，的确不应该承认邝某的所谓行使解除权，不应该确认系争《股权转让协议书》已被邝某解除。海南省高级人民法院（2018）琼民初 8 号民事判决书认定邝某行使解除权有效，未顾及已经履行与尚未履行之间的比例关系，不符合鼓励交易原则。

该项结论的可取性通过下文的分析和阐释会得到强化。

九洲公司没有在系争《股权转让协议书》约定的时间段向邝某支付 1250 万元人民币的股权和债权的首期转让对价款，无证据证明邝某催告过，更无证据证明其向九洲公司表示过拟解除系争《股权转让协议书》；非但如此，邝某继续按照系争《股权转让协议书》的约定，于 2017 年 12 月 10 日、12 日向九洲公司移交目标公司的印鉴、文件资料、证照、资产等；相应地，九洲公司于 2017 年 12 月 19 日将 1.38 亿元人民币转入目标公司的账户。在这种状态下，邝某于 2018 年 1 月 15 日向九洲公司发出《解除合同通知书》，解除系争《股权转让协议书》。

九洲公司于 2017 年 12 月 10 日未向邝某支付 1 250 万元人民币的股权和债权的首期转让对价款，若不考虑九洲公司享有的履行抗辩因素，邝某也是如此认识问题的，按照系争《股权转让协议书》第 4 条第 1 款的约定，他已经取得解除权。虽然现行法确实未明文规定解除权行使的除斥期间，但专就系争案件而言，一俟九洲公司将 1.38 亿元人民币转入目标公司的账户，邝某便向九洲公司发出解除系争《股权转让协议书》的通知，不能不说这是恶意行为，背离诚信原则。

须知，九洲公司将 1.38 亿元人民币转入目标公司的账户，使得目标公司清偿其债务，免受被查封、承担违约责任，或者免去多负赔偿额或违约金数额的风险；可使包括邝某的股权在内的股权得以解除质押，成为可自由流转的财产，获取可观的利益；两方均可利用让与度极高的股权融资，发展事业。邝某和目标公司借九洲公司之力获取如此巨大利益，非但不予回报，却主张解除系争《股权转让协议书》，借机进一步扩张其权益。反观九洲公司的利害得失，它依约取得的案涉股权会因系争《股权转让协议书》的解除而归还邝某，付出的 1.38 亿元人民币被以处于另外的合同关系不在系争案件的审理范围之内为由做另案处理，另案能否立案，款项能否追回、何时可追回、可追回多少，均难确定，处于窘境。主审法院未体察个中的利害关系，海南省高级人民法院（2018）琼民初 8 号民事判决书却确认邝某关于解除系争《股权转让协议书》的通知生效，这有失权衡，是非颠倒。

通过甄别类型予以解释，达到目的，再举一例。出卖人甲公司和买受人乙公司于2017年6月12日订立《煤炭购销合同》之后，于同日又签《补充协议》，就该《煤炭购销合同》未尽事宜达成本协议，约定出卖人甲公司就所有煤炭的质量及数量等承担全部责任，所有质量及数量的检验标准及价格奖惩方式以下游的合同条款约定为准；出卖人和买受人约定的付款方式为……；已付款项的资金利息按年化率24%计算；最终结算金额＝买受人乙公司与下游采购商最终结算的金额—买受人乙公司的预付款收益—买受人支付的费用（买受人的预付款收益按年化率15%计算，买受人支付的费用：税率调整为17%，包括但不限于买受人支付的运费、港杂费、港建费、滞港费、检验费等）；……

该《补充协议》关于买卖物煤炭的质量和数量及其检验标准等约定应属买卖合同的内容，但关于已付款项的资金利息按年化率24%计算、买受人的预付款收益按年化率15%计算的约定则与借款合同、投资协议等合同的内容相像。对此情形可有不同的解读：其一，该《补充协议》为非典型合同，属于买卖合同和借款合同相结合的混合合同；其二，该《补充协议》系典型合同，而非混合合同，要么是买卖合同，要么是借款合同。笔者赞同第二种解读，而不赞同第一种解读，理由在于：在买卖合同中，乙公司付出货款，无权请求返还，除非买卖合同终止且买卖物未交付；而在借款合同中，乙公司支付借款，有权请求对方当事人还本付息。同样是乙公司支付的同一笔款，在买卖合同和借款合同中的方向和命运截然相反，但依同一个合同文本中支付的同一笔款不可能是方向和命运截然相反的，换句话说，乙公司支付的同一笔款不可能既是买卖合同中的货款又是借款合同中的借款，就是说，该《补充协议》要么是买卖合同，要么是借款合同，二者只能取其一，难以“混合”。到底是买卖合同还是借款合同？如果所谓已付款项的资金利息按年化率24%计算、买受人的预付款收益按年化率15%计算的约定为假，则此类约定无效，该《补充协议》应为买卖合同。如果所谓买卖物煤炭的质量和数量及其检验标准等约定属于虚假的意思表示，那么，该《补充协议》应属借款合同。究为何者，取决于举证证明。

三、依赖法律特征的方法予以解释

1. 每种法律关系都有其质的规定性及法律特征。有些场合，凭借概念或类型（在合同场合类型发挥作用是常有之事）即可妥当地处理案件或解开理论困惑；但在另一些场合，仅仅依赖概念/类型尚难达到目的，需要借助于法律特征，方可辨别真伪，准确确定法律关系并寻觅到请求权基础。

所谓依赖法律特征，既指确定当事人的诉讼请求/仲裁请求所处法律关系的法律特征，又指确定拟将之适用于系争案件的法律规范的特征，也就是把与系争法律关系具有相同或类似的法律特征的法律规范寻觅、确定下来，将其适用于系争案件。

对于依赖法律特征的法律关系方法的理解和运用，以对所谓后让与担保的分析为例加以说明和阐释。近些年来，实务中出现了新的情况：在借贷关系成立的前提下，订立商品房买卖合同并办理备案登记，这构成一种非典型担保了吗？或者当事人双方成立了股权转让合同关系，同时或其后又订立商品房买卖合同，该商品房买卖合同属于“非典型担保”吗？回答这个问题，需要辨析并确定担保的特征。

2. 债的担保有一般担保和特别担保之分。一般担保，是指债务人必须以其全部财产作为履行债务的总担保。它不是特别针对某一项合同债的，而是面向债务人成立的全部合同的。换句话说，“债务人的一般财产，并非分别担保各个单独之债权，乃构成全体债权人的共同担保，即责任财产”①。如此，它在保障债权切实实现方面显现出了弱点，即在债务人没有责任财产或责任财产不足的情况下，债权人的债权便全部不能或不能全部实现。在担保债权实现上具有优势的，当属特别担保。所谓特别担保，即通常所言之担保，亦即《担保法》《物权法》上的担保，在现代法上包括人的担保、物的担保和金钱担保，以及所有权保留。此处所论担保即为这种担保，并将之简称为担保。它们具有从属性、补充性和保障债权切实实现性。

3. 担保的从属性，是指担保从属于主债，以主债的存在或将来存在为前提，随着主债的消灭而消灭，一般也随着主债的变更而变更。

应该看到，对从属性的理解和要求，存在着严格和宽松之分。中国以往关于担保的著述均严格要求先有主债存在，后有担保产生。绝对贯彻这一观点，就排

---

① 孙森焱：《民法债编总论》（下册），北京，法律出版社2006年版，第506页。

斥了为将来存在的债权设定担保的情况。《担保法》已经明确规定了最高额保证（第 14 条）和最高额抵押（第 59 条至第 62 条），允许为将来存在的债权预先设立保证或抵押权。《物权法》就最高额抵押权设置了专节（第 203 条以下）。所有这些，显然是从宽把握合同担保的从属性的。①

从宽把握担保的从属性，承认担保的相对独立性也是其表现之一。所谓承认担保的相对独立性，不但表现为担保可以有长于被担保债权的存续期间、担保可有自己单独的消灭事由，还表现为担保人负担重于主债务人的义务和责任。例如，某增资扩股安排协议约定：目标公司及其原股权人对于认购增资股不保本，也不保障固定收益。不过，担保协议却约定：保证人对于认购增资股者（新股权人）承担保本和保障 8%收益的责任。尽管此类担保约定使得担保人的责任超过了主债务人的义务，似乎不符合担保的从属性，但因担保人系实力强大的公司，其利益和负担由其与目标公司之间的法律关系解决，担保约定乃出自于其真实意思，故不构成《合同法》第 52 条规定的无效原因，应当有效。

更需注意的是，国际贸易中出现的“不可撤销的保函”“见索即付的保函”“见单即付的保函”等，独立于主债关系，属于独立担保，司法裁判机关承认其法律效力。一些专家学者呼吁，在国内贸易中也应承认此类保函/独立保证的有效性。此类担保仅有补充性和保障债权切实实现性，欠缺从属性。德国法上的土地债务根本没有从属性，是具有独立性的物的担保；流通抵押权虽有从属性，但为了保护因信赖债权存在而受让的人时，从属性会被击破。② 证书式的证券抵押权完全按照有价证券法的基本规则确定，即债券的所有人或指示证券的权利人就是抵押权人（《德国民法典》第 1187 条第 3 句）。③ 在抵押权善意取得的情况下，受让人获得的只是一项抵押权，绝对没有取得对人债权。④ 这至少表明担保的从属性被大大弱化了。

---

① 崔建远：《合同法总论》（中卷），北京，中国人民大学出版社 2012 年版，第 298－299 页。

② ［德］鲍尔、施蒂尔纳：《德国物权法》（下册），申卫星、王洪亮译，北京，法律出版社 2006 年版，第 28 页，第 40 页，第 42－43 页等。

③ ［德］鲍尔、施蒂尔纳：《德国物权法》（下册），申卫星、王洪亮译，北京，法律出版社 2006 年版，第 43 页。

④ ［德］鲍尔、施蒂尔纳：《德国物权法》（下册），申卫星、王洪亮译，北京，法律出版社 2006 年版，第 95 页。

以上情形告诉我们：担保的从属性更多的是立法政策使然，法律完全可以根据实际生活的需要而漠视其从属性，承认独立性的担保类型，法释〔2016〕24号对此已经作出了肯定的回答。

4. 担保的补充性，是指担保一经有效成立，就在主债关系的基础上补充了某种权利义务关系，如保证法律关系、抵押法律关系、质押法律关系、定金法律关系等。换句话说，构成担保必须具有两种以上的法律关系：一是被担保的主债关系，二是保障主债切实实现的法律关系，即担保法律关系。担保法律关系充当补充主债关系的权利义务关系。

担保法律关系的存在和发挥作用，产生如下法律效果：或是使保障债权切实实现的责任财产（一般财产）扩张，或是使债权人就特定财产享有了优先权，或是使当事人对特定数额的金钱有得丧的可能和机会，从而大大增加了债务人适当履行其债务的压力，极大地提高了债权人的债权得以实现的可能性。当然，在主债关系因适当履行而正常终止时，补充的义务并不实际履行；只有在主债务不履行，并且担保人又无抗辩事由时，补充的义务才履行，使主债权得以实现。[①]

5. 担保具有保障债权切实实现性。这是从担保的功能来看担保的法律性质，是从担保和民事责任的区别上考察担保的法律特征。

大陆法系和苏联民法认为，违约金属于担保的范畴。中国法学界也有不少著述持这种观点，甚至有人认为担保是一种违约责任。这就有必要认清担保和民事责任的联系与区别。

债的主要效力在于履行，只有债务人按债的约定适当履行其债务，债的目的才能达到，当事人的需要才能得到满足。“债权关系之首要法律目的，乃在将债权转变成物权或与物权具有相等价值之权利。故从法律目的来说，债权关系之目的，不在于债务人约定给付之‘实行’，而系在于债务人约定给付之使债权人获得满足。”[②] 在债务人为自己的利益或因其他原因而不能履行其债务时，债的目的就会落空，债权人就不能全部或全部不能实现其债权。为避免这种结果发生，

---

① 崔建远：《合同法总论》（中卷），北京，中国人民大学出版社2012年版，第299页。

② 林诚二：《论债之本质与责任》，载郑玉波主编：《民法债编论文选辑》（上），台北，五南图书出版有限公司1984年版，第32页。

促使债务人适当履行其债务，民法特设民事责任制度，藉以令违约人在无免责事由的情况下承受负担，使债务人积极而适当地履行其债务，从而保障债权人的债权得以实现。从这个意义上说，民事责任也是对债的担保。所谓“责任云者，言对于债务履行之担保也”[①]；“强制取得之责任关系，附加于债务关系，债务关系才有拘束力，从而，为实现债之目的，责任乃具担保之作用。”[②]

但是，在担保债权切实实现这点上，民事责任毕竟有其不足：其一，民事责任的方式之一是强制履行，而在具体的案件中，强制履行并不总是可能的。其二，虽然从总体上说，民事责任具有促使债务人履行其债务，从而实现债权人债权的作用，但在具体的案件中，它毕竟是制裁债务人于不履行之后，不易保障债权人于未受损害之前，因此过于消极。其三，请求债务人承担民事责任的权利终究属于债权范畴，它同其他债权至多处于平等地位，如果债务人不断参与新的合同等债的关系，处分其财产，致使其丧失或降低支付能力，那么债权人仍难免不受损害。其四，在债务不履行时成立民事责任，有时以债务人或有关第三人有过错为必要条件。在过错归责而债务人无过错地未履行债务的情况下，不能成立民事责任，这使得债权人的损失得不到补偿。为弥补民事责任在保障债权切实实现方面的种种不足，需要充分发挥担保的作用。在保障债权切实实现这点上，担保不受或少受债务人财产状况的限制，即使债务人的一般财产不足以清偿数个并存的债权，被担保的债权一般也能切实得以实现。具体而言，在人的担保情况下，通过扩张一般担保的财产数量，即不但把债务人的全部财产作为责任财产，也把保证人的全部财产纳入可以履行债务的范畴或列入可以承担责任的系列，大大提高了债权实现的可能性。在物的担保情况下，通过使债权人对债务人或第三人的特定财产享有优先受偿权的形式来使债权得到满足。在所有权保留的情况下，通过在买受人全部付清价款之前不移转标的物所有权来促使买受人积极支付全部价

---

① 诸葛鲁：《债务与责任》，载郑玉波主编：《民法债编论文选辑》（上），台北，五南图书出版有限公司1984年版，第20页。另见林诚二：《论债之本质与责任》，载郑玉波主编：《民法债编论文选辑》（上），台北，五南图书出版有限公司1984年版，第38页；郑玉波：《民事责任之分析》，载郑玉波主编：《民法债编论文选辑》（上），台北，五南图书出版有限公司1984年版，第61页。

② 林诚二：《论债之本质与责任》，载郑玉波主编：《民法债编论文选辑》（上），台北，五南图书出版有限公司1984年版，第28页。

款；即使买受人不付清价款，出卖人也能基于所有物返还请求权取回标的物，从而免受损害。在金钱担保的情况下，通过特定数额的金钱得丧的规则效力使当事人产生心理压力，为避免自己的金钱损失而积极履行债务，保障债权切实实现。总之，担保具有保障债权切实实现的性质，违约责任在这点上远比担保逊色。[①]

担保和民事责任的区别还表现在，前者大多不以过错为要件，不具有惩罚性，存在着担保权人享有收益的问题。[②]

综上所述可知，视担保为一种违约责任，把违约金定性为担保并不妥当。违约金责任具备违约责任的特点，不与担保同类。例如，在惩罚性违约金责任场合，在《合同法》分则对特定类型的违约行为实行过失归责、当事人各方约定以过失为构成要件的情况下，违约金责任的成立，以违约行为和过错为要件，它对债权切实实现的保障直接受债务人的财产状况的左右。如果说违约金具有担保作用，也并未超出其他违约责任方式所具有的担保作用的限度。正如有的学者所言："违约金作为财产责任的一种表现形式，不具有与财产责任不同的任何特殊作用。"[③] 因此，中国现行法把违约金责任作为违约责任的方式加以规定，而未把它列入担保体系，是十分科学的。

6. 就物的担保所作用的财产方面而言，亦即就担保人的财产来说，其责任财产被划分为两部分：一部分是无强制执行障碍的责任财产，另一部分是存在着强制执行障碍的责任财产。

无强制执行障碍的责任财产，是地地道道的责任财产，为典型的责任财产。只要清偿期届至或债务人愿意，此类责任财产随时可被用于清偿债权，使债权实现。

存在着担保物权的责任财产与此不同，它与清偿债权之间的关系比较复杂，需要类型化的分析，此处仅仅列举要点：(1) 我们应持科学的发展观，注意到事物可能发生变化的一面，即，在债权的履行期限尚未届满、担保物权消失的情况下，对于担保物权人以外的债权人的债权而言，原担保物就是地地道道的责任财产；(2) 我们应当把责任财产类型化，承认每类责任财产在清偿能力方面有强弱

---

① 崔建远：《合同责任研究》，长春，吉林大学出版社 1992 年版，第 38－40 页。

② 崔建远：《合同责任研究》，长春，吉林大学出版社 1992 年版，第 38－40 页。

③ ［苏］A. A. 法因斯坦：《社会主义组织之间的合同责任》，黄欣译，江平、黄道秀校，北京，法律出版社 1984 年版，第 27 页。

之别；（3）在担保人系债务人以外的第三人的情况下，债务人的责任财产状况不因担保物权的设定而发生变化，只是担保人的责任财产的状况有所改变，担保人的一般债权人无权就担保物而受清偿。①

从债权人方面观察，在债权人不享有担保物权的情况下，其债权所欲“取走的”财产范围非常广泛，系债务人的全部财产，不像担保物权所作用的财产范围仅仅限于特定的财产那样狭窄。但是，债权原则上无排他性，以平等为原则，此债权与彼债权乃至所有的债权都共同地“瞄准着”责任财产的全部，拟从中“取走”债的标的物或与自己的价值额相当的财产。如此，只要责任财产的数额低于到期的且为债权人所主张的债权额，“如果债务人破产等，其一般财产的总额因不足债权额，债权人就不一定能得到完全的补偿”②。此其一。其二，在债权获得清偿（强制执行）之前，财产仍由债务人自由支配，只要未进入破产程序，它们就存在着被擅自处分的危险。③ 为了改变这种状况，债权人通过设定担保物权，使其债权上附着担保物权，发生“化学反应”，于是，担保物权的优先性传递给被担保债权，此类债权从而具有优先受偿性。④

这种法律赋予的优先性，使得担保债权优先于普通债权获得清偿，并且既可以专门就担保物这个特定物来受偿相应的价值额，也可以从责任财产中“取走”数额相当的部分，以实现自己。当然，在后者场合，担保债权没有优先性。但在前者情形，即使债务人的责任财产不足以清偿全部到期债权，因已作为担保物的财产不属于破产财产（超过担保债权额的部分除外，《破产法》第 113 条的反对解释），所以，担保物权人有权就担保物优先受偿（《破产法》第 109 条）。还有，“因对担保标的物具有直接变价之权，就所得价金复有优先于其他债权人而受清偿之权能，因之，亦排除债权平等原则之适用，于是债务之确实清偿得以充分确保”⑤。但应注意，抵押权人或其他担保物权人在破产还债案件受理后至破产宣

---

① 崔建远：《合同法总论》（中卷），北京，中国人民大学出版社 2012 年版，第 217－218 页。

② ［日］近江幸治：《担保物权法》，祝娅、王卫军、房兆融译，沈国明、李康民审校，北京，法律出版社 2000 年版，第 4 页。

③ ［日］近江幸治：《担保物权法》，祝娅、王卫军、房兆融译，沈国明、李康民审校，北京，法律出版社 2000 年版，第 4 页。

④ 崔建远：《合同法总论》（中卷），北京，中国人民大学出版社 2012 年版，第 218 页。

⑤ 谢在全：《民法物权论》（中册），台北，三民书局 2003 年版，第 346 页。

告前请求优先受偿的，应经人民法院准许。由此可见，担保物权在保障债权切实实现方面所具有的重要功能。[①]

7. 人的担保在担保债权切实实现的机理方面则是另外一番风貌，它是指在债务人的全部财产之外，又附加了其他有关人的一般财产作为债权实现的总担保。它是以多个人的一般财产的总和作为责任财产，而这正是人的担保的本质属性。[②]

人的担保方式的采用，对于非担保债权而言，债务人的责任财产无论在质上还是在量上均无变化；对于担保债权来说，债务人的责任财产在质上没有恶化，在量上没有减少，相反，其他人的责任财产加入担保债权的可供清偿的财产范围之内，在客观上意味着担保债权所能“作用的”责任财产在范围上扩张了。[③]

8. 与物的担保、人的担保都不相同，金钱担保是在债务以外又交付一定数额的金钱，该金钱的得失与债务履行与否联系在一起，使当事人各方产生心理压力，从而促其为避免自己的金钱损失而积极履行债务，保障债权切实实现的制度。[④] 其主要方式有定金、押金。

应当指出，金钱担保对于当事人各方的债权的保障力存在着强弱之别。在定金的场合，对于接受定金的当事人一方来说，其债权的实现或变相实现的可能性较强，因为他已经受领了一定数额的金钱，在交付定金的一方当事人不履行债务时，他能够全部或部分地得到救济；可是对于交付定金一方当事人而言，一是寄希望定金罚则的威力迫使接受定金的一方当事人履行债务，二是寄希望于接受定金的一方当事人拥有足够的责任财产，一旦这两个希望落空，定金的担保作用与民事责任的作用便是相同的：均受制于债务人的责任财产的多寡，责任财产若足够清偿，那么债务人的债权至少可以变相实现；责任财产若不足以清偿数个并存的到期债权，那么，债权只能部分实现或全部不能实现。可见，它在担保交付定

---

① 崔建远：《合同法总论》（中卷），北京，中国人民大学出版社 2012 年版，第 218 页。

② 谢在全：《民法物权论》（中册），台北，三民书局 2003 年版，第 346 页；崔建远：《合同责任研究》，长春，吉林大学出版社 1992 年版，第 38 页；崔建远主编：《合同法》（第 3 版），崔建远执笔，北京，法律出版社 2003 年版，第 129 页。

③ 崔建远：《合同法总论》（中卷），北京，中国人民大学出版社 2012 年版，第 219 页。

④ 崔建远：《合同责任研究》，长春，吉林大学出版社 1992 年版，第 38 页；崔建远主编：《合同法》（第 3 版），崔建远执笔，北京，法律出版社 2003 年版，第 127 页。

金一方当事人的债权方面相对弱些。[1]

在押金的场合，因押金的数额高于担保债权的价值额，故对于债权人的债权保障力极强。但对于债务人请求债权人返还押金的债权来说，则属于普通债权，不存在担保作用。

9. 至于所有权保留，对于出卖人的债权切实实现的保障较为明显：一是迫使买受人付清价款，不然，标的物的所有权就不移转于他；二是在买受人付不清价款时，出卖人可以行使所有物返还请求权，还可以就标的物的折旧债权与返还已收价款债权主张抵销，以避免或减轻自己遭受标的物折旧或灭失的损害。

不难发现，对于买受人的债权来说，所有权保留没有保障作用。再就是所有权保留制度适用的领域狭窄，《合同法》在分期付款买卖合同中设置了该项制度（第 134 条）。

10. 以上所述的担保类型在理论上叫作“典型担保”，此外，还有所谓“非典型担保”，让与担保为其著例。

让与担保分为动产让与担保和不动产让与担保。在前者的情况下，作为担保物的动产通过占有改定的方式移转其所有权，如果担保设定人系诚实信用之人，不再处分该动产，那么，该动产让与担保在保障债权实现方面的作用相同于质权；反之，假如担保设定人为恶意之人，擅自将该动产让与善意第三人，那么，该第三人取得该动产的所有权，该债权与无担保的债权相差无几。

在不动产让与担保的情况下，担保设定人难以转让作为担保物的不动产，这对债权实现的担保作用比较可靠。

11. 最后，《合同法》第 286 条规定，建筑工程的承包人的优先受偿权优先于抵押权和其他债权，法释〔2002〕16 号规定，在消费者交付购买商品房的全部或大部分款项后，承包人就该商品房享有的工程款优先受偿权不得对抗买受人（第 2 条）；建筑工程款包括承包人为建设工程应当支付的工作人员报酬、材料款等实际支出的费用（第 3 条）。该解释妥当与否暂且不论，在保障工程款债权、消费者请求开发商交付商品房债权、承包人的工作人员的报酬债权的实现方面，此类优先权显然功不可没，超过了抵押权和质权等担保方式。

---

① 崔建远：《合同法总论》（中卷），北京，中国人民大学出版社 2012 年版，第 220 页。

12. 以上所述，将一般担保与担保之间的区别、联系以及演进关系基本上揭示出来了，但介于二者之间的特定账户、连带债务（含连带责任，下同）、并存的债务承担、履行抗辩权、债的保全、预告登记、抵销、保证金、将进口汽车的合格证交给贷款人银行占有诸种制度、措施的法律地位、法律作用、法律效力又如何呢？

13. 特定账户，如果满足了法释〔2000〕44号第85条规定的成立质权的要求，即债务人或第三人将特定账户移交给债权人占有作为债权的担保的，就在该特定账户之上设立了质权，归属于物的担保范畴；特定账户如果没有满足法释〔2000〕44号第85条规定的成立质权的要求，即债务人或第三人未将特定账户移交给债权人占有，就没有设定质权。

此时，特定账户的法律性质及效力如何呢？在开户行与特定账户的管控者之间，主体应为开户行和特定账户管控者，特定账户应为客体，既不是主体，也不是法律关系的内容。作为一个客体，自然谈不上担保，因为担保是反映着权利义务关系的制度。由于开户行和特定账户的管控者之间的权利义务关系不符合物权法律关系，特定账户与该权利义务关系结合在一起，也不会成为物权关系，或者说不会成为物的担保类型。

通说认为，开户行和特定账户的管控者之间的权利义务关系，属于一般的债的关系。作为该种关系的客体，特定账户不会属于担保，甚至不属于一般担保。

可能有人会说，特定账户里的资金不是保证金吗？对此，笔者将在本专题最后“30”段回答。

不过，相对而言，特定账户中的资金与债务人的其他责任财产毕竟有所区隔，特别是存放信托资金的特定账户还具有相对独立性，这在一定程度上阻止了许多债权人就特定账户的资金主张清偿的请求权，使得某个或某些债权人拥有较多的机会就特定账户中的资金实现其债权，从而显现出担保作用。

14. 连带债务，即在多数债务人的场合下，每个债务人都有义务向债权人清偿全部债务的现象。于此场合，债权实现所及于的责任财产在范围上扩张了，即全部连带债务人的所有的责任财产都是债权实现的责任财产，这显然增加了债权实现的可能性，非常不同于单个债务人的责任财产作为债权实现的一般担保。在这个意义上说，连带债务与保证极为相像，符合担保的特性，而不同于民事责任这种一般担保。

但是，如果将补充性、从属性作为担保必须具备的法律特征和条件，则结论会有所不同。

按照补充性的要求，构成担保至少要有两层法律关系：一是被担保的主债关系，二是担保法律关系。在连带债务的场合，各个债务不分主次，即各个连带债务关系都处于同一层面，没有呈现被担保的主债关系与担保法律关系的状态。就此说来，连带债务不符合担保的全部规格要求，按照严格的担保标准衡量，不宜将连带债务划入担保之内。

根据从属性的要求，能够成为担保的法律关系必须是从属于被担保的主债关系。据此衡量连带债务，不难发现各个连带债务之间没有高低、先后之分；连带债务与债权之间的关系仅仅为单一的债的关系，并不存在两种以上的法律关系，即一面是债权，一面是（连带）债务。从这方面来说，不将连带债务划入担保之列，道理是充分的。

在这个方面，笔者以往从连带债务、并存的债务承担扩张了担保债权实现的责任财产的范围这个角度出发，认为它们不同于民事责任，而属于担保的范围。[①] 如今，笔者更关注担保的全部法律特征和规格要求，并据此衡量某法律措施是否属于担保，因而，不再将连带债务承担划归担保的范围。从另外的角度说，按照以往的观点，对于连带债务，不但适用自己的法律规范，还要适用担保的法律规范；而依据如今的看法，它便不再适用担保的法律规范。这个结论不因有些担保具有独立性而无从属性而改变。

但是，连带债务制度毕竟扩张了作为债权切实实现的物质基础的责任财产的范围，不同于普通债务及民事责任制度，故而展现出担保作用，并且强于特定账户、履行抗辩权、债权人撤销权、奉行“入库规则”的债权人代位权等制度、措施的担保作用。

15. 并存的债务承担，也叫附加的债务承担，或重叠的债务承担，或债务加入，是指第三人加入债的关系，与原债务人共同承担同一责任的现象。新加入的债务人即承担人只不过是分担了原债务人的负担，并未使原债务成为从债务，亦

---

① 崔建远：《合同法总论》（中卷），北京，中国人民大学出版社2012年版，第293页。

未使之变为补充性的债务；承担人分担的债务同样没有变为从债务及补充性的债务。

并存的债务承担与保证债务，有相同的一面，如均为增加了担保债权实现的责任财产的数量；更有不同之点：（1）保证债务乃于债务人不履行债务时，保证人代债务人履行或承担赔偿责任的债务，系属从属债务。而并存的债务承担则系由承担人负担主债务，债权人系对承担人及原债务人直接发生债的关系，相互间没有主从关系。[①]（2）在一般保证场合，保证人享有先诉抗辩权，而并存的债务承担不存在先诉抗辩权。

总之，并存的债务承担不符合担保关于从属性和补充性的性质要求，不属于担保系列。这个结论同样不因有些担保具有独立性而无从属性而改变。有鉴于此，需要修正笔者的下述思路及观点：从并存的债务承担扩张了担保债权实现的责任财产的范围这个角度出发，认为它不同于民事责任，而属于担保的范围。[②]

但是，并存的债务承担终究增加了担保债权实现的责任财产的数量，相较于普通债务、民事责任、未满足质权设立要件的特定账户、履行抗辩权、债权人撤销权、奉行“入库规则”的债权人代位权等制度、措施具有明显的担保作用。

16. 履行抗辩权是暂时维持责任财产的法律措施之一。它之所以是维持责任财产的制度，乃因在正常情况下，债权人行使其到期债权，债务人得从其责任财产中取走数额相当的财产来满足债权人的请求，责任财产的数额就减少相应的部分。但是，只要履行抗辩权存在并且依法行使，债权请求权就被暂时地抑制住，责任财产就不会因债权的行使而减少。它之所以是暂时地维持责任财产的制度，乃因履行抗辩权是一时的抗辩权，而非永久的抗辩权，一旦条件消失，债权请求权就会畅通地行使，债权实现，债务人的责任财产的数额相应地减少。[③]

这种现象，使得不受履行抗辩权牵制的债权增加了实现的可能性，从而显现出担保作用，当然，它要弱于连带债务、并存的债务承担、抵销等制度、措施的担保作用。

---

① 孙森焱：《民法债编总论》（下册），北京，法律出版社2006年版，第814页。

② 崔建远：《合同法总论》（中卷），北京，中国人民大学出版社2012年版，第293页。

③ 崔建远：《合同法总论》（中卷），北京，中国人民大学出版社2012年版，第221页。

17. 债的保全，是通过维持责任财产的范围，实际是债务人以己之力可控制的责任财产，而保全债权的制度。其中的债权人撤销权是以阻止债务人不当处分其财产的方式来达到责任财产的数额不减少的结果，债权人代位权则系将责任财产中的债权转化为所有权或行使请求权而实现对特定财产的实际控制，便于乃至增强责任财产在清偿方面的能力。无论哪种结果，都保全了债权，增强了债权实现的可能性。没有责任财产，债的保全制度便失去维持的对象，保全债权就成了空话；只有存在着责任财产，才有债的保全制度的用武之地；债的保全方式实际实行了，债权就确实地得到了保全。可见，责任财产是连接债的保全与债权的基础性制度，使得债权可以借助于债的保全制度（连同其他有关制度）而放心且安全地“瞄准于”责任财产之上。如果把责任财产比作水，那么，债的保全就是将这些水围起来的大堤，债权就是抽水机。债权的行使，相当于抽水机开动，其结果是抽水机将水抽到债权人的容器里，这就相当于债权人获得水所有权。此时，债权实现了，债权人的目的也就达到了。[①]

尽管如此，债的保全制度仍不符合担保关于从属性、补充性的要求，在保障债权切实实现方面也较担保间接些，除非赋予债权人代位权优先受偿的效力。可见，债的保全不属于担保范畴，只是具有担保作用，并且强于履行抗辩权的担保作用，弱于连带债务、并存的债务承担、抵销等制度、措施的担保作用。

18. 《物权法》第20条赋予预告登记较为强大的法律效力：使已经办理了预告登记的债权具有否定后发生的不动产物权变动或抵押权设立的效力，或者说使后发生的不动产物权变动或抵押权设立相对于该债权无效，促使此类债权得以实现。

必须看到，预告登记只是使登记的债权在某些效力方面变得强大了些，并不具有使登记的债权具有直接实现的效力，加之它不存在从属性和补充性的法律性质，即不符合担保的规格要求，不属于担保，但较未被预告登记的债权容易实现些，用具有担保作用描述它更为贴切。

19. 学说认为，就行使抵销权之债权人言，在债务人资力不足之场合下，仍能为自己的债权受到确实及充分清偿利益，这时的主动债权人对于被动债权人宛

---

① 崔建远：《合同法总论》（中卷），北京，中国人民大学出版社2012年版，第216-217页。

如具有类似于担保地位之机能。故抵销之目的为简易及公平，机能为担保。[1] 在债权实现的直接性和快捷性方面，抵销胜于物的担保、人的担保。在各方的债权都能借助于抵销而得到实现的意义上，抵销也优于金钱担保。就此说来，抵销有资格跨入担保的行列。但是，抵销终究是债权的效力表现，不表现为在一个债的关系之外另外存在一个法律关系，不具有担保所需要的从属性和补充性，因而仍不属于担保之列，不适用《担保法》《物权法》关于担保的相关规定，姑且称之为具有担保作用，且远胜于连带债务、并存的债务承担、履行抗辩权、债的保全等制度、措施的担保作用。

毋庸讳言，抵销在保障债权切实实现方面也有其弱点，这在下述情况下更加清楚明了：(1)《破产法》第 40 条规定，债权人在破产申请受理前对债务人负有债务的，可以向管理人主张抵销。但是，有下列情形之一的，不得抵销：A. 债务人的债务人在破产申请受理后取得他人对债务人的债权的；B. 债权人已知债务人有不能清偿到期债务或破产申请的事实，对债务人负担债务的；但是，债权人因为法律规定或有破产申请 1 年前所发生的原因而负担债务的除外；C. 债务人的债务人已知债务人有不能清偿到期债务或破产申请的事实，对债务人取得债权的；但是，债务人的债务人因为法律规定或有破产申请 1 年前所发生的原因而取得债权的除外。(2) 附有同时履行抗辩权的债权，不得以之为主动债权而主张抵销，否则即为剥夺相对人的抗辩权。(3) 第三人的债权，即使取得该第三人的同意，也不能以之为抵销。(4) 依债的性质不得抵销的债务。

20. 将进口汽车的合格证交给贷款人银行占有与担保作用。实务中出现了汽车进口商从银行贷款，依各方约定将进口汽车的合格证交给贷款人银行占有的情况。由于汽车进口商没有进口汽车的合格证便办理不了一系列手续，致使无法销售进口汽车，这迫使汽车进口商积极地依约还本付息，确保了贷款人银行的权益。在一定意义上说，这比设定抵押权、质权或寻觅保证人的效果还要好。由此产生了将进口汽车的合格证交给贷款人银行占有属于担保的议论。但笔者认为，担保具有特定的含义，促使债权实现的措施很多，并非促使债权实现的措施均为

---

① 刘得宽：《抵销在担保上的机能》，载郑玉波主编：《民法债编论文选辑》（中册），台北，五南图书出版有限公司 1984 年版，第 964 页。

担保。由于将进口汽车的合格证交给贷款人银行占有没有增加责任财产的范围，没有使得被担保债权具有优先受偿的效力，没有使贷款人预先获得一笔款项可以在未来冲抵一部或全部债权，一句话，不具有担保的质的规定性，不符合担保的规格，故其不属于担保。但它确实促使贷款本息债权顺利实现，可以说它具有担保作用。

21. 小结：行文至此，不难知晓，不符合质权设立要件的特定账户、连带债务、并存的债务、履行抗辩权、债的保全、预告登记、抵销、将进口汽车的合格证交给贷款人银行占有等制度、措施不符合担保的全部规格要求，不宜作为担保，不适用《物权法》《担保法》关于担保的相关规定，以免导致不当的后果；也免去理论体系出现裂痕，无法自圆其说。不过，在保障债权切实实现上，它们毕竟优于普通债务及民事责任，显现出担保作用。有鉴于此，笔者以担保作用命名和描述，以此既表明它们与担保之间的联系性和区别性；也将它们与普通债务及民事责任相区别。如果这是正确的，也是必要的，则可以换个角度说，担保无疑具有担保作用，但具有担保作用的未必都是担保。对此，在构建理论体系和适用法律时务必谨记。

应当看到，民事责任、不符合质权设定要件的特定账户、连带债务、并存的债务、履行抗辩权、债的保全、预告登记、抵销、将进口汽车的合格证交给贷款人银行占有等制度、措施所发挥的担保作用，在表现形式上有些微妙的区别，在作用的强弱方面参差不齐。

所谓担保作用在表现形式上有些微妙的变化，例如，民事责任的担保作用是这样的情形：它使债务人产生压力，感到与其不履行债务而承担民事责任以及其他负担，倒不如适当履行其债务，在经济上更为合算，效益更高，（且不说道义上的了），于是适当履行债务，而非不履行，从而使债权人的债权得以实现。这表现出民事责任在保障债权实现方面完全受制于债务人的责任财产的状况，担保作用有限。在这个层面，普通债务不会强于违约责任等民事责任，履行抗辩权也是如此，担保作用相当微弱。再如，连带债务的担保作用则是另外的情形：供清偿债务的责任财产范围扩张了，连带债务人的数量越多，扩张得越广泛，从而有助于债权切实实现。还如，抵销的效力是直接使抵销适状的债权得以实现，抵销的担保作用最为强烈。

以上关于一般担保、担保、担保作用的界定及其阐释，不是混淆一般担保、担保和担保作用，而是反映着各个法律概念、各项法律制度之间的层次关系：债权的实现有赖于债务的适当履行；债务之所以能被适当履行源于民事责任的存在和作用的发挥；担保的设定和运作能够弥补民事责任的先天不足，更有助于债权的实现；连带债务、并存的债务等若干制度、措施也发挥着担保作用。

22. 近些年来，实务中出现了如下新情况：(1) 当事人各方成立了借贷合同关系，同时或其后又订立商品房买卖合同，借款人作为出卖人，出借人作为买受人，约定借款人不依约还本付息时，出借人有权请求借款人移转商品房的所有权。对此，有学术观点甚至判决认为，在借贷关系成立的前提下，订立商品房买卖合同并办理备案登记的行为，足以构成一种非典型担保。① (2) 当事人双方成立了股权转让合同关系，同时或其后又订立商品房买卖合同，股权受让人作为出卖人，股权转让人作为买受人，约定股权受让人不依约付清股权转让款时，股权转让人有权请求股权受让人移转商品房的所有权。对此，同样有人认为商品房买卖合同系对付清股权转让款义务履行的“非典型担保”。

23. 这种思路及观点有法律及法理依据吗？回答这个问题，首先必须明确，此处所谓“非典型担保”，不是德国法那样的让与担保，而是上文“22”段所引案情下被学术观点、裁判文书称作的“非典型担保”。假如这样的“非典型担保”确属担保，就要适用《物权法》《担保法》关于担保的规定；反之，就不得至少是不宜适用《物权法》《担保法》关于担保的规定。

上文“22”段所引案情下被学术观点、裁判文书称作的“非典型担保”，到底是不是担保呢？“非典型担保”系相对于典型担保而言的担保，类似典型合同和非典型合同，故此在质的规定性方面它依然是担保，只不过不是法律设置较为详尽规范的担保，而是法律尚未周密规范的但却符合担保规格要求的措施。既然

---

① “广西嘉美房地产开发有限责任公司与杨伟鹏商品房销售合同纠纷再审案”（最高人民法院（2013）民提字第 135 号），载北大法宝，http://www.pkulaw.cn/fulltext_form.aspx?Gid=121004671&Db=pfnl，最后访问时间：2015 年 3 月 31 日；《中国裁判文书网》，http://www.court.gov.cn/zgcpwsw/zgrmfy/ms/201309/t20130924_156631.htm，最后访问时间：2015 年 4 月 5 日；《动宾五谷养生坊的博客》，http://blog.sina.com.cn/s/blog_af00b91e0102vcjn.html，最后访问时间：2015 年 4 月 5 日。

如此，回答时不可“拍脑袋”式地草率从事，而应以担保的概念、法律性质、法律结构作为衡量、判断的标准，两相对照，而后下结论。

24. 假如商品房买卖合同构成对借款合同关系的担保，就应当符合这样的法律结构：借款合同关系是主债，商品房买卖合同关系是从合同关系。

如果借款合同特别是商品房买卖合同明确约定了后者系前者的从合同关系，那么，为商品房买卖合同关系成为“非典型担保”提供了前提。当然，仅凭此点尚不可断言商品房买卖关系属于“非典型担保”，还得寻觅它是否具有补充性和保障债权实现性。如果借款合同特别是商品房买卖合同没有约定后者系前者的从合同关系，那么，商品房买卖合同关系肯定不是中国现行法所承认的担保，因为中国审判实践只在国际贸易中承认了独立担保，而此处商品房买卖合同关系不同于国际贸易中的独立担保。

在“广西嘉美房地产开发有限责任公司与杨伟鹏商品房销售合同纠纷再审案”中，系争合同缺乏商品房买卖合同系借款合同从合同的约定，因此所谓“在借贷关系成立的前提下，签订商品房买卖合同并办理备案登记的行为，足以构成一种非典型担保”的断语，实在唐突、草率。

25. 假如商品房买卖合同构成对借款合同关系的担保，就应当符合这样的法律结构：借款合同关系是主债，商品房买卖合同关系对于借款合同关系起着补充作用。

如果借款合同特别是商品房买卖合同明确约定了后者对前者起着补充作用，借款人不还本付息，出借人就有权请求借款人履行商品房买卖合同，通过移转案涉商品房的占有和所有权来实现自己的利益，那么，就为商品房买卖合同关系成为“非典型担保”提供了前提。当然，仅凭此点尚不可断言商品房买卖关系属于“非典型担保”，还得寻觅它是否具有从属性和保障债权切实实现性。如果借款合同特别是商品房买卖合同没有约定后者对前者起着补充作用，那么，商品房买卖合同关系肯定不是中国现行法所承认的担保。

在“广西嘉美房地产开发有限责任公司与杨伟鹏商品房销售合同纠纷再审案”中，系争合同缺乏商品房买卖合同对借款合同起着补充作用的约定，因此所谓“在借贷关系成立的前提下，签订商品房买卖合同并办理备案登记的行为，足以构成一种非典型担保”的断语，实在缺乏事实依据。

在“朱俊芳与山西嘉和泰房地产开发有限公司商品房买卖合同纠纷案”①中，当事人各方基于同一笔款项先后签订商品房买卖合同和借款协议，并约定如借款到期，偿还借款，商品房买卖合同不再履行；若借款到期，不能偿还借款，则履行商品房买卖合同。如同山西省太原市中级人民法院认为的，双方签订的商品房买卖合同是当事人双方的真实意思表示，且在国家规定的相关部门登记备案，应认定有效。双方在合同履行过程中又签订了借款合同，该合同仅是商品房买卖合同的补充。② 如此说来，此处商品房买卖合同不符合构成担保关于补充性的规格要求。加之商品房买卖合同产生的仅为普通的债的关系，出借人朱俊芳实现其权利完全受制于借款人山西嘉和泰房地产开发有限公司的责任财产的状况，至多起到民事责任那样的担保作用，不符合担保关于保障债权切实实现的规格要求，该商品房买卖合同关系仍不是中国现行法所承认的担保。

26. 假如商品房买卖合同构成对借款合同关系的担保，商品房买卖合同关系就应当具备这样的法律效力和功能：它较普通债务及民事责任更有助于还本付息债权的实现，不受制于借款人的责任财产的状况。

商品房买卖合同关系具有这样的法律效力和功能吗？因为商品房买卖合同的成立和生效未使出借人取得物权，不符合《物权法》第 5 条等条款规定的物权法定主义，所以，该商品房买卖合同关系不会成为担保物权。由于商品房买卖合同的成立和生效未使出借人取得一定数额的金钱，该商品房买卖关系不会是金钱担保。因为借款人和出卖人系同一人，不符合保证人须债务人以外的人这个规格要求，所以该商品房买卖合同关系并不会是保证。如同上文“25”段最后一个自然段所述，因为出借人实现其权利完全受制于借款人的责任财产的状况，至多起到民事责任那样的担保作用，不符合担保关于保障债权切实实现的规格要求，该商品房买卖合同关系仍不是中国现行法所承认的担保。

可能有人会说，商品房买卖合同履行完毕，出借人不就取得了案涉商品房的所有权了吗?！这不是保障债权实现了吗?！须知，构成担保所要求的“保障债权

---

① “朱俊芳与山西嘉和泰房地产开发有限公司商品房买卖合同纠纷案”，载《最高人民法院公报》2014 年第 12 期（总第 218 期）；最后访问：http：//www.cdtlzy.gov.cn/defalutone/13833.aspx。

② “朱俊芳与山西嘉和泰房地产开发有限公司商品房买卖合同纠纷案”，载《最高人民法院公报》2014 年第 12 期（总第 218 期）；最后访问：http：//www.cdtlzy.gov.cn/defalutone/13833.aspx。

切实实现性”具有特定含义，那就是本专题“4”段所阐释的那种情形。商品房买卖合同关系不具备此种意义的“保障债权切实实现性”。并且，判断一项措施是否构成担保，不是从该项措施的实现后果看的，而是在该项措施成立、生效之时就已经确定下来的。倘若以该项措施的实现后果作为判断标准，那么，众多的债的关系于其适当履行时就都变成了担保，都得适用《物权法》《担保法》关于担保的规定。这不但使得判断一项措施是否为担保变得飘忽不定，于该项措施设立之时不可、也不能断定，只有待“秋后算账”时才尘埃落定，使得法律系行为规范的愿景和落实无从谈起；而且使得不同法律制度、措施之间的界限、分工变成空谈，它们之间的衔接和配合也难以操作。

既然商品房买卖合同关系不属于担保，在法律适用时就不得适用《物权法》《担保法》关于担保的相关规定，所以，最高人民法院（2013）民提字第135号民事判决书所谓“双方之间成立借贷关系，签订商品房买卖合同并办理商品房备案登记的行为，则系一种非典型担保。杨伟鹏作为债权人，请求直接取得商铺所有权的主张，违反了禁止流质原则，不予支持”[①]之说；最高人民法院（2011）民提字第344号民事判决“裁判要旨”所谓“借款到期，借款人不能按期偿还借款。对方当事人要求并通过履行《商品房买卖合同》取得房屋所有权，不违反《担保人》第四十条、《物权法》第一百八十六条有关‘禁止流押’的规定”[②]之论，就是法律适用错误。

27. 有人或许会说：当事人，至少出借人订立商品房买卖合同或股权转让合同或其他类型的合同时是将它们作为借款合同项下债权的担保的呀，按照意思自治原则，它们不是债的担保吗？对此，笔者回应如下：（1）当事人欲将它们作为借款合同项下债权的担保，深藏于其内心，这属于动机。此类动机若未表示于外部，成为合同的内容，亦无确凿证据证明担保意图成为借款合同的交易基础，那

---

① “广西嘉美房地产开发有限责任公司与杨伟鹏商品房销售合同纠纷再审案”（最高人民法院（2013）民提字第135号），载北大法宝，http://www.pkulaw.cn/fulltext_form.aspx?Gid=121004671&Db=pfnl，最后访问时间：2015年3月31日；《中国裁判文书网》，http://www.court.gov.cn/zgcpwsw/zgrmfy/ms/201309/t20130924_156631.htm，最后访问时间：2015年4月5日；《动宾五谷养生坊的博客》，http://blog.sina.com.cn/s/blog_af00b91e0102vcjn.html，最后访问时间：2015年4月5日。

② “朱俊芳与山西嘉和泰房地产开发有限公司商品房买卖合同纠纷案”，载《最高人民法院公报》2014年第12期（总第218期）；最后访问：http://www.cdtlzy.gov.cn/defalutone/13833.aspx。

么，法律不宜对之评价，不可赋予其法律效果。也就是说，当事人将商品房买卖合同或股权转让合同或其他类型的合同作为借款合同项下债权的担保的动机，不会导致商品房买卖合同或股权转让合同或其他类型的合同质变为债的担保。(2) 当事人若将这样的动机表示于外部，成为合同的内容，或有证据证明它们成为借款合同的交易基础，那么，它们影响借款合同或商品房买卖合同或股权转让合同或其他类型的合同的效力，甚至促使合同项下的权利义务的量的变化，但不会导致商品房买卖合同、股权转让合同或其他类型的合同质变为债的担保。其道理在于，担保物权，具有其质的规定性，特别是在《物权法》奉行严格的物权法定主义(第5条) 的背景下，它们不符合担保物权的规格，不属于担保物权。商品房买卖合同、股权转让合同或其他类型的合同成立甚至生效，未使借款人的责任财产增加，所以，这些合同不会成为人的担保。商品房买卖合同、股权转让合同或其他类型的合同成立甚至生效，未使出借人先行取得一定数额的金钱，故而这些合同不会成为金钱担保。它们也不符合《合同法》第134条规定的所有权保留的规格要求，不具备《合同法》第286条规定的优先权的条件。一句话，它们不属于中国现行法上债的担保范畴。(3) 诘问、反驳随之而来：你这样认识问题，究竟置当事人的担保意图于何地呢？笔者回应道：假如当事人以为中国现行法关于债的担保的规定涵盖上述商品房买卖合同关系等法律关系，假若当事人以为商品房买卖合同、股权转让合同或其他类型的合同就是债的担保，那么，这属于法律上的错误。对于法律上的错误，原则上不予救济，对其意思基本上不赋予其法律效果。如同当事人误将买卖合同作为货物运输合同，法律及裁判机构不会依其错误而把买卖合同作为货物运输合同处理一样。再说，当事人的此类错误大多属于动机错误，法律对此也不予以救济；即使视为内容错误，也只是变更或撤销合同的问题，不发生《担保法》《物权法》规定的债的担保的法律效果。

28. 在这里，涉及系争案件可否进行制定法外的法律续造。中国现行法设置了物的担保、人的担保、金钱担保、所有权保留、优先权等担保方式。无论从担保制度的立法计划、立法目的方面审视，还是从担保功能方面考量，系争案件的情形不属于狭义的法律解释范畴，假如将系争案件的商品房买卖合同关系作为担保，那么，也属于对担保法律的漏洞补充，因为中国现行法设置的担保制度不存在这样的法律漏洞。按照排除法，它们只能算作制定法外的法律续造。

可是，法院从事制定法外的法律续造，必须满足若干前提条件，其中之一是仅凭单纯的法律解释乃至法律漏洞的填补所得答案不能满足最低的要求。该最低要求或是来自法律生活中不可反驳的需求，或是源于法律规范实用性的要求，或是基于事物的本质及（作为整体法律秩序基础的）法伦理上的要求。① 可是，最高人民法院（2011）民提字第344号民事判决和最高人民法院（2013）民提字第135号民事判决创设"非典型担保"，并非来自法律生活中不可反驳的需求，也不是源于法律规范实用性的要求，还不是基于事物的本质及（作为整体法律秩序基础的）法伦理上的要求，简言之，不符合从事制定法外的法律续造的要件。在笔者看来，按照系争商品房买卖合同（有的案件是股权转让合同，有的案件是其他合同）的本来属性和种类，解决系争问题，没有发现什么不妥。

29. 从事制定法外的法律续造，是在立法，这以法院拥有立法权为前提，而按照《宪法》及《立法法》的精神及规定，中国法院并无立法权。在这个层面上说，最高人民法院（2011）民提字第344号民事判决和最高人民法院（2013）民提字第135号民事判决创设"非典型担保"，已经超越了权限。

四、依赖构成要件的方法予以解释

在有些情况下，采取概念/类型、法律特征的方法完不成合同解释工作，需要借助于法律关系的构成要件来达到目的。

所谓依赖构成要件的方法，就是先行确定当事人的诉讼请求/仲裁请求所处的具体的法律关系由哪些构成要件组成，而后寻觅并确定与此构成要件相同或类似的法律规范。例如，合同订立系欺诈所致时，此种欺诈的构成要件有四：（1）当事人一方实施了欺诈行为；（2）这是该当事人故意实施的；（3）当事人另一方因此陷于错误的认识；（4）该当事人基于该错误认识而与欺诈的一方订立了合同。

① ［德］卡尔·拉伦茨：《法学方法论》（学生版），陈爱娥译，台北，五南图书出版有限公司1996年版，第333页。

裁判者完成了这些工作之后，就要寻觅与之相适应即法律构成要件相同的法律规范，恐怕是《合同法》第54条第2款、《民法总则》第148条。与之不同，如果被欺诈者属于消费者，无证据证明从商家购买空气过滤器系基于错误的认识所为，那么，诉请商家赔偿的消费者或其代理人，按照欺诈的四项构成要件确定买卖合同系因欺诈而定，并寻觅《合同法》第54条第2款作为请求权基础，难以胜诉。如果首先依照两项构成要件确定商家的欺诈行为，即商家或其雇员出于故意实施了欺诈行为，接着寻觅并确定与之构成要件相匹配的《消费者权益保护法》第55条第1款的规定，那么，该消费者请求商家赔偿其购买商品的价款或者接受服务的费用的三倍，即可成功。

对于依赖构成要件所定具体的法律关系和法律规范这种方法，可通过正反两方面的实例予以展示。第一种实例：2003年"非典"肆虐，北京市的众多餐馆无人光顾或食客稀少，入不敷出，交纳租金困难。对于餐馆租赁合同项下的租金及其交纳而言，符合情事变更原则的构成：(1) 须有情事变更的事实；(2) 情事变更须发生在合同成立以后，履行完毕之前；(3) 须情事变更的发生不可归责于当事人，即由不可抗力及其他意外事故引起；(4) 须情事变更是当事人所不可预见的；(5) 须情事变更是当事人所不可预见的。既然如此，餐馆经营者（承租人）援用法释〔2009〕5号第26条关于情事变更原则的规定，主张降低租金，就具有法律依据。

与之相反，第二种实例则是不符合情事变更原则的构成要件，不得援用法释〔2009〕5号第26条的规定，主张变更或解除系争合同，兹介绍和评论如下。

1. 基本案情

2009年10月18日，出卖人与买受人采用北京市存量房屋买卖合同（经纪成交版）版本订立《买卖合同》。同日，当事人双方与某房地产经纪有限公司共同订立了《补充协议》。《买卖合同》及《补充协议》约定，出卖人将案涉房屋出售给买受人，成交价格为2 100 000元。当事人各方对两份合同的真实性均无异议，并确认双方约定的房屋成交价格不存在特殊情形。该《买卖合同》及《补充协议》系在当事人各方平等、自愿的前提下订立，体现了当事人的真实意思表示，不违反法律、行政法规的强制性规定，不损害社会公共利益，不违背社会公德，应当有效。

合同的履行情况是，在《买卖合同》及《补充协议》订立当日，买受人即依约向出卖人支付定金 100 000 元，并于 3 月 24 日依约向出卖人支付首付款 400 000元。在买受人支付首付款当日，出卖人按照约定将案涉房屋钥匙交与买受人，并在居间人的见证下办理了物业交割手续。2011 年 3 月 2 日，出卖人办理完毕案涉房屋的产权登记手续，取得案涉房屋产权证。3 月 14 日，出卖人委托代理律师向买受人发出《律师函》，告知买受人其已于 3 月 2 日取得案涉房屋产权证的事实，提示买受人应当按照合同的约定于 2011 年 5 月 2 日前以全款或者商业贷款的形式支付剩余房款，并提示买受人按照《北京市人民政府办公厅关于贯彻落实国务院办公厅文件精神进一步加强本市房地产市场调控工作的通知》的相关规定，提供北京市有效暂住证和连续 5 年（含）以上在本市缴纳社会保险或个人所得税缴纳证明。买受人收到出卖人发出的前述《律师函》后，于 2011 年 4 月 20 日向出卖人一次性支付全部剩余房款 1 600 000 元。当事人各方对于以上事实并无异议。

2. 诉讼请求

出卖人提起诉讼，请求解除《买卖合同》。其理由是：(1) 根据《北京市住建委关于落实本市住房限购政策有关问题的通知》的有关规定，2011 年 2 月 17 日凌晨之前没有做网签的房产都应在限购令调整范围之内，而案涉房屋至今未做网签，当然应受新政调整。(2) 根据法释〔2009〕5 号第 26 条的相关规定，合同订立之后、尚未履行完毕之前，发生了不可预见、不可避免并不可归责于当事人各方的客观情况变化，导致合同不能履行，当事人各方均有权依据情事变更原则申请法院或仲裁机构解除合同。(3) 根据北京市高级人民法院印发的《北京市高级人民法院关于审理房屋买卖合同纠纷案件适用法律若干问题的指导意见（试行)》第 21 条的规定，出卖人有权根据情事变更原则解除与买受人订立的房屋买卖合同。(4) 对于国家新政导致房屋不能过户的情况，当事人各方及居间方于《补充协议》第 7 条已明确约定“如因国家政策调整或不可抗因素导致该房屋无法买卖过户的，三方免责”。(5) 出卖人在取得房产证后，已通过代理律师向买受人发函，要求其及时提供连续 5 年（含）以上在北京市缴纳社会保险或个人所得税的证明以及支付剩余购房款。买受人在明知自己没有购房资格的情况下向出卖人支付全部余款，具有恶意，不得视为依约履行义务，应当承担相应的法律责任。(6) 考虑到社会效应和公平原则，本案不宜裁决继续履行。综上，本案应当适用情事变更原则解除当事人各方订立的房屋买卖合同。

买受人提起反诉，请求出卖人继续履行《买卖合同》。

3. 处理思路及意见

原告（出卖人）主张系争案件适用情事变更原则，路径选择不当，难获支持，因为系争案件事实不符合情事变更原则适用的条件。其道理在于：(1) 案涉房屋的价格未因《国务院办公厅关于促进房地产市场平稳健康发展的通知》（国办发〔2010〕4号）、《国务院关于坚决遏制部分城市房价过快上涨的通知》（国发〔2010〕10号）、《国务院办公厅关于进一步做好房地产市场调控工作有关问题的通知》（国办发〔2011〕1号）、《北京市人民政府办公厅关于贯彻落实国务院办公厅文件精神进一步加强本市房地产市场调控工作的通知》（京政办发〔2011〕8号）、《北京市建委关于落实本市住房限购政策有关问题的通知》（京建发〔2011〕65号）各法律文件的出台、生效而发生巨大的波动，不符合情事变更原则所要求的“情事变更”必须是作为合同成立基础或环境的客观情况发生了异常变动这一要件。(2) 自系争合同成立至出卖人诉请解除该合同时止，房地产市场的房屋价格在上涨，系争合同继续履行较解除，出卖人所获利益低些，但尚未达到显失公平的程度。就是说，系争案件不符合情事变更原则所要求的继续履行合同致使显失公平这一要件。

有专家学者支持原告援用情事变更原则，理由是德国于第二次世界大战后运用情事变更原则处理有关案件，正是由于当时物价飞涨，马克贬值。笔者认为，这种意见仅仅看到了事物的表面现象，未注意到本质。系争案件所处的情事，仅仅是房价有限的增长，130多平方米的商品房，其现价较系争合同约定的价格大约增长20万元人民币，不好说构成了异常变化。此其一。更为关键的是，系争案件构成了法律上的不能履行，而情事变更原则不适用于不能履行的领域，只适用于合同尚能履行但履行显失公平的场合。此其二。

既然系争案件不符合情事变更原则适用的两项条件，那么自然不应支持原告援用情事变更原则的主张。但是，诉讼法及其运作过程所应遵循的原则是，对于法律问题，法官应依其本身的法律认知来决定，而不须取决于当事人的主张（法院能认识法的内容)。[①] 所以，原告诉请在实质上具有事实依据和法律依据，只是所引请求权基础不当或错误，裁判机关不得因此而裁判其败诉，而应以其本身的法律认知，依职权援用请求权基础。如果这是正确的，便有如下思路及结论。

笔者认为，原告关于确认解除系争《房屋买卖合同》的诉讼请求，应当得到支持，但其法律依据不是情事变更原则，而是《合同法》第110条第1项、第94条第1项的规定。对此，稍微详细地分析如下：2011年1月26日，国务院办公厅发出《国务院办公厅关于进一步做好房地产市场调控工作有关问题的通知》(国办发〔2011〕1号)，于第6条第1款规定："各直辖市、计划单列市、省会城市和房价过高、上涨过快的城市，在一定时期内，要从严制定和执行住房限购措施。原则上对已拥有1套住房的当地户籍居民家庭、能够提供当地一定年限纳税证明或社会保险缴纳证明的非当地户籍居民家庭，限购1套住房（含新建商品住房和二手住房)；对已拥有2套及以上住房的当地户籍居民家庭、拥有1套及以上住房的非当地户籍居民家庭、无法提供一定年限当地纳税证明或社会保险缴纳证明的非当地户籍居民家庭，要暂停在本行政区域内向其售房。"为贯彻落实《国务院办公厅关于进一步做好房地产市场调控工作有关问题的通知》(国办发〔2011〕1号）的精神，北京市人民政府办公厅于2011年2月15日发出《北京市人民政府办公厅关于贯彻落实国务院办公厅文件精神进一步加强本市房地产市场调控工作的通知》(京政办发〔2011〕8号)，于第10条规定："自本通知发布次日起，对已拥有1套住房的本市户籍居民家庭（含驻京部队现役军人和现役武警家庭、持有有效《北京市工作居住证》的家庭，下同)、持有本市有效暂住证在本市没拥有住房且连续5年（含）以上在本市缴纳社会保险或个人所得税的非本市户籍居民家庭，限购1套住房（含新建商品住房和二手住房)；对已拥有2套及以上住房的本市户籍居民家庭、拥有1套及以上住房的非本市户籍居民家庭、无法提供本市有效暂住证和连续5年（含）以上在本市缴纳社会保险或个人所得税缴纳证明的非本市户籍居民家庭，暂停在本市向其售房。"次日，为贯彻落实上述通知的精神，《北京市住建委关于落实本市住房限购政策有关问题的通知》

① ［德］卡尔·拉伦茨：《法学方法论》(学生版)，陈爱娥译，210页，台北，五南图书出版有限公司，1996。

（京建发〔2011〕65号）第1条规定：“自2011年2月17日起，对已拥有1套住房的本市户籍居民家庭（含驻京部队现役军人和现役武警家庭、持有有效《北京市工作居住证》的家庭，下同）、持有本市有效暂住证在本市没有住房且连续5年（含）以上在本市缴纳社会保险或个人所得税的非本市户籍居民家庭，限购1套住房（含新建商品住房和二手住房）；对已拥有2套及以上住房的本市户籍居民家庭、拥有1套及以上住房的非本市户籍居民家庭、无法提供本市有效暂住证和连续5年（含）以上在本市缴纳社会保险或个人所得税缴纳证明的非本市户籍居民家庭，暂停在本市向其售房。”第4条后段规定：“对不符合条件的，不予办理购房手续。”

系争案件的被告（买受人），属于无法提供北京市有效暂住证和连续5年（含）以上在北京市缴纳社会保险或个人所得税证明的非本市户籍居民家庭，按照《国务院办公厅关于进一步做好房地产市场调控工作有关问题的通知》（国办发〔2011〕1号）第6条第1款、《北京市人民政府办公厅关于贯彻落实国务院办公厅文件精神进一步加强本市房地产市场调控工作的通知》（京政办发〔2011〕8号）第10条及《北京市住建委关于落实本市住房限购政策有关问题的通知》（京建发〔2011〕65号）第1条、第4条后段等规定，属于限购的对象；案涉房屋至2011年2月17日尚未办理过户登记手续，按照《国务院办公厅关于进一步做好房地产市场调控工作有关问题的通知》（国办发〔2011〕1号）第6条第1款、《北京市人民政府办公厅关于贯彻落实国务院办公厅文件精神进一步加强本市房地产市场调控工作的通知》（京政办发〔2011〕8号）第10条及《北京市住建委关于落实本市住房限购政策有关问题的通知》（京建发〔2011〕65号）第1条、第4条后段等规定，它属于不予办理购房手续的房屋。

在这种背景下，系争合同若继续履行，势必违法。如此，系争合同构成《合同法》第110条第1项规定的法律上的不能履行。依据《合同法》第94条第1项关于合同因不可抗力致使不能实现合同目的可以解除的规定，系争合同应予解除。主审法院若判决系争合同继续履行，则判决本身也构成违法。

对此，有反对意见。意见之一是，《北京市住建委关于落实本市住房限购政策有关问题的通知》（京建发〔2011〕65号）位阶过低，显然不属于法律、行政法规，不得据此认定系争合同成为法律上的不能。此言差矣！依据《合同法》的立法计划、立法目的，认定合同无效的法律位阶，限于法律和行政法规，且须为强制性规定，原则上为效力性的强制性规定（当然，学说有不同意见[①]）；不过，作为禁止人们为一定行为或不为一定行为的强制性规定，其所要解决的绝非合同无效问题，而是涉及方方面面，包括合同成立以后出台了禁止性规定，导致合同成为法律上的不能，依据《合同法》第 110 条第 1 项、第 94 条第 1 项的规定，允许当事人主张解除合同。换一种表述就是，作为认定合同无效的依据，一定要慎之又慎，因而法律位阶要求要高；作为禁止人们为一定行为或不为一定行为的依据，面对幅员广阔、人口众多、事情复杂的客观实际，一律要求全国人民代表大会及其常务委员会、国务院作出规定，不太现实，也无效率，于是，法规、规章等位阶的法律规定应当登场。此其一。就系争案件而言，所涉及的法律规定不限于《北京市住建委关于落实本市住房限购政策有关问题的通知》（京建发〔2011〕65 号）第 1 条、第 4 条后段等规定，该通知、尤其是其第 1 条、第 4 条后段等规定是贯彻落实《国务院办公厅关于进一步做好房地产市场调控工作有关问题的通知》（国办发〔2011〕1 号）第 6 条第 1 款、《北京市人民政府办公厅关于贯彻落实国务院办公厅文件精神进一步加强本市房地产市场调控工作的通知》（京政办发〔2011〕8 号）第 10 条的规定的。因而，系争案件所适用的法律规定，位阶可上溯至国务院的法律文件。此其二。

还有一种反对意见，即低位阶的法律规定，禁止人们为一定行为或不为一定行为，只能算作事实上的不能，而非法律上的不能。这更是不值一驳。其一，这不符合事实上的不能、法律上的不能各自的质的规定性；没有弄清二者的区别及其标准。其二，这是对形式正义的否定，对法律性规范的蔑视，违反法治精神。

再如，在若干情况下，行为人或损害源控制人确实没有过错，却必须停止侵害、排除妨碍或消除危险，按照《侵权责任法》的立法目的及具体规定，就是行为人或损害源控制人必须承担停止侵害、排除妨碍或消除危险的侵权责任。属于行为人或损害源控制人没有过错却须停止侵害、排除妨碍或消除危险的情况，至少有以下几种：（1）甲及其全家在境外旅游期间，特大地震将其住房大部震塌，

---

① 耿林：《强制规范与合同效力》，北京，中国民主法制出版社 2009 年版，第 6 页以下。

碎砖破瓦堵塞了邻居乙的门窗，尚未倒塌的一面房山墙也摇摇欲坠，一旦坍塌，会伤及邻居乙的牛羊、蔬菜秧苗。于此场合，甲及其亲属负有消除危险、排除妨碍的侵权责任，但上述状况乃地震所致，甲及其全家也无法在瓦砾清除、房山墙倒塌之前返回住地，实无过错可言。(2) 歹徒将甲捆绑，抢走装有严重污染源的铁桶，后发现该桶没有价值而弃之于乙承包的土地上。于此场合，乙有权请求甲排除妨碍、消除危险。不过，甲并无过错可言。(3) 甲及其全家在夜晚熟睡之时，其住房阳台上的棉垫被他人所放鞭炮点燃，火势向邻居乙家蔓延。按照法律，甲及其全家有义务消除危险，但因该火灾系他人所致、火势蔓延时全家都在酣睡之中，同样无过错可言。(4) 甲旅游期间，其行李中于不知间被他人放入了炭疽菌，对甲及其周围之人均构成巨大威胁。于此场合，甲应当承担消除危险的责任，但不可说他具有过错……

这些例证说明：全国人大常委会法制工作委员会民法室所著《〈中华人民共和国侵权责任法〉条文说明、立法理由及相关规定》（以下简称为“民法室解释”）关于《侵权责任法》第 6 条规定适用于停止侵害、排除妨碍、消除危险诸种侵权责任方式的观点，不符合客观实际，使某些场合本应停止侵害、排除妨碍或消除危险，却因行为人或损害源控制人没有过错而有权抗辩，不承担这些责任，使得权利人得不到救济，使《侵权责任法》的立法目的及功能落空。这显然是不妥当的。

实际上，上述“民法室解释”的缺点不止于此，它还违反法理，忽视了不同法律制度所具有的目的及功能，以及相互衔接的必要，肢解了物权、人格权、知识产权的整体。原来，某行为或损害源危及他人的人身、财产的安全，需要行为人或损害源控制人采取停止侵害、排除妨碍或消除危险等救济措施的场合，没有像责令行为人或损害源控制人负责损害赔偿那样增加行为人或损害源控制人的财产负担，在伦理层面是中性的，就是说，使行为人或损害源控制人停止侵害、排除妨碍或消除危险等救济措施，并非因其主观状态及其行为应当受到道德谴责和法律否定。既然不因此增加行为人或损害源控制人的财产负担，在道德评价上是中性的，就无须其主观上有过错。此其一。之所以在这些情况下行为人或损害源控制人应当停止侵害、排除妨碍或消除危险等，而不论其有无过错，是因为物权、人格权、知识产权于受到侵害的危险，或是权利的行使受到妨碍时，其自身固有的消极权能便自然地要求行为人或损害源控制人停止侵害、排除妨碍或消除危险等（准确地说，人格权请求权还包括赔礼道歉请求权、消除影响请求权、恢复名誉请求权，知识产权请求权表现为停止侵害请求权、妨害预防请求权、废弃请求权、获取信息请求权、赔礼道歉请求权、消除影响请求权[①]，下文的相应内容也是如此，但为了行文的方便，本专题仍使用停止侵害、排除妨碍、消除危险的表述）。正所谓物权既含有积极权能，也包括消极权能，温德沙伊德甚至将对物权的内容仅仅理解为对他人的禁止，仅仅理解为某种消极的东西。[②] 这种思想至今都在影响着不少学者，如克尼佩尔教授指出："完全的所有权自由的社会意义不在于所有权人的积极能力，而在于其'消极'一面，即禁令，排除所有其他'法律主体'对于所有权客体的侵犯是该权利的本质时刻。"[③] 既然物权天然地具有排除他人对于物权客体侵犯或危及其安全的消极权能，那么，物权只要受到侵犯或威胁，便具有停止侵害、排除妨碍或消除危险的效力，至于是行为人或损害源控制人过错导致的，还是纯粹客观外界的原因酿成的，就在所不问。这好比青蛙的尾巴被断掉，青蛙自身再慢慢生长出新尾巴，该尾巴无论是被人有意识地断掉的，还是在耕作过程中无意砸掉的，都是如此。或如甲的胳膊被砸成骨折，必须治疗以恢复机能，乙故意所为时如此，横梁自然落体造成该结果时亦然。《物权法》参透了其中的道理，于第 35 条等作了专门的规定。人格权、知识产权也应天然地具有排除他人对权利客体的侵害或威胁的消极权能，与物权相类似，只是中国大陆现行法尚未明确规定。专利法等知识产权法错过了修法的良机，未从知识产权请求权的角度作规定，在世界上率先创新，仍然囿于美国法的思路，完全求助于《侵权责任法》，不无遗憾。此其二。

接着讨论返还财产为什么不得适用《侵权责任法》第 6 条的规定？"民法室解释"的本意是，通过修正"损害"的内涵、扩张"损害"的外延（以下简

---

① 详细阐释，见杨明：《知识产权请求权研究》，北京，北京大学出版社 2005 年版，第 1－216 页。

② Bernhard Windscheid，Lehrbuch des Pandektenrechts，Erster Band，Literarische Anstalt，Frankfurt a. M.，1900. achte Auflage，S. 140，141 Anm. 3. 转引自金可可：《温德沙伊德论债权与物权的区分》，载王洪亮、张双根、田士永主编：《中德私法研究》（第 1 卷），北京，北京大学出版社 2006 年版，第 165 页。

③ ［德］罗尔夫·克尼佩尔：《法律与历史——论〈德国民法典〉的形成与变迁》，朱岩译，杜景林、卢谌校，北京，法律出版社 2003 年版，第 251 页。

称为“大损害说”）来将返还财产等方式纳入《侵权责任法》第6条的适用范围。殊不知，作为返还财产构成要件之一的无权占有，在若干情况下并无损害，即不存在“民法室解释”所界定的“行为人的行为对受害人的民事权益造成的不利后果”。例如，甲乙各自驾车将砖瓦送往A地，途中，丙擅自将甲承运的10块砖瓦放在了乙所驾驶的车上，乙听之任之，并运送到A地。于此场合，乙对该10块砖瓦的无权占有[①]并未对甲的民事权益造成不利的后果，就是说，不存在损害。再如，在倾盆大雨袭来之时，乙将丙晾晒在室外的棉被紧急放在了甲的房间内，甲未作反对。于此场合，甲虽然无权占有丙的棉被，但对丙却无损害可言……

没有损害，就不得适用《侵权责任法》第6条的规定，因为该条要求成立侵权责任必须存在损害。

称返还财产适用《侵权责任法》第6条有其错误，还表现在：无权占有在有些情况下同样不存在过错。例如，在三九严寒，乙发现了蹒跚而行的甲衣着单薄，便擅自将丙的大衣盖在了甲身上。于此场合，即使丙反对乙的行为，甲也没有过错可言。此其一。如同上文分析停止侵害、排除妨碍、消除危险系物权所固有的本质属性和效力一样，只要存在着无权占有的事实，物权就有回复到圆满状态的内在要求，物权人就享有物的返还请求权，这不依无权占有人有无过错为转移。此其二。《物权法》领悟到了这一点，于第34条作了规定。

总结上述，停止侵害、排除妨碍、消除危险、返还财产诸种方式不宜适用《侵权责任法》第6条的规定，或者说，它们的成立不应以过错为要件（实际上也不宜以损害为要件）。

以上所析的对象为《侵权责任法》第6条和侵权个案以及“民法室解释”，揭示出依赖法律构成要件在法律解释中的价值，基于合同解释题目的需要，再结合合同为例展现依赖构成要件解释合同的必要性。例如，A房租赁合同终止，承租人负有返还A房的义务，此时不存在侵权行为，而是债的关系中的债务。即

---

① 在这里，存在着不同的观点。多数说认为，此时认定乙是否占有该10块砖，需要看乙有无占有意思，若有，则构成占有；若无，则不构成占有。见王泽鉴：《民法研究系列·民法物权》，北京，北京大学出版社2009年版，第405页以下。

使承租人不返还 A 房，也是成立债务不履行责任，而不成立侵权责任。

五、依赖法律构造的方法予以解释

1. 在有些情况下，采取概念/类型、法律特征、构成要件的方法仍然完不成合同解释工作，法律关系的法律构造的方法可以登场。

所谓依赖法律构造的方法，是指在把当事人的诉讼请求/仲裁请求落地在具体的法律关系之后，就确定该法律关系的法律构造，而后寻觅并确定与此种法律构造相同或类似的法律规范，最后完成法律适用，定分止争。对此，通过下面的实例予以展示。

2. 基本案情

张媛口头委托其弟张利代其在 A 基金会存款，先后八笔共 13.00 万元人民币，张利系该基金会储蓄部副主任，每次存款时在存款人栏填写张媛，在经办人栏还是填写张媛。其后，张利伙同该基金会会计李丽以张媛的名义从该基金会贷款 8.00 万元人民币，以张媛在该基金会所存 13.00 万元存单质押，借款人栏、经办人栏和出质人栏都填写的是张媛。

张利将上述 8.00 万元擅自打入甲公司的账号，有去无回。因未按时向 A 基金会还本付息，A 基金会行使质权，从 13.00 万元存款中扣下 8.00 万元及其利息。

在此期间，张媛口头委托张利将 2.00 万元借给李村，没有任何书面文件，对此张媛承认张利有代理权。

张媛以其未借款和未设立质押，张利的借款和质押均系其自己行为为由，向 A 基金会主张 13.00 万元的存款及其利息。A 基金会则认为张利的行为构成表见代理，张媛应当承受法律后果。

3. 思考路径：(1) 返还 13.00 万元的存款及其利息，需要两个前提：一是储蓄合同终止，二是质权不存在。储蓄合同因 A 基金会终止而消灭，但质权呢？存单质权成立，请求不能得到支持；只有质押合同不成立或无效，请求才有可能得到支持。(2) 存单质权成立与否的关键是如何认定张利订立质押合同，若质押合同成立并有效，则容易认定存单质权已经设立；反之，则存单质权难以设立，即使已经设立了，因质押合同不复存在也得因基础法律关系消失而被取消。

4. 主张质押合同已经成立并生效的理论为表见代理说，其理由如下：(1) 8 笔共 13.00 万元的存款，都是张利代为办理，没有张媛出具的书面授权，事后张媛全部认可这 13.00 万元人民币的存款。(2) 张媛口头委托张利将 2 万元借给李村，也没有出具任何书面授权，对此交易张媛同样承认张利有代理权。(3) 据此类推，张利以张媛的名义向 A 基金会所借 8.00 万元人民币和以张媛的名义向 A 基金会质押 13.00 万元人民币的存单，虽无张媛出具的授权书，也在外观上使得基金会认为张利有权代理。

5. 笔者不赞同该表见代理说，理由如下：储蓄与贷款、存单质押是性质截然不同的交易，以张媛的名义向 A 基金会借款的交易、以张媛的名义向 A 基金会质押 13.00 万元人民币的存单，对于 A 基金会来说均为第一次交易，不存在代理权授与的外观、惯例，即，储蓄形成的外观、惯例不能当然作为贷款、存单质押的规则。这就是说，在该贷款、存单质押的法律关系中，A 基金会主张张利有代理权，所举张利代理张媛存款的证据，是起不到证明张利有权代理张媛向 A 基金会借款 8.00 万元人民币、以 13.00 万元人民币的存单质押给 A 基金会的作用的；必须另举他证才行。此处所谓他证，或是张媛出具的授权书，或是借款合同书、存单质押合同书上加盖着张媛的私章或摁有张媛的手印。案卷证据中不存在此类证据，故 A 基金会关于张利以张媛的名义向 A 基金会借款、办理存单质押构成表见代理的抗辩难以成立。此其一。

至于张媛口头委托张利将 2.00 万元借给李村，没有任何书面授权，对此交易张媛承认张利有代理权，同样不得用来作为证明张利有权代理张媛订立 8.00 万元人民币的借款合同、办理 13.00 万元人民币存单质押。其道理在于，张媛通过张利与李村发生的 2.00 万元人民币借款关系，纯属债的关系，完全遵循着债的相对性原理，其中的意思表示、签字、盖章等因素均无对第三人的公示性，它们对于第三人没有法律约束力，第三人也不得就此向张媛、李村主张积极的权利。在代理权授与的问题上，不构成张利有权代理张媛向 A 基金会借款 8.00 万元人民币、以 13.00 万元人民币的存单质押给 A 基金会的外观、惯例。故 A 基金会关于张利以张媛的名义向 A 基金会借款、办理存单质押构成表见代理的抗辩难以成立。此其二。

其三，也是属于本专题主旨的理由，《民法通则》设计的代理制度须由被代理人、相对人和代理人三方构成（第 63 条以下），而系争案件中只有张媛这个被代理人、A 基金会这个相对人，没有所谓代理人张利，因为借款合同书、存单质押合同书上均无张利的签字，统统是张利模仿张媛笔迹的签名。不符合代理构造，就难谓代理，于是什么有权代理、狭义的无权代理、表见代理就都得免谈。其道理如同此物非彼物一样。

有人反驳道：《合同法》第 402 条、第 403 条规定的外贸代理不就是只有两方吗？为什么系争案件有两方就不可以呢？笔者的回应同样利用法律构造的思路：《合同法》第 402 条、第 403 条规定的外贸代理由行为人（代理人）和相对人构成，而系争案件的两方是被代理人和相对人，二者之间不具有类似性，系争案件不可类推《合同法》第 402 条、第 403 条的规定。

再者，若从《合同法》的立法计划和立法目的考察，《合同法》第 402 条、第 403 条是专为外贸代理设计的，立法本意是它们不适用于国内交易。[①]

最后，表见代理说还有一个致命的缺陷，那就是张利同时也是 A 基金会的代理人，且为职务代理和有权代理。从张利作为 A 基金会的代理人的一侧立论，A 基金会是明知张利未获代理张媛向 A 基金会借款 8.00 万元人民币、以 13.00 万元人民币的存单质押的授权的。这样，无论是依《合同法》第 49 条的反面推论，还是适用法发〔2009〕40 号第 13 条的规定，都欠缺相对人善意这个构成要件，不成立表见代理。

行文至此，可知系争案件属于双方代理，假如该案适用《民法总则》第 168 条第 2 款关于“代理人不得以被代理人的名义与自己同时代理的其他人实施民事法律行为，但是被代理的双方同意或者追认的除外”的规定，同时援用《民法总则》第 153 条第 1 款前段及《合同法》第 52 条第 5 项的规定，系争借款合同和存单质押合同都是无效的。

系争案件的实质是张利伙同 A 基金会会计李丽诈骗，应为刑事案件。

---

① 胡康生主编：《中华人民共和国合同法释义》（第 3 版），北京，法律出版社 2013 年版，第 623 页。

六、依赖主要方面、主要矛盾的方法认定合同的归属

在一些情况下，依赖合同或其条款的主要方面、主要矛盾予以解释，可具有说服力地解决问题。在此，以国有建设用地使用权出让等合同究为行政合同还是民商合同为例，予以展示和阐释。①

世界上的事物复杂多样，单色调的事物只占一部分，有些甚至多数事物都色彩纷呈，属性几样。具体到合同也是如此。有些合同确实一并含有民商属性和行政色彩，即使截取与合同最接近的因果链条，也是如此。这样，仅仅依赖“近因理论”“直接执行公务说”，并不总能令人信服地界分行政合同与民商合同，只有同时根据有关主要方面和次要方面、主要矛盾与次要矛盾的哲学思想及思维方法，才有可能周延地定性和定位某合同究竟是行政合同还是民商合同。

哲学原理认为，任何事物都有主要方面和次要方面，主要矛盾和次要矛盾。“事物的性质，主要地是由取得支配地位的矛盾的主要方面所规定的。”② “质是事物内部所固有的一事物区别于他事物的规定性。它决定着一事物是这一事物而非别的事物，使它和其他事物区别开来。世间万物之所以形形色色，千差万别，纷繁复杂，就是因为它们各有自己的特殊质的质的规定性。”③ 据此可知，在一合同关系中同时存在行政性质与民商法律关系的属性的情况下，对该合同的定位应该看哪种性质处于更重要的地位，更起主导作用。④ 在此，有必要回顾笔者的下述分析：(1) 国有建设用地使用权出让合同中虽有行政因素，如出让人可依法对受让人警告、罚款乃至收回建设用地使用权，但所占比重较小；而民商事法律关系占据主要地位，如双方遵循平等、自愿和有偿的原则订立合同，出让金为建设用地使用权的对价，交易目的乃移转建设用地使用权。遇此情境，应以主要部

① 这部分内容源自崔建远：《行政合同族的边界及其确定根据》，载《环球法律评论》2017 年第 4 期。

② 毛泽东：《矛盾论》，《毛泽东选集》(合订本)，北京，人民出版社 1964 年版，第 297 页。

③ 张弓长、李树申主编：《马克思主义哲学原理》(修订本)，长春，吉林人民出版社 1980 年版，第 253 页。

④ 崔建远：《行政合同之我见》，载《河南省政法管理干部学院学报》2004 年第 1 期；崔建远：《准物权研究》(第 2 版)，北京，法律出版社 2012 年版，第 96 页。

分的性质确定合同的性质。当然，对于行政因素也不得忽视，应当适用行政法的有关规定。这非常类似于因立法技术的缘故使民法典里含有某些刑法规定。我们不可能因民法典里含有的某些刑法规定就把民法典定位在刑法典。[①]（2）确定某合同的性质和归属，不单纯是个逻辑问题、学术问题，而是还涉及法律适用。倘若把国有建设用地使用权出让合同定性和定位在行政合同，则必然适用行政法的规定解决纠纷。而行政法上的救济措施至今欠缺恢复原状、排除妨害、消除危险等请求权。（3）违约救济方式是违约责任的方式，而非国家赔偿的方式。就此看来，将国有建设用地使用权出让合同定为行政合同也不妥当。[②]

其实，政府招商引资合同、政府采购合同、国有建设用地使用权出让合同、探矿权转让合同、农村土地承包合同、国有企业租赁承包经营合同、经济协作合同、科技协作合同等许多被行政合同论者认定为行政合同的合同，原则上都是遵循市场规律，对等的权利义务关系占据重要位置、比重，按照上文所述，均应划归民商合同之列。

再者，国土资源管理局与用地者订立国有建设用地使用权出让合同，若是代行国家权力，而非代行国家所有权，那么，国有建设用地使用权难以含有占有、使用、收益的物权权能，因为行政权中不含有这些权能。只有代行国家所有权，才会将国家土地所有权中的占有、使用、收益的物权权能“遗传”给国有建设用地使用权。从正面阐释这个原理就是：国土资源管理局于订立出让合同时更多的是在代行国家所有权，身份是国家土地所有权者的代理人；仅仅在十分狭窄的领域内行使着行政权，以行政管理者的面貌出现。依据主要方面、主要矛盾决定事物本质及类型的哲学思想，国有建设用地使用权出让合同应被定性和定位在民商合同。

上述结论的可靠性和可信度也得到经济基础与上层建筑之间关系理论的支撑。就表面现象来看，行政合同关系和民商合同关系均体现为法律调整的结果，系法律关系，体现为国家意志的法律于此过程中将国家意志烙印在行政合同关系和民商合同关系之中。据此而论，行政合同法律关系和民商合同法律关系应属上层建筑的范畴，而非经济基础的系列。在这个意义上说，确定政府采购合同、国

① 崔建远：《准物权研究》（第 2 版），北京，法律出版社 2012 年版，第 96 页。

② 崔建远：《物权法》（第 3 版），北京，中国人民大学出版社 2014 年版，第 303 页。

有建设用地使用权出让合同、探矿权转让合同、农村土地承包合同、国有企业租赁承包经营合同、经济协作合同、科技协作合同等合同关系归属于行政法还是民商法，带有很大程度的“主观性”以及论者的理念及理论体系，似无“硬”道理可言。但是，如果“解剖”行政合同关系和民商合同关系，不难发现民商合同关系是法律调整平等主体之间的财产关系的结果①，而此处所谓财产关系大部分为商品关系；而行政合同关系乃行政法调整特定领域内行政行为及其运行的结果，也可以说是规制行政管理的表现，而行政行为及其运行或曰行政管理已非经济基础的范围，而属上层建筑的系列。如果说法律不得是立法者的恣意妄为，那么，行政管理也不可是行政机关主观任性的运动，而应是尽力反映、符合、满足社会生活实际需要的行政行为及其运作，否则，就不会促进经济发展、社会进步，而是相反。十分明显，政府采购合同、国有建设用地使用权出让合同、探矿权转让合同、农村土地承包合同、国有企业租赁承包经营合同、经济协作合同、科技协作合同等合同关系均属财产关系，其深层是商品交换关系。这样，恰当的、释放正能量的政府采购合同、国有建设用地使用权出让合同、探矿权转让合同、农村土地承包合同、国有企业租赁承包经营合同、经济协作合同、科技协作合同等合同关系，首先必须遵循的是市场规律而非充满“主观任性”的行政管理规则，由此得出的进一步的结论是，政府采购合同、国有建设用地使用权出让合同、探矿权转让合同、农村土地承包合同、国有企业租赁承包经营合同、经济协作合同、科技协作合同等合同关系重在由民商法调整，主干部分应归民商法。

当然，中央财政与地方财政的包干合同、征收补偿合同等一些合同全部或核心（主干）部分都是直接执行公务的表现，目的在于实现社会公益，我们自然心悦诚服地承认它们为行政合同。

七、进一步的个案分析

如果说前述海南省高级人民法院（2018）琼民初 8 号民事判决书失误之处在

① 诚然，确切地说民商法调整的对象还有平等主体之间的人身关系。但基于本专题所论问题和笔者主旨观点的需要，在这个领域暂时忽略平等主体之间的人身关系。

于忽视了承债式股权转让关系的特殊性，未将股权转让关系与股东和目标公司之间的关系联系起来考虑和处理问题，下面案例的处理思路正好反过来，不得混淆两种不同的法律关系，成都高新技术产业开发区人民法院（2016）川 0191 民初 6035 号民事判决书和四川省成都市中级人民法院（2017）川 01 民终 2256 号民事判决书却混淆了，导致裁判结果失当。对此，介绍和评释如下。

（一）基本案情

杨某（乙方）系目标公司天鑫洋公司的控股股东，于 2015 年 11 月 23 日与乔某（甲方）订立《股权转让合作协议》。该协议第 2 条第 1 款约定："乙方自愿将其持有目标公司 51％的股权转让给甲方（或甲方指定授权的第三方）（具体价格由甲乙双方另行签订补充协议予以约定）。"第 2 条第 2 款约定："甲方受让乙方转让目标公司 51％的股权后，甲方将利用自有的资源和资金优势，通过包括但不限于为目标公司推荐、引入战略投资者，寻求在银行等金融机构新增授信额度、以自有资金匹配等方式，积极为目标公司及其控股企业引入转贷资金和用于生产经营过程中所需的流动资金，以此解决目标公司目前缺乏流动性的窘境。"第 2 条第 3 款约定："甲、乙双方作为目标公司股东，将建立现代企业法人治理结构共同经营管理目标公司，其中甲方主要负责对由甲方引入的资金进行监管，目标公司及其控股企业的经营仍由乙方负责。"第 3 条第 1 款约定："本次股权转让的价格由甲乙双方另行签订协议约定。"第 4 条第 1 款约定："甲方将利用自己的平台和资源为目标公司推荐、引入战略投资者，同时整合目标公司的资源，尽可能在银行等金融机构为目标公司新增贷款额度。"第 4 条第 2 款约定："目标公司目前在银行等金融机构转贷过程中所需求的转贷资金由甲方负责协调调配，以保障目标公司持续经营。"第 4 条第 3 款约定："目标公司在经营过程中所需的经营资金，由甲方利用自身资源为目标公司调配，以保障目标公司正常经营。"第 4 条第 5 款约定："本协议签订后，乙方严格按照现代法人治理机构进行经营和管理，建立现代企业财务管理制度。"

甲、乙双方在同一天即 2015 年 11 月 23 日，订立《股权转让补充协议》，于第 1 条描述"目标公司情况"："基于目标公司控股的各子公司缺乏经营性现金流且急需资金用于维持银行转贷资金，而甲方具有对外融资的能力和雄厚的资本，为整合甲乙双方的共同资源，乙方自愿出让在目标公司 51％的股权给甲方，用于增强目标公司整个产业链的流动性。”第 2 条第 3 款约定：“甲乙双方同意在双方签订《股权转让合作协议》签订当日，甲方以现金方式向乙方支付股权转让款人民币 1 元整（大写：人民币壹元整）”。

据乙方即杨某介绍，实际上，目标公司与经乔某联络的姜某等订立数份《借款合同》，通过履行这些《借款合同》，目标公司获取了相当数额的资金，用以偿还了所欠银行的本息。在此前提下，杨某向乔某请求，以 1 元人民币回购此前转让给乔某的 51%的股权。乔某予以拒绝，并诉请到人民法院，请求杨某将《股权转让合作协议》约定的 51%股权过户在乔某名下。杨某则诉请到成都高新技术产业开发区人民法院，以《股权转让合作协议》显失公平为由主张撤销之。

（二）判决要旨

成都高新技术产业开发区人民法院（2016）川 0191 民初 6035 号民事判决书认为：“《最高人民法院关于贯彻执行〈中华人民共和国民法通则〉若干问题的意见（试行）》第 72 条规定：一方当事人利用优势或者利用对方没有经验，致使双方的权利与义务明显违反公平、等价有偿原则的，可以认定为显失公平。具体到本案，针对原告主张的显失公平是否成立的问题，本院从主客观两个方面进行论述：第一个方面即主观方面。(1) 按照原告所述，其所参与经营管理的天鑫洋公司资产众多，市场价值特别巨大。在此情况下，原告显然不是一般市场交易经验的欠缺者，而应该是具有丰富从商经验的生意人。(2) ‘商不逐利，一切皆休’。原告作为以营利为目的的生意人，决定向被告转让案涉股权，必然是基于审慎考量而作出的利益选择。从本案事实经过来看，案涉股权转让由股东会决议，亦能说明原告向被告转让股权是深思熟虑的结果。(3) 认定构成显失公平的‘一方当事人利用优势’是指一方不当利用其经济上的地位，对对方独立作出意思表示造成心理上的束缚，从而使其不得不接受对其明显不利的合同条件。本案中，原告并未举证证明被告存在该情形；而且从另一方面讲，交易的核心功能在于当事人互通有无，各取所需，被告具有某种优势正是原告寻求与之合作的动力和初衷，也是被告自身获取交易机会的条件和资本。综上，原告在订立案涉股权转让协议时并不存在经验欠缺或轻率或被对方不当利用优势的情形。第二个方面即客观方面。(1) 根据系争《股权转让合作协议》，案涉股权已质押给华夏银行成都天府支行，天鑫洋公司控股的各子公司负债偏高，产业链条上的相关公司盈利能力不能覆盖天鑫洋公司的整体负债，原告主张‘天鑫洋公司及其子公司股权价值多达数亿元’，显然与此不符。（2）……（3）根据约定，被告除应向原告支付股权转让款1元外，更重要的是还负有为天鑫洋公司推荐、引入战略投资者，新增贷款额度，提供转贷资金保障的合同义务。原告将被告的对待给付义务片面地理解为‘一块钱’，显然不当。综上，案涉《股权转让合作协议》、《股权转让补充协议》在订立时并不存在原、被告权利义务严重失衡的情形。”据此，驳回了原告的诉讼请求。

四川省成都市中级人民法院（2017）川01民终2256号民事判决书认为：“……根据《最高人民法院关于贯彻执行〈中华人民共和国民法通则〉若干问题的意见（试行）》第72条关于‘一方当事人利用优势或者利用对方没有经验，致使双方的权利与义务明显违反公平、等价有偿原则的，可以认定为显失公平’的规定，认定显失公平应坚持主观标准与客观标准相统一的原则，即审查乔某是否存在利用自身优势或者利用杨某没有经验的相关事实，进而根据查明的情况，审查合同的权利义务是否在客观上存在严重失衡。本院现围绕上述审查标准对诉争焦点评析如下：关于乔某是否存在利用自身优势与杨某订立案涉合同的问题。本院认为，认定构成显失公平的‘一方当事人利用优势’是指一方利用其经济上、政治上、身份上等方面的优势，迫使对方接受不利条件而缔约。就本案而言，乔某不存在政治上、身份上的优势，并无利用该优势迫使杨某接受不利条件而缔约的基础；其次，从合同关于‘杨某作为目标公司的股东，愿意通过股权转让方式引入乔某的资源，扩大目标公司经营规模，增强目标公司实力’载明内容可以看出，乔某具有对外融资的能力和雄厚的资本恰好是杨某签订案涉合同所看重的，杨某签订案涉合同的目的也是希望利用乔某的这一经济上优势为目标公司推荐、引入战略投资者以及为目标公司新增贷款额度。……关于案涉合同的权利义务是否在客观上存在严重失衡的问题。本院认为，首先，根据合同约定，乔某受让案涉股权的对待给付义务除了支付1.00元人民币外，更重要的是承担为目标公司推荐、引入战略投资者以及为目标公司新增贷款额度等非金钱义务，而这些非金钱义务很难以金钱数额加以量化，故杨某将乔某的对待给付义务片面地理解为‘一元钱’，显属不当；其次，从案涉合同关于‘目标公司控股的各子公司负债偏高，而产业链条上的相关公司盈利能力不能覆盖目标公司的整体负债，目标公司必须注入新的资源和资金来增强整个产业的流动性'的载明内容看，说明在签订案涉股权转让协议时，目标公司处于负债状态，杨某在本案中主张的资产状况与之不相符，仅凭审计的时间点不符合本院前述关于时间点的判断标准，故该证据并不能证明目标公司在案涉合同签订时的资产状况。至于杨某认为乔某通过关联公司的目标公司贷款收取了高额回报的问题，因与本案不具有关联性，其在二审中围绕该主张提交的证据本院不予采信。综合上述情况，案涉合同的权利义务在客观上并无严重失衡的情形。"据此，驳回了杨某的上诉请求，维持一审判决。

（三）评释

笔者认为，上述一、二审的判决关于案涉合同的权利义务是否在客观上存在严重失衡的分析和认定，混淆了股权转让合同关系与受让人和目标公司——天鑫洋公司之间的法律关系，未注意到系争案件并非承债式股权转让，受让方乔某并未替目标公司——天鑫洋公司清偿债务，"张冠李戴"，因而得出了不正确的结论。较为详细些说，系争《股权转让合作协议》第 2 条第 2 款关于"甲方将利用自有的资源和资金优势，通过包括但不限于为目标公司推荐、引入战略投资者，寻求在银行等金融机构新增授信额度、以自有资金匹配等方式，积极为目标公司及其控股企业引入转贷资金和用于生产经营过程中所需的流动资金，以此解决目标公司目前缺乏流动性的窘境"的约定；第 2 条第 3 款关于"甲方主要负责对由甲方引入的资金进行监管，目标公司及其控股企业的经营仍由乙方负责"的约定；第 4 条第 1 款关于"甲方将利用自己的平台和资源为目标公司推荐、引入战略投资者，同时整合目标公司的资源，尽可能在银行等金融机构为目标公司新增贷款额度"的约定；第 4 条第 2 款关于"目标公司目前在银行等金融机构转贷过程中所需求的转贷资金由甲方负责协调调配，以保障目标公司持续经营"的约定；第 4 条第 3 款关于"目标公司在经营过程中所需的经营资金，由甲方利用自身资源为目标公司调配，以保障目标公司正常经营"的约定；第 4 条第 5 款关于"本协议签订后，甲方严格按照现代法人治理机构进行经营和管理，建立现代企业财务管理制度"的约定，均为案涉股权受让人乔某对于目标公司——天鑫洋公司所负的义务，属于现实股东或潜在股东与目标公司——天鑫洋公司之间法律关系的内容；而非典型的股权转让合同关系中的内容，不是对于案涉股权转让人杨某所负的义务。既然如此，这些义务不会是被转让股权的对价。[①]

对此观点质疑之一是，上述乔某所负义务乃系争《股权转让合作协议》约定的，而该协议的缔结人/当事人是杨某和乔某两方，这不表明上述乔某所负义务是向杨某承担的吗？对此质疑，笔者回应如下：在一些情况下，某项义务可能与数个主体相关联，于此场合，需要甄别（识别）该项义务究竟处于哪种法律关系之中，从而确定其对应的权利及其主体。例如，中方企业甲与外方投资者乙订立某中外合资经营企业合同，甲、乙所负报批义务，既指向行政主管机关，其为向行政主管机关履行的义务；又指向合同的相对人，甲有权请求乙履行报批义务，乙也有权请求甲履行该项义务。疑问由此而生：该项义务究竟归属于何种法律关系？对应的权利人是谁？《中外合资经营企业法》的规定及规范意旨决定了该项报批义务确定无疑地为投资者向行政主管机关履行的法定义务，权利人为行政主管机关。就此说来，其为行政法律关系中的义务。但是，中外合资经营企业合同的当事人也有权请求，即权利人也是合同的一方。这是否意味着报批义务属于中外合资经营企业合同项下的义务？答案是否定的，因为报批义务为中外合资经营企业合同的生效要件，而非合同自身的范畴。有专家、学者主张其为另一个合同即中外合资经营企业合同前面的“小合同”项下的义务[②]，但笔者一直坚持该义务为法定义务、先合同义务的观点[③]，且根植于行政法律关系之中，辐射至民事法律关系，惠及中外合资经营企业合同的当事人。在涉外股权转让等合同场合，也遵循着这样的原则。在此，法律人不可本末倒置，对报批义务的认识轻视甚至否定其属行政法律关系中的内容。再者，无论坚持哪种学说，都不会赞同报批义务为中外合资经营企业合同项下的义务。

道理相通，系争《股权转让合作协议》约定了乔某“将利用自己的平台和资源为目标公司推荐、引入战略投资者，同时整合目标公司的资源，尽可能在银行

---

① 这是赵旭东教授于 2018 年 1 月 14 日举行的案件研讨会上发表的观点，特此致谢！

② 刘贵祥：《合同效力研究》，北京，人民法院出版社 2012 年版，第 194 页。

③ 崔建远：《合同法总论》（上卷）（第 2 版），北京，中国人民大学出版社 2011 年版，第 116 页以下，第 286 页以下；崔建远：《未生效合同及其法律后果之辨》，载《月旦民商法杂志》第 49 期，2013 年 6 月出刊。

等金融机构为目标公司新增贷款额度”等项义务，尽管杨某可以基于系争《股权转让合作协议》的约定向乔某主张，请求其履行之，但受益的对象的的确确是目标公司——天鑫洋公司。如果一定说杨某也获益，那也只是间接的——目标公司天鑫洋公司因此经营理想，股东随之在红利分配等方面获益，况且乔某因持有51%股权而自天鑫洋公司中分取股息红利还要多于杨某！总而言之，依民事权利系法律保护的利益的理念，从实质上说，与乔某所负为目标公司——天鑫洋公司推荐、引入战略投资者等项义务相对应的民事权利应为目标公司——天鑫洋公司的，而非杨某的。

对此如何“圆”下来呢？《合同法》第64条规定的为第三人利益的合同为首选方案。就是说，杨某与乔某订立系争《股权转让合作协议》，其中约定乔某负有向第三人目标公司——天鑫洋公司履行的义务。不过，乔某的此类义务并非增资扩股义务，亦非代目标公司清偿债务的义务，只是“将利用自己的平台和资源为目标公司推荐、引入战略投资者，同时整合目标公司的资源，尽可能在银行等金融机构为目标公司新增贷款额度”等项义务，此类义务要么是居间义务，要么是未来股东对于目标公司——天鑫洋公司应尽的管理义务，要么是发挥其聪明才智而使利益最大化的义务，均非与转让股权立于对价关系的义务。其中的居间义务在实质上归属于谁？众所周知，通过居间行为而形成实质交易的当事人一方是目标公司——天鑫洋公司，另一方是第三人，这决定了乔某的居间义务指向的权利主体要么是天鑫洋公司，要么是第三人，或是这双方，而非杨某。由此决定，加上系争《股权转让合作协议》未约定违约金责任，那么，乔某即使违反了该项义务，也是向天鑫洋公司或第三人承担责任，杨某会举证不出自己由此遭受损失而难以追究乔某的违约损害赔偿责任。其中的管理义务，对应的实质意义上的权利主体仍为目标公司——天鑫洋公司，在乔某违反该项义务时，即使杨某基于系争《股权转让合作协议》追究乔某的责任，同样会因难以举证自己因此遭受多少损失而无功而返。至于发挥聪明才智而使利益最大化的义务，对应的实质权利归属于目标公司——天鑫洋公司，比较清楚，即使杨某也被确定为权利主体之一，也因该项义务“虚化”，不好考量、量化，而导致杨某难有有形的“斩获”。

“剔除”乔某对目标公司天鑫洋公司所负义务，剩下的纯粹的股权转让合同关系就是杨某负有向乔某移转案涉股权的义务，乔某负有向杨某支付股权转让款的义务。基于系争《股权转让合作协议》为双务、有偿的合同的本质属性，遵循《民法通则》规定的等价有偿的原则（第4条），合同正义要求这两项主给付义务应该等值，案涉51%的股权的对价绝非1元人民币。系争《股权转让合作协议》约定51%的股权的对价是1元人民币，显失公平。

这个结论的妥当性，可以从下面的另外角度的分析和阐释中得到印证和加强。

一、二审判决关于显失公平构成在主观上的分析和认定，错误在于，《关于民法通则的意见》第72条的规定并非对《民法通则》第59条第1款第2项规定的显失公平的界定，只是列举类型。该项结论可从《民法通则》第58条和第59条以及《合同法》第54条第1款第2项的设置与规范意旨求得。

《民法通则》及《合同法》设置的乘人之危制度，乃借鉴德国等民法上的暴利行为制度，又加以改造的结果。中国现行法将暴利行为一分为二，形成乘人之危制度和显失公平制度。其中，乘人之危，又分为两种。第一种类型的乘人之危，既要求行为人主观上恶意，又要求客观上当事人各方间的权益失衡；第二种类型的乘人之危，重在强调行为人主观上恶意，客观方面不再强调当事人各方间的权益关系显失公平，只要有所失衡即可。可见，第一种类型的乘人之危与德国等民法上的暴利行为相当。

第一种类型的乘人之危的构成要件为：（1）他方陷于危难处境。（2）一方当事人故意利用该他方的危难处境。在这里，不得有积极的胁迫行为，只是利用他方处于困境的消极行为。（3）该他方迫于自己的危难处境接受了极为苛刻的条件，不得已地与利用危难处境的一方订立了合同。（4）该合同当事人之间的权益关系显失公平。

第二种类型的乘人之危的构成要件为：（1）他方陷于危难处境。（2）一方当事人故意利用该他方的危难处境。在这里，不得有积极的胁迫行为，只是利用他方处于困境的消极行为。（3）该他方迫于自己的危难处境接受了不利于己的条件，不得已地与利用危难处境的一方订立了合同。（4）该合同当事人之间的权益关系有所失衡。就是说，因乘人之危而签订的合同作为可撤销的原因，不苛求结果显失公平。

应当承认，中国民法通说只承认第一种类型的乘人之危[①]，笔者修正通说，提出乘人之危的二元论，主要是考虑到如下几点：（1）从法律规定的文义看，《民法通则》第58条第1款第3项的表述是，“一方……乘人之危，使对方在违背真实意思的情况下所为的”民事行为；《合同法》第54条第2款的条文为“一方……乘人之危，使对方在违背真实意思的情况下订立的合同”，均未强调结果显失公平。（2）从立法目的观察，《民法通则》及《合同法》之所以将德国等民法上的暴利行为一分为二，目的在于避免因暴利行为的构成过于严格所导致的规范闲置，让乘人之危、显失公平的制度充分发挥作用。将主观因素排除在显失公平的构成之外，将乘人之危解释为包括两种类型，正能达到立法目的。其道理在于：1）只要结果显失公平，不论获取非法利益的一方是否具有主观恶意，受害人就可请求法律救济；2）乘人之危制度重在制裁恶意及其行为，为受害人提供足够的救济途径。如此，乘人之危使合同关系显失公平场合，受害人请求撤销合同并请求乘人之危者负责赔偿，固然体现了制裁恶意及其行为，救济了受害人，实现公平正义；乘人之危导致的合同关系失衡虽然尚不十分严重，受害人为了伸张正义，依然请求撤销合同并请求乘人之危者负责赔偿，法院没有理由因为失衡的程度尚未过分悬殊而驳回这些诉求。公序良俗的贯彻落实，并不一定总是与财产利益的多寡形影不离。（3）从文义的角度理解，乘人之危一词标示着两个状态：一个是受害人处于危难状态，另一个是行为人对此明知而为意思表示，即行为人具有主观恶意。至于行为人意在迫使受害人接受苛刻条件，从而获取巨大利益，则为其动机，以及合同履行的结果，非乘人之危概念本身所具有的要素。（4）从构成要件的层面着眼，乘人之危的构成虽然要求“该他方迫于自己的危难处境接受了极为苛刻的条件，不得已地与利用危难处境的一方订立了合同”[②]，但“极为苛刻的条件”不一定是直接的财产方面的无理要求，也可能是非财产方

① 陈国柱主编：《民法学》，长春，吉林大学出版社1987年版，第85页；金平主编：《民法学教程》，呼和浩特，内蒙古大学出版社1987年版，第116页；唐德华主编：《民法教程》，北京，法律出版社1987年版，第87页；寇志新总编：《民法学》，西安，陕西人民出版社1998年版，第236页；王利明：《合同法研究》（第1卷），北京，中国人民大学出版社2002年版，第707－711页；崔建远主编：《合同法》（第3版），北京，法律出版社2003年版，第78页。

② 崔建远主编：《合同法》（第3版），北京，法律出版社2003年版，第78页。

面的条件，如子女入学、提干、不为某种营业、放弃竞标等。在这些情况下，乘人之危导致了合同订立，但当事人各方的财产权关系并未显失公平。（5）考察中国民法学说，并非众口一词地主张显失公平为乘人之危的构成要件。有的学者明确指出："乘人之危有时产生显失公平的后果，有时则不一定。"① "有乘人之危的后果。即相对人不得已作出意思表示、实施法律行为的结果，而这种行为在经济利益上往往是于相对人不利或不公平的。就交易结果而言，乘人之危常与显失公平类似，因乘人之危的特征就在于行为人趁表意人处于不利境地时提出不公平的交易条件，迫使表意人接受。"② 有的教材不强调显失公平作为乘人之危的构成要件，但是否存在结果未达显失公平的乘人之危，态度较为暧昧："乘人之危迫使对方接受民事行为。当事人一方乘他方处于危难之际，迫使对方不得不接受违背自己真实意思而与其发生民事行为。这种行为的特点是：第一，对方处于紧急危难的境地，如个人或家人生命垂危或处于自然灾害的严重危困之中，迫切需要某种药物或求助行为；第二，行为人明知对方处于危难而趁火打劫，故意提出苛刻的条件；第三，对方迫于无奈而进行违背自己真实的意志的民事行为。可见，从处于危难者方面来看，这种民事行为也属于在外界的压力下所做的不真实的意思表示，应属无效的行为。从乘人之危者方面来看，这种行为显然违背了我国民法的公平、诚实、信用的原则，更不应当承认其行为的法律效力。"③（6）不容否认，《关于民法通则的意见》第 70 条规定："一方当事人乘对方处于危难之机，为牟取不正当利益，迫使对方作出不真实的意思表示，严重损害对方利益的，可以认定为乘人之危。"这里显然强调了乘人之危"严重损害对方利益"，似乎在证成乘人之危以显失公平为构成要件。在孤立地解释乘人之危的路径中，似乎也应当如此运行。但是，如果联系乘人之危和显失公平两项制度的分工、衔接，采取法意解释和目的解释的方法，则不难知道这样理解该条司法解释并不妥帖。有鉴于此，不妨把该条司法解释看成是对乘人之危类型的列举，而非对乘人之危的定义。这是所谓"列举说"。《关于民法通则的意见》第 70 条中所

---

① 佟柔主编：《中国民法学·民法总则》，北京，中国人民公安大学出版社 1990 年版，第 241 页。

② 刘凯湘：《民法总论》，北京，北京大学出版社 2006 年版，第 338 页。

③ 李由义主编：《民法学》，北京，北京大学出版社 1988 年版，第 132 页。

谓"……可以认定为乘人之危"的表述，也为"列举说"的立足提供了一席之地。

《民法通则》将乘人之危作为无效的原因（第 58 条第 1 款第 3 项），《合同法》改为可撤销的原因（第 54 条第 2 款），在合同系因乘人之危而成立的情况下，《合同法》的规定优先适用。

再看显失公平规则的由来。显失公平（unconscionability），是指当事人各方的权利义务明显不对等，使一方遭受重大不利。其构成要件为：当事人各方的权利义务明显不对等；这种不对等违反公平原则、等价有偿原则，超过了法律允许的限度；不属于因欺诈、胁迫、乘人之危、恶意串通损害他人利益等原因导致的显失公平。

《合同法》第 54 条第 1 款第 2 项规定的显失公平，其构成是否需要"当事人急迫、轻率或无经验"之类的主观要件，存在着不同意见。[①] 笔者倾向于在总体上不要求主观要件，个别类型得以"当事人急迫、轻率或无经验"为构成要件，理由在于：(1) 从立法意图看，《合同法》是为了避免德国民法上的暴利行为要求过于严格，在个案中难以构成的弊端，特意将暴利行为构成的主观要件"当事人急迫、轻率或无经验"剥离，另成立"乘人之危"，作为无效的原因（《民法通则》第 58 条第 1 款第 3 项、《合同法》第 52 条第 1 项），或者可撤销的原因（《合同法》第 54 条第 2 款）。(2) 从体系上观察，显失公平是从结果着眼的，没有考虑形成显失公平的原因。包括酿成显失公平的原因在内的影响合同效力的原因在《民法通则》和《合同法》上都单独列出，作为无效或可撤销的原因。若把形成显失公平的原因考虑进去，就出现了诸如因恶意串通损害他人利益形成的显失公平、因欺诈形成的显失公平、因胁迫形成的显失公平、因乘人之危形成的显失公平、因重大误解形成的显失公平等。作为独立的可撤销原因，显失公平应是上述类型以外的类型。[②] 如此，只有把"当事人急迫、轻率或无经验"等主观要

---

① 持肯定说者，如王利明：《合同法研究》（第 1 卷），北京，中国人民大学出版社 2002 年版，第 691－693 页；崔建远主编：《合同法》（第 3 版），北京，法律出版社 2003 年版，第 79 页。持否定说者，如刘凯湘：《民法总论》，北京，北京大学出版社 2006 年版，第 339 页。

② 如果显失公平是由《合同法》第 52 条规定的原因造成的或者是由《合同法》第 54 条第 1 款第 1 项、第 2 款规定的原因酿成的，那么，在法律适用方面，应当优先适用《合同法》第 52 条的规定处理显失公平的案件；如果不是由《合同法》第 52 条规定的的原因肇致的，则优先适用《合同法》第 54 条第 1 款第 1 项或者第 2 款的规定处理显失公平的案件。只有在显失公平不是由这些原因造成的情况下，才适用《合同法》第 54 条第 1 款第 2 项的规定。

素从显失公平的构成中剔除出去，才不会使显失公平与乘人之危重合或交叉，才会使显失公平、乘人之危两个可撤销的原因界限清晰，法律适用明确。当然，这并不排斥在个案中显失公平确实存在着“有意利用对方的急迫需要或没有经验”等主观因素，如同无过错责任原则下，飞机坠毁、毁损房屋确实源于驾驶员的疏忽大意，航空公司承担的无过错责任。(3)《关于民法通则的意见》第 72 条关于“一方当事人利用优势或者利用对方没有经验，致使双方的权利义务明显违反公平、等价有偿原则的，可以认定为显失公平”的规定中，明确提出了“一方当事人利用优势或者利用对方没有经验”这些主观要素作为构成显失公平的要件。这是否表明显失公平的构成包含着主观要件？笔者的回应如下：其一，基于上述揭示的《民法通则》《合同法》关于合同无效、可撤销制度及其各项原因的分工，可知将主观因素作为显失公平的构成要件弊多利少，不易区分某些原因之间的界限。据此，从整体考虑问题，不把主观因素作为显失公平的构成要件，更有益处。其二，在赞同这种路径的前提下，可以把《关于民法通则的意见》第 72 条的规定视为对显失公平类型的列举，而非定义。这是所谓“列举说”。《关于民法通则的意见》第 72 条中所谓“……可以认定为显失公平”的表述，也为“列举说”的立足提供了一席之地。对“列举说”换个表述就是，从整体上对显失公平的构成不要求主观因素，但不妨碍具体的显失公平案件中存在着主观因素。[①]

《民法总则》对于暴利行为的规制一改《民法通则》及《合同法》的模式，恢复了主客观要件相结合的体例，于第 151 条规定：“一方利用对方处于危困状态、缺乏判断能力等情形，致使民事法律行为成立时显失公平的，受损害方有权请求人民法院或者仲裁机构予以撤销。”在这样的背景下，上述分析和结论是否需要修正呢？笔者继续坚持原来的分析和结论，重要的原因在于，假如把《民法总则》第 151 条当作显示公平的界定而非列举，就会出现调整显示公平的规则出现法律漏洞，因为该条没有涵盖显示公平的全部情形。

明确了上述道理，聚焦于杨某与乔某之间的纯粹的股权转让合同关系，51%的股权的对价仅为 1 元人民币，断定其显失公平，可以成立。笔者推断，二位当事人之间应有另外的法律关系，如口头约定的股权回购关系或准让与担保关系或

---

① 崔建远：《合同效力瑕疵探微》，载《政治与法律》2007 年第 2 期。

其他类型的交易等，来衡平51%的股权与1元人民币的对价之间的利益关系，只要该另外的法律关系因适当履行而消灭，双方之间的利益关系便不会显失公平。但因某种原因，此种适当履行没有发生，仅仅剩下51%的股权与1元人民币的对价之间的关系，才出现了显失公平的后果。只不过由于种种原因，每一方当事人均不愿意披露、举证证明该另外的法律关系罢了。

最后，有必要指出，法律关系类型和性质的不同，解决问题的思路及观点也可能有差异。在承债式股权转让关系中，宜将股权转让关系与转让方、受让方和目标公司之间的关系联系起来审视，即确定股权转让的对价时，不但把合同明文约定的股权转让款作为股权转让的对价，而且将受让方向目标公司支付的某些款项（如直接替目标公司清偿债务）也作为股权转让的对价，二者之和方为真正的股权转让的对价。与此不同，在本案中，应当区隔股权转让关系与受让方和目标公司之间的关系，假如混淆了，处理结果就失当了。

拾伍

先签合同与后续合同的关系及其解释

《民法总则》第 142 条及《合同法》第 125 条关于意思表示、合同的解释的规定，明确了体系解释，这值得肯定，能够解决若干问题。不过，此处所谓体系解释应用于合同解释时，是局限于一份合同书的完整约定的，没有扩及于该合同书以外的其他合同，未能满足实务中先签合同与后续合同之间如何解释的需要。全国人民代表大会常务委员会法制工作委员会于 2018 年 3 月 15 日形成的《中华人民共和国民法典合同编（草案）》（征求意见稿）及此前民法室于 2017 年 8 月 8 日拟就的《中华人民共和国民法合同编（草案）》（室内稿），在这方面均未向前推进（第 3 条），依然忽视此合同与彼合同之间关系的解释规则。有鉴于此，笔者一方面呼吁未来的《中华人民共和国民法典》发展意思表示、合同的解释原则、规则及方法，设计先签合同与后续合同之间关系的解释规则；另一方面积极探讨，扎实工作，为立法和司法提供参考意见。本专题为该项工作之一。

基本案情特别是当事人约定：

武汉康恒房地产开发有限公司作为发包人与湖北长安建筑股份有限公司作为承包人于 2010 年 2 月 8 日订立《工程承包协议书》，约定承包工程为华中科技大学康因小区，承包工程量为约 14 万平方米，履约保证金为 1 000.00 万元人民币，发包人向承包方借款 2 000.00 万元人民币，月息 2%，……

其后，情况发生了系列变化。武汉康恒房地产开发有限公司于 2011 年 6 月 1 日给湖北长安建筑股份有限公司出具《联系函》，承诺就 2 000.00 万元人民币的借款在原定 2%利率的基础上上调 1%点，作为构成延期补偿。

武汉康恒房地产开发有限公司与湖北长安建筑股份有限公司于2012年3月6日订立《华中科技大学康因小区项目补充协议》，主要约定了如下内容：就因发包人的原因致使工程开工延期和停工，发包人同意将3号楼由承包人继续施工，作为停工损失部分的赔偿，其他损失发包人另行办理补偿手续（第1条）；原工程造价条款第6条第1款中的综合费率计算标准调整为：按湖北省2008年费用定额中相关计算规定以直接费为基数标准，计取25%的综合费率（第2条第1款）；如本协议约定工程款支付时间到期，发包人未按时支付，每逾期1日按应付金额的千分之一向承包人支付违约金（第3条）；发包人在本协议订立之前的所有借款和所欠材料工程款（钢材、混凝土等）由发包人负责偿付，如因此债务影响工程施工，由发包人解决并承担因此造成的损失（第4条）；如发包人不能按协议约定向承包人支付工程款、利息或违约金，承包人直接向发包人行使法定权利，发包人愿意在项目手续完善后以取得的房屋及土地等相关权利作为付款保证，承包人享有优先受偿权（第6条后段）。

武汉康恒房地产开发有限公司与湖北长安建筑股份有限公司又于2012年4月12日订立《协议书》，主要约定了如下内容：发包人将准备发包给另外单位施工的3号楼确定由承包人承建，作为部分补偿（第1条）；发包人在第1条补偿之外再给承包人300.00万元人民币的经济补偿，此款随发包人偿还向承包人的借款时一并付给（第2条）。

武汉康恒房地产开发有限公司与湖北长安建筑股份有限公司还于2012年11月21日订立《补充协议书》，主要约定了如下内容：本次复工前发包人应付工程款500.00万元人民币，由于暂时困难分为叁次支付：2012年11月21日支付100.00万元人民币；2012年11月30日之前支付200.00万元人民币；2012年12月10日之前支付200.00万元人民币。在2013年1月15日之前支付700.00万元人民币。2012年年底发包人土地摘牌成功后筹措的资金首先归还承包人借款，并支付全部借款和应付工程款及利息（第1条）。发包人补偿承包人停工期间损失100.00万元人民币（第2条）。复工前的发包人应付未付的款项均按月息2%支付给承包人（第3条）。本次复工后如因发包人原因再次停工，发包人同意按天补偿承包人停工损失：1号—3号楼每栋每天5万元人民币、4号—5号楼每栋每天2.5万元。按实际停工的栋号、天数分别计算（第5条）。工程全部封顶后发包人应按原合同约定支付工程进度款、借款及利息，如果因资金困难不能按时支付，发包人同意按原合同约定，将承包人施工的1号、2号1—3层商业门面积按每平方米2万元人民币作价抵押给承包人或发包人将自主销售的住宅楼按每平方米6 000.00元作价抵押给承包人并办理产权手续（第6条）。本次复工后因发包人没有建管手续，因此引起的行政、行业管理部门任何处罚由发包人负责协调解决，并承担所有的责任和损失（第8条）。

判决要旨：

双方就此诉争到法院时，湖北省高级人民法院（2017）鄂民初10号民事判决书认为，案涉工程属于《招标投标法》第3条规定的必须经过招标投标程序的项目，系争《工程承包协议书》却未经招标投标的程序而订立，按照法释〔2004〕14号第1条第3项的规定，认定并判决系争《工程承包协议书》无效。当事人各方在系争《工程承包协议书》基础上订立的多份补充合同亦为无效合同。

解释合同与评释判决如下。

一、区分建设工程施工合同、履约保证金合同与借款合同

首先看到，系争《工程承包协议书》虽为一个合同文本，但却载有数种合同，而非单一的合同类型。其第1、2、3、4、5、6、8、9诸条构成建设工程施工合同，第7条包含借款合同和履约保证金合同。

此处借款合同和履约保证金合同均为独立的合同。其中的履约保证金合同系建设工程施工合同的从合同，因其以建设工程施工合同的成立为前提，担保着承包人适当地履行其施工债务，随着建设工程施工合同的终止而最后归于消灭，准确地说是“施工至地上十六层框架时退还500万元”人民币而不复存在。在作为主合同的建设工程施工合同被主审法院依据法释〔2004〕14号第1条第3项的规定而认定为无效的情况下，履约保证金合同也随之无效。1 000.00万元人民币成为不当得利，武汉康恒房地产开发有限公司负有返还1 000.00万元人民币及其利息的义务。

与此不同，其中的借款合同则与系争建设工程施工合同并列，而非系争建设

工程施工合同的从合同，理由在于：案涉借款合同的成立和生效在法律上不必然地以系争建设工程施工合同为前提条件，也不随着系争建设工程施工合同的变更而变更，还不随着系争建设工程施工合同的终止而消灭。当然，就事物的实际情况而言，没有系争建设工程施工合同，湖北长安建筑股份有限公司也难以同意出借给武汉康恒房地产开发有限公司 2 000.00 万元人民币。但毕竟在法律上这两个合同之间没有主从关系，除非缔约人双方明确约定借款合同为建设工程施工合同的从合同，卷宗材料里没有此类证据。这样，在系争建设工程施工合同被认定为无效后，案涉借款合同的效力不受影响。

二、后续约定的法律效力及法律和法理依据

（一）系争《联系函》的法律效力

武汉康恒房地产开发有限公司于 2011 年 6 月 1 日给湖北长安建筑股份有限公司出具《联系函》，承诺就 2 000.00 万元人民币的借款在原定 2%利率的基础上上调 1%点，作为构成延期补偿。这是就案涉借款合同项下的权利义务所作的调整。若着眼于“延期补偿”，就是关于武汉康恒房地产开发有限公司承担延期还本付息的违约责任所作的处理，为借款合同关系的变形关系。若聚焦于“在原定 2%利率的基础上上调 1%点”，则为借款合同的变更，调高了借款利息。因案涉借款合同不随着系争建设工程施工合同的无效而无效，因其为借款人“自担风险”而非出借人胁迫，且因中国现行法对违约损害赔偿未设上限，故在“延期补偿”的层面考量问题，这种承诺为有效。不过，在借款利息的层面权衡，则月息 3%超过了法释〔2015〕18 号第 26 条第 1 款规定的年息 24%，但未超过年息 36%，故就超过年息 24%的部分，武汉康恒房地产开发有限公司若已经支付，则无权请求返还，未实际支付的，有权拒绝支付。

（二）系争《华中科技大学康因小区项目补充协议》的法律效力

系争《华中科技大学康因小区项目补充协议》第 1 条约定的是武汉康恒房地产开发有限公司违反系争建设工程施工合同所成立的违约损害赔偿，第 3 条约定了武汉康恒房地产开发有限公司承担的违约金责任。如果这些违约金责任、违约损害赔偿在订立系争《华中科技大学康因小区项目补充协议》时尚未变成实实在

在的责任，那么，它们在实质上属于对系争建设工程合同的违约责任条款的变更，应随着系争建设工程施工合同被认定为无效而失去效力。与此不同，如果这些违约金责任、违约损害赔偿在订立系争《华中科技大学康因小区项目补充协议》时已经成为客观事实，在实质上属于系争建设工程施工合同关系的变形关系，已经独立于系争建设工程合同，那么，它们不应随着系争建设工程施工合同的无效而无效。至于湖北长安建筑股份有限公司因系争建设工程施工合同无效而遭受的损失，可基于《合同法》第 58 条的规定请求缔约过失的损害赔偿，即成立法定赔偿责任。

系争《华中科技大学康因小区项目补充协议》第 2 条第 1 款提高了计费标准，属于系争建设工程施工合同的变更，成为系争建设工程施工合同的组成部分。它应随着系争建设工程施工合同被认定为无效而失去效力。

系争《华中科技大学康因小区项目补充协议》第 4 条关于“发包人在本协议签订之前的所有借款和所欠材料工程款（钢材、混凝土等）由发包人负责偿付，如因此债务影响工程施工，由发包人解决并承担因此造成的损失”的约定，包括武汉康恒房地产开发有限公司偿付借款、偿付所欠材料工程款以及因此债务影响工程施工而承担损害赔偿责任三项内容。其中第一项内容系独立、并列于系争建设工程施工合同，不是后者的从约定，亦非后者的组成部分，故其不因后者的无效而无效。第二项内容类似于湖北长安建筑股份有限公司为武汉康恒房地产开发有限公司垫付的货款，或者看成湖北长安建筑股份有限公司自第三人处购买案涉材料，再转手出卖给武汉康恒房地产开发有限公司形成的货款，应由武汉康恒房地产开发有限公司偿付给湖北长安建筑股份有限公司。这笔债务的发生虽与系争建设工程施工合同密切相关，也可以说没有系争建设工程施工合同就没有这笔债务，但其毕竟具有相对独立性，且已为客观存在，只有受到法律的承认和保护，才公平合理。第三项内容是前两项内容中的债务及其履行带给湖北长安建筑股份有限公司的损失，由武汉康恒房地产开发有限公司承担赔偿责任。因前两项内容独立于、并列于系争建设工程施工合同，故该赔偿责任也就相对独立于、并列于系争建设工程施工合同，不应因系争建设工程施工合同的无效而无效。

系争《华中科技大学康因小区项目补充协议》第 6 条后段关于“发包人愿意在项目手续完善后以取得的房屋及土地等相关权利作为付款保证，承包人享有优先受偿权”的约定，其本身独立于、并列于系争建设工程施工合同，其发生条件若是已经成为客观事实的武汉康恒房地产开发有限公司支付工程款、利息或违约金，则该约定应为有效，不受系争建设工程施工合同无效的影响；但该发生条件若是尚未成为客观事实的武汉康恒房地产开发有限公司支付工程款、利息或违约金，则在实质上属于对系争建设工程施工合同的违约责任条款的变更，故应随着系争建设工程施工合同这个整体无效而使违约责任条款这个部分也自然无效。再者，系争建设工程施工合同无效致使违约金的约定无效、工程款数额确定的依据发生变化，第 6 条后段的效力自然会发生变化，需要具体情况具体分析。

（三）2012 年 4 月 12 日所签《协议书》的法律效力

双方于 2012 年 4 月 12 日所签《协议书》，标的物和权利义务均不同于、独立于系争建设工程施工合同，应为有效。当然，假如这两个合同紧密地捆绑在一起，《协议书》的有效及存续以系争建设工程施工合同的有效为前提，那么，系争建设工程合同无效，《协议书》也就随之无效。

（四）2012 年 11 月 21 日所签《补充协议书》的法律效力

双方于 2012 年 11 月 21 日所签《补充协议书》第 1 条前段、第 2 条系就既存债务的清偿所作安排，这不属于对系争建设工程施工合同的变更，已经独立于、并列于系争建设工程施工合同，应为有效。

2012 年 11 月 21 日所签《补充协议书》第 1 条后段乃关于案涉借款合同的还本付息所作安排，同样独立于、并列于系争建设工程施工合同，应为有效。第 3 条含有借款事项的效力亦应如此把握，含有工程款及违约责任事项的效力应依上个自然段的阐释理解。

2012 年 11 月 21 日所签《补充协议书》第 5 条系就系争建设工程施工合同被违反所生责任所作安排，乃未来之事，是对系争建设工程施工合同的补充，成为系争建设工程施工合同的组成部分，应随着系争建设工程施工合同的无效而无效。

2012 年 11 月 21 日所签《补充协议书》第 6 条含有的借款事项的效力应当受到法律的承认，含有的系争建设工程施工合同被违反所生后果事项则应区分情形而定其效力。如果该后果事项在该《补充协议书》订立时尚未变成客观现实，则在本质上属于对系争建设工程施工合同的变更，成为系争建设工程施工合同的组成部分，应随着系争建设工程施工合同的无效而无效。若该后果事项在该《补充协议书》订立时已经成为客观事实，则独立于系争建设工程施工合同，不应随着系争建设工程施工合同无效而无效。第 8 条的效力与之相同。

三、先签合同与后续合同间关系的类型

（一）总说

后续合同，哪怕合同名称所用词语是“补充协议”，也与先签合同间的关系复杂多样，不可望文生义地理解为后续合同变更了先签合同，也不可硬性地确定为更改了先签合同，还不可一律作为主从关系对待。对此，试举几例：（1）先签合同和后续合同仅因缔约行为而单纯外观结合，相互之间不具有依存关系，互不影响各自的权利义务。此种合同联立应分别适用各自的合同规范。[①] 英美法上的口头证据规则（parol evidengce）中关于“完整合同”（integrated agreement）与“附属协议”（collateral agreement）之间关系的规则，可以解决此类问题[②]，但下文提出并证立的“交易的整体解释”对此爱莫能助。湖北省高级人民法院（2017）鄂民初 10 号民事判决书、湖北省高级人民法院（2014）鄂民一初字第 00071 号民事判决书处理的系争《工程承包协议书》及《华中科技大学康因小区项目补充协议》[③]，单就系争《工程承包协议书》含有的借款合同与系争《华中科技大学康因小区项目补充协议》之间的关系而言，属于这种合同联立的类型。（2）先签合同和后续合同虽然各自独立、标的物不同，但依当事人的真意，二者在实质上互为因果。没有先签合同就不会有后续合同，不签后续合同，也不会订立先签合同。例如，市政府甲与开发商乙之间先后订立了两个合同，第一个合同

---

① 王泽鉴：《民法研究系列 · 债法原理》，北京，北京大学出版社 2009 年版，第 87 页。

② Mark K. Glasser & Keith A. Rowley, On Parol: The Construction and Interpretation of Written Agreements and the Role of Extrinsic Evidence in Contract Litigation, 49 Baylor L. Rev. 657 (1997)；［美］E. 艾伦 · 范斯沃思：《美国合同法》（原书第 3 版），葛云松、丁春艳译，北京，中国政法大学出版社 2004 年版，第 431－434 页；杨桢：《英美契约法》（第四版），北京，北京大学出版社 2007 年版，第 252－253 页。

③ http://wenshu.court.gov.cn/content/content?DocID＝3f4a84d6-ebce-464a-9d2d-08c579154d91，最后访问时间：2018 年 4 月 25 日。

是市政府甲与开发商乙订立的由后者无偿修建一条中心大道的合同，第二个合同是市政府甲和开发商乙订立的以很低数额的出让金为对价出让 A 国有土地使用权的合同。市政府甲之所以同意订立第二个合同，是因为开发商乙无偿地为市政府甲修建中心大道。开发商乙之所以订立了第一个合同，是因为市政府甲同意明显降低 A 国有土地使用权的出让金。如果把两个合同联系起来，整体审视，不难发现双方的权利义务在总体上基本衡平。这是“交易的整体解释”的题中应有之义。(3) 后续合同的约定，既有相同于先签合同之处，也有异于先签合同的内容，后者构成另外一个合同。于此场合，应当实事求是地分别对待两个合同。(4) 后续合同为代物清偿，其生效之日就是消灭先签合同项下的法律关系之时，于此场合仅仅存在一个合同。[①] (5) 后续合同系反对合同，其内容是终止先签合同项下的法律关系，其生效之日就是解除先签合同之时，这就是协议解除。在这种情况下也是仅存一个合同。[②] (6) 后续合同的唯一目的是，以自己约定的标的物清偿先签合同项下的债务，但后续合同生效并不发生消灭先签合同的效力，只有实际履行后续合同之时，也就是用后续合同约定的标的物清偿先签合同项下的债务之时才是先签合同消灭之日。法释〔2000〕44 号第 39 条第 1 款前段规定的“主合同当事人双方协议以新贷偿还旧贷”，即属此类。(7) 后续合同发生债权让与的法律效果。[③] (8) 后续合同发生债务承担的法律效果。[④] (9) 后续合同改变先签合同的要素，如标的（物）变更，这是传统民法所谓的合同更改，从债的角

---

① 孙森焱：《民法债编总论》（下册），北京，法律出版社 2006 年版，第 852 - 855 页；[日] 於保不二雄：《日本民法债权总论》，庄胜荣校订，台北，五南图书出版有限公司 1998 年版，第 373 - 381 页。

② [日] 星野英一：《日本民法概论Ⅳ》，姚荣涛译，刘玉中校订，台北，五南图书出版有限公司 1998 年版，第 88 - 89 页；史尚宽：《债法总论》，台北，荣泰印书馆股份有限公司 1978 年版，第 508 - 509 页。

③ 孙森焱：《民法债编总论》（下册），北京，法律出版社 2006 年版，第 778 - 796 页；[德] 迪特尔·梅迪库斯：《德国债法总论》，杜景林、卢谌译，北京，法律出版社 2004 年版，第 545 页；[德] 迪尔克·罗歇尔德斯：《德国债法总论》，沈小军、张金海译，沈小军校，北京，中国人民大学出版社 2014 年版，第 389 页。

④ 孙森焱：《民法债编总论》（下册），北京，法律出版社 2006 年版，第 800 - 802 页；[德] 迪特尔·梅迪库斯：《德国债法总论》，杜景林、卢谌译，北京，法律出版社 2004 年版，第 545 页；[德] 迪尔克·罗歇尔德斯：《德国债法总论》，沈小军、张金海译，沈小军校，北京，中国人民大学出版社 2014 年版，第 408 - 411 页。

度观察是债的更新。[①]（10）后续合同补充、修改先签合同的某些条款，未改变先签合同的要素，这是狭义的合同变更[②]，传统民法理论时常在债的变更标题下论及[③]，英美法有时径直使用合同变更[④]，有时在口头证据规则的题目下讨论它[⑤]，有时则于约因及禁反言的制度中述及。[⑥]（11）先签合同与后续合同形成主从关系，如先签一个借款合同，后签一个打包还本付息的保证合同或抵押合同或质押合同。在这里，先签的借款合同系主合同，后签的保证合同或抵押合同或质押合同为从合同。（12）先签合同与后续合同既不构成更改、狭义的变更、解除、代物清偿的现象，也不引发债权让与或债务承担的法律后果，还不形成主从关系，而是各自独立，但后续合同所生担保权担保着先签合同项下的债权的实现。（13）后续合同约定的内容是先签合同被违反时如何计算赔偿损失或支付违约金，于此场合二者间的关系是后续合同关系为先签合同关系的变形，或是转化关系，或是部分补偿关系。（14）俗称的阴阳合同或曰黑白合同，依时间顺序大多表现为先签合同与后续合同的态样。（15）后续合同系或含有结算条款或清理条款。

上述“（4）”“（5）”“（7）”“（8）”均有专门的分析和说明，且不属于下文提出并证立的“交易的整体解释”范围之事，故本专题不再赘言。“（12）”为独立担保，对之虽有进一步阐发的必要，且为“交易的整体解释”的对象之一，尤其在编纂中国民法典的大背景下，更有从立法论的层面呼吁中国民法典应当增设独立担保类型，为其设计较为详细规则的需求，但这非三言两语所能完成，本专

① ［意］彼德罗·彭梵得：《罗马法教科书》，黄风译，北京，中国政法大学出版社 1992 年版，第 322－324 页；Restatement (Second) of Contracts 〈sect〉 209 cmt. b，illus. 1；Mark K. Glasser & Keith A. Rowley，On Parol：The Construction and Interpretation of Written Agreements and the Role of Extrinsic Evidence in Contract Litigation，49 Baylor L. Rev. 657 (1997)；［日］於保不二雄：《日本民法债权总论》，庄胜荣校订，台北，五南图书出版有限公司 1998 年版，第 401－406 页。

② 崔建远：《合同法》（第 3 版），北京，北京大学出版社 2016 年版，第 235－239 页。

③ 史尚宽：《债法总论》，台北，荣泰印书馆股份有限公司 1978 年版，第 668 页；孙森焱：《民法债编总论》（下册），北京，法律出版社 2006 年版，第 775 页。

④ 美国《统一商法典》第 2 编第 2－209 条第 1 款。

⑤ Mark K. Glasser & Keith A. Rowley，On Parol：The Construction and Interpretation of Written Agreements and the Role of Extrinsic Evidence in Contract Litigation，49 Baylor L. Rev. 657 (1997)；杨桢：《英美契约法》（第四版），北京，北京大学出版社 2007 年版，第 251 页。

⑥ Restatement (Second) of Contracts 〈sect〉 89；杨桢：《英美契约法》（第四版），北京，北京大学出版社 2007 年版，第 94－98 页。

题只好忍痛割爱，笔者拟另撰它文予以探讨。“(9)”“(11)”虽然在中国现行法上设有规定，学说对此也不乏议论，但在后续合同以“补充协议”等命名时，不少法律人就在“(9)”还是“(11)”之间摇摆不定，难下决断，加之“(11)”属于“交易的整体解释”研讨的类型，这显现出澄清、深化探讨的必要性和重要性。对于“(9)”，中国现行法未将之单独设计为一项独立于狭义的合同变更的制度，但学说上大多承认合同更改，不认可更改前后的法律关系具有同一性。这直接涉及先签合同约定的负担、从义务能否当然地移至后续合同所生法律关系中来。这样，在中国现行法的氛围下，甄别“(9)”与“(10)”具有实际价值，尽管它们基本上不在“交易的整体解释”的射程之内。对于“(6)”，属于司法解释正视实务现象并创设规范予以调整的对象，笔者不赞同将之纳入债的更改之列，宜把它作为新类型对待。至于“(1)”在本专题探讨的系争案件中已为现实，明确它并如此处理，还是糊涂地将系争借款合同视为系争建设工程施工合同的组成部分，与当事人的切身利益关系明显，不得忽视，尽管其非“交易的整体解释”的管辖范围。而“(2)”系客观现实，且属“交易的整体解释”的领域，不应视而不见。

对于“(3)”，以一实例予以讨论。甲公司与乙律师事务所于2017年5月21日签订《委托代理合同》，以甲公司因蔡某某、黄某某股东出资纠纷案作为“标的物”，以乙律师事务所代理该案诉讼活动为标的。因其第5条约定甲公司“应当交付聘请律师费以180万元为封顶数，按最终确定的被告方应出资的金额的15%结算（包括调解、撤诉、判决、庭外和解等），签订本协议时预交保证金五万元……”故为风险代理。所谓风险代理，简单地说，就是诉讼代理人从其代理的诉讼当事人之处能否获得代理费、获得多少代理费，是不确定的；换个表述就是，风险代理是指代理费的取得或取得多少甚至代理费取得和数额的确定，二者均取决于诉讼代理的实际效果，或者说代理费的取得或取得多少甚至二者均以诉讼代理的实际效果为停止条件（生效条件）。

当然，有的风险代理是委托人预先付给诉讼代理人一部分前期费用，且该前期费用的取得不以诉讼代理的实际效果为停止条件。系争《委托代理合同》不属于这种类型，因为该合同未约定委托人甲公司支付给诉讼代理人乙律师事务所一部分前期费用，亦无实际付款的事实，至于该合同约定的5万元人民币保证金，属于担保方式，而非前期费用。

缔约双方于缔约后意识到系争《委托代理合同》第5条的约定有些模糊，有必要将之予以明确化，于是双方于2017年6月5日签订了《补充协议书》。该补充协议书仅仅解释、明确、细化了《委托代理合同》第5条关于代理费及其计算的约定，当事人、标的均未改变。一句话，2017年6月5日《补充协议书》与系争《委托代理合同》构成一个合同，而非两个合同，从实质上讲，2017年6月5日《补充协议书》没有变更系争《委托代理合同》项下的权利义务，仅仅是在文字表述方面有些变化。

2017年11月2日，甲公司与乙律师事务所又签订另一《补充协议书》，其第1条前半部分的约定，暂时中止了系争《委托代理合同》约定的甲公司因黄某某股东出资纠纷案的诉讼代理活动，转而约定委托人甲公司固定地支付给诉讼代理人乙律师事务所25万元人民币的代理费，当然，该项付款债务附上了停止条件和始期。此处所谓附停止条件，是指“丙公司收购股东黄某某名下39%的股权和股东刘某某名下13%的股权”。此处所谓附始期，是指“丙公司与上述二个股东中任一股东就股权签订股权转让协议之日起3日内”。这些约定构成了一个合同，其当事人是甲公司和乙律师事务所，其标的是乙律师事务所不作为，其核心内容是甲公司付给乙律师事务所25万元人民币的代理费。换个表述，依据2017年11月2日《补充协议书》第1条前半部分的约定，乙律师事务所无须实施任何诉讼代理行为就可以取得25万元人民币的所谓代理费，仅仅是需要坐等一个股权转让合同的签订（浙江丰众建筑材料科技股份有限公司收购股东黄某某名下39%的股权和股东刘某某名下13%的股权）和一个具体时间（“丰众公司”与上述二个股东中任一股东就股权签订股权转让协议之日起3日内）的到来。

2017年11月2日《补充协议书》第1条后半部分重申系争《委托代理合同》的核心内容，即在重启甲公司因蔡某某、黄某某股东出资纠纷案时，依系争《委托代理合同》的约定处理，也就是乙律师事务所继续为风险代理。换个表述，系争《委托代理合同》约定的风险代理不因2017年11月2日《补充协议书》的签订和生效而失去效力，而是继续有效，只不过在“丙公司收购股东黄某某名下39%的股权和股东刘某某名下13%的股权”期间暂时中止了。

对于2017年11月2日《补充协议书》总结如下：它至少含有两个合同：一

个合同是重复系争《委托代理合同》，另一个合同是乙律师事务所不为诉讼代理行为却由甲公司付给乙律师事务所 25 万元代理费。

必须指出，2017 年 11 月 2 日《补充协议书》第 1 条前半部分约定的乙律师事务所不为诉讼代理行为却由甲公司付给乙律师事务所 25 万元代理费的合同，存在着如下可质疑之处。

(1) 这与甲公司签订系争《委托代理合同》的初衷相矛盾。系争《委托代理合同》及 2017 年 6 月 5 日《补充协议书》的字里行间，都反映着甲公司的初衷、意思：乙律师事务所仅仅在其诉讼代理为甲公司赢得了实际效果时才有权取得代理费。可是，按照 2017 年 11 月 2 日《补充协议书》第 1 条前半部分的约定，亦即乙律师事务所不为诉讼代理行为却由甲公司付给乙律师事务所 25 万元代理费的合同，乙律师事务所无须实施诉讼代理，就有权取得 25 万元人民币代理费，只不过该权利的实现取决于一定的条件和一个时刻的到来罢了。显然，这是违背甲公司的初衷的。

(2) 这越出了甲公司思维和意思表示的轨道。系争《委托代理合同》及 2017 年 6 月 5 日《补充协议书》都是贯彻风险代理的，系争合同的一审、二审过程中，甲公司也一直如此复述和坚持，可 2017 年 11 月 2 日《补充协议书》第 1 条前半部分的约定，亦即乙律师事务所不为诉讼代理行为却由甲公司付给乙律师事务所 25 万元代理费的合同，却不再是风险代理——乙律师事务所确定地享有取得 25 万元人民币代理费的权利，这毫无风险可言，既背离甲公司签订系争《委托代理合同》及 2017 年 6 月 5 日《补充协议书》的思维和意思，也与甲公司在本案诉讼过程复述的意思相矛盾，简言之，2017 年 11 月 2 日《补充协议书》第 1 条前半部分的约定“脱轨”了。

(3) 依 2017 年 11 月 2 日《补充协议书》第 1 条前半部分的约定，亦即乙律师事务所不为诉讼代理行为却由甲公司付给乙律师事务所 25 万元代理费的合同，乙律师事务所不为诉讼代理行为却取得“代理费”，这不合逻辑，匪夷所思。这与诉讼代理行业通行的“干活才收费”的惯例完全不一致。

(4) 甲公司和乙律师事务所均为商家，除去其社会责任，利益最大化应为其重要目标之一。2017 年 11 月 2 日《补充协议书》第 1 条前半部分的约定，亦即乙律师事务所不为诉讼代理行为却由甲公司付给乙律师事务所 25 万元代理费的合同，倒是起着使乙律师事务所实现利益最大化的作用，但却背离了甲公司的初衷和商家的品格，而这种背离不合情理，没有缘由。

（5）2017 年 11 月 2 日《补充协议书》第 1 条前半部分的约定，亦即乙律师事务所不为诉讼代理行为却由甲公司付给乙律师事务所 25 万元代理费的合同，十分类似于赠与合同，可法律人的共识是，赠与合同，尤其是公司作为赠与人的赠与合同，必须具备明确的赠与的意思表示，否则，不依赠与论。2017 年 11 月 2 日《补充协议书》第 1 条前半部分的约定，没有表达甲公司向乙律师事务所赠与 25 万元人民币的意思，况且该 25 万元人民币被冠以“代理费”的名头！退一步说，即使将 2017 年 11 月 2 日《补充协议书》第 1 条前半部分的约定认定为赠与合同，根据《合同法》第 186 条第 1 款关于“赠与人在赠与财产的权利转移之前可以撤销赠与”的规定，甲公司也有权撤销之，何况无证据证明甲公司有赠与的意思。

凡此种种，都表明 2017 年 11 月 2 日《补充协议书》第 1 条前半部分的约定十分反常，不合事理，法律人特别是主审法院对此应予高度重视，不应拘泥于合同文字，而应尽可能地查清事情真相，妥当地处理系争案件。

诚然，如果 2017 年 11 月 2 日《补充协议书》第 1 条前半部分约定的甲公司付给乙律师事务所 25 万元人民币代理费，属于甲公司付给乙律师事务所此前所做工作的对价，结果又如何呢？如果如此认定，则至少应考虑如下几点，做好如下工作：其一，应有充分、确凿的证据证明该笔 25 万元人民币的代理费是甲公司付给乙律师事务所此前所做工作的对价。现有证据不足以证明这一点，若无其他证据证明这一点，则不应将 2017 年 11 月 2 日《补充协议书》第 1 条前半部分约定的甲公司付给乙律师事务所 25 万元人民币代理费，属于甲公司付给乙律师事务所此前所做工作的对价。其二，退一步说，即使该笔 25 万元人民币的代理费果真是甲公司付给乙律师事务所此前所做工作的对价，那么，也应当适用《民法总则》第 10 条、第 142 条第 1 款以及《合同法》第 61 条、第 125 条第 1 款的规定，以及《福建省律师服务收费管理办法》，依据福建省及三明市区域的律师收费标准的惯例，衡量并确定该笔 25 万元人民币的代理费公平合理与否。其三，就系争合同特别是收取诉讼代理费而言，乙律师事务所是专家，甲公司则非。判断、衡量 2017 年 11 月 2 日《补充协议书》第 1 条前半部分约定的甲公司付给乙律师事务所 25 万元人民币代理费，是否合理、是否显失公平，在模糊不清时应作不利于乙律师事务所的决断。

据甲公司介绍，在福建省三明市区域，类似本案案情和工作量的案件诉讼代理费大约在 5 万元人民币左右。如果此说符合客观事实，则 2017 年 11 月 2 日《补充协议书》第 1 条前半部分约定的甲公司付给乙律师事务所 25 万元人民币代理费，显失公平。

甲公司在一审和二审中都认为 2017 年 11 月 2 日《补充协议书》存在重大误解、显失公平、乘人之危，要求撤销之。但是，福建省将乐县人民法院（2018）闽 0428 民初 1180 号民事判决书、福建省三明市中级人民法院（2019）闽 04 民终 341 号民事判决书均未支持甲公司的这种主张，而是认定 2017 年 11 月 2 日《补充协议书》有效，判决甲公司履行其中约定的债务。

在笔者看来，福建省将乐县人民法院（2018）闽 0428 民初 1180 号民事判决书、福建省三明市中级人民法院（2019）闽 04 民终 341 号民事判决书至少存在如下问题。

（1）它们均未查清案件事实。如同本法律意见书上文所分析的，系争《委托代理合同》及 2017 年 6 月 5 日《补充协议书》属于风险代理合同，而 2017 年 11 月 2 日《补充协议书》第 1 条前半部分的约定，构成另外一个合同，即乙律师事务所不为诉讼代理行为却由甲公司付给乙律师事务所 25 万元代理费的合同，不属于风险代理合同，而是“不为诉讼代理行为却收取 25 万元人民币代理费”的合同，或是“甲公司付给乙律师事务所此前所做工作的对价”的合同。这些合同分属不同的合同，分别引起不同的法律关系，产生不同的法律效果。福建省将乐县人民法院（2018）闽 0428 民初 1180 号民事判决书、福建省三明市中级人民法院（2019）闽 04 民终 341 号民事判决书既未查清系争合同至少存在两种合同这个案件事实，亦未查清 2017 年 11 月 2 日《补充协议书》第 1 条前半部分的约定，究竟是“不为诉讼代理行为却收取 25 万元人民币代理费”的合同，还是“甲公司付给乙律师事务所此前所做工作的对价”的合同，便草率下判，十分不妥。

（2）对于 2017 年 11 月 2 日《补充协议书》第 1 条前半部分的约定，亦即甲公司付给乙律师事务所 25 万元人民币代理费的合同，不应认定其为当然有效，因其过于反常，明显偏离商业和诉讼代理行业的惯例，对之至少可以适用《合同法》第 54 条和第 55 条的规定，甲公司在两审诉讼过程中都如此主张了，福建省将乐县人民法院（2018）闽 0428 民初 1180 号民事判决书、福建省三明市中级人民法院（2019）闽 04 民终 341 号民事判决书却不适用这些法律规定，属于适用法律错误。

既然福建省将乐县人民法院（2018）闽 0428 民初 1180 号民事判决书、福建省三明市中级人民法院（2019）闽 04 民终 341 号民事判决书均未查清事实，适用法律错误，就应当被撤销。

接下来集中讨论先签合同与后续合同之间的关系究竟是“（1）”的类型，还是“（9）”“（10）”的情形，抑或“（11）”的形态，甚至是“（14）”的类型。

（二）先签合同与后续合同呈现主从关系

如果先签合同和后续合同之间构成主合同与从合同之间的关系，则后续合同必然不构成先签合同的组成部分，而是另一完整的、独立存在的合同。由此决定，后续合同与先签合同间构成主从关系，前提要件之一是先签合同与后续合同的标的不同，所生法律关系的类型有异。此其一。先签合同项下的法律关系与后续合同项下的法律关系二者之间存在后者以前者的存续为前提，后者随着前者的变化而变化，等等。借款合同与担保还本付息的保证合同之间的关系，即属此类，形成主从关系。但与此不同，甲乙先签《A 楼买卖合同》，约定甲所有的 A 楼以 3 个亿元人民币的价款出卖给乙。其后甲乙补签《A 楼买卖合同的补充协议》，将价款变更为 3.5 亿元人民币。这里的《A 楼买卖合同》与《A 楼买卖合同的补充协议》之间的关系就不是主从关系，因为《A 楼买卖合同》产生的法律关系与《A 楼买卖合同的补充协议》项下的法律关系并非异质的，而是同质的，均为 A 楼买卖合同关系；真实的情形是，《A 楼买卖合同》与《A 楼买卖合同的补充协议》之间是整体与部分的关系，即《A 楼买卖合同的补充协议》是《A 楼买卖合同》的组成部分。从法律关系角度着眼，《A 楼买卖合同的补充协议》变更了《A 楼买卖合同》。此其二。形成主从关系，必然是后续合同并非对先签合同的狭义的变更。若是狭义的变更，则它们构成一个整体，形成一个合同，不会呈现主从关系。此其三。形成主从关系，必须是后续合同并非对先签合同的更改。若是更改，则先签合同已被后续合同取代，不存在两个合同，也就无所谓主从关系。此其四。形成主从关系的原因，大多为法律直接规定，也有当事人通过约定而形成的情形。在既无法律规定又无当事人约定的情况下，不宜甚至不应按照主从关系处理。此其五。

如此认识，不会源自传统解释论中的体系解释方法，因其局限于一个合同文本之内，其本性决定了不得将视野延伸于另外的合同；却是“交易的整体解释”路径及方法的自然结果。

就武汉康恒房地产开发有限公司与湖北长安建筑股份有限公司之间《工程承包协议书》及后续合同的纠纷，湖北省高级人民法院所作（2014）鄂民一初字第00017号民事判决书未将系争《工程承包协议书》及后续补充合同认定为主合同与从合同之间的关系，没有认定后续补充合同随着系争《工程承包协议书》的无效而无效。① 最高人民法院（2016）最高法民终518号民事裁定书②虽然撤销了湖北省高级人民法院所作（2014）鄂民一初字第00017号民事判决书，但理由另有所系，不在于其未按主从关系判决后续补充协议无效。

上述民事判决书和民事裁定书均未分析和回答系争《工程承包协议书》与后续几份协议之间到底呈现何种关系，需要学说予以挖掘。

值得一提的是，就类似的案件，在先签合同与后续合同间的关系上，最高人民法院（2014）民一终字第61号民事判决书③没有按照主合同和从合同间关系的思路裁判，同时阐发了如下理由：“《补充协议二》在形式上为《建设工程施工合同》之补充协议，但该协议具有独立性。首先，从该协议的订立背景看，是截至2013年4月30日，广佳欣公司未按双方约定支付工程进度款、退还履约保证金和支付利息。其次，从该协议的订立目的和内容上看，是确认博坤公司已完工程范围及价值、明确欠款数额及广佳欣公司所应承担的逾期付款补偿责任、广佳欣公司所应承担的逾期付款违约金责任，以及管广生同意提供连带保证责任。本院

---

① 信息来源：中国裁判文书网，网址：http：//wenshu. court. gov. cn/content/content? DocID＝3f4a84d6-ebce-464a-9d2d-08c579154d91，最后访问时间：2018年4月25日。

② 信息来源：中国裁判文书网，网址：http：//wenshu. court. gov. cn/content/content? DocID＝79f5d230-11ee-4ab6-adb6-a729010f29e3&KeyWord＝，最后访问时间：2018年5月3日。

③ 最高人民法院（2014）民一终字第61号民事判决书，参见中国裁判文书网，网址：http：//wenshu. court. gov. cn/content/content? DocID ＝ 329634d5-2940-4e63-a9d2-d34e58be8010，最后访问时间：2018年4月25日。

认为，《补充协议二》在性质上属于广佳欣公司和博坤公司对双方之间既存债权债务关系的结算和清理，确认《补充协议二》在法律效力上的独立性和约束力，不违反法律、行政法规的效力性强制性规定。据此，本院认定《补充协议二》合法有效。”① 单就个案处理的层面而言，笔者对此予以赞同，但于理论的层面观察，觉其遗漏了其他类型，仍有完善、提升的空间。

（三）后续合同变更了先签合同

后续合同变更了先签合同是存有补充协议场合的常态。在这种情况下，后续合同补充或改变了先签合同的非要素性内容，即变更了先签合同，使得后续合同与先签合同合而为一，共同产生同一个法律关系，先签合同和后续合同在实质上构成同一个合同。只不过，分解看待这种现象时，无论是先签合同还是后续合同都只是最终形成的合同的构成部分，与最终形成的合同构成整体与部分的关系。

构成整体与部分间的关系，而非主从关系，必须是后续合同与先签合同的标的相同，不然，要么是主合同和从合同间的关系，要么是合同更改。

构成整体与部分间的关系时，先签合同无效，后续合同也无效，除非符合这样的规定：一部无效不影响其他条款的，其他条款有效。

如果先签合同有效，后续合同无效，该如何处理呢？例如，集体经济组织甲与房地产开发有限公司乙之间订立《合作建房合同》，约定在甲所有的A地上建造办公大楼，乙出建设资金，办公楼建成后由乙取得40%的房间的使用权。其后，甲和乙订立《合作建房合同补充协议》，约定乙取得办公大楼30%的房间的所有权，其他条款不变。后来，甲诉争到法院，请求主审法院确认《合作建房合同》及《合作建房合同补充协议》无效。主审法院支持了甲的诉讼请求，理由有二：其一，《合作建房合同补充协议》变更了《合作建房合同》，二者合二为一；其二，《合作建房合同补充协议》约定乙取得办公大楼30%的房间的所有权，在实质上意味着A地的集体建设用地使用权部分转让给乙，而依现行法，集体建设用地使用权不得用于商业开发，转让于开发商。若拟转让，必须先将A地征

① 最高人民法院（2014）民一终字第61号民事判决书，参见中国裁判文书网，网址：http：//wenshu.court.gov.cn/content/content？DocID＝329634d5-2940-4e63-a9d2-d34e58be8010，最后访问时间：2018年4月25日。

收为国有，国土资源管理部门再出让A地的国有建设用地使用权给乙，乙才可开发、建设A地。《合作建房合同补充协议》约定乙取得办公大楼30%的房间的所有权，显然违法，根据《合同法》第52条第5项的规定，《合作建房合同补充协议》应当无效；因为《合作建房合同》及《合作建房合同补充协议》在实质上组合而成一个合同，所以，变更后的《合作建房合同》归于无效。[①]

笔者不赞同判决《合作建房合同》无效，因为《合作建房合同补充协议》违反现行法关于集体建设用地使用权不得径直用于商业性的转让的规定，依据《合同法》第52条第5项的规定，它应当无效，且自始、绝对的无效。既然《合作建房合同补充协议》自始、绝对地无效，它也就没有变更《合作建房合同》。既然《合作建房合同》未被《合作建房合同补充协议》变更，《合作建房合同》不受《合作建房合同补充协议》无效的影响，依然有效。

当然，也有专家学者虽不赞同判决《合作建房合同》无效，但也不选取笔者的思路，而是另辟蹊径：《合作建房合同补充协议》虽然变更了《合作建房合同》，但《合作建房合同》与《合作建房合同补充协议》仍各自独立，两个合同并立，而非合成一个合同。既然《合作建房合同》与《合作建房合同补充协议》仍各自独立，《合作建房合同补充协议》无效，不会染指《合作建房合同》，不会动摇《合作建房合同》的效力。

这条思路存在瑕疵：（1）无法解释无效的《合作建房合同补充协议》何以变更《合作建房合同》?!（2）倘若承认合同变更场合属于法律事实的构成，即相同的当事人双方就同一个标的形成的合同依然各自独立，那么，就会形成这样的局面，发生下面的法律效力：《合作建房合同》引发合作建房合同关系，内容包含乙取得办公大楼40%的房间的使用权；接着，《合作建房合同补充协议》再引起另一个合同关系，内容包括乙取得办公大楼30%的房间的所有权；最后，协调这两个合同关系，剔除矛盾之处。这面临着巨大障碍：其一，笔者所阅所闻的法理是，包括法律行为在内的法律事实引发民事法律关系的发生、变更或终止，未见后一个民事法律关系能够改变前一个民事法律关系的法律规则及理论，而是后

---

① 该案的大概案情及主审法院的判决系由北京大学法学院尹田教授于2018年8月18日在“2018年海峡法学论坛”上提供。特此致谢！

一个法律行为可以具有变更前一个法律行为，从而发生改变前一个法律行为项下的民事法律关系的法律效力。其二，这会人为地分裂合同变更的统一性，即实务中常有相同的当事人各方于其后续合同中明确宣示“本补充协议作为××合同的不可分割的组成部分”，这就明确约定变更合同场合形成一个合同，而非两个或数个合同并立。所谓合同变更场合两个合同并立之说无法解释此类约定。其三，所谓合同变更场合两个合同并立之说人为地制造合同漏洞，即先签合同的某些内容被后续合同变更了，被变更的条款/文字不再有效，可是因具有变更合同效力的后续合同却独立于先签合同存在，这不就使得先签合同产生漏洞了吗？其四，所谓合同变更场合两个合同并立之说纯属少慢差费的操作，即费尽周折地合并前后两个民事法律关系，且缺乏现行法及学说的依据。(3) 当事人各方相同、标的相同，形成的合同系一个，乃最为合理的解释，至于先签《合作建房合同》，后有《合作建房合同补充协议》，不过是缔约过程的特殊表现。其实，两个都残缺不全的合同，难以单独地引起同一个民事法律关系，若拟引起，只能“兵合一处”即两个合同合二为一，才会达成目的。

以上分析及所得结论，依赖于传统解释论中的体系解释方法足矣，当然，“交易的整体解释”路径及方法也不排斥这些结论。

（四）后续合同更改了先签合同

构成后续合同更改先签合同，必须是它们之间未形成主合同和从合同间的关系，还必须是先签合同的要素被后续合同改变，从而使先签合同不是以原来的质的规定性存续，在核心部分、主干部分由后续合同统治。

得出该项结论，传统解释论中的体系解释方法完全胜任，“交易的整体解释”路径及方法也不敌视该项结论。

（五）后续合同所生法律关系是先签合同所生法律关系的变形

既不属于主从关系，又不属于整体与部分间的关系，还不属于合同更改的，而是合同关系的变形关系，有的是替代关系（如合同解除场合的违约损害赔偿），有的是补充关系（如迟延履行并不解除合同场合的违约损害赔偿）。属于此类的，如后续合同系就违反先签合同的责任（含违约金、违约损害赔偿）所作约定。这些约定若属于违反先签合同所生的违约金责任、违约损害赔偿，且尚未发生，则在实质上属于对先签合同的违约责任条款的变更，与先签合同构成一个整体。如此，它们会随着先签合同的不成立、无效、被撤销而失去法律效力。相反，这些约定若属于对已经成为客观结果的违约金责任、违约损害赔偿所作的安排，则它们不是先签合同约定的事项，而是对违反先签合同或先签合同无效产生的法律后果进行的梳理、确认、了结，是独立于先签合同的，不是先签合同的从合同，也不是对先签合同的变更或更改，故不随着先签合同的无效、被撤销、不成立而丧失法律效力。

（六）阴合同与阳合同之间关系的多样化

有时，阴阳合同均为当事人真实的意思表示时，阴合同和阳合同之间的关系可有如下类型：(1) 阴合同订立在先，阳合同形成于后，尤其是阳合同依据《招标投标》而签署时，确认阳合同的法律效力，就更无问题。至于是将阳合同作为阴合同的变更还是认定阳合同自其成立的同时就废止了阴合同，这属于合同解释问题。笔者倾向于后者，因为依《招标投标法》规定的条件和程序形成阳合同，要约邀请表现为招标文件、要约以投标文件的形式出现、承诺的形式为中标通知，至于成交确认书和纸质版的合同书（如某《建设工程施工合同》），在笔者看来是对双方合意的梳理、确认和体系化，重在证据法上的意义，合同成立的时间应该确定在招标通知到达中标人之处的时刻。此处所谓招标文件、投标文件、中标通知、成交确认书所显现的意思表示已经明显不同于阴合同订立时的合意了。(2) 阳合同订立在先，阴合同形成于后，如果阳合同是依据《招标投标法》规定的条件和程序成立的，则阴合同不具有变更阳合同的效力，这在建设工程施工合同的场合有法释〔2004〕14号第21条关于“当事人就同一建设工程另行订立的建设工程施工合同与经过备案的中标合同实质性内容不一致的，应当以备案的中标合同作为结算工程价款的根据”的规定，可资遵循。其他法律、行政法规有此类要求的，也应如此把握和处理。与此相反，如果阳合同的缔结不适用《招标投标法》规定的条件和程序的，或其他法律、行政法规及司法解释在合同成立和生效方面不像法释〔2004〕14号第21条那样要求的，则应按照阴合同变更了阳合同对待和处理，而不应确认阴合同无效。例如，甲和乙之间的A房屋买卖合同签有两个文本，一份送交不动产登记机构备案，当事人双方并不据此履行；另一份大多被分拆为两种合同，其一仍为A房屋买卖合同，其二则为A房屋装修合同，它们才是当事人实际履行的根据。假如这两个文本均为当事人真实的意思表示（其实，此类情形罕见），则把实际履行的A房屋买卖合同看作变更了备案的A房屋买卖合同。如果当事人如此操作违反了税法或行政法，则对当事人课以行政处罚，不否定A房屋买卖合同的效力。

在另外的场合，阴合同为真实的意思表示一致，阳合同实际上是虚假的意思表示。前述所举A房屋买卖合同签署两个文本之例实际上大多如此，而非两份合同均真，即备案的A房屋买卖合同是虚假的意思表示，当事人并不据此实际履行，实际履行的是未备案的A房屋买卖合同以及A房屋装修合同。对此，应当借鉴德国法院关于"在有意识地以不正确的形式实施行为的情形中，要式行为构成无效的虚伪行为"① 的观点，适用《民法总则》第146条的规定，备案的A房屋买卖合同系虚假的意思表示，依据《民法总则》第146条第1款的规定，认定其为无效；实际履行的A房屋买卖合同及A房屋装修合同系隐藏的法律行为，适用《民法总则》第146条第2款的规定，审查其是否存在无效的原因，若存在，则无效；若不存在，则有效。就实际情形而言，隐藏的A房屋买卖合同及A房屋装修合同有效应为常态。

阴合同和阳合同究竟均为真实的意思表示，还是一个为真，另一个为假，取决于当事人的意思。这似乎在同义反复，且难以操作。有效的办法让位于证明责任及其分配。主张阳合同或阴合同为虚假的意思表示的，负有举证证明责任，对方若不同意，就负有义务举出反证予以推翻，若没有推翻，就认定阳合同或阴合同为虚假的意思表示。

（七）后续合同是或含结算条款或清理条款

不论后续合同系先签合同的从合同，还是对先签合同的变更或更改，抑或完全独立于先签合同，只要后续合同是或含结算条款或清理条款，它们就独立于先签合同，也独立于其所在合同中的其他条款。据此可知以下效果：（1）对其有效还是无效的判断和认定，无须审视先签合同。先签合同有效，后续合同中的结算条款、清理条款固然有效；即使先签合同无效或被终止，后续合同中的结算条款、清理条款的效力也不受影响。（2）在后续合同的条款不限于结算条款、清理条款的情况下，后续"合同无效、被撤销或者终止的，不影响合同中独立存在的

① ［德］维尔纳·弗卢梅：《法律行为论》，迟颖译，北京，法律出版社2013年版，第358页。

有关解决争议方法的条款的效力”(《合同法》第57条),“合同的权利义务终止,不影响合同中结算和清理条款的效力”(《合同法》第98条)。(3)不过,这并不意味着结算条款、清理条款总是有效的。在结算条款、清理条款本身存在着《民法总则》第144条、第146条第1款、第153条、第154条以及《合同法》第52条、第53条规定的无效原因的场合,结算条款、清理条款照样无效。(4)后续合同中的结算条款、清理条款系就先签合同项下的事项所为结算、清理的场合,这些条款的效力及于先签合同;反之,这些条款仅就后续合同项下的事项为结算、清理的,它们的效力不及于先签合同。在此,以下面的案例予以展示。

发包人和承包人签订了《A项目建设工程施工合同》,在承包人基本上履行了义务但发包人欠付工程款大部分的情况下,双方签订了《补充协议》。该《补充协议》第1条约定了竣工验收备案和工程款决算之间的推进关系,未来决算结果的法律地位。第2条约定处理临时建筑物及其费用负担,性质上为清理条款,完全不同于《A项目建设工程施工合同》,系独立于《A项目建设工程施工合同》的。第3条解决备案合同与非备案合同的法律效力,明确实际履行哪个合同,是确认而非变更《A项目建设工程施工合同》,它显然是独立于《A项目建设工程施工合同》的。第4条约定案涉决算书的制作、形成及其期限,属于结算条款,独立于《A项目建设工程施工合同》。第5条约定了“前期决算中的争议问题处理”规则,包括有关费用确定的法律依据、商品混凝土的计价依据,等等。这一方面属于结算条款,另一方面也可以作为《A项目建设工程施工合同》的补充。

双方发生纠纷后,发包人以《A项目建设工程施工合同》未经招标投标程序为由主张该合同无效。笔者认为,即使主审法院支持发包人的该项诉讼请求,系争《补充协议》第2条、第3条和第4条这些清理条款、结算条款也是有效的。

(八)先签合同无效如何影响后续合同的效力

虽然上文对于先签合同无效与后续合同的效力之间的关系有所涉及,但不系统,于此有必要专题讨论先签合同无效如何影响后续合同的效力这个问题。

一般说来,先签合同无效,无效的原因至少在一段期间存留,可能甚至必然传递给后续合同,如同恶毒致甲死亡后还要留存于甲的尸体一段时间一样。例如,甲租赁乙的A房,用于制毒贩毒,后来,甲和乙签订A房买卖合同,同样用于制毒贩毒。A房租赁合同因违反法律、行政法规的强制性规定而无效,因违背公序良俗而无效，后续的 A 房买卖合同应当同样如此，因为无效的原因传递至 A 房买卖合同。再如，甲出借给乙人民币 1 000 万元，约定年息 48%。对此，应当适用法释〔2015〕18 号第 26 条第 2 款前段关于“借贷双方约定的利率超过年利率 36%，超过部分的利息约定无效”的规定。其后，甲和乙再订合同Ⅱ，清理双方的利息，约定乙偿付给甲利息 480 万元。因为超出年息 48%的年息 12%违法，绝对无效，该病因进入了甲和乙之间的清理合同Ⅱ之中，应当依旧影响清理合同Ⅱ，即清理合同Ⅱ项下的偿付 120 万元人民币的约定无效，不得因甲和乙另订了一个合同就有效了。

但是，绝不可以由此推导出一个普遍性的结论——凡是先签合同无效的，后续合同就必定无效。正确的思路及观点是，应当区分情形而下结论：（1）甲工业园区管理委员会和乙公司签订合同，由乙公司承包建设甲工业园区的 A 项目和 B 项目，其中 A 项目为国家划拨资金建设，B 项目为筹集民间资金和乙公司垫资所建设的商品房。该合同未经招标投标程序，但乙公司实际施工了。其后，因甲工业园区管理委员会迟付工程款而发生争议。经协商，甲工业园区管理委员会和乙公司签订补充合同，确定了应付工程款的数额和时间。不过，甲工业园区管理委员会仍未依约付款，乙公司诉至某法院。甲工业园区管理委员会以系争合同违反《招标投标法》第 3 条第 1 款的规定而无效为由对抗乙公司的诉讼请求。对此，笔者不完全赞同甲工业园区管理委员会的意见，而是主张应当区分情况而确定 A 项目和 B 项目建设工程施工合同及其补充合同的效力。稍微展开些说，A 项目和 B 项目建设工程施工合同中的 A 项目部分违反了《招标投标法》第 3 条第 1 款第 1 项和第 2 项的规定，依据《合同法》第 52 条第 5 项的规定，这部分条款必定无效。补充合同涉及这部分内容的条款也归于无效。但是，A 项目和 B 项目建设工程施工合同中的 B 项目部分，根据国家发展和改革委员会制定的、经国务院批准的《必须招标的工程项目规定》第 4 条的规定，对于大型基础设施、公用事业等关系社会公共利益、公众安全的项目，如果不涉及国有资金、国家融资，不涉及国际组织或外国政府贷款、援助资金，必须招标的具体范围由国务院发展改革部门会同国务院有关部门按照“确有必要、严格限定”的原则制订，报国务院批准。系争案件，案涉 B 项目虽属商品房，但《必须招标的工程项目规定》中并未明确规定商品房项目属于关系社会公共利益、公众安全的项目，且行政主管机关对《必须招标的工程项目规定》第 4 条所列必须进行招标的项目所确立的原则是“确有必要、严格限定”。既然如此，补充合同中关于 B 项目部分内容的条款不宜被认定为无效。此其一。换个条件，如果甲工业园区管理委员会和乙公司变更合同，合同的内容已经除去 A 项目，只剩下 B 项目，而 B 项目的建设工程施工合同即使未经招标投标的程序，也不因此而无效。换句话说，初始合同虽因违反《招标投标法》第 3 条第 1 款的规定而无效，但变更合同不因此而无效。此其二。(2) 甲公司和乙公司就 C 项目的全部签订建设工程施工合同Ⅰ，该合同因违反《招标投标法》第 3 条第 1 款的规定而无效。其后，甲公司和乙公司又就 C 项目中的基础设施签订建设工程施工合同Ⅱ，仍未经过招标投标程序，该合同同样应当归于无效。(3) 换个条件，甲公司和乙公司就 C 项目的全部签订建设工程施工合同Ⅰ，乙公司已施工部分工程。此时双方发生争议，结束了该合同的执行，但就乙公司施工部分所得工程款签订了清理合同Ⅱ。大家的共识是，承包人已经完成的工作不应因建设工程合同的无效而除去工作所得（对价），据此理念，建设工程施工合同Ⅰ存在的无效原因这种“病毒”，不宜传递给结算工作所得的清理合同Ⅱ，就是说，清理合同Ⅱ这种后续合同不宜因建设工程施工合同Ⅰ这种先签合同的无效而无效。(4) 甲公司和乙公司结束建设工程施工合同Ⅰ的执行时，双方就乙的垫资返还和相应利息的计算达成清理合同Ⅱ，因清理合同Ⅱ虽与建设工程施工合同Ⅰ有牵连，但毕竟不属于建设工程施工合同Ⅰ的固有内容，实质上属于种类和性质迥异的他种合同，所以，作为一种典型合同的建设工程施工合同Ⅰ存在的“病毒”不应传递至作为另一种合同的清理合同Ⅱ，即清理合同Ⅱ不应随着建设工程施工合同Ⅰ的无效而无效。(5) 甲出借给乙 1 000 万元人民币，约定年息 48%。其后，丙和甲签订合同，由丙替代乙偿付人民币 1 000 万元的本金及利息 480 万元。丙据此向乙追偿 1 480 万元人民币。于此场合，乙可以抗辩如下：A. 甲和乙之间的民间借贷合同中超出年息 36%的约定无效，超出年息 24%的部分不拟支付。B. 丙和甲之间关于偿付 120 万元人民币利息的约定，因甲和乙之间的民间借贷合同的部分无效而无效，若有效，就意味着允许借道丙和甲之间的债务加入而规避了法释〔2015〕18 号第 26 条第 2 款前段的规定。乙据此有权拒绝丙关于 120 万元人民币的追偿请求。C. 关于丙和甲约定的由丙替代乙向甲偿付 24%至 36%之间的利息，只要丙未能举证证明该约定和偿付系出于管理意思，乙就有权以丙替代自己向甲偿付120万元人民币的利息不构成无因管理为由，同时援用法释〔2015〕18号第26条、第28条和第29条第1款的规定，拒绝丙关于120万元人民币的追偿请求。

（九）启示和意义

上述理论的建立，在绝大多数情况下依传统解释论中的体系解释方法能够完成，但在个别场合（如后续合同系对已经成为客观结果的违约金责任、违约损害赔偿所作的安排）其无能为力；若依“交易的整体解释”路径及方法，则十分容易。

辨析这些不是单纯的学术作业，而是有着实践意义，也有助于学说的完善：（1）在先签合同无效、被撤销、不被追认的情况下，后续合同若为从合同或已为先签合同的组成部分，则后续合同会随着先签合同不复存在而失去法律效力。这对确定当事人的权利义务具有直接的法律意义，如因约定产生的权利义务大多不复存在，而是基于《合同法》第58条的规定产生法定的缔约过失赔偿、返还给付物、返还不当得利等类型的权利义务。再者，后续合同与先签合同互为因果，在先签合同无效、被撤销、不被追认时，仍然按照后续合同的约定履行，会对当事人一方极为不利，且不公正，因而有必要调整后续合同的某些条款，以达双方权利义务的衡平。（2）先签合同载有仲裁条款，后续合同则无此条款时，后续合同若为先签合同的组成部分，那么，后续合同也属于仲裁管辖的范畴；若为先签合同的从合同，则后续合同只能作为证据，不得作为仲裁依据，因仲裁庭对欠缺仲裁条款的从合同没有管辖权。这至少影响到有无另外的诉讼或仲裁程序的启动和展开。（3）狭义的合同变更不同于合同更改的一个重要表现是，在前者场合，因债的同一性在，故先签合同项下的权利义务的从义务、负担跟随至后续合同产生的法律关系中；而合同更改场合则否，因债的同一性已经丧失，故先签合同项下的权利义务的从义务、负担不必然地跟随至后续合同产生的法律关系中。该项原理对于仲裁条款的效力范围及仲裁管辖是否原封不动地覆盖过来呢？答案是否定的：在属于更改性质的后续合同已经将先签合同全部废止时，因仲裁条款具有相对独立性，不因合同的无效或被撤销而失去效力，故当事人双方未变，先签合同因后续合同的生效虽被更改，但这仍属先签合同的变化引发的问题，依旧属于仲裁条款授权的仲裁机构要居中裁处的范围；如果属于更改性质的后续合同没有废止先签合同的全部，包括不取消仲裁条款，则仲裁条款依然有效，仲裁条款授权的仲裁机构当然有权裁处先签合同、后续合同产生的权利义务。(4) 有助于透过现象看本质，符合真实情况地解决有关纠纷。例如，前些年涌现了许多“闭环交易”，甲将 100 吨钢材以每吨 2 330.00 元人民币的价格出卖与乙，乙以每吨 2 400.00 元人民币的价格把这些钢材出卖与丙，丙以每吨 2 470.00 元人民币的价格将这些钢材出卖与丁，丁以每吨 2 540.00 元人民币的价格把这些钢材出卖与甲。在履行过程中，案涉钢材根本没有流转，有些案件中其实没有钢材，未办出库单、验收单等手续，只有增值税发票的开具。后来，丙向某仲裁委员会提起仲裁申请，请求裁决乙履行钢材买卖合同并支付迟延交货的违约金。仅就丙和乙之间的证据而言，只有它们双方订立的钢材买卖合同及增值税发票，没有出库单、验收单和运输案涉钢材等证据。如果把目光局限于丙和乙之间的关系及其证据，特别是仲裁庭的权限源自申请人和被申请人的仲裁授权，无权审理甲和乙之间、丙和丁之间的法律关系，就裁决乙败诉，是背离案件真实的，是极不妥当的。如果遵循交易的整体解释路径及方法，整体审视甲、乙、丙和丁之间的关系，将全部合同联系起来考量，重视“走单不走货”的客观实际，认定甲是个理性人、经济人而非专门利人者或欠缺意识能力者，就应得出结论：名为钢材买卖实为民间借贷，钢材差价是借贷利息，适用《民法总则》第 146 条的规定，钢材买卖合同为虚假的意思表示，归于无效；至于隐藏的民间借贷合同，则应视个案情形而适用《最高人民法院关于审理民间借贷案件适用法律若干问题的规定》(法释〔2015〕18 号) 第 14 条关于民间借贷合同无效的规定，或者第 26 条的规定，对年利息在 24%以下的，予以支持；对年利息在 36%以上的，认定为无效；对年利息在 24%至 36%之间的且借款人已经实际支付了的，予以固定，不支持借款人请求返还的主张，借款人尚未支付且拒绝支付的，予以认可，不支持出借人关于借款人支付的请求。

如果以上分析和阐释是正确的，那么，湖北省高级人民法院 (2017) 鄂民初 10 号民事判决书可检讨之处不少。例如，它实际上将后续合同不分青红皂白地一律作为先签合同的从合同，或组成部分，认定后续合同随着先签合同的无效而无效，这是错误的。正确的路径及方法应当是具体情况具体分析、处理。

行文至此，遇到了下面观点的挑战：“在进行规范解释时，原则上无须考虑那些在表示作出之后所发生的事实情形，然而，如果这些事实情形存在于参与法律行为表示当事人的行为或表示之中，则可以将其作为证据来证明当事人在作出行为时的实际理解。”① 德国联邦法院正确地强调：“意思表示自其生效之时就具有——也许通过解释而获得的——恒定不变的表示价值，该价值不受事后发生事件的影响。意思表示不能于其生效之时具有某一含义，而生效之后又具有另外一个含义。因此，未来发生的事件本身对于解释不产生任何影响，它至多只能被当事人（当下）的意识——作为可能的或不可能的、确定的或不确定的——所容忍。”②

在笔者看来，注意后续合同对先签合同的影响，特别是合同变更、合同更改、代物清偿、清算协议对先签合同项下权利义务的改变，并非否定“意思表示自其生效之时就具有——也许通过解释而获得的——恒定不变的表示价值”这个断言，没有树立“意思表示于其生效之时具有某一含义，而生效之后又具有另外一个含义”之类的理论，换言之，先签合同在意思表示的层面上仍然是“意思表示于其生效之时所具有的某一含义”，没有因后续合同的出现并发挥作用而“于生效之后又具有另外一个含义”，后续合同所改变的是先签合同所生权利义务关系。此其一。正因如此，不宜笼统地说“在进行规范解释时，原则上无须考虑那些在表示作出之后所发生的事实情形”，“未来发生的事件本身对于解释不产生任何影响”。因为法律人尤其是裁判者处理纠纷时解释合同，目的在于透过廓清意思表示的含义而妥当地确定权利义务关系，在妥当地确定权利义务关系的层面，“那些在表示作出之后所发生的事实情形”“事后发生事件”确确实实地影响着先签合同项下的权利义务关系。此其二。

四、从合同的体系解释到交易的整体解释

本书“捌、合同解释的原则”专题中对此已经阐述，此处不赘。

① ［德］维尔纳·弗卢梅：《法律行为论》，迟颖译，北京，法律出版社 2013 年版，第 363 页。

② ［德］《联邦最高法院判例——林登迈尔-默林编联邦最高法院参考资料》§133（B）Nr. 7，转引自［德］维尔纳·弗卢梅：《法律行为论》，迟颖译，北京，法律出版社 2013 年版，第 363 页。

拾陆

行为、沉默之于合同变更

解释是一个人赋予他人使用的表达符号以意思的过程。……行为和不行为也是要加以解释的表达符号。① 当然，在不承认物权行为的法制下，交付买卖物等履行行为属于事实行为，而非法律行为；当然，在履行受托义务之类的行为表现为与他人订立合同或出具单方允诺时，履行行为方为法律行为。合同解释的对象为其中的法律行为，应无疑义；但对其中的事实行为是否适用合同解释规则，存在疑问。笔者认为，将此类事实行为与合同条款/文字等符号联系起来，探究并确定当事人的意思，不应被合同解释所排斥。

《合同法》第77条规定，当事人双方可以合意变更合同，第78条强调“当事人对合同变更的内容约定不明确的，推定为未变更”。此处所谓约定明确，或其反面——约定不明确，在以言辞变更合同的情况下，相对容易认定；但若仅仅存在某种或某些具体的行为，甚至是沉默，当事人一方就据此主张合同已经变更的，应否得到支持？这是越来越常见且亟待解决的现实问题。笔者梳理和总结实务中这方面的案例，就此发表意见，谨供大家批评。

第一，合同约定了一定事实所导致的法律效果，在该事实出现以后，当事人一方所为一定行为含有的意思与该合同约定的法律效果正好相反，另一方当事人对此保持沉默，没有主张该合同约定的法律效果，此时，应当认定当事人一方所

① ［美］A. L. 柯宾：《柯宾论合同》（一卷版）（上册），王卫国、徐国栋、夏登峻译，王卫国校，北京，中国大百科全书出版社1997年版，第620页。

为行为与另一方当事人的沉默达成了变更该合同的合意，该合同已经变更。

例如，某《ZC无机发泡保温板联营协议》约定："首次付款：数额为协议履行保证金总额的80%，计人民币104万元。须在本协议签署之日起6个工作日内，由甲方将款项划拨到本协议乙方账户内，逾期则本协议自动终止。二次付款：当乙方在规定时间内对生产线安装、调试完毕，且试生产产品合格（达到设计标准）后，甲方支付协议履行保证金的剩余款项，计人民币26万元，款项划拨到本协议乙方账户内。"

该协议的实际履行情况是，甲方并未依约将104万元人民币的保证金划拨到本协议乙方账户内。不过，甲乙双方仍然继续履行系争《ZC无机发泡保温板联营协议》，乙方在约定时间内对生产线安装、调试完毕，且试生产的产品合格（达到设计标准）。这表明系争《ZC无机发泡保温板联营协议》并未自动终止，而且直至诉讼，甲乙双方也未主张系争协议业已终止。

乙方依约对生产线安装、调试完毕，且试生产的产品合格（达到设计标准），甲方对此未加反对，默示地予以接受，这些行为和默示已经变更了系争《ZC无机发泡保温板联营协议》关于104万元人民币的保证金"须在本协议签署之日起6个工作日内，由甲方将款项划拨到本协议乙方账户内，逾期则本协议自动终止"的约定。并且，甲乙双方在诉讼过程中都没有主张系争协议业已终止的事实，进一步证实了前述变更。

之所以认定乙方依约对生产线安装、调试的行为，于甲方未加反对，放任乙方依约所为这种默示[①]，已经达成了变更系争《ZC无机发泡保温板联营协议》的合意，变更了系争《ZC无机发泡保温板联营协议》，是因为乙方依约对生产线安装、调试的行为表达了与系争协议关于甲方逾期划款"则本协议自动终止"的约定相反的意思。之所以认定乙方这些行为表达了与系争协议约定的终止后果相反的意思，是因为按照系争协议的约定，此时系争协议已经终止了，乙方对案涉生

---

① 沉默与默示之间存在着差异，有些沉默与意思表示无关；有些沉默是对他人意思表示的反对，而非同意；有些沉默才是赞同他人的意思表示。只有最后一种沉默才是默示，即以沉默的方式表示着同意他人的意思表示之意，其他类型的沉默不是默示。鉴于本专题所用沉默一词常常是在同意当事人一方明示的意思表示、所为一定行为的意义上使用的，即所谓沉默原则上是指同意当事人一方的意思表示（包括明示的言辞和代表意思表示的行为），沉默与默示基本上是在相同的意义上使用的，除非另有说明。

产线安装、调试的义务已经不复存在，但乙方却仍在“履行”已经不复存在的约定义务。当然，仅有乙方这些单方行为所含有和表达出来的意思——变更系争协议的要约，尚不足以变更系争《ZC无机发泡保温板联营协议》。之所以认定系争协议已经变更，是因为还存在着甲方同意该种要约的承诺，只不过这种承诺不是明示的，而是以沉默的方式表达的——甲方对于乙方安装、调试案涉生产线的行为不加制止，任其所为。在这种情况下，双方之间的关系，应根据系争协议加以处理，而不是按照侵权（从乙方实施行为的角度观察）或不当得利（从甲方就乙方行为获得了利益的层面审视）的规则处理——与系争协议全部约定所不同的，只是甲方逾期划款“则本协议自动终止”的约定不再发挥作用，失去效力而已。

有必要强调，上述结论，是以当事人任何一方没有重申系争《ZC无机发泡保温板联营协议》关于104万元人民币的保证金“须在本协议签署之日起6个工作日内，由甲方将款项划拨到本协议乙方账户内，逾期则本协议自动终止”的约定为前提的，如果当事人一方申明系争协议的该项约定，那么，就不得将“甲方未反对乙方依约对生产线安装、调试的行为”视为变更了系争协议。

第二，合同约定的存续期限即将届满，合同项下的义务已经基本履行完毕，当事人一方却主动履行尚不存在的义务，相对人接受的，应当视为变更了合同的存续期限。

继续性合同的特点在于，时间因素在合同履行上居于重要地位，总给付的内容取决于应为给付时间的长短，换言之，随着履行时间的推移，在当事人之间不断地产生新的权利义务。[①] 继续性合同在权利义务方面呈现出质和量相同或相似的权利义务反复出现，表现在合同履行方面则是重复出现形态相同或相近的给付。由此决定，某特定的继续性合同期满时或期满前，只要有当事人双方同意延长合同的合意，无须重新协商具体的权利义务条款，就产生合同项下的全部的权利义务。据此，在某特定的继续性合同期满时或期满前，当事人一方实施的行为与假如该合同继续存在就应发生的义务的履行形态相符，另一方当事人予以接受

---

① Christodoulou, Vom Zeitelement im Schuldrecht, Vorstudien aus der Sicht des Dauersschuldverhältnisses, Diss. Hamburg, 1968. 转引自王泽鉴：《民法债编总论·基本理论·债之发生》（总第1册），台北，三民书局1993年版，第110页。

的，也应当认为延长了既有合同的存续期限，即发生了合同变更，尽管在这个过程中当事人双方均无明示的表示。例如，房屋租赁合同到期或即将到期，承租人却支付下个月或下个年度的租金，出租人也予以接受，应视为房屋租赁合同的存续期限已经变更（也可以视为当事人双方新签了房屋租赁合同）。

上述分析及其结论是否适合于一时性合同，应谨慎对待。一时性合同不具备下述特征：时间因素在合同履行上居于重要地位，总给付的内容取决于应为给付时间的长短，即随着履行时间的推移，在当事人之间不断地产生新的权利义务。在一时性合同的场合，该合同期满后，即便续期也很难说合同价格、履行方式相同于原合同的约定尤其是原合同项下权利义务所附担保不会随着合同续期而当然地延续。当然，态度不宜绝对，如果一时性合同期满时或期满前，当事人一方实施的行为与假如该合同继续存在就应发生的义务的履行形态完全相符，其他合同元素也相符，另一方当事人予以接受的，尽管在这个过程中当事人各方均无明示的表示，也应当认为延长了既有合同的存续期限，即发生了合同变更。

第三，当事人一方明确表示变更交货时间，另一方当事人未为明示的表示，但所为给付正好符合变更后的交货时间，而与既存合同关于交货时间的约定不一致。在这种情况下，该履行行为是对变更交货时间的意思表示的同意。与此有别，如果另一方当事人实际履行的行为在时间方面既与系争合同的约定不符，也与当事人一方关于变更交货时间的书面要约不一致，那么，该履行行为便不是对变更交货时间的意思表示的同意，不发生变更系争合同的效力。

对此，笔者拟以下面的纠纷为例进行分析和说明。某《风电场工程 35KV 组合式变压器协议》约定："本合同设备的交货期及交货顺序应满足工场建设设备安装进度和顺序的要求，应保证及时和部套的完整性。交货时间为 2010 年 7 月 1 日至 30 日交货完毕。具体的交货时间和批次，按买受人的书面通知执行。如工程上的原因，买受人需推迟供货，出卖人不向买受人收取设备在工厂的保管和场地占用费。"（第 6.1 条）"本合同一经生效，合同双方均不得擅自对本合同的内容（包括附件）作任何单方面的修改，任何一方对合同内容以书面形式提出变更、修改、取消或补充的建议，该项建议应以书面形式通知对方并经双方签章确认。如果该项修改改变了交货进度，应在收到上述修改通知书后的 7 个工作日内，提出影响交货期的详细说明。双方同意后经双方法定代表人或委托人（须经

法定代表人书面授权委托）签章后方能生效。修改后的有关部分将抄送原合同的有关部门和单位。”（第 15.1 条）

买受人于 2010 年 6 月 29 日发给出卖人一份《业务传真函》，内容为“我司与贵司订立的《风电场工程 35KV 组合式变压器协议》66 台箱变的供货时间现确定为：2010 年 8 月 15 日到 11 台；2010 年 8 月 25 日到 11 台；2010 年 9 月 5 日到 11 台；2010 年 9 月 15 日到 11 台；2010 年 9 月 25 日到 11 台；2010 年 10 月 5 日到 11 台。请贵司据此安排好生产和发货，并请在发货前 3 天再联系一次确定最后发货期。”

在庭审过程中，出卖人称其口头表示过对此不予同意，但没有书面证据予以证明，买受人则不接受出卖人的这个当事人陈述。案涉证据显示，出卖人已经实际交货了，只是交货时间既未遵循系争《风电场工程 35KV 组合式变压器协议》第 6.1 条约定的交货时间（2010 年 7 月 1 日至 30 日交货完毕），亦未按照买受人于 2010 年 6 月 29 日发给出卖人的《业务传真函》所列的变更供货时间，而是于 2010 年 9 月 17 日交货 18 台，2010 年 10 月 26 日交货 15 台，2010 年 11 月 12 日交货 15 台，2010 年 11 月 16 日交货 18 台。

应当说，按照系争协议第 6.1 条关于“如工程上的原因，买受人需推迟供货，出卖人不向买受人收取设备在工厂的保管和场地占用费”的约定，尤其是结合系争合同第 15.1 条的约定予以解释，并未赋予买受人单方面变更交货时间的权利，只是在买受人顺延受领案涉设备的场合，免除其支付保管费和场地占用费的义务。

从系争协议第 15.1 条的约定看，变更交货时间，必须具备当事人双方签章的书面合意，任何一方当事人的单方意思表示都不发生合同变更的效力。案涉证据没有经当事人各方签章的同意变更交货时间的书面合意。

至此，该案所引出的问题是：(1) 买受人书面提出变更交货时间的要约，出卖人实际履行的行为是否为承诺？(2) 出卖人实际履行的行为未构成承诺，是否为一新要约？它能否演进到变更合同的结果？

对此，笔者持如下意见：若出卖人依买受人所要约的交货时间实际履行，则应认为出卖人同意了买受人关于变更交货时间的要约，符合承诺的规格，当事人双方合意变更了合同。如果出卖人没有依买受人所要约的交货时间实际履行，就未满足承诺的条件要求，因而只能算作新要约，在这个阶段当事人双方尚未就变更交货时间达成合意。

尽管出卖人既未依买受人所要约变更的交货时间交货，也未依合同约定的时间交货，但买受人却受领了货物，这是否意味着当事人双方达成了变更合同的合意？这需要区分情况而定：(1) 买受人受领了货物，但并未免除出卖人的违约责任的，不宜认定当事人双方已经变更了交货时间，因为假如视为变更了交货时间，就意味着出卖人按时履行了合同，就不宜称出卖人已经违约。(2) 买受人受领了货物，同时免除了出卖人支付违约金或赔偿损失的责任的，可有两种解读：第一种解读是，出卖人交货是要约，买受人受领是承诺，他们已经协议变更了交货时间，出卖人据此交货，属于依约履行，因而不承担违约责任。第二种解读是，出卖人交货，买受人受领货物，属于《合同法》第 107 条规定的继续履行范畴，这仍然是出卖人承担违约责任的表现，只不过买受人将出卖人本应承担的支付违约金或赔偿损失的责任免除罢了。既然出卖人仍在承担违约责任的一部分，并且该责任的成立是依合同约定的交货时间为基准所作的判断，那么，就应当说交货时间没有变更。

这个结论得到了下述证据的支持：当事人双方于 2010 年 8 月 29 日订立的《风电场工程 35KV 组合式变压器补充协议》第 1 条约定："买卖双方原定的《风电场工程 35KV 组合式变压器协议》中用于一期项目的 33 台箱式变压器仍按原合同执行（包括技术协议和价格等)。"这十分清楚地否定了买受人关于变更交货时间的书面要约，也表明出卖人实际交货的行为也不发生变更系争《风电场工程 35KV 组合式变压器协议》关于交货时间的约定的效果，一句话，买受人的书面要约和出卖人的实际履行，都没有变更系争协议。

当然，假如出卖人实际交付案涉设备的行为在时间上符合买受人书面变更交货时间的要约，在质量和数量上符合系争《风电场工程 35KV 组合式变压器协议》的约定，就可以将出卖人的该种实际履行视为同意了买受人关于变更交货期间的书面要约，变更了系争协议。

第四，当事人一方实施了特定的行为，相对人对此保持沉默，可否认定系争合同已被变更？对此，应区别不同情况加以讨论。若系争合同明文约定，当事人一方实施了特定的行为，相对人对此明知而不作反对表示的，视为其同意，那么，这对于系争合同是个变更；若系争合同无此约定，法律亦无此类规定，那么，当事人一方实施的行为和相对人对此保持的沉默，都不构成对系争合同的

变更。

以下以借名登记合同为例加以说明。在某借名登记合同中，出名人（A不动产的名义所有权人）违反借名登记合同的约定，将登记在自己名下的A不动产出卖与第三人丙，借名人（A不动产的实际所有权人）对此完全知晓却沉默不语，这是否变更了系争借名登记合同？笔者认为，这应当区分情况而定。

1. 出名人与第三人丙订立A不动产买卖合同，其意思表示仅仅向丙发出，而未向借名人发出。这对于借名人而言，不构成要约，因为作为要约，该意思表示必须向受要约人（承诺人）发出。于此场合，借名人的沉默不语，难被认定为指向出名人发出了一个意思表示，更难以将之作为承诺的意思表示。其道理在于，承诺乃受要约人向要约人发出的完全同意要约的意思表示，既然借名人不是受要约人，那么，其沉默不语即便作为意思表示，也绝非承诺。如此，没有法律及法理依据将上述出名人擅自出卖A不动产的行为与借名人的沉默不语认定为变更了系争借名登记合同。

2. 出名人当着借名人的面而将A不动产出卖与第三人丙，借名人对此沉默不语，是否可以解释为变更了借名登记合同？回答仍然是否定的，因为出名人的这种（向借名人发出的）通知不是意思表示，至多算作观念通知，借名人的沉默显然不构成承诺。由于合意乃两个以上的意思表示一致的结果，一个（向第三人发出的）意思表示与一个观念通知甚至事实行为难以形成合意，因而，上述出名人将A不动产出卖与丙的意思表示与借名人沉默不语没有成立一个合同，也就不能因此而变更借名登记合同。所以，借名人的沉默不语仍然算不上承诺。此其一。何况通说认为，除非法律设有明文或当事人明确约定，沉默不构成意思表示，所以，在法律和当事人均未明确规定借名人的沉默为同意借名人将A不动产出卖与丙的情况下，借名人沉默不语不构成承诺。此其二。

3. 如果系争借名登记合同明文约定，出名人擅自将A不动产出卖与丙，借名人对此明知而不作反对表示的，视为其同意，那么，这对于借名登记合同关于出名人不得擅自处分A不动产的条款而言，是个变更。其道理在于，借名登记合同已经约定了沉默是意思表示，是同意出名人处分A不动产的意思表示，由此决定，此时此刻，借名人的沉默不语就是同意出名人出卖A不动产的承诺，换言之，这种出名人的行为，加上借名人的沉默，共同变更了借名登记合同，具体地说，变更了借名登记合同关于“出名人不得擅自出分 A 不动产”的条款。

第五，一方当事人瑕疵给付在先，守约方给予宽限期，令其消除瑕疵，对于是否请求违约方支付违约金或赔偿损失及解除合同，则没有表态。当然，此时诉讼时效期间和除斥期间均未届满。在这种情况下，守约方责令违约方消除瑕疵的行为，不是对于履行期限的变更，也不是对于违约方支付违约金或赔偿损失的责任的免除。

在这方面确有实例：某《IT 设备定购合同》约定，出卖人应于 2009 年 4 月 1 日交付 IT 设备。但实际履行情况是出卖人于 2009 年 4 月 1 日交付的 IT 设备不合格。买受人和出卖人于 2009 年 8 月 24 日开会，协商处理方案。出卖人确定于 2009 年 9 月 15 日前消除瑕疵，买受人予以接受，不过，对于是否解除系争合同和追究出卖人的违约责任，则未表态，也可以说沉默。

对于这种现象如何认定？某裁判机构认为：“在出卖人于 2009 年 4 月 1 日迟延履行后，买受人并没有要求出卖人履行合同否则解除合同的催告程序，其仅要求出卖人继续履行的行为可以认为是对交付期限的调整和延续。在 2009 年 8 月 24 日的会议中，买受人确定了一个 9 月 15 日的期限，出卖人也接受，这可以认为是对原 4 月 1 日履约期限的变更，同时，在 8 月 24 日的会议上，买受人并没有作出 9 月 15 日之后解除合同的意思表示，因此 9 月 15 日并非买受人给予出卖人的‘宽限期’（根据《合同法》第 94 条第 3 项，当事人一方迟延履行主要债务，经催告后在宽限期内仍未履行，守约方有法定的合同解除权）。”

“买受人在超过自行确定的 9 月 15 日期限后，仍然要求出卖人继续修改升级完善 V-Key 内含的解压软件，并答应提供验收标准。根据《合同法》第 91 条关于“债权人免除债务的，合同的权利义务终止”的规定，免除部分债务的，合同义务部分终止，买受人要求继续履行，未提出解除合同的行为构成了对追究出卖人迟延履行违约责任的放弃。”

“因此，买受人与出卖人双方的原定履约日期为 2009 年 4 月 1 日，但是在出卖人迟延后，一方面买受人要求继续履行的行为调整了原定 4 月 1 日的履约期限，而出卖人继续履行构成了接受，双方协商一致的行为构成了对原合同期限的变更；另一方面买受人的行为又要求或者默认了出卖人继续履行，免除了出卖人未能在 2009 年 4 月 1 日按时交付的违约责任。同时也表明，双方都认可出卖人一直到2009年4月1日未完成符合约定技术标准的解决方案。”

笔者无法同意上述裁判文书的意见及其逻辑，道理如下。

1. 在出卖人迟延履行后，违约责任立即就产生了，买受人何时请求出卖人实际承担，取决于许多因素，其中有策略的考虑（如为了使出卖人没有抵触地调试已交设备或更换合格的设备，暂不声明追究违约责任问题），只要没有超过诉讼时效期间，没有明确表示放弃追究出卖人的违约责任，就不得认定为买受人放弃了追究违约责任的权利。

2. 中外的合同法及其理论都认为，交付的货物质量不合格，一般应给违约方一个消除缺陷（中国《合同法》叫作修理）的机会，也是一段期限（宽限期）。“公平观念要求，应当给违约方一段时间——即使只是一段很短的期间——来治愈其违约，如果它能够治愈的话。”① 给这个机会、宽限期，不是免除违约责任，而是限制守约方立即解除合同。“法律要求在终止合同之前给违约方一段时间的目的，是给他一个机会来治愈违约，因此违约方治愈违约行为的可能性在决定受害方在终止前必须等待多久的问题上，就特别重要。”② 所以，买受人给出卖人继续修改升级完善V-Key内含的解压软件的机会、宽限期，绝不可理解为买受人放弃追究违约责任，而应理解为在该宽限期尚未届满时不得解除合同。“出卖人的治愈并没有消灭其因为违约而发生的责任。一旦出卖人违反合同并且负有损害赔偿责任，出卖人就不能够以更换或者修理瑕疵货物的方式来单方消灭该责任。”③

3.《民法通则》第138条规定：“超过诉讼时效期间，当事人愿意履行的，不受诉讼时效限制。”法释〔2008〕11号第22条规定：“诉讼时效期间届满，当事人一方向对方当事人作出同意履行义务的意思表示或者自愿履行义务后，又以诉讼时效期间届满为由进行抗辩的，人民法院不予支持。”就是说，诉讼时效期间届满后，债务人自愿履行债务的，债权人有权接受；债务人事后反悔，往回索

① ［美］E. 艾伦·范斯沃思：《美国合同法》，葛云松、丁春艳译，北京，中国政法大学出版社2004年版，第586页。

② ［美］E. 艾伦·范斯沃思：《美国合同法》，葛云松、丁春艳译，北京，中国政法大学出版社2004年版，第588页。

③ ［美］E. 艾伦·范斯沃思：《美国合同法》，葛云松、丁春艳译，北京，中国政法大学出版社2004年版，第586页。

要的，法院不予支持。

在系争案件中，买受人请求出卖人承担责任的权利距离诉讼时效期间届满还有较长的期间，本应比诉讼时效期间届满更受保护，可是，裁判文书却认定买受人放弃了这些权利，这反不如诉讼时效期间届满时受到的待遇。这是有失权衡的，是不公正的。

4. 在系争案件中，诉争合同约定的履行期届满前，任何一方都没有提出变更履行期，当事人双方也没有就履行期的变更达成协议。而按照法律及法理，履行期的变更应当在履行期届满之前当事人就此协商一致。至于履行期届满之时债务人交付的设备不符合约定，已经不属于履行期变更的范畴了，而是属于违约及其责任的问题了。

5. 合同的变更必须是变更的意思表示明确，否则应按照《合同法》第 78 条的规定，推定为合同未变更。本案的情形，是买受人给出卖人继续修改升级完善 V-Key 内含的解压软件的机会、宽限期，正好是守约方给违约方治愈的机会，而非明确变更合同，所以，按照《合同法》第 78 条的规定，推定为合同未变更。

6. 法释〔2012〕8 号第 19 条关于“买受人在合理期间内提出异议，出卖人以买受人已经支付价款、确认欠款数额、使用标的物等为由，主张买受人放弃异议的，人民法院不予支持，但当事人另有约定的除外”的规定，第 24 条第 2 款关于“买卖合同约定逾期付款违约金，买受人以出卖人接受价款时未主张逾期付款违约金为由拒绝支付该违约金的，人民法院不予支持”的规定，支持了笔者的上述观点。

7. 对于上述意见及其理由，再较为详细且具体化地阐释如下。

第一，如果履行期尚未届满（如约定 1 月 1 日至 2 月 1 日交货，在 2 月 1 日到来前），出卖人交付的货物有瑕疵，买受人有权请求出卖人消除瑕疵（修理、更换、重作），只要出卖人在 2 月 1 日到来前将瑕疵消除，买受人就无权请求出卖人支付违约金或赔偿损失。

第二，如果履行期尚未届满（如约定 1 月 1 日至 2 月 1 日交货，在 2 月 1 日到来前），出卖人交付的货物有瑕疵，买受人有权请求出卖人消除瑕疵（修理、更换、重作）；在 2 月 1 日到来前，出卖人和买受人达成协议，将履行期延长至 3 月 1 日。在这种情况下，只要出卖人在 3 月 1 日到来前（而不是在 2 月 1 日到来前）将瑕疵消除，买受人也无权请求出卖人支付违约金或赔偿损失。

第三，在履行期尚未届满（如约定1月1日至2月1日交货，在2月1日到来前）的情况下，出卖人交付的货物有瑕疵，买受人有权请求出卖人消除瑕疵（修理、更换、重作）。出卖人在2月1日仍未将瑕疵消除，构成违约，买受人有权援用《合同法》第111条及第158条等，请求出卖人承担赔偿损失等责任，同时有权援用《合同法》第94条第4项的规定解除合同。

第四，在履行期尚未届满（如约定1月1日至2月1日交货，在2月1日到来前）的情况下，出卖人交付的货物有瑕疵，买受人有权请求出卖人消除瑕疵（修理、更换、重作）。出卖人在2月1日仍未将瑕疵消除，构成违约。此时，或者其后，买受人要求出卖人在3月1日前继续消除瑕疵，但对于是否追究违约金责任或赔偿损失没有表态。对此，不得认定当事人双方变更了履行期并放弃了追究出卖人违约责任的权利。因为此时违约责任已经成立，买受人请求出卖人承担违约责任的权利已经存在，责任的承担、权利的行使受诉讼时效制度的管辖，而不是受合同履行期的管辖，此其一。所谓“买受人要求出卖人在3月1日前继续消除瑕疵”，即使买受人对此没有明示该期限是什么性质，该期限也属于宽限期，属于违约责任制度的组成部分，而不属于违约前的合同履行期制度，此其二。所谓“买受人要求出卖人在3月1日前继续消除瑕疵”，可能含有几种意思，例如，可能是目前要求出卖人消除瑕疵、以后再请求支付违约金、赔偿损失；也可能是是否追究违约金责任、赔偿损失，留待双方协商；还可能是免除一切违约责任；等等。在它可能有几种意思的情况下，按照《合同法》第78条的规定，推定为合同没有变更，此其三。这样解释符合下述理念：一方是违约方，另一方是守约方，在如何解释摇摆不定时，不应作有利于违约方的解释，此其四。这样解释，符合法释〔2012〕8号第24条第2款规定的精神。上文已述，不再赘言，此其五。

当然，为避免歧义、纷争，最好是当事人在合同中明确表态。某《信托贷款合同》在这方面可圈可点，其第1.12.1条约定：“在本合同有效期内，贷款人对借款人的任何违约给予的任何宽容、宽限或延缓行使、不行使其在本合同项下的权利，均不损害、影响或限制贷款人依照本合同和有关法律规定享有的一切利益，不得视作贷款人对任何违约情况的许可，不得视作贷款人就任何违约情况采取法律行动的放弃，也不应视为贷款人对本合同项下权利、利益的放弃，也不影响借款人在本合同项下应承担的任何义务。”

8. 在合同条款、当事人的行为所含有的意思有几种可能，究竟是哪种意思不清楚、明确的情况下，应对此类合同条款、当事人的行为作不利于有过错的违约方的解释。

第六，债务人逾期交货，债权人就货物质量表示认同，要求债务人继续交货，而对于逾期交货的责任是否追究未予表态，对此，不应解释为债权人放弃了追究违约责任的权利，不应解释为变更了合同关于违约责任的约定。

对此，笔者拟以下面的系争案件为例予以分析和说明。在当事人签署的《2010 年民政部救灾物资政府采购合同》中，有如下约定：“合同签订后 30 天交货完毕”（第 1 条第 4 款）。“首件检验、封存：在合同签订后 7 日内，供方提供首件产品及主辅材料，送至需方指定的专业质量检验部门进行检验，生产和使用的面料、里料、絮料、拉链应与投标文件提供的生产厂商及检验内容一致……”（第 5 条第 2 款第 1 项）。“最终验收：在产品全部制作完成后，由需方或其指定的专业检验部门对产品进行验收，生产和使用的面料、里料、絮料、拉链应与首件产品的生产厂商及检验内容一致……”（第 5 条第 2 款第 3 项）。供方逾期交货的，逾期 5 天内（含第五天），供方应向需方支付合同总价 10%的违约金；逾期 6 天至 10 天（含第十天），供方应向需方支付合同总价 20%的违约金；逾期 11 天至 15 天（含第十五天），供方应向需方支付合同总价 40%的违约金”（第 7 条第 3 款）。“……供方逾期交货的，供方应在发货前与需方协商，需方仍需要的，供方应照数发货，并支付逾期交货的违约金；需方不再需要的应当在接到供方通知后 15 天内通知供方，办理解除合同手续，逾期不答复的视为同意发货”（第 7 条第 5 款）。

实际履行情况是，供方第一批交货逾期 1 个月，第二批交货逾期 39 天，第三批交货逾期 44 天。

供方对此辩解：需方在《救灾睡袋验收检验单》的签署中选择了“合格，同意发货”栏，没有就逾期明示追究我方的违约责任，而是要求我方继续交货，这就默示了交货期限的顺延，变更了交货期限。

对此，笔者不予赞同，理由如下。

1. 众所周知，供方承担逾期交货的违约责任是以其逾期交货为条件的，假如需方默示了交货期限顺延（变更交货期限），供方就没有逾期交货，也就不负逾期交货的违约责任。换言之，只要供方承担逾期交货的违约责任继续存在，就不可认为需方要求供方继续交货系默示交货期限顺延（变更交货期限）。如果这样的理念和观点是正确的，那么，系争《2010 年民政部救灾物资政府采购合同》第 7 条第 5 款关于“……供方逾期交货的，供方应在发货前与需方协商，需方仍需要的，供方应照数发货，并支付逾期交货的违约金；需方不再需要的应当在接到供方通知后 15 天内通知供方，办理解除合同手续，逾期不答复的视为同意发货”的约定，就十分清楚地明确了需方要求供方继续交货不是放弃追究供方逾期违约的责任，而是仍然有权请求供方就其逾期交货承担违约责任。

2.《救灾睡袋验收检验单》在“检验记录”栏目设有三个信息项，一是“一致性检验问题改进情况”，二是“外观检验情况”，三是“材料检验情况”。有关各方在“一致性检验问题改进情况”信息项签署的意见是“基本改进”。有关各方在“外观检验情况”信息项签署的意见是“外观检验合格”。有关各方在“材料检验情况”信息项签署的意见是“材料检验合格”。

《救灾睡袋验收检验单》在“检验结果”栏设有“合格，同意发货”“不合格，不同意发货”“恢复后重新检验”“其他说明”。有关各方选择了“合格，同意发货”。

这是否意味着需方放弃了追究供方逾期交货的违约责任了呢？是否意味着需方默示地顺延了供方交货期限呢？回答是否定的，因为《救灾睡袋验收检验单》没有设置“交货迟延及其处理”之类的信息项，验收的是货物的质量，“检验结果”栏中的“其他说明”也是关于质量及其改进方面的意见。所以，以《救灾睡袋验收检验单》未提及交货逾期及其处理的意见为由，认定需方默示地顺延了供方交货期限，难有说服力。

3. 案涉证据证明，需方及时地指出了供方逾期交货并表态不予赞同。这也佐证了需方并未默示顺延了供方交货期限，也未放弃追究供方逾期交货的违约责任的权利。

4. 如同上文所述，只要需方于诉讼时效期间内没有明示放弃追究供方逾期交货的违约责任，就得认为需方仍然享有请求供方就其逾期交货承担违约责任的权利，至于需方在诉讼时效期间之内的任何一天明示请求供方就其逾期交货承担违约责任，那是需方的自由，其中含有策略、时机的考虑。在系争案件中，需方请求供方承担违约责任的权利距离诉讼时效期间届满还有较长的期间，本应比诉讼时效期间届满更受保护，假如认定需方放弃了这些权利，反不如诉讼时效期间届满时受到的待遇。这是有失权衡的，是不公正的。

第七，单方允诺在具备一定条件的情况下，发生变更系争合同的效力；如果这些条件尚未具备，单方允诺就仅仅约束表意人，不约束合同相对人，即通常就不发生变更系争合同的效力。

对此，笔者以下面的案件纠纷为例予以说明。原告与被告于 2011 年 5 月 20 日订立了《托管及代付款委托协议书》（以下简称为《托管协议》），双方就有关原告将目标公司交给被告托管，委托被告代偿目标公司债务事宜达成一致。协议主要约定：鉴于原告收购了目标公司 68.92％股份，合计 19 625 万股；被告为目标公司最大的债权人，被告拟引进战略投资人合作重组目标公司，原告同意将其持有的目标公司 19 625 万股全部转让给被告和被告的战略合作人；原告作为目标公司最大的股东在目标公司的现状下愿意交给被告托管并由被告代为偿还目标公司的债务，以减少目标公司被起诉的可能，保证目标公司在今后的运营正常；被告确认原告为目标公司借入、代垫的目标公司费用等为 5 812 万元。被告将在本《托管协议》订立生效后并在获得约定的文件时支付 5 812 万元中的 3 500 万元费用，剩余费用将在本《托管协议》订立生效后 45 日支付给原告；第三人丙公司愿意为目标公司因被告代偿的上述债务提供连带责任的担保，并保证在被告重组过程中不再向其他第三人转让或出售其在目标公司的股份，一旦目标公司重组完成，第三人的担保责任自动解除。

2011 年 5 月 20 日，即托管协议订立当日，原告与被告均向对方出具了《承诺书》。

其中，原告向被告出具的《承诺书》主要内容为：原告同意将持有的目标公司 19 625 万股，占目标公司发行股份的 68.92％转让给被告及被告的战略合作人，转让价款计人民币 5 168 万元；被告承诺在收到 3 500 万元以后 10 日内向法院申请解除股权的查封手续，并在一个半月内完成全部的解除查封手续或在签署股权转让协议前完成解封。

被告向原告出具的《承诺书》主要内容包括：被告愿意按照转让价款计人民币 5 168 万元收购原告持有的目标公司 19 625 万股；借入、代垫等费用 5 812 万元中的首期支付款3 500万元在原告与被告订立《托管协议》后和被告出具本承诺书及取得相关文件时支付，剩余费用将在本《托管协议》订立生效后45日支付给原告；被告承诺如一个半月内被告未指定战略合作人与原告订立股权转让协议，被告同意按照原告的要求安排无息借款人民币2 000万元（给）原告指定的公司；对于目标公司的制造三部，有关房产、土地价格依据双方原签订的协议中约定购买价为房产每平方米650元，土地每亩195 000元结算。在本《承诺书》出具后的次日，被告即安排将除有关的目标公司外的制造三部房产、土地转让过户至丁公司的手续；原告转让的股份为持有的目标公司全部股权的68.92%，有关原股份中8.92%的股份的补偿，由被告按照目标公司复牌上市后的三日平均价与现目标公司的股价0.345港元每股的差额计算，补偿给予原告指定的公司。

当事人双方发生纠纷，诉讼到某法院，该法院的判决书称：

本院认为，《托管协议》与《承诺书》，两者效力独立，《托管协议》对协议双方具有约束力，原告的《承诺书》对其自己具有约束力，两者共同构成原告与被告有关目标公司股权交易事项的内容。本院认为，从履行义务的期限而言，被告关于2 312万元支付义务的履行期限，确实先于原告关于解封股权的义务履行期限。但本院注意到，被告关于2 312万元的支付义务是双方在《托管协议》中的约定，原告关于解封股权的义务是其对被告作出的单方承诺。两项义务分别处于两个具有独立效力的法律文件中。原告的承诺系其为自身设定的义务，是其单方意思表示，对被告不具有约束力。原告解除股权查封的义务与被告的付款义务不是同一合同项下的双方对等义务。《托管协议》的履行情况不能作为原告履行其承诺的抗辩。因此，原告未按承诺的期限解除目标公司被查封的股权，构成违约。原告行使先履行抗辩权的主张，本院无法予以支持。

在笔者看来，系争《托管协议》与系争《承诺书》组成一体，共同引发案涉法律关系，系争《承诺书》是对系争《托管协议》的补充，是对系争《托管协议》中权利义务的确认、阐释和补充，是系争《托管协议》不可分割的组成部分，理由如下。

1. 原告和被告都认为两份系争《承诺书》是系争《托管协议》的组成部分，主审法院应予尊重，而不宜视而不见，甚至否定

原告于2013年7月23日出具的《……原告代理意见》中回顾与阐述道：两

份《承诺书》与《托管协议》是于2011年5月20日同日制作，为《托管协议》的组成部分。且两份《承诺书》作出后，双方均未提出不同意《承诺书》内容的主张（第2页）。

被告于2013年7月26日出具的《……被告代理意见》中描述道：两份《承诺书》于《托管协议》签署同日作出，是原告和被告对《托管协议》项下权利义务的确认、阐释和补充，是《托管协议》不可分割的组成部分（第16页）。

既然原告与被告都承认系争《承诺书》是系争《托管协议》的组成部分，并且这是它们真实的意思表示，主审法院就没有理由、也没有必要否认系争《承诺书》是系争《托管协议》的组成部分。主审法院应当尽量尊重当事人双方一致的意思表示，而不宜超越当事人双方的意思表示一致，另行安排其意思表示所处的领域。

2. 从案涉权利义务关系的层面看，两份系争《承诺书》是系争《托管协议》的组成部分

系争《托管协议》产生的权利义务关系，与两份系争《承诺书》产生的权利义务关系，并非各自独立、种类和性质不同的权利义务关系，而是同一种权利义务关系。从这个层面考虑问题，也应当把两份系争《承诺书》与系争《托管协议》作为一体。不然，轻者，把问题复杂化，把法律关系复杂化；重者，则会出现不适当的后果。

3. 从单独行为的角度看，两份系争《承诺书》是系争《托管协议》的组成部分

系争《承诺书》，的确是从一方当事人发出的。仅就这点考虑问题，可以把系争《承诺书》作为单独行为（单方法律行为）。单独行为，无须对方当事人同意，就其中设立的义务对行为人具有约束力，至于其中设立的权利，因其给对方当事人设立了负担，并不当然拘束对方当事人。这个原理，对于系争案件的原告制作的承诺书和被告制作的系争《承诺书》都是一样的。

系争《承诺书》约束制作者，原告制作的系争《承诺书》就其项下的义务约束原告，被告制作的系争《承诺书》就其项下的义务约束被告。系争《承诺书》产生的权利义务关系，与系争《托管协议》项下的权利义务关系，是一体的。按照这样的逻辑，两份系争《承诺书》也就成为系争《托管协议》的组成部分。

4. 从承诺的角度看，两份系争《承诺书》是系争《托管协议》的组成部分

其实，承诺，承诺，没有先前一个相关的意思表示，就谈不上承诺，只能是要约或要约邀请。所以，所谓承诺，应当是针对此前出现的一个相关意思表示而作的，而发出的。具体到系争案件，系争《承诺书》的制作和发出，包括原告制作的系争《承诺书》，以及被告制作的系争《承诺书》，也针对一个业已存在的意思表示，甚至针对的是当事人双方的合意，即系争《托管协议》。这样，两份系争《承诺书》已经生效，就形成了合同。并且，这个或这两个合同不是孤立存在的，而是补充系争《托管协议》的。所以，两份系争《承诺书》是系争《托管协议》的组成部分。

如果这个结论是正确的，那么，两份系争《承诺书》就变更了系争《托管协议》，至少增加了被告在收到原告支付的 3 500 万元以后 10 日内向法院申请解除股权的查封手续，并在一个半月内完成全部的解除查封手续或在签署股权转让协议前完成解封这样的义务。

图书在版编目（CIP）数据

合同解释论：规范、学说与案例的交互思考 / 崔建远著 . —北京：中国人民大学出版社，2020.1

（法学方法论与中国民商法研究）

ISBN 978-7-300-27839-1

Ⅰ. ①合… Ⅱ. ①崔… Ⅲ. ①合同法-研究-中国 Ⅳ. ①D923.64

中国版本图书馆 CIP 数据核字（2020）第 002992 号

策划编辑 郭 虹 陈松涛 方 明
责任编辑 施 洋 黄丽娟 易玲波 黄 强
宁丹丽 崔 丽 王 沛 许 蓓
装帧设计 运平

法学方法论与中国民商法研究

合同解释论

——规范、学说与案例的交互思考

崔建远 著

Hetong Jieshilun

出版发行	中国人民大学出版社		
社　　址	北京中关村大街 31 号	**邮政编码**	100080
电　　话	010－62511242（总编室）		010－62511770（质管部）
	010－82501766（邮购部）		010－62514148（门市部）
	010－62515195（发行公司）		010－62515275（盗版举报）
网　　址	http://www.crup.com.cn		
经　　销	新华书店		
印　　刷	北京联兴盛业印刷股份有限公司		
规　　格	170 mm×228 mm　16 开本	**版　　次**	2020 年 1 月第 1 版
印　　张	32.25 插页 4	**印　　次**	2020 年 7 月第 2 次印刷
字　　数	508 000	**定　　价**	128.00 元